普通高等教育“十一五”国家级规划教材
供医学和法律专业用书

法医学 第三版

FORENSIC MEDICINE

主　编　吴家驳
副主编　廖志钢　刘　敏　陈国弟
主　审　吴梅筠
编　者　（以姓氏笔画为序）
于建云　昆明医学院
于晓军　汕头大学医学院
卢庆苓　广东医学院
刘　牧　内蒙古科技大学
刘　敏　四川大学华西基础医学与法医学院
刑豫明　云南省公安厅刑事侦查总队
余　舰　遵义医学院
吴家驳　四川大学华西基础医学与法医学院
张小宁　中国政法大学刑事司法学院
张永亮　中国人民武装警察医学院
李　军　中国刑警学院
李利华　昆明医学院
李剑波　重庆医科大学
沈　敏　司法部司法鉴定科学技术研究所
陈忆九　司法部司法鉴定科学技术研究所
陈晓刚　四川大学华西基础医学与法医学院
俞树毅　兰州大学法学院
赵子琴　复旦大学医学院
闫洪涛　郑州大学
曾发明　云南省公安厅刑事侦查总队
廖志钢　四川大学华西基础医学与法医学院

四川大学出版社

责任编辑：朱辅华
责任校对：罗　杨　胡　羽
封面设计：罗　光
责任印制：李　平

图书在版编目(CIP)数据

法医学 / 吴家驳主编. —3版. —成都：四川大学出版社，2006.8（2007.8重印）
ISBN 978-7-5614-3430-7

Ⅰ.法… Ⅱ.吴… Ⅲ.法医学-高等学校-教材
Ⅳ.D919

中国版本图书馆CIP数据核字（2006）第092387号

书名　**法医学（第三版）**

主　编　吴家驳
出　版　四川大学出版社
地　址　成都市一环路南一段24号（610065）
发　行　四川大学出版社
书　号　ISBN 978-7-5614-3430-7
印　刷　郫县犀浦印刷厂
成品尺寸　185 mm×260 mm
印　张　26.5
字　数　596千字
版　次　2008年8月第3版
印　次　2013年1月第7次印刷
印　数　14 001～15 000册
定　价　36.00元

◆读者邮购本书，请与本社发行科联系。电话：85408408/85401670/85408023　邮政编码：610065
◆本社图书如有印装质量问题，请寄回出版社调换。
◆网址：http://www.scup.cn

第三版前言

今年乍暖春寒的时候，我们法医助教进修班的师生再次聚集在成都，讨论这本供医学和法律专业学生使用的《法医学》（第三版）教材的修订和出版问题。我们编写这本书的目的，依然是为促进我国法医学事业的发展和法医学教育水平的提高。助教进修班的这批同学和本书的其他编者，早已成为所在单位和本学科学术带头人或骨干，个个皆成果累累，也都是弟子遍及天下，令人欣然雀跃！

20世纪是人类历史上科学技术的新发明、新发现最昌盛的一个世纪。整个医学学科有了突飞猛进的发展，使人类的平均寿命从20世纪30年代的50多岁提高到现在的70岁以上，普惠天下。2004年我国将保护人权首次写入宪法。维护人权是法医学的精髓，但愿我们的努力，在以人为本的和谐社会构建中起到积极作用。为此，我们在第三版中新增一章，专门论述法医学鉴定的规范化问题，以求法医学鉴定更科学、公正和公平，更有效地促进和谐社会的建设。为便于法律专业同学阅读，本版选用了大量照片和图表。

这本教材的第一版和第二版，得到了北京医科大学中国协和医科大学联合出版社、中国协和医科大学出版社、原华西医科大学法医学系（院）、昆明医学院法医学系（院）领导和同志们的大力支持，曾荣获四川大学优秀教材一等奖。因华西医科大学已与四川大学合并，故本书第三版改由四川大学出版社出版。本书获得殊荣，被批准为“十一五”国家级规划教材，我们感谢各位编者所在单位对教材的关爱和支持，感谢四川大学出版社为本教材的出版付出的劳动！

鉴于学科发展迅猛，我们的知识水平、理解和认识能力有限，在第三版中难免出现不足，恳请使用本教材的老师和同学以及法医学同行指正，帮助我们更好地实现前述目标。

吴家驳

2006年4月于成都

目　录

1　绪　论 …………………………………………………………… (1)
2　法医死亡学…………………………………………………… (16)
3　尸体变化及死亡时间推断………………………………… (30)
4　法医学现场勘验…………………………………………… (56)
5　法医学尸体检验…………………………………………… (63)
6　机械性损伤………………………………………………… (74)
7　颅脑损伤 ………………………………………………… (111)
8　交通事故 ………………………………………………… (131)
9　高温与低温损伤 ………………………………………… (153)
10　电流损伤……………………………………………… (162)
11　机械性窒息…………………………………………… (172)
12　溺　死………………………………………………… (195)
13　猝　死………………………………………………… (206)
14　法医精神病学鉴定…………………………………… (219)
15　虐待、家庭暴力及杀婴……………………………… (236)
16　中　毒………………………………………………… (242)
17　活体损伤……………………………………………… (272)
18　性犯罪………………………………………………… (292)
19　亲权鉴定……………………………………………… (298)
20　法庭生物物证检验…………………………………… (307)
21　血　型………………………………………………… (335)
22　DNA 分析技术在法医学中的应用 ………………… (361)
23　个人识别……………………………………………… (381)
24　医疗纠纷……………………………………………… (393)
25　法医学鉴定程序及质量保证………………………… (403)

1 绪 论

法医学的任务、研究范围和对象（2）
法医学的任务（225） 法医学的研究范围（3）
法医学的研究对象（4）
法医学的发源和发展（7）
法医学的萌芽（7） 法医学的形成（8） 法医学的现状（10）
现代法医学的传入（11） 近代法医学在我国的发展（11）
法医学鉴定和鉴定书（13）
法医学鉴定（13） 法医学鉴定人（14） 法医学鉴定书（14）
补充鉴定（15） 再鉴定或重新鉴定（15）

法医学（forensic medicine）是应用医学的理论知识和技术解决法律方面涉及医学问题的医学学科。此系法医学最简明的定义。“forensic medicine”一词起源于“forum”，意指古罗马时代的律师、法官、诉讼人等在市场上从事诉讼活动的场所。在使用英语的国家，forensic medicine 与 legal medicine、medical jurisprudence 皆为同义语，我国多数学者采用 forensic medicine 为法医学的英语译名。

法医学是应用医学知识和技术为以人为本的法制服务的一门学科。这门学科的任务是为侦查犯罪提供线索，为审理民事、刑事及行政诉讼案件提供医学证据，为立法提供医学资料，以建立安定和谐的社会。法医学的这一性质，确定了其任务，使之有别于医学的其他分支学科。法医学作为一门独立的医学学科，有其严格划清的研究范围、明确的研究对象和某些独特的研究方法。

早在公元 600 年前后，在诉讼案件中已有采用医学证言的记载，此后相关记载不断增多。1247 年，中国南宋时期宋慈的巨著《洗冤集录》系统地阐述了我国古代法医学的应用和研究范围。19 世纪初，世界各国均公认法医学为一门专业。在不同的历史时期，从事该专业的专家根据当时所在国家的法律制度，出具损伤或死亡的证明；确定死亡原因和方式；推断致伤物或死亡时间；为验明空难、道路交通和各种灾难事故群体死亡受难者的身源，为死难者的个人识别提供医学证据；对于民事案件中的当事人应否享受劳动和其他社会保险金提供医学证明；向卫生防疫部门报告法定传染病的发生等。

19 世纪末，法医学相继形成了法医精神病学和法医毒理学等分支学科。法医精神病学研究的核心是确定受审人或当事人的精神状态是否健全，承担法律责任能力或行为能力。法医毒理学着重鉴别投毒谋害、服毒自杀、意外中毒，以及药物滥用和药物依赖性等。法医毒理学包括法医毒理和法医毒物分析两大部分。近半个世纪以来，法医毒理学研究范围业已扩大到环境污染和环境毒理学，显示法医学日益重要的作用。随着法律制度的不断完善和对证据要求的提高，法医学又分化出法医人类学和法医齿科学两门学科，前者采用测量、对比等方法，着重研究与人的种族、年龄、身高和性别判断有关的体质人类学方面的指标。由于分子生物学的迅猛发展，促使法医物证学吸取了相关的成就和新兴的技术而成为一门更切合学科内容的“法医生物学”。由于医学模式的转变，临床医学诊疗水平不断提高；法医临床学亦与时俱进，在研究损伤形成的机制和影响因素，评估损伤和残疾程度，阐明损伤与疾病的关系，探讨损伤“鉴定最佳时限”，结合伤者的实际工作性质和条件，评估劳动能力的丧失程度等，均取得极大的进展。损伤严重程度的鉴定，应包括躯体和精神两个方面。不同个体对损伤的反应不一，造成的后果亦不同，因此法医学提供的证据，有可能与法律规定不完全吻合。另外，对几个部位的损伤，综合评定其劳动能力的丧失程度，尚待继续研究。

法医学的任务、研究范围和对象

法医学的性质和任务，划定了法医学的研究范围和对象。由于社会制度、法律制度、伦理道德规范和宗教信仰等的不同，法律条文和法规的具体规定可能有显著的差异。但是，法医学的基本任务是为案件的侦破和审判提供线索和证据；为民事、行政和仲裁案件的审理提供科学证据；为社会保险和医药卫生立法提供医学资料；以及为本学科的科学研究和检验工作提供理论依据，促进医学和法医学本身的发展，这在全世界均是一致的。

法医学的任务

（1）为民事或刑事案件的侦查或审判提供医学证据，揭露或预防犯罪，维护和保障人民生命安全。无论是刑事案件、民事案件或行政诉讼案件，案件的核心问题是证据。证据是经过检验或证实的事实或物体，能用于证实案件中的某些情况或事实。人类对证据，包括刑事证据的认识，随人类社会和科学文化的发展和法律制度的进步而不断深化和革新。不同的法律制度，采用不同的证据制度。奴隶社会时期，由于人们的愚昧无知，对“神”或“天”存在畏惧和迷信的心理，统治者为维护其统治，采用“神证”的司法证据制度，推行神判和天罚断狱，采用起誓、卜卦、格斗以及水火或服毒等荒谬的方法，判断有罪或无罪，决定被告人的命运。封建社会的法制，实行法定证据制度，于是将断案的证据从神灵手中夺回，交还给人类自己。这是极大的进步。但是，由于当时科学技术不发达，人类尚无可靠的手段可供获取犯罪与否的客观证据，故采用“认证”的司法证据制度，采信证据的原则是“口供第一”。统治者认为，口供是“证据之王”，无需怀疑，并将被告人的口供作为断案中决定一切的因素，因而不惜采用各种残酷的肉刑或变相的肉刑来获取口供，造成繁多的冤假错案。中国封建法制中的证据制度，准确地说是“罪从供定”的证据制度，比西欧中世纪黑暗时代的证据制度更为黑暗。“罪从供定”纯为历史糟粕，应彻底屏弃。近代西方资本主义国家采用的是“自由心证”的证据制度，即将收集到的用于证明案件真实情况的材料交给法官，让法官自己独立去分析、判断和采纳，得出内心的确信。由于法官的素质高低不等、良莠不齐，不可避免地产生很大的差异。同时，“自由心证”并非一种客观的和科学的证据制度。

近百年来，现代科学技术突飞猛进，使司法机关在与各类刑事犯罪作斗争中，有可能广泛地应用科学技术手段，获取足以证明案件真实情况的科学证据，证实和揭露各类犯罪。这种证据形式，是客观和科学的证据之一，称为“科学证据”。

《中华人民共和国刑事诉讼法》(以下简称《刑事诉讼法》) 第八十八条规定：“为了查明案情，需要解决案件中某些专门性问题的时候，应当指派、聘请具有专门知识的人进行鉴定。”第八十九条规定：“鉴定人进行鉴定后，应当写出鉴定结论，并签名。”1991年中华人民共和国第七届人民代表大会第四次委员会通过的《中华人民共和国民事诉讼法》(以下简称《民事诉讼法》) 第七十二条规定：“人民法院对专门性问题认为需要鉴定的，应当交由法定鉴定部门鉴定；没有法定鉴定部门，由人民法院指定的鉴定部门鉴定。”鉴定部门或个人提供的证据，一是必须实事求是，二是符合法制的原则，三是检验应尽量采用最新、最可靠的仪器和技术。20世纪50年代，美国加利福尼亚州伯克利警察局开始在审讯问案中，率先采用多电图型测谎仪。检测受检者在呼吸、脉搏、血压及皮肤电阻等方面有无改变，以判断受检者所言是否属实。20世纪70年代操作简便的声析型测谎仪问世，主要记录受检者声音中由肌肉微颤现象形成的次声波变化情况。20世纪80年代多电图型测谎仪经不断改进，提高了准确性，体积减小，便于使用。随着测谎技术的发展，司法界对测谎结果的看法也发生变化，同意采用。当然法官在审查测谎人员资格的问题时，应持严格的态度，以保证司法的公正和鉴定结论的正确。法医学专业人员有责任和义务，为民事案件和刑事案件的侦破或审判提供医学科学证据，亦包括预防犯罪和揭露犯罪。

(2) 不断地发展本门学科，促进法学、医学和法医学的发展和提高，更新理论知识，提高技术水平并争取获得新的成就。过去的一个世纪，法医学及所属的分支学科，诸如法医昆虫学、法医影像学均取得惊人的成就。法医昆虫学用于死亡时间的推断，法医影像学用于法医临床学或损伤的诊断，既提高了诊断水平，也提高了鉴定水平。20世纪50年代初，法医学能提供给其他学科采用的技术，用今天的标准来衡量，技术水平低下。如用于鉴定蚊子所吸的血是人类的还是何种动物的，所提供的技术是沉降反应。今天，法医学可以提供DNA分析技术，这远远超过20世纪50年代的水平，考古学家甚至可以用这种技术，从尸骨中鉴别出沙皇罗曼诺夫二世的家系。这种科技成分含量极高的技术，准确、可靠。

法医学的研究范围

对法医学所涉及的内容，不同的学者，站在不同的角度，曾提出了不同的范围。概括地说，法医学研究的范围，应包括损伤、残疾、疾病以及死亡的医学和法律诸方面的问题。由于各国法医学家对法医学研究的内容和范围的看法不一致，因此，已出版的教科书、参考书或者专著，虽然明确地提出法医学研究的内容和范围，但有的侧重法医病理学和毒理学，有的侧重法医病理学和法医精神病学，差异甚大。我国台湾叶绍渠编著的《最新法医学》和陈康颐于20世纪60年代编著的《法医学》，与英国Simpson撰写的《法医学》教科书（第10版，1991年）基本上保持了法医学的传统内容。美国和英国于20世纪70年代和80年代出版的法医学著作则与之不同。如美国Garran等编写的《现代法医学》的内容包括法医病理学和法医精神病学两大部分。英国Polson撰写的《法医学纲要》着重阐述法医病理学与医疗法规和部分医学伦理学的内容。2003年James等多位作者合编的《法医学》，副标题为病理学和临床学，这本书反映了20世纪以来法医学的新理论、新技术和新成就，明确地阐述了法医学与人权的问题。

从我国的法医学工作者和法医学专业教材或著作的编者所阐述的内容来看，我国法医学研究的范围包括：①死亡和死亡学说。研究死亡和死亡学说是法医学的主要内容，然而有关医学伦理学和死原论（thanatology）方面的文章发表较少，法医学的教科书和参考书也极少述及死原论或死亡学等基础理论。②正常和异常的尸体改变及其发生机制，尸体体液及各种组织中化学组成的改变及其在法医学中的意义。③各种暴力因素引起的人体损伤、机械性窒息或死亡，及其发生的机制和诊断依据；药物滥用和药物依赖性，包括从活体及尸体中分离、纯化和鉴定毒物。④环境中毒学。⑤猝死及其发生机制，着重发现可能隐藏在猝死中的犯罪行为。⑥法医精神病学鉴定，诸如判断当事人或嫌疑犯的精神状态正常与否，以及诈病、匿病等。由于法庭要求法医精神病医生和法医病理学家提供的医学证据越来越多，因此，这两门学科在法医学中所占的比重越来越大。⑦劳动能力的丧失程度、损伤严重程度的评定，损伤与疾病的关系，医疗保险赔偿原则。20世纪50年代以来，赔偿医学已逐渐形成，成为社会医学的一个重要领域。⑧性犯罪、性功能障碍，以及两性畸形、性转换。⑨个人识别和亲权鉴定。⑩灾害事故、交通事故和其他群体死亡的鉴定与赔偿。⑪虐待儿童与老人。⑫血液（斑）、精液（斑）、唾液（斑）、汗斑及其他各种体液、分泌物的检测。⑬医疗护理法规，保护医生和护士的正当医护行为，鉴定医护工作失误和事故。⑭卫生立法的法医学依据，包括脑死亡、器官移植、安乐死、麻醉品和毒物管理等。

如前所述，由于世界各国的法律体制、经济体制，以及社会伦理道德规范和科学文化水平的不一，反映在法医学的有关内容中，差异甚为显著，至今尚无一本适用于各个国家的《法医学》。如有的国家法律承认“死亡即脑的死亡”，有的则不接受脑死亡这一事实，不将其作为判断死亡的标准；有的国家法律允许人工流产，另一些国家不允许；我国目前法律尚不允许“安乐死”，荷兰则通过立法允许“安乐死”。

法医学的研究对象

法医学研究的对象指尸体、活体和各种生物源性或非生物源性物证，以及刑事案件中的命案现场勘查、刑事和民事案件中的文证审查等。

1. 尸 体

尸体是法医学研究的主要对象之一。研究尸体的法医病理学课程是法医学中的一门主干课程。法医学对尸体的研究主要目的是确定死亡原因、死亡方式，推断死亡时间和发现可供个人识别的医学证据。法医学尸体检验所需要解决的问题，往往是既复杂又困难。除前所述外，法医学尚应证实或揭露隐藏在“正常死亡”中的潜在犯罪行为；区别暴力性死亡或非暴力性死亡；研究各种暴力所致的损伤或窒息的形态学改变及其特征；鉴别生前或死后伤；区分自然因素或人为因素对尸体的破坏；研究在不同环境条件下，尸体器官组织结构的改变和体液中化学成分的变化等。随着生物化学和临床生物化学检验技术的日臻完善，尸体化学检验有了极大发展，对确定死亡原因、推测死亡时间或估计死者生前的健康状况，均有一定的价值。尸体化学是20世纪法医学开辟的一个新的领域。脑死亡学说的建立，刷新了死亡的概念，对移植医学亦有极重要的意义。

法医学尸体检验采用的方法与病理解剖学的方法基本相同，但法医学尸体检验对死者的衣着和外表检查极为重视。通过对死者衣着和尸表的检查及系统的尸体剖验和显微镜观察，才可能正确地确定死亡原因、死亡方式、死亡时间和个人识别。不可仅凭肉眼检查确定死因。有些案例尚需采用X线检查、细菌学检查、组织化学和酶化学检查、法医毒物分析，以及透射电子显微镜或扫描电子显微镜检查等各种特殊或新兴技术，得出可靠结论。仅依靠局部尸体解剖，不做系统解剖、组织切片诊断以及其他必要的检查，无法进行准确的死因鉴定。

法医学尸体检验在法医学检验工作中占有十分重要的地位。一方面是由于尸体检验在法医学检验工作中占有很大的比重，另一方面尸体检验涉及的问题既复杂又多样化。尸体上损伤的分布、形态特征及其细节，对推断案件的发生过程，即对案件的重建有极重要的作用。早在1689年在莱比锡出版的《论创伤》就强调了解剖尸体必须将尸体全部体腔打开，进行检查。

法医学尸体解剖，有与病理学相同的一面，也存在明显的差异。譬如，病理解剖学家在做枪弹伤引起死亡的尸体解剖时，着眼于受损器官的病理学改变和死因确定；而法医学家则不仅限于此，既要确定死因和受损伤的各器官，尚要求推断射击距离、方向和角度，分析枪弹创入口处留下的火药和金属颗粒的化学成分，判断弹头类型，为追查犯罪嫌疑人当时使用的枪支或犯罪嫌疑人提供科学证据。这就是说，在确定死亡原因和损伤程度方面，病理学和法医病理学这两门学科是一致的；但在为司法审判或刑事侦查提供证据方面，两门学科之间又有显著的不同。

根据法医学的任务，凡属下列情况的尸体，必须进行法医学尸体解剖：①暴力性死亡的尸体；②各种灾害和交通事故死亡的尸体；③自杀死亡的尸体；④猝死或死因不明的尸体；⑤无名或无合法死亡证明书的尸体；⑥狱中死亡的尸体；⑦司法机关监护下死亡的尸体；⑧电流、高温或低温引起死亡的尸体；⑨非法流产死亡的尸体；⑩断离的尸体（碎尸）；⑪恶劣的卫生条件或职业引起的中毒或疾病死亡的尸体；⑫涉及医疗纠纷或事故死亡的尸体；⑬烈性传染病（如SARS病、禽流感等）死亡的尸体；⑭吸毒死亡的尸体等。

2. 活 体

活体是法医学研究的另一类对象。研究的内容和涉及的问题较之尸体检验更广泛、更多、更复杂和更困难。活体检验包括伤、残、病的检查和轻重伤的评定，损伤与疾病的关系，涉及赔偿医学和环境病理学等学科。活体鉴定着重研究各种物理因素、化学因素、生物因素和精神因素所致的人体损伤及其严重程度；研究当事人或嫌疑犯的精神状态是否正常，是否应承担法律责任；研究性犯罪、猥亵行为对人体身心的伤害；研究种族、性别、年龄等方面的问题。20世纪以来，虐待儿童在世界范围内已经成为一个严重的社会问题，在活体检验中亦常遇及。

法医学研究活体基本上是应用临床医学各学科的理论知识和技术设备。在活体检验中有关损伤严重程度的评定、被告或原告精神状态是否正常、性犯罪及性功能检查等，皆需要临床各科的知识和技术，或在此基础上，增加法医学独特的一些检查方法。英国警察厅配有警察外科医生，其任务之一是进行抢救工作和负责活体检验；美国活体检验由临床医生承担；日本和意大利等国有的学者将法医学活体检验称为“临床法医学”。从法医学活体检验所涉及的内容、方法和任务来考虑，采用“法医临床学”这一名称较之“法医学活体检验”更为确切。近年，有的单位还开设临床法医门诊并设立病床，进行法医临床学活体检验，是发展法医临床学所必需的。法国、意大利和我国有的省、市、县或大学的法医学系（院）或教研室，开设有临床法医学门诊，有的还设有法医病房。近五十年来，临床诊断技术的迅猛发展，促使法医临床学检验采用各种新兴的诊断技术和更为精确的方法，与医学同步发展，提高了鉴定质量，更新了检查方法和研究内容。CT扫描（1973年）、三维重建技术、磁共振的问世，为法医学解决伤害案件，如脑内有无小灶性出血或小血肿形成，提供了更精确、更可靠的检查手段。又如在伤害案件中，采用诱发电位和声阻抗试验判断听力有无损害，比过去采用的耳语试验、表音试验或音叉试验更准确可靠。诱发电位检查，既可准确地测定病变的位置，亦可更客观地确定聋的性质，对鉴别神经性聋、传导性聋或是功能性聋，抑或伪聋甚有价值。诱发电位在检查眼部或神经科疾病或损害方面，具有同样价值。在法医临床学中，若忽视采用这些新的诊断技术，则不能将法医学检验建立在现代医学的基础上。

最高人民法院、最高人民检察院、公安部和司法部于1990年颁布的《人体重伤鉴定标准》和《人体轻伤鉴定标准（试行）》等，为评定活体损伤的严重程度提供了依据。

3. 生物源物证

生物源物证是法医学研究的另一对象，这一领域研究范围很宽。传统的物证检验，既包括生物源性标本，也包括非生物源性标本的检验，甚至有的检验标本与医学或生物学完全无关。例如强奸或其他刑事案件中可遇及化学纤维检验，而化学纤维既非生物学也非医学研究的对象。有的案件，涉及笔迹、纸张的对比和检验。因此有必要明确法医物证检验的对象。这里所指的法医物证仅指生物源性样品，包括血痕、精斑、唾液斑、汗斑、尿斑以及其他体液或分泌物斑；骨骼、头发、鼻毛、腋毛以及各种动物毛的检验。至于枪支和弹头的检验，已归属于刑事技术或司法弹道学研究的范围；凶器、笔迹或纸张等的检验，已归属于刑事技术研究的内容；指纹、掌纹、足迹、唇纹也已列入犯罪对策学或刑事技术的范围；油漆、墨水、胶水等，则属于法化学（forensic chemistry）检验的对象。

法医物证学着重解决个人识别（同一认定）和亲子鉴定问题。研究的核心问题是建立各种新技术，确定生物样品的类型，以及测定遗传标记的多态性。近年来，随着分子生物学的迅猛发展，DNA指纹和PCR技术等的建立及其在法医学中的应用，刷新了法医物证研究的部分内容，提高了检验质量。目前，法医物证检验已基本上能满足案件侦破和审判的要求，达到准确、微量和快速的目的。由于分子生物学的兴起，法医物证检验已进入分子水平。DNA 档案的建立，为犯罪对策学带来了革命性的改变，但这不等于在法医物证检验方面，可以废弃其他血型系统等传统检验内容，省略血痕检验中的一些必需的步骤。我国法医物证检验发展很快，已与国际接轨。

由于法医生物学常涉及跨学科内容，法医学也与其他的学科一样，面临着大分化和大组合的形势，因此从事法医物证学方面工作的人员，不一定是法医学或医学专家，有的可以是生物学家、生物化学家、遗传学家或人类学家。

4. 其 他

除上述三个方面外，法医学研究对象尚有犯罪现场和灾害现场勘验以及医疗诉讼方面的病历或有关资料的文证审查，或由法院提供的询问记录。

法医学现场勘查，同样是法医学研究对象中的一个重要内容。命案现场勘查，是侦破工作的起点。犯罪过程是一运动过程，必然留下犯罪的痕迹。采用法医学手段搜集这些痕迹，本着实事求是的原则，正确理解和分析这些痕迹之间的关系，从而重建案件发生的过程。结合调查获取的资料和实验室检验的结果，解决死因、死亡方式，推断死亡时间和个人识别，这在我国目前的法医学专业教育中是极为薄弱的环节。

法医学的发源和发展

研究一门学科，首先应了解这门学科的任务，了解这门学科的发源、发展及其发展的方向。自法庭邀请医生参与案件的审理，法医学即开始萌芽。由于年代久远，残留的文字记录甚少，难以确定最早在何时因断狱邀请医生参与案件的审理。

法医学的萌芽

公元前 2000 多年，拉沙尔国王制定的《苏美尔法典》中，有的已涉及医学问题。如“推撞自由民之女，致堕其身内之物者，应赔偿银十舍客勒（当时货币名称，作者注）。”公元前 1792 年—公元前 1850 年巴比伦王朝颁布的《汉穆拉比法典》，是古代东方最宝贵的史料之一。该法典规定“医生为奴隶开刀致死者，以奴还奴，应承担法律责任。”并规定了凡属乱伦、通奸、强奸行为应受到惩处。印度教伦理规范《摩奴法典》，规定侵犯人身罪的有杀人、伤害、侮辱和奸淫等，并规定：“打伤肌肉者应罚六尼施迦（当时货币名称，作者注），而打伤骨头者应驱逐出境”；“伤害肢体，损伤力气以及造成流血时，应该勒令肇事者支付医疗费”。古罗马《十二铜表法》第四表第七条规定：“若有人发疯，则其近亲及同族人享有对本人及其财产的权力。”此规定可能系法律条文中对精神病人行为能力最早的规定。父权法中述及：“人只经十个月诞生，而不是十一个月。”这亦可能是妊娠期在法律上的最早记述之一。

公元前 44 年，罗马大将恺撒遇刺身亡，法老院责成 Antistus 医生对恺撒的尸体进行检验。Antistus 医生证实，恺撒所受 23 个刺创中，位于胸部第 1 肋骨与第 2 肋骨间的贯通性刺伤是致命伤。生命科学史中，记述有这样的史实：现代解剖学的创始人 Vesalius（1514 年—1564 年）曾应聘解剖一具疑为中毒死亡的少女尸体，他以高深的解剖学知识和技术证明其死亡原因系缠腰过紧所致，并非中毒；Vesalius 还与欧洲法医学创始人之一 Pare 共同检验证明法王亨利二世在比武中所受的伤是致命伤。历史上记载的这一系列事实，皆证明法医学是在法律实施过程中，邀请医生参加而逐渐萌芽、发展起来的。德国 Karl 五世 1532 年颁布的《加洛林刑事法典》中已明确规定，凡审理杀人、中毒、堕胎、杀婴、医疗事故等方面的案件，必须邀请医生参加，说明 16 世纪法律与医学已携手合作。

中国法医学可能萌芽于先秦时代（公元前 467 年—公元前 221 年）。1975 年出土的《睡虎地秦墓竹简》中记录有涉及甚多的刑事和民事案例，损伤严重程度的评定和惩处原则，有关案件的封察和勘验程序，以及活体检验、尸体检验和现场检验等方面的内容。《汉律》中有“狂易杀人”、“孕妇缓刑”等的规定。这说明我国自秦代时期，法律与医学已相互渗透，用医学知识来解决法律方面的内容。公元 653 年颁布的《唐律》是中国现存的一部最完整的古代法典。《唐律》中规定，对患病者、伤者均应进行检验，检验不实，应受法律惩处。从“笞”开始至处“绞”刑或“斩”刑；又如“诸奸者徒一年半，有夫者徒二年，堕人胎徒二年”；“对买卖毒物者，若卖者知情，且该毒物已用于投毒谋害，买者和卖者皆处以绞刑”；医生若故意不按照“本方”的规定而伤害病人，按“故杀伤论罪”。医生违反“本方”，诈骗财物，以盗论罪。

法医学的形成

从科学史的角度考察，法医学的形成应有以下主要标志：①在法律条文中已明确规定与医学有关的问题，需要利用医学知识进行解决；②法医学检验，已粗具雏形，并有专门的法医学著作问世，系统阐明了法医学的研究范围、内容和对象；③有公认和杰出的本学科代表人物。

根据上述提出的三项条件，我国古代法医学的形成，应以宋慈《洗冤集录》刊刻问世的年代为准。

继唐朝后，宋朝颁布了一系列有关检验的法令，明确规定凡杀人案件均需报检，否则按律追究。凡“杀伤公事”、“非理死者”、“死前无近亲在旁”、“禁锢”等均应由差官进行检验。除初检外，一部分案件尚应进行复检。宋朝刊刻的《验尸格目》和《检验正背人形图》，均是我国古代尸体检验规范化的证明。其中，规定了尸体检验应该由检验官吏负责，“仵作”参与，并负责处理尸体；检验女尸外生殖器时，应由“巫婆”承担。宋朝对检验官吏的职责有明确的规定：①凡法律规定需进行检验的尸体，必须检验；②检验官吏必须据实检验，确定致死原因，检验结果必须于当日上报；③初检官吏不得与复检官吏相见及泄漏检验情况；④检验官吏不得受财枉法。若违反上述规定者要受到法律的制裁，并要求检验官吏根据尸体检验结果撰写验尸文件，称“验状”。这说明在宋代法医学检验制度已基本形成。

宋慈《洗冤集录》刊刻于宋理宗淳祐七年（公元 1247 年）。宋慈在该书自序中写到：“遂博采近三十年所传诸书，自内恕录以下数家，令而粹之，鳌而正之，总为一编。”这说明宋慈继承了前人检验的精华，并结合自己的经验，写成了这部系统的法医学巨著。全书共分五卷，卷一述及条令、检验总论、疑难杂说等；卷二主要述及尸体的初验和复验，四时尸变，坏烂尸的检验；卷三述及自缢、勒死、溺死等内容；卷四述及他物手足伤（死）、杀死、火烧死、吸毒、针灸死等；卷五为牛马踏死、虎咬死、受杖死、蛇虫伤死、男子房事过度死等。该书系统地阐述了我国古代法医学研究的范围、对象和方法。1873 年，《洗冤集录》由 Clies 译为英文，此后陆续有法文、德文、荷兰文、越文等译本问世；1976 年，Mcknight 重将其译为英文，在美国出版；1990 年，原华西医科大学荣誉教授石山昱夫再次将其译为日文。石山昱夫曾到福建敬竭宋慈墓，以表对这位古代法医学家的敬仰。可见其影响的深远。

林几教授（图 1－1）是我国现代法医学的奠基人，曾获德国法医学博士学位。他一生的主要功绩是致力于我国法医学人才的培养和推行科学办案。林几曾在北平大学医学院建立法医学教研室。在任我国法医学研究所所长期间，首先开始招收法医学研究员（相当于现在的研究生，编者注），并创办了《法医学月刊》。在中国现代法医学发展过程中，林几教授及其继承人，包括陈康颐（图 1－2）、陈安良（图 1－3）及与他们同时代的汪继祖（图 1－4）、孔禄卿（图 1－5）、陈东启（图 1－6）等教授，在中华人民共和国成立后，先后为我国法医学事业的发展做出了卓越贡献，并培养了众多的后继人才。如陈康颐教授 1964 年编著了供我国高等医学院校法医学教学使用的教材；陈东启教授翻译前苏联波波夫著的《法医学》；陈康颐教授于 1994 年出版了《应用法医学总论》，1999 年出版了《应用法医学各论》。他们皆是推动我国法医学事业发展的老一辈法医学家。

图 1－1　林几教授（1897 年—1951 年）

图 1－2　陈康熙教授（1907 年—2005 年）

图 1－3　陈安良教授（1908 年—1998 年）

图 1－4　汪继祖教授（1905 年—1977 年）

图 1-5 孔禄卿教授（1909 年—1992 年） 图 1-6 陈东启教授（1912 年—2004 年）

欧洲各国法医学的萌芽较早。中世纪在意大利 Bolagna 城已对法庭邀请医学顾问一事做出相应的规定，并相继为意大利其他城市的法庭所采纳。1302 年 Bolagna 市第一次施行了法医学解剖。意大利当时法律已规定对他杀死亡和自杀死亡或被处决人的尸体，均需进行法医学尸体检查；对涉及医学问题的案件，如杀婴、强奸、解除婚约等均需有医生的证明。被誉为欧洲法医学奠基人之一的法国外科医生 Pare（1517 年—1599 年），多年承担法医学检验，对损伤及其法医学意义，生前伤和死后伤的鉴别，杀婴、窒息婴儿肺部的改变等均有重要的论述，并做了第一例升汞（Hg）中毒的鉴定。被称为欧洲法医学之父的 Zacchia（1584 年—1659 年），生长在教皇当政、政教合一时期，他精通医学，是当时一位卓有成就的内科医生；又洞悉法律，常参与解决法律中有关医学问题的讨论；亦是教皇好友，有著作留世。1642 年德国莱比锡大学医学院首先开设法医学课程。1716 年俄国颁布法令，明确规定对因伤害死亡者必须进行尸体解剖，以确定死因。Orfila（1787 年—1853 年）的名著《论毒物》出版，对毒物分析和法医学均做出了卓越的贡献，使他获得“毒物学之父”的荣誉。

法医学的发展取决于法制的完善程度和医学的进步。奴隶社会根本不承认奴隶是“人”，奴隶主可以随意处死奴隶。在这种法律制度下，法医学无发展可言。另一方面，离开医学的进步，法医学同样难以发展。

法医学的现状

现代法医学与其他学科一样，处于既高度综合、又高度分化的状态。法医学现已分化出法医病理学、法医物证学、法医精神病学、法医人类学、法医齿科学、法医临床学、法医毒物分析等学科。这些学科，各有其系统的理论、特殊的研究方法以及严格划清的研究范围和对象。20 世纪 90 年代末，法医学涉及越来越多的医学伦理学方面的问题，诸如安乐死、试管婴儿、克隆技术等。

近 20 年来，在法医学研究和检验工作中，广泛采用了各种新兴和先进技术，诸如仪器分析技术、透射和扫描电镜技术、电泳技术、免疫组织化学技术、酶组织化学技术、分子生物学技术、细胞杂交技术、DNA 分析技术、电子计算机技术、图像分析以及各种临床检验的新技术等，使法医学鉴定质量有了飞跃的提高，从定性发展到定量，从常量测定发展到半微量、微量、超微量测定，从肉眼和光学显微镜的观察深入到超微结构的水平，达到了准确、快速和微量的目的，能适应侦查和审判工作的要求，使法医学鉴定建立在现代科学技术的基础之上，并与医学和法学同步发展。随着医学的发展，法医学亦发生了根本性的改变。例如，法医病理学已从肉眼观察和细胞水平，进入超微结构、分子水平；从单纯地研究形态改变，进入形态学改变与功能改变相结合；命案现场分析，越来越受到重视。

现代法医学的传入

现代法医学传入我国，经历了半个世纪。清末变法时，国外法医学尸体检验已不限于尸表检验，尸体检验由法医负责，采用解剖技术。清王朝仍然采用洗冤录的理论和方法，只做尸表检验，由仵作负责。有学者称这为“旧律时代”。1902 年，清王朝虽令沈家本和伍廷芳“参酌各国法律，悉心考定清律，妥为拟议，务期中外通行，有俾治理”。1904 年，设立修订法律馆。1907 年，大清刑律仿欧洲大陆法系修订完成。在尸体检验部分参照外国法律，提出鉴定人应由有特别学识和技术的人充任，“判定被害人的健康状态或有无血痕之类”应由“医师、理化学者”担任。这些改革理念，是对当时法医尸体检验和制度的冲击和叛逆，清王朝未予接受。1909 年清王朝崩溃前，迫于形势建立《检验学习所》，吸收识字的仵作到所学习。但这只能将仵作的出身改变为检验吏，未能解决其知识结构使之成为法医。1910 年清王朝公布几经修改的《大清刑律》，尚未实施，清王朝已被推翻。

“中华民国”成立后，民国政府以“大清刑律”为蓝本，删除与共和国不符合的条例，于 1912 年（民国元年）颁布了《刑事诉讼法律》。这实质上是清末变法后清王朝仿照欧洲大陆法系拟定的新法，为我国法医学奠定了法律基础。清末外国来华人士兴办的西医学堂，如南满医学堂、山东基督教会大学医道学堂，均将法医学列入教学课程，对宣传近代法医学效果显著。这使法学界的人士认识到应用法医学的理论和技术，进行法医学鉴定的重要性，促成了 20 世纪后 50 年代这门学科在我国迅速地发展。

近代法医学在我国的发展

1912 年“中华民国”颁布的《刑事诉讼法律》明确规定：“遇有横死或疑为横死的尸体应进行检验。检验得挖掘坟墓，解剖尸体，并实验其必要处分。”这说明“中华民国”建立后，我国法制建设也随之改变，开始要求将法医学建立在现代医学的基础上，以求法医学鉴定公正、科学，为案件的侦破和审判提供确切的证据。

法医学尸体解剖是区分我国古代法医学尸体检验与现代法医学尸体检验的分水岭。“中华民国”成立后的 10 余年间，因忽视法医学人才的培养，许多地方仍沿用旧法验尸，以至产生《王佐才暴死案》等，引起社会哗然。1914 年，北京地方法院检察厅设法医职位；1915 年，教育部指示北京医学专门学校和浙江医药专门学校开设裁判医学。虽采取了这些措施，但远不能平息人民对当时政府丧权辱国的愤怒和反抗，加上上述“错案”的发生等，1924 年国内暴发了废除不平等条约的运动。我国现代法医学奠基人林几，率先在《北京晨报》发表《收回领事裁判权与法医学的关系》一文，倡导“收回法权的当务之急”。当时医学界和法学界的一些人士亦对旧法验尸提出愤怒的批评，要求发展现代法医学。林几受北平医学专门学校派遣，赴德国攻读法医学博士学位。1928年林几回国，受当时政府及中央大学的委托，“拟议创立中央大学法医学科意见书”。该意见书不仅是对在中央大学创建法医学教研室有价值，而且对全国法医学教学和检验的布局、体制，以及在大学设立法医学研究所等皆具有预见性。由于历史条件的限制，他的构想未能实现。1930年，林几教授在北平大学医学院创建法医学教研室，任室主任，受理法医学案件和培养人才；1932年，“司法行政部法医研究所”成立，林几任所长，创办“法医研究员班”，招收医科大学毕业生，毕业后授以“法医师”职称；1933年，创办法医学专业杂志《法医月刊》。法医研究所其后由孙建芳教授任所长，在迁往内地时全部设备遭日机炸毁。1934年教育部首次规定法医学为医科教育的必修课和法科教育的选修课程，并在1942年和1947年两次高考招生目录中，均列有法医学。林几作为现代法医学的奠基人，既培养出陈康颐、陈良安等教授，又于1943年和1947年先后为地方法院培养了两期法医检验员。林几根据当时国情，曾提出了培养医学人才的5年计划，主要培养法医学高级师资、各高等法院法医师及地方法院检验员、法医学科研人员。林几的这些思路，符合实际。另外，林几尚有一规划，在不同的6个地区各设立一个法医学教学点，既为这6个点的高等法院培养法医师，又可承担6个地区的检案工作。

法医学的发展，一是靠法制的建设，二是依赖于医学的进步。法制的真谛是人权。1884年我国一名水手遭日本的一名警察殴打致死，由于我国无法医，迫于形势，聘请一名外籍医生解剖，以查明死因。此事件是我国法制史上第一例为保卫人权而进行的法医学尸体解剖。中华人民共和国诞生后，1951年卫生部委托南京大学法医科主任林几开办全国卫生部第一届高级师资培训班，以发展我国的法医学。当时从中山医学院、湘雅医学院、上海医学院等10余所普通医学院校中抽调了19名应届毕业生接受法医学师资培训，这批学生结业后分配到中山、西安、上海、四川等医学院，开设法医学课程。1979年，卫生部决定沈阳医学院、中山医学院和四川医学院招收法医班。1983年7月卫生部、教育部下文开办法医学专业。国家教委批准四川医学院招收法医学助教进修班，同意该班引进和使用国外教材，成绩优异者通过学位论文答辩申请硕士学位。同年10月四部两院在山西太原召开了“全国高等法医学专业教育座谈会”，决定增设法医学为医学专业必修课。1986年8月国务院学位委员会批准中山和沈阳医科大学设立博士点，1990年批准华西医科大学设立博士点，祝家镇、贾静涛、吴梅筠、郭景元等为博士生导师。1996年卫生部、教育部和公安部成立了高等法医学专业教材编写委员会，负责10本法医学专业本科生使用的教材编撰工作。全世界仅有我国既办了法医学专业，又编辑出版了全套法医学专业本科生使用的教材。

法医学鉴定和鉴定书

近百年来，现代科学技术突飞猛进，使司法机关在与各类刑事犯罪作斗争中，有可能实事求是地应用科学技术手段，获取足以证明案件真实情况的科学证据，用于侦查破案、预防和控制各类犯罪。这种以鉴定结论作为证据使用，说明鉴定结论是一种证据形式。

法医学鉴定

鉴定人应用法医学和医学的知识和技能对诉讼案件涉及的活体或尸体及其组织、体液、分泌物等进行检验并做出结论，称法医学鉴定。

我国《刑事诉讼法》规定了六种证据形式，《民事诉讼法》规定了七种。法医学鉴定结论是其中的一种。法医学鉴定结论既是司法人员进行侦查活动的证据，亦是一种审理案件的证据，是具有法律效力的特殊证据。这种证据，是通过法医学鉴定人利用所具有的法医学专门理论知识和技术，以及他本人所具有的丰富经验，对鉴定客体进行检验、分析、对比而得出的具有高度科学性、真实性和符合客观实际的鉴定结论。

法医学鉴定的科学性，主要由下述三个因素决定：①法医鉴定人的学识渊博程度和水平，及其在这方面的经验；②鉴定过程中所采用的手段、技术和方法的科学性、可靠性、特异性以及灵敏程度；③检验和鉴定的客体是否具备或满足检验或鉴定所需要的条件。上述三个因素紧密相关，相互影响。鉴定人需有专长、具有丰富的经验及全面地掌握本学科的知识和技术，才有可能在鉴定中采用最可靠的技术手段和最先进的方法，判断所得到结果的准确性及实事求是地做出正确的鉴定结论。

法医学鉴定的正确性及是否与客观实际相符，同样与鉴定人是否具备严肃的工作态度、严密的工作方法和严谨的思维方式有关。鉴定人必须以事实为依据，不受外来各种因素的干扰，实事求是地做出判断。

鉴定客体是否具备鉴定的条件，是另一重要的方面。法医学鉴定面临的是尸体、活体、血液（斑）、精液（斑）、毛发、骨骼等生物源性样品，伤者或死者生前的病历、各种检查或诊断报告以及病情证明等。随时间推移，鉴定客体有的可能发生一定的变化，因此存在一定条件和最佳的检验时限问题。例如尸体解剖应在腐败发生之前；损伤程度的评定，应注意收集伤者受伤当时的情况、伤后经历的时间，记录是否完整，各种临床检验报告是否齐全。生物源物证采集量和来源，保存的条件与时间等，均对鉴定结果有直接的影响。保存不良的生物物证，如真菌或细菌生长，则失去鉴定的价值，影响案件的侦查或判决。

法医学鉴定结论应该尽量确切，不能模棱两可。有时尚需与现场勘验记录、调查案件所做的访问笔录和案情调查报告、证人的证词、被害人或嫌疑对象乃至被告提供的情况相印证，方能确定其正确性，成为有法律效力的证据。

法医学鉴定人

法医学这门学科，不是医学其他学科所能代替的，因此，法医学鉴定人必须受过法医学的专门训练，具备从事法医学鉴定必需的知识、技术和经验。有时，因鉴定内容的专门性或特殊性，可聘请医学领域中的专家担任法医学鉴定人。法医学鉴定人应由自然人承担。在我国，法医学鉴定人属于“具有专门知识的人”及“独立诉讼参与人”，是帮助司法机关解决诉讼中法医学专门问题的专家。

法医学鉴定人通常指取得司法鉴定执业资格的专职或兼职法医学从业人员。

法医学鉴定人，具有勘查现场、出庭宣读鉴定结果和书写鉴定书的义务。鉴定人因鉴定工作的需要，经委托单位的允许，可以：①对鉴定对象做身体检查、解剖尸体或检验物证；②查阅卷宗及证物，并可调阅与该案件有关的证据和资料；③允许直接参与询问被告、自诉人或证人。

鉴定人进行鉴定和做出鉴定结论，须符合下述鉴定程序方具有法律效力：①鉴定人须受司法机关或当事人委托；②鉴定人应在司法部门或鉴定单位的专门实验室或医院的科室工作，对尸体、活体或物证应用科学知识和技术进行检验并做记录；③鉴定人应根据检验结果，实事求是地回答委托人或委托单位提出的问题，做出准确的鉴定结论，撰写法医学鉴定书。整个鉴定工作必须符合程序化和规范化的要求。

法医学鉴定书

法医学鉴定人根据委托单位或当事人提出的鉴定要求，对鉴定客体检验所得出的结果或结论写出的文字材料称为法医学鉴定书。法医学鉴定书目前无法律规定的统一格式，一般应包括以下五个部分。

1. 一般资料

应记录委托机关名称、联系人、委托时间、委托鉴定的目的和要求，鉴定对象的姓名、性别、年龄、职业、籍贯、住址。物证则应记录送检材料的名称、数量、包装、编号。

2. 案件情况或病历摘要

根据委托单位提供的案情或病历资料，以及委托单位承认的其他旁证材料，准确且如实地摘录其主要内容。案件发生的经过或诊断治疗情况，对关键内容应注明出处，力求准确无误地反映与案件相关的人、相关的事和相关物的关系。

3. 检　验

按逻辑顺序，科学地记录检验的全部过程，所采用的方法和发现的结果。不是实验或检查的原始记录，而是经过分析、归纳、整理的记录，并附必要的照片等。

（1）尸体剖验：若鉴定人曾到现场进行检验，应从现场尸体检验开始记录。尸体检验应包括：法医学尸体外表检查，内部各器官检查，组织病理学检查、组织化学或免疫组织化学、毒物分析以及其他特殊检查，如透射电镜、扫描电镜、能谱测定等。

（2）活体检验：按现代临床医学的要求，写出全面系统的检查记录及各种特殊检查所获得的结果。

（3）法医物证检验：按顺序记录检验步骤、采用的方法和所获得的结果，包括对照样品的检验结果。

（4）文证审查：记录资料来源，有无缺页、涂改，系复制件抑或是抄件或原件；记录摘录内容的页码，切忌断章取义或任意取舍。

4. 说明或分析意见

对检验和检验所得结果，做必要的说明、分析和评价。解释所获得结果的法医学意义、价值和可靠程度，诸如死亡原因和死亡机制的说明，损伤引起的功能障碍和程度的分析，损伤可能发生的后遗症，某种检验方法的灵敏度或准确性等。针对检验结果和委托单位提出鉴定要求做重点分析；对委托单位未提出，但与案情有关的检验结果，则应向委托单位如实反映，使其对鉴定有深刻的理解。分析意见应言之有理、论之有据。

5. 鉴定结论

根据检验结果和分析说明的理由，客观地做出有科学根据的结论。

补充鉴定

若委托单位认为鉴定人所做的鉴定依据不足，理由不充分，或是被告人提出新的问题和材料，委托单位可将新发现的材料及全部案件材料，一并交给原鉴定人，要求鉴定人对原鉴定再次进行修改、补充和回答新提出的问题，称补充鉴定。

再鉴定或重新鉴定

若鉴定人所做鉴定的内容有重要遗漏或重大矛盾、鉴定内容在学术上尚有争议，或对鉴定人的鉴定能力有怀疑，委托单位可委托他人另行鉴定，称再鉴定或重新鉴定。

（吴家驳）

2 法医死亡学

死亡的确定（17）
死因分析（19）
直接死因（20） 根本死因（20） 中介原因（20）
辅助死因（21） 死亡诱因（21） 联合死因（22）
死因分析（22）
死亡机制（22）
循环死（23） 呼吸死（23） 脑死亡（24）
死亡过程（24）
濒死期（24） 临床死亡期（24） 生物学死亡期（25）
假 死（25）
死亡性质（25）
暴力性死亡（26） 非暴力性死亡（26）
死亡方式（26）
疾病或衰老（26） 自 杀（26） 他 杀（27）
意外事故或灾害（27） 死亡方式不能确定（27）
死亡证明（28）

死亡的概念包含人们对死亡本质认识的科学概括和哲学理念。随着人类认识和科学技术水平的提高，人们对生命和死亡的认识亦随之变更。因此，不同的死亡概念反映人们不同的认识水平和理念。目前，从生物学、医学及法学的角度，死亡与生命是相对应的，死亡是生命的必然结果。死亡（death）是指个体生命功能的永久终止。

人类在自然界和社会中具有独特的地位，赋予了人类个体生命的双重属性：其一，在自然生物进化树上的物种个体（human）的生物学生命；其二，在人类社会中充当一定角色的社会个体（person）的社会学生命。

从生物学角度，特别是生命科学的进步已使试管婴儿和体细胞克隆人成为可能。人的生物学死亡应指在体内外自然因素作用下，整个机体器官组织细胞乃至全部DNA基因组等生物大分子的消亡。由此引申出死亡类型（types of death）的概念，即生物体的全部器官组织细胞和生物大分子的新陈代谢活动及其生物功能的不可逆转的中止，称为细胞死亡（cellular death）。由于各组织细胞对缺血、缺氧及其他损伤因素的耐受性不同，生命活动的终止速度亦各不相同。胚胎分化发育越晚的组织细胞耐受缺氧的能力越差。常温下脑组织缺血、缺氧后发生不可逆损害的极限为8 min～10 min，肝细胞通常为 30 min，心肌约为 60 min，肾小管上皮细胞可达 180 min。只有在极端剧烈的外界因素作用下，整个机体所有组织细胞才可能瞬间同时死亡，如核爆炸中心地带等。因此，绝大多数死因导致的死亡，机体不同组织细胞生命功能是在不同时间相继终结。

从社会学角度，人的死亡是指有意识地充当社会角色的个体生命活动不可逆转的终止。这种死亡称之为躯体死亡（somatic death）。就当代医疗救治水平以及哲学和法律的理念而言，人脑功能决定着个体的不可替代的社会学属性——个性。因此，在全脑功能不可逆地丧失情况下，即使机体其他系统器官组织功能仍自主地存在或被动地维持，个体仍丧失了可感知的个性和意识，不能感知自身和外界的变化与存在，不能对刺激产生有意识的反应活动。这种情况下，已经丧失了其社会性生命。

死亡的确定

至 20 世纪 70 年代，现代医学和法律一直将心脏搏动和呼吸停止作为确定人体死亡的唯一诊断标志。目前，包括中国在内的许多国家的法律和医学仍是这样定义死亡的临床征象。但是，自从发明了人工呼吸机、人工心脏、心脏起搏器等生命器官辅助或替代仪器，临床救治危重病人的医疗技术极大地进步，除人脑外，所有的人体器官几乎均可成功地移植或使用仪器替代，心脏搏动和呼吸停止不再意味着个体死亡。1968 年，美国哈佛大学医学院首先明确地提出了脑死亡的概念："脑的严重外伤或疾病，使脑的全部功能不可逆地停止而导致的人体死亡。"

目前，已有 20 多个国家法律明确规定脑干死亡或全脑死亡为脑死亡，允许将脑死亡作为判断死亡的标志。综合各国规定，目前较公认的脑死亡诊断标准如下：

（1）确定的不可救治的脑损害，包括各种原发性颅脑外伤和疾病，特别是脑干严重损害。

（2）意识丧失，临床上不可逆的深昏迷状态（irreversible coma），对各种声音、语言和强烈疼痛等外界刺激均无反应，不能发声，无任何自发性运动。必须排除各种可逆转的深昏迷原因，包括神经镇静药物中毒、内分泌系统疾病与代谢性疾病（糖尿病、甲状腺功能低下和肾上腺皮质功能低下等）和低温麻醉状态，以及心血管病发作引起的一过性脑功能丧失等。

（3）自主呼吸丧失，必须依赖人工呼吸机维持呼吸功能，关闭呼吸机 3 min 后，仍无反射性呼吸活动。一般情况下，呼吸停止 3 min 后，机体内蓄积的二氧化碳分压超过 6.67 kPa 仍不能刺激呼吸中枢的自主呼吸反射，反映脑干呼吸中枢的化学感受器功能丧失。凡是有自发呼吸活动即使是极表浅的都不能诊断脑死亡。

（4）脑干反射消失，包括：①瞳孔散大固定、对光反射消失，提示中脑水平的神经功能丧失；②角膜反射、头眼反射、眼前庭反射消失，提示脑桥水平的神经功能丧失；③咽喉反射消失，不能吞咽、打呵欠或咳嗽，提示延髓水平的神经功能活动丧失。去大脑强直存在，说明脑干仍有功能，不可诊断脑死亡。如果脑干反射消失达 12 h，可诊断为脑死亡。

此外，有些国家提出，诊断脑死亡还要求有其他临床辅助检查：①经颅超声多普勒观察脑血流分布、流速、方向，以及有无涡流、逆流或停止等；②单光子核素CT和正电子发射CT检查，脑死亡者放射性核素标记物均淤积于颅脑底部，表明脑血流终止；③脑血管造影检查，颅内血管无造影剂流入，呈“冷脑”状态等，因该法有损伤性且操作繁杂，一些国家不主张使用；④脑电图或脑干诱发电位检测，两者均无反应，呈平直的等电位线，但有许多学者指出脑电检查对诊断不一定有帮助。

英、美等国还提出脑死亡诊断的“权利分离原则（principle of right separation)”：①实施脑死亡诊断，至少要由两名以上医生负责，其中一位必须是经治医生，另外一位应是有5年以上临床经验的医生，必要时请神经内科、脑外科医生或ICU医生会诊。参与对死者器官进行移植的医生，不能参与脑死亡诊断。②脑死亡的诊断时间应根据死因而定。一般认为，脑外伤死者至少应观察6 h～12 h，蛛网膜下隙出血（蛛网膜下腔出血）和脑内出血死者应观察6 h，心脏搏动呼吸完全停止死者应观察30 min以上，药物中毒死者应观察3 d～4 d，重复上述诊断标准1～4项均阳性，方可确定脑死亡。③诊断脑死亡后，应立即向医院主管部门报告，如有关部门认为有必要，可指派两名医生进行复查后，共同签署死亡证明书。

由于脑死亡诊断尚未被各国法律普遍接受，理论上，还存在一些易混淆的相关概念需要澄清。大脑死亡指左、右大脑半球广泛的损害和功能丧失。皮质死亡指大脑的皮质区损害，比大脑死亡的范围小一些，两者均未伤及皮质下生命中枢。由于大脑半球具有整合人体思维、情感和运动等重要功能，但不是维持基本生命活动的生命中枢之所在，故两者均不属于真正的脑死亡范畴。这种情况下的自觉意识活动、运动功能丧失，而皮质下呼吸和循环等基本生命中枢功能仍然存在的状态或临床综合征，即为植物状态(persistent vegetative state)。处于这种状态的病人称为植物人（vegetative patient)。临床上尚有一些严重的大脑功能性抑制的病人，亦长期处于深昏迷状态，难于从病因和症状上与植物状态相鉴别。概念上，植物状态应是以功能损害为主的和可逆性的临床情况，大脑死亡或皮质死亡应是以器质损害为主的不可逆转的临床情况，故植物状态亦不能等同于脑死亡。

植物状态的诊断标准有：①不能有意识地自主运动肢体和眼球；②不能自主进食；③大小便失禁；④对简单的刺激和命令有无目的的反应和发声，但不能说话，不能进行正常的意识沟通；⑤植物人的这些表现可持续3个月以上，平均存活3年，个别亦有存活10年以上的（表2-1，图2-1)。

表2-1 脑死亡与植物状态的区别

	脑死亡	植物状态
概　　念	全脑功能丧失	脑的认知功能丧失
病理改变	全脑或脑干损伤	广泛大脑皮质损伤
自主呼吸	无	有
意识状态	深昏迷样意识丧失	无意识的醒觉状态
脑干反射	无	有
维持心肺功能	短，平均短于72 h	长，平均超过3个月

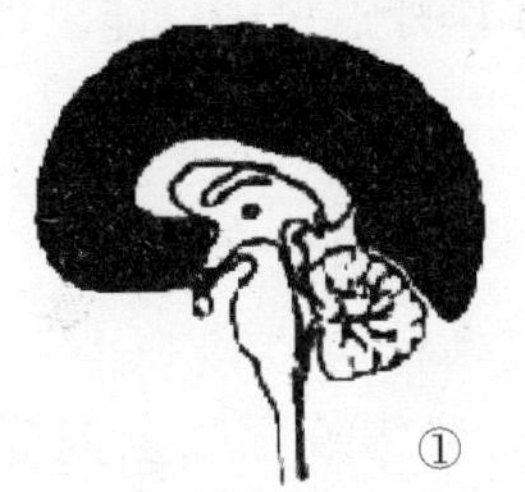
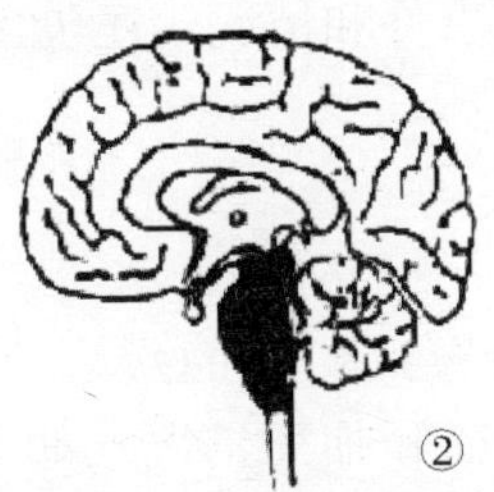
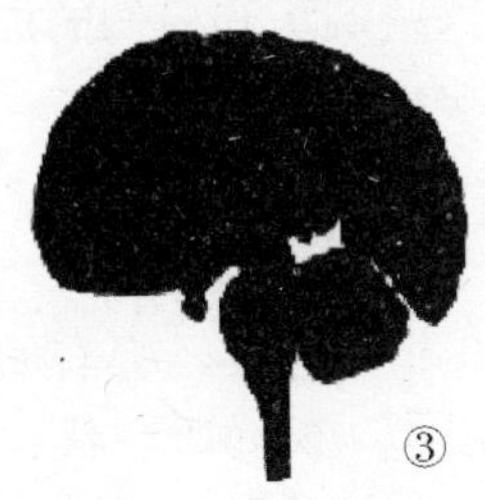

图 2－1 脑死亡及其相关情况的模式图

①大脑死亡；②脑干死亡；③全脑死亡。

目前，我国虽有这方面的研讨，但法律尚未明确脑死亡的诊断标准。从社会和科学发展的意义上，脑死亡的概念乃是现代临床医学发展推动人们思想观念、社会伦理，乃至法律制度转变的又一经典例证。其可预见的意义在于：第一，这种科学进步推动死亡观念转变，体现了“存在决定意识”的唯物主义真谛。第二，节约社会资源。承认脑死亡有利于合理地使用人力和物力，特别是节省日益紧缺的自然和社会资源，减轻死者亲友护理脑死亡者的沉重精神和经济负担。第三，脑死亡者如其他组织器官基本维持正常，可作为良好的器官移植的供体，有利于拯救更多可救治和有价值的生命。

需要指出，脑死亡作为个体死亡的诊断，不是取代传统心、肺死亡的诊断，而是在医疗救治技术发展的基础上对死亡诊断标准的补充。一般情况下，心脏搏动、呼吸停止后 8 min～10 min 即可导致全脑功能不可逆的丧失和脑死亡，而如此短的时间内多难以进行及时有效的复苏抢救。因此，在临床实践中，对大多数非原发性脑严重损害者，心脏搏动、呼吸停止仍是简单有效确定死亡的诊断标志。只有在全脑或脑干发生直接致命性损伤或原发性脑疾病时，心、肺等器官功能基本完好的情况下，才适用脑死亡的诊断。

死因分析

临床和法医鉴定实践中，死亡大多由一种以上的疾病或损伤及其引起的一系列并发症，或者外界不利因素的介入而引起的，如严重创伤后，继发某种并发症，伤者本身又原有某种病理情况，或者医疗过程中出现一些医疗过失等等因素综合作用导致死亡。因此，综合分析案情或临床病史、尸体剖验和实验室检查资料，辨明各种疾病、损伤或其他内外因素之间的关联，及其与死亡的关系，成为法医病理学工作者死因鉴定的重要内容之一。分析确定与死亡相关的各种因素的责任关系的过程称为死因分析（analysis of cause of death）。

世界卫生组织（WHO）颁布的《国际疾病分类》（International Classification of Disease，ICD）对死亡原因（cause of death）定义：“所有导致或促进死亡的疾病、病态情况或损伤，以及造成任何这类损伤的事故或暴力的情况”。这个死因定义，广泛涵盖了几乎所有涉及死亡的有关因素，既有具体的疾病和损伤及其病理过程的并发症，又包含了引起这些疾病和损伤的原发事件和情况，还包含了医疗过程中可能出现的医疗过失或医源性疾病等情况。

直接死因

按照《ICD》定义，所有直接导致死亡的疾病或损伤称为直接死因（immediate cause of death），不包括症状、体征和临死情况，如心力衰竭或呼吸衰竭等。也就是说，死因指某一具体的疾病或损伤及其并发症，以及造成这些病症或损伤的事件，而不是疾病或损伤的临床表现（症状或体征）以及引起的病理综合征。但是，从临床和法医死因分析角度，均习惯于将这些疾病或损伤引发的致命性病理过程（即所谓死亡机制）一并归为直接死因，例如严重脑干挫裂伤、心肌梗死和一氧化碳中毒，以及各种休克、心力衰竭和呼吸衰竭等。

根本死因

凡引起直接导致死亡的一系列病理过程的最初的疾病或损伤，或者造成这些损伤的事故或暴力情况均称为根本死因（underlying cause of death）。这些疾病或损伤与最终死亡可以间隔较长时间。例如：

（1）乳腺癌→继发性股骨癌→病理性骨折→肺栓塞→死亡。

（2）卡车撞伤→多发性骨折→创伤性休克→死亡。

中介原因

发生于根本死因和直接死因之间的并发症或外部介入的不利因素称为中介原因或中间环节（intervening antecedent cause）。

例 1 某男，52 岁，与人打架致腹部刺创合并胃肠破裂、腹腔内大出血，出血量约为 1 800 ml，血压为 0 mmHg。经急诊剖腹手术，救治复苏。7 d 后，继发肠瘘、化脓性腹膜炎。24 d 后，因感染性休克死亡。尸体解剖见恶病质、降结肠处肠瘘、化脓性腹膜炎、假膜性肠炎、化脓性肺炎、肺脓肿混合深部真菌感染、感染性休克。有法医认为，当初死者的外伤严重，但经过医疗救治，原发性损伤已修复，住院期间发生了一系列继发性和医源性并发症，导致死亡，因此，凶手造成的原发性损伤程度为重伤，死亡应由医方负责。而医方认为，死者入院时伤情危重，即使死在手术台上亦应属于院外死亡，与医方无任何关系；而医方至少将伤者从死亡线上救回来，延长其生命 20 多天，故不应负死亡责任。两种意见，听起来都有一定道理，但是，案件性质却截然相反。根据《ICD》死因分析方法认为，外伤事件及其腹部刺创、胃肠破裂、失血性休克应为根本死因；肠瘘、化脓性腹膜炎、假膜性肠炎、化脓性肺炎、肺脓肿、深部真菌感染，以及救治过程中存在的医疗过失均可归为中介原因；感染性休克为直接死因。因此，导致根本死因情况的一方应负主要责任。

例 2 某男，45 岁，交通事故致左胸壁多发性肋骨骨折，右胫、腓骨骨折，创伤性休克，经急诊救治后，伤情痊愈，基本恢复日常活动。挂床住院 5 个多月，突然病情恶化，诊断为“冠心病、急性心肌梗死”，救治1周后死亡。尸体解剖发现：左肺下叶背面有一个局限性脓肿，直径约1.5 cm；左胸腔化脓性胸膜炎，胸膜腔积脓1 800 ml；支气管肺炎；感染性休克。死因分析：交通事故及其左胸壁多发性肋骨骨折，右胫、腓骨骨折，创伤性休克属于根本死因；左肺下叶背面局限性脓肿，左胸腔化脓性胸膜炎，支气管肺炎，以及病情恶化后救治过程中医疗过失属于中介原因；感染性休克应为直接死因。因为最初的交通事故及其所致创伤较严重，并与继发左肺下叶背面局限性脓肿、左胸腔化脓性胸膜炎、支气管肺炎之间存在因果关系，后来救治阶段的误诊、误治只能算是未能对真正的病理情况实施及时有效的救治，仅为期间插入的一些外在性不利因素。

辅助死因

凡是与直接导致死亡的疾病或情况无因果关系或必然联系的其他可能促进死亡的情况称为辅助死因（contributory cause of death）。一般而言，同时存在多个与死亡无关的病理情况或伴发病，其中较次要的或者致命性不大的，但可能降低机体抵抗力和生理反应性的疾病或其他情况，可归于辅助死因。

例1 一名慢性支气管炎合并肺气肿病人，胸部遭受创伤致血气胸，呼吸衰竭而死亡。死因分析：创伤事件及其血气胸应为根本死因。考虑到慢性支气管炎合并肺气肿病一定程度上降低了肺和呼吸道的代偿能力，可加速呼吸衰竭，但是，其与创伤事件及血气胸之间无必然的因果关联，故应为辅助死因。

例2 一名慢性支气管炎合并急性化脓性肺炎病人，伴发慢性心肌炎，因感染性休克而死亡。死因分析：慢性支气管炎属于根本死因，急性化脓性肺炎为中介原因，感染性休克应为直接死因。医学理论上，慢性支气管炎病人易合并急性化脓性肺炎，两者存在因果关系，而与慢性心肌炎之间无必然联系。但是，伴发的慢性心肌炎一定程度上降低了心血管系统的代偿能力，使机体抗病能力降低，特别是对抗感染性休克产生了不利影响，故伴发的慢性心肌炎应为辅助死因。

死亡诱因

《ICD》中没有定义这类死因，但是，在法医实践中，经常遇到一些较轻微而短暂的伤痛或其他刺激因素，通过上述因素引起体内潜在疾病发作或病情恶化而导致死亡，根据司法审判量刑的需要，应将这类情况归为死亡诱因（inductive cause of death）。死亡诱因不能单独危及生命或者造成较严重损害，不能归入根本死因。一般仅引起情绪波动和应激反应等生理性功能反应，诱发体内原有疾病发作而致死。例如，“扇耳光”引发原发性脑血管畸形破裂、病理性蛛网膜下隙出血或脑血肿而死亡。死因分析：原发性脑血管畸形应属于根本死因，病理性蛛网膜下隙出血或脑血肿应为直接死因，“扇耳光”则属于死亡诱因。此外，日常生活中，从临床医学角度，还经常发生一些可能成为死亡诱因的非暴力情况，如与人争吵、过劳过累、暴饮暴食、性交等诱发潜在的冠心病发作而导致死亡。

在法医病理学死因鉴定实践中，经常遇到死亡诱因和辅助死因不易鉴别的情况。一般而言，死亡诱因应是一些对机体生理功能影响轻微的、短暂的一过性躯体或精神刺激的情况。单就损伤程度而言，仅应属于轻微伤以下范畴。而辅助死因，损伤程度则应属于轻伤以上，其对受伤者生理功能和精神痛苦的影响应是持续性的，直至死亡。

联合死因

同时存在两个或两个以上的单独可致死的死因情况，这些合并存在的死亡原因称为联合死因（conjunctive cause of death）。作为联合死因的各种情况，从病原学和死亡机制方面应分别独立，无确定因果关系或逻辑顺序，属于偶合伴发的，故亦称之为并列死因。一般有以下三种情况：

（1）损伤-损伤联合，如心脏刺创和脑干挫裂伤。

（2）损伤-疾病联合，如脑干挫裂伤和病理性蛛网膜下隙出血，脑干挫裂伤和胃溃疡大出血等。

（3）疾病-疾病联合，如高血压性脑出血和冠心病心肌梗死，酗酒诱发脑血管瘤破裂和急性坏死出血性胰腺炎等。

死因分析

在司法鉴定实践中，常有法官和律师要求解释各种死因情况的主次关系，或者与死亡的责任大小，划分各责任方对死亡事件应负的责任大小，以期指导司法审判量刑。有学者探讨了各种死因的责任“参与度”。但是，目前尚无统一、规范的标准。结合临床医学和法学理论，根据各种死因在促进死亡进程中的作用大小，可划分不同死因的责任“参与度”。如果全部死亡责任为100％，可粗略估算根本死因应占60％～80％，死亡诱因应占10％～20％，中介原因应占30％～40％，辅助死因应占30％～40％，仅有单独的直接死因应为100％，联合死因的各种情况负同等的死亡责任。注：这种参与度仅供参考。

死亡机制

根据上面所述的死因概念和死因分析原理，我们认为死因主要指具体的疾病和损伤及其相关事件，以便明确责任来源及其责任者。这对于明确死亡事件的本质、追究责任人及司法审判量刑，以及政府统计分析均具有清晰明辨的指导意义。但是，在死因分析过程中，如何将各自分散的死因情况合乎基本医学理论地联系起来，或者分门别类、合乎逻辑地区别开来，令人信服地用语言表述，仍是法医经常面临的一项不可回避的问题。从理论上讲，根据基础医学和临床医学的理论知识，基本可以将无法穷尽的各种死因归纳入为数不多的几条最终引起机体死亡的致命性病理生理过程，用以阐释原发性疾病或损伤怎样作用于机体，引起一系列继发性生理代谢、功能和形态紊乱和致命性失调而导致个体死亡的机制，这类致命性病理生理过程称为死亡机制（mechanism of death）。由于各类死亡机制均表现为病理、生理功能紊乱而危及生命的临床综合征，对临床医生采取针对性救治措施具有一定的指导意义。但不应该用死亡机制替代其他的死因诊断。因此，有必要举例说明法医病理学的死因诊断与死亡机制的本质区别。

（1）同一死亡原因可以通过不同的死亡机制导致死亡。例如，同样是机械性损伤的根本死因，可以通过创口外出血或体腔内大出血，继发失血性休克；或者创口感染或肺内感染等其他继发感染，导致感染性休克；或者广泛软组织挫伤，大量坏死组织毒性产物吸收、血浆渗出，以及疼痛等综合因素，引发创伤性休克等致命性病理生理途径导致死亡。

（2）不同死亡原因可以通过同一死亡机制导致死亡。例如，根本死因分别为机械性损伤、消化性溃疡、异位妊娠、大动脉瘤破裂等损伤或疾病情况，均可通过引起大出血并继发失血性休克而导致死亡。

由此可见，单纯做出死亡机制的诊断，仅能提示不同根本死因引起的机体继发的致命性病理生理过程，不能明确死因中最初的原发性疾病或损伤情况，这对法医进行死因分析，特别是对根本死因及相关因素的责任认定和划分没有实际意义。因此，从司法鉴定角度，要求临床医生和法医对死亡案件做出全面的死因诊断，包括最初的根本死因、中介原因和直接死因，以及死亡诱因或辅助死因。

根据目前的医学理论，各种死因引起的继发的致命性病理生理过程，主要通过同时或分别影响心、肺、脑三个所谓“重要生命器官”的功能活动，进而导致死亡。以往，在讨论死亡机制时，多集中于个别器官或系统，并将其作为一个孤立情况。随着医疗救治水平不断发展和完善，各种创伤或疾病所引起的单器官功能衰竭而致死的案例已明显减少。许多严重创伤或疾病等危重病人经过一段时间救治之后，继发难以救治的多器官衰竭（multiple organ failure，MOF）或多器官功能衰竭综合征（multiple organ dysfunction syndrome，MODS），已成为主要死亡机制。因此，主要的死亡机制可有循环死、呼吸死、脑死亡三种情况。

循环死

循环死的传统概念为心脏死（heart death），即心脏停搏（心脏搏动停止）先于呼吸停止而导致的死亡。我们认为，这种仅从器官水平定义一种复杂的病理生理功能变化过程未免过于狭隘，仅包含了心脏本身的病理情况。而从心血管系统功能方面考虑，凡是涉及血液循环功能衰竭而导致的死亡，则可包括所有心源性的、失血性的、外周血管源性的致命性病理过程，故从死亡机制角度更适合称之为循环死（circulatory death）。一般来说，所有心血管系统的疾病、外伤、酸碱和电解质平衡失调、中毒、电击，以及自主神经异常反射等原因，均可通过引起心律失常、心脏血流动力学改变、心血管运动中枢功能紊乱，进而发生心力衰竭、心源性休克或神经源性休克和心脏停搏等，导致死亡。如心室颤动、神经源性休克、反射性心脏骤停、室壁瘤、心脏破裂等。循环死的病理生理过程中心环节是循环功能衰竭。

呼吸死

呼吸死同循环死相对应，传统的概念为肺脏死（lung death），即呼吸停止先于心脏停搏而导致的死亡。但是，从呼吸系统整体功能方面，除肺脏源性外，还应包含呼吸道通气源性的、呼吸运动源性的、胸廓和胸膜腔源性的，甚至环境空气含氧量等情况，均涉及这类致命性病理生理过程，因此，该死亡机制应称为呼吸死（respiratory death）。包括呼吸道、肺、胸膜腔等所有呼吸系统的疾病和外伤，呼吸中枢疾病和外伤，机械性窒息和溺水，中毒，电击，以及高位截瘫等各种原因，均可通过引起肺通气障碍和/或换气障碍，进而发生呼吸衰竭或呼吸停止，导致呼吸死。呼吸死的病理生理过程中心环节是呼吸衰竭。

脑死亡

各种中枢神经系统的原发性或继发性疾病、颅脑外伤，均可通过直接破坏生命中枢组织结构或功能，造成生命中枢的系统整合功能的不可逆性丧失，导致脑死亡。由于人体的中枢神经组织对缺血、缺氧最敏感，故实际上几乎所有的脑外器官疾病或损伤引发的呼吸、循环衰竭，最终均是通过导致脑干等生命中枢衰竭而死亡，因此，理论上，脑死亡应属于所有死亡机制的共同的最后通路。

死亡过程

个体死亡的时间历程称为死亡过程（death process），死亡过程分为濒死期、临床死亡期、生物学死亡期三个阶段。由于死亡过程的进展情况受死因、体质和救治等诸多因素的影响，其各阶段的表现不尽相同。

濒死期

濒死期（agonal stage）为死亡过程的开始阶段，又称临终状态，主要为各种死因引发的致命性病理生理过程晚期，中枢神经系统和生命中枢功能紊乱，机体各系统功能整合机制失调。此期病人表现为意识模糊或消失；各种反射减弱或消失；瞳孔大小变化；心脏搏动减弱、心率波动；血压下降；呼吸微弱而不稳，或出现病理性呼吸。处于濒死期的病人尚可出现应激反应，有的一直保留到死后，如尸体痉挛、肾上腺皮质激素水平增高等。有时各生命功能活动全面抑制，表现极度微弱，呈现假死状态。濒死期持续时间长短不一，可从数分钟至数小时，甚至更长。一般而言，年轻体壮者持续时间较长，慢性疾病者持续时间较长，暴力死或急死者持续时间较短，甚至缺如。此期生命功能尚处于可逆阶段，若得到及时有效的抢救，病人可以复苏；反之，则进入临床死亡期。

临床死亡期

临床死亡期（clinical death stage）脑干呼吸中枢及血管运动中枢严重抑制，循环和呼吸系统的生命活动消失，表现为心脏停搏、呼吸停止。临床死亡期持续时间为8 min～10 min，此时限亦即神经细胞耐受缺血、缺氧的时限。一般而言，濒死期长者此期短，反之则长。低温麻醉情况下，氧耗低，临床死亡期可延长达1 h或更长。少数进入临床死亡期的病人若得到及时救治尚可复苏，多数则转入死亡过程的第三个阶段——生物学死亡期。

生物学死亡期

生物学死亡期（biological death stage）为死亡过程的最后阶段，中枢神经系统，特别是脑干生命中枢遭受不可逆性损害。此期已无救治可能。

有些死亡的濒死期和临床死亡期皆可缺如，而一开始就直接进入生物学死亡期，个体生命无望复苏。如严重的原发性脑干挫裂伤、断颈等原因，瞬间即不可逆地进入脑死亡。这种死亡是以全脑的功能不可逆地丧失和呼吸停止开始，心搏随后停止，但在一定时间内可维持自主心搏，并可用人工呼吸机维持呼吸活动。

假　死

有些病人，各种生命功能活动处于极度微弱状态，一般的临床常规检查方法难以察觉其生命指证的存在，此种状态称为假死（apparent death）。实际上，假死状态机体的心搏、呼吸和血液循环仍存在，只是被抑制而处于仅能维持机体最基本的生命状态。

引发假死的常见原因主要有：机械性窒息、镇静安眠药中毒、一氧化碳中毒、电击、高低温损伤、脑震荡、癫痫、大失血、严重脱水、尿毒症、糖尿病昏迷、严重营养不良和强烈精神刺激等疾病或损伤，早产儿更易发生假死。从发生机制和临床表现方面看，假死者主要是由于某些中枢神经系统功能性抑制引起的濒死期的特殊表现，若得到及时救治可复活，有些假死者亦可经过一段时间自然复苏。曾有报道，临床医师检查不慎，错将假死状态诊断为死亡，而将其送进殡仪馆或入殓出殡。因此，临床医生和法医在实际工作中应注意对怀疑假死者进行鉴别，一般只要仔细做如下检查，均可识别假死：

（1）心脏活动：①用听诊器在心前区听诊，或在心腔注射药物时感觉心脏搏动；②做心电图检查观察心电活动；③通过X线透视观察心搏。

（2）呼吸活动：①用听诊器在喉头部检查支气管呼吸音（管状呼吸音）；②做气管插管，可有咽喉反射。

（3）血液循环：①用眼底镜观察视网膜血管搏动和血流；②眼球张力和眼压正常；③做瞳孔变形试验，压迫眼球使瞳孔变形，解除压迫后，瞳孔很快恢复正常者为有血液循环；④用1%荧光色素钠滴眼，2 min～5 min内，结膜的黄染褪色，说明有血液循环。

死亡性质

死亡性质可分为暴力性死亡、非暴力性死亡两大类。

暴力性死亡

暴力性死亡（violent death）又称非自然性死亡（unnatural death），指蓄意、过失或意外等各种非自然因素作用导致的死亡，例如各种伤害案件、中毒案件、医疗事故、交通事故、工伤事故和严重环境污染公害等，均涉及刑法、民法和行政法规等要求追究责任的事件或情况。因此，这类非自然的或可疑暴力方式致死的尸体，必须进行法医病理学检验，查明死因，追究凶手或有关责任者的法律责任。

非暴力性死亡

非暴力性死亡（non - violent death）又称自然性死亡（nature death），指机体自然发生的各种因素作用导致的死亡，例如各种疾病或衰老，为不涉及法律惩处或追究刑事责任的一类生物医学性死亡。但是，有些猝死案例，因其死亡发生的突然性和意外性特点，常不能明确死因，而引起当事各方的猜疑或医疗纠纷，需要进行法医学鉴定，明确死因，澄清事实。

死亡方式

死亡方式（manner of death）是对死亡原因、案件情节的归类性概括，具体可以概括为疾病或衰老、自杀、他杀、意外事故或灾害、死亡方式不能确定五大类。

疾病或衰老

1. 疾　病

疾病（disease）指医学理论可理解的各种自然发生的致命性疾病。由疾病引起的死亡称为疾病死或病理性死亡（pathological death）。疾病死在病因学、病理学以及相应临床表现和诊疗方面均符合疾病的发生、发展规律和诊疗常规，生前有相应的病史、症状、体征和诊治经过的病历记载，多无解释不清的争议。但是，有些疾病死，可因发生医疗纠纷或医院外死亡而疑为暴力性死亡，需要做法医学鉴定。

2. 衰　老

衰老（senility）指人体自然发育进入老年期，各器官、组织及其生理功能退化或丧失而导致的衰竭情况。由衰老引起的死亡称为衰老死，亦称生理性死亡（physiological death）。尽管理论上生物体存在衰老死，然而实际生活中却极为少见。所谓“无病而终”的衰老死，绝大多数为衰老机体在某种轻微疾病等外界不利因素作用下引发的死亡。因而法医学在判定死亡方式时，一般不需刻意地区分疾病死与衰老死，而应统称自然性死亡（natural death）。

自　杀

自杀（suicide）指蓄意地利用外界强加性因素终止自己生命的事件。由自杀引起的死亡称自杀死（suicidal death）。据 WHO 1976 年—1982 年统计，全世界每年自杀的人数约 37 万，其中日本人的自杀率最高。最近报道，我国每年死于自杀死者高达 28.7 万人，约占整个死亡人群的 3.6%，自杀已成为我国第五大死亡原因；每年自杀未遂者有 200 万；自杀率农村高于城市的 3 倍，女性比男性高 25%。可见，自杀现象已成为不容忽视的社会问题。

他　杀

他杀（homicide）指采用外界强加性因素剥夺他人生命的事件。由他杀造成的死亡称他杀死（homicidal death）。杀人者应受法律惩处。但是，法律还区别以下几种他杀情况：①蓄意的谋杀（murder）；②过失杀人（manslaughter）；③正当防卫致死（legitimate homicide or self－defence）。

意外事故或灾害

意外事故或灾害（accident or disaster）指一些出乎意外的外界强加性因素造成人体伤亡的事件。其中，由自然灾害（如地震、火山、风暴等）造成的灾害死，多不涉及法医学问题；而由社会或人为因素（如交通事故、医疗事故、工伤事故等）造成的事故死（accidental death），常规要求做法医学鉴定。

死亡方式不能确定

死亡方式不能确定（manner of death undetermined）指根据所掌握的有关资料不能判定死亡方式。一般有以下三种情况：①尸体严重毁坏，不能鉴定死亡原因，如高度腐败、白骨化、尸体火化等；②案情不明确和现场破坏，多种死亡方式情况的可能性都有理由存在，而没有优势的倾向性证据，如经过精心策划的一些职业谋杀和政治谋杀等；③现代医学尚未完全解释清楚的新病种和使用尚未被普遍掌握的毒物等杀人手段，这种情况下，应充分收集有关的死亡线索和证据，系统全面尸检，排除可能的已知暴力情况，经过积累经验，逐步认识死因。

死亡方式是 WHO 要求死亡统计的一项重要内容，《ICD》和《死亡原因的医学证明》（Medical certification of cause of death，1979 年）中，均要求在死亡证明中填写死亡方式。同时，死亡方式又是司法、医政及保险机关审理或裁决，特别是确定案件性质的主要依据。填写死亡证明时，多依据特定时间内所获得的案情、现场、尸检等资料，往往并不十分完善，故只是采用当时所掌握的原始证据，应依靠优势性证据倾向（即可能性大于 51%）来确定的死亡方式。因此，应允许在进一步获得更充分和必要的资料后，对死亡方式加以修正。一般情况下，为避免不必要的麻烦和争端，如果填写死亡证明时尚未掌握明确优势倾向的证据，应该暂不填死亡方式，或选择不能确定，而留给司法人员在获得进一步的相关证据后补填死亡方式。对于法医学和医学专业性强的证据，应请相应学科的专家帮助分析填写。

法医鉴定时，除需根据尸检所见的疾病或损伤情况，特别是一些特征性表现，如试切创、防卫伤、创伤部位和枪击距离等，还需结合案情和现场资料，综合分析案情或病史，以及其他辅助检查的结果后，才能确定死亡方式。通常情况下，全面系统的尸体剖验可以确定死亡原因和死亡机制，但是，仅靠尸检资料，有时难以确定死亡方式。例如一个高坠死者，其死亡原因为复合性创伤，而死亡方式则可以是自杀，也可以是他杀，还可以是意外事故。因此，只有掌握了整个案情及现场情况后，结合尸检资料才能正确做出死亡方式的判断。此外，实际工作中还有一些习惯理解、认识上死亡方式的误差，如对于偶然饮酒过量引起急性酒精中毒死亡视为意外事故，而长期酗酒引起慢性酒精中毒及其肝硬化等并发症死亡，则视为疾病。

如上所述，实际检案鉴定中，他杀、自杀和灾害死亡发生的暴力情况及现场有许多相似之处，如不注意甄别，很容易混淆，特别是多数蓄意杀人的嫌疑犯，常破坏现场和伪造自杀或灾害现场，制造虚假证据，企图逃避罪责。司法机关均需立案侦查，并要求法医鉴别死亡方式，以明确法律责任。因此，一个准确的死因和死亡方式鉴定，依赖于完善的三方面资料：①全面的病史和案情；②详尽的现场勘验；③仔细的尸体剖验。

死亡证明

证明某人的社会学生命已经结束，及其死亡原因、死亡方式和死亡时间等情况的法律文件称为死亡证明（certification of death）。在法制化社会中，死亡证明书具有重要的法律效力，作为办理死者户籍注销、尸体安葬和死因统计，以及行为能力和责任能力终止等法律依据，还可作为终止审理涉及死者的刑事、民事、行政案件等依据。

一般情况下，医生填写签署死亡证明必须具备以下条件：①死者的经治医生，并至少在病人死前 2 周内直接诊治过；②明确病人死于自然性疾病，或者无暴力性和无可疑涉及法律的其他情况。

如果存在他杀、自杀或意外事故死亡者，或是死因不明确或死因解释存在疑问，或者怀疑有暴力情况，医生不应独立签署死亡证明，而应建议当事方或直接报告有关司法部门，由司法机关委托做法医学鉴定。但是，目前国内有些地方由毫无医学知识的派出所民警或乡村干部充当“验尸官”角色，签发死亡证明，这不可避免地存在或引发诸多社会问题，既不合理，更不合法。

WHO 制定了一个表格式的死亡证明书，建议成员各国参照采用。此外，美国、英国和日本等均有全国统一的死亡证明书，这样可以避免在同一法律制度下，出现不同部门对于严肃和重要的死亡证明产生认识和操作方面的矛盾。因此，结合我国情况，建议国内采用统一的死亡证明书。这个死亡证明书的格式，应基本反映医学、法医学的要求和 WHO 的要求（附表）。

附 表

死亡证明书

档案号：

死者	姓名		性别		民 族		婚况		学历	
	职业		年龄		身份证号					
	住址				案发地点					

死亡原因					距死亡大约间隔时间	
	Ⅰ	直接死因				
		中介原因	由于			
			由于			
			由于			
		根本死因				
	Ⅱ	辅助死因				

死亡方式								
	□自 然	□战 争	损伤时间	年	月	日	时	分
	□事 故	□死 刑	损伤场所					
	□自 杀	□安乐死	损伤案情					
	□他 杀	□不确定						

证明人签章：	单位公章：	备注：
年 月 日	年 月 日	

（于晓军）

3 尸体变化及死亡时间推断

尸体现象（30）
早期尸体现象（31） 晚期尸体现象（42）
尸体毁坏（49）
动物毁坏（49） 死后人为的尸体损伤（50）
尸体毁坏的法医学意义（50）
尸体化学变化（50）
尸体化学研究（51） 尸体化学变化的法医学意义（51）
死亡时间推测（52）
根据超生反应推测（52） 根据尸体现象推测（53）
根据尸体化学测定结果推测（54） 根据酶活性测定推测（54）
根据细胞核内DNA含量变化推测（54） 根据胃内容物消化程度推测（55）
根据尸体上昆虫生长发育程度推测（55） 根据其他方法推测（55）

法医学对尸体变化的研究已有几百年的历史。尸体现象至今仍然是法医病理学中的一项重要研究内容，是推断死亡时间的重要依据之一。

人死以后，尸体受内外环境各种因素的影响，发生的一系列生物学的、化学的、物理学及形态学的改变，统称尸体变化或死后变化（postmortem change）。这些变化可以引起尸体温度、血液、肌肉、水分、酶、细菌等微生物及理化性状的改变。其中有些现象对尸体具有毁坏性；另一些则对尸体具有保护作用，使尸体完整性得以保存。这就构成了毁坏型或保存型尸体现象。这些尸体变化主要表现在以下三方面：尸体现象、尸体化学成分的改变、尸体毁坏。

尸体变化在法医学中具有重要意义。如尸体现象的出现，可确证死亡；根据尸体变化可推测死亡原因、死亡时间及死亡当时的情况，为案例的侦破和审判提供证据。

尸体现象

尸体上出现的一系列化学性、物理性和生物学性变化，在尸体上呈现的特殊现象称为尸体现象（postmortem phenomena）。早在古代法医学中尸体现象即是法医研究的一项基本内容。目前仍然是法医病理学研究的重要内容之一。尸体现象是按一定顺序发生和发展的。一般以死后 24 h 为界，死后 24 h 以内出现的尸体现象称为早期尸体现象

(early postmortem phenomena)。早期尸体现象包括：①与肌肉弹性变化有关的肌松弛、尸僵、尸体痉挛；②与热量变化相关的尸冷；③与血液变化相关的尸斑、尸体血液坠积；④与水分变化相关的角膜混浊、尸体的局部干燥；⑤与酶化学变化相关的自溶、自家消化等。死后 24 h 以后出现的尸体现象称为晚期尸体现象（later postmortem phenomena)。晚期尸体现象分为毁坏型和保存型两大类。毁坏型尸体现象有腐败、霉尸、白骨化等；保存型尸体现象包括干尸、尸蜡、泥炭鞣尸以及各种软尸等，它可将部分尸体特征或损伤保存下来。

尸体现象出现时间受到诸多环境因素的影响，差别甚大。如在低温条件下，有的早期尸体现象可能死后 24 h 内仍不出现；但在盛夏季节，有的尸体可在死后数小时即出现明显腐败征象。此外，我国地域辽阔，同一季节的尸体现象在不同地区也有差异。

早期尸体现象

与肌肉变化相关的现象

1. 肌肉弛缓

死后立即出现短暂的骨骼肌松弛现象，称肌肉弛缓（muscular flaccidity)。肌肉弛缓是最早出现的尸体现象，与死亡同时发生，与骨骼肌弹性改变有关。死者表现为瞳孔散大、眼微睁、口微张、面部无表情、沟纹表浅、四肢关节可弯曲。由于括约肌松弛，大小便、黏液可能外溢。尸表主要表现出骨骼肌松弛、肢体瘫软以及皮肤弹性消失，受压部位的皮肤被压平，形成与被压物体表面相应的压痕，如草席纹或毛衣花纹。

肌肉弛缓的法医学意义如下：

(1) 是确证死亡的参考指标。

(2) 根据是否有压迫的痕迹，推断是否有移尸及移尸的时间，分析案件性质。

(3) 根据尸体是否存在肌肉弛缓，在一定时间范围内，可作为推断死者死后经过时间的依据。

2. 尸　僵

死后肌群经短时间的松弛后又变僵硬，使关节固定、尸体僵硬的现象称为尸僵(rigor mortis 或 cadaveric rigidity)。死者表现为口不能张开、颈不能弯曲、四肢不能屈伸（图 3-1)。

(1) 尸僵发生的时间和顺序：通常尸僵在死后 1 h～3 h 出现。最早在死后 10 min 出现，最晚的可延迟至死后 7 h～8 h。通常经 4 h～6 h 全身各大关节均可见到，12 h～16 h 扩延至全身，24 h 达高峰。尸僵一般夏天在死后 36 h，冬天 72 h 左右开始缓解；完全缓解多在死后 3 d～7 d 内。尸僵的缓解与消失的顺序常与发生的顺序相同，尸僵形成顺序有一定的规律性，大致可分为下行型、上行型和不规则型三种类型。①下行型：此型最多见，始于咀嚼肌，继之面肌、颈肌，顺延向下至躯干、上肢或下肢各肌群；②上行型：始于下肢小肌群，逆行向上延至躯干、上肢及颈面部肌群；③不规则型：又称异行型，罕见，指由某肌群首先发生散在的尸僵。尸僵的发生顺序与肌组织生前运动程度、肌细胞的类型有关。运动多的肌组织，肌细胞以红肌为主，因其线粒体和肌红蛋白的含量高，死后尸僵出现早；而运动较少的肌组织，肌细胞以白肌为主，线粒

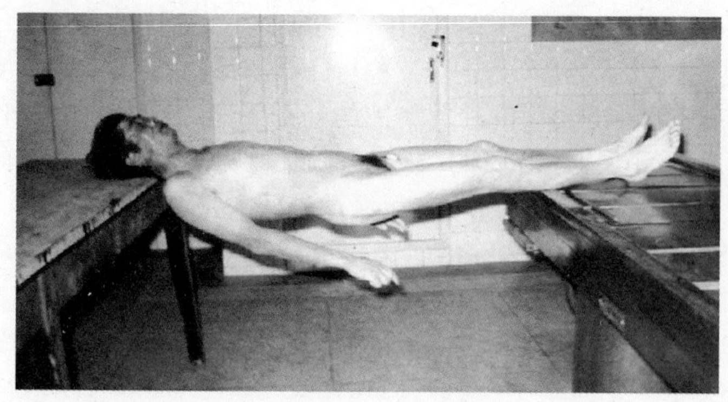

图 3－1　尸　僵

死后肌群变僵硬，使关节固定，尸体得以悬架。

体和肌红蛋白的含量少，主要依靠糖酵解供能，故尸僵出现晚。混合类型肌组织尸僵出现时间介于二者之间。

（2）尸僵的重现（再强直）：尸僵在死后 6 h 内被破坏后可再形成，系由原来尚未僵硬的一部分肌细胞发生僵硬所致。但再形成的尸僵程度较弱。死后 7 h 以后尸僵被破坏者，尸僵不再形成。

（3）骨骼肌以外的尸僵：除骨骼肌以外的全身各类肌组织死后均可发生僵硬，包括心肌、胃肠平滑肌和子宫平滑肌等。一般死后 1 h～2 h 心尖部心肌开始出现僵硬，渐次向左心及全心扩展，7 h～8 h 达高峰，持续 20 h 以上。当心肌有病变时，死后僵硬可不明显或不出现。胃肠平滑肌于死后 1 h 内发生僵硬，5 h 达高峰，9 h 后缓解。此外立毛肌、睫状肌或虹膜肌、膀胱平滑肌等发生僵硬分别表现为鸡皮现象（图 3－2）、瞳孔缩小、排尿等；子宫平滑肌僵硬可使胎儿娩出。

图 3－2　鸡皮现象

立毛肌僵硬，皮肤呈鸡皮样。

（4）影响尸僵发生、发展的因素：

1）环境温度：环境温度高，尸僵发生早且缓解快；环境温度低，则尸僵出现迟而持久。

2）死因：死前肌组织剧烈运动或痉挛者，因肌组织内 ATP 消耗多及体内乳酸浓度高，尸僵发生早，如痉挛性药物中毒、破伤风、电击死、扼死等；反之，砷、汞、磷及毒蕈中毒，肌麻痹、水肿以及大出血等死者，尸僵出现较迟。

3）个体差异：成年强壮者，骨骼肌发达，尸僵出现较慢、较强，持续时间长；老人及小儿骨骼肌不发达，尸僵形成早而弱，持续时间短，缓解亦早。

（5）尸僵的发生机制：尸僵的研究已有近百年历史，其发生机制仍未完全阐明。多数人认为尸僵的发生机制与死后肌组织三磷酸腺苷（ATP）的耗竭有关。活体内 ATP 不断分解，又不断得到补充，使肌组织保持正常的收缩和舒张；死后，ATP 不断地分解，但不能再合成。当其量减少至正常含量的 1/4 时，肌动蛋白与肌球蛋白分离停止，尸僵形成。以后，随着腐败的发生与发展，蛋白质分解，尸僵逐渐缓解。

（6）尸僵的法医学意义：

1）确证死亡。

2）根据尸僵的出现顺序、发生、发展及持续时间的长短和强度，可作为推测死因和死亡时间的参数。

3）尸僵的形成在一定程度上可将死亡发生时尸体的位置和姿势固定下来，有助于判断死亡时尸体的状态，判定是否被移尸。

4）认识心肌与平滑肌的僵硬，可避免尸解时做出错误的判断和解释。如避免将心肌僵硬误认为死亡时心脏停搏于心脏收缩期。

3. 尸体痉挛

尸体未出现弛缓而直接进入僵硬状态，保持着死亡时刻死者的姿势和动作，称为尸体痉挛（cadaveric spasm，图 3－3），尸体痉挛是一种与肌组织弹性相关的尸体现象，是特殊类型的尸僵。它可迅速将尸体固定于死亡当时的姿态和动作，将死前最后一刻的状态保持下来，在法医学中有重要意义。尸体痉挛多为局部性的，全身性尸体痉挛罕见。尸体痉挛的形成机制与尸僵相似，可能与神经高度兴奋状态下发生死亡有关。如溺死者手中紧握水草，自杀者手中紧握凶器等。激动、恐惧、兴奋、挣扎以及剧烈的运动等可能是产生尸体痉挛的重要诱因。尸体痉挛亦多见于中枢神经系统损伤者。

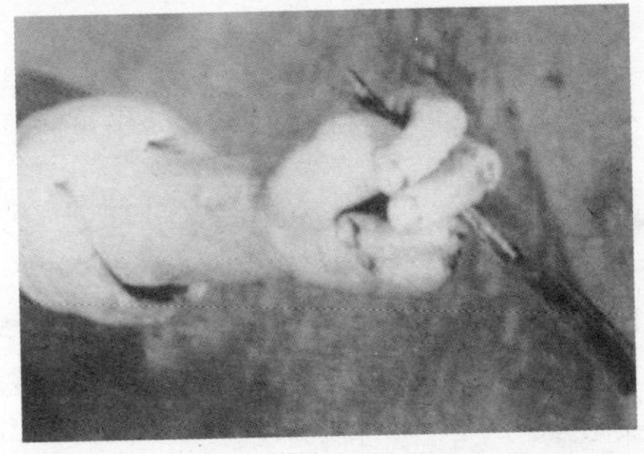

图 3－3 尸体痉挛

死者手中紧握自杀使用的剃刀。

尸体痉挛的法医学意义如下：

（1）尸体痉挛能使死者保持生前最后一刻的姿势，对判断死亡性质、分析案情有重要的法医学意义。

（2）由于尸体痉挛的发生需要具备特殊的条件及诱因，有助于分析死亡原因。

与热量变化相关现象——尸　冷

人死后，产热停止，散热继续，尸体温度随死亡后时间的推移逐渐降低的现象称尸冷（algor mortis）。

1. 尸体变化

尸冷是与热量变化相关的早期尸体现象。由于尸冷的速度与死后经过的时间具有一定的规律性，故根据尸体温度下降情况推断死后经过时间，具有重要的法医学意义。

（1）尸温的测量方法：

1）直肠测量法：将温度计插入肛门内至少 6 cm 以上；

2）外耳道测量法：此法需用特殊测温仪。

3）肝脏测量法：于剑突下刺一小口将温度计插入肝脏表面；

4）延髓池测量法：此法需用特殊测温仪。

5）肛门测量法：是法医学最常用的尸温检测方法。

（2）尸体表现：通常成人尸体在 16 ℃～18 ℃室温下，死后 10 h 内平均尸温下降幅度为 1 ℃/h 左右；10 h 后尸温下降变慢，平均下降 0.5 ℃/h；24 h 后，尸温与环境温度相同。春秋季节，室内尸体经过 3 h～4 h 后，手、颜面等裸露部位的尸温与环境一致，24 h后，直肠温度与环境温度大致相同。由于尸体温度受诸多因素的影响，波动范围较大，故根据尸体温度推测死后经过时间，应与其他方法相结合。

（3）影响尸温的因素：

1）环境因素：环境温度低、湿度大、通风好，裹尸物导热性佳，则尸体冷却快；反之则慢。雪中尸体 1 h～3 h 后尸温即与环境温度相同。水中尸体比空气中尸体冷却快。当环境温度达 40 ℃时，尸冷可不发生。

2）死因：猝死、一氧化碳中毒、机械性窒息、高热、抽搐死者，尸体冷却慢；而慢性消耗性疾病与大失血急速死亡、溺死、冻死者，尸体冷却快。

3）个体差异及衣着情况：肥胖、青壮年男性及衣着多者尸体冷却较慢。小儿尸体冷却较成人快。Maller 对肥胖消瘦尸体的研究表明，冬季肥胖尸体较消瘦尸体温度下降慢，而夏季则较快。

2. 尸冷的法医学意义

尸冷可以作为推断死后经过时间的指标，已得到法医学界的公认。Gerdon 认为常温下死亡后最初的 18 h 内，尸冷仍是推断死后经过时间的唯一可靠的一种尸体现象。用 Marshall 和 Hoare 直肠温度数学模型推断死后经过时间，可较好地反映个体差异。

与血液变化相关现象

1. 尸　斑

死后血液循环停止，血液受重力的作用而坠积于尸体低下的、未受压部位的血管内，并使之充盈，这种现象称为血液坠积（hypostasis）。因血液坠积而致该处皮肤出现的边缘不清、呈紫红色的斑片，称为尸斑（lividity）。尸斑属于与血液变化相关的尸体现象。尸斑的出现时间常常与死因有一定的关系，起初呈淡浅色、面积较小、呈云雾状，以后逐渐扩大、融合成片、边缘不清、呈暗红色或暗紫红色斑（图 3－4）。

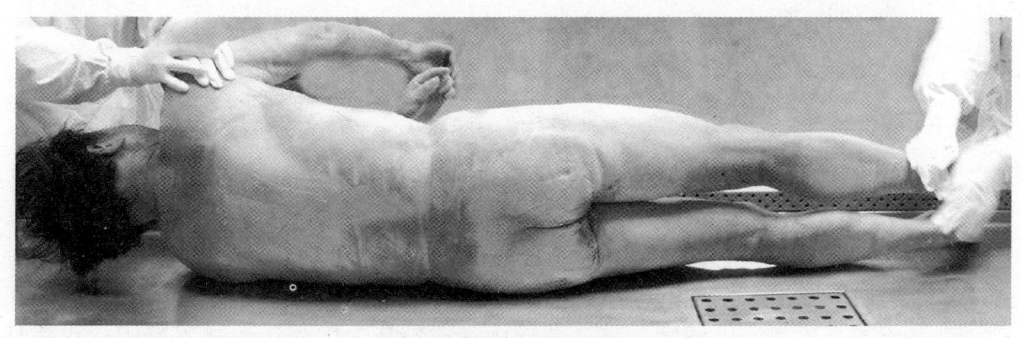

图 3－4 尸体背侧未受压部位出现的尸斑

（1）分期：尸斑的发生、发展可分为三期，不同时期所表现的特点在法医学推断死后经过时间和分析案件性质均有重要意义。

1）坠积期：尸斑一般于死后 1 h～3 h 出现，快则于死后 30 min 甚至 10 min 即可出现，亦有死后 6 h～8 h 才出现者，持续时间为 10 h～12 h，此期为尸斑形成最早期。此期血液因本身重力下坠于尸体低下部位血管中，未扩散到血管外，故有以下形态特点：①指压尸斑处可使之褪色，解除压力后又可恢复原色。②变动尸体位置，尸斑可转移，如 6 h 之内变动尸体的位置，可在变位后尸体低下部位出现新的尸斑，原尸斑可逐渐减退；如 6 h 之后、12 h 以内变动尸体位置，原来形成的尸斑可逐渐消退，但不能完全消退，而在新的低下部位可形成新的尸斑。③切开尸斑处皮肤，血液从血管断面流出，用纱布易擦掉，且边擦边流出；用此法可与皮下出血鉴别。④组织学特点为局部真皮与皮下毛细血管高度扩张且充满血液，血细胞外形完整，相互紧靠。

2）扩散期：发展到扩散期约需 12 h，快者 8 h～10 h，大约在死后 25 h 发展最充分，约持续 10 h～12 h。其形成是由于死后组织液也向尸体低下部位坠积，坠积于血管周围的组织液透过血管壁进入血管内引起溶血，血液被组织液稀释、且被血红蛋白染色后开始向血管外渗出。此期的形态特点为：①指压尸斑不能完全褪色或稍褪色；②变动尸体后，尸斑不褪色，即不会出现转移性尸斑，也很少有双侧性尸斑形成；③切开皮肤后，组织间隙有浅黄色或红色液体流出，纱布不易将之抹去；④病理组织切片检查，可见血管腔内红细胞破碎或呈均质状物，HE 染色呈橘红色，血管壁与血管周围组织也染成同样颜色。此期一般持续 24 h，后进入浸润期。

3）浸润期：此期一般从死后 24 h 开始，持续时间较长，直至腐败发生后。血红蛋白液体完全渗入血管周围的组织间隙中，使之染色。此期尸斑的特点为：①尸斑固定，指压不褪色；②翻动尸体位置不形成新的尸斑。切开尸斑处皮肤，切面无血液流出，组织呈紫红色；③组织学检查可见血管周围组织呈红色，真皮亦染为红色，有时可见菌落形成。

尸斑各期的鉴别详见表3－1。

表3－1　尸斑各期的鉴别

	坠积期	扩散期	浸润期
时间	12 h以内	12 h～24 h	24 h以后
指压	完全褪色	稍褪色	不褪色
尸斑	可发生转移	不转移	不转移
组织学特点	血细胞在血管内，细胞轮廓完整、紧靠	溶血，红细胞破碎，血管周围组织呈橘红色	血管周围组织、真皮均为紫红色，可有菌落形成

（2）影响尸斑发生、发展的因素：多种内、外因素可以影响尸斑的形成。①内在因素：主要与死因有关，如机械性窒息、急性中毒或猝死，因死后血液不凝固，血液易于坠积，尸斑出现早且程度强，呈暗紫红色。有时在尸斑显著部位，因毛细血管过度充盈而破裂，常可见死后出血点。死于重症贫血或急性失血的尸体，则尸斑出现迟，色泽淡，甚至可以不显现。②外在因素：主要与环境温度、有无压迫物有关。背部及臀中部等与硬面相接触处，皮肤常苍白而不见尸斑。腰带结扎、衣服折叠或紧扣衣领等部位也可不形成尸斑。如长期浸泡在冷水中或冷藏的尸体，因立毛肌收缩、皮肤血管受压，则尸斑出现慢而弱；当尸体下部受压时，可无尸斑形成，呈苍白色，有时可反映出压迫物表面的形态和性状。如腰带结扎和衣服折叠或紧扣衣领等部位无尸斑形成，可反映出压迫物的形态和特征。

尸斑的颜色改变可提示死因。尸斑的颜色取决于血红蛋白的氧合状态。死亡发生后，供氧停止，由于组织细胞仍处于呼吸中，血中氧合血红蛋白转为还原血红蛋白，透过皮肤呈紫红色。以下情况尸斑可呈特殊颜色，借此可推测死因：一氧化碳中毒时，因碳氧血红蛋白呈樱红色，故其尸斑呈樱红色；氰化物中毒时，因血中形成氰化血红蛋白，尸斑呈鲜红色，但不及一氧化碳中毒时尸斑明显；冻死尸体、冷藏的尸体或冰雪中发现的尸体，因耗氧少及体内氧合血红蛋白不易解离，故显示氧合血红蛋白的淡红色；氯酸钾或亚硝酸盐中毒时，因形成高铁血红蛋白，尸斑呈灰褐色；硫化氢中毒和尸体腐败时，由于形成硫化血红蛋白，尸斑呈暗绿色；硝基苯中毒时，血红蛋白变性，尸斑呈褐绿色。

（3）尸斑的法医学意义：

1）尸斑是较早出现的死亡现象，一旦出现即证明死亡已经发生。

2）根据尸斑的发展可以估计死亡时间，但应充分考虑影响因素。

3）根据尸斑的颜色和程度可作为分析死因的参考指标。

4）根据尸斑的位置可以推测死亡时死者的体位及尸体有无变动（移尸）等。

5）充分认识尸斑及内部器官血液坠积的特点，可避免与生前疾病相混淆。

6）正确区别尸斑与皮下出血，鉴别死后伤与生前伤。

（4）尸斑与皮下出血的鉴别：未经专业训练者常将尸斑误认为皮下出血而引起纠

纷，应注意鉴别（表 3－2）。皮下出血是外伤所致，皮下出血范围小，境界清楚，指压后不褪色，常伴有表皮剥脱、局部肿胀，可发生于身体任何部位，以身体突出部位更常见。切开时，可见组织内有凝血，用纱布不易擦去或用流水不易洗去等。尸斑组织内无凝血，可见血液从血管流出（坠积期），经擦拭或冲洗即可消失。必要时可根据组织学检查加以区别。

表 3－2　尸斑与皮下出血的鉴别

	尸　斑	皮下出血
部　位	尸体低下部位	损伤部位
表皮剥脱	无	可有，伴肿胀
挤　压	褪色（浸润期前）	不褪色
切开局部	无凝血块，能擦掉或能冲洗掉流出的血液	有凝血块，不易擦掉组织中的血液
边　界	不清楚	清楚
显微镜检查	无出血、水肿及炎症反应	有出血、水肿及炎症反应

2. 内部器官血液坠积

死后内部器官的血液向其低下部位坠积称为血液坠积。器官或组织的血液坠积与淤血、充血、出血等病理改变易混淆，应注意区别。如仰卧尸体的枕部软脑膜血管血液坠积，应与脑膜充血区别；肺背侧可因血液坠积呈暗红色，病理组织学检查可见肺泡壁毛细血管高度扩张、充满血液，少量红细胞进入肺泡腔，应与肺淤血区别；心脏血液坠积，心房、心室下部外膜下可见静脉淤血；胃后壁或大弯的低下部黏膜呈暗红色树枝状或斑点状充血，易被误认为病变或中毒；当血液受胃酸作用后，血红蛋白变性而呈褐色；小肠、脾、肾及其他器官均可因血液坠积而颜色加深，应与生前淤血、出血相鉴别。

3. 尸体血液状态

尸体血液状态是指尸体心血管内血液的性状。死后血液状态常常与死因和死亡机制以及死后经过时间有关。

（1）尸体血液状态的类型：根据死因、死亡机制和死后经过时间，死后的血液状态可分为死后凝血块、鸡脂样凝块和血液流动状三种类型。

1）死后凝血块：死后血液停止流动，血液中的有形成分坠积、黏集，形成凝血块，呈紫红色，有光泽，有弹性，呈胶冻状。死后凝血块通常在静脉血管内，应注意与生前血栓鉴别。

2）鸡脂样凝块：因慢性疾病或感染性疾病死亡者，因死亡过程较长，血液缓慢凝固，可形成鸡脂样凝块。密度大的红细胞沉积于血块最低部；中层为灰白色的白细胞；表面为密度小的纤维蛋白、血小板与凝固的血浆，呈淡黄色。此种凝块质软、状如鸡脂，心腔最易见到，应注意与混合性血栓区别。

3）血液流动状：猝死、窒息、中毒等急性死亡者，血管内皮及组织器官损伤，释放纤溶酶原激活物，使尸体血液不凝而呈流动状，色暗红。

（2）尸体血液状态的法医学意义：

1）根据血液状态可以推测死因或病因。

2）根据血液状态能够推测死亡机制。

3）根据血液的凝固状态及血细胞的形态变化可推测死后经过时间。

与水分相关的现象

1. 角膜混浊

人死后角膜逐渐失去透明性，变得混浊，呈灰白色，最后不能透视瞳孔的现象称为角膜混浊（turbidity of cornea）。以往认为角膜混浊是局部干燥的一种表现，目前认为其发生是因角膜内糖胺聚糖（黏多糖）和水的作用受阻，使水分增加，糖含量下降所致。此外，与角膜 pH 值、离子含量及蛋白质的变化也有一定的关系。

（1）尸体变化：

1）角膜混浊的程度常进行性加重，形态改变有一定的规律性，一般将角膜混浊分为三级。自然存放条件下，死后 5 h～6 h，角膜上出现白色小点，以后小点逐渐扩大；8 h～12 h，呈现弥漫性混浊，似浓雾状，可透视瞳孔，为轻度混浊；18 h～24 h 以上，混浊加重呈云雾状，角膜半透明，尚可透视瞳孔，为中度混浊；48 h 以上，角膜肿胀且有白色乳块物形成，内皮与晶状体紧密相连，不能透视瞳孔，为高度混浊（需与白内障鉴别）。

2）角膜不同程度水肿、增厚；表面扁平上皮厚薄不一，部分脱落或变薄；前基膜结构不清，固有层纤维束肿胀或皱缩，排列不整齐，出现空泡；间质细胞减少或消失；内皮细胞脱落。

3）角膜混浊的发生与发展受环境温度、湿度，角膜介质及眼睑闭合情况等多种因素的影响。眼睑闭合时角膜混浊较眼睑睁开时发生快。另外，眼球个体差异也影响角膜混浊发生的速度。

（2）角膜混浊的法医学意义：

1）根据角膜混浊的程度可大致推断死后经过时间。

2）正确辨认角膜混浊，防止与疾病混淆。

2. 局部干燥

尸体局部表面，尤其在皮肤较薄的部位及湿润的创面和黏膜面，水分不断蒸发，以致局部水分蒸发变硬，呈蜡黄色、黄褐色或深褐色，外观似羊皮纸样的现象称为局部干燥（local desiccation）或皮革样化（parchment - like transformation）。

（1）形态改变：

1）死后水分蒸发致局部干燥于死后数小时即可出现，常见于皮肤较薄、湿润、柔软的部位，如口唇、阴囊以及皮肤皱褶等处。特别是婴儿的颈部易于形成。口唇的皮肤干燥有时被误认为外伤和腐蚀性毒物中毒，阴囊的皮肤干燥有时被认为挫伤所致（图 3－5）。死后眼睑未闭合者，球结膜外侧可出现三角形、椭圆形褐色干燥斑，称 Larcher 斑。球结膜和巩膜因水分丧失而变薄，可看到巩膜下黑褐色的脉络膜，称巩膜黑斑。局部干燥除可见于死后皮肤损伤外，也能见于生前擦伤的部位，如颈部的索沟，扼痕，被强奸尸体大腿内侧形成的擦伤，濒死抢救时人工呼吸和胸外按压而致的擦挫伤。搬运尸体时导致的皮肤表皮破坏，可形成黄褐色或暗黄色皮革样化，不能误认为擦挫伤和出血。必要时可切开皮肤或通过组织学检查加以鉴别。

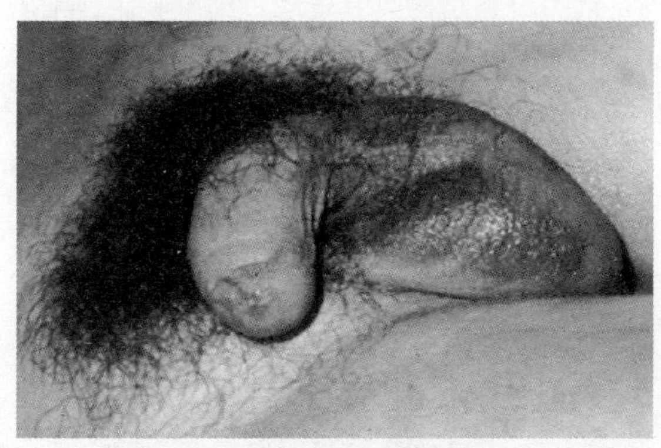

图 3－5　死后阴囊皮肤皮革样化

呈褐色干燥斑，需要与挫伤相鉴别。

2）局部干燥的发生、发展与环境温度和个体生前体质情况有关。如空气干燥、温度高、通风好的环境中局部干燥发生快；反之，空气潮湿、温度低、通风差的环境中形成慢。春季局部干燥发生较冬季快，水中尸体常不发生干燥，婴幼儿尸体易发生干燥，消瘦、脱水者较肥胖与水肿者干燥发生快。

（2）局部干燥的法医学意义：

1）巩膜黑斑是确证死亡的指标。

2）正确判定局部干燥的形态特点有助于认定损伤和凶器，进而分析案件性质。如颈部不明显的扼痕，索沟、勒痕因发生局部干燥而变得清晰易辨。

3）发生局部干燥有助于生前伤与死后伤的鉴别。如生前擦伤与死后擦伤，因死后擦伤无出血，故颜色较淡。

4）有时可根据局部干燥的数目、分布、形态特征推断死亡方式和凶犯的意图。

5）掌握局部干燥的好发部位和特征有助于与损伤、中毒鉴别。如阴囊皮革样化不要误认为皮下挫伤；口唇干燥易被误认为腐蚀性毒物中毒，但因其口腔、食管、胃黏膜无改变，可以识别。

与酶化学反应变化相关的现象

1. 自　溶

死后组织细胞失去活性，受自身释放的水解酶的作用，使组织变软或液化的现象称为自溶（autolysis）。早在 20 世纪 30 年代已证实尸体的自溶与细菌无关。尸体组织细胞中溶酶体遭到破坏，释放出数十种水解酶，使组织细胞的蛋白质、核酸、脂类、糖类等高分子化合物或复合物分解，致组织细胞溶解、消失。

尽管自溶早期由细胞自身释放的酶所致，与细菌无关，但实际上人死后存在于体内的腐败细菌亦会迅速介入。细菌所产生的酶也会参与组织细胞的溶解过程，加速了组织细胞的分解，所以尸体组织细胞的分解过程是早期产生的酶和后来细菌产生的酶共同作用的结果。

（1）自溶的形态特征：尸体组织器官变软、混浊、肉眼观切面结构不清。组织学检查，轻度自溶时尚见较完整的组织结构或其轮廓，细胞肿胀、细胞质嗜酸性变强，细胞质内固有的特征性结构（如横纹、尼氏小体等）消失，细胞核染色质固缩、凝聚、碎裂，最终完全溶解，并分散于细胞质中。通过电镜观察，可见线粒体肿胀，基质颗粒少，不规则聚集体（FDB）形成，内质网肿胀，膜结构分裂、破碎等（图3-6）。高度自溶时，组织细胞结构完全消失、轮廓难以辨认。自溶与坏死的区别见表3-3。

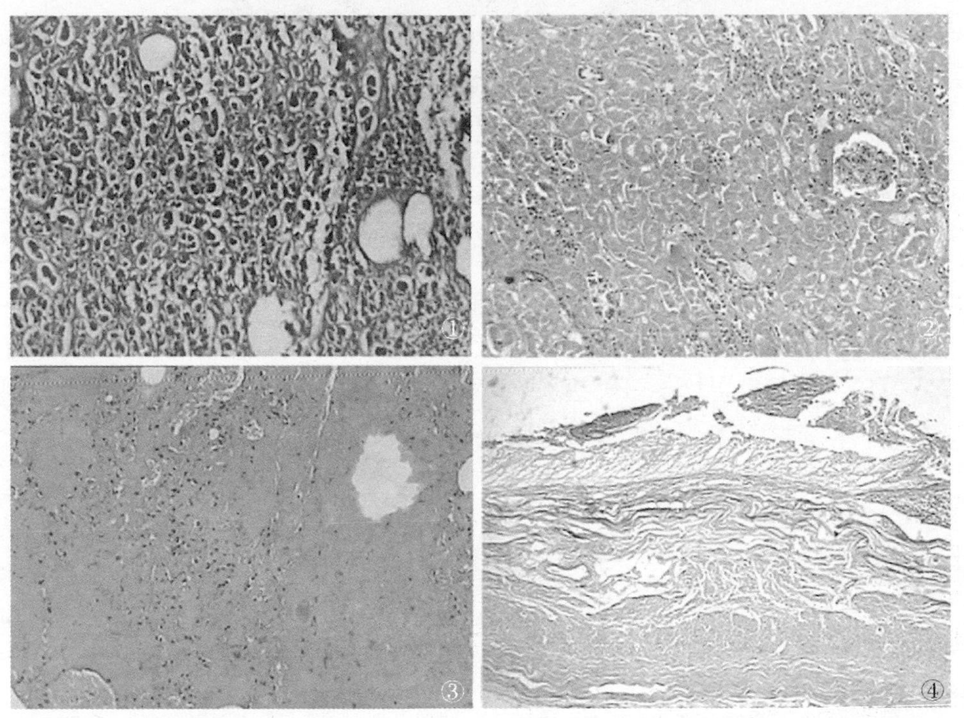

图3-6 自溶组织学表现

①胰腺腺泡细胞界限不清，结构消失，残留轮廓；②肾脏小管上皮细胞肿胀，细胞核溶解消失；③肺脏实质细胞自溶，结构模糊不清，血浆浸染；④结肠黏膜上皮细胞自溶脱落，仅残留间质成分。

表3-3 自溶与坏死的区别

	自溶	坏死
发生顺序	有规律性	无规律性
分布	弥漫性	局限性
固定不良的组织	中央区	在病变局部组织
炎症反应	无	有
生前相关疾病或损伤	无	有
组织学检查	细胞溶解改变	坏死的特征性改变

如死后十几个小时，肾脏近曲小管上皮最先开始自溶且最明显，细胞肿胀、嗜酸性，细胞核染色淡、继之消失。注意与肾小管上皮细胞水样变性和急性肾小管坏死鉴别。

（2）自溶的发生、发展规律和特点：自溶的发生、发展有一定规律性。各组织器官由于其各自特点不同，其自溶的先后顺序有所不同。通常，胰腺和胃肠黏膜在死后数小时即可发生自溶，特别是胰腺的自溶，死后 2 h 即可发生，5 h 内腺上皮细胞有灶性和多中心性自溶；24 h 后呈弥漫性，细胞核变大，核膜破裂，染色质破裂而分散于细胞质中，细胞界限不清，腺体残留轮廓，腺泡结构消失；36 h 以上结构模糊不清，并可伴有间质出血，应注意与急性出血坏死性胰腺炎等疾病或中毒、损伤鉴别。实质性器官发生自溶早，胰腺先于心、肺、肾、肝、肾上腺。脑组织自溶发生也较早，但发展较慢。皮肤与结缔组织自溶较慢。同一器官实质细胞较间质细胞自溶快，空腔器官黏膜层较肌层自溶快，肌层又较浆膜层快。在各种细胞中，自溶发生最早的是红细胞，其次是中性粒细胞及淋巴细胞，成纤维细胞（纤维母细胞）、软骨细胞、骨细胞自溶慢。

（3）影响自溶的因素：

1）环境温度：温度愈高，自溶发生愈快。衣着多的尸体较裸体自溶发生快；埋在地下的尸体较空气中尸体自溶快；采取防腐或冷藏的尸体自溶发生慢，甚至停止。

2）死因：所有急速死亡如急死、机械性损伤、窒息、中毒、电击等，尸体组织中有大量具有活性的酶，且尸温较高，自溶较快。患慢性消耗性疾病死亡者，尸体的自溶较慢。

（4）自溶的法医学意义：

1）器官的自溶发生、发展时间有一定的规律性，通过组织学观察可推断死后经过时间。

2）正确辨认自溶组织形态特征，避免与变性、坏死、出血相混淆。

3）自溶可能破坏和影响生前损伤和对疾病的诊断，影响死因判定。因此尸体解剖应尽早进行，早取材、早固定，防止自溶发生。

2. 自身消化

死亡后，器官因自身消化液中的酶的作用而溶解的现象，被称为自身消化（autodigestion）。自身消化常发生在胃肠壁、食管壁、胆囊壁及胰腺，故这些器官较其他器官溶解快。其发生机制与自溶相似。

（1）形态改变：胃自身消化现象于死后数小时在胃底、胃体的背侧即可见到。由于坠积的胃液使局部肿胀、变软、皱襞消失，甚至变薄、穿孔；如同时有血液坠积，透过黏膜见到血管扩张、淤血，甚至有死后出血点。由于血红蛋白受胃酸作用而变性呈褐色，所以，有时于胃壁上可见褐色血管网。以上表现应注意与生前病变区别。食管下段可因胃液逆流而发生自身消化，甚至穿孔。

（2）自身消化的法医学意义：

1）因自身消化常常可形成死后器官穿孔、出血、淤血，应注意与生前病变鉴别。

2）根据自身消化发生、发展的规律性，可以大致推断死后经过时间。

3. 浸 软

妊娠 4 月以上的胎儿死于宫内并在羊水中发生无菌性、自溶性改变，此现象称为浸软（maceration）。

（1）尸体改变：轻度浸软者，皮肤有水疱形成，内含黑褐色浆液。高度浸软者，水疱破裂，露出红色真皮。死胎的胸腹腔内含血性浆液，颅骨活动异常，各器官肿大、松柔、软化，可有腐臭（图 3 - 7）。

图 3 - 7 宫内死胎浸软现象

（2）浸软的法医学意义：

1）正确认识浸软现象，有助于与相关疾病鉴别及正确推断死亡原因。

2）根据浸软发生、发展的特点，有助于推断胎儿死后经过时间及胎龄。

晚期尸体现象

毁坏型尸体现象

1. 腐 败

尸体的组织细胞因腐败细菌的作用而分解的过程称为尸体腐败（postmortem putrefaction）。死后，机体防御功能丧失；组织含有丰富的有机物质和水分，成为腐败菌生长、繁殖的有利场所；而死前口腔、呼吸道、肠管就有腐败细菌，死后这些细菌进入血管、淋巴管中，将大量滋生、繁殖；同时，体外的细菌通过孔道及开放的伤口进入尸体内，迅速繁殖。在体内、外细菌的共同作用下，尸体的蛋白质、脂肪、糖类被分解破坏，器官软化，尸体腐败。腐败的结局是尸体白骨化。引起腐败的细菌初期为大肠埃希菌、肠球菌及大肠腐败杆菌等，随后逐渐有葡萄球菌、产气荚膜梭菌（梭状芽孢杆菌）等参与腐败过程，其中特别是产气荚膜梭菌能产生大量腐败气体。腐败细菌能在尸体内大量繁殖，器官组织切片中很容易找到。

（1）尸体变化：

1）尸臭：死后 3 h～6 h，腐败细菌开始分解肠道内的蛋白质等有机物，产生以硫化氢和氨、甲烷、氮等气体为主的腐败气体。腐败气体从口、鼻、肛门排出，产生腐败臭味的现象称为尸臭（odour of putrefaction）。通常于死后 24 h 左右即可发生尸臭。

2）尸绿：尸体腐败气体中的硫化氢与血液中血红蛋白结合成硫化血红蛋白，并与血红蛋白游离出的铁结合成硫化铁，透过皮肤呈现出绿色，此现象称为尸绿（greenish discoloration on cadaver，图 3－8）。死亡 24 h 后即可出现尸绿。首先出现于右下腹，系因回盲部的粪便积滞，细菌易繁殖，腐败分解早所致。死亡 36 h 后，可扩散到全腹壁，最后波及全身。注意将尸绿与外伤性皮下出血鉴别。

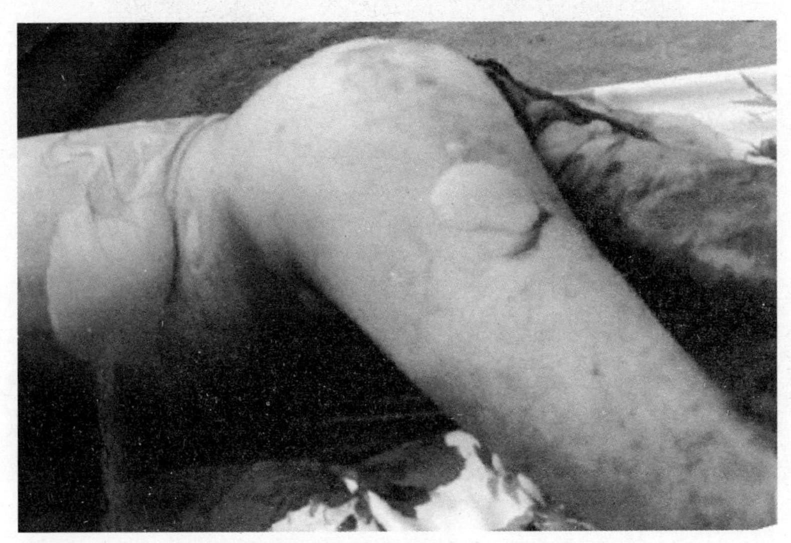

图 3－8 尸体腐败

死者右下肢皮肤呈污绿色，左腹部、左大腿外侧可见腐败水疱。

3）腐败水疱：因腐败气体不断增加，腐败气体和液体可窜入表皮与真皮之间，形成大小不等的气泡，有时泡内还充满腐败液体，称之为腐败水疱（图 3－8）。注意将腐败水疱与损伤和疾病鉴别。夏季通常 2 d～4 d 即可产生腐败水疱。

4）泡沫样器官：肝、肾等实质器官因产生腐败气体而形成大小不等的海绵样空泡，称之为泡沫样器官（foamy organ）。应注意将其与死后自溶和水疱样变性、气球样变性鉴别。一般需更长时间才能形成泡沫样器官。

5）腐败静脉网：由于腐败气体的压迫，使体腔和内脏的血液流向体表，皮下静脉充满腐败血液而高度扩张，外观呈暗红或青绿色树枝状血管网，此现象称为腐败静脉网（subcutaneous venous network on putrefying cadaver）。通常于死后 2 d～4 d 可形成腐败静脉网。应注意将其与门脉高压时形成的腹壁静脉曲张及下肢静脉曲张鉴别。

6）巨人观：因腐败气体作用，尸体膨隆、肿胀，体积增大，称之为巨人观（giant cadaver）。一般夏季空气中尸体经 3 d～4 d 即可出现此现象。巨人观的尸体多呈紫黑色或暗绿色，头面肿胀，眼球外突，口唇外翻、肿胀，舌尖突出于口唇外，腹部高度膨胀，阴囊膨大，全身软组织呈气肿状肿胀（图 3－9）。巨人观尸体难以辨认死者生前面貌，不能用于推断年龄。

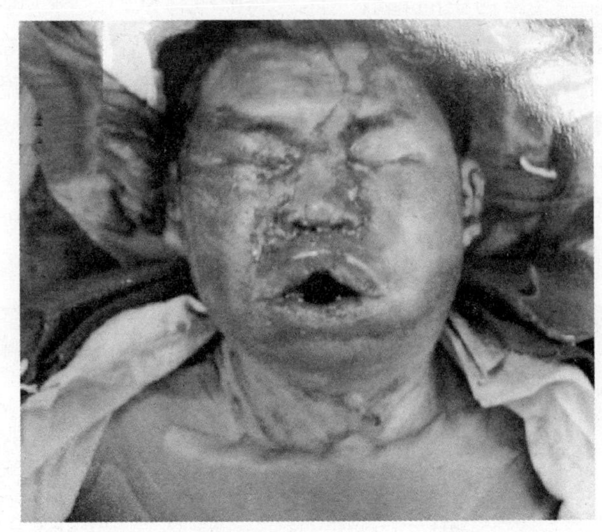

图 3-9　巨人观

死者头面肿胀，眼球外突，口唇外翻、肿胀。

7）死后出血：因腐败气体的作用使膈肌上升，肺受压后将支气管、气管中的腐败血液从口、鼻溢出，形成所谓“七窍出血”现象，此现象称为死后出血（postmortem bleeding）。

8）死后分娩与死后排泄：孕妇死后，由于腹腔内腐败气体压迫子宫，使胎儿压出，称之为死后分娩（postmortem delivery）。由于腹腔内腐败气体压迫骨盆底，可使直肠中粪便排出，甚至肛门脱垂，此现象称为死后排泄。女性死者，子宫、阴道因受压可出现子宫、阴道脱垂。当腹内气体压力过高，腹壁可出现破裂并发出爆裂声。

9）组织软化：腐败发展到末期，各器官组织溶解、液化、软化而形成黑红色泥泞状无结构物质，称之为组织软化（tissue softening ）。软组织可出现液化，形成的液体流向尸体低下部位。

10）白骨化：腐败发展至最终，全身软组织溶解、液化，最后完全消失，仅存骨骼、牙齿和毛发，此现象称为尸体白骨化，简称白骨化（decompose to body skeleton ，图 3-10）。形成白骨化所需时间因季节和尸体所处环境不同而变化较大，暴露在空气中的成人尸体白骨化需 10 天至 10 个月以上，春秋两季需 5～6 周以上，冬季需数月；泥土中的尸体完全白骨化需 3～4 年。大约 10 年后尸骨才会脱脂干涸，经过 300 年后才会变得很轻，易碎。动物昆虫对尸体的毁坏会加速尸体的白骨化进程。

（2）器官组织腐败的规律：腐败发生的速度与器官组织的结构致密程度、含水量、器官生前所含细菌量的多少有关。组织致密、水分少、生前无菌的组织器官腐败发生慢，反之则快。一般情况下，器官腐败的顺序为：肠、胃、肺、脑、肾及骨骼肌等。前列腺和子宫腐败较慢。血管、肌腱、韧带、软骨等对腐败的抵抗力较强，毛发及骨骼则可保存更长时间。但也有例外，如小儿脑发生腐败较快，而妊娠期或分娩后的子宫腐败发生也较早。

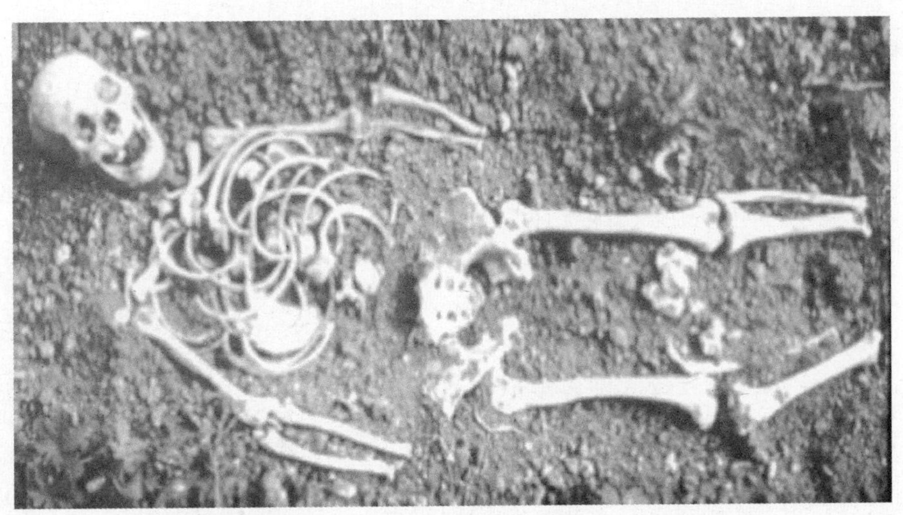

图 3－10 **白骨化尸体**

尸体全身软组织液化、溶解、消失，仅存骨骼、牙齿和毛发。

(3) 影响腐败发生、发展的因素：凡是有利于细菌生长繁殖的因素都可促进腐败的发展；反之，则能抑制腐败的发展进程。影响腐败发生、发展的因素主要有环境因素、个体差异及死因。

1) 环境因素：①温度，气温高，腐败发展快。一般腐败细菌最适宜生长繁殖的温度是 25 ℃～35 ℃，这时腐败发展很快。温度过高或过低，则腐败发展迟缓。1 ℃以下可抑制细菌生长；55 ℃以上可杀死细菌，使腐败停止。②湿度，适宜的湿度是腐败发展的必要条件。周围环境干燥可延缓腐败的发展，通风、干燥的环境中，水分丧失，腐败发展减慢或停止。③空气，尸体处于空气流通处腐败发生较快，水中尸体比空气中要慢两倍，泥土中尸体比空气中要慢 6～8 倍。④酸碱度，一般细菌适宜在 pH 值为 7.2～7.6 的环境中生长，过酸、过碱将会延缓腐败发展。

2) 个体差异：一般肥胖者较瘦弱者腐败发生快，女性较男性腐败发生快，小儿较成年及老年人易于腐败。新生儿尸体内细菌很少，腐败较慢。

3) 死因：机械性窒息、猝死等急速死亡的尸体，因血液不凝固而呈流动性，腐败细菌易于繁殖和扩散，则腐败发生快。生前组织水肿者，尸体腐败也发生较快。失血或脱水尸体，腐败发生较慢。患产褥热、败血症或脓毒血症者，因生前体内有大量细菌繁殖，故尸体腐败发生较快。某些杀菌、防腐性毒物中毒者，如氯仿、甲醛（福尔马林）中毒，尸体腐败发生迟缓或不发生。

(4) 腐败的法医学意义：

1) 根据腐败的发生、发展情况可大致推断死后经过时间。

2) 正确认识腐败尸体征象，避免与损伤、病变相混淆。

3) 腐败可使水中尸体上浮于水面，可揭露犯罪。

4) 腐败可破坏生前损伤和病变，影响鉴定与分析，尸体应及早进行法医解剖或冷藏。

5）对高度腐败尸体可根据残留的毛发、骨骼损伤及器官组织相应部位的腐败物化验结果推断是否中毒，分析死因。

6）可根据白骨化骨骼进行个人识别，推断性别、年龄、种族，并可利用尸骨推断死后经过时间，骨质及腐殖质可用于有些毒物的检验。

2. 霉　尸

尸体放置于封闭、潮湿、湿度适宜真菌生长的环境中，真菌生长繁殖，在尸体表面孳生一层白色霉斑、霉丝，此种现象称为尸体发霉，简称为霉尸（molded cadaver）。

（1）尸体变化：一般数天即可形成霉尸（图3-11）。真菌可生长在尸体裸露部位（如颜面），亦可布满全身。水中，尤其是沼泽、池塘、小溪中的尸体，因水中藻菌的生长繁殖，数周内可见尸体表面覆盖一层绿色菌丝，呈绒毛状。此时，将水中尸体捞出，因菌丝萎缩，尸体似覆盖一层湿润的絮状物。若菌丝内没有污物和泥土，菌丝因萎缩、干燥后颜色污秽，尸体上覆盖物呈泥土样外观，尸体外貌不易辨认。

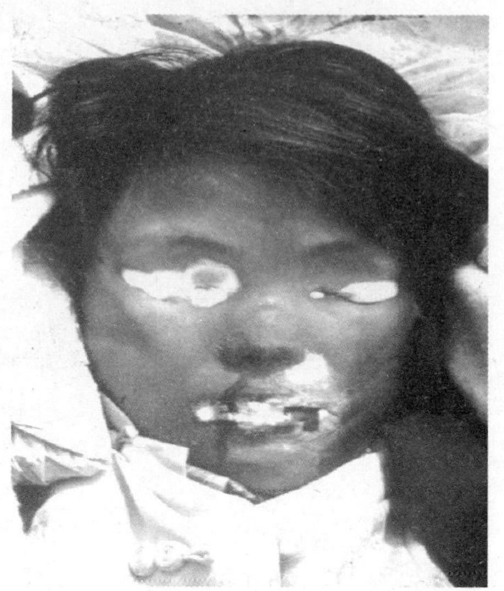

图3-11　尸体发霉

尸体睑裂、口腔、鼻腔见白色真菌生长。

（2）霉尸的法医学意义：

1）根据尸体真菌生长情况可大致推断死后经过时间。

2）霉尸有时污秽而难以辨认，需要进行个人识别。

3）根据尸体表面的苔藓、粪便，与周围生长植物对照，可判断尸体状态及有无移尸。

4）霉尸可掩盖或破坏损伤，应注意与生前伤病鉴别。

5）利用霉尸可做某些金属毒物分析，便于推断死因。

保存型尸体现象

1. 木乃伊

特殊条件下，尸表及内部器官中的水分迅速丧失，细菌繁殖被抑制而不发生腐败，尸体软组织皱缩、干燥，尸体得以长期保存，称之为木乃伊（mummy），又称干尸。

（1）尸体变化：

1）木乃伊可以是全身性，亦可以是局部性。局部性木乃伊易发生于尸体含水量少、容易干燥的部位，例如肢体及头面部。尸体全身性干燥首先发生于颜面、手脚，然后扩展到全身各部位，主要表现为尸表软组织及内脏皱缩干硬、体积缩小、重量减轻，体重比生前减轻70%以上，皮肤呈淡棕色、半透明皮革样改变。器官呈暗褐色，其组织结构有时可分辨。

2）影响木乃伊形成的特殊条件包括环境条件和尸体条件。①环境条件：干燥、高温、通风良好均可使尸体内的水分迅速蒸发而消失，这是形成木乃伊的必要条件。此外，埋藏尸体的土质或裹尸物吸水性强，易于使尸体中的水分丧失。棺木密封程度高而不利于腐败菌生长，或棺木内存放有灯心草与石灰等吸水性强的物质，易使尸体逐渐变为木乃伊。②尸体条件：死者生前体质消瘦或脱水以及婴幼儿、老人的尸体容易形成木乃伊；此外，防腐剂类毒物中毒死亡的尸体，如砷中毒尸体，由于死者生前大量水分从肠道丢失，外加砷本身的防腐作用，易于形成木乃伊。在适宜环境中，木乃伊的形成成人需 2～3 个月以上，婴儿在死后 2 周即可。

（2）木乃伊的法医学意义：

1）根据木乃伊的发生、发展情况可大致推测死后经过时间。

2）木乃伊形成后，能使尸体在一定条件下得以长久保存，并能保存生前某些病变特征，有助于死因的推断与分析。

3）可保留生前某些个体特征和损伤形态，如生前损伤、索沟、扼痕等，对证明死者身份，进行个人识别、人类学研究和揭露犯罪均有一定意义。

2. 尸　蜡

尸体长期侵入水中或空气不足的湿土中，腐败细菌的生长繁殖被抑制，使尸体不发生腐败，尸体的脂肪组织因皂化或氢化作用形成暗黄色或白色的蜡样物质，此现象称为尸蜡（adipocere）。尸蜡形成可使尸体得以长期保存，属与细菌相关的尸体现象。

尸蜡形成是一种复杂的生物学和化学过程。它是指尸体处于水和湿土中，完全与空气隔离，阻碍细菌及酶类物质对尸体的作用，使尸体中的脂肪分解形成脂肪酸与甘油，脂肪酸进而与蛋白质的分解产物氢结合而生成脂肪酸铵，后者再与水中的钙、镁等离子结合，生成脂肪酸盐（皂化物）；部分不饱和脂肪酸经氢化作用形成饱和脂肪酸或羟基硬脂酸。

（1）尸体变化：全身尸蜡罕见，大多数为局部尸蜡。尸蜡常见于四肢、臀部、面部与乳房等处。内脏及脂肪少的组织不能形成尸蜡。尸蜡一般呈白色、灰色或黄色坚实的蜡样物（图 3－12），触之滑腻、湿润，易压陷或破碎，有臭味。较长时间暴露于空气后则干燥变脆，燃烧发出黄色火焰，加热可熔化，蒸馏呈油液状，能溶于有机溶剂，不溶于水。通过显微镜检查，皮下脂肪组织中可见脂肪酸结晶。

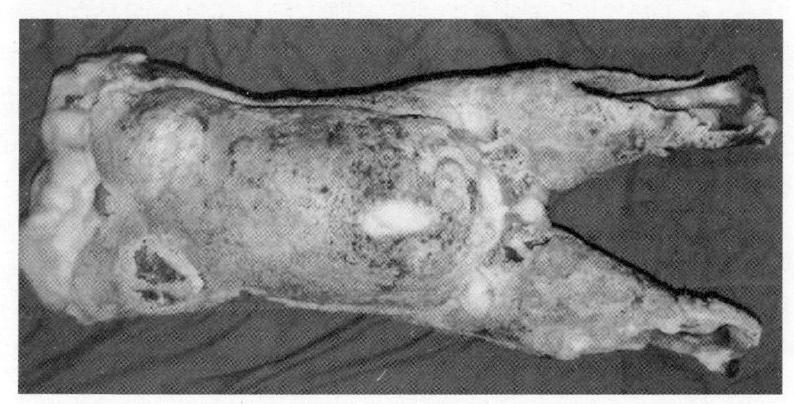

图 3－12　尸　蜡

尸体双侧大腿、腹部与乳房处可见灰白色坚实的蜡样物。

（2）尸蜡的法医学意义：

1）尸蜡的形成具有一定规律性，可用于推断死后经过时间。一般成人形成局部尸蜡至少需 2～3 个月，全身尸蜡约需 1 年以上。

2）尸蜡能保存生前的伤痕，如索沟、扼痕等，有助于分析死因和揭露犯罪。

3. 泥炭鞣尸

处于富含多种腐殖酸和鞣酸的酸性土壤或泥炭沼泽中的尸体，因酸性物质的作用，阻碍腐败细菌的生长繁殖，使尸体脱钙、脱水和鞣化，称之为泥炭鞣尸（cadaver tanned in peat bog）。

（1）尸体变化：泥炭鞣尸皮肤呈暗褐色，橘皮状，器官组织脱水、体积缩小、重量减轻，骨骼、牙齿因脱钙而变软。

（2）泥炭鞣尸的法医学意义：

1）泥炭鞣尸可将体表损伤保存数百年以上，有助于鉴别损伤和推断死因。

2）能较好保存指纹、毛发，易于进行个人识别。

3）可大致推断死后经过时间。

4. 其他保存型尸体

（1）冻尸：寒冷环境不适宜细菌生长，腐败不能进行，尸体得以长期保存，如埋于冰雪中及冷藏尸体。

（2）盐渍尸：用浓盐水浸泡尸体，可抑制细菌生长，使尸体不发生腐败，称之为盐渍尸。曾有碎尸后取肌肉腌制的案例。

（3）糖渍尸体：1989 年在湖南衡阳发现一具尸体浸埋在白糖之中，其皮肤、肌肉呈半透明状，皮肤丰满、呈红褐色，很好地保存了皮肤的损伤形态。

（4）固定尸体：尸体灌注或浸泡在甲醛溶液等固定液中，使之不发生腐败而得以保存，称固定尸体。

（5）中国古代保存型尸体：我国 1972 年在湖南长沙东郊马王堆出土的一具西汉初期入葬的古尸，称为“马王堆古尸”，距今已 2 100 多年。1975 年在湖北江陵县出土一具男尸，称为“江陵古尸”，入葬时间比“马王堆古尸”还早。两具古尸的基本特点与木乃伊、尸蜡、泥炭鞣尸皆不同，系在闭密性较好的墓中形成，属于特殊保存型尸体。尸体骨骼脱钙，外形完整，内脏俱在。“江陵古尸”的形态、结构更完好，蛋白质、糖、脂类，核酸等物质保存均较好，无尸蜡等现象。组织中血型物质尚可部分保存。

此外，我国湖北宜昌市东山黄陵庙内的两具明朝入葬尸体（一男一女）距今约 500 多年（1450 年 3 月入葬），女尸轻度尸蜡化，重量减轻，体积缩小 1/3，全身呈灰黄色，有光泽，头发乌黑光亮，仅双足趾有轻度腐败，内脏保存完整。男尸下肢白骨化，胸部以上形成干尸状，腹部部分白骨化、少部分呈干尸状。其保存方法为尸体内“糯米灌浆”，在棺木四周用“三合土”密封，上部夯实，此种尸体称为“糯米灌浆”保存型尸体。

尸体毁坏

在外界因素作用下，使尸体的完整性受到破坏的现象称为尸体毁坏。昆虫、动物、微生物及人都可对尸体造成毁坏。尸体毁坏由外界机械性因素或理化因素造成，是动物或人及意外环境因素形成的死后损害。

动物毁坏

在某些环境中，动物对尸体的损害，可加速尸体的毁坏。无论在陆地或水中的尸体，都能被昆虫或其他动物毁坏。根据毁坏的特征、痕迹特点及昆虫的生活史，可推断死后经过的时间。正确认识尸体毁坏，应注意与伤病鉴别。毁坏尸体的常见昆虫有蝇蛆、蚂蚁、蟑螂及甲虫等。

昆虫类

1. 蝇　蛆

蝇蛆是造成尸体毁坏最常见的一类昆虫。夏季，死后十余分钟，苍蝇即可在尸体眼角、鼻孔、口角、阴部和暴露的创口等处产卵，每次产卵约 150 粒。在 30 ℃条件下，经 8 h～14 h 蝇卵即孵化成蛆。蛆每天可生长 0.24 cm～0.3 cm，4 d～15 d 生长成熟，体长可达 1.2 cm。成熟蛆继而潜入附近的泥土内变成蛹，再经 1 周左右，蛹破壳成为幼蝇。因此，若在夏季，尸体周围发现有蛹壳和幼蝇或卵即可推断死后经过的时间约为 2 周以上。春秋季完成同一过程约需 4 周。根据蝇蛆生长发育的情况，考察现场环境气温等条件，就可大致推断死后经过时间。此外，蝇蛆可分泌富含蛋白溶解酶的消化液，能将皮肤、黏膜溶解，继而侵入皮下、肌组织甚至内脏。婴儿尸体在 1 d～8 d、成人尸体 3～4 周可被其蚀蛀得仅剩骨骼。

食尸性蝇种类繁多，分布有一定的地区性。如在野外发现尸体，却在尸体附近出现城里的苍蝇，说明可能被移尸。目前国外有从蝇蛆或蛹壳中化验出各种毒物的报道。

2. 蚂蚁、蟑螂和甲虫

蚂蚁咬食尸体多在表皮剥脱或皮肤柔嫩的部位，如发际、下颌、索沟、扼痕等处，造成的损坏大小不等，形态多呈圆孔或椭圆孔状，边缘多向内卷曲且有一定的咬痕。神经、肌腱、血管等致密组织不易被破坏。蚂蚁咬食尚可造成多处浅表性损伤，形态与表皮剥脱相似（图 3－13），应加以区别。

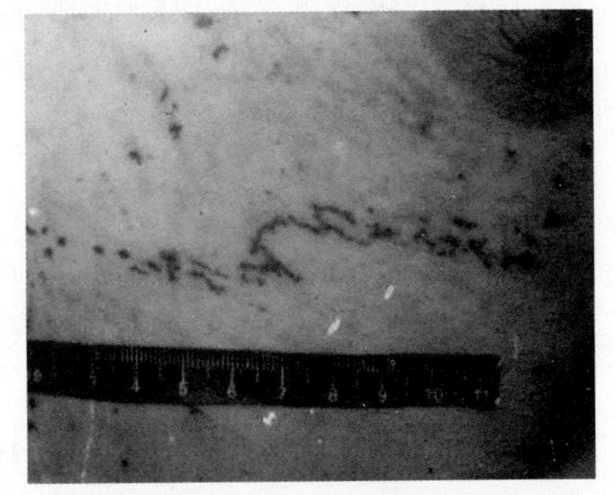

图 3－13　蚂蚁咬食造成的皮肤多处浅表性损伤

蟑螂咬食尸体表面，可造成浅表性皮肤缺损。甲虫咬食尸体，可形成表皮剥脱样损坏。

其他动物

鼠类、犬狼类、鸟类、水族动物等均可啮食尸体，对尸体造成破坏，要注意鉴别。

死后人为的尸体损伤

人为的尸体损伤是指死后由于人为因素造成的各种改变或损伤，又称为死后人为现象（postmortem artifacts），包括人为因素所致的死后损伤（postmortem injury），与尸体毁坏。其中，有的又称为死后继续犯罪损伤，如碎尸。

临终抢救

临终抢救如心腔注射，在心前区留下一个或多个点状针痕；胸外心脏按压和人工呼吸，可造成胸腹部大面积表皮剥脱，甚至肋骨和胸骨骨折；可使胃内容物反流进入呼吸道，易被误认为胃内容物吸入性窒息致死。婴儿急死综合征的尸体常于呼吸道内检见胃内容物。

死后变动尸体位置

粗暴地挪动尸体，可造成颈椎骨骨折、头部挫伤或长骨骨折；在粗糙物体的表面拖拉尸体可形成死后表皮剥脱；抛尸于坚硬的物体上亦可形成挫裂伤等，检查时应注意与生前损伤鉴别。

尸体解剖操作所致人为损伤

（1）开颅时由于操作不慎，可使生前骨折线延长。

（2）开颅时切破硬脑膜和静脉窦，血液会流入硬脑膜下。

（3）当开颅使用骨锤和凿子除去颅盖骨时，可能造成颅中凹的线性骨折。

（4）取出颈部器官时用力过猛，可造成舌骨和甲状软骨骨折及局部渗血。

（5）犯罪分子为了逃避法律的惩罚，干扰或破坏侦查工作而毁坏尸体。常见的有碎尸、焚尸、毁容，甚至用腐蚀剂腐蚀尸体等。应仔细检查，鉴别生前伤与死后伤。

（6）尸体火化，又称火葬，与埋葬统属正常处理尸体的方法。火葬可迅速毁坏尸体上的一切暴力损伤痕迹（重金属中毒除外）。故对死因可疑的尸体，如暴力、中毒、遗弃、医疗纠纷等，必须首先进行法医学鉴定后方能火葬。火化后的残渣可供重金属毒物的检验。

尸体毁坏的法医学意义

（1）掌握毁坏型尸体特点有助于正确鉴别生前损伤和死后非自然损坏。

（2）掌握各种毁坏型尸体的形态特征可正确区别损伤与病变。

尸体化学变化

人死后，体内各组织、血液、脑脊液、玻璃体液以及其他体液中的化学成分继续进行分解代谢，而发生一系列化学改变，称之为死后化学变化（postmortem chemical changes）。

尸体化学研究堪称法医病理学的一大进展，已有近70年的历史。临床检验、仪器分析和生物化学的飞速发展，为尸体的化学研究开辟了更为广阔的前景。对尸体中的体液进行化学测定，有利于推断死因与死亡时间，以及了解死者生前健康状况。

尸体化学研究

1. 尸体化学研究的主要检测样品

尸体化学研究的主要检测样品包括血液、脑脊液、眼玻璃体液、心包液和胆汁液等。

2. 尸体化学测定的主要内容

（1）糖类物质（碳水化合物）：如葡萄糖等。

（2）含氮化合物：如尿素氮、非蛋白氮等。

（3）其他有机化合物：如胆固醇及脂类、胆红素、尿胆原、蛋白质、各种酶、激素和其他氨基酸等。

（4）电解质：如钠、钾、钙、磷、镁、碘等。

（5）二氧化碳结合力、氧张力、渗透压和酸碱度等。

（6）药物和毒物：如地西泮、毛地黄苷、有机磷农药、毒鼠强等。

3. 尸体化学检测的注意事项

（1）选择样品，最佳是玻璃体液，其次是脑脊液和血液，依据不同目的和要求采取心包液或胆汁等。以资相互对照。

（2）应节约使用样品，如一只眼玻璃体液用于电解质、尿素氮和葡萄糖等的测定；另一只眼的玻璃体液用于其他化学成分和毒物测定或供重复实验。

（3）样品采集时应尽量避免污染。

（4）分析结果时，应充分考虑各种影响因素的作用。

尸体化学变化的法医学意义

1. 推测死因

测定死后血液、玻璃体液及脑脊液中的毒物及其含量，可用于诊断中毒。

2. 反映死者生前健康状况

患冠心病者，死后血液中胆固醇含量仍保持增高水平；醉酒者，尸体血液与玻璃体液中锌离子的含量降低；儿童被虐待死亡者，由于受伤组织将氯和钠离子释放入血，使血钠、血氯水平增高。

3. 推测死后经过时间

某些生化物质变化显著，与死后经过的时间有一定线性关系，利于进行死亡时间推测。例如玻璃体液内钾的含量，在死后可成规律性升高，与死后经过时间关系密切，受环境因素影响较小。根据尸体化学变化推测死后经过时间见表3－3。

表 3-3 常用推测死亡时间的化学指标

化学成分	尸体中的含量			死后经过时间（h）
	血 液	脑脊液	玻璃体液或房水	
氨基酸氮（mmol/L）	<13.6		—	2～3
	<10.0	<10.0	—	<10
非蛋白氮（mmol/L）	<28.5			<10
		<49.9		<24
肌酸（μmol/L）	<381.3			<10
	<838.9			<28
		726.6		<30
氨（μmol/L）	0.59～1.76			<8
尿酸（μmol/L）			77	4
	327	155		6
	369			8
			89	16.4
胆红素（μmol/L）	增加 3.42			2
	增加 11.97			20
酸性磷酸酶	超过生前 20 倍			48
碱性磷酸酶	超过生前 2 倍			8
	超过生前 3 倍			18
磷（mmol/L）	20			18
pH	6.37			12
	6.43			12～24

（刘 牧）

死亡时间推测

死亡时间推测（estimation of time since death）是法医学尸体检验的一项重要任务。一般先推测从机体死亡到检查尸体时所经过的时间，继而可知死亡时间。死亡时间的推测，对认定和排除嫌疑人有无作案时间，划定侦查范围具有重要作用。

死亡时间推测至今仍为法医学领域尚未完全解决的问题之一。使用单一方法误差很大，故需根据尸体检验的多项结果综合分析，方可获知较为准确的死亡时间。

根据超生反应推测

机体死亡后，部分组织或细胞尚能生存一段时间，在此期间内，这些组织对多种刺激仍可产生反应，称为超生反应（supravital reaction）。如骨骼肌对机械性刺激或电刺激可产生反应，瞳孔对缩瞳药物可产生反应。根据这些超生反应可推测死后早期时间。

如死后 2 h 内，骨骼肌受机械性刺激可发生收缩反应；死亡 5 h 后，骨骼肌则不能发生明显的收缩反应。

根据尸体现象推测

尸体现象的发生、发展有一定变化规律，与死后经过时间有一定关系。根据尸体现象的变化规律可推测死亡时间。在死后的早期阶段，根据尸冷、尸斑及尸僵等尸体现象的变化规律可推测死后早期时间；腐败、白骨化、尸蜡及木乃伊等尸体现象对死后中晚期时间的推测较有价值（表 3－4）。

表 3－4　根据尸体现象推测死后经过时间

	尸体现象	死后经过时间
尸　冷	尸温下降 1 ℃/h（肥胖型尸体 0.75 ℃/h）	10 h 以内
	尸温下降 0.5 ℃/h	10 h 以后
尸　斑	坠积期	
	开始	0.5 h～2 h
	指压能褪色	2 h～4 h
	融合成片	3 h～12 h
	扩散期	12 h～24 h
	浸润期	＞24 h
尸　僵	开始出现	1 h～3 h
	扩散，破坏后再出现	4 h～6 h
	延及全身，达高峰	6 h～15 h
	开始缓解	24 h～48 h
	关节易活动	2 d～3 d
	完全缓解	3 d～4 d
角膜改变	轻度混浊	6 h～12 h
	混浊加重，但可见瞳孔，出现小皱褶	18 h～24 h
	完全混浊，不见瞳孔	2 d
	肿胀，形成乳白色斑块	3 d
腐　败	腹部出现尸绿	24 h～36 h
	形成腐败静脉网及水气泡	2 d～4 d
	腐败发生，眼球轻度突出	4 d

续表 3-4

尸体现象		死后经过时间
白骨化	空气中尸体	1 a
	土中埋葬尸体	
	尚有肌腱及软骨等残存	3 a～4 a
	完全白骨化	>5 a
	骨变脆仅存无机盐	10 a～15 a
木乃伊	小儿	>14 d
	成人	>90 d
尸　蜡	婴儿	42 d～49 d
	成人	
	部分尸蜡	14 d～21 d
	皮下组织尸蜡	60 d～90 d
	深部组织尸蜡	120 d～150 d
	全身大部分尸蜡	1 a～1.5 a

根据尸体化学测定结果推测

国内外研究证实，尸体血液、脑脊液和玻璃体液的化学成分变化规律与死后经过时间密切相关，可用于死后早期时间的推测。但尸体化学成分的变化受环境因素、死者生前的健康状况、死亡原因等诸多因素的影响，故采用尸体化学测定结果推测死亡时间时应使用多种指标综合分析。

根据酶活性测定推测

在人体各种组织中存在多种酶，这些酶对生活机体生理功能的维持具有重要作用。当人体死亡后，这些酶的活性亦会随着死后经过时间的延长而逐渐丧失活性。用组织化学或免疫组织化学方法检测尸体组织酶的活性变化，可推测死后早期时间。如肝组织中乳酸脱氢酶、葡萄糖-6-磷酸脱氢酶、苹果酸脱氢酶、谷氨酸脱氢酶，在死后 6 h 仍有很高活性，死后 12 h 活性开始下降，至死后 48 h 活性完全消失。

根据细胞核内 DNA 含量变化推测

在生活细胞核内，DNA 含量是恒定的。当机体死亡后，受自溶、腐败的影响，细胞核内 DNA 含量会逐渐下降。根据这种变化规律，可推测死后早期时间。

根据胃内容物消化程度推测

食物进入胃后，会短暂停留，并被消化为食糜，食糜经过幽门进入小肠。这一变化有一定规律。根据这种规律性变化可推测死亡距最后一次进食的时间，进而推测死亡时间（表3-5）。

表3-5 根据胃肠内容物消化程度推测死亡时间

胃肠内容物	死亡时间（餐后）
胃充满未消化食物	即刻
胃内食物变软，食物外形较完整	1 h
胃内食物移向十二指肠	2 h～3 h
胃、十二指肠有消化食物及残渣	4 h～5 h
胃排空	6 h以上

根据尸体上昆虫生长发育程度推测

机体死亡后，会吸引大量嗜尸性昆虫。这些昆虫会在死后不同时段与尸体接触，并生长繁殖。这一变化具有一定规律性，根据这种规律性变化可推测死后中晚期时间。

根据其他方法推测

推测死亡时间的方法很多，至今仍无一个简便易用的方法。除上述方法外，尚可根据尸体周围植物生长情况及现场遗留物等推测死亡时间。

（刘　敏）

4 法医学现场勘验

法医学现场勘验的目的、任务和基本原则（56）
现场勘验的目的和任务（56） 法医学现场勘验的基本原则（57）
伤亡案件现场分类（57）
法医学现场勘验的内容和程序（58）
勘验内容（58） 勘验程序（59）
几种特殊法医学现场勘验重点（61）
碎尸案件（61） 爆炸案件（61） 灾难事故（62）
空难事故（62）

法医学现场是指涉及人体伤亡案件的现场。发生人体损伤或死亡案件，需要对与伤亡发生有关的场所、人体、尸体、痕迹和物品等进行勘验、检查，从而获得查明事实真相的证据。也有人将这类案件称为“命案”，但是“命案”一词的含义往往专指构成犯罪的杀人或伤害案件。

法医学现场勘验的目的、任务和基本原则

现场勘验的目的和任务

现场勘验是公安、检察等司法机关调查取证的主要方法之一，是一项法律性、科学性和实践性都很强的工作。其任务是利用各种科学技术手段为诉讼活动提供客观证据，具体表现在以下几个方面：

（1）为案件的侦查或调查、审理提供方向和证据，以查明案件性质。现场勘验是案件侦查的开始，主要是围绕与案件有关的人、事、物、痕迹及其环境进行现场调查、实地勘验和检验，担负着为进一步调查奠定基础和指明方向的任务。因此，做好现场勘验工作，意义特别重大。

（2）通过现场勘验，发现、收集和检验各种证据材料和现场信息。现场勘验的主要任务就是发现、固定、收集提取和检验识别各种物证和现场信息。现场上存在的各种物证和信息具有很强的物质性和客观性等特点，是证明案件事实最有力的证据。勘验人员应用现代科技手段，通过实地勘验、检验和现场调查访问，可查明犯罪分子在现场的活动情况。现场勘验所获取的证据材料可作为证明案情的客观证据，有的依照法定程序还

需做进一步的检验鉴定。

（3）进行案件分析。现场勘验完毕后很重要的一个环节是进行现场分析，即对发案时间，作案人及其体貌特征，死者的死亡原因、死亡性质，致伤工具，作案过程，作案手段，作案的动机与目的，作案人数及其职业特征等进行全面的分析判断，为案件调查提供线索和方向，为划定侦查范围提供依据。应注意了解与案件相关的人、事、物之间的关系。

法医学现场勘验的基本原则

1. 依法勘验的原则

现场勘验是一项严肃的执法活动，是执法机关依照国家法律的有关规定、法律的授权和委托由法定人员实施的专门活动。现场勘验记录按照《刑事诉讼法》的规定作为证据使用，是证实犯罪的重要证据。因此，现场勘验人员在勘验、检查过程中必须严格依法进行。

2. 客观、科学的原则

现场勘验是一项技术性和科学性很强的工作，具有一定的复杂性。这就要求勘验人员必须本着科学的态度，注重事实，遵循客观规律；决不能先入为主，草率从事。只有这样，才能避免失误。

3. 全面系统的原则

法医学现场勘验往往比较复杂，包括现场环境、尸体、活体、痕迹、物品等，现场上的每一个现象都反映着案件的不同事实。因此，现场勘验必须全面系统、统筹兼顾，要做到局部勘查和整体勘查的协调统一。勘验工作还要求做到统一组织、统一领导和统一指挥，同时还应做到分工明确、分工合理，要最大限度地发挥现场勘验的整体效益。

4. 快速反应、及时处置的原则

法医学所涉及的案件现场往往社会影响大，后果严重，要求接到报案后立即赶赴现场进行勘验。只有做到快速反应，快速处置，才能有效地收集到各种痕迹、物证。由于案件的特殊性，加上自然、人为等因素的影响，如尸体和血痕腐败，抢救伤员和排除险情等，使现场遭到破坏，将给勘验工作带来困难。及时勘验现场，还能为侦查或调查指明方向和范围，确保案件查处的实效性。

伤亡案件现场分类

伤亡案件现场因其发生的原因、过程、结果和机制的不同及其所涉及的法律问题的不同等，故其表现出来的种类也不同。在实践中有以下几种分类法：

1. 按人体损伤后果分类

（1）造成人体损伤与伤残案件现场：外力造成人体组织器官发生功能障碍，解剖结构破坏，从损伤程度上分为重伤、轻伤和轻微伤。损伤后遗症明显，影响日常生活和劳动能力的，称为伤残。

（2）造成死亡的案件现场：损伤后果最严重的案件，导致人的生命终结，呼吸停止、心脏停搏、大脑功能不可逆转的丧失，即死亡。

2. 按纠纷或诉讼所涉及的法律问题分类

根据诉讼所适用的法律，分为刑事案件、民事案件和行政案件三类案件现场。

3. 从案件性质分类

（1）他伤与他杀案件现场：指故意使用暴力侵害他人导致损伤与死亡的案件现场。在他杀案件中由于杀人动机不同，又分谋财（盗窃、抢劫）杀人、奸情杀人、报复杀人、变态杀人等案件现场。根据杀人手段，可分为机械性损伤杀人、机械性窒息杀人、投毒杀人和其他严重暴力手段（持枪、爆炸、放火、驾车）杀人等案件现场。根据杀人后果，还可分为一般杀人、重大和特大杀人案件现场。根据作案过程又可分为预谋杀人和激情杀人等。

（2）自伤与自杀案件现场：指施加暴力于自身造成损伤或死亡的案件现场。自伤和自杀的动机各种各样（如悲观厌世、一时冲动、他人威逼、要挟他人、精神病等）。自伤可轻可重，严重的可致残，甚至死亡。

（3）事故伤亡案件（事件）现场：伴随有人身伤亡并涉及法律问题的事故，称为事故伤亡案件。所谓事故是指意外的变故或灾祸。这种意外灾祸可以是人为故意或过失造成，也可以是自然因素造成。从事故的内容和性质上看，有火灾事故、爆炸事故、矿井事故、机械事故、中毒事故、电力事故、空难事故、沉船事故、交通事故及医疗事故等。

4. 根据现场有无变动分类

（1）原始现场：指案件发生后没有遭到改变和破坏的现场。这种现场保持了犯罪分子作案时的原貌，能真实、客观地反映犯罪分子作案时的动机、目的、手段及作案过程等。

（2）变动现场：指犯罪分子作案后由于自然或人为的原因，使现场的原始面貌遭到破坏和改变的现场。如发案后受到雨、雪、风、霜等自然因素的破坏，或者因抢救伤员、排除险情或发现人无意的行为等造成的破坏。

5. 根据现场在案件中所处的地位分类

（1）主体现场：指犯罪分子实施犯罪的场所，如杀人案件中的杀人场所。

（2）关联现场：指与案件有关联的地点或场所。按照案件现场形成的先后顺序又可将其分为第一、第二、第三……现场。譬如碎尸案中的杀人现场、碎尸现场、抛尸现场等。还有犯罪分子预谋作案的场所、采点的场所、藏身地点、隐匿罪证的地点等，凡是与案件有关联的场所，均可视为关联现场。

法医学现场勘验的内容和程序

勘验内容

1. 痕迹勘验

痕迹勘验主要是寻找、发现和提取犯罪分子作案时遗留在现场的足迹、手印、工具痕迹。如果是枪杀案，还有枪弹痕迹。

2. 尸体勘验

尸体勘验是对他杀、自杀、意外事故现场尸体进行勘验，判明死亡原因、死亡方式，推断死亡时间和致死工具。

3. 法医物证勘验

法医物证勘验主要是对现场遗留的生物物证，如血痕、毛发、精液、组织、分泌物、排泄物等的勘验，查明法医物证同现场尸体及其周围物体的关系，具体的位置、形状，怎么留下的，与犯罪有何关联。

4. 活体检验

活体检验主要是指对与案件有关的被害人或犯罪嫌疑人的人身检验。

5. 文书和物品勘验

文书和物品勘验指对与犯罪有关的各种文字、文书材料的勘验，以及对犯罪嫌疑人遗留物品的检验。

勘验程序

1. 受理接报案件并及时处置紧急情况

公安、检察机关按照法律的有关规定受理属于各自管辖的案件。无论是何单位，一旦接到报案，就应立即处置。对于不属于自己管辖的案件，应按规定移送主管机关处理，并通知报案人。该阶段的工作内容包括以下几方面：

（1）受理报案要及时、准确地问明情况并做好记录。为此，受案单位应做好人员、车辆、设备的日常准备工作，做到闻警而动、快速反应。

（2）处置紧急情况。如有紧急情况，一方面及时通知并组织有关人员实施紧急处置（如抢救伤员、排除险情等）；另一方面要按照有关制度或规定逐级上报，启动相关应急预案。

（3）在采取紧急措施后，根据案件管辖规定，及时将案件移交主管机关，并办理好移交手续。

2. 勘验人员立即赶赴现场了解案情并控制现场

案件主管部门接到报案或移送的案件后，应立即赶赴现场并做好以下工作：

（1）根据接报案情况，立即组织侦查和相关专业技术人员迅速赶赴现场。

（2）到达现场后立即进行现场访问，通过询问报案人、发现人、受害人、目击证人、单位负责人、受害人家属、值班人员及周围群众，进一步核实案情，弄清案件发生和发现的基本情况，初步了解伤亡情况、现场保护情况。

（3）为了进一步查明案情，收集和提取证据，应对现场实行必要的管制，划定警戒线，确保现场勘验有效进行。

3. 明确分工并及时开展现场勘验

在初步了解现场环境及案件情况的基础上，迅速确定勘查的重点和范围。侦查、技术人员按照各自工作职责分工，进行现场实地勘验、尸体检验和现场访问。

4. 进行现场分析

现场实地勘验、现场访问及尸体检验基本结束以后，指挥员应当召集所有参加现场勘验的人员进行现场分析，对现场及整个案件的有关问题做深入细致的分析和研究。案件现场分析的内容包括以下几个方面：

（1）分析案件（事件）性质：根据现场勘验、尸体（活体）检验，结合现场访问所得到的信息分析案件性质，即自杀、他杀还是意外。如为他杀还应进一步分析是否系谋财（盗窃、抢劫）杀人、报复杀人、强奸杀人、奸情杀人或是精神病杀人等。

（2）分析死亡的原因和时间：法医技术人员根据尸表及解剖检验应初步判明死因。根据尸体现象、尸温改变、腐败程度、胃内容物消化程度、膀胱充盈情况及昆虫生长情况等综合推断死亡时间。

（3）分析作案工具及手段：分析研究作案工具和手段，有助于分析作案人所具备的条件和特点，为排查犯罪嫌疑人划定范围。作案工具一般通过现场遗留的撬压痕迹的种类、形态、大小、深浅等来分析，另外还可通过尸体损伤形态、特征来分析推断。作案手段是指犯罪嫌疑人在实施犯罪行为时所采用的方法。正确分析作案手段有助于判断作案人的职业特征和作案条件。作案手段可借助现场访问、痕迹物证、死亡原因及现场环境等来分析判断。

（4）分析作案的动机和目的：犯罪行为总是受一定的动机和目的所支配的。作案动机指作案人的内心主观起因，作案的目的指行为人作案时所希望达到的结果。案件现场主要通过分析行为人的行为特征，即具体行为指向何目标（人、财、物），结合被侵害对象的情况等来判断作案的动机和目的。

（5）分析作案过程：通过现场勘验、尸体检验，结合现场痕迹（血痕分布、血痕的形态特点），物品的分布、种类、数量和变动情况等，分析作案人在现场停留的时间及行为。

（6）分析作案人数并刻画犯罪嫌疑人：在侦查阶段初期，分析作案人数、刻画犯罪嫌疑人，对划定侦查范围、确定侦查方向具有重要的意义。一般可根据现场痕迹等物证情况、尸体损伤情况、致伤工具，结合现场走访进行分析。根据作案人在现场的活动情况及现场痕迹，分析作案人的年龄、身高、体态特征，生理、病理特征，是否熟人作案。根据使用工具的熟练程度分析其职业习惯等。

（7）心理痕迹分析：犯罪心理痕迹是指犯罪分子在实施犯罪过程中在现场形成的能直接或间接反映犯罪分子心理活动的一切现象。可根据作案人在现场上的每一个行为，分析其心理状况，分析作案的动机和目的。通过对犯罪嫌疑人的心理活动分析，揭示犯罪分子的行为习惯、作案经验、对现场的熟悉情况、预谋情况、智能情况等，判断有无伪装，是否流窜作案，可否与其他案件进行串并等。

总之，法医现场分析要求紧紧围绕现场和尸体进行，要立足尸体，结合现场，参考案情，应用辩证唯物主义的观点和方法实事求是地进行分析。

5. 处理现场勘验后的善后事宜

处理现场勘验后的善后事宜指现场分析完成后，对现场、尸体、痕迹、物品等进行妥善处理，以便结束勘验工作。首先要完备办案法律手续，现场勘验笔录、尸体或活体检验笔录要请见证人签字，够立案条件的要办理立案手续，提取的物证要按法律规定办理相关手续。对一次勘验成功的现场应及时撤销，通知事主妥善处理。对于复杂的案件现场，可根据案件需要将现场暂时封存以备复勘。对于伤者，应及时进行救治，同时要抓住时机询问案件情况，伤情鉴定可待伤情稳定后进行。对于尸体，经检验完毕后无需保存的应通知死者家属或单位处理，如果死因或身源一时还查不清的，应妥善保存。对于现场勘验中发现的与案件有关的痕迹等物证应按法律规定提取并保存，先拍照固定、记录登记，然后封存，交专人保管或送检验鉴定。

几种特殊法医学现场勘验重点

碎尸案件

碎尸案件是指罪犯杀人后为了毁灭或藏匿罪证，而将受害人尸体进行肢解破坏的案件。该类案件多数为凶手与被害人熟悉，杀人现场多为室内等较为隐蔽的场所，案犯杀人分尸后往往将尸块包裹起来并四处抛弃。此类案件勘验的重点如下：

（1）根据抛尸地点，扩大搜索范围，尽量找全尸块。

（2）注意寻找和发现杀人、分尸现场，收集包裹物，提取其附着物等痕迹物证。

（3）认真勘验并拼接尸块，判明死因，推断死亡时间和杀人（分尸）工具，根据死者的体貌特征查找身源。

（4）认真检验并研究包裹物及其附着物，从中发现破案线索。

爆炸案件

爆炸案件是指犯罪分子利用爆炸物品进行爆炸活动，危害公共安全并造成人员伤亡的案件。爆炸案件现场特点是破坏性大，波及范围大，现场紊乱，残留物多等。爆炸案件现场勘查的重点如下：

（1）了解爆炸发生时的情况。如爆炸时的声、光、色，烟雾的颜色，有无特殊气味，爆炸发生的时间，伤亡情况，犯罪嫌疑人与被害人的关系等。同时应注意有无险情，如有应当立即排除。

（2）勘验炸点。炸点是爆炸发生的中心，确定炸点是勘验爆炸案件现场的重要环节。勘验中要注意观察炸点的位置、形状和烟痕颜色，测量其大小，分析、判断炸药的种类和数量。

（3）勘验爆炸残留物。爆炸发生时，炸药及其包装物、引爆装置（雷管）大部分被炸毁，炸碎、分解产物四处飞散，现场勘验时要尽量收集、提取。

（4）勘验爆炸抛出物。主要是指炸点的物质、炸点周围物体及爆炸物的包装物等在爆炸时被抛出，勘验抛出物与炸点的距离和角度，可以分析爆炸时的原始状况。

（5）勘验爆炸现场周围环境。由于爆炸时冲击波和抛射物的作用，使炸点周围的物体受到严重破坏，周围环境中的物体也会出现毁坏的情况。注意现场各种物体的变动和损坏情况，可帮助分析炸药量及安装炸药的方法等。

（6）检验伤亡人员。对伤者要注意损伤的部位、种类、形态及严重程度，及时询问伤者在爆炸时所处的位置及与爆炸有关的问题。对死者要根据爆炸伤的特点判明死因及死亡时间，通过尸检分析死者与炸点的位置关系，爆炸发生时的体位、姿势，分析是自杀性爆炸还是他人爆炸。

（7）检材提取。炸药爆炸后的分解产物和部分未分解的原型物随着爆炸的发生变为粉尘，分布在现场周围。因此，需要分段、分部位提取现场地面上的尘土进行化验，以确定炸药的种类。提取检材时要注意提取空白样品作为对照。

灾难事故

灾难事故是指发生在人们意料之外的变故或灾祸。其结果往往较为严重，特点是伤亡人员多，财产损失大，形成灾害。法医学涉及的灾难事故主要有火灾事故、爆炸事故、矿难事故（瓦斯爆炸、透水事故、垮塌事故等）、交通事故（道路、沉船、空难）、中毒事故等。

灾难事故现场的特点是场面大；伤亡人员多；由于事发突然，现场常常显得较乱。该类现场的处置必须在统一组织指挥下进行，首先是抢救伤员、排除险情，然后进行现场调查及现场勘验。法医勘验的重点是围绕尸体进行，要注意收集尸体及碎尸块，对损伤严重的要进行拼接，对每一具尸体或尸块都要进行个人识别，可通过遗物辨认、尸体辨认、法医人类学检验（骨骼、牙齿、指纹）或DNA检验等方法进行。通过尸体检验要判明死因，确定其遇难时所处的位置，弄清损伤的类型。

空难事故

空难事故指航空器在飞行过程中，由于人为或意外等因素坠毁而造成机毁人亡的结果。其特点是事发突然，难以预测，伤亡惨重，死亡率极高，多伴随有燃烧或爆炸。遭遇灾难的尸体损伤复杂，有撞击伤、高坠伤、烧伤或冻伤、爆炸伤等。现场勘验应注意紧急救险，封锁并保护现场，对幸存者应及时进行抢救，划定勘查范围，拍照固定，收集物证，绘制现场图，收集受害者尸体及组织碎片，对尸体及现场物品要标明位置，拍照固定后贴上标签包装送检。尸体检验要由法医、照相人员共同进行，对遇难者的尸体及随身衣物要仔细检验、固定，提取尸体指纹，判明死亡人数、死亡原因。注意收集与死者有关的个人资料。根据下列三方面进行个人识别：

（1）根据体貌特征、衣着、饰物、遗物（证件）等进行辨认。

（2）根据骨骼、牙齿、指纹、畸形、手术瘢痕、病理特征及X线特征等进行法医人类学检验。

（3）对于破碎的尸块和组织应进行DNA检验。

（邢豫明）

5 法医学尸体检验

法医学尸体检验的目的（63）
现场尸体检验——尸体外表检查（63）
尸体衣着检查（64） 尸体一般情况的检查（64）
尸体各部位的检查（64） 损伤检查（65）
尸体剖验（65）
颈部及胸腹腔的剖验（65） 颅脑的剖验（68） 脊髓的剖验（69）
检材的提取（70）
特殊类型尸体检验（70）
无名尸体检验（70） 碎尸检验（71） 尸体发掘（71）
死胎及新生儿尸检（72）
法医学尸体检验时的劳动保护（73）

法医学尸体检验的目的

法医学尸体检验（medicolegal examination of dead body）是法医学死因鉴定获得医学证据的主要手段之一。其目的是确定死因、判断死亡方式及案件性质、推测死亡或损伤后经过的时间，获得揭露和证实犯罪的医学证据及资料，为侦查提供线索，为审判提供依据，促进法医病理学的研究，促进法医学和医学的发展。

法医学尸体检验包括尸体解剖和尸体检验，与临床病理解剖的目的不尽相同。前者主要是针对各种暴力性死亡或疑为暴力性死亡，死因不明或涉及医疗纠纷的尸体；后者是为了验证临床诊断与疗效，研究疾病的发生与发展规律。两者在检查对象、目的、内容和方法等方面均有较大的差别。法医学尸体检验应遵守《刑事诉讼法》和《解剖尸体规则》的有关规定。

现场尸体检验——尸体外表检查

现场尸体检验指在案件发生或发现尸体的场所对尸体外表进行的检验。其内容包括：在现场发现并获取与犯罪或与死亡有关的证据；了解案情；搜集和登记资料，含死者个人识别的生物学和社会学资料，发现尸体的地点和时间，死亡时间，要求检验的目的，委托单位及委托人的姓名等。现场尸体检验应在摄影之后进行，检验和记录均应规范、完整。

尸体外表检查应包括衣着、皮肤表面及外部器官，重点研究损伤特点和尸体现象检查。应按顺序进行，检查并记录各种尸体现象的分布、程度，注意观察个体的特征及外伤。应用绘图、文字和照相方式记录损伤的数目、分布及位置，根据形态特征做出肉眼诊断，根据所观察到的尸体现象推断死亡时间。

尸体衣着检查

法医学重视死者衣着检验。应逐层检查并记录衣着情况，包括衣着特征标记，应注意其上有无泥土、血痕、分泌物及其他异物附着；有无反穿或纽扣脱落等特殊情况；对有证据价值，可供认领或辨别尸身来源的物品均应提取并妥善保存。

尸体一般情况的检查

（1）一般情况：包括死者性别、年龄、身长、发育或营养状态，有无损伤、畸形及其他特殊标记。

（2）尸体死亡特征：检查并记录角膜透明度、尸体直肠及环境温度、尸斑颜色、分布和形态特征、尸僵出现部位和强度、局部干燥的部位及表现，有无腐败现象等。

尸体各部位的检查

1. 头 部

（1）发色、发长及发型，头皮有无损伤和异常。

（2）颜面皮肤颜色，有无肿胀、发绀、点状出血。

（3）眼：眼睑有无出血或肿胀，眼球有无异常，角膜有无瘢痕，瞳孔大小、是否对称、等大等圆，睑结膜有无增厚和颗粒。

（4）口腔：有无异物或异味；口角有无血液（斑）或唾液（斑）；舌尖位置；唇、颊黏膜颜色，有无损伤、出血或腐蚀；牙齿数目、排列，有无松动、脱落、磨损情况和义齿等，以及齿垢的色泽和性状。

2. 颈 部

检查颈部有无索沟、扼痕、表皮剥脱、皮下出血及其走行方向，以及颈椎有无脱位或骨折。

3. 胸腹部

检查胸腹部是否平坦、对称，有无表皮损伤，有无瘢痕、肋骨骨折或其他异常，腹壁有无波动感、妊娠纹。

4. 腰背部

检查腰背部有无外伤和压痕，脊柱有无脱位、骨折或畸形。

5. 臀及会阴部

检查臀部有无异常或排泄物，外生殖器及阴毛情况以及有无异物附着。

6. 四 肢

检查四肢有无外伤、骨折、关节脱位、咬痕、针孔及防卫伤；手腕有无表带压痕，手中是否握有物品；指甲颜色、长度和特征，甲缝有无毛发、血痕等。

损伤检查

损伤检查指检查损伤的部位、数目、形态特征、大小、分布、方向及深度，损伤周围和创腔内有无附着物和异物。有证据意义的异物必须妥善提取并保存，做进一步检查。

尸体剖验

尸体剖验应按《解剖尸体规则》进行，应有家属签字同意进行尸体剖验的证明。刑事案件可根据《刑事诉讼法》强制执行。尸体剖验有一定的方法和步骤，特殊情况下可酌情改变方法。具体解剖操作与病理解剖相同，但应充分注意法医学检验的独特要求。

颈部及胸腹腔的剖验

切 口

常采用“|”、“T”或“Y”形切口(图 5－1)。“|”形是直线性切口，从下颌下缘中点开始，沿颈、胸、腹正中线，至耻骨联合上缘。“T”形切口是先从左肩喙突沿锁骨下窝至右肩喙突做一横切口，再从横切口中点向下切至耻骨联合上缘。“Y”形切口是从双侧耳后开始，向下内汇入胸骨柄上缘，然后沿正中线向下切至耻骨联合上缘。切开皮肤，将胸部皮肤、皮下组织和胸大肌等自胸部正中紧贴肋骨面向两侧剥离，直至肋骨和肋软骨联合处。同时，应检查软组织有无出血、水肿、损伤及其他病变，肋骨有无骨折、周围有无损伤，注意其部位、形态、范围、有无生活反应等。怀疑有气胸时，可将已剥离的胸部皮肤提起、灌水，用小刀尖刺破胸壁，若有气胸则会有气泡从水中冒出。女尸还应切开乳腺，检查有无出血和其他病变。

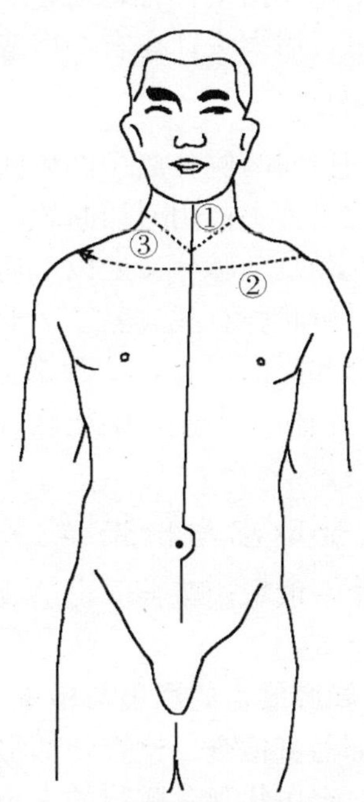

图 5－1 尸体剖验的胸、腹部切口

①“|”形切口；②“T”形切口；③“Y”形切口。

腹腔剖验

用有齿镊提起脐与剑突间腹膜，用左手的示指和中指插入切口中，略上提，在两指间用剪刀剪开腹膜，直至耻骨联合下缘。测量腹壁脂肪厚度。再沿肋弓下缘，切断与腹壁相连的肌肉，检查并记录有无异常气味；腹膜是否光滑，有无出血点；腹腔内有无血液、积液及其性状；各器官位置是否正常，有无粘连、损伤等；大网膜脂肪量及有无移位；肝与脾是否肿大或萎缩；胃的大小、形态、充盈度；膀胱的充盈情况；肠管浆膜色泽、状态，肠系膜有无扭转，肠系膜淋巴结是否肿大；胸腺、阑尾有无出血、坏死。剖开并检查盆腔器官有无损伤及病变。

胸腔剖验

从第二肋开始，沿肋骨和肋软骨结合处内 0.5 cm～1.0 cm 处，将刀刃倾斜，切断两侧肋软骨。若肋软骨已骨化，则用肋骨剪剪断。切断肋间肌，之后提起肋弓，切断与肋骨相连的膈肌。分离胸前壁，从下往上紧贴胸骨与肋软骨后壁小心地与纵隔分离。切断胸锁关节，剪断第一肋骨，揭去胸骨，暴露胸腔。检查胸腔内有无液体及其量的多少；胸腔各器官的位置、颜色、大小、比邻关系；胸膜的光滑度、有无出血点及脂肪化；纵隔淋巴结有无肿大；肺表面有无肋骨压痕，有无肺气肿与肺萎缩等。将心包做“人”字形切开，检查心包腔内的液体量及性状；包膜是否光滑，有无渗出、粘连、出血，心包脏层（心外膜）下有无出血点；注意心脏大小、外形及大血管的位置。若需做细菌培养，则用无菌空针抽取心腔内的血液。如怀疑空气栓塞，可将已剪开的心包提起，灌满清水，用大头针在右心房或左心室刺一小孔，观察有无气泡溢出。

颈部剖验

自颈部切口向两侧分离颈部皮肤、软组织，沿下颌骨内缘向左右两侧切断口底及舌下部肌肉，拉出舌头；用刀切断软、硬腭交界处及口咽与鼻咽交界处结构，分离食管后壁与颈椎；在颈总动脉分叉处以上切断血管并检查。检查舌面有无腐蚀、咬痕、滤泡增大，扁桃体、甲状腺有无异常。若怀疑机械性窒息者应在剖验颈部之前，先开胸、开颅，取出胸部和头部器官，使颈部血管内血液流净。仔细分层解剖颈部皮下组织及肌肉，检查有无损伤、出血，甲状软骨、舌骨大角、环状软骨等有无骨折、出血，颈动脉内膜有无横裂。

各器官的取出与检查

器官取出一般采用联合取出法或单独取出法。剖验中应取出颈、胸腔、腹腔和盆腔内器官进行检查。

1. 颈与胸腔器官的取出与检查

（1）颈部器官检查：检查颈部组织有无结节、出血点、炎症、外伤或其他病变及切面的性状。检查甲状腺、胸腺的大小及重量。从咽及食管后壁纵行切开，检查其黏膜有无异物、静脉曲张、出血。剥离食管，暴露气管后壁，沿膜样管壁切开气管、支气管，检查喉部、气管、支气管有无异物、水肿、渗出或出血。

（2）心脏及大血管检查：检查并记录心脏的大小、形状、软硬度，查看心包脏层与冠状动脉情况，有无畸形，心肌梗死或心脏破坏情况，注意有无出血点或针孔等。然后按血流方向剖开心脏，先剪开上、下腔静脉，右心房，再沿右心室右缘剪开右心室至心尖部。从心尖部距室间隔约 1 cm 处，将右心室前壁和肺动脉剪开。从左、右肺静脉之间剪开左心房，沿左心室左侧缘剖至心尖部，再从心尖部开始距室间隔约 1 cm 处向上剪开左心室前壁。到肺动脉根部时，谨防剪断冠状动脉的前降支。从肺动脉主干和左心耳之间剪开主动脉。观察各心腔有无扩张及凝血块，内膜有无出血，房、室间隔有无缺损，各瓣膜有无赘生物、缺损、狭窄和粘连等，腱索有无变粗、缩短及畸形。测量各瓣膜口周径和心肌厚度，以及脂肪浸润情况。检查肺动脉、主动脉及其大分支有无畸形，内膜是否光滑，冠状动脉口有无狭窄。沿左、右冠状动脉走向每隔 2 mm～3 mm 做一横切面，检查管壁有无粥样硬化斑块及血栓栓塞。

（3）心脏传导系统检查：对生前患有心脏疾病和猝死者应做心脏传导系统的检查。窦房结（SAN）位于上腔静脉下、右心房界沟内的心包脏层下，呈狭长椭圆形。房室结（AVN）位于冠状静脉窦口和室间隔膜部之间，即三尖瓣附着处上缘的右心房内膜下面，呈扁椭圆形。房室束（希氏束）及左束支的起始部常在室间隔肌部的上缘，右束支多为房室束的延长部分，常在室间隔肌上 1/3 内。取材时先在冠状窦做一垂直切面，包括房室结、房室束及束支在内的房间隔、室间隔。循心脏的前后方向，垂直切取大小相近的组织 5～6 块，分别进行识别标记，按同一方向包埋、连续切面，检查病变。

（4）肺检查：称肺重量，查两肺表面是否光滑、湿润，有无纤维素性或化脓性渗出，有无出血点及气肿，观察两肺各叶的外形、颜色和大小。检查肺膜与胸膜或肺叶间肺包膜有无粘连、损伤及出血斑点，用手触摸各肺叶有无结节或肿块。沿左、右肺的长轴自肺外缘向肺门做水平切面，并剪开各肺叶的支气管和血管。检查切面色泽和性状，观察有无病变；支气管有无扩张，肺动脉及分支内有无血栓形成，肺门淋巴结是否肿大。若疑为溺死，应检查呼吸道及肺内溺液、泥沙、水草与浮游植物等。此外，新生儿尸体应做肺浮沉试验。

2. 腹腔器官的取出与检查

腹腔器官的取出与检查要求采用各器官分别取出法，即按一定顺序逐一将各个器官分别取出，并按以下顺序进行检查：

（1）脾：沿胃大弯分离大网膜，将胃向上翻转，暴露小网膜囊，检查脾血管的大小、腔内有无血栓形成。测量脾的大小、重量，检查脾的质地，观察脾被膜是否光滑、有无皱缩、有无增厚及破裂。沿其长轴自外缘向脾门做切面，检查脾被膜厚度、观察脾小体及脾髓的色泽和性状以及有无出血、梗死灶和结节形成。

（2）空肠、回肠和结肠：检查肠管是否扩张、皱缩或痉挛，浆膜面有无充血、出血、粘连、渗出、坏死或穿孔；肠系膜淋巴结是否肿大，有无血栓栓塞、梗死。暴露悬韧带，用线双重结扎空肠起始部后将其切断。从肠系膜根部分离小肠，至回盲部时将升结肠与腹后壁、回盲部与腹后壁的联系分离；分离降结肠和乙状结肠，在乙状结肠与直肠交界线上 5 cm 处结扎、剪断。沿肠系膜附着处剪开小肠，沿结肠带剪开结肠。检查肠系膜和肠壁有无水肿、出血、糜烂、穿孔及肿物。怀疑中毒死者应留取肠内容物。

（3）胃、十二指肠及肝胆系统：在肝右叶底面分离右肾上腺与肝的连接，割断肝与膈肌的联系；将胃、肝及十二指肠推向右上方，用刀分离。切断肠系膜根部及回肠、十二指肠与腹后壁软组织相连处；割断肠系膜上动、静脉和下腔静脉。取出上述器官，分别检查并记录。从贲门处剪开胃，通过幽门直达十二指肠末端。检查胃及十二指肠内容物的性状、颜色、气味并观察管腔大小、管壁厚度、黏膜色泽及皱襞状态。怀疑中毒死者应结扎胃两端，阻止胃内容物流出并污染其他器官；按压胆囊，观察有无胆汁从十二指肠乳头流出；从胆囊顶部沿胆囊纵轴剪开胆囊，检查其胆汁量、颜色及性状；剪开胆囊管、胆总管和肝管，检查有无结石或寄生虫，黏膜有无病变。从胆囊后方剪开门静脉、肠系膜上静脉及脾静脉，检查有无血栓及病变。分离胰腺、十二指肠及周围组织，观察胰周围脂肪组织有无脂肪坏死，胰包膜下是否出血。分离胰腺前，先做一纵行切面检查胰管腔、管壁及断面有无出血、坏死或其他病变。分离肝，检查并记录其重量、体积、颜色、性状、质地及包膜情况，注意有无结节。从膈面沿左、右肝叶最长径切开，再做数个平行切面，观察切面颜色、有无脂肪变或坏死，注意肝小叶结构及汇管区纹理等。

（4）肾上腺、泌尿生殖器官及直肠：分别在两侧肾的上极寻找肾上腺，并完整取出肾上腺。观察肾上腺的大小、形状（左侧半月形，右侧三角形）并测其重量；做数个横切面，观察皮、髓质结构，有无出血及肿瘤。在原位检查肾、肾动脉及输尿管，观察其位置、形状，肾周及后腹膜组织有无出血或水肿，输尿管有无异常分支、阻塞或扩张。观察膀胱充盈程度，子宫、输卵管及卵巢的位置、大小、形状。切开腰部后腹膜、肾上腺和肾旁的脂肪组织，切断肾门血管，将肾、输尿管一起取出。对男尸，取出睾丸和附睾。

分离耻骨联合内侧面及盆腔腹膜外的软组织，游离膀胱、前列腺及尿道后部，向后分离直肠后软组织，剪断髂内动、静脉；在肛门上 2 cm 或更高处切断尿道，将泌尿生殖器官连同直肠一起取出。对女尸，则将膀胱、阴道、直肠相连软组织切开后，在肛门上 2 cm 或更高处切断尿道、阴道上段，取出泌尿生殖器官，检查并记录。剥离肾包膜，检测肾重量、体积及有无粘连。沿外侧缘向肾门切开双肾，剪开肾盂及输尿管，检查管腔是否扩张，腔内有无结石，黏膜是否光滑及肾表面和切面颜色、性状，皮、髓质厚度及纹理。检查尿液性状、数量，有无结石或异物。怀疑中毒死者，在剪开膀胱前用洁净的注射器吸取尿液供毒物分析。从膀胱后壁中线纵形剪开直肠，检查其内容物性状、色泽、量，以及黏膜性状、管壁厚度。男尸沿射精管将前列腺纵向切开，检查切面及精索有无改变。检查睾丸表面有无出血、损伤，并做切面检查。女尸则游离子宫，纵形剪开阴道前壁，检查阴道有无损伤及异物，宫颈口及子宫大小、形态及硬度等。从宫颈口剪开子宫颈至子宫底处，斜向两侧剪开子宫角，呈“Y”形切口。检查宫腔内有无出血、胎儿或异物；子宫内膜有无增厚或肿块；子宫壁的厚度，有无结节及肿块；子宫肌层、卵巢及输卵管有无病变。自后向前将卵巢做水平切面，输卵管做横切面检查。

颅脑的剖验

颅脑检查依不同案例而定，可在体腔器官取出前后或同时进行。

1. 头皮切开

切开头皮前先观察头颅是否变形，有无损伤、出血，必要时应剃去头发检查头皮。

2. 开 颅

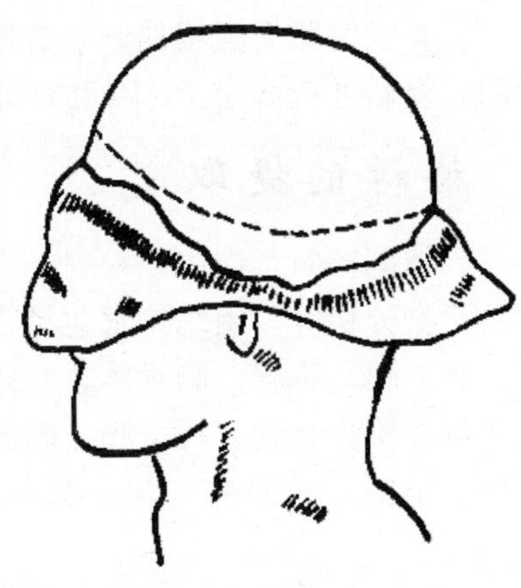

图 5－2 颅内的锯线

先切断残留颞肌及肌膜，画好锯线（图 5－2）。剥离骨膜，锯开全部颅骨外板和大部分内板，用凿子插入锯缝内，以凿子轻敲使相连部分内板分离。若颅骨有骨折时，锯线应避开骨折线；锯时勿锯破硬脑膜和伤及脑组织。锯开大部分颅骨内板，再用凿轻轻敲断，用丁字凿掀起颅盖骨，使骨与硬脑膜分离。或沿锯线将硬脑膜剪开，向中央翻转，切断中央附着缘。检查硬脑膜有无损伤、出血及其他异常，硬脑膜外有无血肿。

3. 取 脑

沿锯缘剪开硬脑膜和大脑镰前端附着处。检查硬脑膜下有无出血。从前向后先掀开硬脑膜，暴露大脑半球；掀起额叶，剪断嗅神经、视神经、颈内动脉及动眼神经等。沿颞骨岩部上缘切开小脑幕，暴露小脑，检查小脑池有无病变。切断两侧脑神经和脊髓动、静脉等，然后尽可能将弯剪刀伸入椎管，剪断脊髓，取出全脑。凿去蝶鞍背，取出垂体，做横切面检查。

4. 检 查

检查各层脑膜有无出血、渗出，静脉窦及颅底骨有无异常。怀疑脑脓肿死者应凿开中耳，检查有无炎症。对机械性窒息死者应注意颞岩部有无出血。对颅脑损伤死者怀疑有颅底骨折时，应撕掉颅底硬脑膜，检查颅底。称取脑重量，测量其大小。观察脑的外形及表面情况，两侧大脑半球是否对称、有无移位；脑回宽窄，脑沟的深浅程度；脑膜有无充血及出血；蛛网膜下隙有无出血、炎性渗出物及其部位、范围和程度，仔细检查脑表面有无脑挫伤或对冲伤及其分布部位、范围和程度，有无脑疝形成。脑血管有无畸形、动脉瘤及动脉粥样硬化病变。称脑垂体重量，检查其表面及切面性状。当怀疑有脑疝时，注意观察相应部位有无压迹形成。

5. 脑的固定与切开

先自两大脑半球之间切开胼胝体，使第三脑室与外界直接相通。在脑室内塞少许药棉，可使固定液渗入两侧脑室，促其固定；再用粗丝线穿过基底动脉下面，使脑底向上悬于固定液中，以保持外形。一般应固定 7 d 以上。切断大脑脚，取下小脑和脑干，从额叶至枕叶将大脑做平行的额状切面，每个切面相隔约 2 cm。经蚓突部将小脑做水平切面或矢状切面，检查有无出血及病变，第四脑室有无扩张。将中脑、脑桥和延髓每相隔约 0.5 cm 做横切面，检查有无病变。

脊髓的剖验

自枕骨突起沿椎体棘突做一切口直至骶骨，剥离棘突与椎弓上的软组织，用板锯锯开椎弓，用咬骨剪剪去棘突和椎弓板，暴露脊髓硬膜，剪断两侧脊神经，切断马尾，即可取出脊髓。疑有脊柱损伤时，应将该段椎体旁肋骨剪断，分离开椎间软骨，取出该段脊柱；以竹或木棍接好上、下脊椎，缝合切口。

检查硬脊膜有无损伤，沿脊髓中线剪开硬脊膜，检查各层脊膜有无病变，有无穿刺针眼。脊髓亦应固定 7 d 以上。每隔 1 cm～2 cm 做一横切面，检查白质、灰质。

检材的提取

尸体剖验时，应提取检材，做进一步检查，包括组织学、血液学、细菌学、生物化学及毒物分析等。组织检材包括常规取左右心室、冠状动脉、主动脉、各肺叶、肝左右叶、脾、胰、胸腺、脑垂体、宫颈、宫体各一块；双侧扁桃体、肾、肾上腺、睾丸、卵巢各取一块；食管、胃、肠、膀胱、气管、支气管各取一条；脑中央前后回、基底核、延髓、小脑、脊髓各一块。尚应根据案情，留取其他检材。检材应首选病变或外伤组织。

剖验工作结束后，于体腔内充填填充物，缝合切口，将尸体冲洗干净并穿衣整容。

特殊类型尸体检验

无名尸体检验

不知姓名又一时无人认领的身份不明的尸体，称为无名尸体（unknown dead body）。无名尸体检验与法医学一般尸体检验方法基本相同，检验时应注意搜集死者的衣着及尸体特征，以利于探索尸源。

尸检时应注意以下几点：

（1）推测死后经过时间：根据尸体现象及实验室检查尸体化学变化的结果推测。

（2）推测死者的年龄：根据身长，发色，面部皱纹，牙萌出、生长情况及磨损度，以及骨骼发育生长情况推测。

（3）推测死者的职业：根据死者穿戴的衣物，随身物品，手、脚及皮肤特征，指甲磨损情况，甲缝、甲沟及皮肤皱襞中残留污垢的性状和特征，有无职业病变，以及肌肉的发育状况等推测。

（4）推测死者生前居住的地区：根据死者的外貌、五官特征、发式、衣着特点及佩带的装饰品等可以推断死者居住的地区和民族。如南方农民常赤脚，脚底皮肤厚而粗糙；风沙大、海拔高的地区，居民面色较黑；少数民族穿着打扮具有民族特色；高氟地区有氟斑牙。死者携带的物品也有助于推测其居住地。

（5）其他个人特征：检查死者容貌特征，如面颅及五官形状，皮肤特征，发型，胡须及牙齿情况，有无口腔疾病，全身有无痣、瘢痕、文身、色素沉着、肿块及其分布，有无畸形或生理缺陷，体内有无异物。取血液、骨髓、毛发以检验血型，留取死者指纹及皮肤纹理，并拍照，备用做个人识别。

碎尸检验

用暴力手段将完整的尸体破坏并分为数段或数块，称为碎尸（dismembered body）或肢体离断。碎尸的目的，主要是毁证或掩盖罪行。另外一些属交通事故、飞机失事爆炸等。

1. 碎尸检验的注意事项

碎尸一般是无名尸体，除按无名尸体检查外，还应注意以下几点：

（1）详细调查案情及现场勘察：现场勘察应重点检查包装物或容器，有无特殊标记或货号、绳索及结扎的特征，并摄影留存。应尽量找全尸块，以便获得个人识别和扩大侦破案件的线索。

（2）碎尸的个人识别：先对碎尸的各部分逐段逐块进行检查，根据形态学特征确定部位；观察各部位死后变化的程度、分布特点、表面有无损伤、病变及形态特征；注意离断面的损伤特征、有无病变。各段尸块皮肤颜色是否一致，测定各段组织的血型，以确定是否属同一个体，推断死者身长、体重、发育、营养状态、性别及年龄。

（3）推断作案手段：根据尸块断端特征、附着物及遗留物，推测碎尸的方法、手段及作案工具等。

（4）推测死亡时间和碎尸经过的时间：根据尸体现象及其他检验结果，推断死亡时间，判定是生前伤还是死后伤。因各尸块发现时间可能不同，发现地点的自然环境条件可能差别较大，故尸块的差异亦较明显。

（5）做同一认定。

2. 碎尸检验的法医学意义

（1）确定死亡原因。

（2）推测死亡方式和死亡时间。

（3）推测碎尸的时间、方法、手段及其工具。

（4）搜集有关犯罪的证据。

尸体发掘

将已埋葬的尸体挖掘出来进行检验，称为尸体发掘（cadaver exhumation）。随着火葬制度的实行，尸体发掘现已很少见到。

1. 尸体发掘的注意事项

尸体发掘应按相关法律程序进行，并注意以下几点：

（1）了解案情：包括死者生前健康状况、病史，死亡经过和原因，尸体处理和埋葬时的情况，如掩埋的时间、地点、深度等。

（2）掘墓：掘墓时应请原埋葬人员及死者家属参加，以确认埋葬墓地和死者。

（3）尸体检查：未腐败者按常规进行；高度腐败时，按具体情况进行检验。怀疑有外伤者，应着重检查头部及内脏有无损伤、穿孔、破裂、出血或骨折。怀疑为中毒死者，应取材做毒物检验。对尸体软组织腐败而消失者，则应注意观察骨骼、牙齿、毛发有无损伤，并取材检验。

（4）照相记录：对尸体发掘及剖验的每一个过程均应照相并记录，如墓穴方位、外貌，墓碑，棺木，尸体外貌及尸体发现等。

2. 尸体发掘的法医学意义

获取相关罪与非罪的证据，解除对死因、死亡方式等有关问题的各种怀疑。

死胎及新生儿尸检

死胎及新生儿尸体检验方法与成人有所不同，主要差异有以下几点：

（1）调查案情及现场尸体检查：首先要了解产妇的健康状况，婚姻及生育史，妊娠及分娩情况；其次应了解新生儿出生后的情况，病史及死亡经过。检查尸体包裹及衣着情况。

（2）死胎检查：死胎应查皮肤有无浸软表现，检查胎儿成熟程度，判断月龄，确定性别。

（3）活产儿存活时间和死后经过时间的判定：根据肺浮沉试验和肺组织学检查结果可判定是活产儿还是死产儿。根据新生儿体表及体内变化，如肺扩张程度、新生儿黄疸程度、脐带变化等均可判断存活时间。

（4）死因分析：若考虑系出生前死亡，应了解并检查母亲有无疾病、中毒及外伤；若考虑系分娩时死亡，应检查导致胎儿宫内窒息的原因，产程中有无产伤；若考虑系分娩后死亡，应检查新生儿有无疾病、损伤或窒息，区别系暴力死亡或非暴力死亡。

（5）尸体检验与解剖时的注意事项：

1）脐部：有无炎症及糜烂，脐带的长度和色泽，有无血栓或梗死。必要时需做组织学检查。

2）畸形：有无脑积水、唇腭裂、脊柱裂及肛门闭锁等。有无先天性心脏病，如房间隔有无缺损，三尖瓣或卵圆孔是否正常；用针探肺动脉，若能达主动脉开口则是主动脉移位。检查应在未分离心肺的情况下进行。

3）口腔及咽喉：在上唇正中至颏隆凸切开，并与颈、胸、腹正中切线汇合，再将下唇、颏部及颈部皮肤向两侧分离至下颌角，充分暴露口腔及咽喉部，检查有无异物、损伤或其他异常。

4）头部：常用篮状切开法。头皮切开剥离方法同成人，检查有无出血、骨折，囟门及骨缝的情况；用尖剪从后囟外侧角沿水平线向前剪开颞骨、额骨及硬脑膜达额前正中距额缝 5 mm 处，转向上方经前囟门距矢状缝约 5 mm 向上后剪开额骨及顶骨，直达人字缝起点处。同法剪开对侧颅骨，在两侧大脑半球间留有一条 1 cm 宽的骨桥，形似篮状。检查硬膜外、硬膜下、蛛网膜下隙及静脉窦内有无异常，大脑镰两侧及其硬膜下有无血肿，剪开矢状窦检查有无血栓形成；分离大脑镰，在小脑幕切迹处水平切断脑桥上半部，取出大脑及部分脑桥，暴露小脑幕，检查有无撕裂及出血。在颞骨岩部上缘切断小脑幕，取出小脑、脑桥、延髓及部分脊髓。其他操作与检查成人相同。

法医学尸体检验时的劳动保护

法医学尸体解剖工作，不论条件优劣，皆应迅速进行。加强法医工作者的劳动保护是必要的。尽可能地做好自我保护，避免对自身造成伤害，具有重大实际意义。

法医尸检中经常遇到腐败尸体，其对人体危害极大；其次是传染病及中毒尸体，亦可对人体产生不同程度的危害。

腐败尸体所散发的臭气中含有硫化氢、氨、甲烷等有毒气体，长期接触会致头昏、头痛、疲倦、记忆力减退等一系列神经衰弱症状，严重者会有恶心、呕吐、厌食等症状。尤其是腐败过程中各种细菌的繁殖，在尸检中直接接触，污染机会甚高，若无好的防护措施，对人体危害相当严重。

传染病尸体的检验，亦可对检验工作者造成危害，应引起法医工作者的高度重视，加强必要的保护措施，防止被传染。患艾滋病（AIDS）、非典型性肺炎（SARS）及各种烈性传染病和性传播性疾病死亡者，其尸体对检验工作者有极大的威胁，应注意自我保护。

鉴于传染病的相关特征，除应按常规法医尸检进行检验外，还必须注意以下几点：

（1）详细了解死者有关临床病史和个人生活史，分析或检测其是否可能患有艾滋病或其他传染病。

（2）对任何疑为患传染病死亡的尸体进行法医学检验时，务必做好以下防护工作：①准备消毒器具和药品。②应到具有良好工作环境、条件较好的解剖室进行尸检，并配备必要的防护工具和有关物品，如面罩、防护衣等。③尸检工作人员应戴口罩、双层手套、穿长袖衣服并加穿一次性塑料或尼龙工作服。④尸检期间禁止其他非工作人员进入检验场所或解剖室。⑤尸检后要彻底洗手、消毒；对所有用过的一次性用品，如工作衣、手套、注射器、解剖刀片等，由专人立即处理；对非一次性用品，如解剖用具、解剖台及地面等，要进行彻底清洗、消毒；用一次性塑料尸体袋包装尸体，防止血液、体液等污染地面及运尸工具。

（3）尸体释放的有害气体可经呼吸道吸入，气体中的细菌或其他病原微生物，亦可构成溶胶粒子被吸入体内，或附着于人的皮肤和衣服上，通过皮肤上微小裂隙侵入人体。故验尸时必须小心谨慎，避免损伤皮肤，并应戴好口罩以免有毒气体或微生物侵入体内。

（4）确诊是患传染病死亡者，需要及时向主管部门或卫生防疫部门报告。

法医检验工作有统一的制度、按一定的程序进行。从事尸检工作者应接受操作培训，通过考核取得任职资格，达到业务精通、技术熟练、操作准确。操作时动作应轻柔，勿使液体或组织外溅，减少人为污染，并避免自身损伤；应尽量使用器械操作，减少不必要的直接接触。尸解工作室和尸解用具箱中应备有消毒用品，防毒、防臭面罩等。尸检完毕后，对操作器械、法医工作服及其他相关用具必须进行严格冲洗与消毒，最大限度地进行自我保护。

（刘　牧）

6 机械性损伤

机械性损伤的形成机制（74）
物理学因素（75） 组织生物力学因素（75） 其他因素（76）
机械性损伤的基本变化（76）
形态变化为主的损伤（76） 功能变化为主的损伤（83）
机械性损伤的并发症（83）
失 血（83） 栓 塞（84） 感 染（84）
肾上腺出血（84） 成人呼吸窘迫综合征（84） 其 他（84）
锐器伤（84）
切 创（85） 砍 创（86） 刺 创（86） 剪 创（88）
钝器伤（88）
棍棒伤（88） 斧锤伤（89） 砖石伤（90） 徒手伤（91）
咬 伤（91） 挤压伤（92） 高坠伤（92）
射击伤（93）
枪弹创（93） 霰弹创（96）
爆炸伤（98）
炸药爆炸的基本特征（98） 爆炸伤的种类及形态学特征（99）
爆炸伤勘验的法医学检验（100）
机械性损伤的法医学鉴定（101）
机械性损伤的法医学检验和记录（101） 确定损伤程度（102）
确定死亡原因（102） 推断致伤物（102） 判断死亡方式（104）
推断损伤时间（106） 评估伤后行为能力（110）

机械力作用于机体导致的组织结构破坏或生理功能障碍统称为机械性损伤（mechanical injury）。机械性损伤为法医学鉴定中最常见的物理性损伤类型之一，据统计机械性损伤死亡约占暴力性死亡的70%以上。

机械性损伤的形成机制

机械性损伤根据致伤物及其使用方式主要分为锐器伤、钝器伤、射击伤、爆炸伤及交通损伤。①锐器伤：指具有锐利尖端和刃缘的物体造成的损伤，常见的有切创、砍创、刺创和剪创；②钝器伤：指由表面比较粗糙平钝的物体造成的损伤，常见的有拳脚（徒手）伤、咬伤、棍棒伤、砖石伤、挤压伤和高坠伤等；③射击伤：指各种枪弹造成的损伤，如子弹创和霰弹创；④爆炸伤：指由易燃易爆物品燃爆而造成的损伤；⑤交通损伤：指各种交通工具造成的损伤等。

机械性损伤的形成机制，一般为各种能量较大的运动物体与生物机体组织之间相互接触，发生能量转移时产生机械作用力，当这些作用力的强度超过了机体组织的耐受强度，引发局部组织过度地移位、变形，进而造成组织结构的完整性破坏或刺激某些部位的重要生理反射，导致损伤。常见的机械作用力包括摩擦力、压缩力、拉伸力、剪切力、扭转力、弯曲力和冲击力等。因此，机械性损伤的形成及其形态改变，与致伤物和受伤组织之间作用力的性质、强度及能量传递方式密切相关。一般致伤物与受伤组织之间相互运动的方式有 3 种：①运动的致伤物打击静止的躯体；②运动的躯体撞击于静止的物体；③运动的致伤物与运动的躯体碰撞。不论怎样，机械性损伤过程仍服从基本物理学原理。作用力、能量传递和组织力学性状，各种物理学和组织生物力学等因素，均不同程度地影响机械性损伤的产生和程度。

物理学因素

根据一般物理学原理，组织损伤过程中致伤物能量的传递符合能量守恒定律和各种力学定律：

（1）$F=ma$，$a=(v-v_0)/(t-t_0)$，提示致伤物质量（m）和/或打击加速度（a）越大，作用时间（t）越短，则作用力强度（F）越大，造成的损伤越严重。

（2）$E_k=mv^2$，提示致伤物的运动速度对动能（E_k）的影响，比质量大一个几何级数。因此，高速运动的弹头，尽管质量小，仍可引起严重的创伤。

（3）$E_p=mgh$ 和 $v=\sqrt{2gh}$，提示高坠的躯体或致伤物越高（h），势能（E_p）和加速度越大，则造成的损伤越重。

（4）$P=F/S$，提示在作用力相同的条件下，作用面积（S）越小，则压强（P）越大，故有锋利尖端或刃缘的锐器，容易穿破组织造成深部组织器官的损伤。

（5）$I=m_2v_2-m_1v_1=Ft$，提示致伤物和受伤组织之间相对运动状态和方向的影响。如冲量（I）相同时，致伤物与人体呈同向运动，与致伤物接触的组织部位呈顺向移动，受力时间延长，增加了能量转移和扩散时间，部分缓冲了力的强度，则损伤轻。反之，若两者呈相向运动，则损伤重。

（6）力的分解法则（平行四边形法则），切向打击时，部分能量散失，造成的损伤比垂直打击为轻。

组织生物力学因素

机体不同部位和器官组织的成分及其结构的差异，均决定了各自的弹性、韧性和张力等组织生物力学性状的不同。生物力学研究证实，不同组织对外力的抵抗力差别很大。例如松弛的皮肤具有较大的弹性和韧性，可拉长 40%，能抵抗较强的机械暴力；肌腱的韧性和骨骼的刚度较强，能抵抗较大的暴力；肝、脾、肾等实质器官，结缔组织间质少、被膜薄、脆性大，易造成破裂，故有时腹部或腰背部遭受钝性打击后，局部皮肤无明显损伤或损伤轻微，却可发生腹腔内器官破裂；脑组织呈黏性液态，外力作用下呈液态波动性传导，易发生特征性冲击伤和对冲伤；血液和胃肠充盈的内容物亦呈液态流动性，外力作用可发生惯性波动，冲击管腔壁，而导致血管和胃肠壁穿孔、破裂。

其他因素

机体的健康状况、年龄及疾病等生理和病理因素可影响组织的生物力学性状，如年轻人的组织弹性和韧性比老年人的强，肝、脾大者易发生破裂，骨质疏松者易骨折，患有血液病者易发生出血等。

机械性损伤的基本变化

所有机械性损伤均同时存在组织代谢、功能和形态三方面不同程度的变化。三者紧密关联，不可分割。但是，法医鉴定主要关注的是对机体影响较严重的组织解剖结构破坏和生理功能障碍及其程度。因此，为便于表述和鉴定，通常将机械性损伤分成两大类，即形态变化为主的损伤和功能变化为主的损伤。

形态变化为主的损伤

以组织器官形态、结构破坏性改变为主的损伤，主要包括擦伤、挫伤、创、内脏创伤、骨折和肢体断碎等。一般而言，皮肤解剖结构的完整性未完全破坏的损伤称为伤；皮肤全层破坏的损伤称为创。

擦　伤

擦伤(abrasion)为表面粗糙的致伤物与体表摩擦造成的以表皮剥脱(scrapes)为主要改变的损伤。擦伤的形状呈多样化，常见的有片状和条状。肉眼观察，皮肤表层或真皮浅层破裂、剥脱或缺损，部分未脱落的表皮呈小瓣状或锯齿状翻转(图 6－1，6－2)；常伴组织液或血浆渗出。组织学观察，局部真皮充血、水肿，散在小灶状出血和炎性细胞浸润。

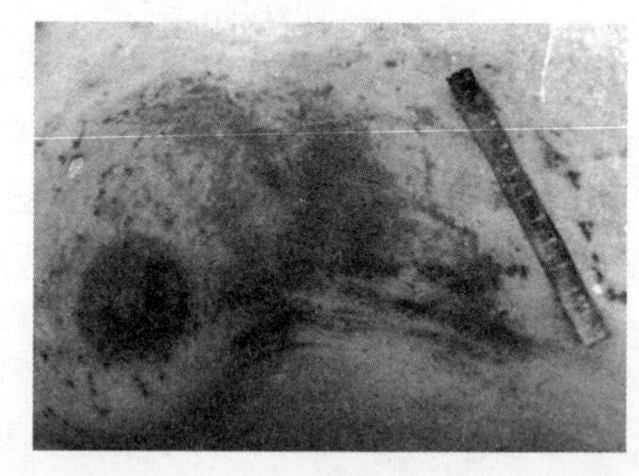

图 6－1　前胸部片状擦伤

其内可见条形水平走行擦痕及点片状细小擦伤。

擦伤的颜色依据损伤时间的早晚，呈红色、棕色改变；伤后 1 d～2 d 可形成痂皮，5 d～7 d痂皮脱落，一般不留瘢痕。

根据致伤物的性状和损伤形态，擦伤可表现为擦痕、抓痕和压痕。

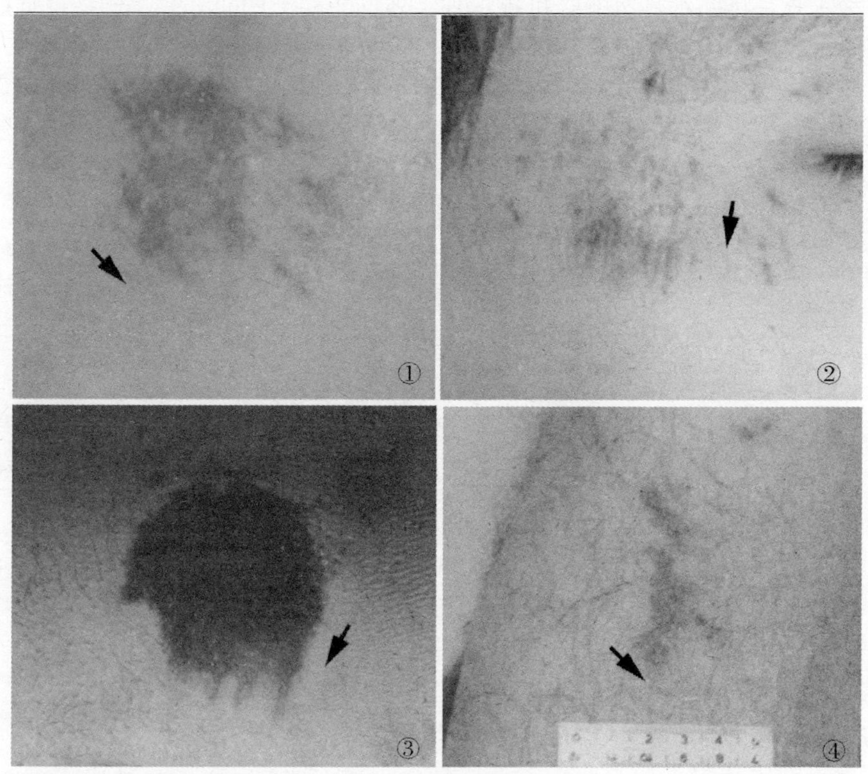

图 6－2 皮肤擦伤形状

（“→”指示擦伤形成过程中，致伤物的移动方向）

①擦伤呈条片状；②擦伤呈多条平行排列的细条状，间杂点状表皮剥脱；③片状擦伤，一侧可见“彗星脱尾”样的形态；④擦伤局部真皮层充血，呈鲜红色，局部可见血浆渗出。

1. 擦 痕

擦痕（graze）指表面粗糙的物体与皮肤摩擦造成的斑片状表皮剥脱，多位于体表突出部位。

2. 抓 痕

抓痕（scratch）常为指甲等尖刺状物体划擦皮肤造成的条状表皮剥脱。

3. 压 痕

压痕（impression）是致伤物挤压皮肤并伴轻度摩擦所致的损伤，除表皮剥脱外，常伴有轻度的皮内及皮下出血。因此，常在皮肤上形成与致伤物形态相似的印痕，如指甲的掐痕、轮胎印迹等。

由于擦伤多为较轻微的损伤，因此常被临床医生在检查或书写病历时忽略。然而，在法医学检验中，擦伤具有重要的证据作用，其法医学意义如下：

（1）擦伤是暴力作用的证明，擦伤所在的部位常标志暴力的作用点。

（2）根据擦伤的形态特征，有时可以推断致伤物的表面特征。

（3）根据皮瓣翻转的方向可推断外力作用的方向。

（4）根据擦伤颜色的改变及痂皮形成的特征等，可推断外力作用时间。

(5) 根据擦伤的特征性分布，可提示加害者的犯罪意图。如颈部的指甲掐痕，提示可能有扼颈的存在；女性大腿内侧等的抓痕，可提示有性犯罪的意图或行为等。

死后尸体被拖擦也可以形成擦伤，称死后擦伤，但颜色常呈苍白或黄褐色，边缘无红肿等生活反应。在濒死时造成的擦伤，其边缘可有轻度的红肿等生活反应。濒死期的擦伤在法医学诊断时有一定难度。

挫　伤

挫伤（contusion）为钝器打击造成的以皮内和皮下出血为主要改变的损伤，表现为皮肤和皮下软组织出血，可伴不同程度表皮剥脱、局部组织肿胀和炎症反应（图6-3，6-4）。真皮组织致密、血管末梢分支细小，出血量少、不易扩散，多呈点状，称之为淤点（petechia）。皮下浅筋膜结缔组织疏松，血管较粗大，出血易于扩散，多呈斑片状，称之为淤斑（ecchymoses）。出血量较大时，血液积聚于局部组织内形成血肿（hematoma）。

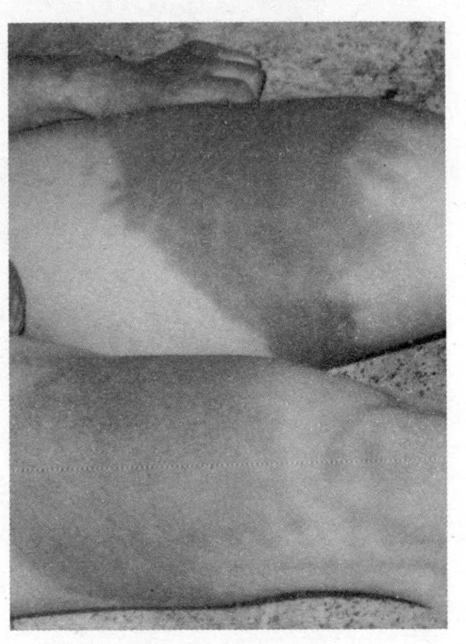

图6-3　双大腿挫伤

为皮内出血，颜色鲜红，边界清楚，局部软组织肿胀不明显。

高速运动车辆的突出部件撞击机体，造成的皮肤出血印痕称为撞痕（bump）。因皮下骨组织衬垫，局部皮内和皮下出血的形态多能反映致伤物表面纹理，可据此推断致伤物，如汽车保险杠撞伤。车轮碾轧和致伤物挤压机体引发的皮肤出血称为压痕（impression）。一般情况下，表面凹凸不平的致伤物，其凸出部挤压皮肤使之凹陷、局部血管闭塞，撕裂周边血管出血并扩散到致伤物凹陷部位的相对疏松皮肤内，故压痕的出血形态与致伤物表面凹凸纹理正好相反，如轮胎印痕等。

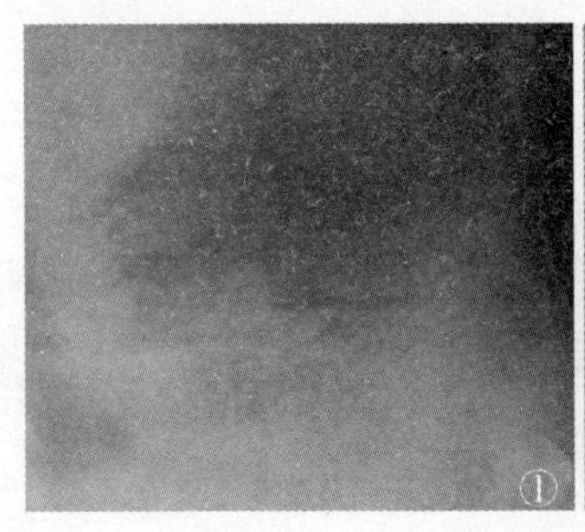

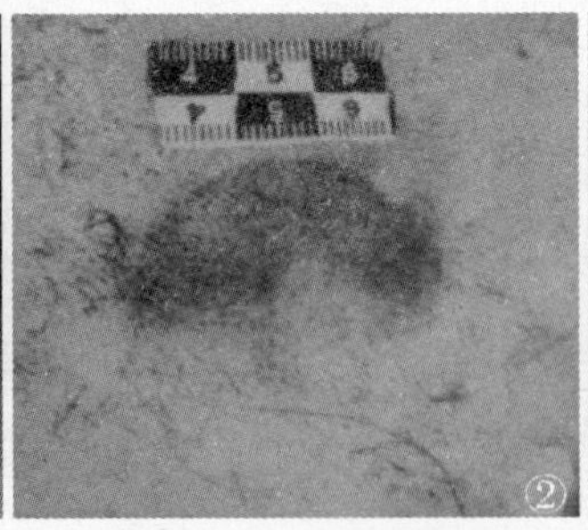

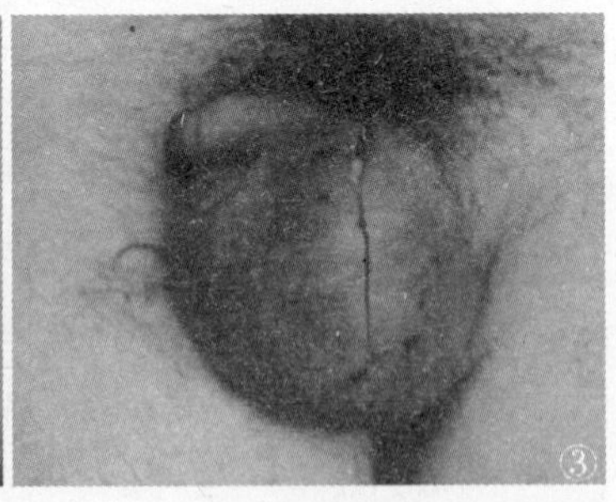

图6-4　挫伤形态特征

①颈前部皮内出血，局部呈青紫色；②头皮挫伤，局部伴有细小擦伤；③阴囊血肿，呈暗紫色，明显肿胀。

表皮水疱（blister）常为反复压、挫、摩擦引发真皮浅层血管通透性增大或破裂，渗出液聚集于皮内而形成，可表现为血性水疱，多见于抓握皮肤较柔嫩的少儿和女性肢体。日常生活中劳动和行走时发生的手、脚掌面水疱，其形态类似于浅Ⅱ度皮肤烧伤水疱，但发生机制不同。

皮下出血的颜色依损伤时间的不同而呈规律性的变化，开始为鲜红色，2 d～3 d 呈青紫色，4 d～5 d 呈绿色，10 d 左右时呈黄色，约 2 周时消失。当出血面积大时，中心部位颜色常较周边部位深，故有时在同一损伤处可能出现深浅不同的颜色。

挫伤的法医学意义如下：

(1) 挫伤标志暴力作用。除死后超生反应期内较大暴力可引起皮内、皮下出血外，一般挫伤均为生前伤。

(2) 根据皮内、皮下出血的颜色改变可推断损伤时间。

(3) 根据皮内、皮下出血的形态可推断致伤物，如车辆撞击时，可形成汽车保险杠或轮胎表面的印痕。

(4) 根据挫伤的分布、数量和形态，可初步推断案件的性质。如在外阴或大腿内侧的抓痕和挫伤，常提示有性犯罪行为等。临床医生在遇到此类情况时，应注意保全证据，准确书写病历。

在实践工作中，由于挫伤的颜色有时接近尸斑的颜色，因此，经常会遇到究竟是挫伤还是尸斑的疑问。尸斑是机体死亡后血管内血液由于重力的作用而坠积于尸体的低下部位而形成的；而皮下出血则是由于皮下组织血管破裂，血液漏出到血管外而形成的。对疑为皮下出血时，应将其切开检查，必要时取材做组织学检查。

创

创（wound）为较强的暴力造成皮肤全层和皮下组织破裂的开放性损伤。致伤物及其作用机制不同，皮肤创的形态差别很大。由锐利尖端或有刃缘的致伤物造成的创称为锐器创（sharp instrument wound）。一般情况下，刀具可由于使用方式不同而形成不同类型的锐器创，如切割导致切创，砍击导致砍创，刺击导致刺创。刀刃刺入组织后，抽出时还可切割刃缘下组织形成刺切创。剪刀可形成单叶或双叶刺创、刺剪创、剪创和剪断创。而由粗钝的致伤物造成的创称为钝器创（blunt instrument wound）。钝器以撞击、砸压皮肤为主导致的创，称为挫裂创（laceration）；以牵扯和拉伸皮肤为主导致的创，称为撕裂创（tearing wound）；枪弹射入和射出皮肤导致的创，称为枪弹创（即射入口和射出口）。

正确解析和描述创的形态特征，对于鉴别创伤类型、推断致伤物种类及其致伤方式等具有重要的价值。破裂处皮肤边缘称创缘；创缘皮肤形成的皮肤破裂口称创口；创缘皮肤交接的夹角称创角，除圆形创口（如枪弹创等），一个创口至少有两个创缘和创角；创口皮肤及其下破裂的组织断面称创壁；创壁组织形成的破裂空腔称创腔；连接于创壁之间未断裂的组织称组织间桥，多为较柔韧的血管、神经及其外膜结缔组织束；创腔深部未破裂的组织称创底（图 6－5～6－8）。

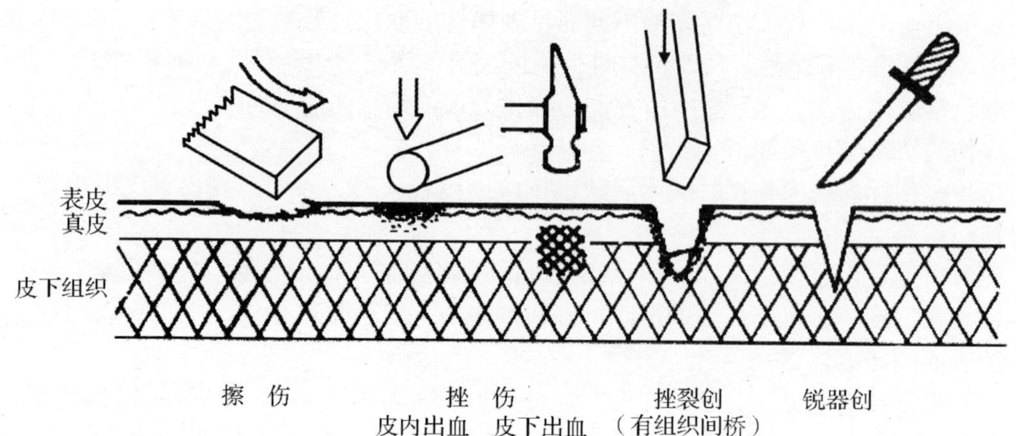

图 6－5　皮肤各类损伤的形成和形态模式图

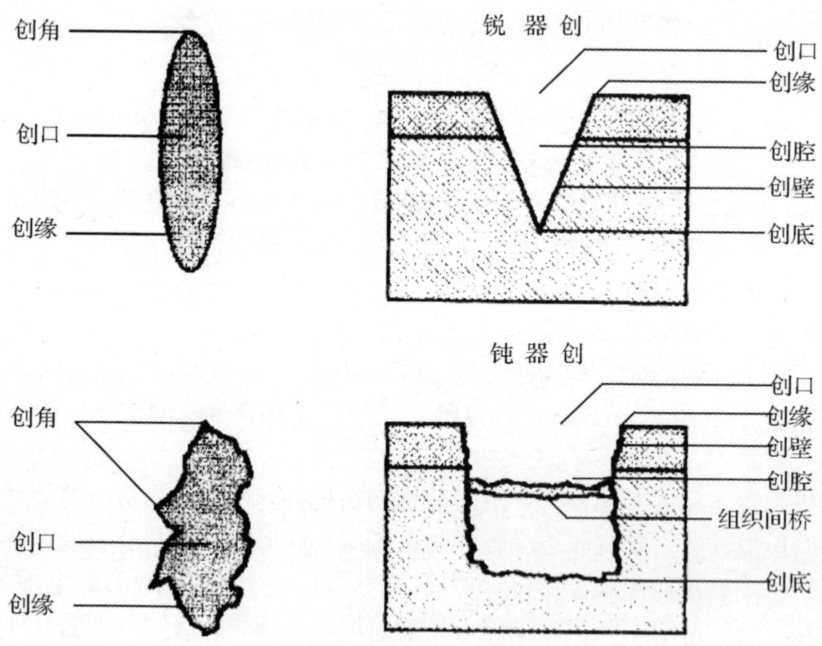

图 6－6　钝器创与锐器创的形态模式图

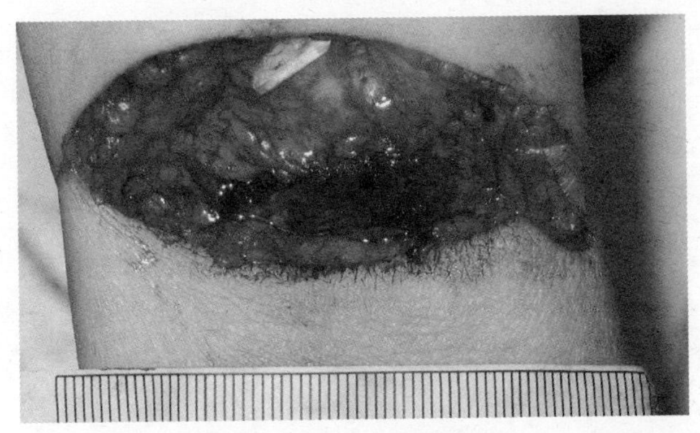

图 6－7 腕部锐器创

创口哆开呈裂隙状，创缘整齐，一侧创缘皮肤可见皮下出血。创角尖锐，创壁平滑，创腔内无组织间桥。

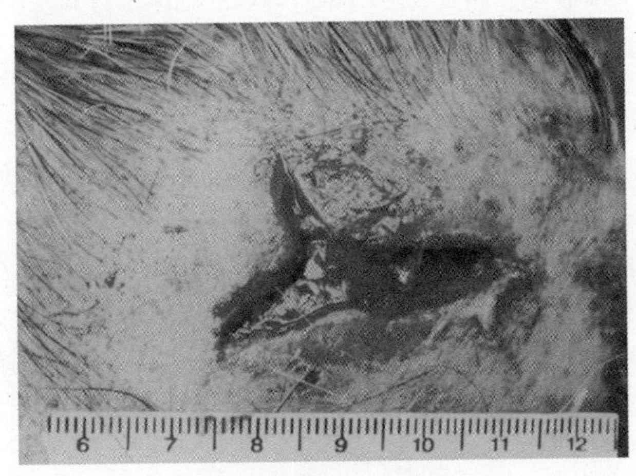

图 6－8 额部皮肤挫裂创

创缘不整齐，创缘周围伴有擦挫伤带，创壁不光滑，创腔内可见组织间桥。

锐器创的形态比较规则，主要表现为：①创口哆开呈裂隙状、菱形、斜方形等。其形态与创口周围皮肤、结缔组织和皮下肌束的走向有关，当创口周围皮肤、结缔组织和皮下肌束的走向平行时，创口呈裂隙状；垂直时，创口呈菱形；斜向时，创口呈斜方形。②创缘整齐，创缘周围常无表皮剥脱，斜向切、砍、刺时在锐角侧皮肤可有表皮剥脱和皮下出血。③创角尖锐，无撕裂。④创壁平滑。⑤创腔深而窄，创腔内无组织间桥。⑥创底平，骨组织上有时可见锐器作用的痕迹，并有可能在此留下锐器刃部的残片。在医疗过程中或法医学检验时应注意提取和保留这些残片，因其对致伤物的推断及认定有重要意义。

挫裂创的主要特征如下：①创的形状不规则且多样化，常呈星芒状、线状、Y 形等，与致伤物和损伤程度有关。②创缘不整齐，创缘周围常伴有表皮剥脱和皮下出血。③创角常为数个，多为钝圆形，常有撕裂现象。④创壁凹凸不平，两创壁间常有组织间桥。⑤创腔较浅，常有泥沙等与致伤物或现场有关的异物存在。⑥创底不平，其下常伴有骨折。

撕裂创（tearing wound）的创口方向常与皮肤纹理方向一致，创缘较整齐、无表皮剥脱，创角锐利，但创腔内常可见组织间桥。

骨　折

骨折（fracture）为较强大的机械性暴力打击导致骨组织解剖结构的连续性中断，如高坠、交通事故等。骨折可发生于全身各部位骨，多为四肢长骨、颅骨、肋骨和脊柱等。骨折可分为不完全骨折和完全骨折。骨质完全破裂而至断端分离的为完全性骨折，可有多种形态，如横行、斜行、螺旋形、粉碎、嵌插、压缩骨折以及骨骺分离。骨折处常表现为骨反常活动、骨擦音（感），X线检查可显示骨折的形态，局部肿胀、血肿、畸形、活动受限。颅骨上还可形成放射状、孔状、阶梯状骨折。仅骨质局部破裂而致骨折处未完全离断的为不完全性骨折，如单纯骨皮质或骨松质的裂缝骨折、颅骨的内板或外板骨折、儿童的青枝骨折等，临床上亦称之为骨挫伤。由于骨折时及其愈合后常伴有骨关节的损伤，如关节脱位、僵直或活动障碍等，故临床治疗和法医鉴定时，常将骨关节损伤与骨折归在一起处置。

骨折的形状可反映暴力的着力点和作用方向，如车辆保险杠撞击人体造成的胫骨楔状骨折，枪弹创造成的“喇叭”状骨穿孔等。老年人或患骨质疏松症的病人，较轻微的暴力亦可造成骨折。在患有某些疾病的情况下可发生病理性骨折，如骨结核、骨肿瘤等。

内部器官创伤

内部器官创伤指暴力打击导致脑、心、肺、肝、脾和肾等实质器官组织的破裂，或消化道、泌尿道及大血管等空腔器官的穿孔（图6－9）。理论上，将单纯器官组织围血管性出血或间质小灶性出血称为器官挫伤（contusion），而将器官组织实质破裂出血称为器官裂伤（breaching）。一般笼统称为器官挫裂伤（laceration）。

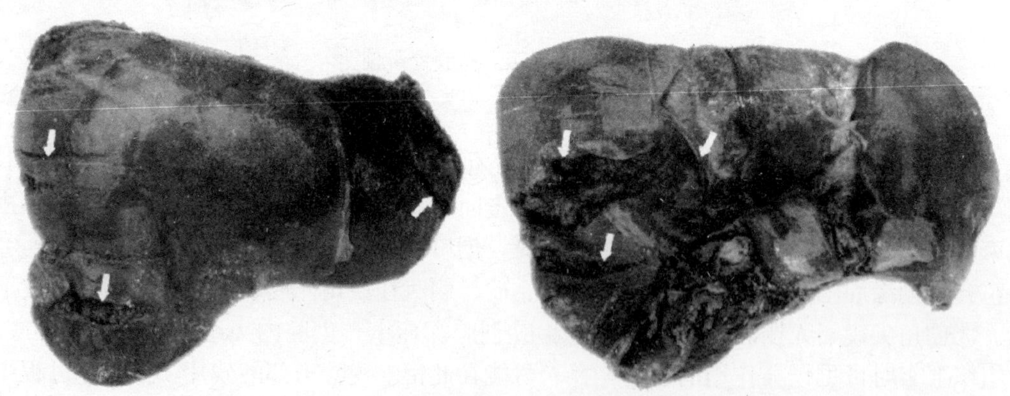

图6－9　高坠伤死者肝破裂

肝可见多处不整齐裂创，深浅不一，创缘不整齐。

肢体断碎

肢体断碎指强大的牵拉、碾轧、砍击等机械暴力造成机体部分器官离断，如断头、断肢、躯体断碎等，多见于交通事故、剧烈爆炸等情况。

功能变化为主的损伤

以功能变化为主的损伤主要指可引发致命性生理功能紊乱或障碍的机械性损伤。

神经源性休克

机体某些部位的自主神经末梢对机械性刺激非常敏感，可引发严重的甚至是致命性的生理功能紊乱或衰竭，这些部位称触发区（trigger region），如颈动脉窦压力感受器区、迷走喉返神经分布区、腹腔神经丛分布区、盆丛分布区等。有时这些部位受到较轻微的外力刺激时，即可引发严重的全身反射性自主神经功能紊乱，通过循环衰竭性休克、致命性心律失常或心搏骤停等导致死亡。往往这些受力部位损伤形态改变较轻，仅为擦伤和挫伤，甚至难以查见损伤性改变。此种情况，应详尽地调查损伤案情、临终前症状，进行全面尸体剖验，结合其他实验室检查，排除其他可能的死因后，方可做出推断性诊断。此外，强烈的疼痛或震撼性精神刺激亦可引发“心理脆弱者”神经源性休克（neurogenic shock）而晕厥，若未及时救治或唤醒可致死亡。

震荡伤

急速而较大面积的钝性暴力打击头面部、颈背部或心前区，可引发脑震荡、脊髓震荡或心震荡。震荡伤（concussion）的形态学改变较轻微，常规组织学检查仅见散在小挫伤出血灶、局灶性神经纤维或心肌细胞牵拉性损伤，间质淤血、水肿等非特异性病变。目前认为脑震荡或脊髓震荡的病理基础为脑干或高位脊髓神经纤维轴索损伤。这类震荡性损伤也可影响生命中枢的活动，或心肌电生理活动，引发神经源性休克、心源性休克或心搏抑制等致命性生理功能紊乱，导致死亡。

机械性损伤的并发症

上述各种损伤为机械力直接引起的原发性损伤，其形态学或功能性变化均于伤后立即出现。此外，尚有一些损伤性变化为原发性损伤后经过一段时间和一系列病理过程，而引发的继发性病变，称之为机械性损伤并发症。这些继发性并发症往往比原发性损伤更为严重，甚至导致延迟性死亡。

失　血

机体大动脉血管破裂，循环血液急剧喷涌流出，多难以救治，可致伤者迅速循环衰竭而死亡。一些中、小血管损伤出血，若及时发现，进行止血处置，不一定危及生命。但是，若活动性出血或隐匿性出血未及时发现并止血，急性出血超过总循环血量20%或缓慢持续性出血超过总循环血量30%，可引起死亡。

颅内急性出血，出血量超过100 ml～250 ml可引发脑疝致死；心包腔急性出血，出血量达200 ml～250 ml可引发心包填塞致死。但是，长时间的缓慢出血，由于局部代偿机制，机体可耐受超过急性出血量的占位性出血或积血。

栓　塞

有时，创伤后可继发空气、脂肪、血栓、羊水或其他异物进入血液循环，引起肺、脑、心等器官栓塞和梗死。一次进入血液循环的空气量达100 ml、脂肪栓子达60 g，或阻塞肺循环60%以上，均可立即导致右心衰竭或心源性休克。

感　染

感染为创伤后最常见的继发性病变之一，多于损伤36 h后发生，严重时可引起感染性休克致死。继发感染的情况有：①直接感染，多见于开放性损伤的创口污染，清创不及时、不彻底，继发局部化脓性炎症、腹膜炎或脑膜炎等，或未给予常规抗破伤风血清，合并破伤风；②局部抵抗力低下，多见于闭合性骨折处继发骨髓炎等；③全身抵抗力下降，多见于长期昏迷、卧床者继发坠积性肺炎、褥疮或肾盂肾炎等。

肾上腺出血

严重的多发性创伤，伤后数天内可发生创伤应激性肾上腺皮质和髓质大片出血，束状带细胞萎缩、脂质耗竭。一般认为，这种情况能引发急性肾上腺功能衰竭，导致死亡。

成人呼吸窘迫综合征

成人呼吸窘迫综合征（adult respiratory distress syndrome，ARDS）多继发于胸腹部广泛性挤压伤，爆炸冲击波损伤，吸入大量刺激性气体、胃肠内容物或溺液，各种休克晚期的“休克肺”等。主要表现为弥漫性肺泡腔浆液淤积，肺间质水肿、增宽，肺泡壁透明膜形成，可导致呼吸衰竭而死亡。若恢复，可继发肺纤维化，影响肺呼吸功能。

其　他

机械性损伤还可有一些继发性后遗症，包括局部性和全身性后遗症。局部性后遗症，如血管壁损伤继发外伤性血管瘤、脑创伤或脑出血后继发脑积水、腹腔器官创伤出血继发肠粘连和肠梗阻。全身性后遗症，如挤压综合征，弥散性血管内出血（DIC），脑垂体或下丘脑创伤继发外伤性尿崩症、外伤性糖尿病，肾损伤继发尿毒症，肝损伤继发肝功衰竭等。

（于晓军）

锐器伤

由致伤物锐利的刃缘或尖端造成人体的创伤称为锐器伤（sharp instrument

injury)。常见的锐器有刀、匕首、斧、剪刀等。根据锐器的种类及致伤方式可分为切创、砍创、刺创和剪创等。

切 创

用锐器的锋利刃缘压迫皮肤，并沿其长轴方向切割组织形成的损伤称为切创(incised wound)。各种刀具、玻璃碎片、金属片等是比较常见的切器。

切创是典型的锐器伤，具有锐器损伤的共同特征。此外，切创尚有以下特点：①创口的长短与刃缘沿体表移行的长度有关，而与锐器刃口的长度无关；②创口的深度与切器刃口的锋利程度及施加的暴力大小有关；③创缘整齐，如有反复来回移动，则可见与主创口相连接的分支；④创角一般起始段较深，末段常有较浅的拖刀痕，当来回重复切割时，创角常有多个浅表的小创角，形似鱼尾状（图 6－7）。

切创的性质

切创多为自杀所致，他杀比较少见，偶见于意外事故。自杀切创多见于颈部、手腕部、腹股沟部等，这些部位自杀者手容易达到且易于用力；血管较表浅，易达到自杀目的。切创口可有多个，多平行排列或在局部集中，并常可见到比较表浅的与致命的切创相平行的一个或数个轻微的切创，称之为试切创（hesitation mark），又称试探伤，有无试切创是判断是否为自杀的一个重要依据（图 6－10）。他杀切创的分布可发生在身体的任何部位，可见多个致命损伤。有时在身体的突出部位，如乳头、阴茎、鼻等因被切而断离，因此时只有创缘和创面而无创腔，称之为面创。

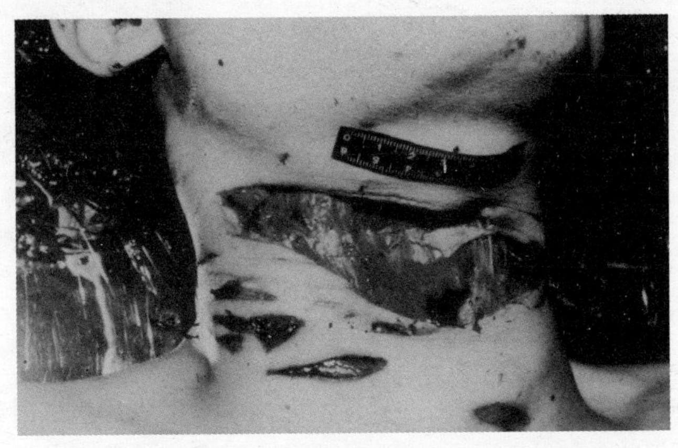

图 6－10 颈前部切创及试切创

颈前部及左颈部见一水平走行切创，创深达椎体，可见肌肉、气管切割痕迹。右侧颈部见与切创口平行的数条小切割创口，为试切创。

刎颈自杀是比较常见的一种自杀方式，其施力方向有一定规律。若为右手握刀，创口多起始于颈左上方，斜下越过颈前部，止于颈右下方，创口末段常有浅表的拖刀痕；若用左手握刀，则正好相反。有时，切断气管，食管，一侧或双侧颈动、静脉或神经或颈部的其他器官，甚至在颈椎前缘留下刀划痕。

切创的后果

(1) 最常见和最严重的后果是损伤血管而发生急性失血性休克，是切创最常见的死亡原因。

(2) 颈部切创，血液可沿切断的气管吸入支气管和肺内而导致窒息甚至死亡。

(3) 由于颈静脉压力为负压，损伤时空气可自静脉破损处进入血液循环，严重时可引起空气栓塞致死。

以上是切创较常见的后果，法医学尸体检验时应注意这些方面的检验。作为临床医生，对该类损伤在检验记录、抢救和治疗时也要考虑切创的严重后果，并做出相应的处理。

砍　创

挥动具有一定重量的锐器，以其刃面砍击人体造成的损伤称为砍创（chop wound）。砍创除具有锐器伤的特点外还具有以下特点：①创口长度较短，可与刃长一致或短于刃长。②创腔较深，容易伤及骨组织，形成骨质表面浅砍痕或骨折。③刃缘较钝或体部较厚的砍器砍击时创缘常伴有相应的表皮剥脱和/或皮下出血，斜向砍击时在锐角侧皮肤可有表皮剥脱和/或皮下出血。④刃缘全部砍入时，创口长度等于砍器刃缘的长度，两创角较钝；若不是全部砍入时，创口长度短于刃缘的长度，创角可为一钝一锐（图 6-11）。

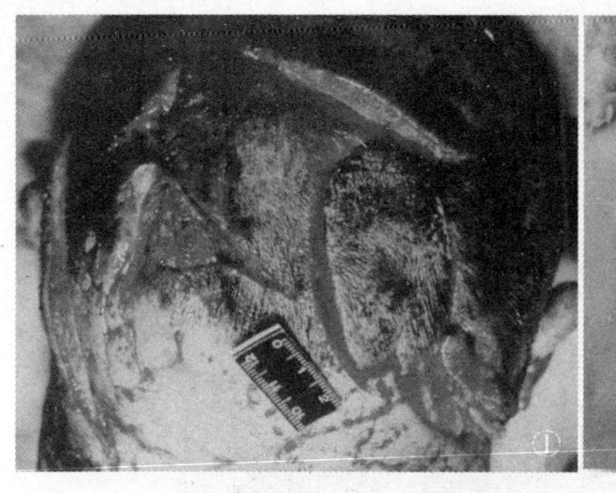

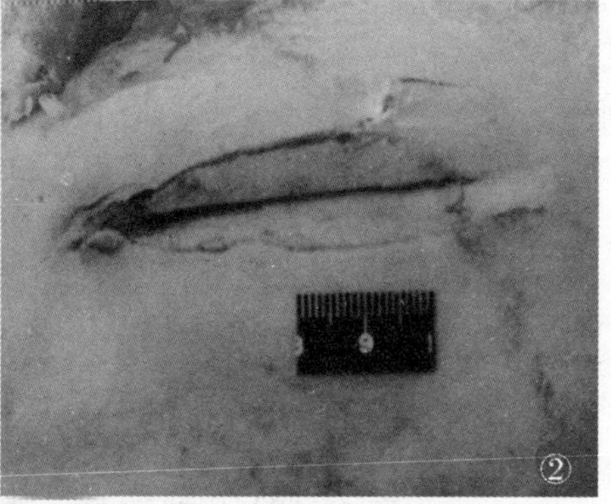

图 6-11　头部砍创

①头皮多条砍创，方向凌乱；②砍创深部颅骨可见舟状骨折。

砍创多见于他杀，部位多在头面部。被害者出于自卫本能抵抗时，常在手、前臂形成损伤，称之为防卫伤（defence wound），又称抵抗伤。形成的损伤一般较凌乱、无规律且一般较重。检查砍创时，应注意在创腔、创底寻找砍器刃缘的碎片，对推断和认定凶器有很重要的作用。临床医生在对伤者进行治疗时，若发现此类物品应妥善保管，留作证据。

刺　创

用具有锐利尖端的锐器沿其纵轴方向刺入人体所形成的损伤称刺创（stab wound）。根据刺器有无刃缘分为有刃刺器和无刃刺器。有刃刺器根据刃缘的多少又分为单刃、双刃和多刃，如水果刀、刺刀和三角刮刀等。每一个锋利的刃缘都可以形成一个较锐利的创角，据此可以推断是何种刺器。无刃刺器常见有锥子、铁钉、竹尖等，这类器械形成的损伤在创缘的周围常可见表皮剥脱或皮下出血。

刺创的特点是创口小、创腔深，常损伤器官及大血管而危及生命。既有刺入口又有刺出口的刺创称贯通性刺创，只有刺入口而无刺出口的刺创称为盲管性刺创。刺入口的形状与刺器的横断面相似，由于皮肤的收缩作用，刺创口通常略小于刺器的横断面（图6－12）。相对来说，被害人衣服上的刺破口更能准确地反映刺器横断面的特征。如在一刺创口处重复刺或刺器刺入及拔出不在一条轴线上时，刃口的切割会使创口加长，并可能出现多个创角（图6－13）。

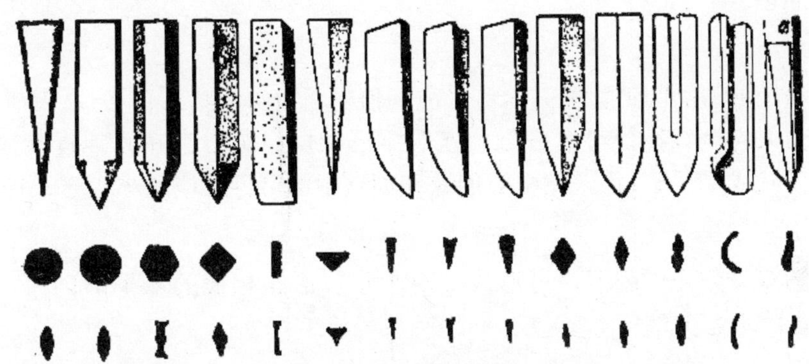

图6－12 不同横断面的刺器形成的不同形状刺创口

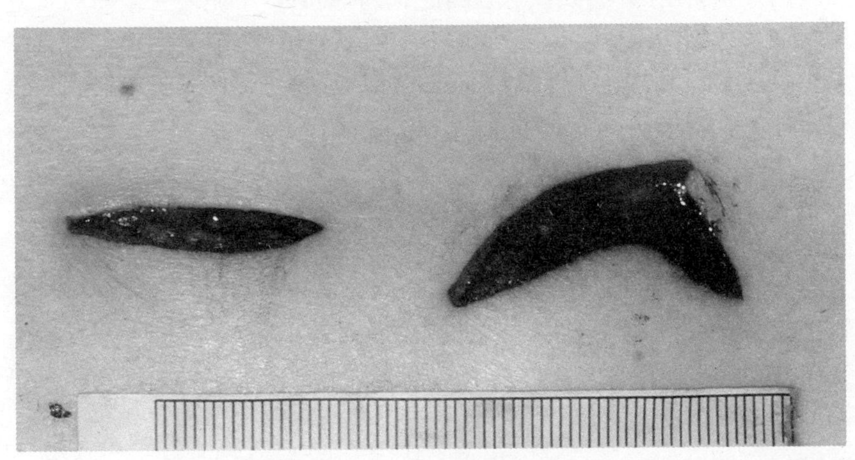

图6－13 皮肤刺创口形态

左侧为典型单刃刺创口；右侧为变异形刺创口，刺器刺入与拔出不在一条轴线上，形成有三个创角的刺创口。

若刺器全部刺入并压迫组织，刺创管的长度可大于刺器的长度，并可能在创口周围皮肤或衣服上留下刺器柄压痕。由于肺、肠等组织被刺后会变形，因此，不能完全反映刺器刺入身体部分的长度和方向。

虽然刺创口较小，但常引起内脏及大血管损伤，所以，在检验时一定要仔细检查。

临床医生在抢救和治疗伤者时也应注意这方面的检查并做好记录，保全证据。

刺创多见于他杀，自杀次之，偶见于意外事故。自杀刺创，多见于死者手易触及并便于用力的部位，如胸部、腹部，创口多为一个，现场可发现刺器，一般发现尸体在第一现场。他杀刺创可位于身体任何部位，创口常为多个且分散，他杀现场常找不到凶器，有时候可发现伤者在挣扎、逃跑了一段距离后在另外地点死亡。

剪　创

用剪刀刃缘和尖端造成的损伤称剪创（scissoring wound）。剪创比较少见，常见于虐待和伤害案件。根据使用剪刀的方式不同可形成不同的剪创，常见的剪创有夹剪创、剪刺创和剪断创。

夹剪创

夹剪创指用剪刀的两刃夹剪人体所形成的损伤。双刃合拢，可造成“V”形皮瓣状剪创；若双刃未完全合拢，可造成倒“八”字形创口；双刃张开并垂直刺入后双刃合拢，创口呈条状或呈“S”状，在中心创缘和创壁中部可见对应的小皱褶，称为剪嵴。

剪刺创

将剪刀的双刃分开作刺器，可形成一对大小、形态相似的瓜子形创口，称之为剪刺创。

剪断创

用剪刀剪断人体突出部位的组织，如乳头、鼻尖时，可使之完全断离，此时形成的创称之为剪断创。其创面较平整，可见到两个稍错位的半圆形平面，创缘有一小夹角。

剪创多见于他杀，他杀时创口分布零乱，数目较多，常伴有防卫伤。自杀剪创多见于容易用力的部位，如颈部、手腕部等。

钝器伤

致伤物接触面无锐利刃缘或尖端，所造成的人体损伤称钝器伤（blunt instrument injury）。钝器种类繁多，形状多样。一般人工制作的钝器大多较为规则，而自然界天然存在的钝器形态不规则。下面介绍几种常见钝器致伤特点。

棍棒伤

用棍棒或条形钝性物体打击人体造成的损伤称棍棒伤（stick injury）。一般根据棍棒的质地可以分为：①硬质，如金属棍棒；②中等质地，如木质棍棒；③软质，如塑胶类棍棒。常见的棍棒有木棒、竹竿、铁棍等。

由于棍棒的基本形状是条状，因此，棍棒伤的基本特点是呈现一条状皮下出血或挫裂创等。力量较大时，尚可造成骨折或器官破裂。质地较硬的棍棒，创缘周围的表皮剥脱及皮下出血较明显，反之则较轻（图 6－14）。

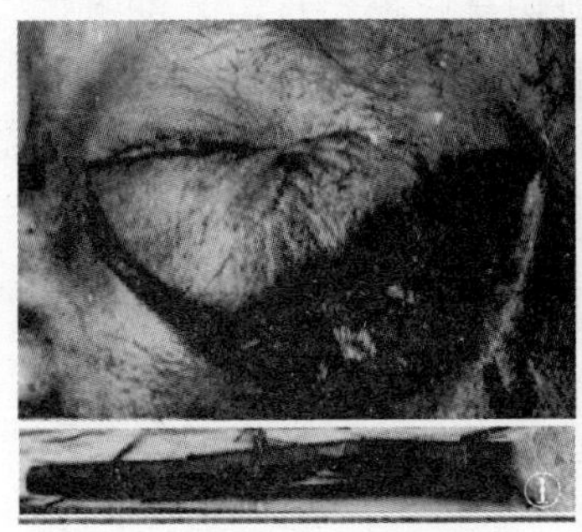
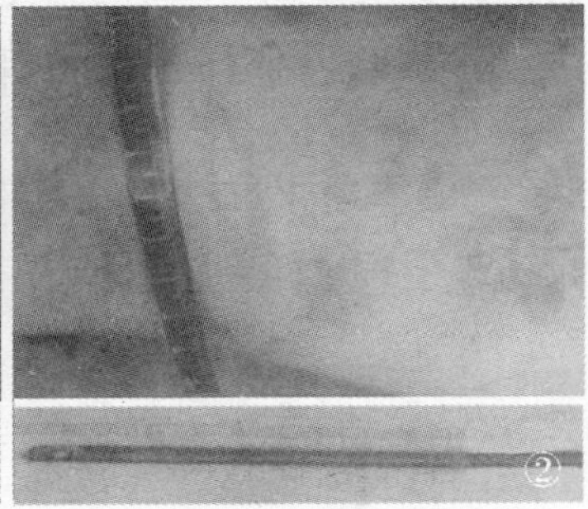
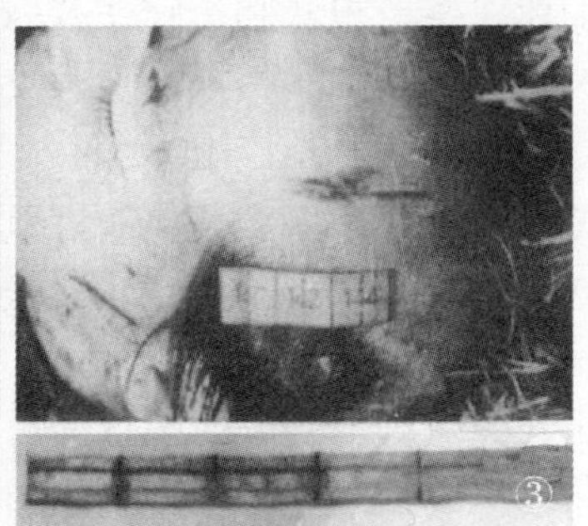

图 6－14　棍棒伤的形态

①竹竿形成的条形挫裂创；②木棍打击形成的条形中空性挫伤；③竹片打击形成的条形挫裂创。

用棍棒打击头皮，可造成条状的挫裂创。带棱边的棍棒打击头皮造成的挫裂创，有时与砍创很相似，应注意鉴别。由于头皮下方有颅骨衬垫，故受到棍棒打击时容易形成挫裂创，并可伴有颅骨骨折及各种颅脑损伤。颅骨骨折可呈线性骨折或凹陷性骨折，骨折区中间常有一条与纵轴方向相一致的延伸骨折线。

若棍棒较细，用其快速打击在较平坦和皮下组织较厚的部位，可形成中间苍白、两边平行的条状挫伤，俗称“竹打中空”。其形成的机制是在打击的瞬间着力区皮肤及皮下组织的血管突然闭合，血液向其两侧流动，使得两侧血管血压骤增，同时外力作用牵拉两边的血管，造成两侧血管破裂、出血，而真正的着力点处血管并未破裂（图 6－15）。

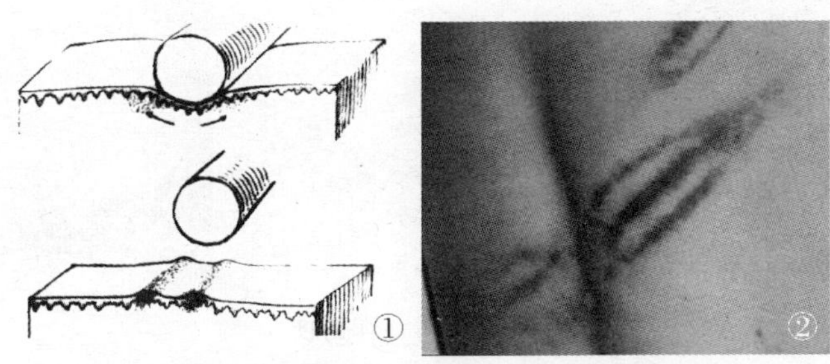

图 6－15　中空性皮内出血

①棍棒快速打击皮下组织较厚部位，接触部位真皮层血管受挤压，周边皮肤受牵拉，真皮层毛细血管破裂出血；②背部中间苍白、两边平行的条状挫伤，中间苍白区为棍棒接触部位。

用棍棒的棒端戳击人体形成类似刺创的损伤称为“捅创”（poking wound）。“捅创”属于一种特殊类型的挫裂创。其创口不规则，创缘周围伴擦伤、挫伤，捅入体腔后可造成不同程度的内脏损伤。

斧锤伤

以锤或斧的体、背部打击人体形成的损伤称为斧锤伤（axe－hammer injury）。由于斧锤类多为铁质，硬度大且有柄，容易挥动，故形成的损伤较严重，打击头部时很容易造成严重的颅脑损伤而死亡。当以锤或斧的体、背部垂直打击人体比较平坦的部位时，可形成与其作用面形状相似的挫伤或挫裂创，如类方形、圆形等；若为倾斜打击时，可形成弧形、三角形、条状等损伤；当打击人体突出部位时，可形成星芒状的挫裂创。总之，根据挫裂创的形状特征可初步推断斧锤的种类。有条件时，还可以估计其接触面的大小。

斧锤打击造成的颅骨骨折常为粉碎性、凹陷性骨折，呈线性骨折时，常有较长的延伸。当接触端面积较小时，如羊角锤，有时可形成孔状骨折（图 6－16）。

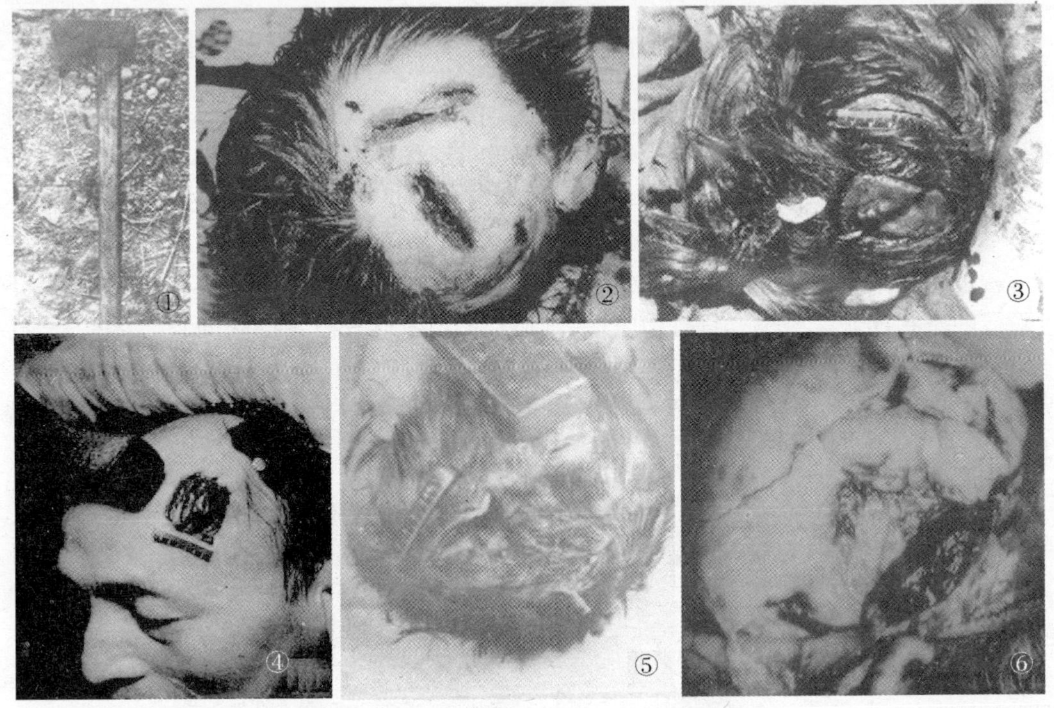

图 6－16　斧击伤

①斧类致伤工具；②斧刃形成的头皮砍创，创缘周围可见镶边状挫伤带；③斧刃砍击可形成头皮多条砍创，创口分布凌乱，部分头皮砍离；④斧背部垂直打击头部，形成与接触面形状相似的类方形挫裂创；⑤斧背部倾斜打击头部，形成三角形挫裂创；⑥斧背打击头部造成颅骨粉碎性、凹陷性骨折。

砖石伤

用砖或石头打击人体造成的损伤称砖石伤（brick or stone injury）。砖或石头的特点是比较坚硬，形态多样且不规则，多有棱角。用砖块打击时，根据接触面积的不同，可形成条状、直角形、“Y”形或片状的挫裂创等，创缘周围常伴有表皮剥脱及皮下出血，常可伴有骨折。石块不规则，故损伤形状可多样，可形成多种大小不等、深浅不一的挫裂创。

用砖石打击时，创腔内常留有砖屑、碎石或泥沙，检验时要注意保留这些物品，临床医生在清创时也要注意保全这些物品，其可以用来推断及认定致伤物。另外，砖石打击致伤案件多为随意性，致伤物常遗留于现场附近，应仔细搜寻现场。

徒手伤

用手、脚等身体其他部位作为致伤物体造成的损伤称徒手伤（bare - hands injury），常见于伤害案和虐待案。常见的方式主要有拳打、掌击、指抓、脚踢等。掌击人体颜面部，俗称“打耳光”，有时可造成鼓膜穿孔；打击眼眶及其周围时，由于皮下组织疏松，出血容易沿组织间隙扩散，可形成“熊猫眼”样挫伤。拳击颜面部时也可导致眼球损伤、鼻骨骨折等。打击胸腹部时可造成肋骨骨折，肝、脾破裂等。拳击头部或胸腹部时，少数还可导致脑震荡、心脏震荡而死亡。指甲伤一般有两种情况，一种为掐伤，系指甲掐压皮肤所致的表皮剥脱、皮下出血，常呈新月形；另一种为抓伤，系指甲擦过皮肤而形成，可为单条或多条有一定排列顺序的表皮剥脱（图 6 - 17）。脚踢时常可造成较严重的损伤，如肠、胃、膀胱等的破裂，特别是所穿的鞋质地较硬时，造成的损伤可较重。

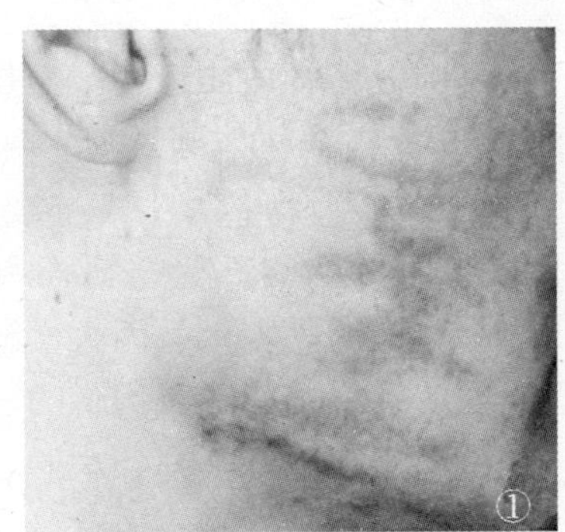

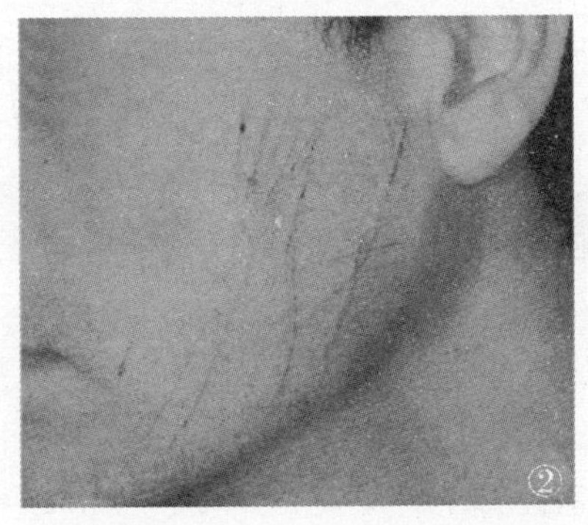

图 6 - 17　面部徒手伤

①面部掌击伤，颊部可见中空性皮内出血，出血区形状同手指接触面形状吻合；②颊部抓痕，可见多条近似平行排列的细条形划痕。

徒手伤在法医学活体检验中比较常见，一般不很严重，但少部分案件也可有很严重的损伤，偶尔也可致人死亡，尤其是打击比较特殊的部位，如颜面部、喉头部、会阴部等敏感部位时。有时体表损伤可不明显，但导致了内脏破裂或脑震荡、心脏震荡或神经源性休克等严重损伤及功能障碍，甚至可致死亡。因此，在检验此类损伤时，一定要做全面、细致的检查，认真分析外力与损伤及疾病之间的关系，切不可先入为主，马虎大意。

咬　伤

人或动物的上下牙列在人体上咬合所致的损伤称咬伤（bite wound）。咬伤可导致表皮剥脱、皮下出血、挫裂创等，典型的咬伤常常表现为两个相对应的圆弧形挫裂伤。

有牙缺失时，弧形挫裂伤有间断。咬伤严重时，可咬透皮肤或将突出部如耳、鼻、乳头咬去一部分。咬伤多见于互相厮打或性犯罪案件中，后者在受害者身上的咬伤多见于鼻尖、颜面部、乳头等处，在加害者身上的咬伤多见于手指、手臂、阴茎等处。

由于咬伤的形态可反应咬者的牙齿和牙列特征，因此，在法医学检验时，应注意保留咬伤伤痕以便与涉案人员做对比。在尸体上，可制作浮雕式牙模或完整切取咬伤皮肤保存。另外，还应注意与动物咬伤区别，尸体上的咬伤还要区分是否为死后动物咬伤（图 6－18）。

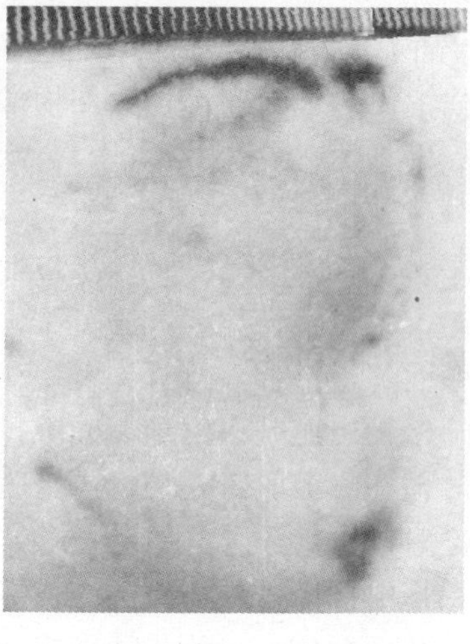

图 6－18 咬 痕

可见上下相对的两处弧形擦挫伤。损伤形态与上下牙列的排列方式相对应。

挤压伤

体积较大和重量较重的物体挤压人体造成的损伤称挤压伤（crush injury），多见于交通事故、房屋倒塌等灾害事故。挤压伤的特点是：①损伤的分布常较广泛；②损伤的类型多样且复杂，可有擦伤、挫伤、挫裂伤、骨折、内脏破裂甚至肢体断离等；③严重程度不一。

挤压伤可引起内脏破裂、大出血而导致死亡，也可因胸腹部受挤压而引起窒息死亡。部分伤者在存活一段时间后，可伴有“挤压综合征”的表现，系因大面积肌肉等软组织挫伤，大量肌红蛋白进入血液，并在肾小管内形成管型；同时，损伤的软组织产生多种有毒代谢产物，而导致急性肾衰竭。检验时，可见软组织广泛损伤；通过显微镜检查，可见急性肾小管坏死、钙盐沉着和多种管型（如肌红蛋白管型、血红蛋白管型等）。

高坠伤

人体从高处坠落于地面或其他物体上造成的损伤称高坠伤（injury by falling）。高坠伤的严重程度取决于坠落高度、人体体重、坠落途中有无障碍物、人体着地时的姿势、着地时碰撞的物体及地面的软硬程度等。坠落高度和地面软硬程度为主要影响因素。其特点主要为：①损伤广泛而严重，多种类型的损伤并存；②体表损伤相对较轻，而内部损伤较重；③损伤多集中于体表一侧；④为复合性损伤，多处损伤皆可用一次性暴力作用形成来解释；⑤若在高坠过程中碰撞到其他物体，可造成相应的损伤。

高坠伤与着地时的姿势有关系：头部先着地，则颅脑损伤严重；双脚先着地，双侧跟骨可发生对称性骨折及膝部嵌入性骨折，脊柱或胸骨与肋骨接合处骨折，髋关节脱位等；臀部先着地，可造成盆骨骨折，同时，力沿脊柱传播，可使颅底枕骨大孔出现环状骨折，脊椎骨有压缩性和粉碎性骨折；手掌先着地，上肢常发生骨折等。有时候高坠伤形成机制较复杂，要结合损伤、现场综合判断。

高坠伤的性质多见于自杀或意外事故，少数为他杀。判断死亡方式时应根据案情调查、现场勘验和尸体检验综合分析，应特别注意起跳点、空中和着地点的具体情况并与尸体上的损伤相结合来分析。另外要注意与死亡后抛尸伪装成高坠死亡鉴别。

（廖志钢　闫洪涛）

射击伤

枪弹创

枪弹创（gunshot wound）是由枪支发射的弹头或其他投射物击中机体所致的损伤。枪弹杀伤力强，是影响社会治安的重要因素。枪击案件的性质多为他杀，亦有自杀和意外事故。

枪弹创的形态特征与发射枪支类型、弹头特征、射击距离和角度、击中部位组织的结构等有关。典型枪弹创由射入口、射创管和射出口三部分构成，称贯通性枪弹创。子弹沿切线方向擦过体表可形成沟状组织缺损，称擦过枪弹创。子弹能量减低时，弹头滞留在体内，无射出口，称盲管枪弹创；子弹在体内遇到坚硬的骨组织，方向改变，射创管弯曲，形成回旋枪弹创。其他不典型枪弹创包括切线枪弹创、二次射入枪弹创和衬垫二次枪弹创等。

典型枪弹创的形态特点

1. 射入口

射入口（entrance bullet wound）的基本形态呈圆形或椭圆形，其大小与弹头大小相似或略小。最能反映枪弹射入口特征的是创口中心部位的皮肤、创口边缘及周边组织。射入口具有以下特征：

（1）创口中心部位组织缺损：高速旋转的弹头进入皮肤时，由于弹头压迫和旋切作用，将该部位的皮肤向内压成漏斗状，继而挫碎并穿透，在创口中央皮肤形成缺损，缺损边缘皮肤内卷，整个创口类似漩涡漏斗状。垂直射入时缺损常成圆形，成角射入时缺损呈椭圆形，一侧边缘呈斜坡状。弹头穿过皮肤后，由于皮肤回缩，圆形缺损的直径或椭圆形的短径略小于弹头直径；接触射击时，由于火药爆炸的高温、高压气体冲击或穿入皮下，引起创周皮肤炸裂，呈星芒状，组织缺损较大；若射入部位软组织较少，皮下衬有骨组织，此气体会反冲枪口形成气垫样软组织突起，其口径可能大于弹头直径。

（2）挫伤轮（contusion collar）：是由旋转的弹头进入皮肤组织的瞬间，除中心部位形成创口外，在创口的周边因弹头的旋转、挤压作用而形成的环行挫伤带及表皮剥脱或皮下出血。弹头垂直射入人体时，挫伤轮宽窄一致；如果弹头以一定角度射入，挫伤轮宽窄不一致，宽的一侧指示弹头射击方向。

（3）擦拭轮（abrasion collar）：又称污垢轮（grease ring），是弹头在旋转进入皮肤组织时，附着在弹头上的金属碎屑、铁渍、油污或尘埃等黏附于创口边缘皮肤所形成的围绕射入口皮肤缺损边缘的一圈黑褐色的轮状带。擦拭轮位于挫伤轮的内缘，二者可有部分重叠，宽度约为 1 mm。经 X 线或红外线摄影可清楚反映创口边缘金属层的高密度阴影。如果弹头先穿过衣服时，皮肤上可缺乏擦拭轮。

（4）射击残留物（shot residue）：是指射击时随弹头一起射出的物质，包括未燃烧完的火药颗粒、爆炸时所产生的烟晕、枪管内的防锈油、弹头与枪管内壁擦蹭后脱落的金属颗粒，在射入口周围造成的损伤或痕迹。

（5）烟晕（smudging）：在近距离或半接触射击时，在射入口周围由烟灰和火药颗粒沉积形成的黑色雾状区。其从中心到外周浓度逐渐减低，烟晕大小与一定范围内的射击距离（手枪 50 cm 内，步枪 100 cm 以内）成正比，即在上述范围内距离远则烟晕大，可用于推断射击距离。

（6）枪口印痕（muzzle imprint）：接触射击时，从枪口冲出的高压气体进入皮下，使皮肤呈气球样膨胀，与枪口相撞形成相似形状的印痕。可据此推断枪支的类型。

（7）火药斑纹（powder tattooing）：火药斑纹是由未燃烧完的火药颗粒擦蹭皮肤或陷入皮肤，以及由高温的火药颗粒烧灼作用所致，呈点状散在分布（图 6－19）。

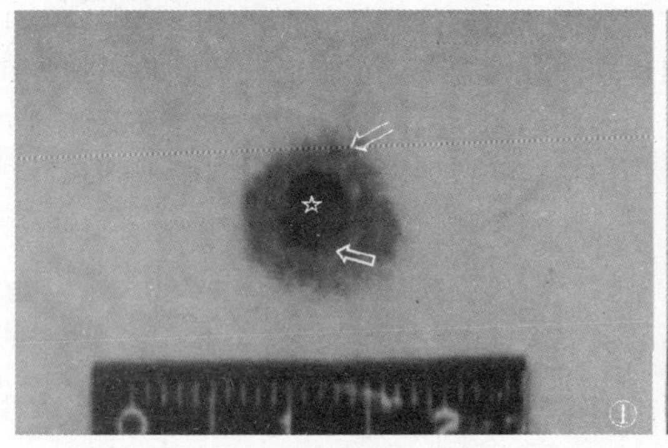
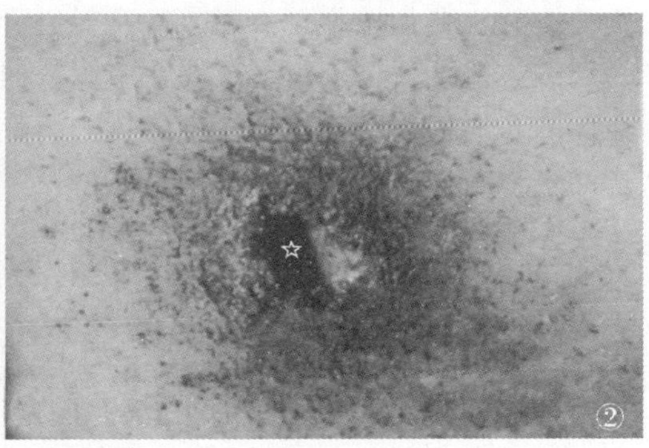

图 6－19　枪弹创射入口形态

①射入口中央为孔形组织缺损（☆），向外围依次为擦拭轮（⇨）、挫伤轮（⇒），无烟晕；
②射入口中央可见组织缺损、外围可见射击残留物、火药颗粒和烟晕沉积。

2. 射创管

弹头通过身体所形成的创道称射创管（bullet wound track），也称弹道或射创道。弹头对组织的作用是两个方向的，一个是弹头的前方对组织的压力，这个前冲力沿着射创管方向使组织撕裂、拉断和击穿，形成永久性（原发性）射创管。另一个是高速运行的弹头以很大压力压缩射创管周围的组织以及由于弹头在组织中释放出巨大的动能，使之发生位移和振动，形成有较大范围组织缺损的瞬时空腔（图 6－20）。

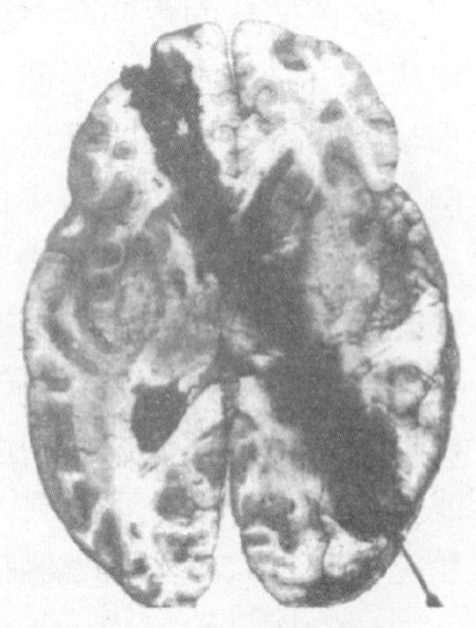

图 6－20　脑组织射创管

由于受弹头形态、动能大小、组织密度、弹头速度等因素的影响，射创管常表现出不同的形态及路径。贯通枪

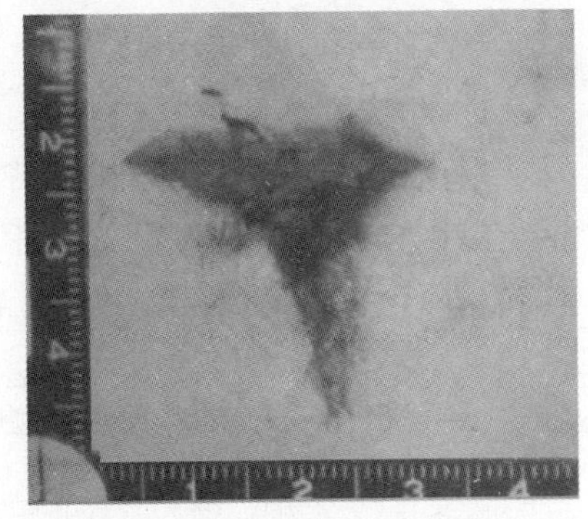
图 6-21 **皮肤射出口**
可见皮肤外翻、撕裂，呈星芒状。

弹创形成的射创管呈直线型，回旋枪弹创射创管呈曲线或折线状。射创管内可发现各种异物，如衣物碎片、泥沙、骨组织碎片、弹头破裂的金属碎片等。射创管区由大量破碎组织、凝血块、血液和各种异物组成。这些异物在射创管内的存在及其位置对分析与鉴定弹头与射创管的特点、弹头对机体的损伤，甚至射入口与射出口均有十分重要的意义。

3. 射出口

弹头由体内穿出体外时在体表皮肤上形成的创口称射出口（exit bullet wound）。射出口边缘皮肤外翻、撕裂，呈星芒状、裂隙状等多种形状。弹头发生变形，射出口形态不规则，可形成巨大创口（图 6-21）。

射出口创缘多无组织缺损、烧伤、擦拭轮、挫伤轮、烟晕、火药斑纹等射入口的特征性改变。

扁平骨，如颅骨、肩胛骨，枪弹损伤形成的孔形组织缺损在弹头穿出一面的骨质缺损较穿入面大，射创管呈锥形，射创壁倾斜（图 6-22）。管状骨枪弹创常常形成粉碎性骨折（图 6-23）。

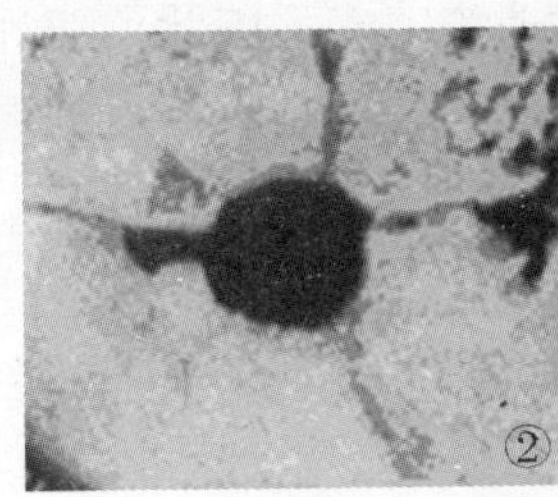
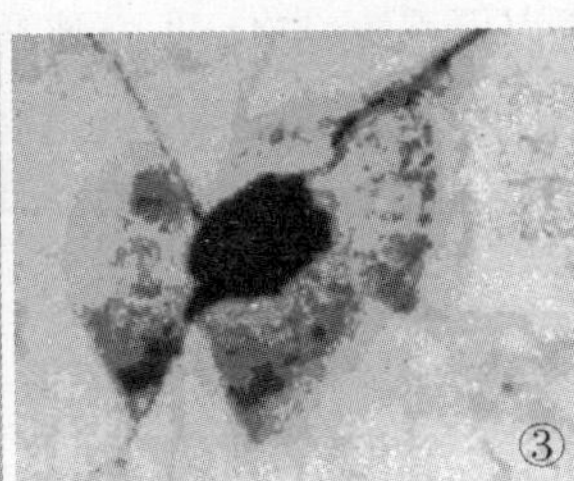
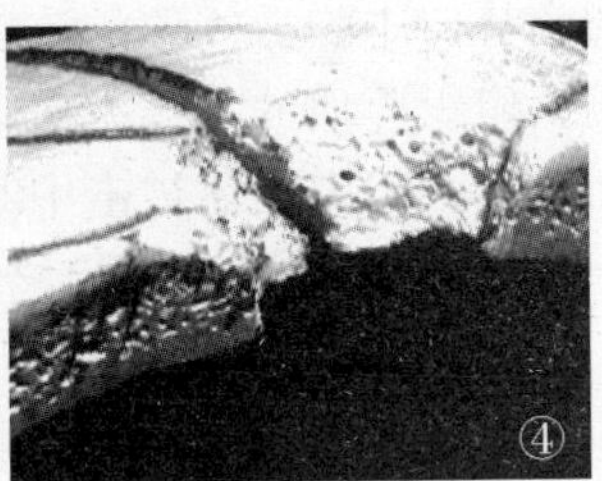
图 6-22 **颅骨枪弹创**
①颅骨枪弹创示意图，射入面孔形组织缺损小于射出面；②射入面可见孔形骨组织缺损；③射出面内板骨组织缺损大于外板；④颅骨射创管呈楔形。

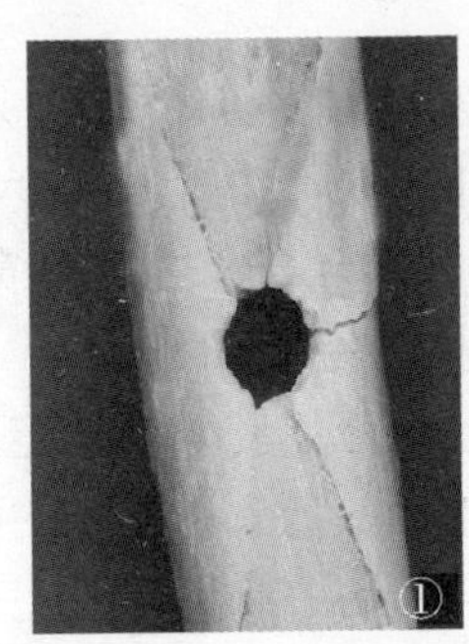
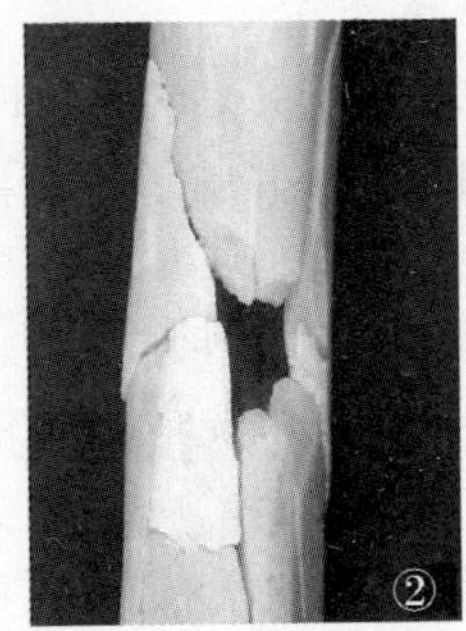
图 6-23 **股骨枪弹创**
①股骨枪弹创射入孔见圆形骨组织缺损，周围有呈放射状的骨折线；②射出口组织缺损形状不规则，局部可见粉碎性骨折。

枪弹创的法医学鉴定

1. 枪弹损伤的认定

根据枪弹创的典型形态学特征和相对应的射入口、射创管和射出口，对其认定不难。对盲管创、擦过和切线创有时可误认为其他挫裂创或锐器创，应加以区别。现场勘查和尸体检验时，应注意寻找并保留枪支、弹头、弹壳和火药颗粒等。残留在体内的弹头，可用X线透视检查。在确定枪弹创存在后，须进一步判断是否死于枪弹创，应进行系统解剖，必要时做组织学检验和毒物分析。

2. 射击距离的鉴定

根据射入口的形态特征可推断射击距离。射入口出现枪口印痕及撕裂创口，可判断为接触射击；近、中距离射击时，见有圆形或椭圆形创口，边缘有擦拭轮、烟晕及火药斑纹，并有射击者所持的枪支、手及衣着上黏附被射击者的血液及其他人体组织的回溅现象；远距离射击时，见圆形或椭圆形创口，边缘有擦拭轮、挫伤轮。必要时可用发射枪支的同类枪支进行射击试验，比较其射入口特征，做出判断。

3. 射击方向的鉴定

根据射入口、射创管和射出口的形态特点，三者的相互关系以及发射枪支和子弹的特性，做出射击方向的判定。盲管枪创仅有射入口，应首先借助X线片确定弹头的位置，再进一步检查射创管，确定射击方向。在判断射击方向时要考虑中弹时人体的体位和姿势、中弹后体位的改变以及死后身体是否被移动等因素。因此，要详细勘查现场血痕、组织碎块的喷溅方向，血液流注方向，弹壳与弹头位置及其着点的痕迹等，进行全面分析，确定人体被击中时的体位。

4. 射击角度的鉴定

根据挫伤轮、擦拭轮、烟晕和火药斑纹的形态特征和分布情况可大体推断射击角度。在较近距离射击时，射击残留物及弹头作用直接反映枪口与射入口的关系。当射击角度垂直时，擦拭轮、挫伤轮、烟晕和火药斑纹的分布形态大体均匀一致、对称；当擦拭轮、挫伤轮的宽度不对称或烟晕、火药斑纹呈一侧为主分布时，往往提示枪口与人体成角射击，角度越大，差距越明显（图6-24）。

5. 枪弹创致伤方式的鉴定

射击部位与致伤方式密切相关，死者能射击到的部位，自杀、他杀、意外都可发生；在死者不能射击到的部位可排除自杀。射击方向和射击角度也很关键，自杀者射击角度多垂直或微倾斜，当射击角度小于30°时可排除自杀。接触射击和近距离射击无法确定自杀或他杀，远距离射击可排除自杀。射击者手上的射击残留物对确定致伤方式有很大帮助，如果现场留有发射枪支，有时尚握于死者手中，并能从死者手上检出枪弹爆炸的残留物，结合创口特征和案情可确定为自杀。他杀和意外的鉴别比较困难，应根据射击方向、射击角度和距离，结合案情调查、枪支、弹头、弹壳和指纹等确定。

霰弹创

猎枪或自制土枪发射的霰弹造成的损伤称霰弹创。猎枪的弹丸有一定规格和型号，多为铅一锌合金制成。自制枪多用有烟火药，弹丸可为铁砂、沙子或碎玻璃等。霰弹创

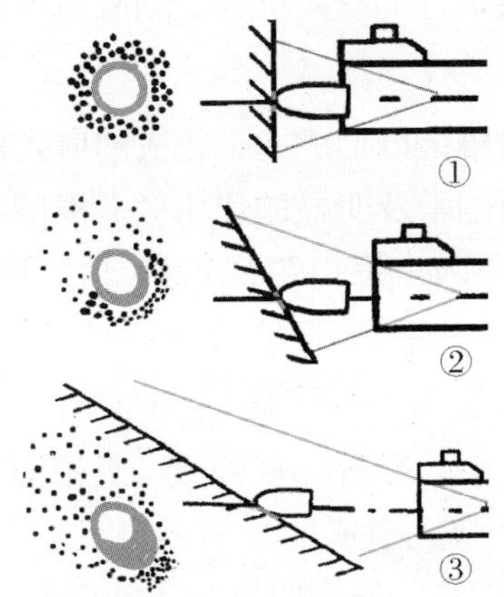

图 6－24　近距离垂直射击与倾斜射击的射入口形态鉴别示意图

①垂直射击，擦拭轮、挫伤轮、烟晕和火药斑纹分布均匀、对称；②倾斜方向射击，擦拭轮、挫伤轮宽度不对称，烟晕、火药斑纹呈一侧为主分布；③倾斜射击偏离垂直方向越大，擦拭轮、挫伤轮、烟晕、火药斑纹分布差距越明显。

多见于意外事故，亦可见于自杀或他杀。霰弹枪射击时，弹丸轨迹呈圆锥形散开，在人体形成损伤的范围随距离的增大而逐渐增大，即杀伤范围广则射程较短。霰弹创的严重程度和分布范围与射击距离、发射枪支及火药的种类、弹丸的性质有关。枪弹或枪筒前部填塞物，如纸团、布块等附着或嵌入皮肤内，装弹丸的金属或塑料弹环可射出造成相应的损伤。霰弹创由于单个弹丸所具有的动能小，多数弹丸不能贯穿机体而滞留在体内，多为盲管枪弹创（blind track bullet wound）。霰弹枪射入口如图 6－25 所示。

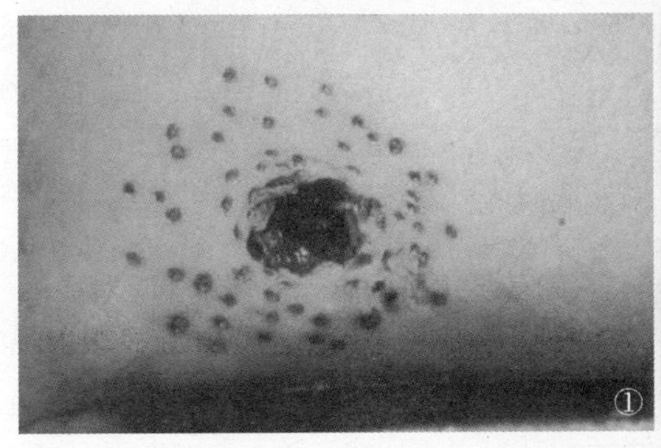

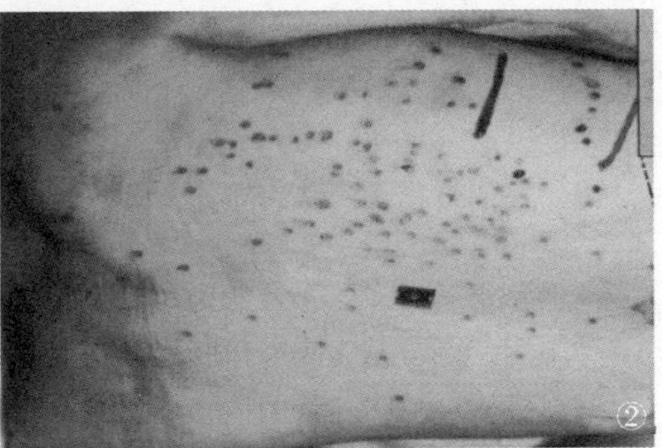

图 6－25　霰弹枪射入口

①霰弹创呈以主射入口为中心的同心圆；②无中心的远距离霰弹创。

接触霰弹创

霰弹枪的接触性射入口呈环形，大小与枪口一致。在射击时，如果枪口稍离开皮肤，则在皮肤创口周围形成烟晕、烧伤、火药颗粒沉着；若枪口紧压皮肤射击，烟雾不能外泄形成烟晕。接触射击时因高速热气流作用，可在射入口皮肤上形成明显的环形挫伤轮。在射击中，由于枪口紧压皮肤，有气体进入皮下将皮肤鼓起，可在枪口周围形成枪口印痕。接触射击时创缘规则，无颗粒沉着，创腔内可见霰弹或填充物。

近距离霰弹创

近距离射击时，在弹丸密集区可形成一个较大的射入口，比枪口直径大，创口边缘呈锯齿状，周围有较大的火药烟晕及明显的烧伤区。枪口与射击部位垂直时，霰弹射入创呈以主射入口为中心的同心圆；枪口与射击部位不垂直时，霰弹射入创呈椭圆形分布。

中距离霰弹创

中距离射击时，弹丸不集中，形成许多分散、类圆形或不规则散在小孔状射入口，主射入口周围可见散在的单个弹丸形成的小射入口，呈卫星状环绕分布。射击距离在2 m以内，通常可以形成集中弹孔；射击距离在3 m以上，则常常形成分散弹孔。

远距离霰弹创

远距离射击时，弹丸分散，形成许多类圆形（胡椒状）散在分布的小射入口，很少致人死亡。在远距离射击中，由于弹丸的能量减小，射入人体后极少形成射出口。

（李利华）

爆炸伤

爆炸（explosion）是物质从一种状态急速变成另一种状态并释放出巨大能量的现象。通常爆炸物在极短时间内产生大量高温、高压气体或蒸汽，体积急剧膨胀，巨大的能量快速向四周释放，使周围介质振动，并产生巨大声响。因爆炸所导致的机体损伤称为爆炸伤（explosion injury）。由于机体与爆炸中心距离的远近以及导致损伤的方式不同，爆炸伤的形态多种多样、轻重不一。对爆炸伤的法医学检验是爆炸案件（事件）现场勘验中的主要内容之一。在日常生产生活中可以遇到的爆炸现象有多种形式，如炸药爆炸、烟花爆竹爆炸、锅炉爆炸、热水瓶爆炸、啤酒瓶爆炸、瓦斯爆炸、粉尘爆炸等。按爆炸物的不同，可将爆炸分为物理性爆炸、化学性爆炸和原子能爆炸三大类。一般的爆炸案件中，爆炸物主要是炸药，故在此主要以炸药爆炸（属于化学爆炸中的一种）所引起的爆炸损伤为研究对象，归于火器伤的范畴。

炸药爆炸的基本特征

炸药是指能够在外界作用下发生爆炸变化的相对稳定的一类物质。炸药的种类很多，爆炸性能也各不相同。实际爆炸案中，炸药爆炸过程均表现出反应的放热性、过程的高速性和产生气体产物三个基本特征，这三个基本特征构成了炸药爆炸相互关联的三要素，也是炸药区别于其他物质的根据。因此，凡在外界能量作用下，能产生快速爆炸变化、放出高热和生成大量气体的物质，都可以称为炸药。

爆炸伤的种类及形态学特征

由于爆炸物（炸药）的种类、性能，人体距爆炸中心的距离以及人体与爆炸源之间有无遮挡物体等，爆炸所造成的机体损伤的形态多种多样、程度轻重不一。根据爆炸伤形成的原因及炸伤程度，可将爆炸伤分为爆炸产物直接损伤和爆炸产物间接损伤两大类。

爆炸产物直接损伤

爆炸产物直接损伤指爆炸产物直接作用于人体而造成的损伤。

1. 爆碎伤

机体贴近或紧靠爆炸源时，受爆炸产物的直接作用，处于爆炸中心或接近爆炸中心的人体组织、器官可被全部或部分炸碎，称之为爆碎伤，又称炸碎伤。其主要特征是受炸部位的肌肉、骨骼和内部器官的粉碎缺损、肢体离断，甚至身首离异，拼接时因缺损组织多而不能完全复原。

2. 炸裂伤

炸裂伤是爆炸产物产生的膨胀压力作用于机体而形成的损伤，位于爆碎伤的外侧。强大的压力造成机体组织撕裂严重，但不缺损，将分离的肢体和撕裂的组织拼接时能够结合复原。

3. 烧　伤

烧伤是爆炸物所产生的高温烧灼作用所形成的损伤。当机体距爆炸源的距离很近时，爆炸物爆炸所释放出的高热可使机体朝向爆炸中心的一面发生广泛烧伤。轻者头发、眉毛和睫毛被烧焦，皮肤Ⅰ至Ⅱ度烧伤；重者可有皮肤小片烧焦区，皮下组织呈蜂窝状，在体表常有烟熏现象。

爆炸产物间接损伤

爆炸产物间接损伤指爆炸产生的能量转换间接导致的机体损伤。

1. 冲击波损伤

爆炸时，瞬时释放巨大能量，周围介质（如空气、水）迅速向四周传播而形成一种超音速的高压冲击波（blast wave）。冲击波形成类似双层球形的两个区域，外层由于空气被压缩而超过正常大气压，称超压区；内层因空气被排除，气压低于正常大气压，形成负压区。负压区因空气迅速补充进去而持续时间极短。由于这种气压的迅速变化所造成的人体损伤称冲击波伤（blast wave injury）。

冲击波的致伤范围较大，在冲击波所能到达的有效范围内，机体组织均可受伤。受害者的衣裤可被冲击波作用而撕碎或剥光，形成大面积皮肤擦伤、皮下出血或皮肤撕脱伤。较重的冲击波伤可导致多个器官损伤，常见的如鼓膜破裂、鼓室出血及眼球破裂，也可造成颅骨骨折、脑震荡、脑挫伤和颅内出血。冲击波作用于胸壁，使胸腔内压突然升高，上腔静脉血压骤升，回心血流逆行，可引起脑内小静脉和毛细血管扩张、破裂，致脑组织广泛性点状出血。胸腔内因心、肺震荡而造成广泛的肺挫伤，肺表面与肋骨相对应部位形成带状出血，肺破裂而引起气胸、血气胸，心内膜下或心肌内出血，甚至心肌断裂。冲击波作用于腹部，可引起肝、脾以及充盈的膀胱破裂。冲击波甚至可造成多发性骨折。此外，还可造成皮下及黏膜下广泛性点状出血。距离爆炸中心有一定距离的受伤者，其体表损伤和内部器官损伤不一定对称，可以因冲击波的作用而发生严重甚至致命的内部器官损伤而无明显的体表损伤，呈外轻内重的特点。

2. 抛出物击伤

爆炸时，飞散的爆炸装置及其包装物碎片和冲击波掀起的爆炸现场物体，诸如铁钉、铁砂、金属和玻璃碎片、木块、砖石等可击中人体而形成损伤，称抛出物击伤。这类损伤的形态多种多样，可形成挫伤、挫裂创等钝器伤，也可形成类似切创或刺创的锐器伤，或形成盲管创、贯通创等，主要取决于抛出物的特性及其所具有的动能大小，以及击中人体的部位等因素。

3. 其他附加伤

除上述损伤外，爆炸时由于气浪震荡作用，受害者摔倒而撞击到地面或其他物体上，或因建筑物倒塌、其他受伤者的踩踏、继发火灾、一氧化碳及其他有毒气体吸入等原因，还可造成受害者的摔跌伤、塌（挤）压伤、烧伤和中毒，并可能因这些损伤导致受害者死亡。

爆炸伤勘验的法医学检验

爆炸伤的勘验在爆炸案件（事件）的调查中具有十分重要的意义。通过对爆炸中死伤人员的损伤类型、部位、程度、范围的认真勘验，可以协助判明被炸死或炸伤人员与爆炸发生的因果关系，查明爆炸原因，为确定爆炸实施人或肇事者提供线索和证据，为判断爆炸事件的性质、查明爆炸的有关情节、弄清爆炸物的类型和推断炸药量等提供依据。

爆炸伤法医学检验的主要内容包括以下几方面：

（1）仔细收集残缺尸体、尸块或破碎组织，根据个人识别的原则和方法，确定死亡人数，判定性别、年龄、身高等个体特征，查明死者身份。对死亡和受伤人员的损伤情况进行认真细致的检查，确定爆炸伤的类型、程度，判明损伤的性质和死亡原因。

（2）判断死伤个体与爆炸中心的位置关系，查明爆炸物是否接触人体爆炸，确定接触爆炸点的位置，测量尸体上爆炸点的范围和爆碎伤所形成的粉碎区的半径。

（3）根据损伤的部位判断爆炸时死伤人员的体位和姿势，确定是坐、立、走、低头、弯腰、转身、伸手等姿势，重点是判断其有无引爆动作。分析死伤人员中是否有实施爆炸的犯罪嫌疑人。

（4）检查尸体上的损伤是生前形成还是死后形成，据此查明有无用其他手段杀人后利用爆炸破坏现场而伪造死因和案件性质的情况，并应查明各个损伤是如何造成的。

（5）分析爆炸事件的性质，判断是爆炸自杀、爆炸杀人还是意外事故。

（6）仔细检查损伤部位，注意发现和提取遗留在创口中的爆炸遗留物和隔离物碎片等，以便为推断伤者距爆炸源的距离、方位和爆炸装置类型提供依据。

（7）依据爆炸伤的范围及受冲击波伤亡的等级和距离，估算爆炸物的炸药量。

（曾发明）

机械性损伤的法医学鉴定

根据WHO的健康概念，健康指躯体上的、精神上的和社会关系上的良好状态。任何损伤均可不同程度地造成个体躯体上和精神上的伤痛，严重的损伤及其后遗症尚可影响受伤者的社会适应能力。机械性损伤鉴定是为司法诉讼过程中立案、审判和量刑提供证据，其目的、内容和方法，均应符合有关法律和规范。当然，从科学角度，也必然随着相关科学技术发展，特别是对实际工作中提出的新问题，不断地进行探索性研究。但是，鉴于法律的严肃性和稳定性，用于司法鉴定的理论观点和技术方法，必须是法医学及其相关学科的已经成熟的、公认的和可靠的，即为公众所接受的。

基于案件立案、侦查、量刑和审判的整个司法诉讼程序的需要，以及相关的法律法规，机械性损伤的司法鉴定的主要任务有：①确定损伤诊断和损伤程度；②确定死因和死因分析；③推断致伤物及其致伤方式；④推断死亡方式，即鉴别自杀、他杀或灾害的不同案情性质；⑤推断损伤时间，包括受伤到死亡或活体检验时的经过时间，生前伤和死后伤，致命伤后的行为能力。

机械性损伤的法医学检验和记录

机械性损伤的法医学记录应包括以下项目：

（1）仔细描述每个损伤，即使是一些不需做特殊医疗诊治的轻微损伤，在法医学上有时也可能成为重要的司法证据或线索。

（2）客观记录损伤的并发症，特别是一过性功能障碍，经救治痊愈后几乎不遗留任何痕迹，如呼吸困难、休克等情况。注意描述重要生命体征，如血压、脉搏、心率、呼吸，以及相应的辅助检查，如血常规，血液气体及酸碱分析（血气分析），心、肺、肝、肾等器官的血液生物化学指标。各种损伤的影像学检查可以准确和永久地固定创伤当时的情况。

（3）科学地描述创伤的数量、部位和方向，应采用公认的解剖学标志，遵循由上到下、由左到右、由前到后和由表及里的顺序。一般情况下，尽量不分主次，以免先入为主，遗漏自认为次要的，而可能反映重要案情性质的微小损伤。

（4）描述创伤形态时，应采用几何学术语或众所周知的物体名称。计量单位应使用法定计量单位。如测量长度时用厘米（cm），测量重量时用克（g），测量液体体积时用毫升（ml），均可精确到小数点后一位数。此外，描述创伤颜色时，亦应使用大家容易理解的术语。

（5）注意留取损伤局部的各种有关的附着物或残留物，均应记录其种类、数量和分布情况，以备进一步检验。

（6）剖验尸体时，除常规系统检验创伤和疾病外，均应留取血液和胃内容物等，以备可能的毒物和遗传学标记等检验。

（7）现场用文字记录检查内容的同时，应注意对创伤、物证等绘制简图、摄影或录像，以固定其形态、分布等特征。照相时，应在紧靠被拍摄的证据旁边，放置标明大小的比例尺。

确定损伤程度

机械性损伤分为致命伤和非致命伤两大类。就非致命伤而言，主要根据机械性损伤对机体生命和各组织器官形态、功能的影响，将损伤程度分为重伤、轻伤和轻微伤。

确定死亡原因

机械性损伤的最严重结果是导致个体死亡。与死亡有明确因果关系的损伤均称为致命伤（fatal injury)。其中，在当前医疗水平下，对任何人都足以直接致死的或难以抢救复苏的损伤称绝对致命伤（absolute injury)，如断头、严重脑干挫裂伤、心脏刺创和主动脉破裂等；而一些只在某种不利的情况下，才能导致死亡的损伤称条件致命伤(conditional injury)。根据不利条件或因素来自于伤者体内还是体外，条件致命伤又分为以下几方面：

（1）个体条件致命伤（personal conditional injury)：指伤者个体内在条件，使损伤成为致命伤。如年龄特点（儿童或老年人)、疾病（严重心脏疾病、肝脾大、凝血功能障碍）等。

（2）偶然条件致命伤（accidental conditional injury)：指由于伤者处于某种外界不利因素的情况下，较轻度或可抢救的损伤而导致死亡。这种情况常见的有：①受伤后未得到及时救治或诊治不当，使中小血管破裂因未及时止血而持续出血，导致失血性休克而死亡；②局部皮肤创伤，因清创处置不当而继发感染，导致感染性休克而死亡等；③酗酒后，在酒精对脑血管、血液循环和血液状态等影响基础上，头部受到较轻的打击而引起外伤性蛛网膜下隙出血致死。

（3）个体一偶然条件致命伤（personal - accidental conditional injury)：指伤者同时处于个体和偶然的体内外不利因素之中而发生死亡的情况。

从死因分析的角度讨论，绝对致命伤属根本死因，又同时为直接死因；个体条件致命伤与机体自身状况为合并死因。偶然条件致命伤属根本死因，其条件属中介原因或辅助死因。实际上，创伤后发生死亡常合并许多复杂情况，特别是条件致命伤，创伤的程度也有很大差别。如创伤和疾病均足以致死，则应将两者作为联合死因。因此，死因确定是法医病理学鉴定人的一项重要而复杂任务，直接影响着案件的司法审理，应根据具体情况具体分析。

推断致伤物

在机械性损伤案件中，特别是涉嫌刑事凶杀案，致伤物（凶器）的同一认定对刑侦破案、立案审判均属于重要的定案证据之一。由于损伤形态与致伤物的性状、使用方式、作用力的强弱和受伤组织特点等情况相关，任何机械性损伤均为诸多物理学及生物学因素综合影响的结果，往往同一致伤物可造成不同形态的损伤，不同的致伤物又可造成相似的损伤，因此，推断致伤物，有时存在一定的困难。

概括起来，推断致伤物主要信息来源于：损伤形态，受伤组织中残留的致伤物脱落物或碎片，致伤物上附着的伤者身上脱落物，模拟损伤实验。

损伤形态

如前所述，尽管影响机械性损伤形成的因素很多，不同种类的致伤物造成的创伤仍具有相对独特的形态学改变，可据此辨别致伤物的种类和基本形状。可以说，推断致伤物更多的情况是指推断致伤物的打击面及其致伤方式。例如，根据擦伤和挫伤的形态，创口的形态和深度，可推断凶器的表面形态、纹理、大小、形状和使用方式；根据刺创的创口形态可反映致伤物的刃部截面形状；“竹打中空”现象可反映凶器的形状和表面纹理（图 6－14）；枪弹创口的形态可反映射入口和射出口、射击距离和角度等（图 6－24）。

通过详细解析皮肤创的形态特征，可综合鉴别钝器创与锐器创，如果是锐器创还可进一步鉴别切创、砍创和刺创（表 6－2，6－3）。此外，在交通损伤中，楔形骨折的尖端提示肇事车辆运行的方向，保险杠的撞击伤部位和程度，以及轮胎印痕有助于推断车型、车速。

表 6－2　钝器创与锐器创的鉴别

	钝器创	锐器创
创口	不规则、无定形	规则，有一定形态特征
创缘	不规则锯齿状，周边擦挫伤	平直，周边擦挫伤不明显
创角	撕裂状，无规律，数目不定	规律，两个（刺创与凶器刃缘数相应）
创腔	不规则，浅而宽，出血少，有组织间桥	规则，深而窄，出血多，无组织间桥
创壁	挫碎，粗糙，对合差，难一期愈合	平整，对合好，易一期愈合
创底	不平，多止于浅筋膜	平整，多深达骨或内脏

表 6－3　切创、砍创和刺创的鉴别

	切　创	砍　创	刺　创
部位	自杀多见于大血管部	多见于头颈部及上肢	多见于躯干部
创口	长梭形	窄条形或窄三角形	与凶器截面相应
创角	尖细，有划痕	钝或一钝一锐	与凶器刃缘相应
创腔	细而浅，呈舟形	短而深，多达骨组织	小，很深，多达内脏
其他	外出血量多，无骨折	有外出血，可伴骨折	内出血量多，常伤及内脏

受伤组织中残留的致伤物脱落物或碎片

损伤组织中可遗留致伤物的脱落物或碎片等残留物，如刀刃碎片、棍棒木屑、绳索纤维、砖石残渣、玻璃及油漆碎片、泥土、弹头等。除了直接肉眼观察对比，许多高科技方法可用于这方面的痕迹检验，如比较显微镜、显微分光光度仪、能谱扫描电子显微镜、体视显微镜等。法医微生物学还可通过检验附着于受伤组织内的现场泥土中的细菌种类和变异株的地域特异性，追踪致伤物及其来源。这些物证对推断凶器具有重要价值。因此，在检查或清创时应留取损伤组织中的残留物。

此外，还应注意收集死亡现场的遗留物，如枪弹头和弹壳，交通事故的玻璃碎片、油漆残片等。

致伤物上附着的伤者身上的脱落物

致伤物与受伤组织相互作用而发生损伤时，致伤物上可附着一些伤者身上的脱落物，如血痕、毛发、皮肤、皮下组织或器官组织的碎片，以及衣物纤维等。因此，发现致伤物上附着这些可疑物质时，应注意提取，送实验室检验，对推断致伤物具有重要价值。此外，亦应留取致伤物或现场物品上的指纹或掌纹等痕迹。

模拟损伤实验

由于影响创伤形态的因素很多，而且现场所能发现各种痕迹和证据亦多不够完善和全面，重构现场的分析存在几种不同的可能判断。因此，在难以推断或确认可疑致伤物时，可能需要做一些现场损伤模拟实验，以获得相关的印证资料。

判断死亡方式

机械性损伤致死属于暴力死，故其死亡方式仅集中于他杀、自杀和灾害事故三种情况。如前所述，由于仅依据机械性损伤的形态和死因不能完全反映现场案情和环境情况，相同的损伤可以来自不同的死亡方式，不同的损伤可来自同一死亡方式。不同的机械性损伤死亡方式对于司法立案和审判至关重要，而鉴定死亡方式类别往往很困难。正因为如此，一些杀人凶犯为逃避罪责，时常将他杀现场伪造成自杀或灾害现场，以妨碍和干扰司法侦查。因此，法医病理学家在机械性损伤尸检时，一项重要任务就是将尸检所见与现场资料相结合，进行综合分析，确定死亡方式。也可以说，死亡方式是机械性损伤鉴定的核心问题之一，更是法医和侦察员共同的任务。

就创伤而言，损伤的位置标志暴力作用点，损伤的形态、部位、分布、数目、暴力方向，以及合并其他损伤类型等情况，可反映损伤发生的情况或凶手的意图。

几乎所有自杀者都有一定的自杀原因，如逃避某种痛苦的生活经历或精神压力、逃避某种罪责，或由于精神疾病的病态反应，以及为亲人谋取人身保险等。死者自杀前有思想斗争的表现，可留下遗书及有关笔记等。现场多较僻静，在室内的门窗多反锁，没有搏斗等破坏痕迹，凶器多在现场。从解剖学和力学角度，创伤的位置和方向应为死者便利手易于触及和施力的裸露部位，衣物多保持完整。自杀的手段多为切创、刺创、枪弹创、高坠等。

自杀切创的特点如下：

（1）部位和方向：多见于颈部喉结处、腕部或大腿上内侧大血管走行表浅的部位。右利手切颈创口沿下颌骨自左上而右下切过颈前，可有向右下方的拖拉划痕；左利手者则相反。同理，右利手者切左腕部，左利手者切右腕部。由于颈部皮肤松弛，创缘可呈锯齿状切割痕。

(2) 试切创：系在致命性创口旁存在的一条或多条平行的表浅切创。试切创为自杀的特征性损伤，反映死者在最终的致命性切割前的犹豫与试探的心理过程，开始切割比较浅，尔后逐渐加重。但是，应注意排除他杀时伪装情况。

他杀时，切创常较严重，深达骨和器官组织。由于被害人躲闪移动，多次切割时创口分布部位和走向均较紊乱。

刺创为他杀案件常见手段之一，亦可见于自杀。自杀刺创多位于心前区，多为一处，有时也可见到反复多次刺创自杀的，但位置较集中。随着医学解剖知识的普及，剖腹自杀已少见，因其相当痛苦和死亡延续时间较长。

典型的他杀性创伤可发生防卫伤，系被害人为保护自己的头面、躯干等较重要部位免遭攻击，或与凶手搏斗抢夺凶器时造成的损伤，多见于前臂外侧、手背、手掌与手指之间等部位。由于致伤物种类及使用方法不同，防卫伤可以是擦伤、挫伤、挫裂创、切创、砍创等。抢夺刺切凶器时，因抓握刀刃，可造成虎口部或各指间及手掌面的切割创（图 6－26）。他杀现场还常见血液飞溅及物品毁坏等搏斗痕迹。

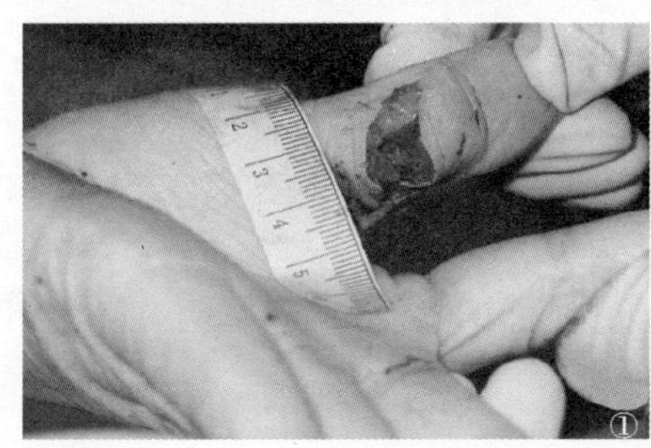

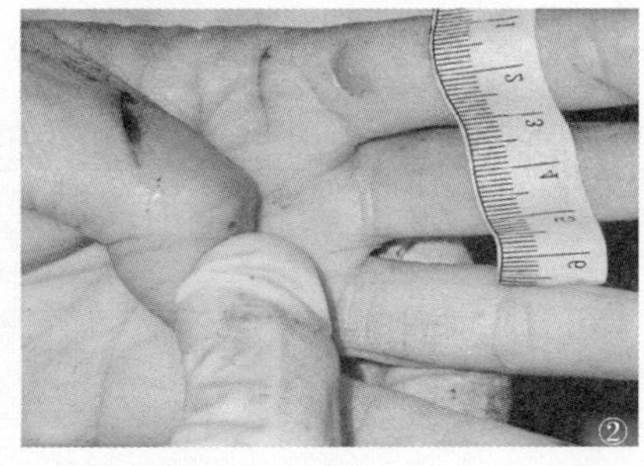

图 6－26　手指及手掌防卫伤

由于各国法律对允许个人拥有枪支的规定不同，枪弹创死亡案例各国差异甚大。近年来，我国枪弹创案件虽有上升趋势，由于枪支管制较严，发生率不高。枪弹创在他杀、自杀和意外事故三种死亡方式中均可见到，其鉴别要点如下：

(1) 女性罕见枪击自杀，因为妇女不像男子那样对枪感兴趣，很少拥有和携带枪支。

(2) 自杀枪弹创多为接触射击，若射击距离超过手臂长度，多非自杀。比较手臂长度和射击距离时，应取枪口到扳机的长度与射入口到伸直的便利手臂长度之和，还应考虑到尸僵可能使手臂有所缩短，以及射击时头颈、躯体的活动配合射击对射击距离的影响。亦有罕见案例报道，用脚趾扣动扳机，或用某种机械装置在较远距离击发扳机自杀的。

(3) 自杀者的射入口多位于头颞部、胸部心前区和口腔，自杀射击腹部和眼部很少。

(4) 自杀枪弹创多仅为一次射击，偶有因肌肉痉挛，手指持续扣住自动枪扳机致连续射击，但其枪弹创口分布常较集中。

（5）他杀或意外灾害的枪弹创有时难于区别，两者的射击距离均可超过死者的手臂长度，创口的部位不定，枪支可不在现场，必须结合现场和案情调查，加以区别。

钝器伤和砍创多见于他杀，可有精神病人使用钝器自毁身体的。死者手中抓握凶犯的毛发和衣服碎片，指甲中留有凶犯的血痕或抓脱的组织碎屑，现场物品或凶器上的血痕、指纹等均可作为鉴别死亡方式的物证（表6－4）。

表6－4　自杀、他杀和灾害的鉴别

	自　杀	他　杀	灾　害
案　情	有诱因，死前精神状态异常	有杀人动机，社会关系复杂	存在灾害事故原因
现　场	蔽静，物品无损，常留有遗书	有搏斗痕迹、指纹、足迹，物品毁坏	事故灾害现场
凶　器	在现场，锐器、枪	不在现场，钝、锐器，枪	在现场，笨重物体
损伤部位	便利手可及，集中在大血管、心、脑等一处	便利手不可及，零散多处	大面积，集中
特殊伤	有试切创，无死后伤	有防卫伤、死后伤	多发伤
血流状态	自然流注	飞溅散布	集中
衣物情况	常无破损	破损	破损

（于晓军）

推断损伤时间

损伤时间推断（dating of wound）指根据损伤后组织细胞的形态变化或分子水平变化推测损伤形成的时间。损伤时间推断是法医病理学检验中的重要内容之一，包括两个方面：①生前伤与死后伤的鉴别；②伤后存活时间的推断。

在暴力性伤害死亡的案件中，对尸体上的损伤，往往需要确定是生前伤还是死后伤。如为生前伤，应进一步确定损伤至死亡的时间，即伤后存活时间（survival period after wounding ）。损伤时间的推断，既有利于划定嫌疑人的范围和推测嫌疑人的意图，亦有利于重建案件过程及判断死亡方式等，为案件的侦破与审理提供可信的医学证据。

生前伤（antemortem injuries）是生活机体受暴力作用所造成的形态改变或功能障碍。生活机体受暴力作用后，在损伤局部及全身均可出现一系列的组织反应，这些组织反应通过肉眼、显微镜或其他实验室检查方法可窥见，称为生活反应（vital reaction）。根据生活反应可做出生前伤的诊断和损伤时间推断。法医学的任务之一就是寻找这些生活反应，以推断从暴力作用到死亡所经过的时间。

死后伤（postmortem injuries）是尸体受暴力作用所造成的形态改变。死后伤可为犯罪行为的继续：①凶犯对他人施以机械性暴力致死后，为了发泄仇恨，继续施加机械性暴力而形成各种损伤，比如割去尸体的耳朵、舌头、乳房、外生殖器等；②凶犯致人死亡后，为便于搬运或隐藏而将尸体肢解；③凶犯用某种暴力致人死亡后，为逃避罪责而伪装成另一种暴力引起的意外或自杀死亡。死后伤亦可由偶然因素造成：如人工胸外心脏按压可造成胸肋部擦伤、挫伤，甚至肋骨骨折或肝、脾破裂；在搬运尸体过程中在尸表可造成擦伤；死后尸体被昆虫、动物、鱼蟹等咬伤；火场中的尸体，由于房屋倒塌压砸尸体亦可在尸体上造成各种死后伤。死后伤一般无生活反应，据此可区分生前伤或死后伤。

机体对损伤的反应受损伤的严重程度、损伤类型（擦伤、挫伤、切创、挫裂创等）、损伤部位，以及受害人年龄及健康状况等多种因素的影响。故损伤时间的推断至今仍为法医病理学领域中尚未完全解决的问题之一，尤其是伤后存活时间极短的生前损伤。

生前伤的诊断

1. 生前伤肉眼改变

（1）出血：出血是各种组织损伤的重要生活反应。当死后损伤累及血管时，血液仍可从血管破裂处流出。故在尸体解剖时，一旦发现组织损伤出血，应鉴别是生前损伤还是死后损伤出血。

（2）组织收缩：当暴力作用于生活机体致局部组织形成创时，创缘部位的结缔组织、肌肉、血管等组织均可发生收缩，使创口哆开。创口组织收缩的程度及创口哆开的形状与局部组织的组织结构有关。死后短时间内形成的创亦可见组织收缩。

（3）肿胀：生活机体受暴力作用，由于损伤局部炎性充血和血管通透性增高，使液体渗出引起局部组织肿胀。肿胀出现的时间与损伤的类型和程度有关。

（4）痂皮形成：当外界暴力作用于生活机体造成损伤局部的表皮剥脱或创伤时，渗出的体液或流出的血液可逐渐凝固而形成痂皮。痂皮的颜色与损伤的类型及程度有关。

（5）创口感染：生活机体受暴力作用造成创伤或表皮剥脱时，细菌可随致伤物进入损伤局部组织，使受损组织发生变性坏死，从而在损伤局部出现化脓性炎症。

机械性损伤后发生的化脓性炎症多数位于损伤局部或其附近，但也可发生在暴力作用对侧，即对冲伤部位。另外，化脓性炎症不仅发生于创口表皮剥脱处，亦可发生在闭合性损伤处。

（6）体内异物移动：于人体内发现吸入或吞咽异物是确定生前伤的指证之一。因为只有活体才具有吞咽及呼吸功能。口、咽或喉部的固体或液体状异物可通过呼吸运动被吸入气管、支气管及肺。在尸体解剖时，若从气管、支气管或肺组织内发现异物，对确定生活反应具有一定意义，但应与死后人工现象相区别。死后人工呼吸如进行时间较长，常使异物进入深部肺组织，尤其是液状异物，如血液、胃内容物等。死后人工现象异物的分布与生前吸入不同，曾经施行过人工呼吸的死者，异物常分布于肺的背面和侧面；生前吸入者，无论肺的背面、侧面或腹侧面均可发现异物，并可在肺的外周区发现异物。

生前进入口腔的异物，除可被吸入呼吸道外，亦可通过吞咽活动而进入胃内，甚至在胃蠕动作用下进入肠内。死后由于吞咽反射及胃肠蠕动消失，进入口腔的异物不会进入胃肠道内。浸泡在深水中的尸体，因水压大，可使部分水进入胃内，但一般不进入肠管内。

2. 生前伤组织学改变

（1）局部淋巴结的边缘淋巴窦红细胞聚集：生前组织损伤出血后，从血管内流入组织间隙的红细胞可随淋巴液经引流淋巴管而进入局部淋巴结的被膜下淋巴窦，通过显微镜观察，淋巴结被膜下淋巴窦内可看见红细胞。死后损伤无此改变。

（2）血栓形成：暴力致组织局部血管损伤而启动内源性和外源性凝血途径，产生纤维蛋白。纤维蛋白和内皮下的纤连蛋白共同作用，使黏集的血小板堆牢固地黏附于受损内膜表面，不再离散，从而形成附壁血栓。

血栓形成为生活机体局部血管内膜对暴力损伤的反应，故损伤局部发现血栓形成可证明为生前伤。

（3）栓塞：栓塞是不溶于血液的异常物质出现于或进入循环血液之中，并随血液流动，从而阻塞血管管腔。阻塞血管的物质称为栓子。法医病理学实践中常见的栓子为血栓、脂肪栓子、空气栓子、羊水栓子及挫碎组织等。栓塞现象亦为一种生活反应（图6－27，6－28）。

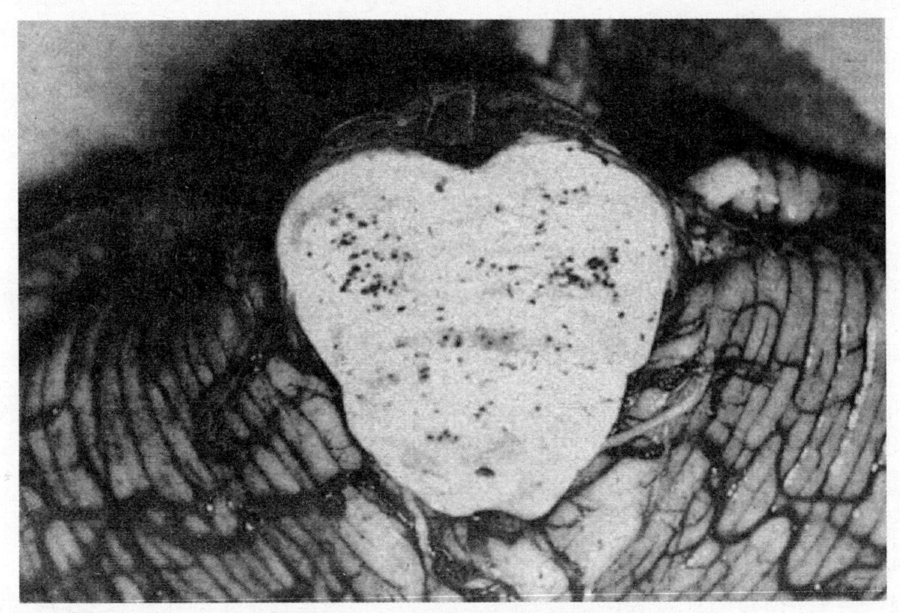

图6－27　脑桥脂肪栓塞致点状出血

（4）炎症反应：机械性暴力作用于生活机体可引起炎症反应，炎症反应的发生和发展取决于机械性暴力和机体反应性两方面的综合作用。机体损伤局部发现炎症反应可证明为生前伤。

（5）创伤愈合：当机体遭受外力作用，皮肤等组织出现离断或缺损后，机体对所形成的缺损将进行修补恢复，这一过程为创伤愈合过程。在组织内查见创伤愈合过程，可作为生前伤诊断的依据。

3．炎性介质及反应蛋白的检测

生活机体受暴力作用后生存较长时间死亡者，根据前述肉眼及组织学改变，易于确立生前伤的诊断。但是，如生前损伤后存活时间较短（尤其是8 h内）者，前述损伤后形态学改变不明显，此时生前伤的诊断难于确定。为解决这一问题，法医学者们长期以来致力于寻找损伤后短时间内出现的各种能作为生前伤诊断依据的指标。如组胺、

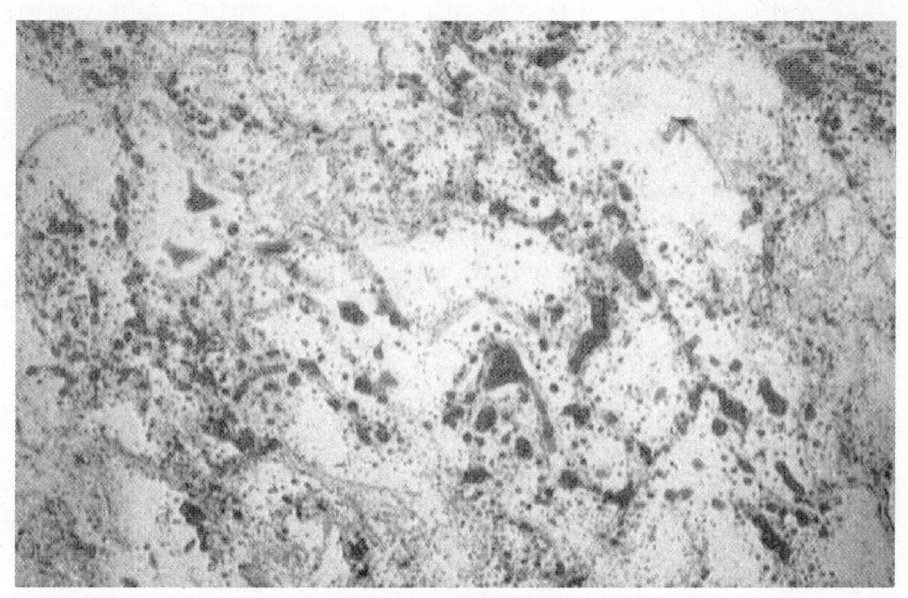

图 6－28 肺脂肪栓塞

冰冻切片油红染色示肺间质毛细血管腔内脂肪栓子。

5-羟色胺、纤维蛋白、纤连蛋白、白蛋白等物质在损伤局部聚积，损伤局部酶活性改变等。

损伤时间的估计

损伤时间的估计同样是基于损伤局部和全身的生活反应。

1. 根据组织学改变估计

皮肤等组织遭受暴力作用出现缺损后，机体将对该缺损进行修复。各种组织的再生和肉芽组织增生、瘢痕形成等，皆有一定的规律性，故根据创伤愈合过程亦可帮助估计伤后存活时间。

(1) 伤后存活 4 h 以内者：在这段时间内不能从组织学上区别生前皮肤损伤与死后皮肤损伤。

(2) 伤后存活 4 h～12 h 者：可以观察到白细胞浸润，以中性粒细胞为主。

(3) 伤后存活 12 h～24 h 者：白细胞形成聚集带（中性粒细胞和单核细胞）。

(4) 伤后存活 24 h～72 h 者：在伤后 48 h 白细胞浸润总数达高峰。在 72 h 纤维细胞开始大量出现，毛细血管开始出芽。

(5) 伤后存活 3 d～6 d 者：胶原纤维开始形成，在坏死物和异物周围可能出现巨噬细胞。

(6) 伤后存活 10 d～15 d 者：胶原纤维形成由活跃逐渐减慢，毛细血管数量逐渐减少，细胞数量减少。

2. 根据酶组织化学方法估计

损伤 8 h 以后，受伤组织出现明显白细胞浸润，这是鉴别生前伤和死后伤最可靠的组织学指标。在伤后 4 h 以内，人体损伤无明显的白细胞带形成。但法医病理检案中，受害人伤后存活时间往往短于 8 h，故此指标难以满足法医病理检验的需要。

许多学者指出，功能的改变总先于形态学的变化，并经常与酶和其他化学物质相关联。检测能引起组织学改变的酶和其他化学物质的变化，比直接观察组织学改变能更早提供生前损伤信息。对于在损伤后炎症反应中起重要作用的酶及炎性介质等化学物质，可用酶组织化学方法及生物化学方法证明，从而为伤后存活时间的估计提供依据。

（刘　敏）

评估伤后行为能力

暴力性死亡案件中，遭受致命性损伤后伤者能否继续打斗、奔跑、抵抗，甚至攻击对方，亦是一个常涉及的问题。因为在应激状态下，机体的循环、血压等生命功能可超常代偿，对疼痛觉及其他各种衰竭因素耐受性极高，表现出难以理解的“不应期”状态。因此，判断致命性创伤后的行为活动能力很困难。有的伤者在精神亢奋状态下，可以全然不顾已遭受的致命性创伤而继续搏斗，甚至发挥超常的能力，直到流尽血液或搏斗结束，才最终衰竭死亡。如有一案例，心脏被刺穿后，奔跑了约 20 min，才倒地死亡。

一般情况下，脑干和脊髓严重损伤、主动脉破裂大出血或心脏严重毁损不能搏血等情况下，伤者可能立即丧失活动能力；而其他部位创伤，包括大脑挫裂创、心室穿透性刺创、腹腔器官或肺等创伤，即使属于绝对致命伤，伤者有时也不一定立即死亡或丧失活动能力。需要结合现场和案情调查综合判断。

（于晓军）

7 颅脑损伤

颜面部损伤（111）
头皮损伤（112）
头皮擦伤（112） 头皮挫伤（112） 头皮挫裂创（113）
头皮撕脱（113）
颅骨骨折（113）
颅盖骨骨折（113） 颅底骨骨折（114）
颅内出血（115）
外伤性硬脑膜外出血（115） 外伤性硬脑膜下出血（116）
外伤性蛛网膜下隙出血（117） 外伤性脑出血（118）
脑组织损伤（118）
弥漫性轴索损伤（118） 脑挫裂伤（120）
脑损伤的分子病理学诊断（121）
兴奋性氨基酸（121） 内源性阿片肽（122） 乙酰胆碱（122）
儿茶酚胺与5-羟色胺（123） 白细胞介素1（123）
白细胞介素6（124） 神经营养因子（124） 血小板活化因子（125）
立即早期基因（126） 热休克蛋白（126）
生物芯片技术及其在损伤研究中的应用（128）
基因芯片（128） 蛋白质芯片（128） 组织芯片（129）
细胞芯片（129） 生物芯片技术在脑损伤研究中的应用（129）

颅脑损伤是最常见的机械性损伤之一，死亡率和致残率均为首位。这主要是由于头颅部位突出，各种意外事故常造成颅脑损伤。同时，因脑是人体的重要生命器官，故又是故意伤害的主要攻击目标。广义的颅脑损伤应包括颜面部损伤、头皮损伤、颅骨骨折、颅内出血及脑组织损伤。这些损伤既可同时存在，又可单独发生。

颜面部损伤

颜面部皮肤损伤的类型与躯体其他部位的基本一致。但是，由于人类颜面部表面呈凹凸不平的形态，在遭受打击，特别是碰撞和摔跌伤时，多伤及面颅骨，包括前额、眉弓、鼻、颧部和颏部等较突出部位。面颅部属于常规解剖观察盲区，解剖检验对容貌影响大，不能为死者亲属接受。另一方面，面颅骨结构复杂，彼此重叠，常规X线检查有时难以满足法医学检验的要求。采用计算机体层摄影（CT）结合三维成像技术可以清晰显示骨折和碎片移位状况（图7－1）。

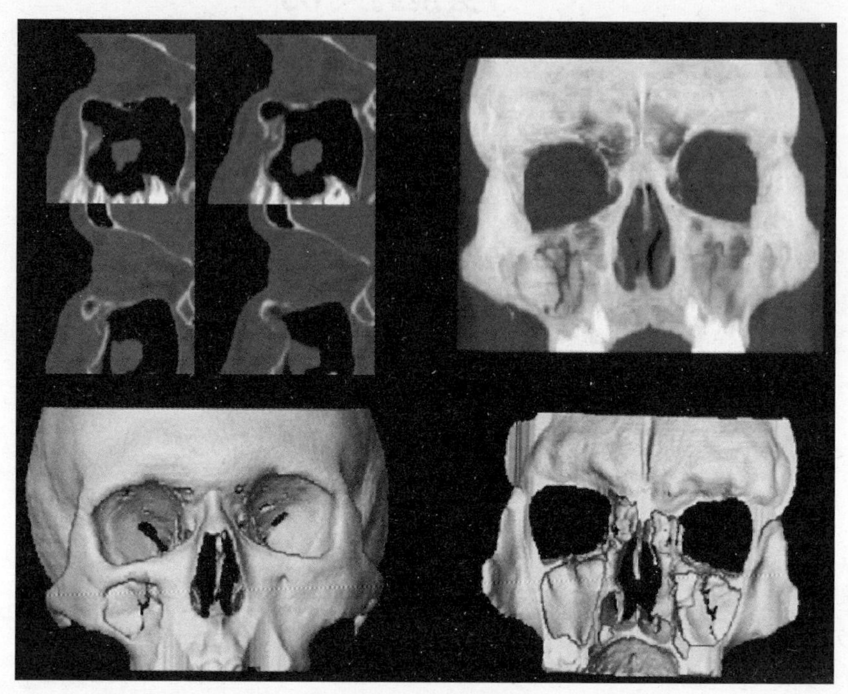

图7－1 计算机体层摄影结合三维成像技术清晰显示上颌窦前壁粉碎凹陷性骨折

眼眶周边挫伤时，皮下出血往往扩散到眼睑内呈所谓"熊猫眼"。如果单纯的鼻旁、面颊等较凹陷部位损伤，提示为较小或局限性突出的物体打击所致。

头皮损伤

头皮和头皮下组织的损伤亦存在与其组织结构特点相应的特殊性损伤。

头皮擦伤

头皮表面覆盖头发，一般不易发生单纯的表皮擦伤。钝器打击形成头皮挫裂创时，创缘可伴有表皮擦伤。据此可推断暴力作用的方向，局部亦可见挫断的头发。

头皮挫伤

头皮的真皮层结缔组织结构致密，且与帽状腱膜之间有许多纤维束紧密连接，形成小网格状结构，故头皮内出血不易扩散，多形成边界清楚的局限性出血或隆起的张力性血肿，反映暴力打击的部位和致伤物的打击面特征。帽状腱膜与骨膜之间为疏松结缔组织，故该层出血易扩散，出血量大，可蔓延到颅顶的大部分区域，形成所谓的“血帽”，外观弥漫隆起，触之有波动感。颅盖骨膜与颅骨之间仅少量疏松结缔组织相连，但在骨缝处夹嵌紧密，故骨膜下出血的范围一般仅限于骨折出血的颅骨板范围之内。

头皮挫裂创

头部皮肤虽然较厚实，但是，由于存在丰富的毛囊、毛根及其他皮肤附属结构而致其脆性增加，加之，头皮下有坚硬的颅骨衬垫，在遭受钝性暴力打击时，易造成挫裂创。由于额、颞、枕肌收缩，牵拉帽状腱膜，创口多哆开，皮下丰富的血管开放，故出血量往往较大，甚至导致失血性休克。头皮挫裂创的创缘较整齐，创壁较平整，但仔细检查仍可见创缘表皮剥脱，创腔内有组织间桥，挫断的头发断端不整齐、呈扯拉扭曲状，可据此与锐器创鉴别。钝性暴力强大时，还可造成头皮组织挫碎，各层组织碎裂、结构不清。

头皮撕脱

当强大暴力牵拉头发时，头皮与疏松结缔组织浅筋膜层可发生分离撕脱，造成广泛性头皮撕脱。

颅骨骨折

颅骨骨折的形态，一方面取决于致伤物的性状和暴力的强度；另一方面与颅骨本身的解剖结构特点密切相关。颅盖骨厚薄比较均匀，由外板、板障和内板组成“三明治”样夹层壳状结构，弹性较好。颅底骨则厚薄不均，孔裂多，弹性较差。因此，两者发生骨折的机制有所不同，颅骨骨折的形态亦具有特殊性。①线性骨折：可分颅骨外板、内板或全层骨折，骨折线可呈直线形、弧形、圆环形或同心圆形、不规则形和星芒状等多种形态；②凹陷性骨折：颅骨外板或颅骨全层的骨质凹陷，凹陷的深度不一，超过0.5 cm时可造成脑挫伤，形状多为类圆形或舟形，周围可伴环形骨折；③孔状骨折：颅骨全层环形断裂、脱落，形成孔状骨质缺损，周围可伴环状或放射状骨折；④粉碎性骨折：颅骨全层断裂，形成多块大小不等的骨碎片（图 7 - 2）。

颅盖骨骨折

若致伤物的质量大而速度低时，易造成线性或放射状骨折；若质量较大而速度又高时，着力点颅骨凹陷，其周围可伴放射状骨折；若致伤物面积大，可造成颅骨大面积凹陷，周围放射状骨折线与同心圆状骨折线相交，呈蜘蛛网状；严重时颅骨完全断裂，形成粉碎性骨折。若致伤物的质量小而速度大时，则可洞穿颅骨，造成孔状骨折，如枪弹创、羊角锤打击等。孔状骨折的大小反映致伤物的横截面直径大小。若致伤物的动能仅引起颅骨外板凹陷入板障，可不伴内板损伤；动能大则可造成凹陷性骨折；若致伤物的动能较小，则外板完好，而内板骨折。

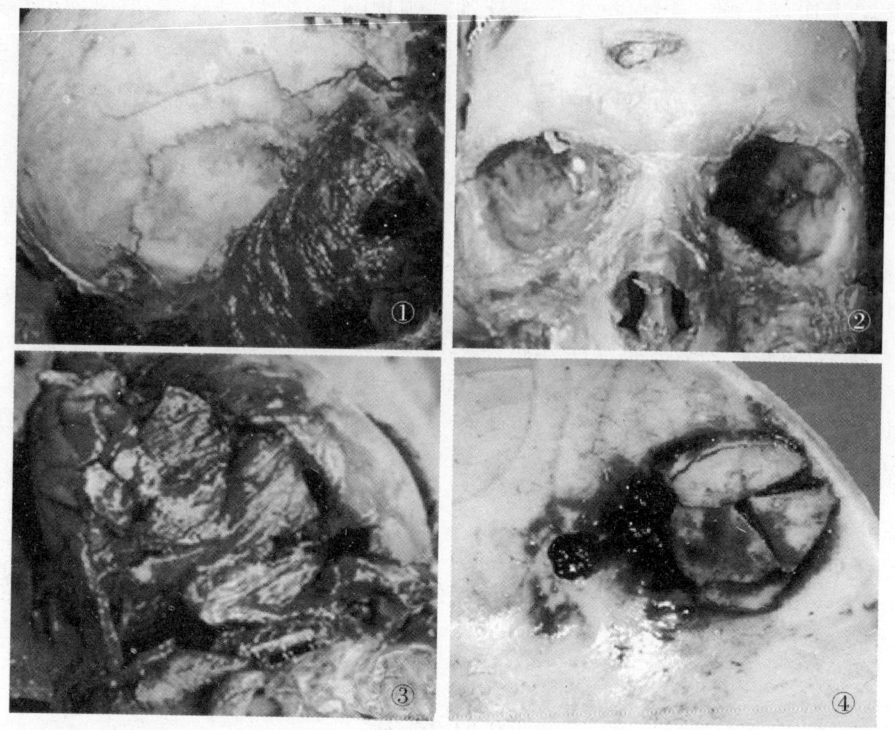

图 7-2 不同形态的颅骨骨折

①线性骨折；②孔状骨折；③粉碎性骨折颅外观；④粉碎性骨折颅内观。

颅底骨骨折

颅底骨骨折多为线性骨折。因暴力不易直接作用于颅底骨，而颅底骨较薄弱，骨组织对牵张力的耐受性比压缩力弱。当暴力打击颅盖骨时，颅骨腔发生弯曲变形，颅腔沿外力方向向内凹陷，而沿与外力垂直方向膨胀，拉伸颅底骨致骨折，故颅底骨折线的方向与力的方向一致。如额部或枕部受力时，颅腔瞬间变形：前后径变短，左右径变长。颅底骨受左右牵张力，多沿颅底抵抗力小的薄弱部位，形成前后走向的颅底线性骨折。相反，如打击颞部时，颅腔横径缩短，纵径伸长，颅底骨前后被牵张，形成左右走向的颅底骨折。有时，打击颅顶部，由于颅骨整体变形，致打击的对极部颅底骨发生局限性线性骨折。高坠时双足或臀部先着地，或者颅顶部受到强烈大面积打击时，可发生枕骨大孔周围的环形骨折（图 7-3）。

颅骨骨折的法医学检验，可为推断或判断死因、致伤物、打击点、打击次数和顺序等提供依据。线性骨折的内板骨折最严重处、粉碎性骨折的骨碎片最多和重叠错位最严重处、凹陷性骨折的凹陷最深处等常为暴力打击点。两条以上骨折线的方向不一致，并有互相截断现象，第一次打击的骨折线较长，第二次打击的骨折线可被前者截断，截断数可提示遭受的打击次数。粉碎性骨折碎片呈由打击点较小碎片逐渐向较大碎片过渡状，若较大的骨折片旁有明显小的骨碎片，亦提示多次打击所致。

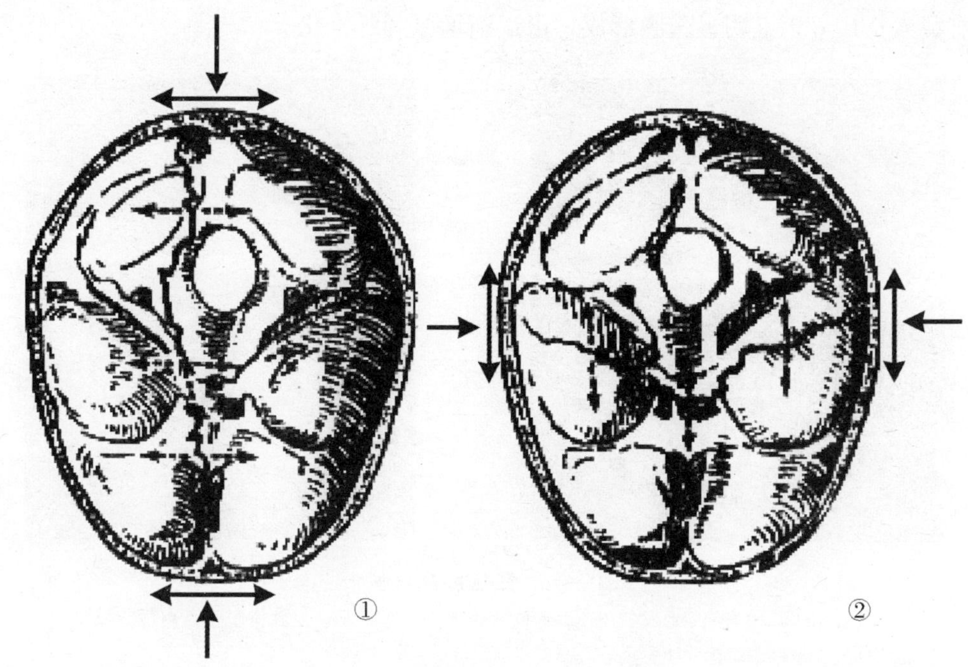

图 7-3 颅底骨折形成机制示意图

（骨折线方向与作用力方向一致）

①矢状面方向的作用力形成前后走向的颅底骨骨折线；②冠状面方向的作用力形成左右走行的颅底骨骨折线。

颅内出血

颅内出血包括硬脑膜外隙、硬脑膜下隙和蛛网膜下隙三个腔隙和脑实质内出血。

外伤性硬脑膜外出血

外伤性硬脑膜外出血（traumatic extradural hemorrhage）指颅骨与硬脑膜之间出血，多发生在暴力直接打击的部位及其附近，血液可来自破裂的脑膜血管、板障血管、静脉窦和导血管，其中约 50％为脑膜中动脉及其分支破裂。上矢状窦血管破裂造成上矢状窦旁边出血，横窦破裂造成后颅凹出血，各部位硬脑膜外出血的发生率由高到低依次为颞部、额顶部、颞顶部和矢状窦、额板及枕部。

由于硬脑膜外隙为一闭合的潜在腔隙，硬脑膜沿矢状窦与颅骨粘连很紧，故出血一般仅限于矢状缝的一侧，不易扩散，出血量一般为数十毫升至数百毫升不等。新鲜出血多呈暗红色，伤后存活 10 d 以上者变成红褐色，外有肉芽组织包膜，内部血凝块液化呈红褐色液体（图 7-4）。更久者，血肿周围形成纤维性包膜，可有钙化。通过显微镜观察，出血后第 2 d～3 d，血肿边缘附近的硬脑膜有少量白细胞浸润，血肿周围可见纤维蛋白渗出及成纤维细胞（纤维母细胞）增生，并向血肿伸入；7 d 内吞噬细胞可形成含铁血黄素；10 d 以上明显包膜形成，再逐渐增厚和纤维化。

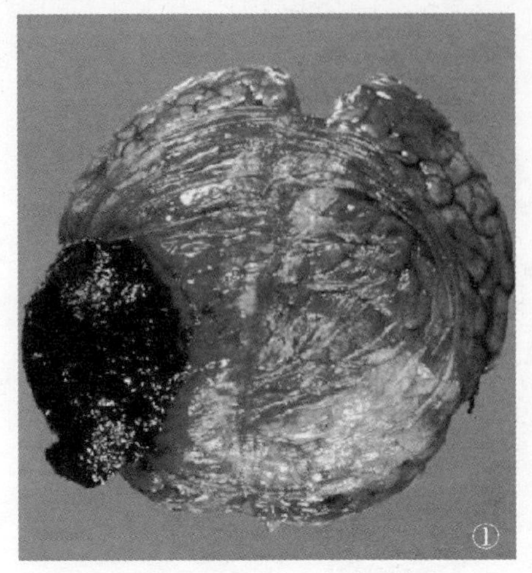
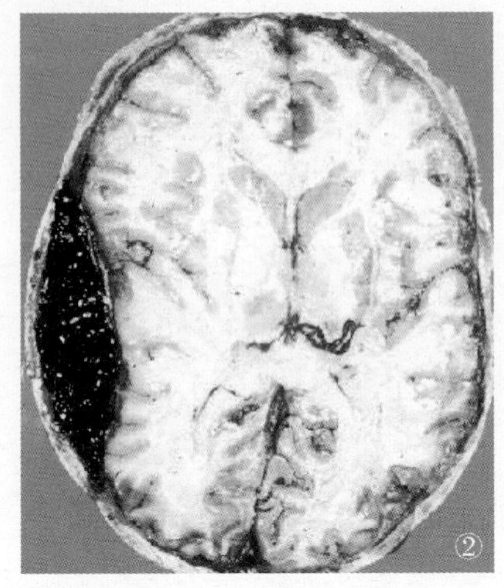

图 7－4　硬脑膜外血肿

①显示去除颅盖骨后血肿位于左颞部硬脑膜表面；②显示该血肿位于颅骨内板与硬脑膜之间，左颞叶脑组织受压变形。

硬脑膜外出血者，受伤当时可出现一过性意识障碍，经过一段时间的中间清醒期后，由于血肿逐渐增大，颅内压增高而再次昏迷，甚至死亡。有些受害人原发性脑损伤轻微，受伤当时无明显的意识变化，伤后数日才因血肿逐渐增大而发生昏迷。

外伤性硬脑膜下出血

外伤性硬脑膜下出血（traumatic subdural hemorrhage）指硬脑膜与蛛网膜之间的出血。外伤性硬脑膜下出血可发生于着力点附近，也可发生于暴力作用对极部的对冲性脑挫伤处，主要为桥静脉破裂所造成，也可是静脉窦损伤或软脑膜动、静脉破裂，血液通过破裂的蛛网膜处流出所致。

急性硬脑膜下出血常伴有脑挫伤，伤后立即出现昏迷，且持续较长时间，可有中间清醒期或持续发展为脑疝而死亡。亚急性硬脑膜下出血，因脑损伤轻微，多数于伤后 4 d～20 d 出现症状。慢性硬脑膜下出血，一般伤后 3 周以上或数月后才出现症状，表现出轻微头痛、呕吐、视力模糊和复视等，有时出现精神症状或癫痫等。

硬脑膜下出血多形成新月形血肿，出血量为数十毫升至 300 ml 不等。急性和亚急性出血均较广泛，以大脑半球的背侧面多见，可累及额叶、枕叶及颞叶的腹侧面，有的可发生于大脑半球间，颅后凹少见（图 7－5）。慢性硬脑膜下出血主要分布于额顶部，或遍及整个大脑半球表面。少量出血，可被完全吸收；较大的血肿，可由肉芽组织逐渐包裹，形成血肿囊。囊壁上的毛细血管极易破裂，引起再次出血，使血肿体积增大。血肿内的血液被吸收后残留空囊壁而附着于脑表面，与蛛网膜粘连。少数动脉瘤或血管畸形可自发性破裂发生病理性硬脑膜下出血。

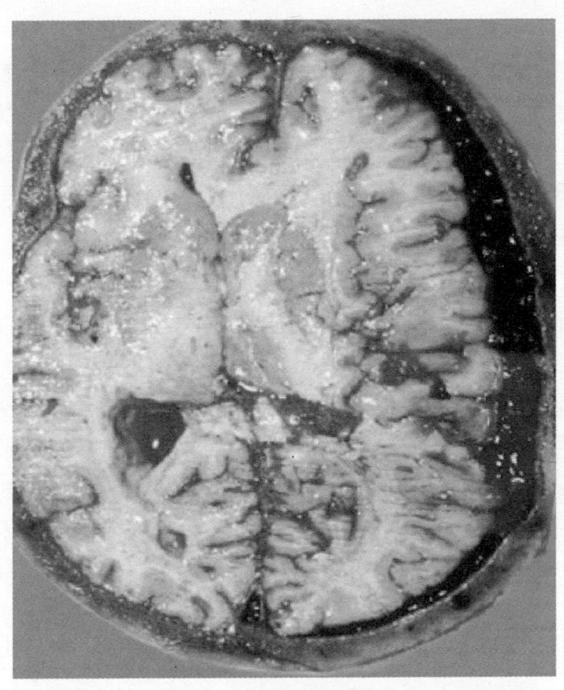

图 7－5 硬脑膜下血肿

右颞部硬脑膜下可见新月形血肿，血肿位于硬脑膜与蛛网膜之间，脑组织向右侧推移。

外伤性蛛网膜下隙出血

外伤性蛛网膜下隙出血（traumatic subarachnoid hemorrhage）又称外伤性蛛网膜下腔出血，指外力打击头面部或上颈部引发的软脑膜和蛛网膜下隙内血管破裂出血。据统计，外伤性蛛网膜下隙出血 87％与酗酒有关，多见于男性青壮年（85％以上）。损伤破裂的血管多为椎动脉、基底动脉及其分支，或脑表面小血管。外伤性蛛网膜下隙出血量较大，呈弥漫分布，颅后凹或脑干周围积血较多，严重时血液可破入脑室，可伴有或不伴有脑挫伤或其他颅内出血，可迅速导致死亡（图 7－6）。

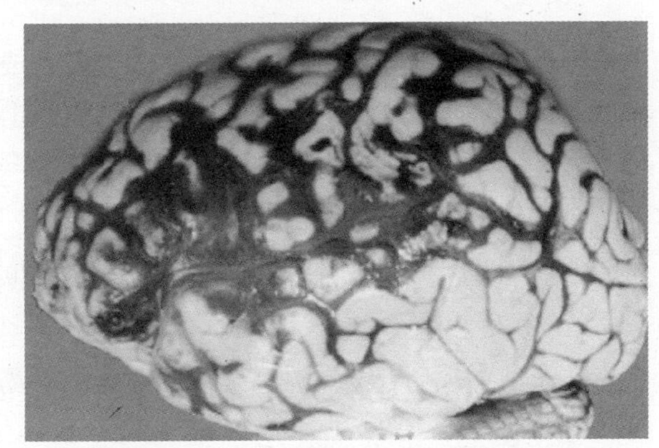

图 7－6 外伤性蛛网膜下隙出血

关于饮酒对外伤性蛛网膜下隙出血的促进作用，主要有以下几点：①扩张脑血管，尤其是软脑膜血管和椎动脉，增加脑血管对外伤的敏感性和出血的危险性；②抑制新鲜血液刺激脑血管收缩的作用和凝血机制；③加快心率，使血流压力增大；④酗酒者影响运动的共济协调，不利于有效地躲避打击，被打击和摔倒均较严重。此外，酗酒者处于比常人更容易受激惹的精神状态。

外伤性蛛网膜下隙出血的死亡机制主要是脑干功能衰竭，具体表现为以下三方面：①脑血管破裂出血引起局部压力或颅内压增高，使脑干受压；②为脑干供血的血管破裂，使生命中枢血流中断；③机械性外力刺激血管，使其发生痉挛，造成脑干缺血。

脑挫（裂）伤伴发的蛛网膜下隙出血与外伤性蛛网膜下隙出血为不同的损伤概念，两者的原因、机制和病变均有区别，前者为较大的外力引起脑组织及其局部软脑膜血管破裂出血，由于血管痉挛和凝血等止血机制，出血具有局限性、多发性、散在性和对冲性的特点，这种蛛网膜下隙出血是脑挫伤的病变之一，不属于独立的外伤性蛛网膜下隙出血。

如上所述，在大多数情况下，酒精（乙醇）对外伤性蛛网膜下隙出血具有一定作用。因此，外伤性蛛网膜下隙出血死者的死因分析应为：打击头部的暴力为根本死因；外伤性蛛网膜下隙出血为直接死因；较大量饮酒及其毒理学作用，为与外力无关的却促进外伤性蛛网膜下隙出血发生的偶然条件或个体条件，应属于辅助死因。若脑挫裂伤与外伤性蛛网膜下隙出血同时发生，应视各自的轻重程度而定哪种损伤为致命伤，抑或是联合死因。

此外，若受伤者原有脑血管病变，如动脉瘤、血管发育畸形或动脉硬化，可作为个体因素，即使遭受很轻微的打击亦可引起所谓病理性蛛网膜下隙出血（pathological subarachnoid hemorrhage），两者容易混淆而铸成错案，特别是生前与他人有争吵或轻微外伤时。病理性蛛网膜下隙出血的原因是颅内血管畸形或脑血管病变，多见于脑底动脉环血管分叉处，故出血部位亦常位于脑底部，出血量多，常注满各蛛网膜下隙，凝血重。

法医学检验时，取出脑组织之前要仔细观察出血的分布，取脑时注意保护好脑血管。可用水轻轻冲洗蛛网膜下隙积血较重或有凝血的部位，暴露、查找血管破裂处。在可疑破裂口近端注入清水，观察溢水情况，同时取检材进行组织学检查。如解剖时不仔细查找血管破裂处，而将脑组织固定，以后就很难查找出血部位。

外伤性脑出血

外伤性脑出血（traumatic cerebral hemorrhage）指伤后立即发生的脑实质内较大的局限性出血灶或血肿，主要发生在脑挫裂伤或脑组织内血管损伤部位，发生率依次为额叶、颞叶、顶叶、枕叶、小脑和脑干。若头部外伤后数天或数周始发生的脑出血，称迟发性外伤性脑出血（delayed traumatic cerebral hemorrhage）。

脑组织损伤

脑组织损伤包括弥漫性轴索损伤和脑挫裂伤。

弥漫性轴索损伤

由于脑组织的解剖结构和生物力学特性，头部遭受打击，可在不同部位脑组织中造成长而纤细的神经纤维损伤，称之为弥漫性轴索损伤（diffuse axonal injury，DAI），亦称弥漫性髓质损伤。因此，弥漫性轴索损伤几乎伴发于各种颅脑损伤，特别是急剧的加速或减速性损伤；亦可单独发生。弥漫性轴索损伤和硬脑膜下出血是颅脑损伤中两个最常见的致命性损伤，在无占位性病变的颅脑损伤中弥漫性轴索损伤可能是创伤性昏迷的最常见原因。弥漫性轴索损伤由交通事故引起者最多，占81%；坠落伤占第二位，为10%；打击头部占第三位，为8%；其他占1%。

弥漫性轴索损伤以轴索的弥漫性损伤和髓质的广泛变性为特征，可发生于脑组织任何部位，尤其是脑干、脑室旁、胼胝体、前联合、内囊。常规病理学检查，可见神经纤维大片不规则波浪样变性，节段性断裂、增粗，周隙扩大，散在的围血管性出血和小灶性出血。同时，亦可见明显固缩的所谓Ⅰ型变神经元和高度肿胀的Ⅱ型变神经元。嗜银染色和髓鞘染色更易观察这些病变（图7-7）。免疫酶标组织化学染色，可见轴索内白蛋白和纤连蛋白渗入。伤后8 h，可见轴索呈串球状肿胀和断端收缩球。3 d～4 d后，发生Wallerian氏变性，病灶区小胶质细胞增生。严重者后期损伤区髓质萎缩，胶质瘢痕形成，脑室系统扩张。

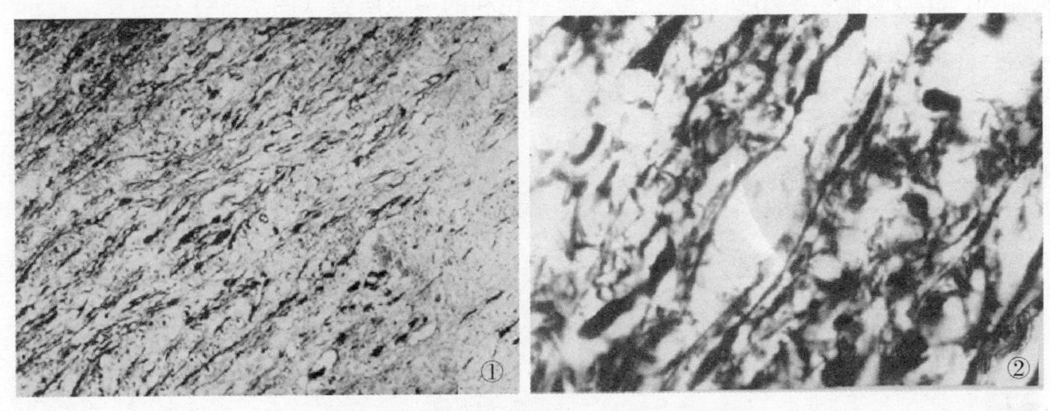

图7-7　大鼠轻微脑损伤的组织学改变

（嗜银染色）

①脑干区轴索肿胀，粗细不等，部分断裂（×200）；②轴索断端收缩球形成（×400）。

弥漫性轴索损伤的临床表现因损伤程度而异，轻者仅为脑震荡症状；重者呈持续性昏迷，中枢性瘫痪，甚至死亡。受害人可在受伤当时立即陷入持续昏迷，无中间清醒期，无明显脑挫伤及颅内压增高表现，若无其他原因所致的休克存在，伤者的血压、呼吸和脉搏均可正常。弥漫性轴索损伤的死亡率依损伤程度的轻重而异，一般为15%～51%。病情恢复后，伤者可残留不同程度的脑外伤后综合征。若额叶或边缘系统受损，可导致外伤性精神障碍；若皮质脊髓束、内侧丘系或脊髓丘脑系等受损，可导致相应的躯体运动或感觉障碍。

长期以来，临床医学常描述的所谓脑震荡（cerebral concussion），认为属于中枢神经系统的功能性损伤，特别是脑干网状结构功能障碍。近年来，学者们倾向于认为脑震荡为轻度弥漫性轴索损伤表现。拳击者脑病即是反复脑震荡性损伤后，发生脑萎缩，故推断脑震荡可有不同程度的神经细胞坏死。

脑挫裂伤

脑挫伤（cerebral contusion）和脑裂伤（cerebral laceration）为两个不同的概念，前者指外伤引起的脑组织围血管性出血或小灶性出血，不伴有脑实质破裂；后者指脑组织实质结构破裂出血。由于一般情况下两者常并存，故不做区分而笼统称为脑挫裂伤。着力点处脑组织的挫裂伤称冲击伤（coup injury），多在头部受加速性损伤情况下发生，如凹陷性骨折和粉碎性骨折常造成的冲击伤。发生于着力点对极部的脑挫裂伤称对冲伤（contre－coup injury），多在减速性损伤情况下发生。同时存在冲击伤和对冲伤时，冲击伤常较对冲伤轻；有时仅有对冲伤，而不伴有冲击伤。对冲伤多见于颅骨内面不平整的部位，如位于颅前凹突起的鸡冠和粗糙不平的眶面处的额叶，颅中凹向上突起的蝶骨嵴处的颞叶，以及颅后凹的直窦和横窦交汇处的枕叶等部位。打击枕部时，常造成额叶和颞叶的对冲伤。由于后颅凹的小脑幕及颅骨内面较平滑，枕叶的对冲伤相对较少。脑挫伤除发生于大脑表面外，也可发生于深部脑组织，如脑干上部、下丘脑、扣带回、胼胝体等，此多因撞击于小脑幕裂孔或大脑镰锐利的边缘所致（图 7－8）。

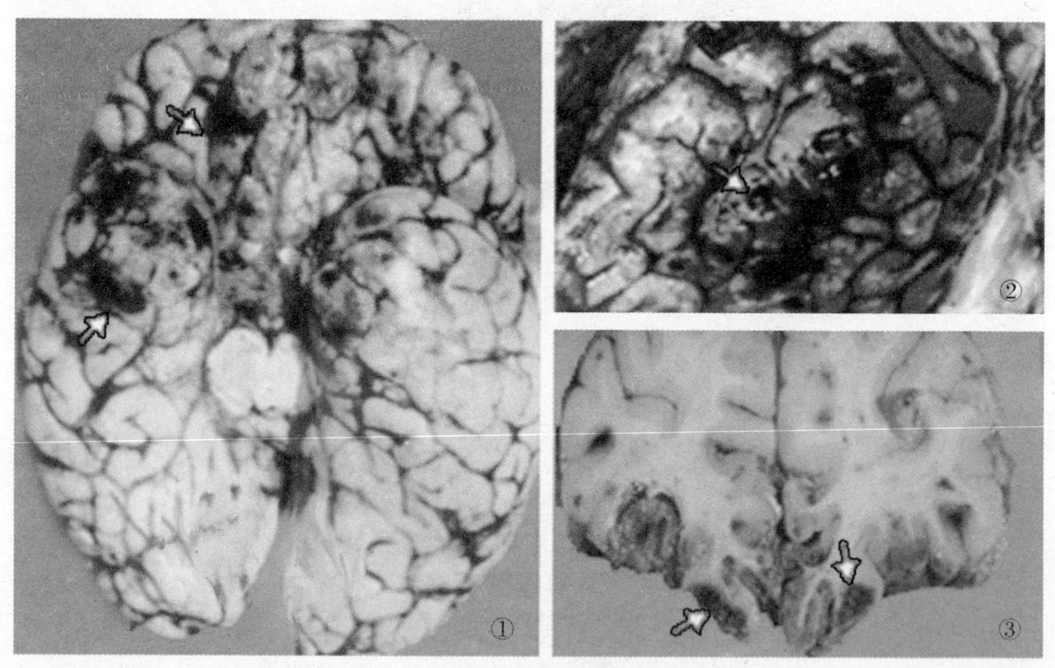

图 7－8　脑挫裂伤

①双颞叶、额叶滑动性脑挫伤（⇨）；②挫伤部位脑表面观，局部可见新鲜挫伤灶，邻近脑沟见蛛网膜下隙出血（⇨）；③挫伤部位脑切面观，浅表脑组织见楔状新鲜出血灶（⇨）。

脑挫裂伤病变，在脑表面，表现为局部脑组织的破裂、出血，呈楔形状，底部朝向脑表面，尖端深入皮质下，可累及一个或数个脑回，脑回略微隆起。脑挫裂伤病变可多个集中分布。在脑实质内，脑挫裂伤灶形态常不规则，重者可伴发外伤性脑内血肿，多局限于皮质下，有的向外破溃入蛛网膜下隙和硬脑膜下，致出血或形成血肿；有的向内破入脑室内，引起脑室内出血（图7－9）。伤后1 d～2 d，出血部位的脑组织坏死逐渐明显，大部分神经细胞消失，形成筛状软化灶；残存的神经细胞体积缩小，尼氏体消失，细胞核固缩，核仁消失。约5 d后，出血灶开始液化，病变区凹陷呈囊状，其中含有黄色及黄褐色液体，周边有大量格子细胞，星形胶质细胞增生，纤维细胞及毛细血管亦增多。至5～6周，小的挫伤灶以胶质瘢痕修复，大的挫伤及软化灶则由纤维膜包裹，呈囊肿状残留。脑挫裂伤可伴有不同程度的局限性或弥漫性轴索损伤。

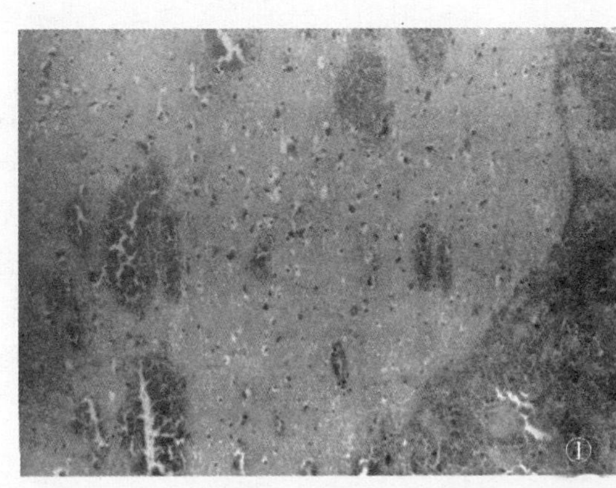

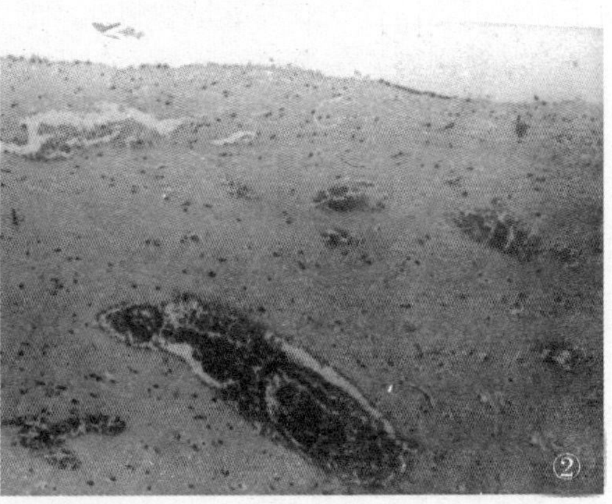

图7－9 脑挫伤组织学改变

①大脑皮质见多灶性新鲜出血，蛛网膜下隙大量红细胞积聚（HE，×100）；②可见小血管周围血管性出血，另见脑实质散布小灶性出血（HE，×200）。

脑挫裂伤的临床或病理诊断并不困难。尸体解剖时，如沿着暴力打击的方向切取脑组织，可更好地查见脑实质内的微小挫伤灶及其分布情况。

（于晓军）

脑损伤的分子病理学诊断

创伤性脑损伤（traumatic brain injury，TBI）是当今威胁人类生命的主要疾病之一。按照目前的诊疗水平，重型颅脑伤者死亡率高达30%～50%。在我国，当前交通事故损伤和坠落伤发生率不断增加，颅脑外伤正成为威胁人们生命的重要疾病。目前脑损伤的分子病理学研究成果已开始用于诊断，这将促进和提高我们对脑损伤的诊断水平和科学性。

兴奋性氨基酸

采用脑微量透析技术研究发现，实验性脑损伤动物脑内兴奋性氨基酸含量明显升高。Faden（1989年）等研究发现，实验性中度液压冲击动物致其脑损伤后，脑内谷氨酸和天门冬氨酸含量分别升高282%和273%，重度液压冲击动物致其脑损伤后，脑内谷氨酸和天门冬氨酸含量分别升高940%和1 849%，伤后10 min达峰值，1 h后逐渐降至正常水平。这提示脑损伤后脑组织兴奋性氨基酸迅速升高，且与损伤程度有关。其后有研究发现实验性脑损伤动物伤后2 min海马内谷氨酸含量升高90%。采用脑微量透析技术研究急性颅脑外伤者脑组织细胞外液和脑脊液中兴奋性氨基酸含量的动态变化，发现脑外伤后兴奋性氨基酸含量显著升高，升高程度与脑损伤程度密切相关。

有两种机制可造成颅脑损伤后脑组织和脑脊液中兴奋性氨基酸含量显著升高：一是由于神经细胞内谷氨酸含量是细胞外液的1 000倍，颅脑损伤引起细胞膜破坏，通透性加大，细胞内谷氨酸流到细胞外；二是颅脑损伤导致血－脑脊液屏障破坏，血浆中谷氨酸大量进入脑组织，导致神经细胞外液和脑脊液中兴奋性氨基酸含量显著升高。目前，已证实有三种兴奋性氨基酸受体。第一种是离子型红藻氨酸盐（AMPA/KA）受体，以非电压依赖方式开启，与由受体介导的离子通道有关。第二种是电压依赖性*N*－甲基－*D*－天门冬氨酸（NMDA）受体，在兴奋性氨基酸类神经递质介导的病理过程中，有镁离子参与的受体相关电压依赖性离子通道的关闭，与NMDA受体有关。第三种是磷脂酶C，促进细胞内三磷酸肌醇和二酰甘油形成。细胞内三磷酸肌醇的释放可增加细胞内钙离子储存，从而增加细胞内钙离子浓度，而二酰甘油则可激活蛋白激酶C。

内源性阿片肽

内源性阿片肽主要包括β－内啡肽、脑啡肽和强啡肽三大类，同时生物体内还存在μ、δ和κ三种阿片受体。

Mcintosh（1987年）研究发现，实验性颅脑损伤后2 h，脑组织中强啡肽含量明显升高，下丘脑中β－内啡肽含量明显降低，脑啡肽含量无明显变化。后有作者研究发现实验性颅脑损伤后血浆、脑脊液中β－内啡肽含量显著升高，垂体和下丘脑中β－内啡肽含量显著降低，结果表明脑损伤后垂体和下丘脑β－内啡肽大量释放是导致血浆、脑脊液中β－内啡肽含量显著升高的主要原因。同时发现，实验性颅脑损伤后血浆、脑脊液中强啡肽含量显著升高，给予非特异性阿片受体拮抗剂纳洛酮能减轻脑水肿。结果表明，β－内啡肽和强啡肽与继发性脑损伤有关。进一步研究发现μ和δ阿片受体对脑损伤具有保护作用，内源性阿片肽通过调节神经细胞膜离子通透性、细胞内信息传递、其他神经递质和受体等参与脑损伤的发病过程。

乙酰胆碱

采用脑微量透析技术可发现，实验性颅脑损伤可导致脑组织内乙酰胆碱大量释放，实验性颅脑损伤动物和颅脑损伤病人脑组织和脑脊液中乙酰胆碱含量均显著升高。大脑半球、脑干和海马等部位毒蕈碱样胆碱能受体亲和力和数量发生异常改变。实验性挫裂伤脑组织内乙酰胆碱浓度增加，胆碱能受体减少。大鼠液压冲击致脑损伤后15 d内，海马和脑干等部位的毒蕈碱样胆碱能受体显著减少。结果提示，脑损伤引起脑组织内乙酰胆碱大量释放并与胆碱能受体结合，可能与脑损伤后意识障碍和神经功能障碍有关。

研究证实，乙酰胆碱及其受体在脑损伤后神经兴奋性细胞毒性中发挥重要作用，其中胆碱能受体激活后所引起的钙离子内流可能是导致神经元损害的主要原因之一。

儿茶酚胺与5-羟色胺

急性颅脑损伤刺激交感神经肾上腺髓质分泌大量儿茶酚胺类物质，引起血压升高、心律失常、肺水肿和颅内高压等一系列病理生理变化。有研究报告称脑损伤病人血浆去甲肾上腺素、肾上腺素和多巴胺升高程度与病人伤情和预后呈正相关，即血浆去甲肾上腺素、肾上腺素和多巴胺含量越高，病人伤情越重，预后越差。采用脑微量透析技术研究发现，动物实验性脑损伤后下丘脑去甲肾上腺素和多巴胺含量明显升高，大脑皮质和脑干去甲肾上腺素和多巴胺含量无明显变化。这提示下丘脑儿茶酚胺异常升高通过下丘脑去甲肾上腺素传导通路和多巴胺传导通路影响其他脑区神经元和脑血管功能，导致脑损害。

5-羟色胺具有改变血管舒缩状态、增加血管通透性等作用。大鼠实验性脑损伤后可测出脑皮质内5-羟色胺含量明显升高，伤后30 min内脑微血管中5-羟色胺含量是正常时的4倍，然后逐渐降低，伤后72 h低于正常水平。脑损伤后5-羟色胺异常增高一方面通过与其受体结合，引起微血管舒缩功能紊乱及内皮细胞强烈收缩，使血管通透性增加，加剧血管源性脑水肿的发生和发展；另一方面，脑内大量5-羟色胺聚积可导致神经元过度兴奋，耗能增加，使维持脑细胞代谢的酶活性下降，神经细胞内、外离子分布异常，细胞膜通透性增加，导致细胞毒性脑水肿与血管源性脑水肿同步发生与发展。此外亦有报道，动物实验性脑损伤后，损伤区大脑皮质5-羟色胺含量异常升高，同时局部葡萄糖利用减少，采用中枢5-羟色胺合成阻断剂可明显改善损伤区脑组织能量代谢，表明脑损伤后5-羟色胺异常释放也是损伤区脑组织能量代谢障碍的原因之一。

白细胞介素1

炎症和免疫反应在脑损伤病理过程中起着重要作用，白细胞介素1（interleukin-1，IL-1）是由多种细胞产生的，在调节免疫应答和炎症反应中发挥着重要作用。它包括三个氨基酸序列高度同源的蛋白质，即IL-1α、IL-1β和IL-1ra（interleukin-1 receptor antagonist）。IL-1主要来源于单核吞噬细胞和活化淋巴细胞，在炎症刺激下，血管内皮细胞、血管平滑肌细胞、中性粒细胞、神经元、星形胶质细胞、小胶质细胞也可大量表达IL-1。脑内主要合成部位在海马，下丘脑、皮质、脑干、纹状体等部位也有少量合成。IL-1通过与靶细胞膜上的特异性白细胞介素1受体（IL-1R）结合发挥调节作用。

IL-1在脑损伤时的主要作用包括：①促炎作用。通过诱导血管内皮细胞表达黏附因子，促进炎性细胞浸润，从而释放大量的炎性介质而加重炎症反应。IL-1β还能促进IL-2、肿瘤坏死因子（TNF）等细胞因子的合成，后者可协同IL-1β的促炎作用。IL-1β促炎作用的另一重要环节是激活脑内的小胶质细胞，被激活的小胶质细胞可通过释放细胞因子等多种机制参与脑内的炎症反应。②促进兴奋性氨基酸释放。现已证实IL-1在体内外均可促进神经元及胶质细胞大量释放谷氨酸，大量兴奋性氨基酸可诱导一氧化氮合酶（NOS）的表达，使一氧化氮合成、释放增强，并可刺激花生四烯酸的代谢，使自由基释放增强，产生神经细胞毒性反应（图 7－10）。

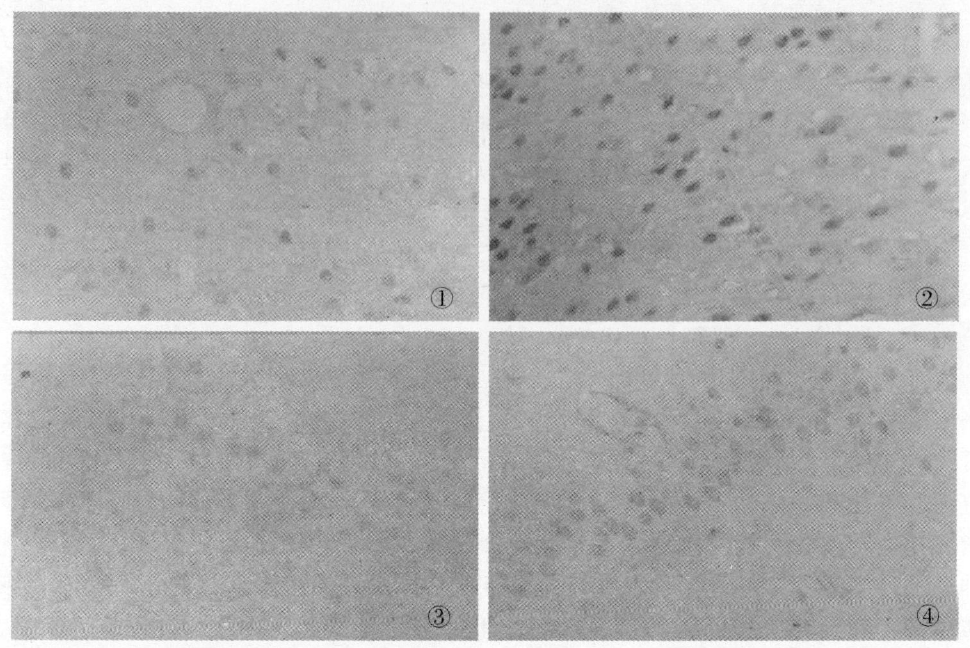

图 7－10　大鼠正常与液压冲击脑损伤后 4 h IL－1 表达比较

（免疫组织化学 SP 法）

①正常大鼠脑皮质 IL－1 呈弱阳性；②大鼠脑损伤后 4 h 皮质 IL－1 表达增强；③正常大鼠脑海马 IL－1 呈弱阳性；④大鼠脑损伤后 4 h 海马 IL－1 表达增强。

白细胞介素 6

白细胞介素 6（IL－6）及其受体（IL－6R）广泛存在于不同脑区的神经细胞中，在正常生理状态下具有协调代谢和神经内分泌等功能。大鼠液压冲击脑损伤后，伤侧皮质 IL－6 水平迅速增加，伤后 8 h 达高峰，18 h 开始下降。另有研究发现，大鼠脑损伤后双侧大脑皮质 IL－6 和 IL－6R 表达均明显增加。目前认为 IL－6 是脑损伤后急性期反应的重要介导物质，具有如下作用：①通过刺激和活化炎性细胞分泌 TNFα、IL－1β 等因子，破坏血-脑脊液屏障；②增加神经元对兴奋性递质如 NMDA 的反应性；③增加损伤部位神经胶质细胞的活性；④促进胆碱能神经元存活，具有与神经生长因子相似的促神经分化效应。

神经营养因子

神经营养因子（neurotrophic factor，NTF）家族成员是主要的靶源性神经营养物质，由靶组织产生，通过轴突末端受体介导，逆向运输到细胞体，对神经细胞的存活、分化和功能表达发挥重要作用。神经营养因子包括神经生长因子（nerve growth factor，NGF）、脑源性神经营养因子（brain derived neurotrophic factor，BDNF）、神经营养素

(neurotrophin，NT）和胶质细胞源性神经营养因子（glial cell line - derived neurotrophic factor，GDNF)。

损伤后神经元的恢复可能有赖于 NTF 的存在，后者支持神经元存活、引起轴突发芽并且促进轴突生长到合适的位点。研究发现大鼠液压冲击脑损伤后 1 h～3 h，海马 NGF mRNA 表达增强（图 7－11)。损伤后 14 d，于脑室内注入 NGF 可减轻海马细胞的损害，并且改善神经运动和认知功能。大鼠液压冲击脑损伤后 1 h，齿状回颗粒细胞、CA3 锥体细胞 BDNF mRNA 表达开始增强，3 h～6 h 达高峰，12 h 后逐渐减弱（图 7－12)。损伤后 1 h，损伤区皮质小胶质细胞 GDNF mRNA 表达增强，3 h 达高峰，24 h 明显减少。目前认为，NTF 在中枢神经系统损伤后的合成或释放，具有促进修复和刺激再生的作用。

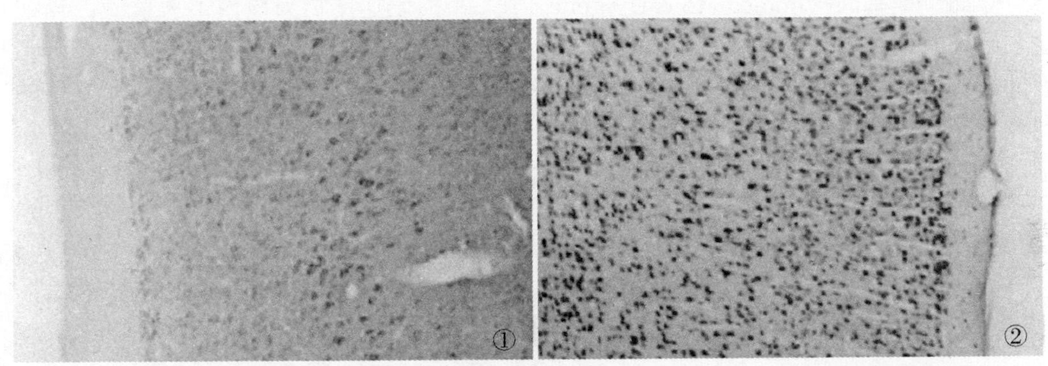

图 7－11　大鼠正常与液压冲击脑损伤后 1 h 皮质 NGF mRNA 表达比较

（原位杂交）

①正常大鼠脑皮质 NGF mRNA 呈弱阳性；②大鼠脑损伤后 1 h 皮质 NGF mRNA 表达增强。

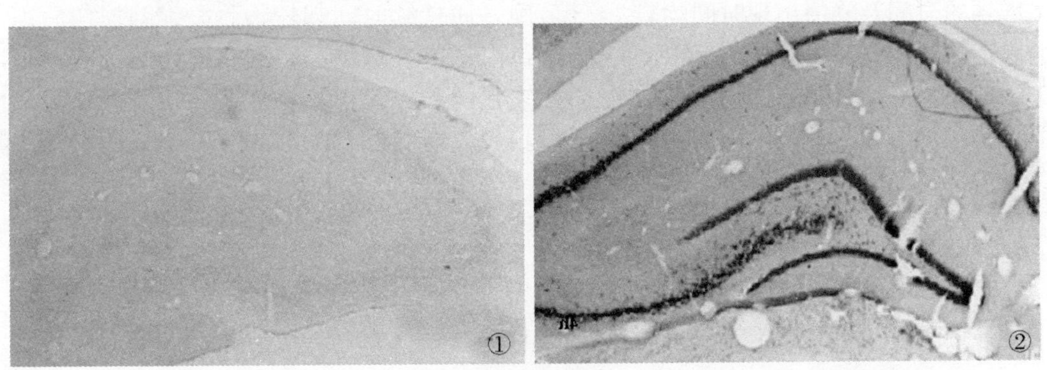

图 7－12　大鼠正常与液压冲击脑损伤后 4 h 海马 BDNF mRNA 表达比较

（原位杂交）

①正常大鼠脑海马 BDNF RNA 呈弱阳性；②大鼠脑损伤后 4 h 海马 NGF mRNA 表达增强。

血小板活化因子

脑损伤时，血小板活化因子（platelet - activating factor，PAF）等各种生物活性脂质大量堆积于突触体，一方面可产生直接神经毒性作用，另一方面刺激兴奋性氨基酸、自由基的增加以及通过血小板活化因子受体（PAF-R）的细胞内信号传导，促使神经细胞变性、坏死或凋亡。脑组织中 PAF 含量增加，不仅能激活血小板、多形核细胞（PMN）及内皮细胞，引起血小板、PMN 聚集、黏附及释放 5-羟色胺、自由基、白三烯、前列腺素等活性介质及细胞因子，导致细胞膜损害、血管通透性增加；此外，PAF 还能通过激活磷脂酰肌醇等通路，产生促发脑细胞损害的“第二信使”物质，如三磷酸肌醇（IP3）、二酰甘油（DG）及其他脂质介质，并通过它们之间的相互作用损害脑组织。

立即早期基因

立即早期基因（immediate early gene，IEG）的表达产物为核内第三信使，当细胞受到刺激时，能被第二信使（如 cAMP、cGMP、二酰甘油和钙离子等）激活，与靶基因的特异序列结合，调节靶基因的转录水平，参与中枢神经系统对各种刺激所发生的立即和长时程反应过程。c-fos 和 c-jun 为 IEG 家族成员，其表达产物 Fos 和 Jun 在细胞内通过“亮氨酸拉链”形成异源性二聚体，与靶基因 AP-1 位点结合，发挥第三信使的作用。

Dragunow 等最早报道了机械性颅脑损伤时 c-fos 表达增强，发现大脑皮质局部损伤时 Fos 蛋白主要限于损伤大脑半球，以损伤局部表达为主，损伤后 1 h 表达开始增强（图 7-13）。Phillips 等报道大鼠液压冲击脑损伤后 15 min，海马 Fos 蛋白表达增强。通过复制大鼠液压冲击脑损伤模型研究发现，冲击后 5 min～15 min，c-fos mRNA 在双测大脑皮质、海马均增强；15 min～30 min，Fos 免疫反应阳性神经细胞数明显增加。脑冲击后 c-jun 在脑组织内表达的分布范围及变化趋势与 c-fos 基本一致，但表达开始增强的时间及峰值出现时间均较 c-fos 晚，而持续时间却较长。关于脑损伤后 IEG 的表达的共识是：①脑损伤后 IEG 在脑组织内迅速表达是神经细胞损伤的标志，可用于脑损伤的早期诊断；②损伤区有 c-fos 表达的神经元仍具有活跃的功能，及时采取治疗和保护措施，神经细胞的功能可望恢复；③脑损伤时 c-fos 和 c-jun 的表达产物参与损伤神经元的修复；④ 中枢神经系统 IEG 的表达涉及 NMDA 受体与钙离子等第二信使和基因转录的复杂过程，研究中枢神经系统各种疾病时 IEG 的表达调控机制，有助于从基因水平认识和治疗这些疾病。

热休克蛋白

热休克蛋白（heat shock protein，HSP）作为中枢神经系统损伤，特别是脑损伤的标志物，用于判断脑损伤的部位和损伤的程度。

HSP70 家族主要由 HSP73 和 HSP72 两类蛋白质组成，两者具有高度的序列同源性（95%）和相似的生物化学特性。正常情况下 HSP70 位于细胞质内，当细胞受到热休克刺激时，细胞核内 HSP70 迅速增加，细胞质内只有少量存在。细胞处于恢复阶段时，细胞核内的 HSP70 消失，细胞质内仍有低水平 HSP70 表达。

Brown 等采用原位杂交技术研究了大鼠脑皮质手术后切创处 HSP70 mRNA 表达的

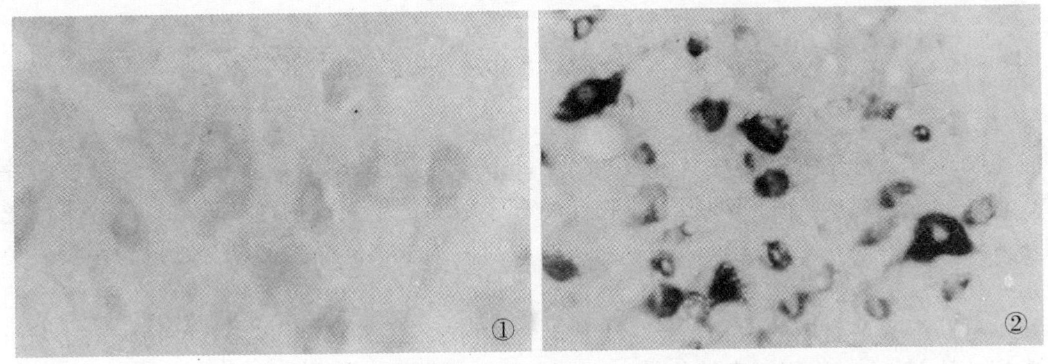

图 7－13 大鼠正常与液压冲击脑损伤后 1 h 脑干 c－fos mRNA 表达比较

（原位杂交）

①正常大鼠脑干 c－fos mRNA 表达呈弱阳性；②大鼠脑损伤后 1 h 脑干 c－fos mRNA 表达增强。

时序性变化，发现术后 2 h，创口周围神经细胞和胶质细胞诱导型 HSP70 mRNA 开始表达，12 h 表达强度减弱。Mikawa 等用落体撞击法复制小鼠闭合性颅脑损伤模型，发现损伤后 4 h 和 24 h，HSP70 mRNA 在脑损伤灶周围开始表达，48 h 恢复正常。通过复制大鼠中度侧位液压冲击脑损伤模型观察发现，脑损伤可引起神经细胞内 HSP70 表达，脑组织部位不同，HSP70 表达的时序性变化不同。其中以脑干表达最早，脑冲击后30 min，HSP70 mRNA 表达开始增强。大脑皮质和海马 HSP70 表达较脑干晚，脑冲击后 1 h，HSP70 mRNA 表达开始增强。用免疫组织化学方法也显示脑冲击后早期未见 HSP70 免疫反应阳性神经细胞，脑冲击后 4 h 才出现散在分布的阳性神经细胞。Tanno 等研究发现，损伤灶及其周围 HSP72 阳性细胞比其他部位出现早而明显，损伤后3 h脑皮质坏死灶周围的神经元及胶质细胞开始表达。损伤后脑组织内不同部位神经细胞 HSP70 表达不同，可能与神经细胞受损程度以及细胞对损伤的耐受性不同有关。

研究发现脑损伤后 c－fos 的迅速表达伴随着晚期基因如 NGF、BDNF、胶质纤维酸性蛋白（glial－fibrillary acidic protein，GFAP）表达增加。现已证实 NGF 基因的第一个内含子具有 AP－1 结合位点，c－fos 和 c－jun 表达后形成的异源二聚体可与之结合参与诱导 NGF 的表达。比较脑损伤后 IEG 和 HSP70 的表达次序，HSP70 很可能属于受 IEG 调控或与 c－fos 表达有关的一类晚期基因产物。脑损伤后 c－fos 和 c－jun 的表达可能启动和调控着 NGF、BDNF、GFAP、HSP70 等基因的表达，对脑组织损伤神经细胞的修复、再生和重塑发挥重要的作用。未来的工作如能对脑损伤时 IEG 与 HSP70、NGF、BDNF、GFAP 等基因表达的调控机制及其相互关系进行深入研究，探讨脑损伤发生、发展的分子机制，对脑损伤的早期诊断和治疗皆具有重要意义。

生物芯片技术及其在损伤研究中的应用

生物芯片又称微阵列芯片（microarray chip），是指采用微量点样等方式将核酸片段、多肽分子、组织切片和细胞等生物样品有序地固定于支持物（如玻片、硅片、尼龙膜等载体）的表面，组成密集二维阵列，然后与待测生物样品中的靶分子进行杂交、免疫组织化学反应，使待检分子可视化，最后通过放射自显影、荧光扫描、化学发光或酶标显示可获得大量有用的生物信息。生物芯片实际上是一种微型多参数生物传感器。由于常用玻片/硅片作为固相支持物，且在制备过程中模拟计算机芯片的制备技术，所以又称之为生物芯片技术。生物芯片根据芯片上固定的生物物质分为基因芯片（gene chip）、蛋白质芯片（protein chip）、组织芯片（tissue chip）和细胞芯片（cell chip）。

基因芯片

基因芯片又称DNA 探针微阵列（DNA probe microarray），是指将许多特定的寡核苷酸片段或基因片段作为探针，有规律地排列固定于支持物上，然后与待测标记样品的基因进行杂交，再通过激光共聚焦荧光检测系统等对芯片进行扫描，并配以计算机系统对每一探针上的荧光信号做出比较和检测，从而迅速得出所需的信息。基因芯片技术主要包括四个步骤：芯片制备、样品制备、杂交反应及信号检测和结果分析。

基因芯片种类较多，根据微阵列上的探针类型，可分为寡核苷酸芯片和 cDNA 芯片两种。寡核苷酸芯片的探针主要以原位聚合的方法合成，采用光导向平版印刷技术与固相合成等技术相结合，合成不同序列分子高密度的微小点阵，与标记样本 DNA 杂交，根据杂交信号出现部位的寡核苷酸序列推测与其互补的 DNA 序列。可用于基因发现、突变监测、表达监控和遗传制图等。cDNA 芯片的探针是预先合成后通过特殊的微量点样装置或仪器滴加到片基上，可用于大规模筛选和基因表达的研究。根据基因芯片的用途，可将基因芯片分为表达谱芯片、诊断芯片、指纹图谱芯片、测序芯片、毒理芯片等。

应用基因芯片能够在同一时间内分析大量的基因，实现生物基因信息的大规模检测，目前它已被应用于新基因的发现、基因表达分析、基因突变及多态性分析、基因测序、基因组文库绘图、疾病诊断和预测、药物筛选等。

蛋白质芯片

蛋白质芯片又称蛋白质微阵列（protein microarray），是继基因芯片之后，作为基因芯片功能的补充而发展起来的。目前，进行蛋白质测定所使用的技术绝大部分为质谱分析技术，常用且比较成熟的是表面加强激光解析电离飞行时间质谱（surface - enhanced laser desorption/ionization - time of flight - mass spectrometry，SELDI - TOF - MS）技术。其原理是通过亲和力捕获待测样品中的蛋白质，利用激光脉冲辐射使芯片上的待测蛋白质形成具有不同质荷比的荷电离子，根据离子在仪器场中飞行时间的不同，测定出样品中各种蛋白质的分子质量、含量等信息。该技术的核心是蛋白质芯片，根据芯片的表面成分，可将其分为化学表面芯片和生物表面芯片。其中化学表面芯片又可分为疏水、亲水、阳离子、阴离子和金属螯合芯片五种；生物表面芯片包括抗体－抗原芯片、受体－配体芯片和DNA－蛋白质芯片等，可显示与之相结合的抗原或配体的不同分子质量的亚型。蛋白质芯片技术具有高通量筛选、高灵敏度检测小分子质量蛋白质和低丰度粗样品的特点，已开始用于医学研究的各个领域，尤其在肿瘤生物标志物的筛选和检测方面已取得了一系列突破性进展。

组织芯片

组织芯片又称组织微阵列（tissue microarray），该技术可将数百个组织样本在某种载体上矩阵排列，通过将组织切片进行原位杂交、原位PCR、原位RT－PCR和应用免疫组织化学技术，检测特定的DNA、mRNA和蛋白质，可分别在基因、基因转录和相关表达产物的生物学功能3个水平上进行研究。组织芯片可对组织进行平行、高通量分析研究，具有节约组织原材料、减少实验误差等特点。这一技术和基因芯片技术以及传统组织学技术相结合，已经广泛应用于肿瘤分期、特异蛋白质的鉴定、预后判断和疗效评价等各个方面。此外，还可用于生物试剂的研制、生物工程制药、中药有效成分的筛选等领域。

细胞芯片

细胞芯片又称细胞微阵列（cell microarray），由细胞芯片裸片、封装盖板和底板构成。细胞芯片裸片上密集设置6 000～10 000乃至更高密度的不同细胞阵列，封装于盖板和底板之间。细胞微阵列芯片能通过控制细胞培养条件使芯片上所有细胞处于同一细胞周期，不同细胞株间的生化反应及化学反应结果可比性强；一块芯片上可同时进行多信息量检测；小型化、成本低、无污染；可批量化和标准化生产。细胞芯片可应用于以下几方面：①生命科学研究，基因组及cDNA文库筛选，基因功能研究；②疾病的诊断与治疗，如正常细胞和病理细胞基因表达方式比较，提供诊断指纹；③新药开发和传统药物现代化研究，将芯片做平台的高通量筛选技术；④食品卫生监督，可应用于修改、制定食品卫生标准和检验、检疫方面；⑤环境学监测，如污染受害程度评估。

生物芯片技术在脑损伤研究中的应用

2000年，Morrison等复制大鼠培养脑片机械性牵张损伤模型，首次利用cDNA芯片技术研究了损伤后6 h、24 h和48 h的基因表达谱变化。涉及凋亡和钙离子信号的基因在6 h和24 h表达降低，48 h均恢复到正常水平；而NGF在6 h和24 h表达升高，48 h与对照组相同。其他基因未检测到改变。作者认为这些有选择性的联合改变可能提示机械性损伤可触发大脑主动和直接的反应过程。中枢神经系统的机械性损伤可引起钙离子平衡紊乱，从而导致基因表达的改变、细胞内营养因子信号级联反应的损害和多种通路凋亡机制的启动。O'Dell等采用含31个基因的芯片检测脑损伤大鼠皮质单个凋亡神经元的基因表达变化，结果发现：损伤后12 h，bax、NGF、trkB和CREB的表达显著下降，24 h 返回基线水平。脑损伤后基因表达的时间差异是由于 2 个相互存在分子级联的反应所致还是细胞凋亡过程中的时序变化所致还不清楚，但这将有助于对脑损伤机制的探讨。

Matizlevich 等用含 8 800 个基因的 cDNA 芯片检测了大鼠皮质冲击后海马 3 h、24 h 基因表达的变化。按功能分类，这些基因涉及细胞周期、生长因子、受体、神经肽、膜蛋白、细胞骨架、信号传导等 12 大类。结果发现，损伤后海马有 524 个基因表达改变，损伤后 3 h 编码生长因子、葡萄糖和活性氧代谢、炎性反应的基因上调，其中部分基因在 24 h 返回到正常水平。这些改变可能有助于揭示损伤后神经元的存活机制。损伤后 24 h 检测到编码细胞膜和细胞骨架蛋白的基因表达发生改变，同时兴奋性神经递质受体和参与钙离子信号分子的 mRNA 水平下调，提示与减小损伤引起的细胞毒性作用和启动修复、组织再生等有关。

最近 Long 等采用 cDNA 芯片技术研究了创伤性脑损伤后 4 h 和 24 h 海马基因表达谱的变化，该芯片包含 6 400 个基因。结果有 253 个基因显示了表达差异，106 个基因上调，147 个基因下降，其中涉及细胞自身稳定的基因和钙离子信号的基因主要上调，而编码线粒体酶、代谢分子、结构蛋白的基因主要下调，炎性反应蛋白相关基因表达也有改变。研究发现，创伤性脑损伤可引起大量参与线粒体功能和代谢的基因显著下调。作者选择表达明显且与损伤关系密切的 10 个基因进行 RT－PCR 检测，发现与芯片检测结果有很好的相关性。

通过复制大鼠液压冲击脑损伤模型，采用 SELDI－TOF－MS 技术研究脑损伤后海马和血清中差异蛋白质发现：损伤后海马有 163 个蛋白质表达增高，有 17 个蛋白质表达降低，另有 131 个新的蛋白质表达。血清中有 122 个蛋白质表达增高，有 20 个蛋白质表达降低，另有 72 个新的蛋白质表达。结果表明：①脑损伤可引起血清和海马蛋白质表达谱变化；②血清和海马蛋白质表达谱存在差异，提示血清中出现的部分蛋白质可能为脑损伤诱导的血细胞基因表达产物；③在血清和海马中检测到的差异蛋白质以及损伤后新出现的蛋白质峰，可能是脑损伤生物标志蛋白，对其进行进一步研究，有望深入了解脑损伤的分子机制，并用于脑损伤的诊断和治疗。

（张永亮）

8 交通损伤

交通损伤概述（131）
交通事故损伤的特点（131） 交通损伤的危害（132）
“交通医学”的诞生（132）
道路交通事故损伤（133）
道路交通事故现象与致伤方式（133） 车外行人的损伤（134）
车内人员的损伤（139）
铁路事故损伤（145）
列车外人员的损伤（145） 列车内乘客的损伤（146）
道路与铁路事故损伤的法医学鉴定（147）
交通事故伤亡的法医学检验及相关鉴定的标准化（147）
铁路交通损伤的法医学鉴定（147） 交通事故重建（147）
酒精、药物滥用与交通事故（148） 交通事故物证与肇事车辆认定（149）
航空事故损伤（150）
航空事故人体损伤机制与特征（150） 个人识别与法医学鉴定（151）
船舶事故损伤（151）
船舶事故人体损伤机制与特征（151） 个人识别与法医学鉴定（152）

交通损伤概述

交通损伤（transportation injury）是指各类交通运输工具在道路运行过程中发生事故，导致人体组织、器官结构完整性的破坏或功能障碍。它包括道路交通事故损伤、铁路交通事故损伤、航空交通事故损伤、船舶交通事故损伤，其中以道路交通事故损伤最为常见。此外，按损伤发生的性质可将交通损伤分为交通事故损伤、交通意外损伤、自杀性交通损伤和他杀性交通损伤。我国新的道路交通安全法已把交通意外纳入了交通事故的范畴。

交通事故损伤的特点

(1) 损伤发生在交通事故的过程中，事故相关者任一方所使用的交通工具须处于运动状态下，否则不属交通损伤。如当事双方都是行人，或行人撞击到静止的车辆上，或在军事训练、体育竞赛中所发生的损伤等不称交通损伤。

(2) 损伤是由交通运输工具直接、间接或两者并存而造成的。

(3) 大多数情况下，交通事故损伤属于钝性机械性损伤，具有钝器伤的特性。有时合并有高温损伤。

(4) 交通事故损伤常常具有多发性和复合性，损伤形态往往复杂、类型多样，损伤严重，死亡率高。如在交通死亡中，案发当时死亡者占 81.3%，伤后 7 d 内死亡者高达 98.3%。

(5) 部分交通事故的发生与驾驶员的精神、生理和病理状况有关。

(6) 交通事故可被用来作为自杀或他杀的手段。

由于交通事故损伤的上述特点，使法医学的检验鉴定具有相当的特殊性。除了常规确定受害人员的死因、死亡方式和推测死亡时间之外，更重要和难度较大的是确定死者是司机、乘客或是行人；以及通过对可疑肇事车辆的勘查，有关物证的收集和检验对比，重建事故经过，以确定事故的性质与责任方。

交通损伤的危害

现代社会，交通运输工具已成为人们生活中不可缺少的一个重要组成部分。从 1886 年世界上第一辆汽车在德国诞生以来的一百多年里，已有数千万（约 4 000 多万）人死于交通事故。据 WHO 统计，全世界目前每年约有 120 多万人死于交通事故，平均每分钟就有 2.3 人丧生，受伤者达 1 500 万余人，每年全世界因交通事故导致的直接经济损失高达数千亿美元。交通事故造成的损失已是全球自然灾害所造成死亡人数的 45 倍和经济损失的 5.8 倍。另据 WHO 预计，到 2020 年，道路交通伤害造成的全球死亡和伤残将从 1990 年的排名第九位上升到第三位，届时交通事故将成为第三大导致死亡和残疾的原因，其影响程度高于疟疾、肺结核和艾滋病。因此，有人将交通事故这一当今世界性的问题比喻为“车祸流行病”或“第一公害”。

近年来，随着我国汽车拥有量的剧增，交通事故造成的伤亡和经济损失也达到了令人吃惊的地步。2001 年—2003 年死亡人数年均超过了 10 万人，平均每天死亡约 300 人，每 4.8 min 就有 1 人死于车祸。另据报道，我国交通事故总量已由 1986 年的 29 万起上升到 2002 年的 77 万起，年均增长 6.3%；死亡人数由 1986 年的 5 万人上升到 2002 年的 10.94 万人，年均增长 5%。我国 2002 年交通事故损伤的死亡率约为 8.38/10 万人。以国际公认的反映“人-车-路”系统状态和交通管理水平的万车死亡率来衡量，2002 年约为 49.56 人/万辆，居世界前列。港、澳地区状况远好于大陆。

“交通医学”的诞生

为了更好地预防事故的发生和减少伤亡，早在 1957 年和 1960 年分别在美国和意大利成立了两大专业组织：汽车医学发展学会（The Association For The Advancement of Automotive Medicine，AAAM）和国际意外事故和交通医学学会（The International Association of Accident and Traffic Medicine，IAATM）。经过半个多世纪的发展和努力，已形成了一门新兴的边缘学科——交通医学（traffic medicine），其目的在于研究各种交通事故的“流行病学”及其规律，探讨改进交通安全的途径和提高交通事故损伤的救治水平。

为了控制交通事故损害事态的发展，我国制定了数部相关法律、数十项行政法规和数百个部门规章。《中华人民共和国道路交通安全法》已于2004年5月1日开始实施。预计在不远的将来，我国对交通事故及其损伤的防治将提升到一个更高的水平。

道路交通事故损伤

道路交通事故损伤（road traffic accident injury）是指在发生道路交通事故中的各种类型损伤。它既可以发生在交通运输工具之外，也可发生在交通运输工具之内；它既多见于事故，也可见于自杀和他杀。

道路交通事故现象与致伤方式

交通损伤主要发生于不同的交通事故现象（phenomenon of accident）如碰撞、碾轧、刮擦和拖拉、翻车、坠车、失火、爆炸或跳车等等之中。上述各种交通事故现象对人体的致伤方式可归纳为以下八种：

1. 碰撞伤

碰撞伤指机动车对人体的碰撞所致的损伤，包括车外碰撞和车内构件对人体碰撞引起的损伤。

2. 碾轧伤

碾轧伤指车轮碾轧人体造成的损伤。通常情况下，在碾轧发生时都伴有碰撞和刮擦现象，但个别情况如人体躺卧在道路上被碾轧时除外。

3. 刮擦与拖擦伤

机动车在行驶过程中，其侧面或其他突出部件刮擦人体或正在行驶中的自行车，造成人体接触部位的刮擦伤，继发摔跌伤或碾轧伤。拖擦伤则是机动车挂带人体在路面上拖擦所形成的损伤。

4. 抛掷或摔跌伤

当碰撞、坠车、翻车时，因惯性将人体抛出摔于地上，造成严重的摔跌伤和皮肤与路面接触形成的擦伤。

5. 挤压伤

挤压伤主要指车辆与车辆、车辆与建筑物、车辆与交通环境、车辆碰撞后车内部件的变形和滑移等对人体挤压形成的损伤。挤压伤可分为车内挤压伤和车外挤压伤。

6. 砸压伤

砸压伤指当翻车、坠车时，车体或物体砸压人体所形成的损伤。可将其分为车体的砸压、车上所载物品的砸压和被撞毁的电杆或建筑物的砸压。

7. 烧　伤

在事故发生中由于碰撞和车内电路故障，打火引起汽油燃烧可造成人体烧伤。

8. 爆炸伤

爆炸伤指车内爆炸物品爆炸造成人体的损伤，受害人多为车内人员。

交通事故损伤的形成过程尽管错综复杂，但其性质仍主要属于钝性的机械性损伤，特别是有些损伤可以反映出损伤接触面的特征。因此，准确地认识和把握这些损伤特点，对法医学的鉴定及事故重建将有重要的意义。

车外行人的损伤

车外行人与车内人员的致伤方式不同。车辆碰撞车外人体造成损伤的典型经过为撞击、摔跌、拖擦及碾轧（图 8－1）。其中撞击和摔跌是人体交通事故损伤的主要方式。

图 8－1　车外行人致伤方式

撞击伤

撞击伤（impact injury）是交通事故损伤中最常见的损伤。车辆不同部位碰撞人体可造成不同特点的损伤。

1. 保险杠损伤

保险杠损伤（bumper injury）是指车辆保险杠撞击人体时，在距地面 50 cm～60 cm 高处（以小型轿车类为例）的人体下肢形成横带状表皮剥脱（撞痕，impact abrasion）、皮下出血和骨折。典型保险杠所致的胫骨损伤，胫骨呈楔状骨折，楔形的底为力的作用点，楔形的尖指向车辆行驶方向（图 8－2，8－3）。随着车型的增大，撞击伤的部位可以上移。

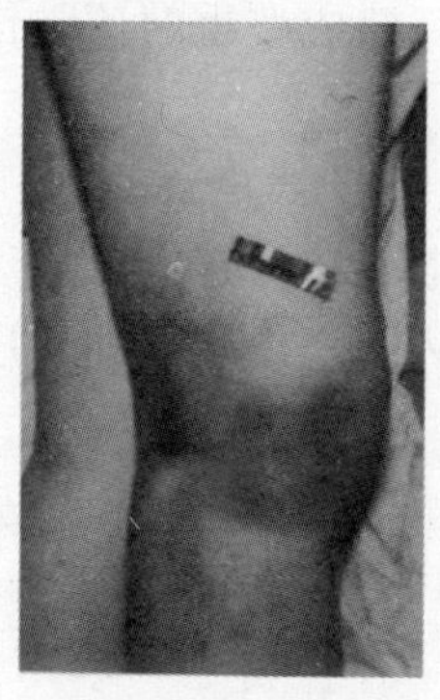

图 8－2　保险杠损伤

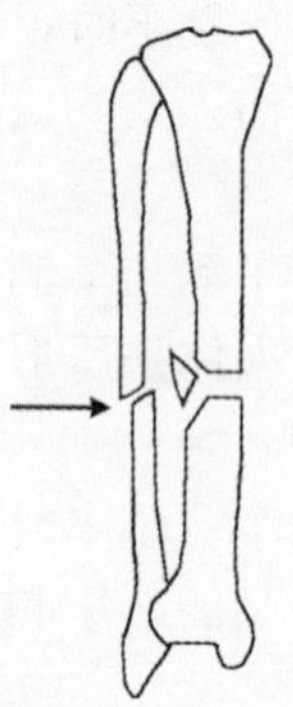

图 8－3　胫骨被撞击形成的楔状骨折

人体站立时，双下肢均为承重腿；行走或跑步时，两腿轮流为承重腿。机动车前保险杠碰撞行人承重腿造成的损伤，其特征是承重腿往往出现骨折，而非承重腿多呈现软组织的挫伤或裂创。

2. 机动车车头所致的碰撞伤

机动车车头所致的碰撞伤主要指汽车发动机罩、冷却器栅格、车头灯和挡风玻璃等撞击人体造成的损伤。因其位置较高，常造成人体股部、臀部和骨盆的损伤，表现为局部软组织挫伤、出血、骨折和内部器官损伤。

伸展创

伸展创（extension wound）指皮肤组织受极大的牵拉，使皮肤沿皮纹裂开形成浅小的撕裂创（图 8－4）。伤者表现为在四肢与躯干相连部位如腹股沟、腋前、腘窝等身体屈侧部位，呈多数微小撕裂创，各撕裂创呈断断续续平行排列，其走行方向多与皮肤纹理一致。

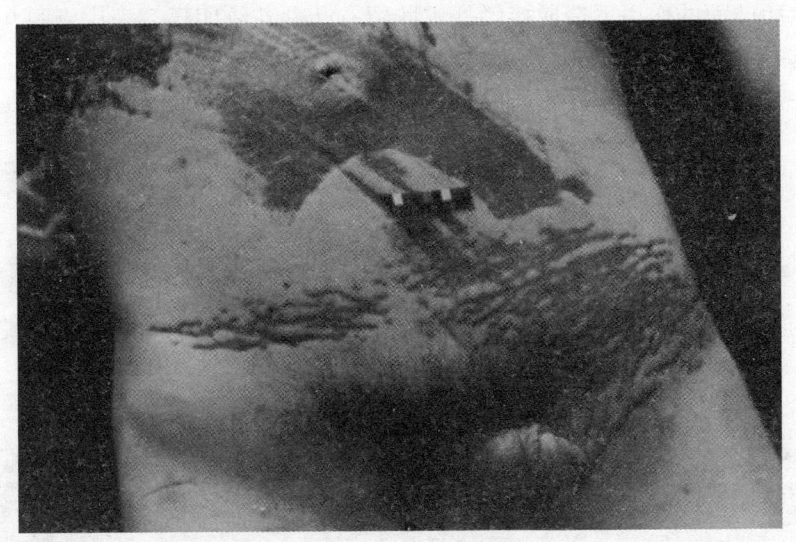

图 8－4 **伸展创**

碾轧伤

碾轧伤（run－over injury）是人体被机动车轮胎碾轧形成的损伤，是交通事故损伤中比较严重的一种。

1. 碾轧类型

根据碾轧时是否刹车可将其分为无刹车碾轧和刹车碾轧。

（1）无刹车碾轧：其特征是受害人被碾轧伤亡的中心位置无机动车，或机动车距受害人较远，在尸体附近无刹车制动痕迹。受害人皮肤上一般留有轮胎凹面花纹印迹（图 8－5）。人体被碾轧破裂时，轮胎胎面上沾有血痕或人体组织，并随车轮滚动沾染在车辆离去方向的路面上。

（2）刹车碾轧：其特征是机动车紧急制动后滑行，在到达倒卧人体之前的地面上有

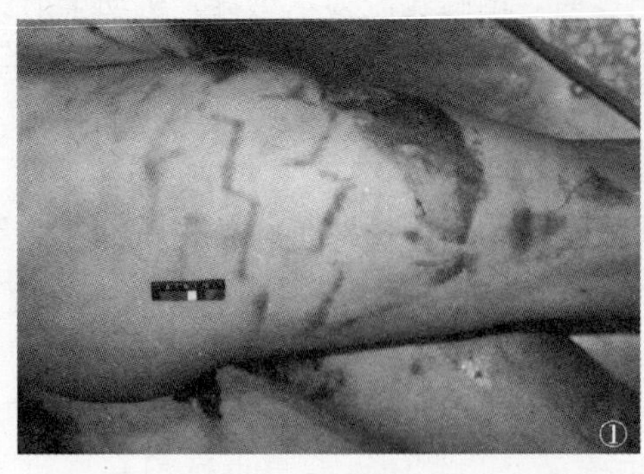
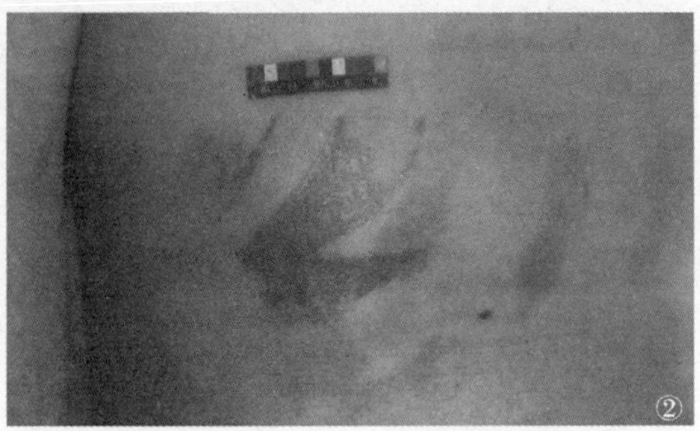

图 8－5 汽车轮胎碾轧印痕

①为轮胎凹面形成的印痕；②为轮胎凸面形成的印痕。

明确的刹车拖痕，人体倒卧在拖痕的终止处。由于车轮仅有少许旋转或不再旋转，受害人皮肤在轮胎凸面的作用下造成接触处皮肤留有凸性花纹印痕、表皮剥脱和皮下出血。

2. 人体不同部位受碾轧所形成的损伤

（1）头部被碾轧时，常发生头皮和颅骨崩裂，脑组织外溢（图 8－6）。

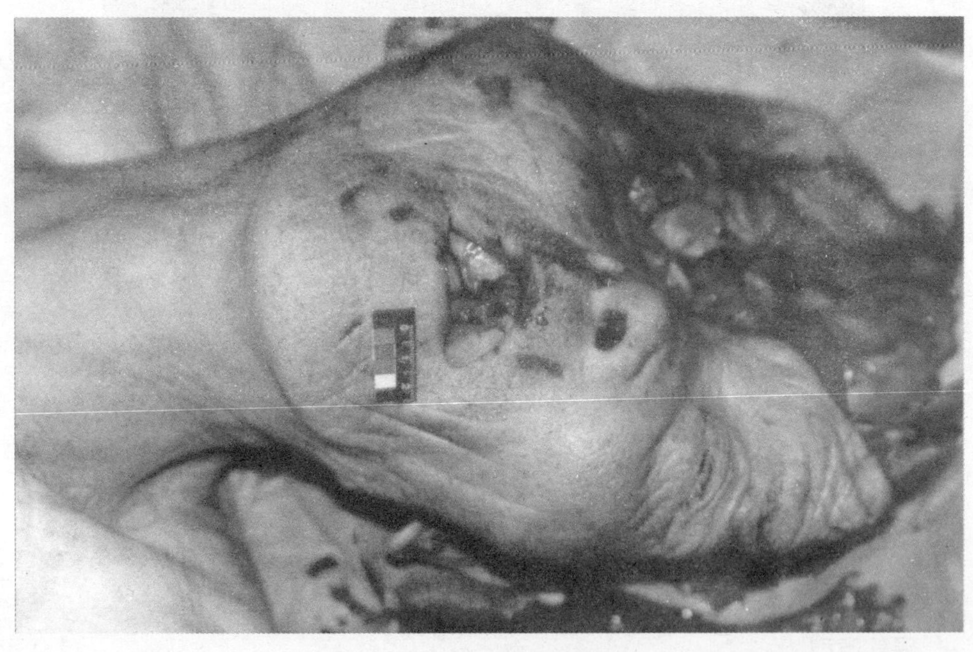

图 8－6 头颅被碾轧而崩裂变形

（2）胸腹部被碾轧时，除皮肤留下轮胎印痕和伸展创外，还会造成胸骨、肋骨和盆骨骨折，胸腔和腹腔器官破裂、出血，甚至器官脱出体外或腹腔器官疝入胸腔（图 8－7，8－8）。

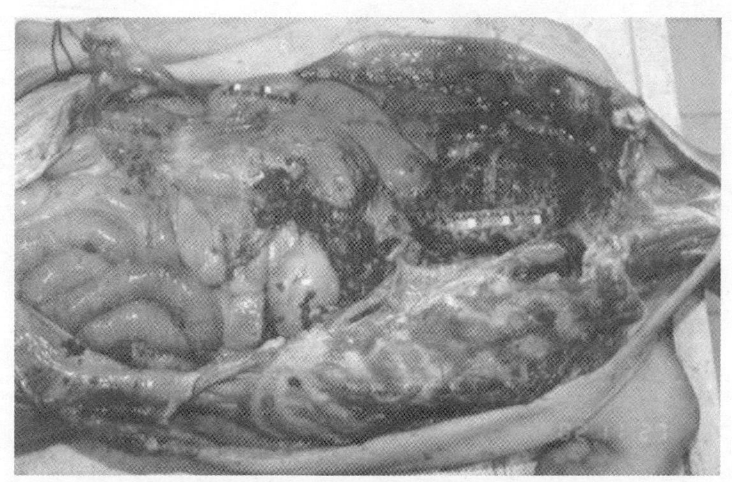

图 8－7 碾轧腹部致胃破裂和肝、胃疝入胸腔

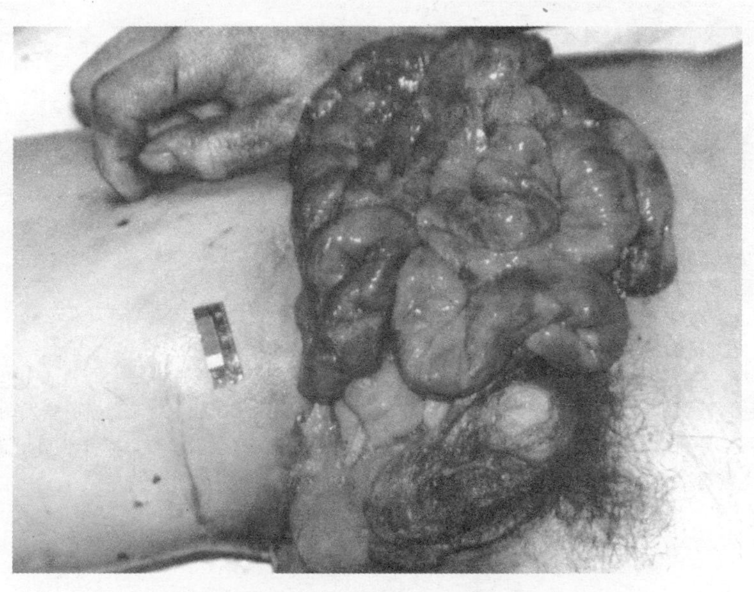

图 8－8 碾轧腹部致腹壁破裂和腹腔器官脱出体外

（3）四肢被碾轧时，多造成皮肤在皮下组织与肌肉深筋膜之间撕脱分离，形成囊腔样改变或皮肤破裂、撕脱，称皮肤撕脱伤或剥皮创（avulsion injury of skin），如图8－9所示。皮肤撕脱伤可分为闭合性与开放性两种。闭合性皮肤撕脱伤表现为肢体表面皮肤完整，但创内呈囊腔样充满血液，触之有波动感；数日后可发生一种较为缓慢的渐进性凝固性坏死，坏死灶的大小可反应车轮的宽度（图 8－10）。开放性皮肤撕脱伤可表现为：①环状撕脱创；②半环状撕脱创；③“S”形撕脱创；④肢体末端的不规则撕裂和菱形撕裂创（图 8－11）。

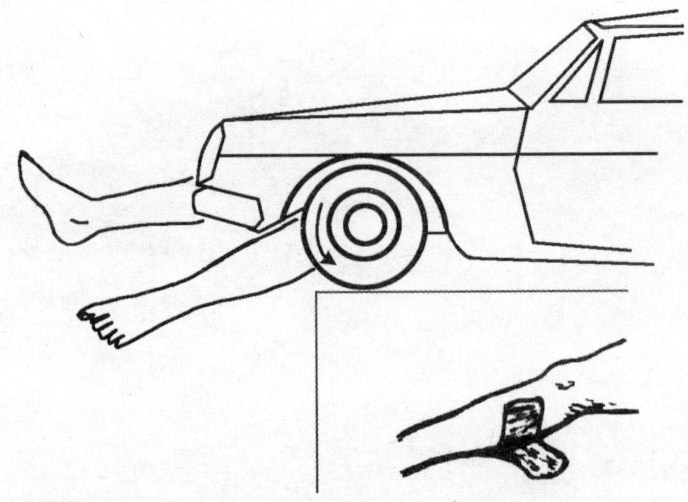

图 8－9　肢体被碾轧示意图

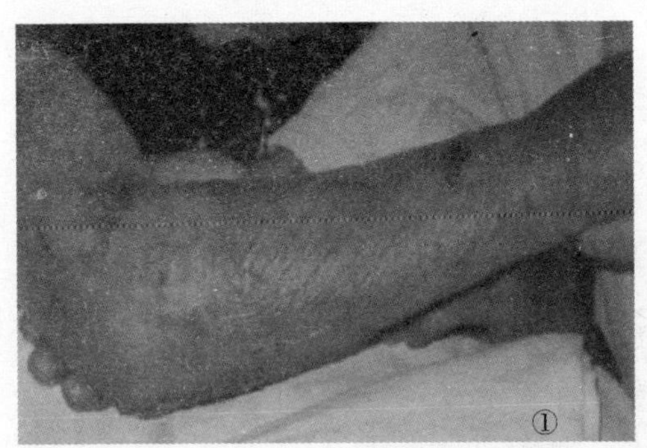

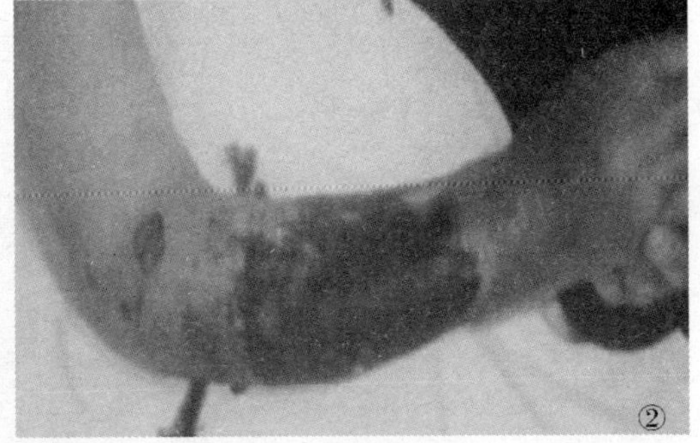

图 8－10　碾轧致闭合性皮肤撕脱伤

①右前臂被一夏利轿车前轮碾轧，形成闭合性皮肤撕脱伤，伤后 20 余天受损皮肤发暗、起水疱。②右前臂被一夏利轿车前轮碾轧，其闭合性皮肤撕脱伤在伤后 30 余天呈半环状干性坏死缺失，边缘整齐，其宽度与车轮宽度吻合。

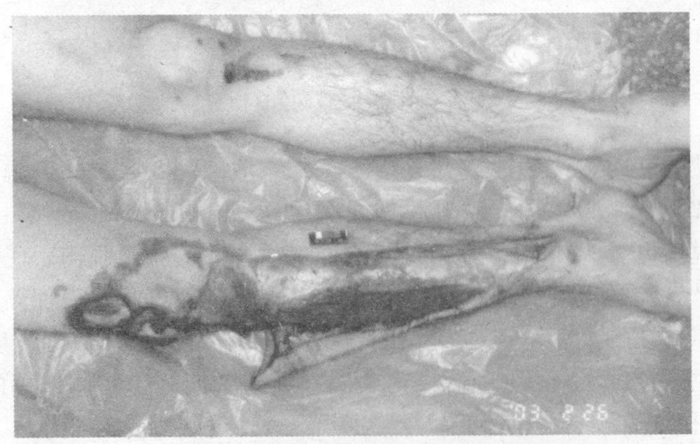

图 8－11　碾轧致小腿皮肤环形撕脱

摔跌伤

交通事故所致的摔跌伤（tumbling injury）与一般的摔伤不同。损伤的形态及程度取决于路面情况，汽车传递给人体的能量大小，人体的姿势和着地部位，衣着情况。伤者表现为挫伤和擦伤并存即挫擦伤，且以深部组织挫伤出血、骨折和器官损伤较重。当人体被车头或车尾撞击而发生扑倒摔跌时，在人体被撞的一侧留下直撞伤，而在另一侧可见挫擦性的摔跌伤。

拖擦伤

拖擦伤（dragging injury）的损伤程度与车速、拖拉的距离、地面状况及人体有无衣着保护有关。其形态表现为大面积的擦伤，不伴有或伴有挫伤，具有很好的方向指示性。拖擦伤常分布在身体的突出部位，如头面部、胸部、背部和臀部，在四肢关节部位呈圆形或椭圆形（图 8－12）。轻则表皮剥脱，重则皮肤脱落缺失，甚至相应部位的骨骼皮质上也出现擦划痕迹。在擦伤周边的体表凹陷处，则没有或仅有轻微损伤。

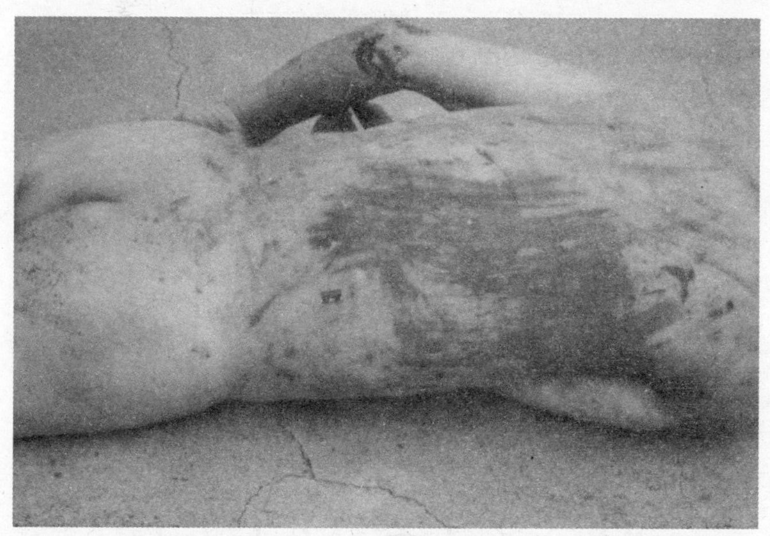

图 8－12　背部擦伤

砸压伤与挤压伤

交通事故的砸压伤（tamp injury）特点是现场有较庞大的砸压物，受损皮肤常出现不规则的挫裂创，软组织不同程度的挫伤，人体被砸压部位变形明显，内部多发生粉碎性骨折和器官破裂或破碎。在被砸压的边缘或受压较轻部位的皮肤可出现皮下水疱。

交通事故挤压伤（crush injury）多发生在胸腹部和四肢，严重的损伤和创伤性窒息是造成死亡的主要原因。现场可保留人体被机动车挤压的状态。

车内人员的损伤

驾驶员、最前排乘客和后排乘客由于与车内不同装置、不同位置的车辆部件相撞击，造成不同的损伤（图 8－13～8－15）。

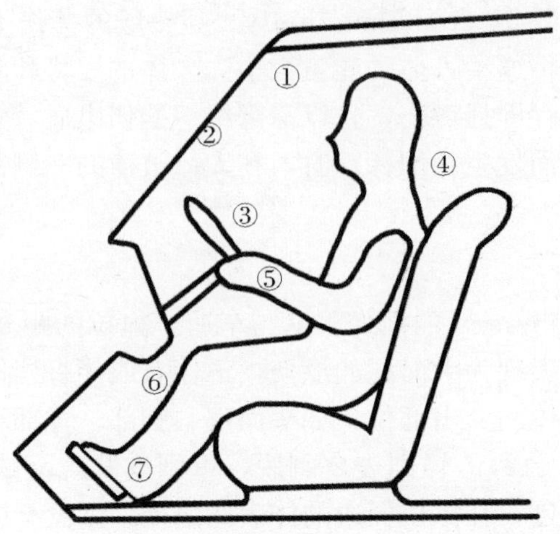

图 8－13　驾驶员致伤方式

①额顶部挡风玻璃框碰撞损伤；②颜面部挡风玻璃刺划伤；③方向盘挤压伤；④颈部挥鞭样损伤；⑤腕、前臂等上肢损伤；⑥膝部仪表盘损伤；⑦脚踝部脚踏板损伤。

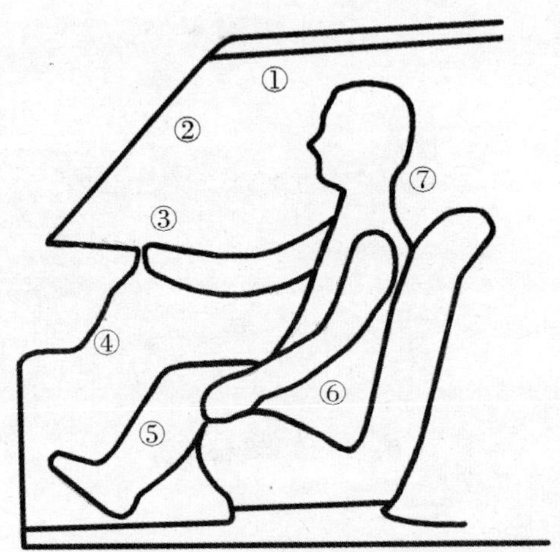

图 8－14　前排乘客致伤方式

①挡风玻璃框造成前额和顶部损伤；②挡风玻璃易造成颜面、前额、颈前部损伤；③工作台或贮物箱造成腕及上肢骨折；④贮物箱下端可造成乘客膝部和胫前损伤；⑤地板与脚踏位置相对固定，在碰撞的瞬间由于上部身体扭转导致胫腓骨扭转性骨折；⑥股骨颈的传导性骨折及股骨头脱位；⑦颈部挥鞭样损伤。

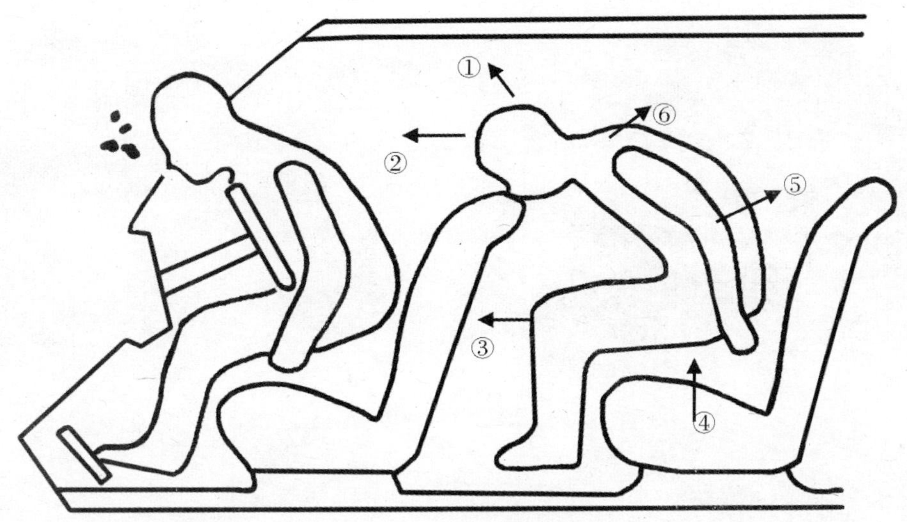

图 8－15 后排乘客致伤方式

①头顶部与车顶碰撞损伤；②前额、面部与前座椅碰撞损伤；③前膝碰撞，除局部擦伤外，可导致传导性股骨颈骨折；④双膝碰撞前座位导致双腿外展性损伤，形成股骨颈骨折，股骨头脱位和会阴部撕裂伤；⑤上肢腕、肘骨折和脱位；⑥颈部挥鞭样损伤。

驾驶员损伤

驾驶员损伤是指机动车驾驶员在行驶过程中，因发生交通事故而造成驾驶员本人的损伤。据 128 例驾驶员伤亡统计，驾驶员受伤部位，头部损伤占 32.9%，面部损伤占 28.8%，上、下肢损伤占 22.6%，胸腹部损伤占 10.2%，其他占 5.5%。

1. 挡风玻璃及玻璃框碰撞损伤

当机动车前方发生撞击时，在无安全带和安全气囊保护的情况下，驾驶员头部碰撞挡风玻璃或玻璃框，常常造成驾驶员前额和发际部位的擦伤、挫伤和挫裂创，以及颅前凹和颅中凹的骨折，大脑额、颞极的挫裂创。伤者表现为小斑块状表皮剥脱和皮下出血，有时皮肤出现微小裂创、小刺创和玻璃刺划伤，创口较小而密集，方向一致(图 8－16)。有时创口中可发现玻璃碴。

2. 挥鞭样损伤

挥鞭样损伤（whiplash injury）指头部急剧加速或减速运动致颈椎过度伸屈而造成的损伤。驾驶员或乘客在车辆行驶中突然加速（追尾）或减速（正面碰撞）时易发生这种损伤。伤者表现为颈椎脱位，椎体前缘及横突骨折，韧带和关节囊撕裂、出血，颈髓震荡和挫伤。颈部的挥鞭样损伤在全部致命性车祸中约占 1/3。

3. 胸部或上腹部方向盘及安全带挤压损伤

胸部或上腹部方向盘挤压损伤（steering wheel injury）是交通事故碰撞发生时方向盘对驾驶员胸部或上腹部挤压的特征性损伤。没有系安全带的驾驶员在车辆碰撞时，身体前倾、座席也惯性前移，使驾驶员胸部或上腹部撞击在方向盘上。有时因车头碰撞变形、发动机和方向盘后移，将驾驶员挤压于方向盘与座席之间。上述两方面的作用常造

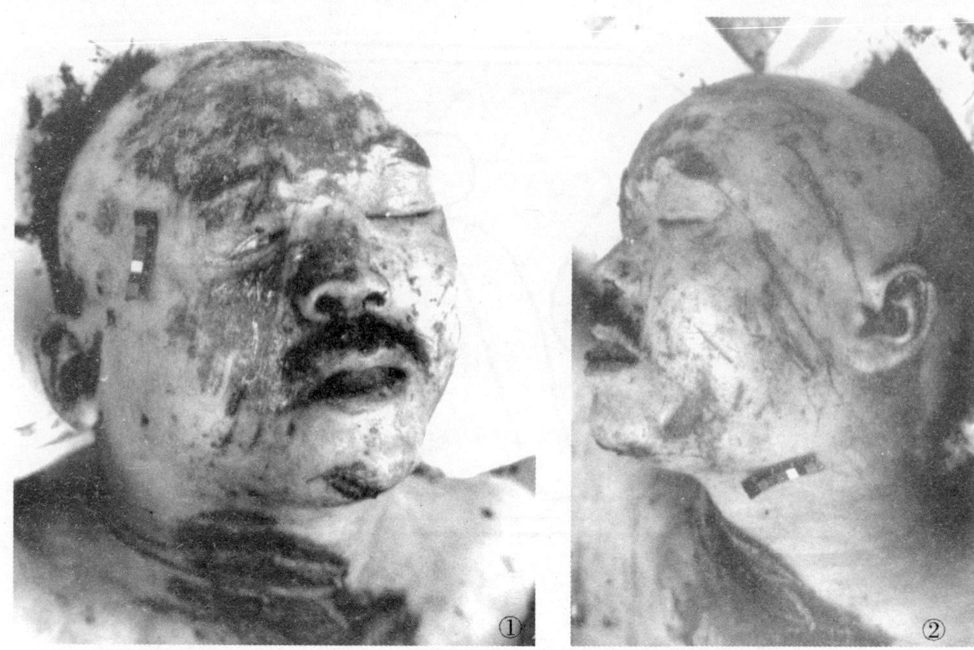

图 8－16　挡风玻璃所致损伤

①颜面部的片状擦挫伤；②颜面部的玻璃刺划伤。

成驾驶员胸部或上腹部方向盘挤压损伤（图 8－17）。伤者表现为胸部或上腹部皮肤上出现与方向盘边缘一致的弧形表皮剥脱和皮下出血；有时因衣着的影响，外表损伤不严重，但有胸骨的横行骨折，肋骨多发性骨折，胸廓变形，肺、心及主动脉的挫伤和破裂；位于上腹部的肝、脾等也可因方向盘的猛烈撞击而发生损伤。

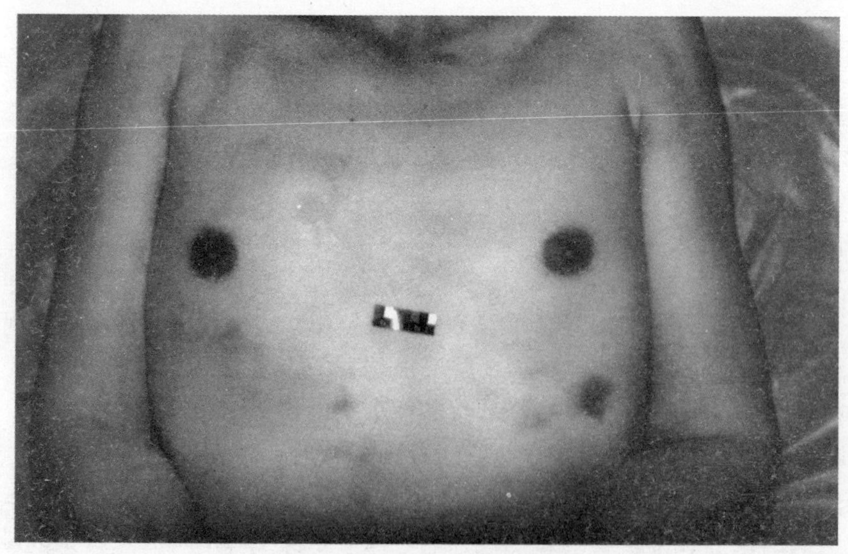

图 8－17　方向盘挤压伤

安全带可以有效保护驾驶员，减少其因身体移动而撞击车内物件形成损伤的机会。另一方面，安全带在限制人体运动的同时也会对局部挤压造成损伤，表现为与安全带作用部位一致的胸腹壁软组织损伤（图 8－18），内部器官也可出现损伤。

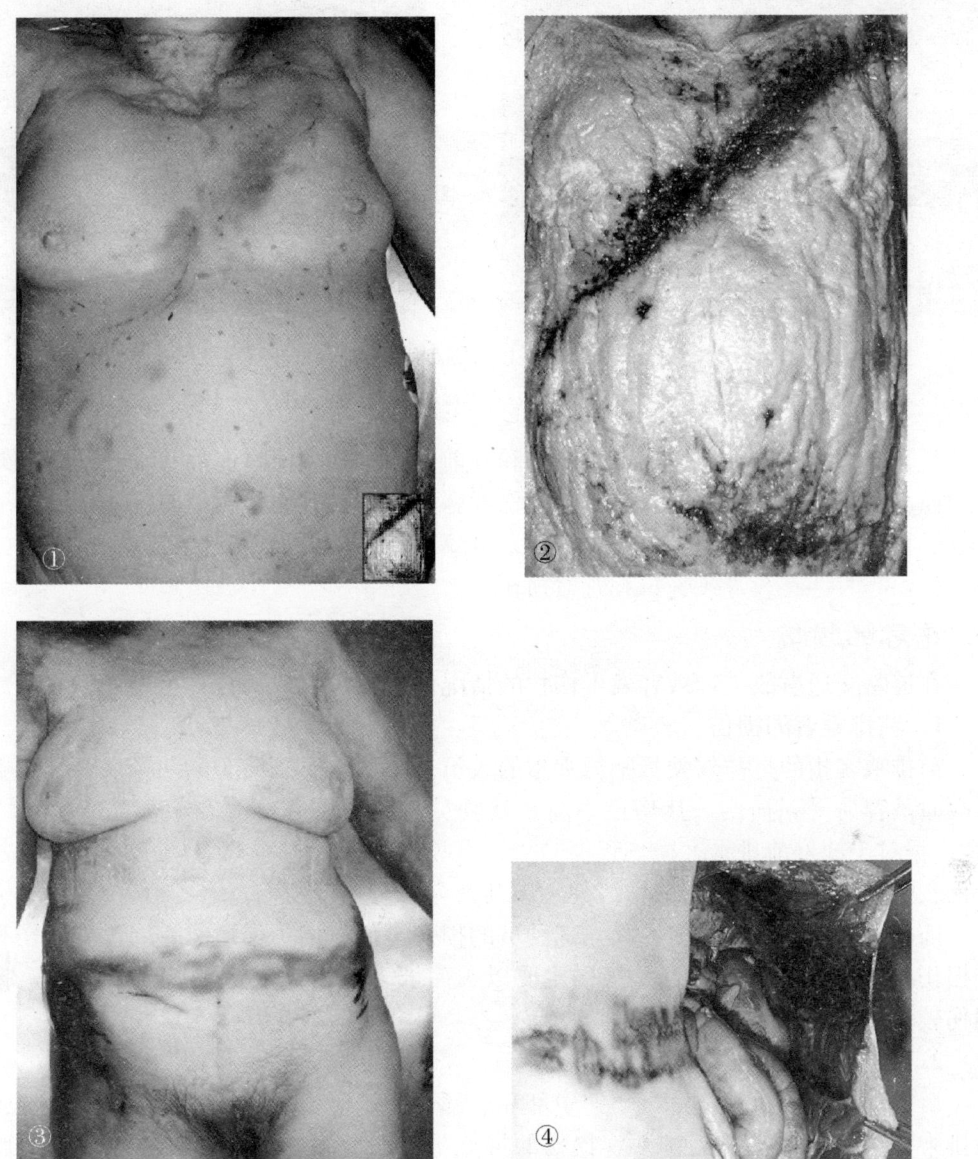

图 8－18　安全带损伤

①②为三点式安全带损伤；③④为两点式安全带损伤。

4. 四肢的损伤

在碰撞事故发生的瞬间，驾驶员双手本能性地抓紧方向盘或用力撑住身体的避险动作，常造成手腕和前臂尺、桡骨的骨折。同时驾驶员右腿用力急踩刹车踏板，此时车辆碰撞而产生的冲击力就集中传导至承重腿上，造成距小腿关节（踝关节）脱位或骨折、跟腱断裂，故称之为脚踏板损伤（pedal injury，图 8－19①）。值得注意的是，在这种情况下刹车踏板可在右脚的鞋底留下印痕（图 8－19②）。

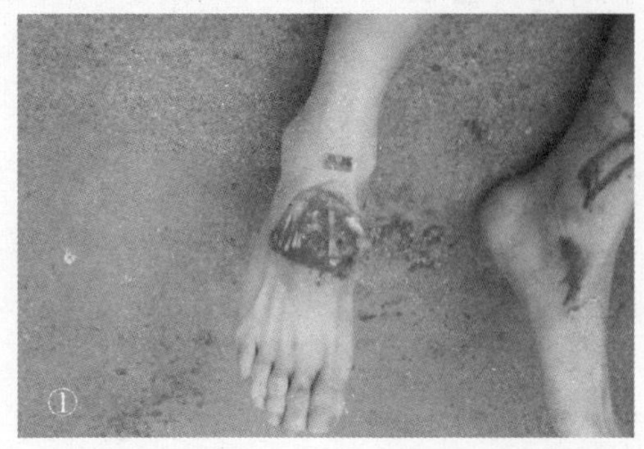

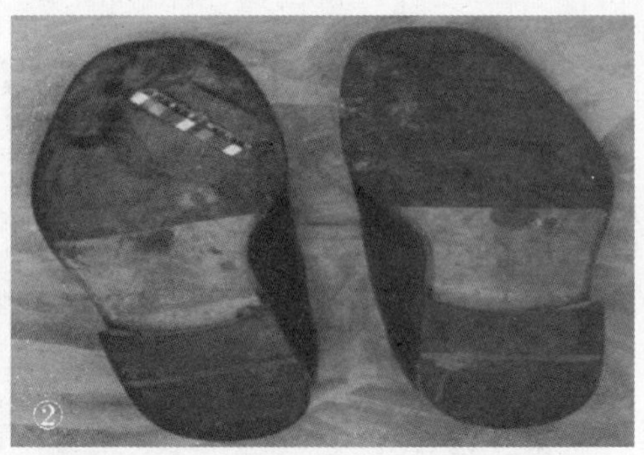

图 8－19 脚踏板损伤

①右脚脚踏板损伤；②右脚鞋底刹车踏板印痕。

驾驶员下肢的另一类损伤可由膝部和胫前部在车辆碰撞时向前移动与仪表盘架的下方相撞击，形成擦伤、挫伤和挫裂创。伤者膝关节韧带撕裂，关节腔出血，股骨下端骨折或髌骨楔入股骨内外髁之间。此外，来自仪表盘的撞击力还向上传导，常常造成股骨头脱位，有时伴有股骨颈骨折和骨盆损伤。

乘客的损伤

在道路交通事故中，乘客发生伤亡的情况仅次于行人或骑自行车的人，居第二位。

1. 前排乘客的损伤

前排乘客指的是与驾驶员平行乘坐的人员。小型客车或轿车的前排乘客在发生交通事故时最容易受到损伤，其伤亡率高于驾驶员和后排乘客，故有人称此座位是“死亡席”。据对 168 例前排乘客损伤程度分析，事故发生后前排乘客立即发生死亡和处于危重伤状态者占 64.3%，重伤占 17.8%，其余为中至轻度损伤。

前排乘客的损伤在很多方面与驾驶员的损伤类似，但不会形成方向盘挤压伤和脚踏板损伤（图 8－14）。其特点是损伤主要以头面部多见，其次是上肢多于下肢，胸腹部损伤较少。

2. 后排乘客损伤

后排乘客由于所处位置在车的中部和后部，位于座位之间，其损伤不同于驾驶员和前排乘客（图 8－15）。后排乘客损伤的特点是以四肢损伤多见，且下肢多于上肢，其次是头面部，再其次是颈和躯干部。损伤表现为：①前额和下颌部与前方座位靠背碰撞形成前额的横行挫裂创，颅前、中凹骨折，大脑额、颞极的挫裂伤。下颌部的碰撞可形成颏部擦伤、下颌支骨折及大脑枕叶挫裂伤。②双腿外展式损伤。突然碰撞时身体前移，双膝抵在前座椅靠背上，但臀部和骨盆继续向前移，使大腿剧烈屈曲外展，可造成髋关节骨折、脱位和其他损伤，甚至是双侧性损伤。也可发生股骨颈骨折、骨盆分离。③撞裂创与肢体离断。撞裂创类似砍创，它是靠窗乘客由具一定厚度的损坏车身之铁板撞击形成，故呈现较大的条状巨大裂创。由车体铁板撞击形成的肢体离断，其断离面参差不齐，断缘不整，皮肤创缘有明显的撕裂痕。④后排乘客的头颈部挥鞭样损伤多于前排乘客。

铁路事故损伤

铁路事故损伤（railway accident injury）是指发生在铁路沿线上与列车有关的事故造成的损伤。列车在我国是重要的陆地运输工具之一，它与机动车道路交通的不同点在于它是运行在固定的道路——铁轨上。由于列车具有质量大、速度快、制动距离长（800 m 左右）的特点，所造成的损伤，其严重程度和残疾率都很高。

列车事故损伤绝大多数为机械性损伤，少数或极少数为烧伤、窒息死亡等。列车事故损伤也分为列车外损伤和列车内损伤。

列车外人员的损伤

列车外人员的损伤是指列车在运行和调节作业中，撞轧车外人体或与其他车辆相撞，造成相关人员伤亡。列车外损伤主要有撞击伤、碾轧伤和摔跌伤三种。

撞击伤

由于列车质量大、速度快，列车各部件又以铁质为主，坚硬而多棱角，故当其撞击人体后极易造成严重的损伤。撞击伤一般以人体突出部位和头部为多见。其损伤特征以挫裂创为主，同时伴有深部的骨折和器官损伤。在撞击部位会留有黑色污物，这为撞击点的确认提供了重要的依据（图 8－20）。

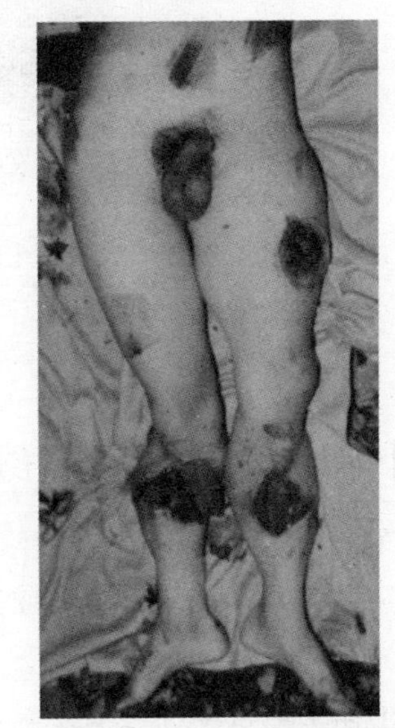

图 8－20　火车排障器致双小腿撞击伤

碾轧伤

碾轧伤是指人体在列车车轮与路轨之间所受的损伤。因人体受铁质性车轮的碾轧作用更为明显，肢体离断非常多见。被碾轧部位软组织挫伤、缺失，创面呈整齐的钝性截断面，尤其是骨骼断面整齐、无破碎，断面皮肤边缘有碾轧挫伤带（图 8－21）。

摔跌伤

与列车有关的摔跌伤有两种：①列车撞击人体后导致人体抛掷摔跌，受害者多不在铁轨旁而是在路基边，以颅脑损伤多见。因铁路路基由小石块和枕木组成，所以头皮破裂、颅骨凹陷和粉碎性骨折十分常见，这与摔跌在平整的地面上形成的外轻内重性损伤特点不同。②人体从运动的列车上跳下形成的摔跌伤。因坠落的高度相对固定，故损伤程度与列车运行速度成正比。

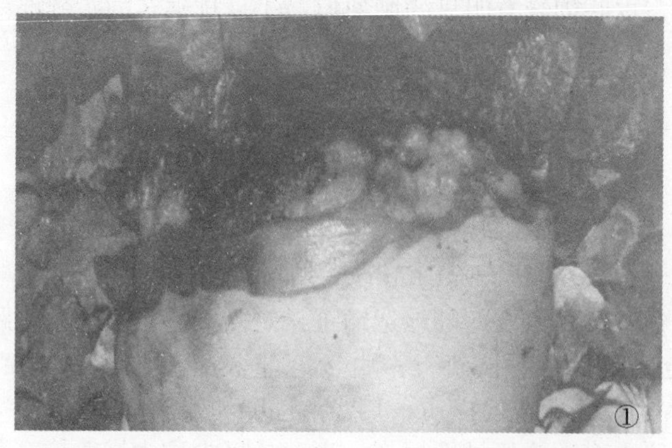

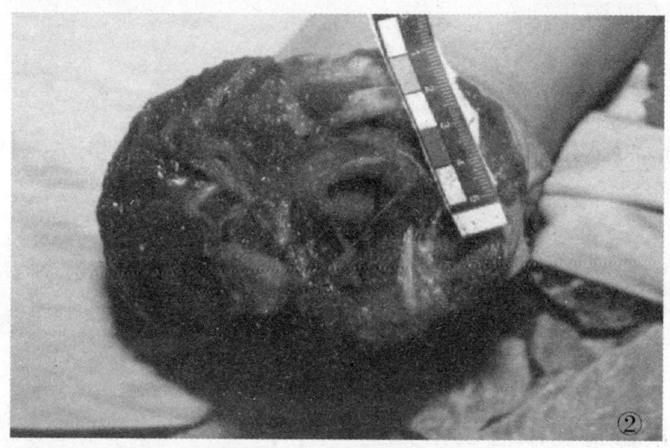

图 8－21　火车碾轧伤

①离断肢体边缘的碾轧挫伤带；②肢体离断创面骨折端整齐。

列车内乘客的损伤

列车内乘客的损伤主要发生于两种情况：一是列车突然刹车减速，二是列车脱轨后翻滚、碰撞。其常见的损伤有撞击伤、摔跌伤、挤压和砸压伤。

撞击伤

撞击伤主要见于列车突然刹车减速时，因惯性运动的人体与列车内的座椅、铺、门窗等物碰撞造成减速性撞击伤；同时因人体各部位惯性运动的不同步，还易产生头颈部的过屈或过伸性损伤。

摔跌伤

摔跌伤指列车内人体在撞击车内物体后因回弹和重力作用，使人体摔跌造成的损伤。有时通过破碎的门窗将人体甩出列车外，造成坠落伤。

挤压和砸压伤

挤压和砸压伤指列车事故发生后，因车厢变形扭曲及车厢内行李的移位造成人体被挤压和砸压而形成的损伤。有时也可因车厢内人群的相互挤压致伤。

道路与铁路事故损伤的法医学鉴定

道路交通损伤非常多见，有的情况还很复杂。伤亡人员可以是驾驶员、乘客，也可以是行人或躺在公路上的人。造成伤亡的原因和方式可以由违反交通法规发生意外而死，亦可以是自杀或他杀，或肇事逃逸。故法医在进行道路交通事故损伤死亡鉴定时应回答的问题有：①死亡原因，是交通事故造成的致命伤，还是由其他暴力因素、疾病发作、醉酒或中毒致死；②死亡性质，是交通事故还是自杀或他杀；③根据损伤特征和交通事故物证检验结果，进行事故经过的重建；④是生前碾轧还是死后碾轧，是单轮碾轧还是双轮碾轧，碾轧的次数；⑤收集各种法医物证，并根据交通事故物证检验结果和损伤特点，提供肇事车辆的特征或认定肇事车辆，为逃逸车辆的侦查提示方向；⑥区分死者为驾驶员还是乘客、行人；⑦无名尸身源的确认。

交通事故伤亡的法医学检验及相关鉴定的标准化

由于法医学检验鉴定结论在交通损伤案件解决中的重要作用，我国先后制定和实施了一系列法医行业的国家和部门行业标准，与交通事故损伤相关的有：①《道路交通事故尸体检验》（GA268—2001）；②《法医学尸体解剖》（GA/T147—1996）；③《中毒尸体检验规范》（GA/T167—1997）；④《法医病理学检材的提取、固定、包装及送检方法》（GA/T148—1996）；⑤《道路交通事故痕迹物证勘验》（GA41—1992）；⑥《道路交通事故勘验照相》（GA150—1993）；⑦《法医学物证检材的提取、保存与送检》（GA/T169—1997）；⑧《道路交通事故受伤人员伤残评定》（GB18667—2002）等。通过大力推广和实施这一系列法医学和相关技术标准，将会极大地提高交通伤亡检验鉴定的实际水平和质量。

铁路交通损伤的法医学鉴定

铁路交通损伤的法医学鉴定原则和要解决的问题与道路交通事故损伤鉴定相同，主要解决的是死亡原因和死亡方式。而针对列车脱轨、相撞等重大灾难事故，法医主要解决事故的人为因素调查、遇难者的个人识别等问题，为事故善后处理提供科学依据。铁路交通损伤的死亡多为意外，但对尸体进行个人识别、寻找身源，对死亡性质的判断也具有重要意义，具体方法参阅飞机失事处理。

交通事故重建

交通事故重建（traffic accident reconstruction）是建立在对交通损伤案件发生时涉及的“人-车-路（物）”进行全面的勘验鉴定后，对整个案件过程进行模拟再现，为肇事逃逸案件的侦破和事故责任的区分提供科学依据。由于它在交通事故处理中的重要意义，1980年国外成立了国际交通事故重建专家学会（International Association of

Accident Reconstruction Specialist，IAARS），由事故重建分析人员、事故及现场调查勘验人员、警察、汽车工程师、法医和律师共同组成。事故重建的目的就是要回答交通事故是怎样发生的。它需要上述多学科专家的协同工作，对所能获得的有关某一交通事故的全部物证痕迹信息进行综合分析评价。其中，法医就成了从受害者身体和相关物质上发现事故发生过程中遗留下来的痕迹物证（也包括损伤痕迹特征等），并解释其意义的一个重要组成部分。

近20年来，由于计算机软、硬件的发展，汽车市场竞争的日益激烈，车辆碰撞的计算机模拟仿真技术迅速发展。欧美等发达国家通过不断地改进和完善各种汽车碰撞模型，相继研发出用于汽车碰撞电脑模拟仿真的商业化软件系统，如CRASH、SMAC、PC-CRASH等，并广泛应用于交通事故重建、汽车及其安全装置、道路设施的设计，以及碰撞中人体生物力学分析等研究方面。典型事故重建分析软件的基本功能包括事故资料收集、重建及过程分析三部分。①事故资料收集：绘制事故现场图并将各种参数及数据输入计算机；②事故重建：结合专家经验，利用模型的分析计算进行运动学和动力学重建；③事故过程分析：以动画模拟仿真等形式给出分析结果。其中，事故重建分析人员合理地选取参数特征值如碰撞中心、回弹系数、接触面摩擦系数、车辆变形特性等对提高事故重建的准确性具有重要意义。

美国于20世纪70年代就开始应用计算机仿真技术进行交通事故分析，其中SMAC和CRASH软件是模拟类软件的代表。奥地利Steffan开发的PC-CRASH软件及其新版，是用于典型交通事故和车撞行人分析的模拟系统。20世纪90年代Day研制的HVE（Human-Vehicle-Environment）实用化仿真软件达到了较大的人-车-路环境综合分析功能。法国、日本也有相应的研发软件系统。目前，我国北京、西安等地部分大学也开展了一些这方面的研究工作。

酒精、药物滥用与交通事故

酒精与药物滥用已成为当今世界一个普遍性问题，它可通过影响驾驶员的正常心理和生理活动，干扰驾驶员正常驾驶，使交通安全性下降。

酒精对汽车驾驶不安全性的影响主要有以下几个方面：①视觉障碍。饮酒后视轴明显变长，视力受损，出现景物深浅不清、视像变得弥散和不稳，视像融合范围受到明显抑制，暗适应延长并受干扰、视物不清；醉酒时可出现辨色力障碍，有时出现视动性眼震。②平衡失调。酒精可致前庭功能障碍，出现肌肉协调障碍、口齿不清、踉跄摇晃、运动失调。③注意力障碍。血液中酒精含量达0.8%时，对光、声的反应时间延长1～2倍，当血液中酒精含量达1.0%时，出现注意力障碍、不能保持注意力集中。④心理异常。饮酒后常过高估计自己、轻率、肆无忌惮，不计后果，如超车绕行，蛇形曲线行驶，甚至离道行驶。⑤疲劳。饮酒后驾驶易发生疲劳和困倦，表现为偏离车道，多数偏左，行驶无规律，常无故加速或减速等。⑥酒精具有扩张血管、增加血管内血液充盈度和抑制凝血机制等作用，故饮酒后脑血管处于一种特殊的临界状态，一旦有轻微的外力作用极易发生破裂而形成颅内出血，导致死亡。

药物滥用主要是指违背公认的医疗用途和社会规范而使用任何一种药物。被滥用的常是一些能改变人的心理状态并容易产生依赖性的药物，常见的有：①麻醉药品，如吗啡、海洛因、盐酸二氢埃托啡等；②催眠、镇静剂，如巴比妥类、安眠能、地西泮（安定）等；③兴奋剂，如苯丙胺、可卡因等；④致幻剂，如大麻、二乙麦角酰胺等。这些药物通过干扰驾驶员中枢神经系统的正常功能，降低其正常的操作控制行为能力，使交通安全性下降。因药物滥用造成交通事故的情况，在西方国家已成了较大的问题，近年来在我国的交通事故中已开始出现这一问题，应引起注意。

针对酒精对驾车带来的危害，世界上一些国家制定了驾驶员血液中酒精浓度（blood alcohol concentration，BAC）容许标准，如美国为0.5 g/L～1.5 g/L，超过1.5 g/L 被禁止驾驶；英国为0.4 g/L ；日本为0.5 g/L 。《中华人民共和国道路交通安全法》第二十二条明文规定："严禁酒后开车；严禁服用国家管制的精神药品或麻醉药品后开车。"并配套有一系列的有关饮酒、醉酒后驾车的处罚措施，实施了全国统一的驾驶员饮酒和醉酒时的BAC标准（即饮酒为0.2 g/L，醉酒为0.8 g/L），为交通法规的顺利实施提供了更客观，准确的依据。

此外，在交通事故现场，对怀疑饮酒的驾车者还可利用气敏电子酒精检测器，对被测者呼出的肺部排出气体进行酒精的快速定性、定量检测。如果没有气敏电子酒精检测器的情况下，可利用气袋收集呼出气体，密封后快速送检。

交通事故物证与肇事车辆认定

交通事故的物证是指在交通事故发生过程中车辆、物品、人员等遗留下来的物质、痕迹和受害者遗体等。它以两种方式形成：①物质结构、形态的破坏，如车灯被撞碎、油漆脱落等。②物质交叉转移，即某物质的一部分向其他物体或物质移动、黏附、掺和，结合于其他物质上，这种现象又称物证交叉。如人体被碾轧时，轮胎花纹或油污在受害人的衣服或皮肤上留下印迹和斑迹，同时人体组织、血液或衣物纤维黏附到车轮上等。交通事故物证包括痕迹物证、微量物证、法医物证三类。它们能反应事故各方在事故过程中的运动状态，确定事故发生的初始接触点，推算事故车辆的速度，为逃逸案件的侦破提供线索，是交通事故重建的客观依据。物质交叉转移、人体损伤特点所反映出来的致伤物特征是确认肇事车辆、事故关联人和物的重要依据。因此，在交通事故的检验鉴定中，应高度重视各类交通事故物证的及时、全面发现，合法提取及送检。

综上所述，道路交通事故损伤的法医学鉴定应做到以下几点：①认真地进行现场勘验及案情调查，注意尸体的位置、姿势，血泊、毛发、组织、衣物碎片、轮胎印痕、破碎漆片及玻璃片的分布，对认定是否为原始碰撞现场很重要；②全面系统的尸体解剖检验，对判断损伤为生前伤还是死后伤、作用力的方向、死亡原因和死亡性质特别重要；③交叉物证的提取和对比是确认肇事车辆的重要证据；④对肇事车驾驶者和受害者进行酒精、药物检测，对判定事故性质有重要价值；⑤对全部收集到的各类痕迹物证信息进行全面综合评价，以重建事故发生过程。

航空事故损伤

航空事故（aviation accident）也称飞机失事（aircraft），是指从登机到下飞机这段时间内，出现任何人在飞机内或飞机上因与飞机或它的附属部件直接接触而导致死亡或严重损伤，同时飞机受到实质性破坏的情况。

航空事故人体损伤机制与特征

航空事故人体损伤类型

航空事故发生过程中，人体遭受的损伤主要包括机械性损伤、烧伤、气压损伤和低温损伤四种类型。前两种类型发生在飞行的任何阶段，而后两种类型主要发生在飞行过程中。

1. 机械性损伤

航空事故的机械性损伤包括撞击与挤压伤、高坠与弹射性损伤、爆炸伤三种形式。

（1）撞击伤与挤压伤：航空事故发生时，因飞机撞击产生的巨大减速力致人体碰撞前排座椅或侧方的舱壁，造成撞击伤及撞击力传导途径上远离碰撞点的间接性损伤，如膝盖撞击造成股骨颈、骨盆的损伤；或因飞机剧烈变形，造成挤压伤等。

（2）高坠与弹射性损伤：主要见于飞机在空中解体后，人体从飞机脱离出来形成高坠伤。弹射损伤指的是飞机操纵人员在紧急情况下通过弹射装置脱离飞机时所形成的损伤，主要见于军用飞机。

（3）爆炸伤：主要由飞行过程中人为破坏所致的炸药性爆炸和飞机失事后撞击地面物体引起的物理性爆炸所致。值得注意的是，物理性爆炸常发生在人体受机械外力（减速力）损伤之后。

2. 烧　伤

烧伤是飞机失事时碰撞摩擦爆炸和燃料起火的结果。据实际事故调查，几乎每次飞机失事都伴有不同程度的燃烧。

3. 低压和低温损伤

飞机失事时因飞机舱内人工环境的突然改变或因机体破坏而变成自然环境，人体受缺氧、减压、低温的影响而损伤。因这种状态很难在事故发生后维持较长的时间，故一般不会构成飞机失事后人体死亡的单独原因。

航空事故人体损伤的特证

1. 损伤广泛分布并以复合伤为主

由于航空事故发生在飞机运动状态中，人体也处于惯性运动状态。因此，航空事故中人体的损伤极少是单一孤立的，常常表现为广泛、多发、复合存在，碰撞伤、挤压伤、高坠伤、爆炸伤、烧伤等均可出现在同一具尸体上。

2. 损伤类型复杂

航空事故所致的损伤类型、严重程度取决于许多因素，如飞行速度、飞机坠落状况、碰撞角度、机舱内结构及人员位置与体位等，其中失事原因、飞行速度和飞机坠落状况最关键。如事故的发生是由于人为破坏，如炸药爆炸、燃烧，或因他人暴力行为，则会在尸体上表现出这些损伤的存在，而且发生于其他损伤之前，以致尸体上表现出多种类型的损伤。

个人识别与法医学鉴定

航空事故损伤死亡率高，损伤类型复杂，尸体毁损严重，有的面目全非，有的尸骨不全，有的未留下任何遗物。因此，个人识别对航空事故原因的分析、善后处理都有重要的意义。

尸体检验对个人识别具有重要的价值，因此，在尸体检验时应注意尸体衣着、体表佩戴物、口袋内容物、尸体附着物或嵌入物、遗物特征、体貌特征和损伤情况等，并注意尸体某些部分的特征，如先天性畸形、假肢、骨关节病变、塑料或金属植入物、义齿。对烧焦尸体应注意指骨上附着的饰物和衣袋中的烧剩物品。对上述检验所见做详细记录、拍照，并填写“遇难者识别表”，以便确定遇难者的性别、年龄、身份、损伤程度、死亡原因和死亡时间。

个人识别方法：主要根据辨认体貌特征、个人遗物鉴别、指纹对比、牙科识别、血型和DNA检验等。不同的国家对上述方法的采用有所侧重，如美国以指纹为主。英国以牙齿为主。我国因没有完整的牙齿、指纹档案，主要依据体表特征、衣着和遗物，结合指纹、牙齿、血型和DNA进行鉴别。对不同的航空事故原因，识别方法不尽相同。值得注意的是，将检验时记载的“遇难者识别表”与遇难者家属填写的“遇难者调查表”、生前照片及航空公司提供的资料进行综合辨认，是一个行之有效的重要方法。

正是由于航空事故的复杂性和严重性，法医介入航空事故的处理，着重解决死亡原因、个人识别、损伤形成机制与特征、死前生理状态等问题，为事故原因调查及飞机安全性能评价提供科学依据。

船舶事故损伤

船舶事故损伤（shipwreck injury）指的是在水上运输中发生的与船舶有关的事故所形成的损伤。船舶事故既可发生在内陆江河湖泊内，也可以发生在海上；既可以是小船只，也可以是万吨巨轮。

船舶事故人体损伤机制与特征

倾覆与沉船损伤

由于船舶航行于水上航道这一特定的环境中，当遇暴风雨或台风，或遇船只与暗礁、冰山碰撞，或因劫船破坏等常造成船舶倾覆或沉没。船只剧烈倾斜，人体可与周围船体部件碰撞致伤。但更主要的是船上人员弃船落水，故溺死是主要的死亡原因。若落水者长时间得不到救援也可发生冻伤、脱水（尤其是在海中）和饥饿死亡。如果是因劫船破坏，则可留下人为的暴力性损伤如锐器伤或枪弹伤。

碰撞伤

由于人为失误、能见度差或机器故障原因，常可造成船只与船只、船只与暗礁或冰山相撞，所致的人体损伤称为碰撞伤。由于船舶的运行速度较慢，碰撞后的减速力较小，故碰撞形成的损伤一般较轻。

烧伤与爆炸伤

当船只被雷电击引起火灾，或船只本身运送的货物自燃，或易燃品爆炸等，可造成船上人员烧伤和爆炸伤。

螺旋桨损伤

落水人员如果被吸到船只螺旋桨运转工作区，可形成特定的螺旋桨损伤（propeller injury）。螺旋桨损伤是由船只的推进器——螺旋桨桨叶高速旋转产生巨大的劈力和旋转性切削造成人体的损伤。

水中漂浮尸体也可被吸入螺旋桨工作区，形成上述螺旋桨损伤。因螺旋桨损伤形态复杂多样，常被误认为是暴力性锐器伤或死后分尸，应引起注意和仔细的鉴别。

个人识别与法医学鉴定

当沉船事故发生后，法医应介入遇难者尸体的打捞，并进行个人识别。个人识别的方法、步骤与航空事故相似。此外，法医还应确定遇难者的死因、死亡方式，并根据损伤类型和特征，结合案情和现场进行事故重建、责任分析，提出改进安全措施的意见等。

（于建云）

9 高温与低温损伤

烧伤与烧死（153）
烧伤深度（153） 烧伤面积（154） 烧死的尸体形态学改变（154）
火场尸体死亡原因（158） 火场尸体法医学鉴定（159）
冻伤与冻死（160）
冻死的尸体形态学改变（160） 死亡原因与机制（161）
冻死的法医学鉴定（161）

高温与低温皆可造成人体损伤或死亡。高温损伤或死亡，包括烧伤（死）、烫伤（死）、日射病和热射病；低温损伤或死亡，包括冻伤与冻死。

火焰或高温固体（如炭块、金属块等）引起的损伤称烧伤（burn）；蒸汽或高温液体引起的损伤称烫伤（scald）。二者的致伤机制与基本病理改变无异，仅致伤物性状不同，故合并讨论。

烧伤与烧死

烧伤多见于生产或日常生活中的意外事故或蓄意伤害，属法医临床学检验对象。烧死多见于意外事故、纵火杀人，少见于自杀。烧伤的程度取决于致伤物的温度及机体与之接触的时间和面积等。

烧伤深度

Ⅰ度烧伤（红斑形成）：热作用损伤皮肤表皮浅层，未累及基底细胞层，仅有局部毛细血管及小动脉扩张充血，表现为局部红斑。红斑为生活反应，尸体受高热作用，不出现红斑。Ⅰ度烧伤因未伤及基底层，愈合不留瘢痕。一般 40 ℃～50 ℃短时间作用于局部即可引起Ⅰ度烧伤；温度越高，达到同样烧伤程度所需时间越短。

浅Ⅱ度烧伤（水疱形成）：较强的热作用伤及皮肤表皮全层及真皮浅层，致血管通透性增高，血浆渗出，渗出液聚积于表皮与真皮之间或表皮内部，形成透明或混浊微带红色水疱。烧伤形成的水疱为生活反应，但应注意与腐败水疱鉴别。后者水疱液中蛋白质含量及细胞数目少，伴有气体。

深Ⅱ度烧伤：较强的热作用伤及真皮深层，累及毛囊、汗腺、皮脂腺，但真皮深部的附件仍残留。表现为皮肤全层凝固性坏死，表面形成灰色或黄褐色痂皮，痂皮周围及底部血管扩张充血，血管内血栓形成，坏死组织与活组织之间可见白细胞浸润带。

Ⅲ度烧伤：显著的高热作用使皮肤、皮下组织，甚至肌肉、骨骼等坏死和凝固，表现为组织因水分丧失、蛋白凝固而变硬、变脆、呈黑色。

Ⅳ度烧伤：法医学尸体检验将烧焦炭化的损伤称Ⅳ度烧伤。

烧伤深度如图 9－1 所示。

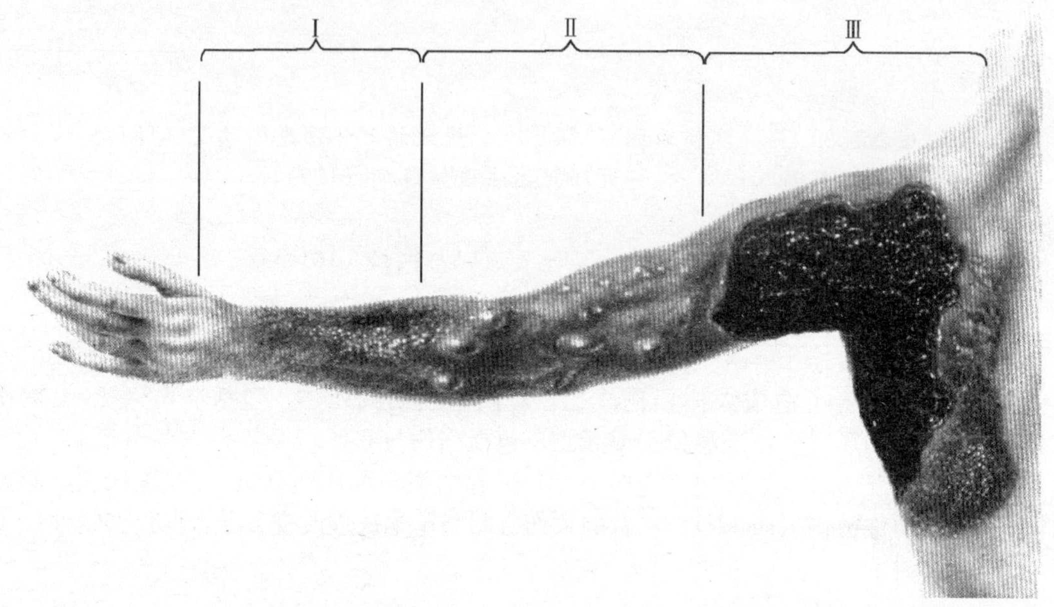

图 9－1　烧伤深度

（引自 Tedeschit. Forensic medicine. W. B. Saunders Company，1977）

烧伤面积

烧伤面积的计算多采用新九分法或手掌法（图 9－2）。新九分法是将人体各部分定为若干个 9%，即：头颈部为 1 个，双上肢为 2 个，躯干为 3 个，双下肢（包括臀部）为 5 个加 1%。手掌法是以伤者本人五指并拢的一个手掌面积作为 1%。有时为了鉴定的需要，可直接测出烧伤的面积。测出的烧伤面积与伤者体表总面积之比即为烧伤的百分比面积。体表总面积的计算方法如下：

$$体表总面积 = 0.61 \times 身高 + 0.0128 \times 体重 - 0.1529$$

式中，体表总面积的单位为平方米（m^2），身高的单位为米（m），体重的单位为千克（kg）。

烧伤面积大小对人体的影响比烧伤深度更重要。一般认为，Ⅱ度烧伤面积达体表的 50%或Ⅲ度烧伤面积达体表的 33%即可引起死亡。

烧死的尸体形态学改变

1. 体表征象

烧死者除皮肤有红斑、水疱、坏死外，尚可有炭化等各种不同程度烧伤，体表及

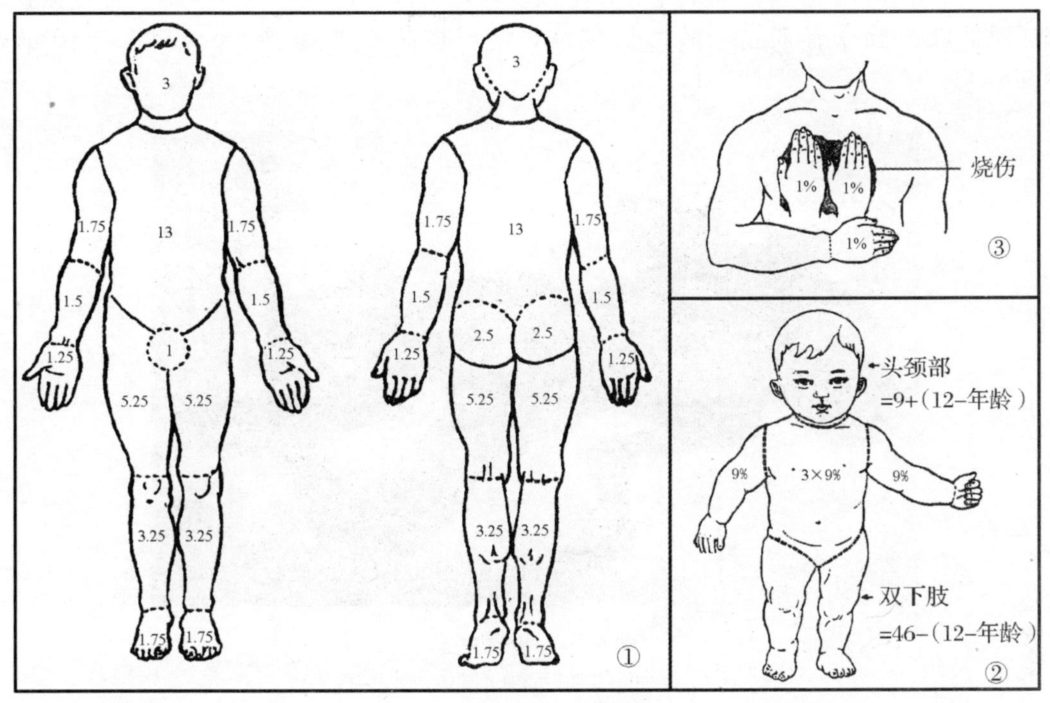

图 9－2 体表面积估算方法

①成人体表面积九分法；②12 岁以下儿童体表面积九分法；③体表面积手掌估算法。

口、鼻、咽内有烟灰炭末沉着，以及下述特殊征象。

（1）外眼角皱褶：受害人遭遇火烧时，会反射性紧闭双眼，在外眼角形成皱褶，该皱褶内可不被熏黑，亦无烟灰、炭末黏附；角膜和结膜囊内亦无烟灰，睫毛仅烧焦外露部分（图 9－3）。

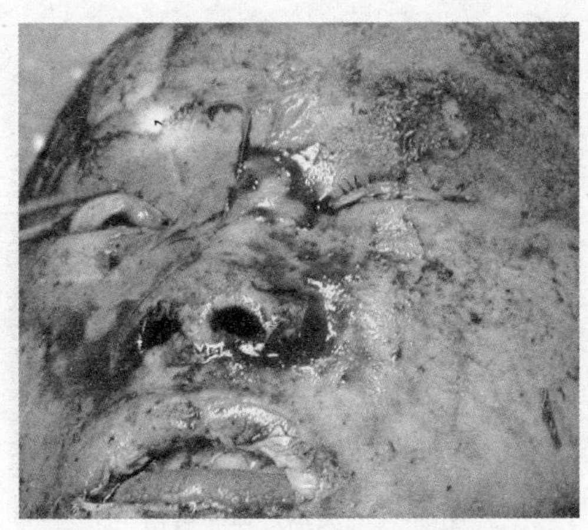

图 9－3 生前入火场

死者紧闭双眼，结膜囊内无烟灰，睫毛外露部分烧焦。

（2）拳斗姿势：全身烧伤炭化时，蛋白质受热凝固，造成骨骼肌收缩，称热强直。因屈肌群收缩强于伸肌群，故四肢屈曲，使尸体呈拳斗姿势（pugilistic posture，图 9－4）。

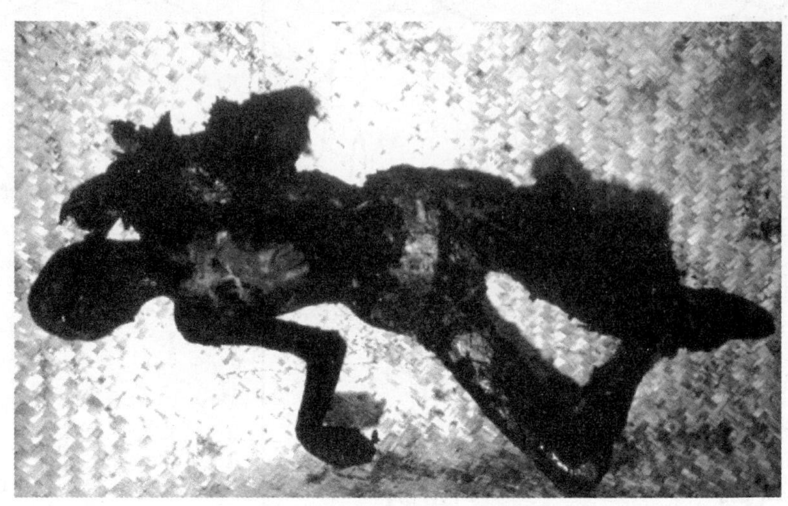

图 9－4　火场尸体

四肢屈曲，呈拳斗姿势。

（3）皲裂创：在高温作用下，机体软组织和骨骼肌因水分蒸发、组织干燥和强烈收缩而形成烧伤裂创。此种裂创的形态，可类似切创、砍创或挫裂创，严重者可使胸腹部破裂、器官膨出，应与上述生前的机械性损伤鉴别。高温尚可破坏骨的有机成分，使骨骼变脆，颅骨和长骨骨髓腔内产生水汽，而发生骨破裂（图 9－5）。

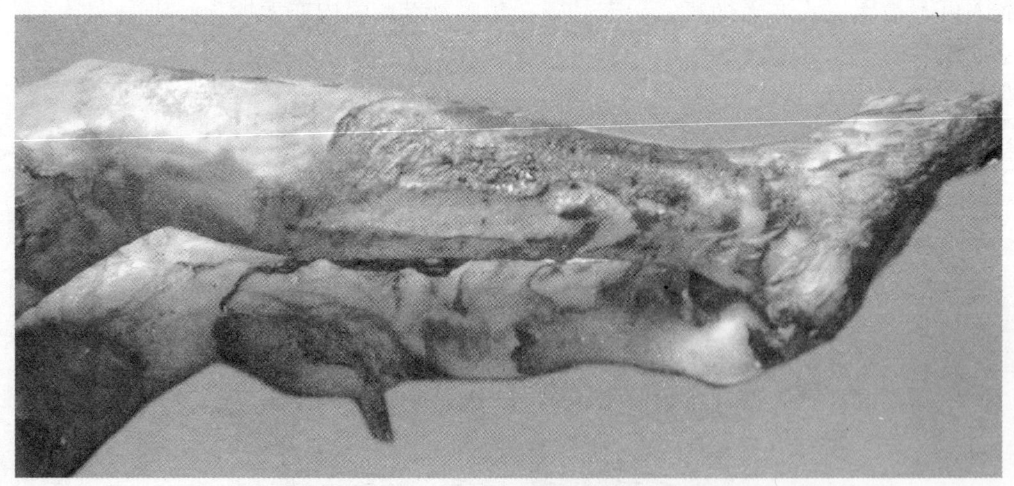

图 9－5　火场尸体皲裂创

2. 内部改变

（1）呼吸道损伤：吸入火焰或高温气体，可致呼吸道损伤，出现喉、会厌、气管及支气管黏膜充血、水肿、出血或坏死，有时尚可形成水疱或假膜；肺充血、出血、水肿、气肿或肺不张，有时可见肺泡上皮细胞坏死、脱落，渗出的蛋白性液体形成透明膜，覆盖于肺泡壁上。呼吸道损伤所致的急性喉水肿、急性坏死性咽炎、急性喉气管支气管炎、支气管周围炎等，统称热作用呼吸道综合征（图9-6）。烧死者的口腔至支气管下段的黏膜表面，尚可有吸入的烟灰和炭末黏附。

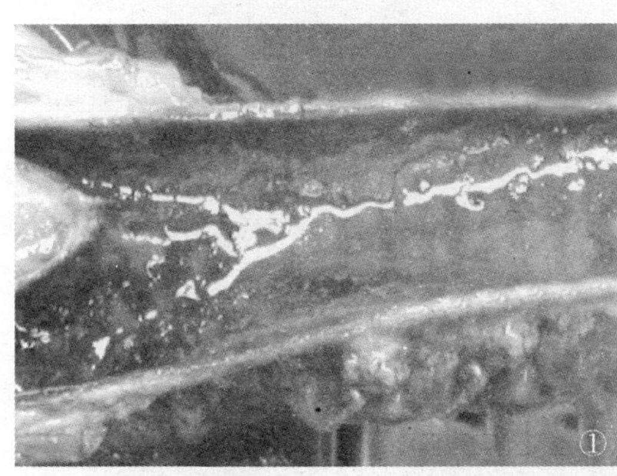

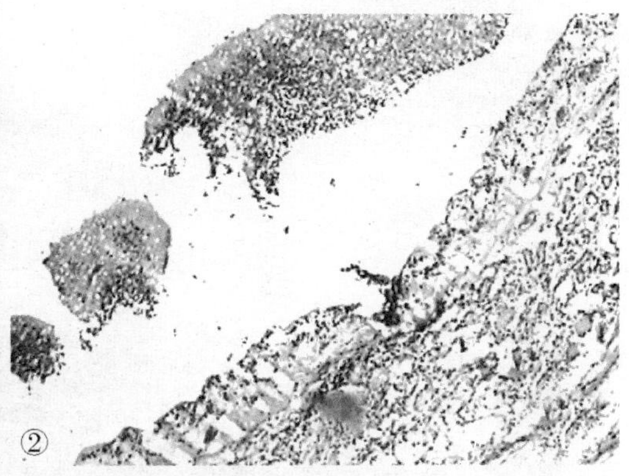

图9-6　烧死者热作用呼吸道综合征

①肉眼观察气管内大量炭末沉积；②组织学检查气管黏膜充血、水肿、腔面假膜形成（HE，×200）。

（2）碳氧血红蛋白增多：火场中的物质不完全燃烧产生的一氧化碳，可被受害者吸入并与血红蛋白结合，造成碳氧血红蛋白（COHb）增多，致使血液及组织器官呈樱桃红色。烧死者血液中碳氧血红蛋白饱和度可高达50%以上。但应注意，火场为高浓度的一氧化碳环境，在此条件下，一氧化碳可弥散进入尸体表面血管而形成碳氧血红蛋白，故不能采用外周血液检测碳氧血红蛋白浓度。

（3）硬脑膜外“热血肿”：火焰作用于头部可使脑及脑膜组织凝固和收缩，硬脑膜与颅骨内板分离形成间隙；与此同时，颅骨板障内血管破裂、硬脑膜剥离所致血管撕裂或血管受热膨胀破裂，血液流出并积聚于该间隙而形成血肿，此种血肿称为硬脑膜外“热血肿”（图9-7）。因血液中碳氧血红蛋白的含量和其受热程度不同，而呈砖红色、樱桃红色、巧克力色或暗红色；因血液受热产生气泡，血肿中可见大小不等的空腔；若颅骨被烧裂，板障骨髓中的脂肪溢入，其中可含脂肪成分。“热血肿”与颅骨内板紧贴，易从硬脑膜上剥离。“热血肿”可发生于生前、濒死期或死后，以死后形成者为多见。法医鉴定时，“热血肿”应与生前外伤性硬脑膜外血肿鉴别。后者体积较小、呈暗红色、不含脂肪、无蜂窝状空隙、与硬脑膜紧密粘连，死者头部常伴有外伤痕迹，且有生活反应。

（4）胃肠改变：烧死者，因死前有吞咽行为，故胃肠黏膜表面可有烟灰和炭末沉积；尚可见应激性胃肠黏膜出血、糜烂。

（5）其他器官改变：烧死前若曾发生休克，器官可出现退行性改变，如心、肝、肾、肾上腺及中枢神经等细胞的变性或坏死。迅速烧死者，可无上述改变。

图 9－7　硬脑膜外"热血肿"

（引自 PJames et al. Forensic Medicine：Clinical and pathological aspects.）

火场尸体死亡原因

1. 窒　息

由于火场中氧气耗尽，加之吸入热的或刺激性气体、火焰、烟雾等引起的急性喉水肿和支气管痉挛，分泌物堵塞呼吸道或急性肺水肿皆可导致窒息死亡。

2. 急性一氧化碳或其他有毒气体中毒

火场中的尸体并非皆系烧死，有相当一部分是死于急性一氧化碳中毒或有机化学物质如羊毛、合成建筑材料、塑料、纺织品燃烧时释放的有毒气体（如丙烯醛、二氧化氮、四氧化氮、氰氢酸等）中毒。

3. 休　克

烧灼所致剧痛，可引起原发性休克死亡。但此种情况较难证明。Ⅱ度以上大面积烧伤，可因血浆经创面流失，而于伤后 12 h～48 h 发生低血容量性休克，导致死亡。

4. 自身中毒

烧伤者可因烧伤坏死组织的分解产物或氧化不全产物导致自身中毒而死亡。

5. 烧伤并发症

烧伤的各种严重并发症，如喉水肿、创面感染所致败血症或脓毒血症、急性肾衰竭或尿毒症，以及急性心功能衰竭等均可导致死亡。

此外，火灾现场房屋倒塌或逃离时跳窗高坠，可引起严重的机械性损伤，亦可导致伤者死亡。

火场尸体法医学鉴定

1. 烧死与死后焚尸的鉴别

火场中的尸体，必须经系统的尸体剖验及血液化验，并综合其他有关资料进行全面分析，才能做出正确的鉴定。烧死与死后焚尸的鉴别见表9-1。

表9-1　烧死与死后焚尸的鉴别

	烧　死	死后焚尸
皮肤红斑	有	无
水疱特征	疱内充满含纤维蛋白和白细胞的液体，疱底与疱周充血，白细胞浸润	疱内含气体和少量液体，疱底和疱周不充血，无炎症反应
痂　皮	其下充血水肿、有白细胞浸润，血管内有血栓形成	组织呈凝固性坏死，无炎症反应与血栓形成
外眼角皱褶	有	无
呼吸道	气管、支气管内有烟灰炭末，有热作用呼吸道综合征及休克肺改变	仅口、鼻部有烟灰炭末，无热作用呼吸道综合征及休克肺改变
血　液	心腔血液内含较多碳氧血红蛋白	仅外周血液含碳氧血红蛋白
消化道	胃肠内可见烟灰、炭末	胃肠内无烟灰、炭末
其他器官组织	有充血或出血，可见退行性变	无充血或出血
其他致命伤	无	常有

2. 烧伤时间的判断

根据烧伤部位的炎症反应和痂皮形成情况，可推断烧伤时间（参见第6章）。

3. 烧伤严重程度的评定

烧伤的严重程度依据烧伤深度和烧伤面积进行评定。

4. 烧伤与其他损伤的鉴别

对烧伤所致裂创、骨折和硬脑膜外“热血肿”等应注意与机械性损伤鉴别。一般根据案情、现场勘查和损伤情况，多可做出正确判断。

5. 烧死方式的确定

烧死方式以意外事故和灾害最为多见。偶有将汽油等易燃物倒在身上进行自焚者，此类自焚者一般有明显自杀动机，尸体上部烧伤程度较下部严重。偶有用纵火手段进行他杀者。凶手常趁被害者熟睡或醉酒之机，将易燃液体洒在其衣被上后点火或掷燃烧的汽油瓶、或纵火焚烧房屋进行他杀。尚有采用其他手段杀人后，纵火焚尸灭迹。烧伤方式须通过案情调查、现场勘查和尸体剖验结果的综合分析，方能确定。

6. 个人识别

对尸体炭化、面容毁损和肢体离断的难以辨认的受害者，需进行个人识别（参见第23章）。

冻伤与冻死

低温所致的体表局部血液循环障碍和组织损伤称冻伤（frostbite）。过低的环境温度使个体的散热量大于产热量，且超过体温调节的生理极限，破坏了机体物质代谢和生理功能造成的死亡称冻死（death from cold）。

冻伤按损伤程度可分为四度：一度，伤及表皮层，以红斑形成为特征；二度，损伤达真皮层，局部红肿明显且有水疱形成；三度，损伤局部皮肤全层及皮下组织，有坏死或溃疡形成；四度，冻伤深达骨骼肌、骨骼，可致肢体坏死、脱落。

冻死的尸体形态学改变

冻死尸体的解剖，应待尸体逐渐解冻后进行。切忌高温解冻，以免发生死后溶血，加速腐败的发生、发展和影响对死因的判断。

1. 体表征象

冻伤好发于体表血液循环不良的部位，如耳廓、鼻尖、面颊及四肢末端。若冻死过程较短，很少发生四度冻伤。尸斑呈鲜红色或淡红色。冻死者尸僵发生迟缓，但僵硬强度高，消失慢。冻死尸体腐败进展缓慢，但一旦解冻则迅速腐败，容易溶血。

冻死者多衣着单薄，尸体蜷曲，常面呈傻笑状。亦有全身裸露或将衣服翻起暴露胸腹部者，称之为反常脱衣现象。这可能系体温调节中枢麻痹，产生热幻觉所致。

2. 内部征象

消化道黏膜有斑点状出血、糜烂，甚至急性溃疡形成。胃黏膜点状出血，且沿血管排列，称维斯涅夫斯基（ВинщНевский）斑，此为冻死的特征性征象，可见于85%～90%的冻死尸体（图9-8）。可能因腹腔神经丛受寒冷刺激，使器官血管发生痉挛所致。右心及腔静脉淤血，可有血液冻结；心包脏层下有点状出血，心肌细胞呈空泡变性乃至坏死，心肌间质的毛细血管中可见微血栓形成。因冷空气进入肺部，使血液温度降低，氧合血红蛋白不易分离，故肺部及左心血液呈鲜红色，而右心血液呈暗红色。肺充血、水肿、出血，气管及支气管内有血性泡沫状液体。肌肉充血、出血。血管中层细胞呈水样变性，此为冻死者较特异的生活反应。甲状腺充血，滤泡内胶质吸收，上皮脱落。肾小管上皮细胞变性，有血红蛋白管型形成。肾上腺皮质细胞类脂质减少或消失。肝细胞变性、坏死，糖原消失。胰腺细胞变性及脂肪坏死。脑及脑膜充血、水肿；若颅内容物冻结膨胀，可使颅骨缝裂开。其他器官亦可见充血及点状出血。

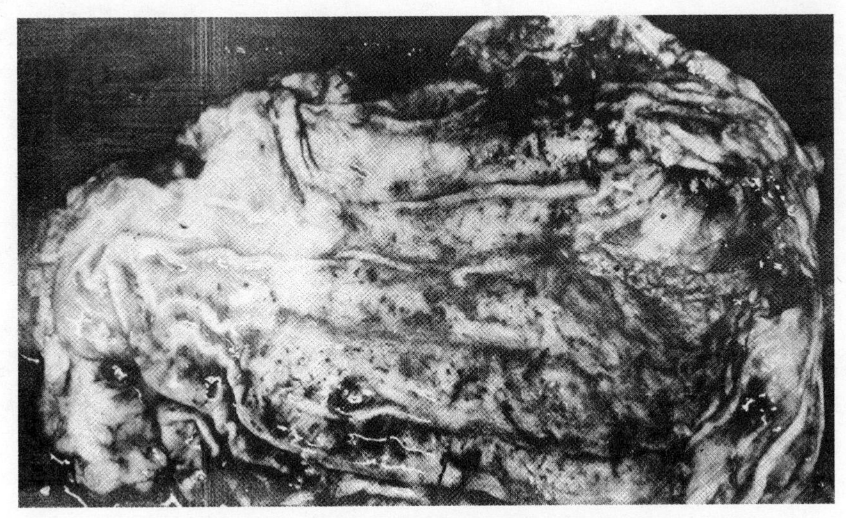

图 9－8　冻死尸体胃黏膜维斯涅夫斯基斑

胃黏膜点状、片状出血，浅表糜烂。

（引自 Tedeschit CG. Forensic medicine. W. B. Saunders Company，1977）

死亡原因与机制

人体在体温调节中枢的作用下，产热与散热保持相对平衡。过去认为冻死的主要机制是在低温环境下，氧合血红蛋白中的氧难以分离，引起非缺氧性缺氧死亡。近年来，经低温麻醉和冷冻技术的研究和临床实践证实：在氧解离降低的同时，组织对氧的需要量亦大大减少，极少发生组织缺氧。因而目前认为，冻死的主要机制是：在低温环境中，机体的末梢血管麻痹、扩张，器官贫血，大脑功能障碍而导致死亡。

人体体温降至 26 ℃～27 ℃时，可出现呼吸中枢和血管运动中枢麻痹，心脏兴奋性异常；降至 18 ℃～25 ℃时，可发生心室颤动而死亡。严寒引起的有效血容量降低，心排血量减少，亦可导致心功能衰竭而死亡。

冻死的法医学鉴定

由于冻死者的病理改变不具特征性，故鉴定冻死案例时，应根据当地的气象资料，尸体发现现场的温度、湿度及风速，死者的衣着情况，有无饥饿、醉酒或其他冻死诱因。尸体剖验应排除其他致死疾病、暴力损伤或中毒，结合冻死尸体征象进行综合分析判断，才能确定是否为冻死。对冻死尸体应查血液酒精含量。

冻死多属意外事故或灾害，自杀与他杀较少见。他杀冻死可见于虐待老人、婴幼儿及久病衰弱者，应注意他杀隐情。

（李剑波）

10 电流损伤

电击伤与电击死（162）
电击伤与电击死的影响因素（162） 电损伤机制（165）
电击死机制（165） 电击伤与电击死的形态学改变（166）
电击死的法医学鉴定（170）
雷击伤与雷击死（170）
雷击死的尸体现象（171） 雷击死的法医学鉴定（171）

电流进入人体引起的可感知的物理效应称电击，又称触电。电流所致人体皮肤及其他组织器官损伤称电击伤（electrical injury）。电流所致死亡称电击死（electrical death）。电击伤或电击死可由工农业生产用电和家庭用电造成，亦可由雷电所致，雷电所致损伤或死亡特称雷击伤或雷击死。

电击伤与电击死

电击伤或电击死多属工农业生产和日常生活中的意外事故。我国近年来由于工农业用电的增长和家用电器的增多与普及，电击事故随之增加，已成为社会公害之一。亦有触电自杀或通电谋害的他杀案件发生。在美国，电刑（electrocution）是处决死刑犯的一种手段。

人体必须成为电流通路的组成部分，方可造成电流损伤或死亡。

电击伤是一种特殊类型的损伤，常可造成多器官系统的复合立体损伤，其死亡率高，截肢率亦高。

电击伤与电击死的影响因素

电流对人体的伤害程度，与通过人体电流的大小、通电的持续时间、电流通过人体的路径、电流的频率及人体状况等诸因素有关。法医应掌握这方面的知识，才能对触电案例做出正确的判断。

1. 电流大小

电流大小是影响触电后果的重要因素。一般说来，进入体内的电流越大，发生的后果越严重。

（1）电流分级：对于工频交流电，按照通过人体电流的大小和人体呈现的状态，可将电流划分为感知电流、摆脱电流和致命电流三级。

1）感知电流：是引起人感觉的最小电流。不同的人感知电流不同，对于 50%的成年男性与女性的感知电流分别为 1.1 mA 与 0.7 mA。

2）摆脱电流：是人触电后能自主摆脱电源的最大电流。不同的人摆脱电流亦不同，对于 50%的成年男性与女性的摆脱电流分别为 16 mA 与 10.5 mA，对于 99.5%的成年男性与女性的摆脱电流分别为 9 mA 和 6 mA。但是摆脱电源的能力是随着触电时间的延长而减弱的，一旦触电后没有及时摆脱电源，则后果严重。

3）致命电流：指短时间内危及生命的最小电流。由于电击致命的主要原因是电流引起心室颤动或窒息造成的，因此认为引起心室颤动的电流即致命电流。心室颤动电流与通电时间有关，当电流持续时间超过心脏搏动周期时，心室颤动电流为 50 mA 左右；当电流持续时间短于心脏搏动周期时，心室颤动电流为数百毫安。

（2）影响电流大小的因素：根据欧姆定律 $I=V/R$，电流的大小主要决定于施加于人体的电压和人体的电阻。

1）电压：电压越高，电流越大，对人体危害亦越大。在法医实践中，以 220 V～380 V 的交流电造成电击死的机会最多。100 V 以下的电压引起的死亡较少见，但亦有触及 24 V、46 V 低压电致死的案例。触及高压电较少见。高压电的危险在于人体与电源之间形成电弧，温度可高达 4 000 ℃，造成严重烧伤，甚至死亡。

2）电阻：人体细胞内、外液均含有丰富的离子，电流容易通过；但另一方面身体各部分又有不同的电阻。皮肤、骨、软骨、毛发的电阻最大，脂肪、神经、肌组织的电阻次之，心脏、脑、血液（体液）的电阻较小。各部位皮肤的电阻亦有差异，手掌和脚掌表皮因角质较厚，电阻可达 1 000 000 Ω～2 000 000 Ω。潮湿的皮肤电阻可小至 1 200 Ω～1 500 Ω。皮肤电阻除与部位、温度、湿度等有关外，还与接触电压高低、频率、电流持续时间等有关。根据实验发现，低电压时皮肤电阻大，而高电压下电阻小。接触电压在 50 V 以下时，皮肤电阻大；当电压为 50 V～100 V 时，皮肤电阻明显下降；皮肤破溃时，其电阻可忽略不计，近似于体内电阻。故一般认为，50 V 以下的低电压常不造成死亡。

2. 通电时间

当进入体内的电流量一定时，机体损害的程度与接触时间成正比。通电时间越长，越易引起心室颤动，即电击危险性越大；接触时间短，后果越轻。例如，心脏电击除颤的电压为 3 000 V，电流达 30 A，由于接触时间极短，不但不会引起电击性心室颤动，相反可使原有的颤动停止而达到治疗目的。

国家电工委员会建议按图 10－1 划分交流电流（15 Hz～100 Hz）通过人体产生效应的时间－电流区。

3. 电流性质

交流电与直流电均可造成电击伤或电击死。500 V 的交流电或直流电对人体的损害大致相同。人体对 500 V 以下的交流电比对直流电敏感 4～6 倍，故在此电压范围内交流电比直流电危险。50 mA～80 mA 的交流电即可引起人心室颤动、死亡，而人体却可耐受 250 mA 的直流电。500 V 以上的交流电对人体的损害作用逐渐减弱；而直流电的

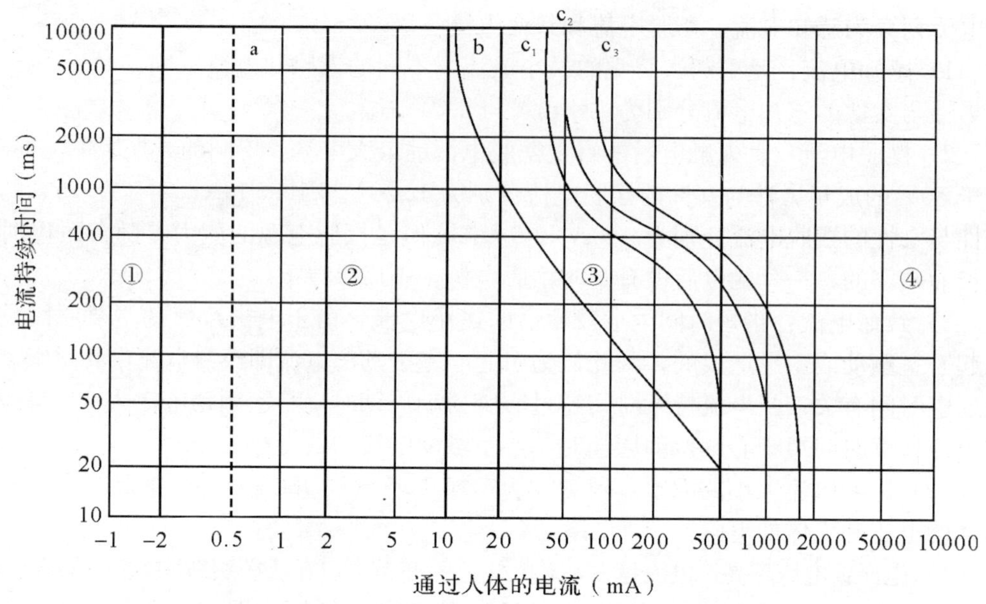

图 10－1　交流电流（15 Hz～100 Hz）通过人体产生效应的时间－电流区

a 线左侧的①区无生理效应、无感知；a 与 b 线间的②区有感知、无有害生理效应；b 与 C_2 线间的③区无器官损伤，可引起肌肉收缩及呼吸困难、心脏兴奋波形成及传导的可逆性紊乱，包括心房颤动及无心室颤动的短暂心脏停搏，随电流大小和时间而增加；C_2 线右侧的④区除③区的各项效应外，有心室颤动的危险，可发生呼吸停止、心脏停搏、严重烧伤等病理效应。

电压愈高，则其电解作用愈强，故危险性越大。对人体最危险的是频率为50 Hz～60 Hz的交流电，因为这种频率的交流电通过机体时，驱使细胞内的离子随该电流的频率往复运动的速度正好可令其在细胞内来回一次，使细胞受到最强烈的骚动和破坏。同时，这种频率的交流电又与机体组织器官的生物电节律相符，当其通过心脏时，易落在心肌应激期，引起心肌颤动；亦可使肌细胞膜发生除极（去极化），引起肌肉强直性收缩，以致触电者手握电源不放，延长通电时间，造成死亡。150 Hz 以上的交流电的伤害作用，随其频率的增高而降低，故高压、高频交流电可用于临床治疗。

4. 与电源的接触方式

电源与机体接触分为单极性接触与双极性接触。双极性接触危险性较大，特别是从一侧上肢到对侧上肢或下肢，因电流通过心脏，危险性更大。一般双极性接触多为自杀或他杀，单极性接触多为意外事故。

电源与人体接触的密切程度、接触面积亦影响进入体内的电流大小。密切接触则电阻小而电流大；反之，不密切接触则电阻大而电流小。接触面积与电阻成反比，若导体面积大而平坦，则阻力小，进入体内的电流大，后果严重。

5. 电流通过人体的途径

电流在人体内总是沿电阻小的组织呈扇形扩散，当电流通过心、肺、脑等重要组织器官时，常导致死亡。

此外，机体的功能状态不良者，如患心脏病、内分泌疾病或过度劳累者对电击的耐受性降低，易导致死亡。老人与小儿对电击的耐受性亦较低。

电损伤机制

目前电流对人体组织的损伤机制尚不完全清楚，有以下两种学说。

1. 电热损伤学说

20 世纪 60 年代末，以 Baxt 为代表的电烧伤机制学说，是建立在焦耳定律基础上的。电流通过人体，电流传导通路中的各组织因电阻的不同而产生不同的电阻产热，造成不同程度的烧伤。其程度取决于电压高低、电流强度、接触时间、组织电阻与电流密度等因素。电流出、入口处电阻大，电流密度大，故烧伤严重。

然而，观察电损伤的临床表现，如肌肉广泛程度不一的“夹馅状”坏死、神经系统的迟发性损伤，则难以用焦耳定律解决。虽然有人用电烧伤血管内皮继发栓塞，电烧伤后肌间隔水肿、高压造成组织缺血性坏死等理论来解释，但尚不圆满。

2. 非热性损伤学说

由于电流具有电泳、电渗作用，近年来学者们提出电损伤致细胞膜的电位改变造成细胞膜的导电性异常增大，以及细胞膜的电性渗漏为主要机制，用以解释电损伤后复杂的病理改变。在电压强大的电场下，细胞内、外液和细胞膜内、外层电位悬殊，造成跨膜的高电位（electrical potential），使细胞膜的磷脂双分子层通透性增大，甚至破裂，产生许多小孔，细胞内大分子物质如蛋白质、DNA 等漏出，细胞内钙离子、钠离子、花生四烯酸产物等增多，造成早发或迟发性细胞损伤。细胞膜导电性研究证实了强电场下细胞膜非线性传导的理论，即随着电压的增高，细胞膜导电性不呈比例地剧烈升高。这种经膜电位的产生与细胞大小及其在电场中的排列方向有关，尤以大而长的肌细胞、神经细胞易受损伤，而结缔组织细胞抵抗力较强；平行于细胞长轴的电场比垂直的电场易造成细胞膜的电性渗漏；肢体组织的空间排列决定了电场方向和电流的传导。短时间遭受电击引起的电损伤中，电非热性损伤明显；而长时间遭受电击，以电的热损伤为主，可掩盖细胞膜的电性破裂。

电击死机制

1. 心室颤动与心搏骤停

当一定强度的电流通过心脏，使心肌细胞兴奋性增高，在心肌内形成许多异位起搏点，导致心室颤动、心力衰竭。2 A 以上电流通过心脏时，可直接导致心搏骤停。

2. 窒 息

电流直接作用于呼吸肌，使之发生强直性痉挛，造成窒息而死亡。

3. 呼吸停止

电流通过颈髓或脑干，可引起呼吸中枢麻痹、呼吸停止，继而死亡。电流引起呼吸麻痹后，可出现假死状态，即所谓“电流性昏睡”。此时心脏仍保持极其微弱而不易觉察的跳动，若及时进行人工呼吸，有可能使触电者复苏。

此外，高压电流可造成电烧伤，伴继发性休克而死亡，或者造成抽搐而引起关节脱位、骨折、脂肪栓塞或器官破裂而死亡。

电击伤与电击死的形态学改变

1. 电流入口

电流入口的病变主要为电流斑，可伴电烧伤和皮肤金属化。高压电偶尔亦可见雷电样击纹。

（1）电流斑（current mark）：电流通过皮肤时产生热能，在皮肤上造成的具有诊断价值的特殊性损伤称电流斑。典型电流斑呈圆形或椭圆形，直径为 6 mm～8 mm；中央凹陷，周围隆起，边缘钝圆，形似火山口，高度为 1 mm～3 mm；病变区呈白色、灰色或褐色，与周围组织分界清楚，质坚硬。中央凹陷部的形状与导体接触面的形状相似，若皮肤与导线纵轴接触，则形成条状或沟状电流斑；与电线末端接触，则形成小圆形电流斑。故有时可根据电流斑的形状，推断导体的形状和接触方式（图 10－2）。

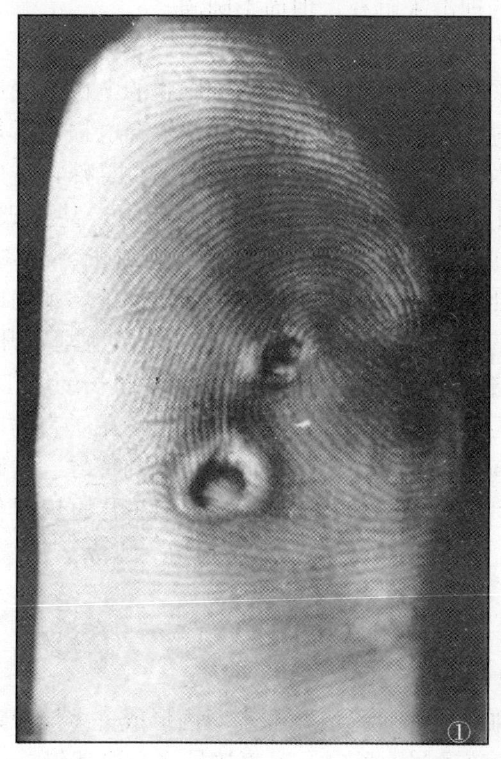

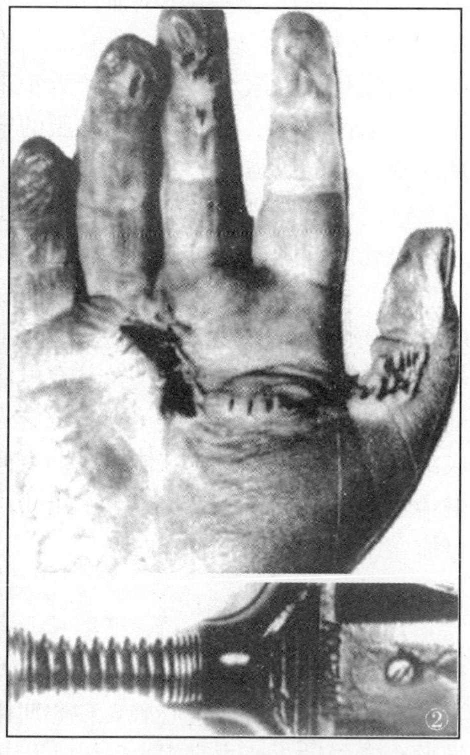

图 10－2 电流斑

①手指皮肤上的电流斑；②电流斑的形状与导体（漏电插头）的形状相似。

（引自 Tedeschit CG. Forensic medicine. W. B. Saunders Company，1977）

通过显微镜观察：中央凹陷区表皮各层致密并融合变薄，染色深，表皮可有破坏、脱落，创面可有金属微粒沉积，表皮与真皮之间有裂隙形成；周围隆起部分，表皮变厚，角质层与透明层肿胀、裂开，形成许多蜂窝状空泡；可见表皮细胞及核沿电流方向伸长，变为纺锤形、梭形或线形，呈栅栏状或旋涡状排列等组织细胞的极性化改变，细胞核染色深（图 10－3）；有时尚可见基底细胞线状伸长，插入真皮中，称流水样结构或核流（streaming of nuclei）。毛囊、汗腺、毛细血管内皮细胞等均可有极性化改变。偶有汗腺与毛细血管腔变扁塌陷，甚至变为实体状细胞条索；真皮胶原纤维肿胀，呈均质化改变，并可见凝固性坏死；皮下血管充血，亦偶有小出血灶或血栓形成，严重时组织内产生许多气泡，形成多数腔隙或不连续的管状，具有炭化壁的电流通路。曾一度认为，诊断电流斑最具有价值的改变是表皮细胞的极性化。但现已发现，烧伤的皮肤亦有此种极性化改变，而非电流斑所特有。

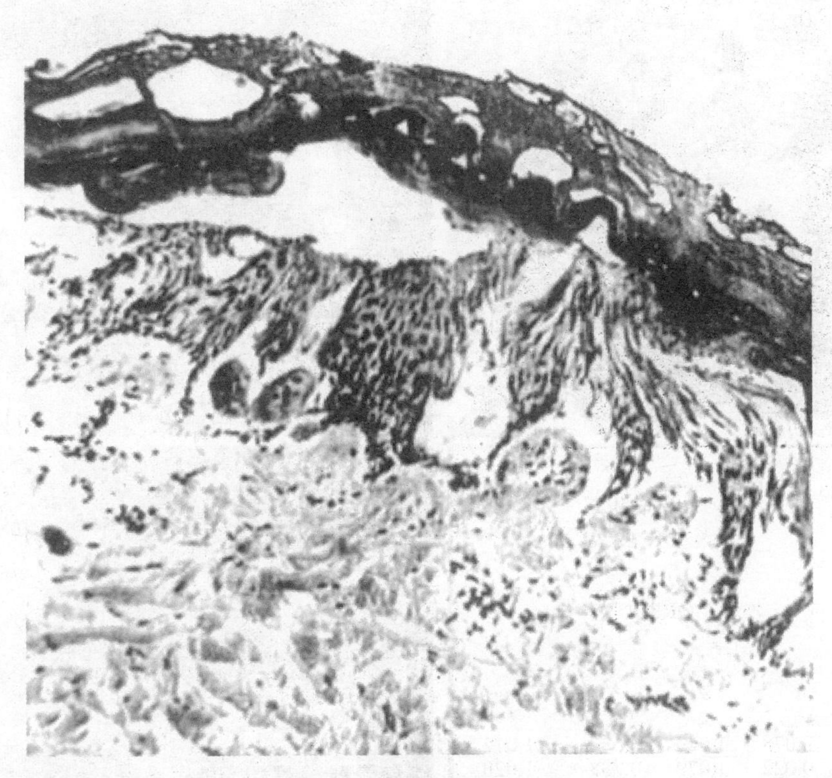

图 10－3 电流斑组织学改变

（HE，×200）

通过透射电镜观察：电流斑凹陷部位细胞质呈灰色的均质状，细胞器常不可辨认，细丝和桥粒虽变形但仍可识别，细胞核或其余的部分被拉长，呈平行排列，染色质凝集明显。

通过扫描电镜观察：可见具有诊断价值的一些改变，诸如扁平细胞排列松懈、脱落，真皮呈蜂巢样凹陷，在电流斑内可见电流穿凿的小孔穴和细胞烧伤。小孔穴直径多数为 10 μm～30 μm，孔多呈圆形或类圆形，小孔穴壁光滑；电流所致细胞烧伤，表现为扁平上皮分裂、松懈和脱落。脱落的扁平上皮表面可见小的裂痕，并有组织、细胞碎屑附着（图 10－4）。

（2）皮肤金属化：金属导体与皮肤接触时，由于金属导体在高温和电解作用下发生熔化沉积，产生金属微粒并沉着于电流斑表面及其深部组织，称皮肤金属化。金属微粒可用微量化学分析法、发射光谱等技术测定其化学成分，并与电极导体的化学成分进行

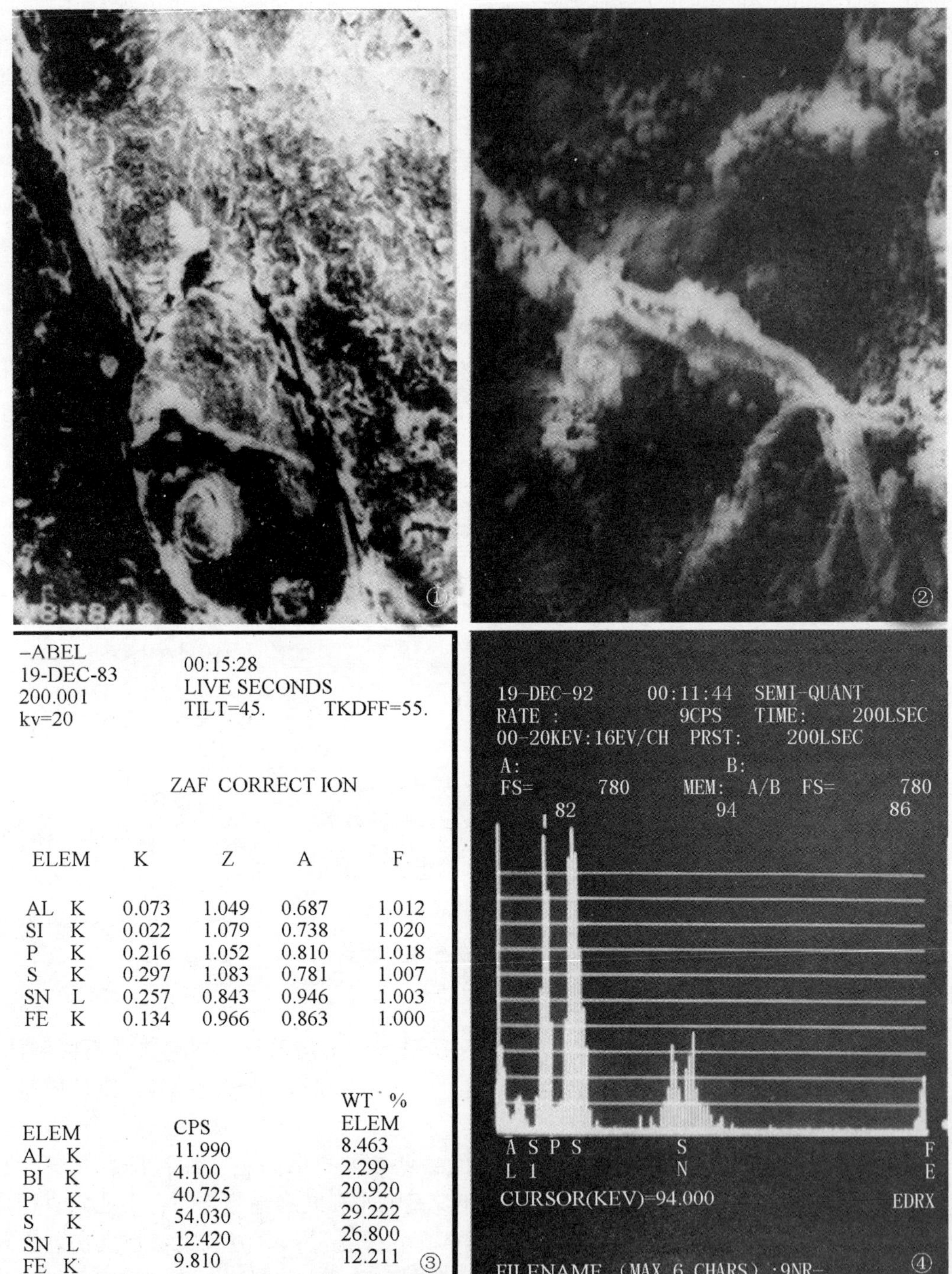

图 10－4 通过扫描电镜观察所见的电流损伤改变

①表皮层扁平上皮细胞松懈、脱落；②皮下小血管沿纵轴裂开，红细胞逸出，部分红细胞变性；③、④扫描电镜能谱分析电流入口处检出金属成分。

对比，以确定电极种类。

(3) 电烧伤：电流常可造成烧伤，为触电瞬间产生的电火花和电流在组织传导受阻时产生的热力所致。电火花烧伤均为Ⅱ度烧伤，高压电流尤易造成烧伤。电弧烧伤以Ⅲ度为主。电烧伤可将电流斑掩盖，并可伤及皮下组织、肌肉及骨骼等。

2. 电流出口

电流出口的形状可为圆形、椭圆形、线形或不规则形。出口部位组织受损可较入口严重，但无金属化现象。出口处衣服、鞋袜可被电流击穿（图10－5）。

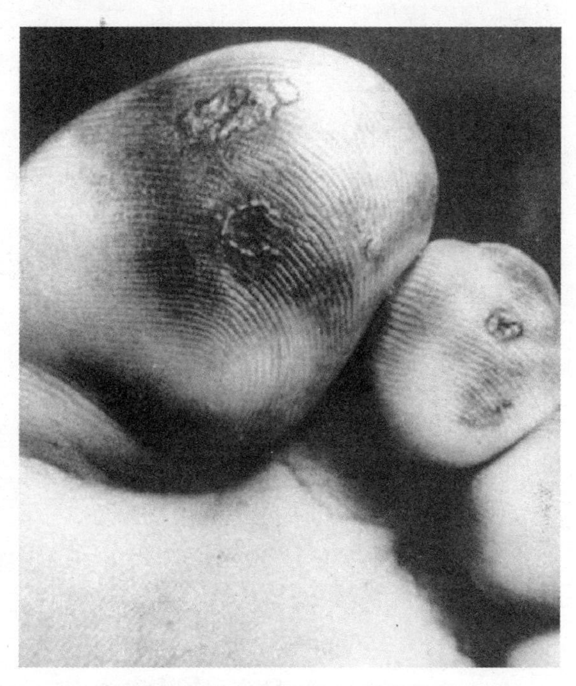

图 10－5 脚底电流出口形态

（引自 Tedeschit CG. Forensic medicine. W. B. Saunders Company，1977）

3. 电击纹

电流可致皮下血管扩张、充血或出血，在皮肤表面出现树枝状的花纹，称电击纹。电击纹若无出血，存在的时间甚短，易消失。

4. 电流对组织器官的损伤

电流可使血管壁变性和全层坏死，腔内有血栓形成。在血栓形成而堵塞血管之前，进行血管造影可见血管有不规则的狭窄以及“串珠”状现象；肉眼观察，受损的血管粗细不均，可见血栓形成。通过显微镜观察：动脉内膜为红染均匀的无结构物，平滑肌细胞黏液变性，细胞核减少，或变为淡红色的均匀无结构物；静脉内皮细胞消失，平滑肌变性、坏死，血管内血栓形成。神经细胞变性、坏死，轴索、神经纤维脱髓鞘或断裂；神经基质黏液变性；器官实质细胞变性、坏死，组织液化、水肿及灶性出血等；严重者可见肌肉断裂、器官破裂、骨折、脂肪栓塞形成等。高压电流尚可致骨坏死、胶原破坏和无机物熔化，并在受损骨的表面形成由磷酸钙融合而成的色灰白、内有空腔的骨珍珠（osseous pearl）。

220 V 交流电造成的损伤，在电击部位骨皮质表面紊乱，并可见高密度影环绕的特征性的小孔穴，并且随着电击时间的延长，孔穴的长径也增加；孔穴周围高密度影的钙、磷含量较正常组织含量增高，碳含量下降。

在法医学检案中，不时会遇到尸体因腐败而无软组织残留或尸体已白骨化疑为电击死的案例，可通过骨骼的扫描电镜与能谱检验而明确。

此外，电击死者常有窒息死的一些征象，如颜面发绀、皮下和黏膜出血、血液不凝固、器官充血及肺水肿等。

电击死的法医学鉴定

1. 电击死的确认

（1）电击现场：电击死应有明确的电击现场。但在他杀案件中，现场常被破坏，如电源被隐藏或伪装为意外事故现场。电击死案件的现场勘察，首先应切断电源，最主要的是判定死者是否在死亡前确为电流通路的组成部分之一。

（2）确认电流斑：电流斑是诊断电击伤的重要依据之一。据统计报告，220 V 以下的电流所致电击死者，仅 1/3 有电流斑形成；而 600 V 以上的电流所致死亡者，几乎均有电流斑。水中如池塘、浴盆内触电死亡者常无电流斑，故无电流斑不能排除电击死。对电流斑均应取材做组织学检查或金属导体化学成分分析等。

（3）其他电击征象：电烧伤、皮肤金属化、电击纹、骨珍珠及窒息征象等均可作为判断电击死的依据。

（4）排除其他暴力死亡和自然死亡。

2. 死亡方式确定

电击死亡方式的判定，应根据周密的现场勘查和案情调查，结合尸体的位置、姿势，电流斑的形状，电流斑或电烧伤的部位是否与电源位置、导体形状相符等综合分析认定。

（1）意外电击死：意外电击死多发生在家庭或工农业生产用电中。常见的原因是电插头损坏、漏电或电路设计安装错误。亦可因意外接触高压电缆或在疾病的诊疗过程中触电死亡。

（2）电击自杀死：自杀现场多在室内。一般电击现场保持完好，可有特殊设计的电路。死者常用身体（如手）直接接触电源。也有利用其他金属物品，如镍币、铁条等接触电源而自杀者。

（3）电击他杀死：多数是趁被害人无防备或睡眠时使其触电死亡。现场常被破坏，电源工具被隐藏而伪装成其他死亡，或伪装意外电击死现场。对疑为电击他杀死者，要注意检查身体隐蔽部位有无电流斑或其他暴力痕迹。有时因多次反复通电，而造成多处电击伤痕；有时凶手用药水涂敷电流斑，以掩盖罪行。

雷击伤与雷击死

雷电是一种特殊的自然现象，雷电击中人体所致损伤或死亡，称雷击伤或雷击死(thunder injury or death)。

雷电属直流电，其电流强度大，可达数百安培至数万安培。据统计，等于或大于 40 kA 的雷电流占 45%，最大雷电流 330 kA 占 0.1%。雷电放电时间短暂，为 0.01 s～0.1 s。雷电常击中高层建筑物、大树下或露天行人，尤其易击中靠近大树、衣服被淋湿，或身上携带金属物品的避雨者。当雷电击中人群时，有的人可完好无损，有的人则可受伤，甚至死亡。雷击死亡的机制是：电流直接造成心脏或脑干损伤，导致心搏骤停或呼吸中枢麻痹而死亡；强电流引起的空气加热和骤然膨胀产生的强大气浪，可引起器官破裂等严重损伤而死亡；有的可能是由于过度惊恐，晕厥而死。

雷击死的尸体现象

(1) 电击伤改变：可有电流入口和出口。电流出口常位于手、脚部，尤以脚部最多见，鞋袜可被击穿或撕裂，甚至伴有烧伤；如受害人被雨淋湿，尸体上可无电流入口和出口。

(2) 雷击纹：遭受雷击后，由于皮下血管麻痹、扩张、充血，皮肤上产生红褐色、树枝状或燕尾状花纹称雷击纹。雷击纹是雷击死的特征性变化，但存在时间短，有时在死后 24 h 左右即消失，有时亦可保持数日。雷击纹多出现在颈胸部、腹股沟等处，且自上而下走行（图 10－7）。

(3) 雷击可引起其他多种损伤，如器官破裂、骨折、脑撕裂伤等，衣服常被撕碎。雷击所致机械性损伤有时可被误认为钝器伤或坠落伤，应注意鉴别。

(4) 身上携带的金属物品发生熔化或磁化现象。

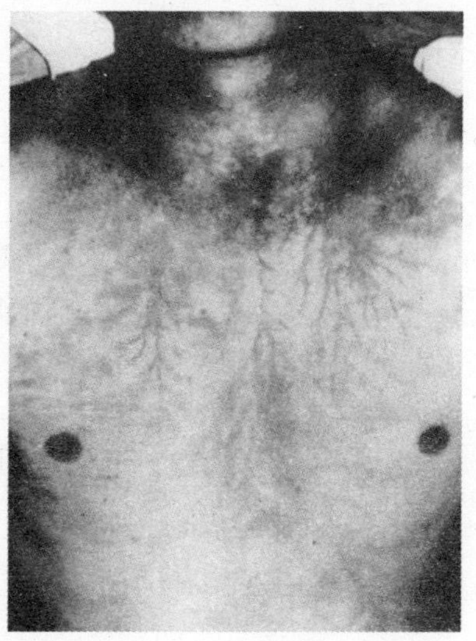

图 10－7 雷击纹

雷击死的法医学鉴定

通过调查和现场勘查，弄清在案发当时出事地点有雷电发生及现场有雷击损坏的证据，有雷击死的尸体现象（如雷击纹、电流入口和电流出口等），以及死者身上携带的金属物品有熔化、磁化现象，排除其他原因，鉴定一般无困难。

（李剑波）

11 机械性窒息

概　述（172）

窒息分类（173）　机械性窒息的病理生理过程（174）

机械性窒息死亡机制（174）　机械性窒息死亡的尸体一般征象（175）

缢　死（177）

缢索、缢套和绳结（177）　缢死的体位（178）　缢　型（178）

缢死的尸体形态学改变（180）　缢死的法医学鉴定（183）

勒　死（183）

勒索和勒死的方式（183）　勒死的尸体形态学改变（185）

勒死的法医学鉴定（186）

扼　死（187）

扼死的方式（187）　扼死的尸体形态学改变（188）

扼死的法医学鉴定（189）

捂死与闷死（189）

捂死和闷死的尸体形态学改变（190）　捂死和闷死的法医学鉴定（191）

哽　死（191）

哽死的尸体形态学改变（191）　哽死的法医学鉴定（192）

压迫胸腹部致窒息死亡（192）

压迫胸腹部致窒息死亡的尸体形态学改变（192）

压迫胸腹部致窒息死亡的法医学鉴定（193）

性窒息死亡（193）

性窒息死亡的现场（193）　性窒息死亡的尸体形态学所见（194）

性窒息死亡的法医学鉴定（194）

概　述

呼吸是维持人生命的基本生理过程之一。人体的呼吸包括外呼吸与内呼吸。外呼吸指肺与外界空气之间的气体交换过程和肺泡与肺毛细血管之间的气体交换过程；内呼吸指血液与组织、细胞之间的气体交换，以及细胞内的氧化过程。上述呼吸过程受到任何一种阻碍，皆可导致全身各器官、组织缺氧，二氧化碳储留，从而引起组织细胞代谢障碍、功能紊乱和形态与结构损害，造成窒息（asphyxia）。

窒息分类

根据呼吸过程不同环节的功能障碍，可将窒息分为外窒息和内窒息两大类。因外呼吸障碍所引起的窒息称为外窒息；因血液中气体的运输或内呼吸障碍所引起的窒息称为内窒息。前者多见于呼吸道受压迫或阻塞所引起的呼吸功能障碍，而后者主要见于某些毒物中毒、严重贫血、组织内血液淤滞等情况。因窒息而导致的死亡称为窒息死（asphyxial death）。

根据窒息的发生原因、机制和病理过程，可将窒息分为以下五类：

（1）机械性窒息（mechanical asphyxia）：因机械性暴力引起的呼吸障碍所导致的窒息，如压迫颈部或胸腹部，异物阻塞呼吸道等引起的窒息。

（2）空气中缺氧性窒息（asphyxia due to ambient hypoxia）：指空气中氧气不足而引起的窒息，如置身于空气稀薄的高原地区，被关进密闭的箱柜，被困于塌陷的矿井坑道内等。

（3）电性窒息（electrical asphyxia）：指电流作用于人体，使呼吸肌或呼吸中枢麻痹而引起的窒息。

（4）中毒性窒息（toxic asphyxia）：指因毒物作用使血红蛋白变性或功能障碍，细胞内氧化酶功能降低、消失，改变细胞膜的通透性，引起红细胞对氧的运输能力降低及组织细胞对氧的摄取和利用障碍，或使呼吸肌、呼吸中枢功能发生障碍而产生的窒息。如一氧化碳与血红蛋白结合成碳氧血红蛋白，硝酸盐可将血红蛋白转化成正氧血红蛋白，使血红蛋白失去携氧能力，导致组织细胞缺氧而窒息。

（5）病理性窒息（pathological asphyxia）：指由疾病引起的窒息，如过敏所致的喉头水肿及其他呼吸道疾病、血液病等疾病所致的窒息。产妇分娩过程中因脐带受压、胎盘早剥等所致的新生儿窒息，以及新生儿颅内出血、羊水吸入性肺炎等所致的窒息，也应归属于病理性窒息范畴。

本章节主要介绍由机械性外力作用引起的机械性窒息，此类窒息死在法医学中占有重要的地位。根据暴力作用的部位和方式，可将机械性窒息分为以下六种：

（1）压迫颈部所致的窒息：包括缢死、勒死、扼死等。

（2）闭塞呼吸道入口所致的窒息：如用手或柔软物体同时压闭口、鼻部引起的捂死。

（3）异物堵塞呼吸道所引起的窒息：如各种固体异物堵塞咽喉或呼吸道所致的哽死。

（4）压迫胸腹部所致的窒息：包括压死、挤死、活埋致死等。

（5）液体吸入呼吸器官所致的窒息：如水、羊水、酒、血液或呕吐物等吸入呼吸道和肺泡所引起的死亡。

（6）体位性窒息：因长时间被限制于某种异常体位，使呼吸受阻及静脉回流受阻而发生的窒息。

机械性窒息的病理生理过程

机械性窒息所致的呼吸功能障碍是一个连续的过程，根据其发展过程中的表现，人为地分为窒息前期、吸气性呼吸困难期、呼气性呼吸困难期、呼吸暂停期、终末呼吸期和呼吸停止期六期。

1. 窒息前期

由于体内尚有剩余的氧可供组织细胞利用，机体有代偿作用。窒息前期（prodromal stage of asphyxia）可不表现出任何症状，一般可持续 0.5 min。此期持续的长短差异较大。体质好，受过训练的人，如擅长游泳者可持续 1 min～1.5 min。

2. 吸气性呼吸困难期

由于体内缺氧和二氧化碳储留，刺激延髓呼吸中枢，致呼吸加深、频率加快、吸气强于呼气，称之为吸气性呼吸困难期（stage of inspiratory dyspnea）。此期心率增加，血压升高。因呼吸运动加剧，胸腔负压增大，回心血量增多，使静脉系统淤血，表现为颜面和手指发绀，眼球突出等。一般可持续 1 min～1.5 min。

3. 呼气性呼吸困难期

因体内二氧化碳持续增多，刺激迷走神经，反射性地加剧呼吸运动，使呼气强于吸气，称之为呼气性呼吸困难期（stage of expiratory dyspnea）。此期全身骨骼肌可出现痉挛，甚至出现角弓反张。由于脑组织严重缺氧，意识逐渐丧失，心率变慢，瞳孔缩小，还可出现流涎、排便或排精现象。此过程一般不超过 1 min。

4. 呼吸暂停期

呼吸中枢因严重缺氧而深度抑制，呼吸浅而慢，最后停止。呼吸暂停期（stage of apnea）中枢神经系统功能逐渐丧失，肌松弛，全身痉挛消失，心搏微弱，血压下降，状如假死。此过程持续 1 min～2 min。

5. 终末呼吸期

终末呼吸期（stage of irregular respiration）呼吸中枢即将衰竭，出现潮式呼吸，呈间歇性张口呼吸，鼻翼煽动。一般有数次间歇性深呼吸，间隔逐渐延长，瞳孔散大，肌松弛。此期持续 1 min 至数分钟。

6. 呼吸停止期

呼吸停止期（stage of respiratory arrest）呼吸已停止，但仍可有微弱的心搏，持续时间因人而异，由数分钟至十余分钟，最后心脏停搏而死亡。

上述各期持续时间的长短及表现的程度，因个体的年龄、身体状况而异，年老体弱者持续时间较短。窒息全过程所经历的时间为 5 min～6 min，但上述演变的任何期间，皆可因心脏停搏而突然死亡。

机械性窒息死亡机制

机械性暴力压迫颈部，累及气管、大血管、神经干和脊髓等器官可导致死亡。

1. 呼吸障碍

机械性暴力压迫颈部的位置不同，造成窒息的机制也略有差异。若机械性暴力施于舌骨与甲状软骨之间，可将舌根推向后上方使其紧贴于咽喉壁及软腭的后壁，导致咽喉腔道闭塞，并使会厌盖住喉头，闭塞呼吸道。

2. 脑血液循环障碍

机械性暴力压迫颈总动脉或颈内动脉，使脑血液循环发生障碍，造成脑淤血或脑贫血，大脑皮质和脑干缺氧，相继出现抑制，随之意识障碍。脑组织中以神经细胞对缺氧最为敏感，神经细胞突触的耗氧量又大于神经细胞体。脑本身几乎没有供能物质的储存，高度依赖稳定而丰富的血液供应。脑血流完全阻断 5 s 即可导致意识丧失；阻断 5 min～8 min 可导致难以恢复的损害，甚至脑死亡。

3. 反射性心脏停搏和呼吸抑制

颈部受机械力牵引和压迫，可刺激迷走神经或颈动脉窦，引起反射性心脏停搏；压迫颈部可刺激迷走神经及其分支喉上神经引起反射性呼吸停止。此外，颈部的感觉神经受压，可引起大脑皮质的抑制。

4. 颈髓损伤

机械性暴力猛烈牵拉可使第二、三颈椎脱位，或三、四颈椎脱位，甚至发生颈椎骨折、脊髓撕伤，立即死亡。绞刑（judicial hanging）即属此种情况。

机械性窒息死亡的尸体一般征象

机械性窒息死者的尸体体表征象和内部征象大多较为显著。各类机械性窒息死者的尸体征象，因窒息的方式和性质不同，表现出各自的特殊所见，但也有一些共有的改变，其改变程度可受个体差异、窒息方式、持续时间等因素的影响。

尸体体表征象

机械性窒息的方式、过程和类型不同，尸体上暴力的痕迹和征象亦各有差异。窒息过程长者，窒息征象如发绀则较显著；反之则不明显，甚至缺如。反射性心脏停搏死亡者，可不出现窒息征象。

1. 颜面部发绀、肿胀

颜面部发绀及肿胀与否及其程度因机械性窒息的原因而异。因勒颈、扼颈或压迫胸腹部而死亡者，由于头面部静脉回流受阻，血液淤滞严重，加之血液中还原血红蛋白含量增多，使颜面部发绀及肿胀明显，尤以面部、口唇、耳廓等处为著。

2. 淤点性出血

颜面部和眼睑结膜近穹隆部、球结膜的内外眦部常可见圆形、针尖大小的出血点，可孤立存在或聚集融合，严重者可呈淤斑状，特别是头部呈低位状态时更易形成。绝大多数案例，球结膜与睑结膜的淤点性出血呈双侧性；部分案例中，在颈部受压处以上部位的皮肤，甚至口腔黏膜均可见出血点。淤点性出血的发生与小静脉淤血、窒息缺氧所致的血管通透性增强、毛细血管破裂有关。

3. 尸斑出现较早、显著且分布较广泛

因窒息而死亡者，由于缺氧使末梢血管扩张、通透性增强，且血液不凝，呈流动性，加之还原血红蛋白含量高，因此，死后不久便可出现较弥漫而显著的尸斑，并且呈暗紫红色，可在尸斑显著部位伴有点状出血。

4. 尸冷缓慢

窒息过程中常因缺氧而发生惊厥，产热增加使体温升高。因此，死后尸冷过程也相应延缓。

5. 牙齿出血

窒息死者的牙齿，在牙颈表面可出现玫瑰色或淡棕红色，经过酒精浸泡后色泽更加鲜艳，称之为玫瑰齿。这可能与窒息过程中缺氧所致的牙龈黏膜毛细血管出血而浸染牙齿有关。玫瑰齿在检验腐败尸体有无窒息时有一定的参考价值，但并非特异性指证。

6. 其　他

窒息过程中发生惊厥时，可致平滑肌收缩或痉挛，因此，窒息死者可有大、小便失禁和精液排出，还可见口涎和鼻涕流出。其他可见眼球突出、舌咬痕等。

尸体内部征象

1. 血液呈暗红色、流动性

窒息尸体的血液因主要含还原血红蛋白而呈暗红色。死者血液在死后 0.5 h～1 h 尚有凝固倾向，或已出现凝固后又逐渐溶解；2 h～3 h 后完全呈流动性。由于窒息死者的血液缺氧，纤维蛋白溶解酶生成增多，尸体血管中原已凝固的纤维蛋白血块溶解，因而血液呈流动性。

2. 器官淤血

吸气性呼吸困难期胸腔负压增加，使血管、右心及静脉系统高度淤血，各器官血液难以回流，致肝、肾等器官淤血。尸检时常见右心扩张，充满流动性暗红色血液，而左心较为空虚。

3. 内部器官淤点性出血

机械性窒息死者，淤点性出血最常见于脏胸膜和心包脏层下。淤血性出血点由法国学者 Tardieu 于 1866 年首先描述，故称为 Tardieu 氏斑。淤点性出血也见于其他内部器官，包括胸腺、甲状腺、小肠黏膜等。其形状、大小、颜色、数目等，均与结膜下的出血点相似（图 11－1）。其形成机制如下：①缺氧导致血管通透性增高；②应激状态下肾上腺素分泌增多使小血管、毛细血管内压升高而发生破裂；③胸腔负压加大，肺浆膜下毛细血管不能耐受高压而破裂出血。但淤点性出血并非窒息所特有，在猝死、败血症、磷中毒、砷中毒、急性酒精中毒死者也可见到。

4. 肺气肿或肺水肿

在剧烈的吸气性呼吸困难期，肺扩张、肺泡膨胀，肺前缘可形成局灶性肺气肿。严重者肺泡破裂，发生间质性肺气肿。窒息死者由于肺高度淤血，可导致肺水肿。窒息时间愈长，水肿愈明显。有时水肿液与空气或呼吸道中的黏液相混合可形成红色的泡沫。

5. 脾贫血

窒息死者的脾常因贫血而体积缩小、包膜皱缩、色淡、质韧。窒息时脾收缩，是一种代偿性机制，可使大量的红细胞进入血液循环，增加输氧能力。肝、肾等器官淤血与脾贫血的并存，在窒息死亡者几乎是普遍存在的变化。

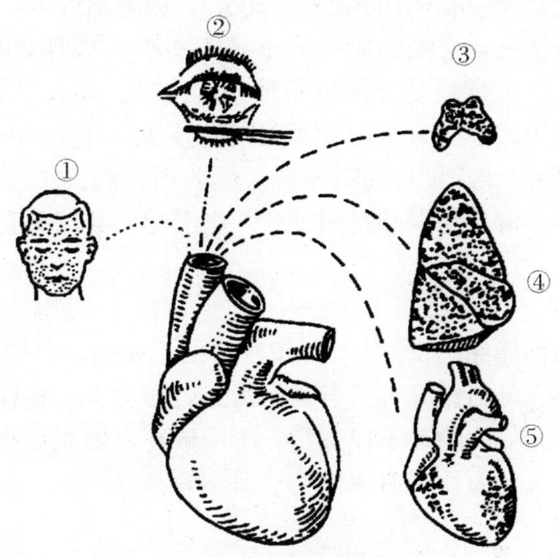

图 11－1　窒息淤点性出血
（中国医科大学官大伟提供）
①颜面；②眼结膜；③胸腺；④肺；⑤心。

缢　死

用条索状物体缠绕颈部，以自身全部或部分体重，使其压迫颈部而引起的死亡称为缢死（hanging），俗称吊死。缢死是常见的一种自杀方式。意外缢死或他杀罕见，偶有他杀后悬尸伪装自缢的报告。

缢索、缢套和绳结

1. 缢　索

用于缢颈的条索状物称为缢索。根据缢索的软硬可分为软缢索、硬缢索及半坚硬缢索三种类型。

（1）软缢索：是质地较柔软的条状或带状物，如围巾、尼龙丝袜、塑料绳、布带等。

（2）硬缢索：如各种金属线、电线、钢丝绳、链条等。

（3）半坚硬缢索：如麻绳、棕绳、草绳、皮带等。此外，还可用藤条、植物茎枝、树杈等缢颈，或将颈部压迫在桌椅横挡、木板边缘或沙发扶手上等，均可达到缢死的目的。

2. 缢　套

将缢索通过打结做成的套圈称缢套。根据套圈周径大小是否可变动，将套圈分为固定型和滑动型。

固定型绳套又称死套（loop with a fixed knot），因绳结固定，为死结。当缢吊者颈部套入，身体随体重下坠时，套圈的周径大小基本不变。本型又可分开放式和闭锁式。开放式的套圈周径较大，仅颈部受压部位与缢索相接触，索套呈U字形，称为开放式死套，此型最常见。闭锁式是缢索全周与颈部紧密接触，并结成死结，套圈呈O字形。滑动型绳套又称活套（loop with a slip knot），绳套周径的大小可随体重压力的增加而缩小，并收紧压迫颈部。滑动绳套易呈闭锁式。绳套的圈数以单套和双套较常见，三套或多套者较为少见。

3. 绳 结

绳套上所打的结扣称绳结（knot）。结扣有活结、死结。打结方式可为收帆结、瓶口结、牛桩结、领带结、外科结等各式各样的形式，对应各式各样的缢套（图11－2）。在现场勘验时，应将结扣作为物证予以保留，不应破坏，因绳套和绳结的方式可反映死者或作案者的职业或个人的习惯，有重要的法医学意义。

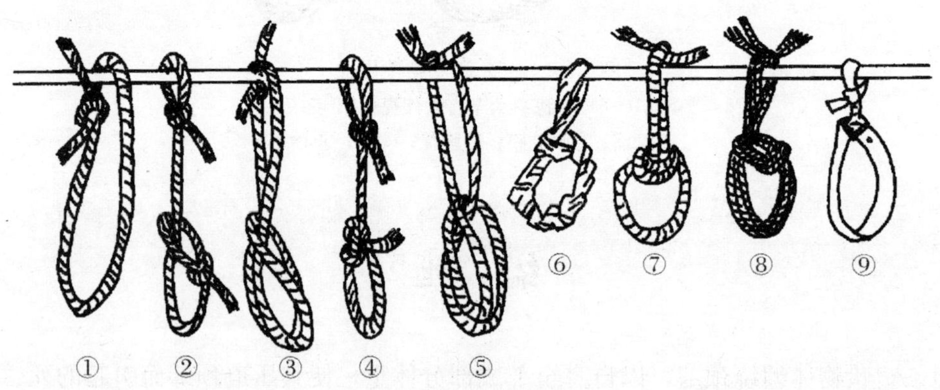

图11－2 各种缢套

（中国医科大学官大伟提供）

①单绳套；②活套；③双活套；④死套；⑤牛桩套；

⑥软缢索活套；⑦固定型绳套；⑧多匝绳套；⑨皮带套。

缢死的体位

缢颈时体位不同，死者颈部承受的压力也不同。缢死可为完全悬位，即双足离地；也可为立、蹲、跪、坐、卧等任何体位。一般认为，悬位缢颈者颈部承受体重100％的压力，立位和蹲位者为体重的70％～80％，坐位者为体重的15％～20％，卧位者占体重的15％～40％。在这些体位实施缢吊时都能使颈部的血管和呼吸道压闭而引起窒息死亡。

缢 型

根据绳套压迫颈部的部位不同，将缢型分为前位缢型、侧位缢型和后位缢型（图11－3）。

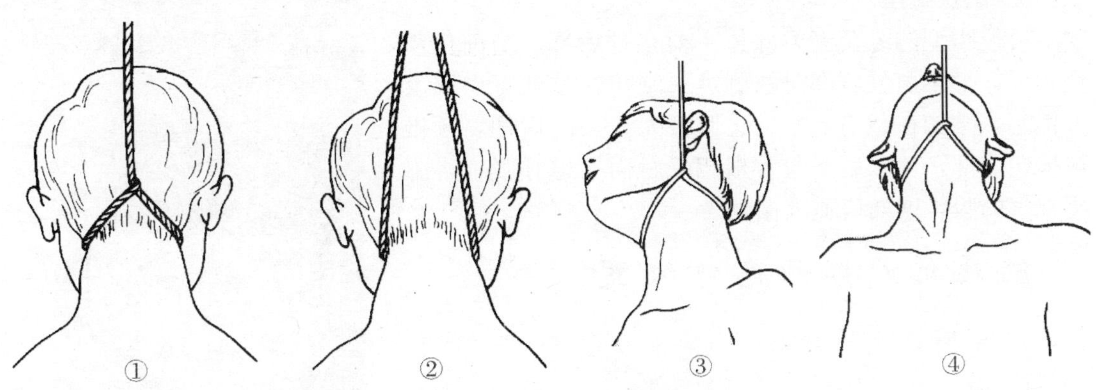

图 11－3 各类缢型示意图

①②前位缢型；②八字不交；③侧位缢型；④后位缢型。

1. 前位缢型

缢颈时，绳索在颈前，绳套着力部位在颈前部，多位于舌骨与甲状软骨之间，绳套对称性地向颈两侧绕行，沿下颌角经耳后越过乳突，并斜向后上方悬吊，或在枕骨中部上方打结后悬吊，头向前倾垂。由于着力点在颈前部，故称之为前位缢型（图 11－4，11－5）。

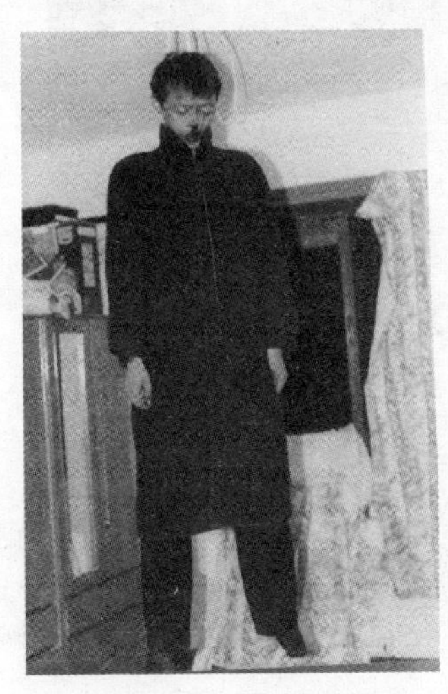

图 11－4 前位缢型

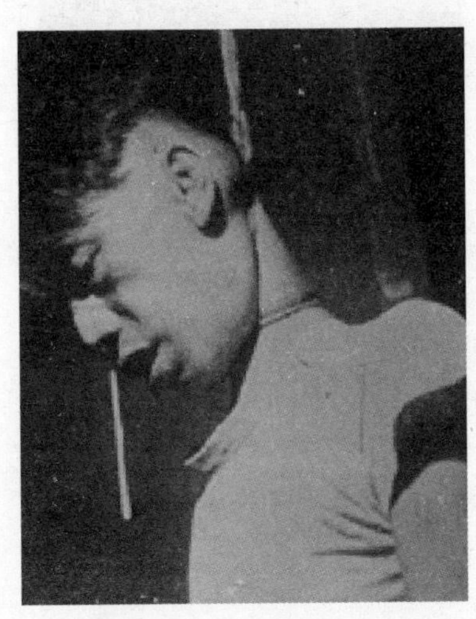

图 11－5 鼻腔涕涎流注

2. 侧位缢型

绳索着力部位主要在颈部左侧或右侧，相当于甲状软骨水平线的下颌骨角下、耳部、乳突等部位，绕颈而斜行向上，在其对侧形成提空，头部偏倾于着力处的一侧。此时绳套主要压迫在颈的一侧，使喉头及颈部结构全部向绳索对侧结扣方向移动，舌根压在颈椎骨上而闭塞呼吸道（图 11－6）。

3. 后位缢型

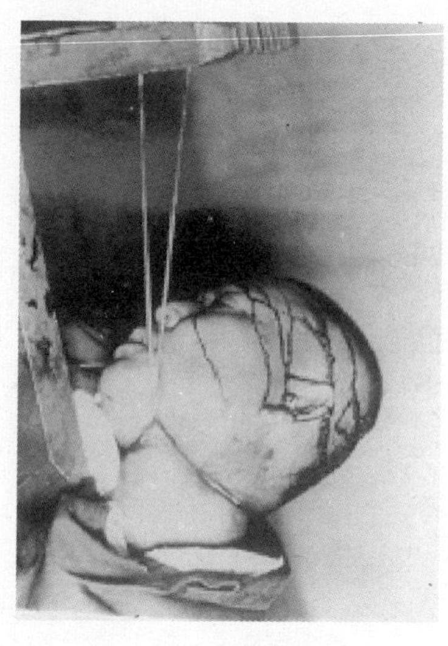
图 11－6　侧位缢型

后位缢型的缢套着力部位主要在颈后部，与前位缢型相反，缢索由颈后部向两侧经下颌角在颈前正中线上方提起，结扣在颈前上方。此型缢死者头向后仰，颈椎被推向前部，使咽后壁与舌根相抵触而压迫呼吸道，阻碍空气的吸入或妨碍血液循环。

缢死的尸体形态学改变

颈部所见

1. 缢　沟

缢沟（hanging groove，furrow）是颈部压迫缢索，在颈部皮肤上所形成的缢索印痕，是缢死者的重要外部所见。缢沟往往与所用绳索的性质、着力点和其缢型等有关（图 11－7，11－8）。它能反映缢绳的位置、方向、数目、性质、粗细、花纹等特征。颈部着力最重的部位缢沟最深，其两侧分别斜向上走行而逐渐变浅，最后消失。其两端不相交，无缢结形成，在该处提空，俗称“八字不交”。

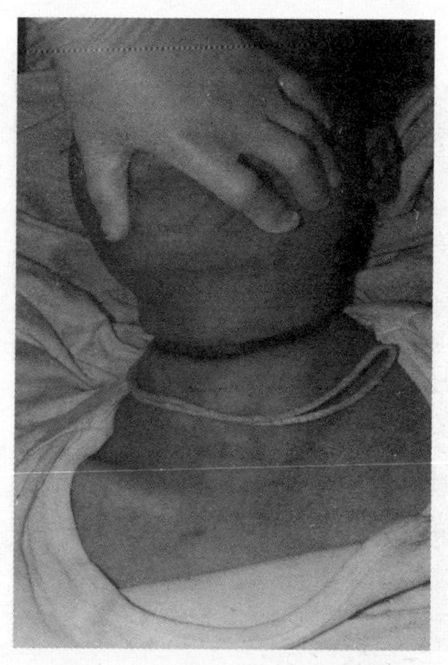
图 11－7　细缢索所致缢沟

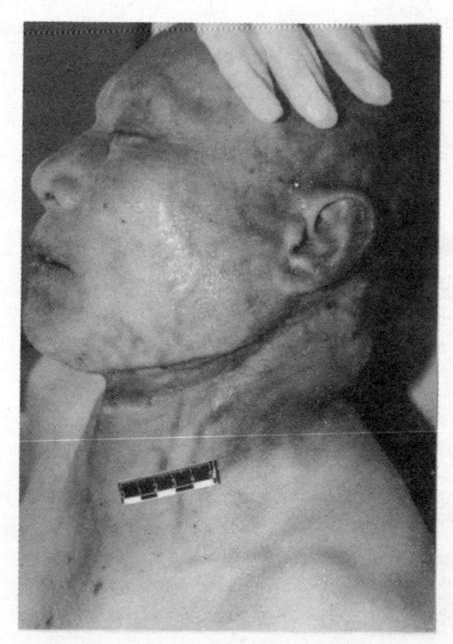
图 11－8　软缢索所致缢沟

（1）缢沟的位置和数目：缢沟的位置和方向因缢型不同而有差异。前位和侧位缢型，缢沟常见于舌骨和甲状软骨之间。后位缢型的缢沟常位于颈后部的中间。缢沟的方向，在着力部位大致呈水平状，其两侧斜行上升，最后互相接近或提空。

缢沟的数目并不完全反映缢绳绕颈的圈数，只能反映缢绳绕颈后牵引着力时直接压迫皮肤的绳圈数。一条缢沟常由单一绳套形成。双绳套如全部平行着力压迫颈部时可形成双条缢沟。若双绳套互相重叠，则重叠处形成一条缢沟。故缢沟的数目与绳套圈数可不一致。

（2）缢沟的宽度和深度：缢沟的宽度一般与缢绳的粗细相仿，其深度与缢绳的性状、压力强度和悬吊时受压着力的时间长短有关。宽而浅的缢沟，一般由宽而软的缢索所形成，不一定有表皮剥脱，称为软缢沟。深而窄的缢沟常由细而硬的缢索所形成，常发生表皮剥脱，称为硬缢沟。若局部与缢绳之间有衣物垫衬时，则缢沟浅淡或不明显。

（3）缢沟的颜色与印痕：缢沟的颜色与颈部皮肤悬吊时间和受损程度密切相关。若缢索宽而软，则缢沟处皮损较轻，初呈苍白色，以后因皮损处渗出液蒸发而逐渐干燥，颜色也随之而变深。粗糙、质硬的缢索，可造成颈部皮肤摩擦而出现不同程度的表皮剥脱和出血，以后逐渐干燥，颜色变深而明显，呈浅褐色或暗褐色，如羊皮纸样（parchment）外观，故名羊皮纸样变。缢沟的上缘和缢沟间隆起的皮肤处，可见暗红色细线样的充血，但其下缘此种表现少见或不明显。缢沟表面可留下相应的缢索印纹。如麻绳、皮带、铁链、电线和宽带等均可留下特征性的印痕，检查时用侧光或放大镜仔细观察，可借以追查缢绳。若缢绳的线缝中杂有尘粒或色粒等异物时，缢沟中也可有相应的异物附着。

（4）缢沟缘水疱形成：缘沟间的皮肤，受绳套的挤压，血液向上下两缘或两侧排挤，血浆从毛细血管渗出而聚集在表皮下，形成许多水疱，如粟米大小，含有淡黄色或血性液体。绳套解除后水疱自行消散。

（5）缢沟的组织学改变：缢沟处的皮肤可被擦伤，其角质层缺损，其他表皮各层细胞因压力作用而致密变薄，细胞紧密，并与表面平行排列。真皮乳头变平，真皮层致密、血管受压、呈嗜碱性染色。缢沟间的皮肤呈小嵴状突起，伴点状出血。颈部淋巴结出血和颈部肌肉蜡样变性，硬索沟尤为明显。弹力纤维染色，生前缢沟组织弹力纤维排列紊乱，因收缩而变得较为粗短，断端呈钝圆或团块状，有时呈螺旋状。死后所形成的缢沟，其断端不见上述变化。用苦味酸靛胭脂红染色法，生前缢沟皮肤染成黄绿色。正常皮肤组织的表皮层呈淡红色，真皮层结缔组织呈蓝色。用改良 Poley 酸性复红－甲基绿染色，受压皮肤的表皮及真皮结缔组织呈粉红色（阳性反应），正常皮肤呈绿色（阴性反应）。

扫描电镜下，缢沟皮肤的主要形态改变如下：扁平上皮排列紊乱、细胞翻卷、折叠剥脱；在表皮损伤或裸露的真皮表面可见毛倒伏、折裂、脱落；在表皮损伤处或裸露的真皮层有散在或成团的红细胞，并有纤维蛋白和血小板残片附着其间，胶原纤维之间可见散在大小不等的圆形脂肪滴，这对诊断生前缢沟具有重要价值。

缢沟皮肤的生物化学测定结果显示：生前缢沟皮肤的组胺总量并不增高，但游离组胺和 5－羟色胺的含量较正常者显著增高。死后缢沟皮肤两者的含量均不增高。

2. 缢沟深部组织的改变

颈部肌肉，如胸锁乳突肌、胸骨舌骨肌、甲状舌骨肌、肩胛舌骨肌等因缢绳的压迫，可出现压陷痕迹，也称内部缢沟。肌肉有局限性挫伤出血，并可出现玻璃样变性，罕见肌肉断裂。缢沟附近组织中的血管和神经周围可见灶性出血。有时在胸锁乳突肌起始部可发现微小的出血点。缢沟深部的脂肪组织，因挫伤而呈乳化状，并可出现脂肪微粒。

3. 颈动脉改变

颈总动脉在颈内和颈外动脉分支处近端的内膜，因缢绳的牵拉作用可发生 1 条或 2 条横向断裂，并伴有内膜下出血。约有 5%的缢死者会出现横断裂纹。

4. 舌骨骨折

位于颈部喉结上方的缢绳，可将舌骨大角和甲状软骨舌骨角推压至颈椎前面而发生骨折，并有出血。舌骨大角骨折，可为单侧性，也可为双侧性。舌骨和甲状软骨同时骨折的以 40 岁以上的人居多。这是由于其舌骨关节已硬化、甲状软骨骨化及骨质变脆之故。甲状软骨和环状软骨的骨折少见。

缢死的其他征象

1. 颜面部表现

（1）颜面颜色：缢死者面部的颜色取决于颈部动、静脉受压的程度。前位缢型的尸体，由于颈动、静脉完全受压而闭塞，面部血液量减少，所以面色苍白。侧位缢型尸体，因为一侧的颈动、静脉完全被压闭，而另一侧仅静脉受压，血液回流受阻，面部血量增多，所以面部肿胀，呈青紫色。此外，睑结膜和眼睑表面皮肤常有散在性的点状出血。

（2）口、鼻腔涕涎流注：缢吊时，缢绳的压迫可刺激颌下腺使之分泌增多。前位缢型时，头面部前倾，口、鼻腔分泌物增多，涎、涕常流注到胸前。少数缢吊者还可见鼻腔流血，因鼻中隔前下部位的黏膜下层有很丰富的血管丛，当高度淤血时，该处血管破裂而引起出血。涎、涕流注现象在死后悬尸伪装自缢者有时也可出现。

（3）舌尖露出牙列外：缢吊时，舌尖是否外露，与绳索压迫颈部的位置有关。前位缢者，若绳索压迫在喉结的上方，则舌不伸出。如绳索压迫在甲状软骨的下方，舌根被推向上方，舌体被挤向前上方，舌尖露出牙列之外达 1 cm～2 cm，故又称舌尖挺出，舌尖上有时可出现牙齿的压痕。侧位缢型者，舌尖常向颈部着力侧的对侧斜向伸出。

2. 体表及手足损伤

缢吊时，缢吊者可发生全身痉挛或缢绳的扭转而使身体摆动，可与附近的硬物体如墙壁、家具或其他物体发生碰撞或摩擦，出现表皮剥离、皮下出血或表浅的挫裂创。应注意与他杀损伤鉴别。

3. 尸斑及尸僵

由于血液下沉，悬吊缢死的尸体，在四肢的下垂部位，即手、脚、前臂和小腿等处可出现暗紫红色尸斑，还可发现散在性的出血点。在腰带压迫以上部位也可以出现围腰带状尸斑，但裤带压迫处呈苍白色。他杀后立即伪装自缢的尸体，尸斑分布与自缢者相类似。缢死者可有大小便流注或精液排出。

4. 内部器官变化

前位缢型死者的脑膜和脑组织贫血。侧位缢型的尸体，其脑膜和脑组织、腺垂体均有不同程度的淤血，脑实质有点片状出血。心、肝、肺、肾及胃肠间质淤血水肿，浆膜下有淤点性出血。久悬吊者，由于血液下沉，内部器官低下部位有明显的血液坠积现象。

缢死的法医学鉴定

缢死多为自杀，大多数为成年人，少数为儿童；他杀者少见，偶有他杀后伪装自缢的案例报告；意外性缢死多见于儿童，如因玩耍中模仿“上吊”将绳索缠绕颈部，或婴儿滑落入婴儿床夹缝中压迫颈部致“缢死”；也有性窒息者导致意外性缢死的报道。

在检验尸体之前，应首先了解案情，再仔细勘验现场的情况，是否有人为破坏现场或搏斗迹象，有无遗书及可疑足迹或其他痕迹等。着重注意尸体悬吊的位置、姿势，缢绳的性质，以及缢套、绳结的形式等，并详细记录、拍照或录像备用。缢绳的性质和绳套的圈数应与缢沟的性状和印痕条数对比，互相验证和核实；若有不符合，应进行追查。绳结常能反映作案人的职业特征和其日常生活中最习惯的结绳方法。在现场勘验取颈部的绳索时，不应解开绳结，最好在结扣的对侧或其侧面剪断绳索，再用细线或胶纸连接其两个断端。用放大镜检验缢绳纤维中的附着物（如粉类、油污、金属屑等）是否与缢沟上留有的异物相一致。

对缢死尸体进行全面系统的法医学尸体检验以获取确切的证据，确定死因。检验时应注意以下几方面：①有无窒息死亡的一般征象，缢沟处皮肤、颈深部组织和内部器官是否有生活反应，尸斑分布和尸僵形成的特点等以确定是缢死还是死后缢尸；②根据体位、姿势、缢沟的形态、缢索结扣的特点以及有无防卫伤或遭受暴力的痕迹等鉴别是自缢还是他缢；③提取胃内容物、血液或尿液，进行常规毒物检测；④根据尸体现象、胃内容物消化的程度等推断死亡时间。

勒 死

用绳索类物缠绕颈部，通过某种机械力作用，可是自身或自身以外的力量，使绳索类物勒紧并压迫颈部而导致的死亡，称勒死（ligature strangulation），又称绞死。勒死多见于他杀（图 11－9），自勒（图 11－10）、意外或灾害性勒死少见。

勒索和勒死的方式

1. 勒 索

勒索常为绳索，所有的带状物均可被用作勒索。常见有不同质地的绳索、尼龙袜、毛巾、围巾、领带、衣服碎条、皮带、电线等，一般是软质或半坚硬的绳索类物（图 11－11）。

2. 勒索的圈数和结扣

勒索缠绕颈部的圈数不定。一般他杀案件中，由于作案者意在迅速使被害人死亡，时间仓促，且被害人往往挣扎抵抗，故常以一圈、二圈者居多。自杀案件中，往往自杀者决心已定，勒索缠绕颈部的圈数较多。他杀者结扣多在颈后部或侧面，自杀勒颈者多在颈前部或一侧。

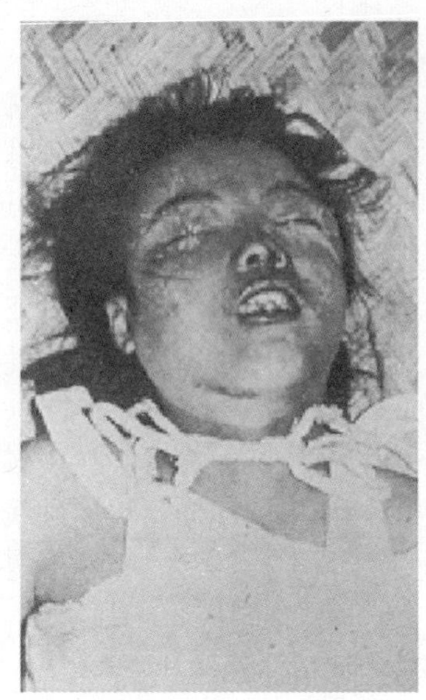

图 11－9　他　勒

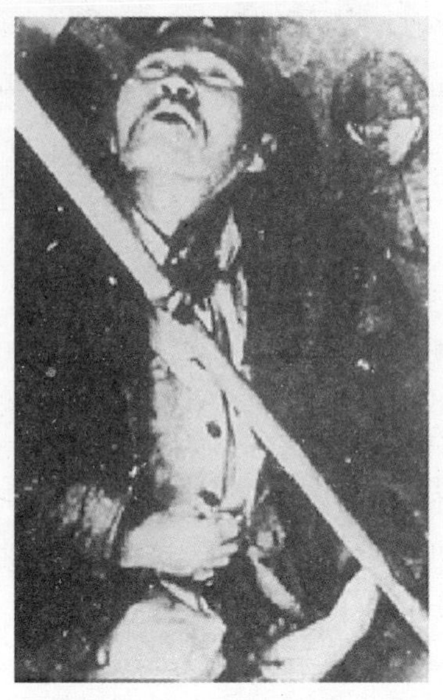

图 11－10　自　勒

死者颈部为木棒状物插入勒套中。

3. 勒颈的方式

将勒索的两端交叉，以双手向两侧相反的方向用力拉紧勒索或打结而压迫颈部，此种方式是最常见的。自勒者有的先用勒索缠绕颈部打结后，再将木棒状物插入勒套中，并扭转以达到窒息死亡的目的；偶见自勒者将勒索的一端固定在某一物体上，用力收紧勒索的另一端，或将勒索的两端分别系以重物等，压迫颈部（图 11－12）。

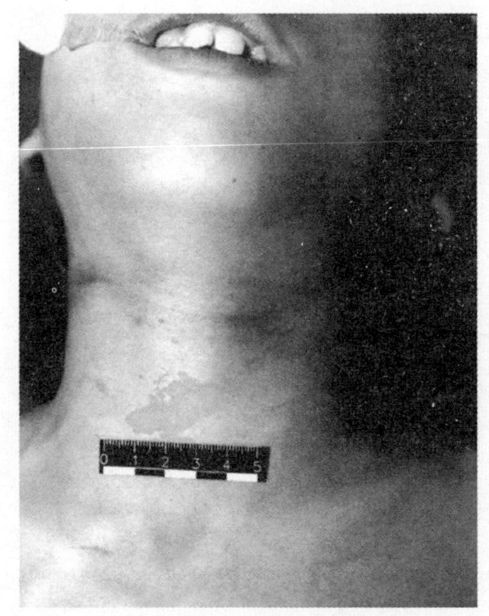

图 11－11　衣领所致的勒痕

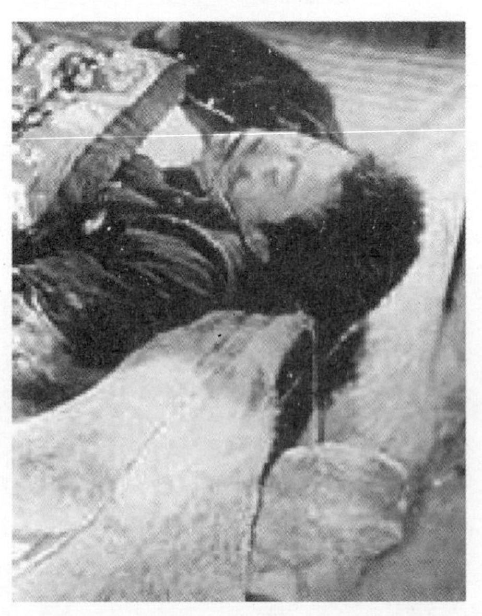

图 11－12　颈部系以重物等压迫颈部

勒死的尸体形态学改变

颈部所见

勒索压迫颈部所形成的沟状痕迹称为勒沟。勒沟是认定勒死的重要证据。

1. 勒沟的位置和数目

勒沟可位于颈部的任何部位，但以甲状软骨下方居多。勒沟呈水平状环绕颈部，呈闭锁状态。如果勒索与颈部之间有衬垫物，如衣领、围巾或手指等，勒沟不呈环形，不连续。勒沟的数目以 1 条或 2 条多见，多条少见。勒沟的数目只反映直接压迫颈部的勒索的圈数。当勒索绕颈时相互重叠时，不能完全反映出勒索绕颈的圈数。

2. 勒沟的宽度和深度

勒沟的宽度和深度与缢索形成缢沟情况相似，取决于勒索的宽窄、软硬和施力的大小。用宽软布带勒颈时，如果死后又很快除去勒索，则勒沟不明显。细硬勒索形成的勒沟较深。

3. 勒沟的印痕和损伤

勒沟表面的花纹印痕，可以反映出压迫颈部的勒索的纹理结构。勒索交叉打结处可形成结扣的印痕。如用铅丝、电线、粗麻绳等硬勒索拧紧而勒死者，常在拧结处的皮肤上留有扭拧的痕迹。细硬勒索勒颈时，勒沟窄而深，常伴有表皮剥脱，干燥后常呈暗褐色皮革样化，勒沟上、下缘可有散在性点状出血。当被暴力勒压颈部时或被勒颈者挣扎抵抗时，勒沟处皮肤常有明显擦伤，并在勒索交叉处的勒沟边缘有小嵴状皮肤隆起伴点状出血。

4. 勒沟深部组织的改变

勒沟深部组织的改变与缢沟相仿，但皮下脂肪组织、筋膜和肌层常有出血。甲状腺、喉头黏膜、咽部黏膜、扁桃体及舌根部可有明显的淤血和灶性出血。当勒索位置在甲状软骨以上时，舌骨大角可发生骨折和出血。当勒索在甲状软骨以下部位时，可发生气管软骨骨折。颈动脉内膜常无横裂。若以暴力绞勒颈部时，还可发生颈椎棘突骨折。

其他部位改变

1. 颜面部所见

勒颈的力量常较缢吊为轻，且时松时紧。由于勒颈时静脉回流受阻，而颈动脉和椎动脉未完全闭塞，且窒息过程较长，故颜面淤血、肿胀明显，呈青紫色。眼睑结膜，勒沟以上颈、颜面部皮肤常可出现淤点性出血，有时融合成片状。眼结膜有时水肿，可见外耳道和鼻出血。有时口、鼻部有血性泡沫性液体。有的死者还可见眼球和舌尖突出。

2. 体表及手足损伤

在他杀勒颈的案件中，由于受害者自卫挣扎、抵抗或抽搐，往往在肩胛部、手、脚、肘后及其他突出部位形成机械性损伤，诸如表皮剥脱、皮下出血、皮肤挫裂创等。为了解除勒索对颈部的压迫，被害人的手指甲在颈部可形成多条垂直于勒沟的抓痕。

3. 内部器官改变

由于勒颈时颈静脉回流受阻，勒死者脑膜及脑组织淤血明显，并有出血点。肝、肾、心等实质器官淤血、细胞变性。肺淤血、肺水肿，并可见散在性肺大泡形成。气管、支气管、喉头及声门等处水肿、出血较缢死者为甚。

勒死的法医学鉴定

勒死以他勒居多，约占勒死案例的80%，自勒少见，意外极罕见。根据现场勘验、结合案情调查、系统尸体检验，在排除其他死因后，鉴定勒死并不困难。尸体上勒沟的法医病理学改变是诊断勒死的重要依据，但主要问题是鉴别他勒和自勒（表11－1）。意外勒死多见于工业事故，偶有受害者头颈部披着的围巾、长发辫或上衣等被转动的机器或齿轮、皮带转拉而绞勒颈部被勒而死。新生儿颈部因脐带绕颈窒息死亡也属意外性勒死。在鉴定时，因偶有他杀勒死后伪装自缢的案例，故勒死常常需与缢死相鉴别（表11－2）。

表11－1　自勒与他勒的鉴别

	自　勒	他　勒
现　场	现场安静，无搏斗抵抗痕迹，常有勒索	现场多混乱，有搏斗痕迹，勒索较少留在现场
尸体姿势	常为仰卧，两肘屈曲，两手上举，手中握有勒绳或保持握绳姿势	体位不定
勒　沟	较浅，表皮剥脱轻微，边缘整齐，出血较少，如无衬垫物常呈完整的环形	较深，表皮剥脱严重，边缘不整齐，出血较多，常呈间断的环形
绳套和绳结	绳套为1圈或2圈，留在颈部，结扣较松，绳结多位于颈前部	绳套常为多圈且紧，绳索可不留在现场，如果留在颈部，结扣多位于颈后部或侧面，重复打结，越打越紧
现　场	现场安静，无搏斗抵抗痕迹，常有勒索	现场多混乱，有搏斗痕迹，勒索较少留在现场
衬垫物	勒索与颈部之间有时垫有毛巾等物	死者的衣领或其他异物有时夹在颈部与勒索之间
损　伤	四肢无防卫伤，甲状软骨及舌骨骨折少见，勒沟下组织出血轻微	四肢常有防卫伤，勒沟上下常见指甲抓痕，甲状软骨及舌骨骨折多见，勒沟下软组织出血较重。
其他所见	勒套内有时有棒状物，用于绞勒颈部	口中可有异物填塞，手中抓有加害者的毛发、布片等

表 11－2 缢死与勒死的鉴别

	缢 死	勒 死
索沟形成	为颈部压迫缢索形成的皮肤印痕	为勒索压迫颈部形成的皮肤印痕
索沟外表	多在舌骨与甲状软骨之间； 着力处水平，两侧斜行向上提空； 多不闭锁，有中断现象； 着力部位最深，向两侧逐渐变浅消失； 缢沟处出血少见，上、下缘和缢沟间隆起处有出血点	多在甲状软骨或其下方； 基本上呈环形水平状； 一般呈闭锁状态； 深度基本均匀，结扣处有压痕； 勒沟多出血，颜色较深
索沟深部	肌肉多无断裂、出血，颈动脉分叉下内膜可有横向裂伤； 舌骨大角、甲状软骨上角可有骨折	肌肉常有断裂、出血，颈动脉内膜多无裂伤； 甲状软骨、环状软骨骨折
其 他	典型缢死者脑组织、脑膜淤血不明显，非典型缢死者较明显； 舌尖可外露； 典型缢死者颜面苍白，非典型缢死者颜面淤血、肿胀，眼结膜可有出血点	脑组织及脑膜淤血明显，伴点状出血； 舌尖多外露； 颜面青紫、肿胀，勒沟以上颈部、面部皮肤及眼结膜常可见出血点

扼 死

用单手或双手、上肢等扼压颈部引起的窒息死亡，称扼死（manual strangulation），又称掐死。自扼不可能导致死亡，因为自扼颈部者，当意识开始丧失时，肢体肌张力也迅速消失，不可能继续扼压颈部致死。扼死均为他杀，偶有误伤致死。

扼颈的方式

扼颈的方式有多种，常见以下几种：

（1）单手扼颈，凶手位于被害人的对面，用一只手扼住受害者，拇指压在颈部的一侧，其余四指压在颈部的另一侧，用手掌和虎口部的力量将喉头、气管等颈部器官压向后上方，造成呼吸道闭塞。

（2）双手扼颈，凶手面对被害人，两拇指在前扼压喉部，其余手指扼压颈部两侧，将喉头压向后方。

（3）肘部或前臂扼颈（choke hold，arm－lock），有时凶手可能在受害者的背后以肘部或前臂的桡侧部扼压被害人的颈部。

（4）凶手以短木棍、铁棍或其他棒状质硬的物体作为凶器，双手握棍的两端，用力压扼被害人的颈部，可致人死亡。

在扼死的案件中，常在被害人口中堵塞毛巾、衣服、手帕之类的柔软物体。

扼死的尸体形态学改变

颈部所见

1. 颈部扼痕

扼压颈部时，凶手的手指、指甲、虎口、手掌、肘部等压迫被害人颈部所形成的特征性的损伤，称为扼痕（throttling marks）。

扼痕的形态：扼痕是扼死的重要依据，多分布于喉头两侧或颈侧部位，少见于颈后部，一般从下颌下缘到锁骨上缘之间的颈部都可留下扼痕。用右手扼压颈部时，可在左侧颈部皮肤上留有 3 个或 4 个指压痕，右侧有一个。如用左手扼颈，则位置相反。如用双手扼压时，颈部两侧可各有 3 个或 4 个指压痕。手指扼压颈部可形成圆形或椭圆形的皮肤擦伤和挫伤（指压痕），指甲可形成新月形或短线状的表皮剥脱（指甲痕），如图 11－13，11－14 所示。扼颈时由于被害人挣扎抵抗，或行凶者手指位置移动，扼痕的部位、数目常有改变，分布多不规则，不典型。死后，扼痕擦伤处因水分蒸发，发生皮革样变，呈暗红色，使扼痕更为明显。

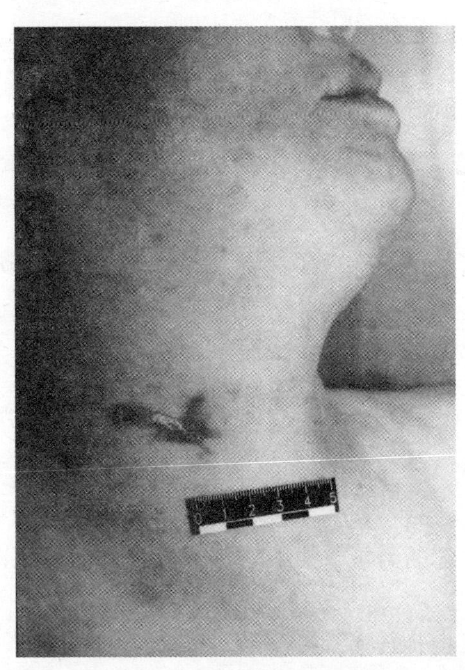

图 11－13 颈左侧扼痕

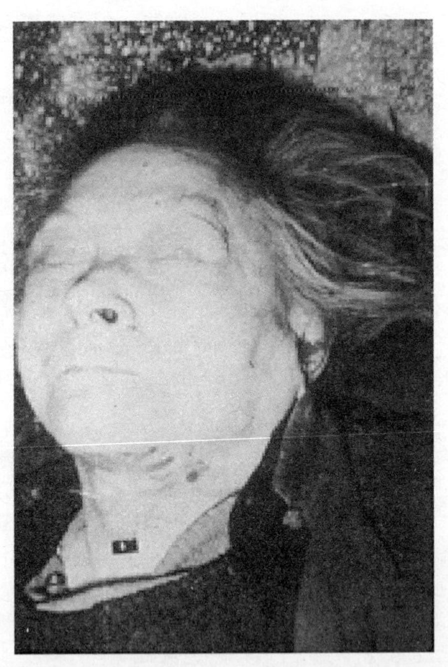

图 11－14 颈部扼痕

2. 颈内部所见

扼痕部位常见皮下组织、筋膜、甲状腺、颌下腺、颈部淋巴结及其周围组织出血，肌肉内出血多见于胸锁乳突肌、胸骨舌骨肌和近喉端的舌下肌群。其他还可见声带充血、出血、水肿；舌根、咽后壁出血；甲状软骨、环状软骨、舌骨可发生骨折，以甲状软骨上角多见，舌骨大角多为内向性骨折。

其他部位改变

1. 颜面部所见

扼颈时常常造成颈部静脉闭塞，颈部动脉仍能持续供血，因此，被害人颜面部窒息征象较明显，发绀而肿胀，呈青紫色。眼结膜和口腔黏膜可见散在点状出血。有时舌尖微露于牙列外，伴有咬伤。扼颈时若捂嘴，还可造成被害人口唇周围软组织损伤、出血以及口腔黏膜损伤，面颊部也可见损伤。

2. 体表损伤

受害者常挣扎抵抗，在其身体任何部位如胸部、背部和四肢等处常可见表皮剥脱或皮下出血。

3. 内部器官改变

内部器官以淤血改变为主。脑膜和脑实质内可见淤血、水肿及点状或灶性出血。肺组织可见浆膜面点状出血、肺气肿、肺水肿及灶性出血。

扼死的法医学鉴定

扼死均属于他杀，多见于强奸和抢劫等他杀案件，有时也见于杀婴。因此，受害者的躯干、四肢和头面部常有暴力痕迹和防卫伤。然而，犯罪分子作案后常对尸体和现场进行伪装，给法医鉴定工作带来一定的困难。故法医人员在鉴定前应详细了解整个案件的情况，包括尸体的发现、原始现场的情况及尸体被发现时的位置、状况等。应对整个案件做全面了解，以便做出合理的法医学鉴定。鉴定时必须详细勘查现场和剖验尸体，对尸体全身做详细的检查，尤其是对颈的检查特别要仔细，方能去伪存真。尸体检验时应提取血液及胃内容物做常规毒物的检验筛查，以判断是否有中毒的可能性。应尽早对作案嫌疑人进行检查，特别要检查其身体裸露部位有无抓伤、咬伤等痕迹，同时应提取嫌疑人的血液、唾液等进行检验，并与现场提取物的检验结果进行对比。

捂死与闷死

用手或其他柔软物体同时压迫阻塞口、鼻孔，阻碍呼吸运动，影响气体交换而引起的窒息性死亡，称为捂死（smothering）。

捂死为他杀手段之一。捂死时罪犯常用的方式如下：①凶手常用一侧或双手捂压被害人的口、鼻孔，使被害人不能呼吸，逐渐因缺氧导致窒息而死亡。被害人常为婴儿、小儿、醉酒或昏睡的成年人、无力反抗的老人或病人等。②凶手常用毛巾、衣服、被褥、泥土、粘胶纸、多层湿纸、塑料薄膜等捂压被害人的口与鼻孔，或凶手将被害人面部用力按压在松软的物体上，如枕头、被褥、泥沙等，捂闭口、鼻孔，使其不能呼吸，导致被害人窒息死亡（图 11－15，11－16）。③凶手用塑料袋套在被害人的头部，并收紧袋口，使被害人不能呼吸，因窒息而死亡。④偶见熟睡中的成人肢体压在婴儿的口、鼻部，或妇女哺乳时将乳房紧压在婴儿的面部，引起婴儿窒息死亡；偶见儿童用塑料袋套头玩耍，呼气时薄膜离开口、鼻，吸气时薄膜贴在口、鼻孔而致空气不能吸入，也可引起窒息死亡，此种情况属于意外。

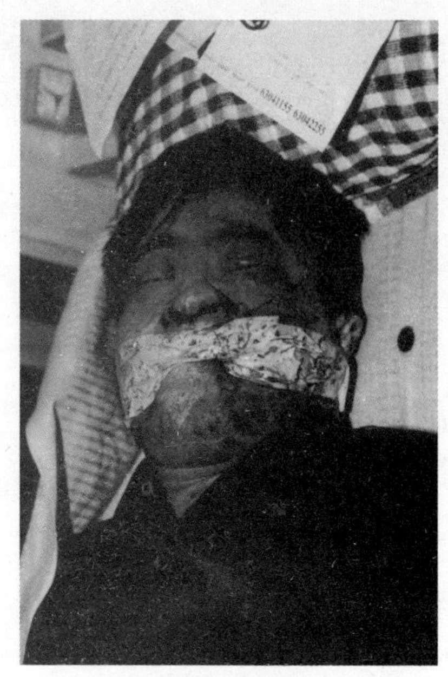

图 11－15　捂　死

用粘胶纸捂压被害人的口。

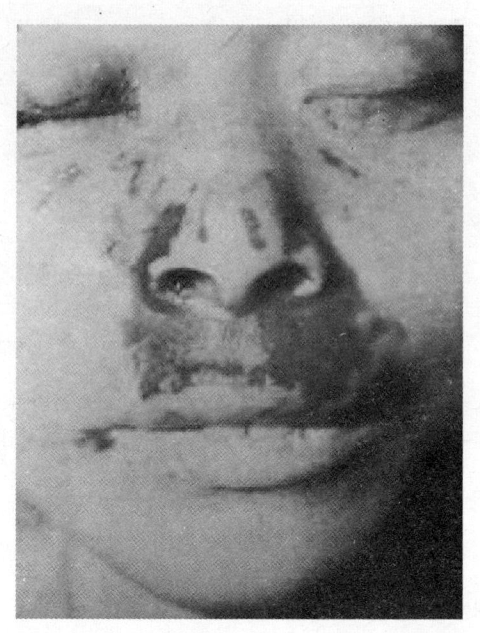

图 11－16　口与鼻周围表皮剥脱、皮下出血

闷死（suffocation）是由于局部环境缺氧所发生的窒息性死亡。如发生在废矿井、地窖或坍塌坑道中，由于局部环境中的氧被消耗，产生大量二氧化碳，或者产生有毒气体（如一氧化碳、二氧化硫等），可以使人迅速窒息或因窒息与中毒导致人呼吸衰竭死亡。

捂死和闷死的尸体形态学改变

捂死的尸体形态学改变

由于捂死是因单一缺氧而引起，比缢死、勒死、扼死的致死过程相对较长，尸体上所表现出的窒息征象也比较明显和典型。

1. 口、鼻部改变

用柔软的物体捂压时，面部常不遗留任何痕迹。以暴力压迫口、鼻孔时，由于被害人挣扎抵抗，常可在受压部位导致局部表皮剥脱、皮下出血，伴有指甲的抓痕或口、鼻歪斜或压扁的迹象，口唇及口腔黏膜、牙龈处可有挫伤出血，严重者可伴有牙松动或脱落。用泥土或沙土捂压口、鼻时，在口腔、鼻孔内及其周围常粘有较多的泥土或沙粒。

2. 体表及内部器官改变

死者的颜面部及四肢皮肤青紫明显，眼球睑结膜及口腔黏膜可见散在针尖大小出血点。内部器官浆膜或黏膜可见散在出血点，全身多器官淤血、水肿、灶性出血。

闷死的尸体形态学改变

闷死多为意外事故，一般发生速度较快，可存在缺氧征象，如手指甲发绀等。因缺氧死者生前难熬，常用手抓伤自己可及部位如胸、脸等部位，可看到抓痕。如果坑道坍塌或被他人捆绑后置于密闭空间内，尸体可有相应的机械性损伤所见。

捂死和闷死的法医学鉴定

捂死的法医学鉴定

捂死的案例多见于他杀，故应详细了解案情、勘查现场、检验尸体。除注意全身和颜面部的缺氧窒息性改变外，还应仔细查看口、鼻部的细微改变，必要时用放大镜或组织学方法进一步检验。对口、鼻部无明显压痕的死者，要确定捂死，有时颇为困难，必须慎重。应仔细寻查口、鼻部微细伤痕或压迫物所遗留的痕迹，并结合防卫伤、尸体解剖以及案情调查，做出鉴定。

闷死的法医学鉴定

闷死绝大多数为意外事故，如矿井坑道坍塌或进入废弃的矿井、地窖及通风不良的山洞等，导致缺氧窒息而死亡，有些情况下还可能存在有毒气体中毒。鉴定时通过案情调查、现场勘察和尸体解剖，一般不难做出法医学鉴定。对怀疑有毒气体中毒者，应提取心腔血液和现场空气标本进行检测。

哽 死

异物堵塞呼吸道、阻碍气体交换所引起的窒息性死亡称为哽死（choking）。

呼吸道内异物大多来自外界，常为食品类，如水果、果核、花生米、糖块等；非食品类，如纸团、笔帽、硬币、纽扣、玻璃球、假牙等；内源性的异物，如呕吐物、血液、凝血块等。

哽死多见于给婴幼儿喂奶或食物时，因其哭闹将乳汁或食物吸入呼吸道；幼儿或儿童玩耍时将纽扣、玻璃球、硬币、瓶盖等放在口中，或在吃肉块、花生米、豆类、糖块、水果等，不慎将食物吸入呼吸道，引起呼吸道阻塞而致死。也有凶犯将棉花、布片或纸团等柔软物体强行塞入婴儿咽喉部，以达到杀害的目的。

哽死的尸体形态学改变

1. 体表所见

尸表主要表现出一定程度的机械性窒息征象，头面部皮肤、眼结膜、球结膜及口腔黏膜均可查见散在的出血点。迅速死亡者，窒息征象可不明显。他杀案件中，由于异物被强行塞入口腔，常可见口周围有表皮剥脱，牙龈、口腔或咽喉部等处黏膜剥脱及黏膜下出血，并在被害人躯体的四肢、头面部等部位可见有防卫伤。

2. 内部改变

在咽喉部，气管，左、右支气管，甚至肺叶细支气管中可见异物，大的异物常留在咽喉深部，中等异物常留在气管和支气管内，小的异物则可吸入至细小支气管内（图

11－17）。咽喉腔的异物可刺激喉头和声门而致其黏膜水肿，气管、支气管可出现反射性痉挛，致呼吸进一步阻塞，从而加速窒息死亡的进程。口腔、咽喉、气管可见黏膜淤血，常有出血点。组织学检查可见肺淤血、水肿、出血等。对于误吸内源性呕吐物或血液而死亡者，还可见肺内细支气管，甚至肺泡腔内有食物中的植物或动物肌细胞或血液。

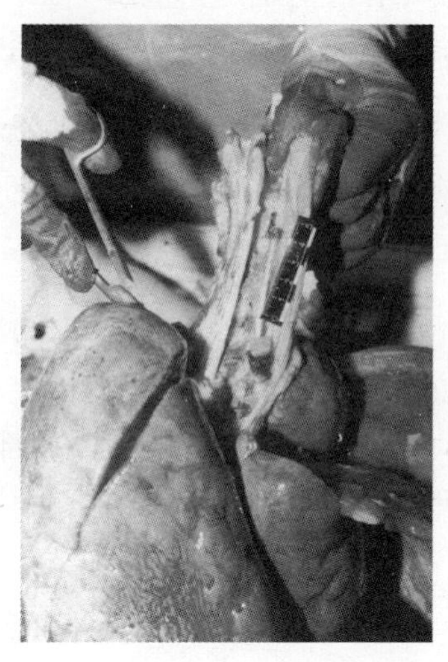

图 11－17　气管和支气管内异物

哽死的法医学鉴定

哽死以意外事故较为多见，他杀次之，自杀者罕见。哽死主要是依据尸检时在咽喉部、气管、支气管等部位发现异物，有时异物可被吸入至细支气管内。生前吸入的异物可达细支气管，甚至可深达肺泡，肺组织有生活反应。如果窒息时间较长，组织学检查还可见肺水肿、出血以及异物所在处的周围出现炎症反应。异物在死后进入者，无类似改变。另外，法医学鉴定时应注意勿将濒死期或由于不规范的人工呼吸、搬运或反转尸体，使胃内容物挤压至咽喉、喉腔或气管内等误认为哽死。一般濒死期或死后进入的胃内容物仅在气管或左、右支气管中，而且无相应的组织学反应。必须进行系统尸体解剖，排除其他死因，并结合案情等进行详细分析、判断，才能做出哽死的鉴定结论。

压迫胸腹部致窒息死亡

重物压迫胸、腹部严重阻碍胸廓和膈肌的呼吸运动可引起窒息死亡。此类窒息性死亡以意外性或灾害性事故最为常见，如房屋倒塌、矿井或坑道塌陷、车辆翻覆、山体滑坡或雪崩以及人群挤压等。偶见熟睡中母亲无意将自己的手臂或腿压在婴儿的胸腹部。重物压迫胸腹部所致死亡并不都是窒息死，也有可能压迫胸腹部引起重要器官如心、肺、肝、脾的破裂而死亡。偶尔也有他杀后伪装灾害死的案例。

压迫胸腹部致窒息死亡的尸体形态学改变

1. 尸体体表改变

挤压胸腹部致窒息死亡者，体表的窒息征象较为明显。颜面部、颈部及上胸部淤血、肿胀，发绀，包括受压部位以上的体表皮肤、颜面部、球睑结膜可见有淤点性出血。胸腹部受压部位可因死者身体大小、胖瘦、年龄以及压迫物体的质地、重量及作用方式的不同，形成不同的压痕，或无明显痕迹。质地柔软的物品，如被褥、厚重的衣物等裹压儿童而致死者，体表可无明显压痕。如硬而重的物体，特别是突然挤压或坠落而压迫在胸腹部时，常可使受压部位发生表皮剥脱、皮下出血，甚至出现挫裂伤和重物压陷的痕迹。

2. 尸体内部改变

尸体内部改变主要表现为受挤压部位的皮下软组织、肌肉内出血并有肋骨、胸骨、锁骨及其他骨骼骨折；严重者可见心、肺、肝等器官挫伤甚至破裂；脑蛛网膜下隙及脑实质内可见片状或灶性出血甚至可伴有视网膜出血；如窒息过程较长，常见有肺水肿，心、肺浆膜可见淤点性出血。

压迫胸腹部致窒息死亡的法医学鉴定

压迫胸腹部致窒息死亡者大多数属于意外性或灾害性事故所致。未见报道采用此法自杀。他杀者多见于杀婴。鉴定首先确定是意外性、灾害事故中死亡还是他杀；确定是受害者胸腹部受到挤压后死于窒息，还是因暴力性挤压后导致内部器官破裂，因大量失血等而导致死亡；鉴定时还应辨明身体所受损伤的范围、程度和死亡原因是否与现场状况相符；鉴定死者有无防卫伤存在；确定身体损伤是生前伤还是死后伤。鉴定挤压性窒息死亡时，需注意死者身体各部位所受到的损伤是否符合挤压伤的病理形态特征；现场如建筑物的倒塌、塌方、车辆的翻覆与死者身体上的损伤形成的特点是否一致，有无他杀后伪装灾害事故现场情况。

性窒息死亡

性窒息（sexual asphyxia）指性心理和性行为变态者，独自在极为隐蔽的场所采用各种奇特的方式，使自己处于一定程度的缺氧状态以刺激其性欲，增加性快感而进行的一种性行为活动。变态者在实施过程中若措施不当或失控，可发生意外窒息死亡，称之为性窒息死亡。

性窒息多见于青壮年男性，偶见于年老者。在国外也有女性性窒息死亡的报道。由于性窒息死亡者常被误认为是自杀或他杀，同时还可能在保险和遗产继承等方面引起法律上的纠纷，因此，法医学和医务工作者均有必要掌握性窒息死亡的特点。

性窒息死亡的现场

性窒息者多选择较为隐蔽而僻静的场所，如独居的卧室、地下室、仓库、树林深处等。如在室内，死者常从里面紧闭门窗，独自进行预期的性生活，以免被别人发现或有其他干扰。

现场均无搏斗痕迹，现场中常可发现各种与性活动有关的或刺激性欲的物品，如色情画报和书刊、淫秽小说、可用于观察自己性活动的小镜子，以及女性用品，如女性发套、假乳房、化装用品、女性服装、内衣、鞋袜等，还可看到各种绳索及塑料袋。性窒息死亡者的服饰怪癖，打扮奇特，但也有被发现呈裸体、半裸体或无特殊打扮者。多数为男扮女装，如头戴假发辫，胸前挂假乳房，身着女性内衣，足穿尼龙长袜和高跟鞋。如果死者先被家人发现，这些物品可能被隐蔽和藏匿而在勘验现场时不能见到。性窒息的方式多种多样，最常见是用各种绳索、长尼龙袜、围巾、头巾等缢吊，或用奇特的绳套进行绞勒，或用塑料袋套在头部、用软物捂住口鼻等。现场还可发现死者以往多次进行性窒息活动时所遗留的痕迹，如绳索摩擦床头和屋梁的痕迹等。

性窒息死亡者大多具有一定文化，性格方面大多属内向型，平时少言寡语，为人腼腆，不善于接触异性，可能有手淫史。不少性窒息死亡者已婚，夫妻感情良好，生活和谐。绝大多数性窒息死亡者都有不同程度的异装癖、恋物癖、淫物癖及自淫虐症等变态性行为的表现。

性窒息死亡的尸体形态学所见

尸体一般为全裸或半裸，生殖器裸露，阴茎上多系有塑料袋和绳索，阴茎附有精液；颜面部青紫，眼结膜及口腔黏膜呈点状、小片状出血，口、鼻内有血性分泌物，少数死者有舌尖外露。有时在缢吊和绞勒时在颈部衬垫柔软的毛巾等物品以减轻缢颈或勒颈时的疼痛，以致颈部索沟不明显。内部征象与缢死相同。

性窒息死亡的法医学鉴定

性窒息死亡现场往往被家属破坏，移走现场内的淫秽物品、女性物品等，若家属又不配合会给确定案件的性质带来一定的困难。另外，性窒息死亡者因其绳套和绳结奇异复杂，地点常为隐蔽之处，常被误认为是他杀。因此，法医学鉴定时要认真调查案情，仔细勘验现场，并进行系统尸体检验，结合性窒息死亡者的特点，如尸体位于隐蔽之处，全身裸露或半裸露，现场发现女性用品或淫秽物品，结合奇异复杂的绳套、绳结及毒物检测等综合分析，做出性窒息死亡的鉴定结论。

（赵子琴）

12 溺　　死

溺死的机制（195）

溺死的尸体征象（196）

尸体外表征象（196）　尸体内部征象及肺组织学改变（198）

实验室检验（199）

硅藻检验（199）　血液化学成分检验（202）　叶绿素检验（203）

其他生物学的检验（203）

溺死的法医学鉴定（203）

确定死因（203）　溺死与死后入水的鉴别（204）

其他问题的鉴定（204）

溺死（drowning）亦称淹死，指液体吸入呼吸道和肺而引起的阻塞性窒息死亡。溺液多为淡水或海水，偶尔是酒、油、尿或粪汁等其他液体。实际上溺液仅淹没口和鼻孔，即可造成溺死，不一定需全身浸入溺液之中。

溺死多发生在江湖区域和濒海国家，农村多于城市。在日常生活或洪涝灾害中，溺水的发生率与死亡率均高。海水中溺死的尤以船舶发生灾害事故者突出。以 2006 年 2 月 2 日发生的埃及“萨拉姆 98”号客轮翻沉于红海为例，1 400 余名乘客落水，仅 387 人获救，找到 411 具遇难者尸体，611 人失踪。1970 年在美国溺死者为 5 700 余人，约占意外死亡的 7%。英国内务部统计，1975 年—1976 年，在英格兰和威尔士共发生 2 800例。我国四川省 1982 年—1988 年部分市（县）的统计，溺死占意外死亡的 15.61%而居于首位。在溺死者中有相当部分是自杀和他杀投水而死的，这也是溺死的法医学鉴定中主要面对的对象。但是，水中发现的尸体并非皆为溺死，少数案例是死后将尸体抛入水中的，这是鉴定中需要加以鉴别的。

人溺水通常经过前驱期、呼吸困难期、呼吸暂停期、终末呼吸期和呼吸停止期 5 个阶段而死亡。整个溺死过程通常为 4 min～5 min，少数为 8 min～12 min。海水中遇难者有时可遇到鲨鱼、海蛇和水母等海洋生物的侵袭。

溺死的机制

严格地说溺死的机制并未完全研究清楚。溺死远比单纯性的窒息要复杂得多。死亡由复杂的病理生理过程所造成，主要为溺液阻塞呼吸道，亦与血液的浓度改变、电解质的紊乱及其他生理功能障碍有关。

大多数溺死为溺液进入呼吸道和肺后，阻塞呼吸道和肺泡，阻碍气体交换，造成机体呼吸功能不全和低氧血症、二氧化碳蓄积、高碳酸血症，引起缺氧窒息和酸中毒，加之血液容量改变、电解质紊乱和溺性低体温，导致急性窒息死亡。此类死亡为典型溺死（typical drowning）。典型溺死占溺死总数的85％～90％。典型溺死的机制中，除体内缺氧和二氧化碳储留外，由于吸入并阻塞呼吸道的溺液的性质不同，溺死者所处的内外环境的骤然改变各异，因此所触发的病理生理和生化过程亦不完全相同。淡水中溺死者，低渗性溺液经肺泡壁毛细血管迅速渗入血液，使血液稀释，并发生溶血，血钠、氯、钙含量及血浆蛋白的浓度降低，血钾含量升高，导致心室颤动和心脏停搏等加速死亡进程；而海水中溺死者，由于海水的高渗作用，血液中的水分大量渗入肺泡，使全身血液浓缩、血容量减少，并引起肺水肿及促使呼吸衰竭等一系列病理生理和生物化学改变，导致心力衰竭，加速死亡。不论在淡水或海水中溺死，主要的死亡机制是吸入溺液所致的阻塞性缺氧、二氧化碳储留以及由溺液引起的水和电解质紊乱。

有10％～15％的水中死亡者未吸入溺液或吸入甚少，死因主要是冷水刺激喉部，引起声门痉挛而造成急性窒息死亡，故其尸体上有一定的窒息改变，而溺死征象不明显；或是由于喉头神经等受冷水的刺激而引起反射性心搏骤停或神经源性休克所致死亡，这种死亡发生迅速，尸体上可无溺死及窒息的改变。这些死亡本质上并非由溺液吸入并阻塞呼吸道所致，故又称为非典型溺死或浸没死（death due to submersion or immersion）。

极少数落水后死亡者是由于落水引起的恐惧、水温及水压的刺激或剧烈的挣扎活动，触发了潜在的疾病突然发作而死亡的。这种死亡实质上属于水中猝死。

还有极少数溺水者被抢救出水后经过一段时间，甚至几天后才死亡，称之为“迟发性溺死（delayed drowning)”，其死因多为继发性肺水肿、支气管肺炎或肺脓肿等。尸体解剖可发现相应的病变。

溺死的尸体征象

溺死者的尸体具有一般窒息死亡的征象和溺死所特有的征象，还可发现在溺液中浸泡所出现的改变。死后抛入水中的尸体则仅出现浸泡的征象。

尸体外表征象

1. 溺死征象

（1）蕈状泡沫：溺死者呼吸道常溢出黏稠、细小的泡沫，堆积在口、鼻孔部并呈蕈状（图12－1）。蕈状泡沫一般呈白色，若呼吸道毛细血管破裂出血，可呈淡红色或白中夹带红色；蕈状泡沫较稳定，不易消散，抹去后亦可再溢出。压迫尸体胸腹部或翻动尸体，泡沫溢出可更多。蕈状泡沫夏季可保持1 d～2 d，春、秋季可保持2 d～3 d，冬季可保持3 d～5 d。泡沫干燥后，在口、鼻孔处或其周围可形成痂皮样残留物。尸体高度腐败后泡沫可消失。蕈状泡沫系在溺死过程中，呼吸道黏膜受溺液的刺激分泌大量黏液和蛋白质，经剧烈呼吸运动，分泌物与溺液和空气混合搅拌生成，是溺死的一种具有特征性的征象。头部外伤、高血压和某些药物如 Dormison 中毒，因死前并发严重肺水肿，尸体口鼻部亦可有泡沫出现，但泡沫的量及黏稠度均不及溺死的泡沫，加之案件发生的背景和死亡当时情况，足以与溺死泡沫相区别。

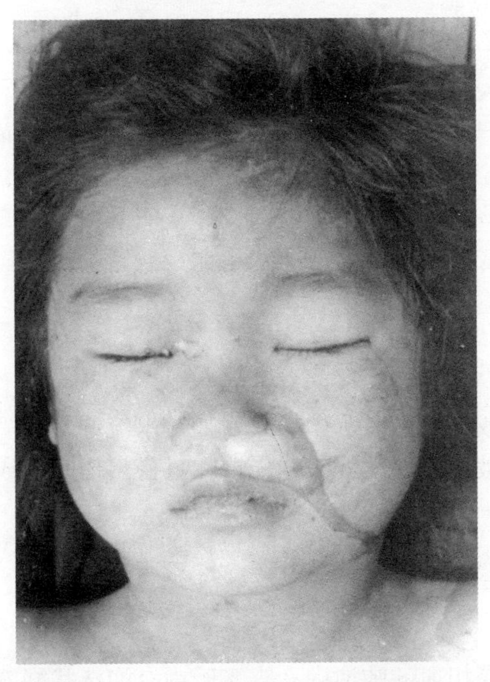

图 12－1　**溺死尸体口、鼻部蕈状泡沫**

（2）发绀：由于窒息的原因，死者的口唇和指尖发绀。

（3）手中握物：部分溺死尸体的手中可握有泥沙、水草等物。此系在溺死过程中挣扎时抓握所得。由于死时发生局部尸体痉挛，死者可握住水草、泥沙不放松，故可作为溺死的证据之一。有时尸体的指甲缝中藏有泥沙等物质，只说明手曾接触过这些东西，但不一定是生前接触的。

（4）"鸡皮样"皮肤及局部收缩：由于冷水刺激，立毛肌收缩，毛囊隆起，而使皮肤呈鸡皮样改变，以双臂和两股部外侧较常见。冷水刺激尚可使阴囊、阴唇、乳房皮肤收缩形成皱襞，阴茎呈收缩或半勃起状态。但是，刚死即入水的尸体，也可能发生超生反应而出现此类改变。

（5）眼部出血：眼结合膜常有点状或片状出血。

（6）尸斑浅淡且出现迟缓：因冷水刺激，使体表血管收缩，加之尸体漂浮，体位多变，故溺死尸体的尸斑形成常较慢且色较淡。有的尸体由于水中温度较低，使氧合血红蛋白不易分解，以及水中的氧气渗入皮下毛细血管内并与血红蛋白结合，生成氧合血红蛋白，故尸斑可较鲜红。但是，死后立即入水的尸体亦可能有此改变。

2. 水中浸泡征象

(1)“漂妇样变”：由于浸泡后液体渗入皮肤，使角质层膨胀、变白、起皱，而使皮肤发生所谓“漂妇样变”。通常在水中浸泡约 1 h，手指和足趾即可出现此种变化；浸泡约 1 d，可累及手掌面和脚掌面；浸泡约 2 d，手、脚部全部呈此改变；浸泡 7 d～14 d，可使表皮和真皮分离，手脚部表皮呈“手套样”或“袜子样”脱落，毛发亦脱落；浸泡 3～4 周后，指（趾）甲易脱落。

(2) 尸体腐败：水中尸体腐败的发生慢于陆上尸体，但一旦尸体从水中打捞出来后，则腐败发展很快。因人体重心偏上，故水中尸体头、胸部位置较低，血液易向头、胸部坠积，所以，水中尸体的腐败先出现于头和上胸部，然后向全身发展。水中尸体发生腐败于夏天约经 2 d 出现，冬天约经 7 d 出现。

(3) 其他改变：有些尸体在水中浸泡时间较长，可发生尸蜡现象。有些水中尸体，表面尚可有绿苔、藻类或菌丝生长，或有水中泥沙或污物附着，尸体表面及孔窍内还可有淤泥。

3. 尸体上的损伤

溺死或死后入水的尸体上，均可能有各种形态的损伤。损伤既可能是入水前形成，亦可能是在入水过程中或入水后在水中形成，如被水流冲击而撞到水中礁石或其他物体上、被水族动物啮咬、被船艇的螺旋桨损伤或在打捞尸体时造成。这些损伤可以是生前伤，也可能是死后伤。

尸体内部征象及肺组织学改变

1. 呼吸道内异物

呼吸道及与口、鼻腔相通的肺泡中和蝶窦腔内有泡沫状溺液、水草、泥沙、浮游生物及其他异物存在。有时呼吸道内还可查见吸入的呕吐物。泡沫和异物被吸入呼吸道内，尤其是被吸入呼吸道深处和肺泡内及蝶窦腔内等处均系生活反应。

2. 水性肺气肿

水性肺气肿（emphysema aquosum）是尸体上溺死的最重要的证据之一。水性肺气肿表现为肺体积增大、重量增加（可达 600 g～900 g），前缘可掩盖心脏，表面有肋骨压痕，指压凹陷，捻之有捻发感；肺叶边缘钝圆；肺表面湿润，颜色较正常为浅，呈浅灰红色，夹杂淡红色的充血区；脏胸膜表面可见面积较大、边缘不清的浅红色斑，称之为 Paltauf 斑，亦被称为“溺死斑”，此斑系肺泡间隔血管断裂，发生出血和溶血而形成，多见于肺叶相邻处及肺下叶；肺的切面可见泡沫状液体溢出。通过显微镜检查：各级支气管及肺泡腔内有淡红色的液体及泥沙、水草、浮游生物，有的案例可见呕吐物等异物，接触呕吐物的肺组织可发生自溶；部分肺泡扩张，壁变薄或断裂，融合成空腔；部分肺泡因表面活性物质丧失而萎陷；部分肺泡壁毛细血管扩张、充血并有溶血（图 12－2）。

3. 胃肠道内有溺液及其他异物

此与呼吸道和蝶窦内发现溺液对溺死的诊断具有同样的价值。尸体腐败前，胸膜腔和腹膜腔内皆有一定量渗漏出的黄色或淡红色液体，相对密度小于 1.040，但此非溺死所特有。

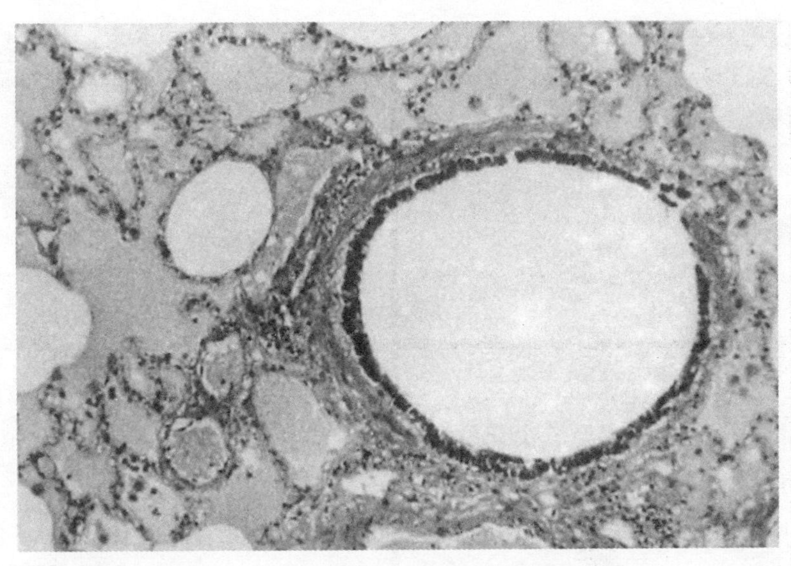

图 12－2　溺死尸体水性肺气肿组织学形态

4. 其他改变

右心及静脉淤血明显。淡水中溺死者溺液可造成尸体血液溶血，可使心内膜和主动脉内膜红染。颞骨岩部和乳突小房内出血。胸锁乳突肌、斜角肌、胸大肌、背阔肌等呼吸辅助肌皆可因溺死过程中剧烈的呼吸、挣扎和肌肉痉挛而出现点状、条状或片状出血。出血常为双侧性。

实验室检验

硅藻检验

硅藻（diatom）是一种单细胞浮游生物，大小因种类不同而差别较大，为3 μm～20 μm。其外壳中含有大量硅酸盐类化合物，故不易被高温和强酸所破坏。硅藻的种类极其繁多，不同水域和季节，其种类的分布和数量均有差异，这有助于判定溺死水域或入水地点。硅藻细胞形状不一，有圆形、椭圆形、线形、针形、棒形、四方形、三角形、六边形、八面形、多枝放射形等，壳面有各种花纹。海水中以圆心目硅藻多见，淡水中以羽纹目硅藻多见（图 12－3～12－5）。

人在溺死过程中，水中的硅藻随溺液到达肺部，进入肺泡壁破裂的毛细血管，因心搏存在而随血流到达心脏，再随血流进入体循环而到达全身各处。但是，因水中的硅藻亦可随溺液在死后进入胃和肺内，故有学者认为只有从尸体的肾脏、肝脏、心腔血液、脑、骨髓和牙髓等组织中检出硅藻，且其与溺液中的种类相同时对诊断溺死才具有价值（图 12－6）。我国也有学者认为从肺的边缘部找到大量硅藻，且其与溺液中的种类相同

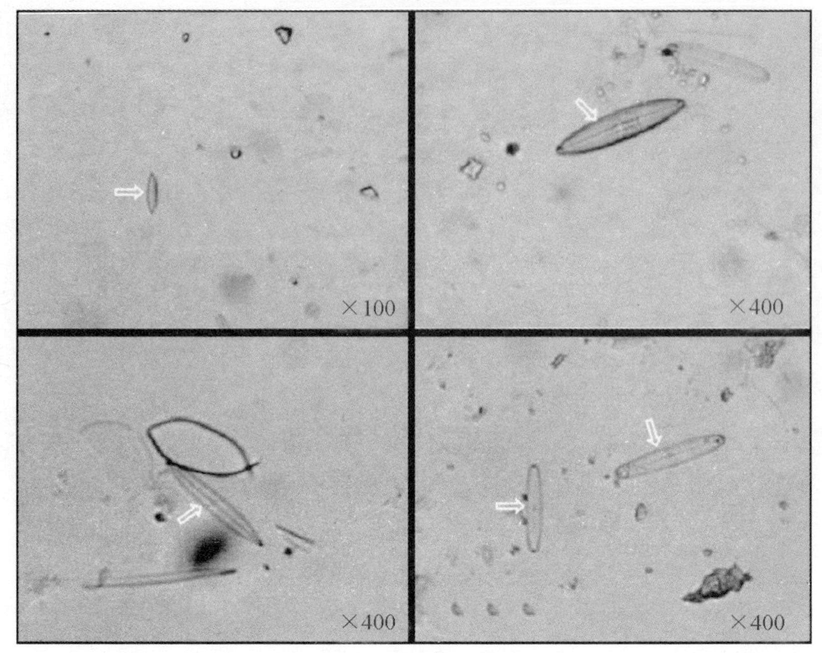

图 12－3　硅藻形态

通过普通光学显微镜观察，硅藻细胞呈椭圆形，高倍镜下硅藻外壳可见羽纹。

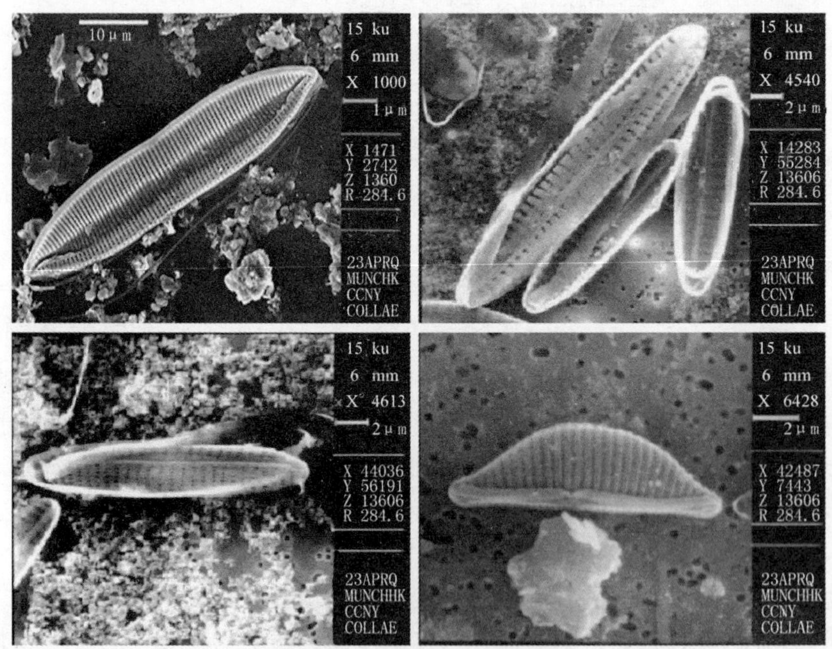

图 12－4　羽纹目硅藻扫描电子显微镜下形态

通过扫描电子显微镜观察，硅藻细胞呈椭圆形，高倍镜下硅藻外壳可见羽纹。

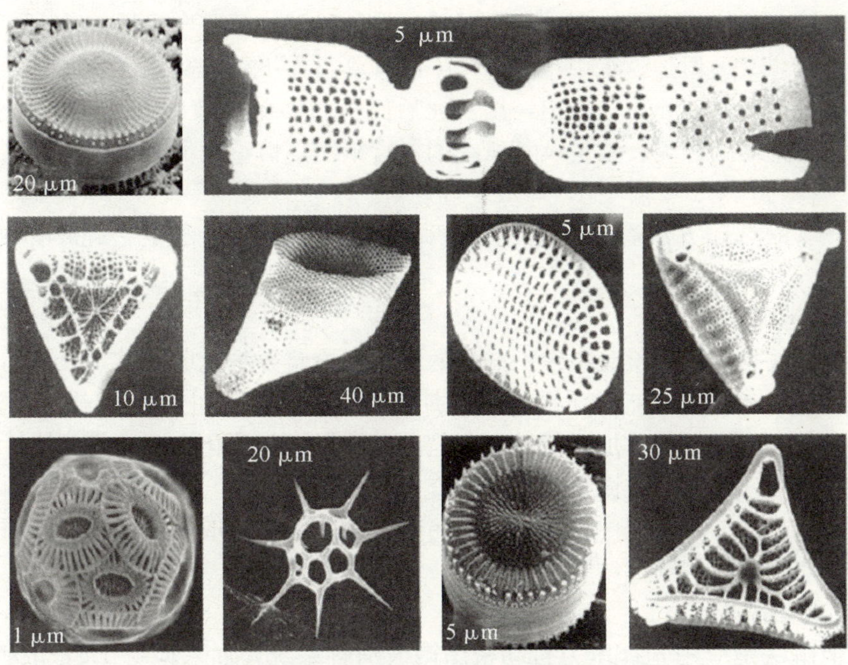

图 12－5 **圆心目硅藻扫描电子显微镜下形态**

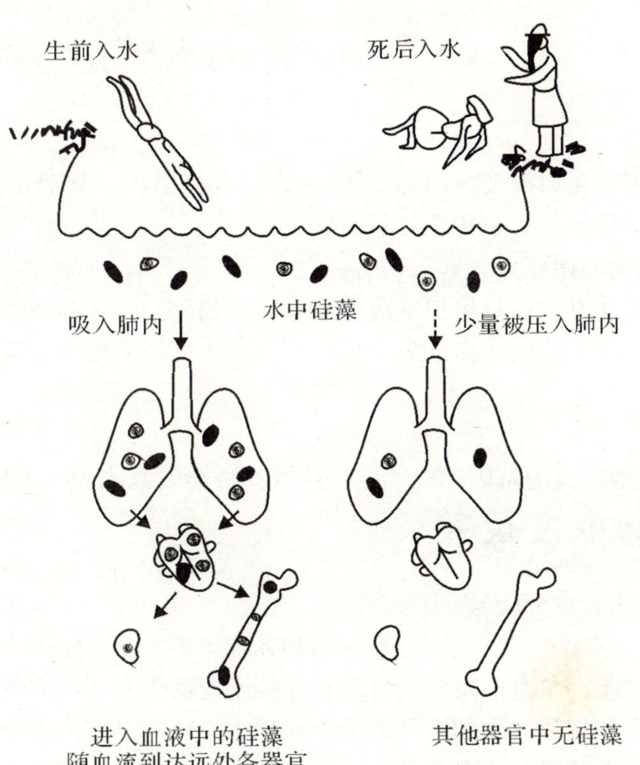

图 12－6 **生前入水与死后入水硅藻分布差异示意图**

时，才具有诊断价值。在高度腐败及白骨化尸体的骨髓、牙髓中检出硅藻，对诊断溺死尤其具有重要意义。但是，水中尸体内检不出硅藻，亦不能排除溺死。同时，要考虑到生前吸入空气中硅藻而死后被检出，以及死后硅藻污染而被检出的可能，此种情况下，要注意检出的硅藻的种类、数量及其所在的器官组织，慎重地分析原因和结果，再做出结论。

检验硅藻的具体方法有强酸消化法、微波消解法、酶消解法、硅胶梯度离心法、PCR 法等。

1. 强酸消化法

强酸消化法是传统的检验组织中硅藻的方法。检验方法是取检材 10 g，切碎后置烧杯内；加少量无水酒精，然后缓缓加入发烟硝酸；待发泡停止后，在烧杯上盖一培养皿，置水浴上加热；必要时加少量过氧化氢，至检材全部消化为澄清的液体。然后，高速离心，取所得残渣通过显微镜观察，检查并计算硅藻个数。硅藻检验应取现场水作为对照。应注意排除检验过程中可能造成的污染或试剂不纯、取材不当，以及消化过度等原因造成的假阳性或假阴性结果。

2. 微波消解法

微波消解法是应用光纤压力自动密闭微波消解系统，加入检材 1 g，浓硝酸 5 ml，在加压 500 kPa 和微波加热条件下消解 3 min～5 min 后离心，再用重蒸水对沉淀物洗涤离心 3 次，然后取沉淀物借助显微镜检查。此法比传统强酸消化法节省检材和硝酸，费时少，环境污染小，检出硅藻数量多、种类多、形态完整，且可见到保存有叶绿素的绿色硅藻。

3. 酶消解法

酶消解法是用胰蛋白酶及蛋白酶 K 混合消化有机组织，然后借助显微镜检验。该法检出硅藻的量及种类均优于传统强酸消化法。

4. 硅胶梯度离心法

硅胶梯度离心法是将检材组织制成匀浆，加入到硅胶密度棒离心，硅藻及其他浮游生物沉淀于沉淀管底部，取之借助显微镜检验。此法可较完整地保留被检物的形态，提高检出率。

5. PCR 法

用 PCR 法扩增硅藻的基因，以确定硅藻及其种类。此法为硅藻检验开辟了新思路。

血液化学成分检验

1. 心腔血液固有成分检验

理论上淡水中溺死者，因低渗性水分由肺入血，左心腔的血液被稀释，血液中氯、钠、镁离子，血红蛋白及血清蛋白的含量和黏稠度均低于右心腔内的血液；海水中溺死者，因海水的高渗作用使血中的水分大量渗入肺内，故左心腔内血液浓缩，以致各种电解质、血红蛋白及血清蛋白的含量和血液黏稠度增高。但是，对此检验有不同看法。有专家认为在死后 12 h～24 h 内，能迅速取得检材的案例，此检验对诊断溺死是有帮助的。另外，检验结果与取材方法有很大关系。因为在人死后随时间延长，血液中的有形成分逐渐坠积而分层，如果取材不当会影响分析结果。腐败尸体因发生死后循环，即使心腔血液成分有差别也无实际意义。

2. 血清中微量元素含量的检验

一些地区的江河或水域中，某些微量元素的含量明显高于其他江河水域，故在这种水域中溺死者，心腔或静脉腔血清中该种微量元素的含量可增高。例如高氟地区水中氟含量较高，故在此水域中溺死者的血清中氟的含量可明显高于非溺死者的血清中氟的含量。

3. 心房尿钠肽检验

心房尿钠肽（atrial natriuretic peptide，ANP）是一种由心房分泌的激素，由28个氨基酸组成，与血容量和电解质平衡有密切关系。研究发现心房尿钠肽在血浆中的浓度因海水中溺死而增高，因淡水中溺死而更加增高，且差异均有显著性。故检测心房尿钠肽的浓度能区分溺死与死后浸尸，还能区分是在淡水还是在海水中溺死。

4. 水中污染物质检验

工农业生产中产生并排入水中的污染物中的化学物质，可在此水域中溺死者的血清中检出，尸体内检出的含量要高于正常水平，但达不到中毒量或致死量。

叶绿素检验

水中生有大量藻类，而硅藻只占其中的少部分。不同水域或同水域的不同深度，水藻的种类和数量是不同的。藻类中均含有各种叶绿素，尤其是都含有叶绿素A（chlorophyl A，Chl A）。叶绿素可随藻类在溺死过程中进入人体的器官组织。取人体检材加丙酮研磨后浸泡、离心数次以提取叶绿素，然后取提取液在分光光度仪上进行叶绿素A的检测。该法较硅藻检验灵敏、简单、成本低。

其他生物学的检验

淡水中的纤毛原虫、含叶绿素的浮游生物、植物花粉、孢子、角化植物纤维和植物的细胞等均可随溺液进入人体；溺水过程中被冲入肺血管的肺泡巨噬细胞、灰尘、微沙粒、炭颗粒等可到达心腔血液中。采用微生物培养方法、荧光显微镜及光学显微镜检查上述成分，对确定溺死均有一定意义。

溺死的法医学鉴定

确定死因

新鲜尸体可根据死者的溺死征象，如口、鼻部有泡沫存在，结合从器官中检出硅藻，左、右心腔血液成分的生物化学检验等，诊断溺死并不困难。腐败尸体或已白骨化的尸体诊断溺死极困难，有的案例可根据从骨髓、牙髓中检出硅藻，颞骨岩部和乳突小房内有出血等征象做出判断。但是，如果从腐败尸体中检不出硅藻，通常亦不能否认溺死。

溺死与死后入水的鉴别

主要根据尸体有无溺死的特异性改变、实验室检验结果及有无其他死因存在来判断或鉴别死因。溺死与死后入水的鉴别详见表 12 - 1。

表 12 - 1　溺死与死后入水鉴别

	溺　死	死后入水
口、鼻部	有蕈状泡沫	无蕈状泡沫
手　中	可握有泥沙、水草等物	不握泥沙、水草等物
眼　部	结合膜常有出血点	除窒息外，无此现象
呼吸道	气管、支气管、肺泡内有溺液、泡沫状液和溺液中的异物	上呼吸道中可见溺液及溺液中异物，水压大时可达肺部，但无泡沫状液体
消化道	胃和小肠内有咽下的溺液和溺液中异物	少数可在胃内见到少量溺液
肺　脏	出现水性肺气肿，肺膨大，表面有肋骨压痕和淡红色出血斑，切面有泡沫状溺液流出	无此改变
硅藻检验	肝、肾、脾、脑、心腔血液、骨髓、牙髓中可检出硅藻	检不出硅藻
左右心腔	左、右心腔血液成分有差异	左、右心腔血液成分无差异
微量元素	溺液中含量较高的微量元素在血清中会增高	血清中不增高
死　因	只有溺死死因	有非溺死的死因

其他问题的鉴定

其他问题的鉴定包括个人识别、死亡性质及方式、死亡时间或浸泡时间、落水地点等问题的鉴定。一般需要依据尸体检验、案情调查、现场勘验、实验室检验等多方面材料，结合有关的知识，综合分析判定。个人识别见有关章节。

1. 死亡性质及方式

根据案情调查、现场勘验，发现有关自杀、他杀和意外灾害的证据。尸体检验时，有时可发现自己或他人造成的损伤及其他暴力征象，可助鉴别。有时，水中尸体上可缚有绳索或捆以重物，可帮助鉴别死亡性质。如根据缚索的特点、缚结的特点、缚绑的特点等，区别是自缚还是他缚，是缚后入水溺死还是死后缚绑再抛尸入水的。有时，上述尸体上特征不明显时，对死亡性质的判定很困难，要结合多方面材料，认真分析研究后确定之。

2. 死后经过时间或浸泡时间

溺死者，死后经过时间和浸泡时间基本一致。死后入水者，因死亡与入水之间的时间间隔长短不一，死后经过时间和浸泡时间的差别可以不一致。死后经过时间和浸泡时间的推断，可根据尸体现象、皮肤浸软程度、毛发和指甲脱落情况、腐败情况、白骨化情况、尸蜡形成的情况、体表水中植物附着生长的情况等予以推断。有时，尚要参考尸体衣着、随身携带物品、当地气候条件、水温、水流、水质等情况综合分析判断。

3. 落水地点

落水地点可根据案情调查、现场勘验，例如水边的足印、遗留物和搏斗痕迹，死者的衣着打扮的地域特点，身体内溺液中硅藻、水中浮游生物及微量元素的地域特点，以及身上附着的泥沙等物质的地域特点等予以判定。浮尸还要结合水流的方向、速度、风力、潮汐等情况综合分析判定。

4. 水中尸体浮至水面所需时间

人溺死后，尸体往往沉至水底。经过一定时间，尸体发生腐败。随腐败气体在尸体中产生数量的增加，尸体的比重变小、浮力增大，尸体逐渐自水底浮起。国外有研究者对沉落在水底的尸体做了多年的观察和实验，结合他人的经验和实验研究曾绘制出一张尸体自水的底部浮至水面所需时间的关系表，表明在不同温度的水底条件下，尸体发生腐败与尸体浮至水面所需的日数，但尚不够完善。据此研究，水底温度为 10 ℃时尸体浮至水面约需 10 d，15 ℃时约需 6 d，25 ℃时约需 2 d。位于 40 m～50 m 深水以下的尸体，因水压太大，可能浮不起来。

（张小宁）

13 猝 死

猝死的原因与诱因（206）
猝死的原因（206） 猝死的诱因（207）
猝死的法医学鉴定（207）
法医学鉴定的目的（207） 法医学鉴定应注意的问题（208）
引起猝死的常见疾病（208）
冠心病（208） 心肌炎（210） 出血性脑血管病（211）
支气管肺炎（213） 病毒性肺炎（214） 肺栓塞（215）
急性出血坏死性胰腺炎（216） 青壮年猝死综合征（217）
婴幼儿猝死综合征（218）

猝死（sudden death）指貌似健康的人因潜在性疾病（器质性或非器质性）而发生急速的、意外的死亡。猝死具有以下特点：①死亡的急骤性。对猝死发生的经过时间各家标准不一，Noseda 提出为 1 h，Anderson 提出为 2 h，WHO 规定为 24 h，法医学采用 WHO 标准。大多数猝死案例，死亡常发生在出现症状后数分钟或数秒钟。②死亡的意外性，是猝死的另一个特点。死者生前无危及生命的症状与体征，当死亡发生后，让人难以接受。由于死亡出人意料，引起人们怀疑系暴力性死亡，而要求进行法医学检验鉴定。③死因系潜在的进行性疾病或功能障碍。④可有或无诱因。

猝死属自然死亡，一般不涉及法律问题。但下述几种情况需要进行法医学鉴定：①死者死亡时无目击者在场，常怀疑为自杀或他杀。②死者死前曾与他人争吵或夫妻反目，更易怀疑为暴力死。③罪犯有时乘病人服药，投毒于药内；或乘病人无力反抗，用暴力致人死亡，伪装猝死。

猝死的原因与诱因

猝死的原因

几乎所有器官、系统的疾病均可引起猝死，但其发生率有所不同。新生儿及幼儿的猝死中，呼吸系统疾病占首位；成人猝死中，心血管系统疾病占首位，其次为神经系统和呼吸系统疾病，而消化系统、泌尿生殖系统等疾病相对较少。生殖系统疾病猝死，尤其是羊水栓塞是孕妇猝死的最常见原因。猝死男性多于女性，城市居民多于农民。猝死有两个高发年龄段，一个在出生至6个月，另一个在37岁与70岁之间。

表13－1 猝死疾病分类统计表

报告者	时间	例数	各系统疾病致死构成比（%）					
			心血管	中枢神经	呼吸	消化	泌尿	其他
李德祥	1951年—1987年	360	41.4	13.6	21.1	7.0	0.9	8.0
杨清玉	1958年—1987年	714	53.2	13.7	14.4	6.5	4.2	8.0
东京地区	1952年—1956年	3 800	56.0	14.5	16.4	9.7		3.4
Helpern	1937年—1943年	2 030	44.9	17.9	23.1	9.7	0	4.4

猝死的诱因

猝死常有诱因，少数案例可在没有诱因的情况下发生，如睡眠中猝死。常见的诱因如下：

（1）精神因素：精神因素是猝死最常见的诱因之一，如狂喜、狂怒、忧伤、悲愤、恐惧、惊吓、争吵、情绪激动等。

（2）过度疲劳：过度疲劳亦为猝死的常见诱因。但有时对正常人属正常运动量的活动，如爬山、洗澡、性生活等，亦可成为有潜在疾病者猝死的诱因。

（3）轻微损伤：死者在争吵中曾被击中头部、胸部或腹部等，损伤程度轻，不足以构成直接死因，但有时可诱发猝死。这种情况下判明损伤与疾病的关系就显得极其重要。

（4）暴饮暴食：可能诱发急性出血性胰腺炎或冠心病猝死。

（5）用药不当：某些药物如奎尼丁、利多卡因、六烃季胺等使用不当，可以诱发猝死。

对于猝死的原因，尽管绝大多数通过尸体解剖和病理组织学检查可得出结论，但仍有少数虽做了全面系统尸体解剖和病理组织学检查，仍未能发现足以说明死因的器质性病变。这时需做特殊的检查，如心脏传导系统、免疫组织化学及体液离子检查等，以期发现功能障碍而导致的猝死。

猝死的法医学鉴定

法医学鉴定的目的

（1）查明死亡原因：猝死因发生突然且出人意料，易被怀疑为中毒或其他暴力死。当死亡发生在死者死前曾与他人争吵、斗殴或受伤等情况下，或发生在住院期间的诊疗过程中，特别在注射或服药后死亡，常引发纠纷，这时查明其死亡原因尤为重要。

（2）查清损伤与疾病的关系：通过法医学检验查清损伤与疾病的关系，证实损伤与猝死是否有关，以便确定法律责任。如工伤或车祸后发生猝死，涉及保险、赔偿等问题。某些外伤性死亡发生在潜在性疾病突然发作之后，如司机在驾车过程中冠心病发作酿成交通事故；高血压性脑出血病人发病时跌倒或从高处坠落引起损伤死亡等。通过法医学尸体解剖才能阐明其因果关系。

（3）揭露潜在犯罪行为：在法医实际工作中常见采用投毒、机械性窒息、机械性损伤或电击等暴力手段将人致死，伪报猝死以逃避罪责的案例。通过尸检和毒物分析方能查清犯罪事实。

为了对猝死的死因做出科学鉴定，法医学鉴定人必须了解案情，收集病史、家庭史和死前的临床表现，参加现场勘查，收集呕吐物等，及时进行全面尸体解剖和组织病理学检查，必要时进行细菌培养、生物化学检验及毒物分析，并经全面综合分析，做出正确的鉴定结论。

法医学鉴定应注意的问题

（1）确定死因。可能遇到以下几种情况：①死因明确，病变显著，足以解释死亡原因，排除了致命性损伤或中毒的存在。例如主动脉瘤破裂、心肌梗死、脑内出血累及脑干等。②疾病和中毒并存。尸体解剖发现明显器质性病变，器官中又检出达致死量的毒物，应判定为中毒死；相反，有时检出某药物或毒物，但量甚微，而器官病变严重，则应判定为猝死。③病变轻微难以解释死因，如青壮年猝死综合征，对此应采用排除法，即在排除机械性损伤、机械性窒息和中毒等暴力死亡后，结合案情，鉴定为死因不明。

（2）明确损伤与猝死的关系。常见有以下几种情况：①死亡由疾病引起，与损伤无关。如主动脉瘤破裂、高血压性脑出血等病人临终前摔倒跌伤。②死亡由损伤引起，疾病对死亡影响不大。如心脏贯通伤，同时有严重的冠心病，应认为损伤是致死原因，死亡与疾病无关。③死亡主要由损伤造成，疾病是潜在因素。即原患疾病不会迅速致死，在受到损伤后即发生致命的后果。如慢性血吸虫性脾大病人，腹部受钝器打击后发生外伤性脾破裂而引起大出血致死。④死亡主要由疾病引起，损伤是诱发因素。例如脑血管畸形病人，头部遭受轻微打击，可促发病理性蛛网膜下隙出血而猝死。

（3）病理组织学检查。法医实际工作中的猝死案件，只做尸体解剖远远不能满足死因诊断的需要，应当做病理组织学检查，尤其是心、脑、肺的组织切片检查。如无条件做病理切片，应将所取器官及时用10％甲醛溶液（福尔马林）固定，送有条件的单位检查。

引起猝死的常见疾病

冠心病

由冠状动脉粥样硬化引起的心脏缺血性疾病称冠状动脉粥样硬化性心脏病（coronary atherosclerotic heart disease），简称冠心病。动脉粥样硬化的发生与脂质代谢障碍有关，也与血栓形成、血流动力学改变及神经内分泌因素有关（图 13－1）。冠心病是威胁人类生命健康的最主要的疾病，同时也是心血管疾病中发生猝死最常见的疾病。20%的冠心病猝死者，平时可无任何症状、体征或无明显异常感觉而突然死亡。冠状动脉粥样硬化多见于 35～50 岁之间，好发部位依次为左冠状动脉前降支、右冠状动脉、左旋支及左冠状动脉主干。按发生率，右冠状动脉虽比左冠状动脉前降支为低，但其病变更易引起传导障碍，在猝死鉴定中不应忽视右冠状动脉的检查。

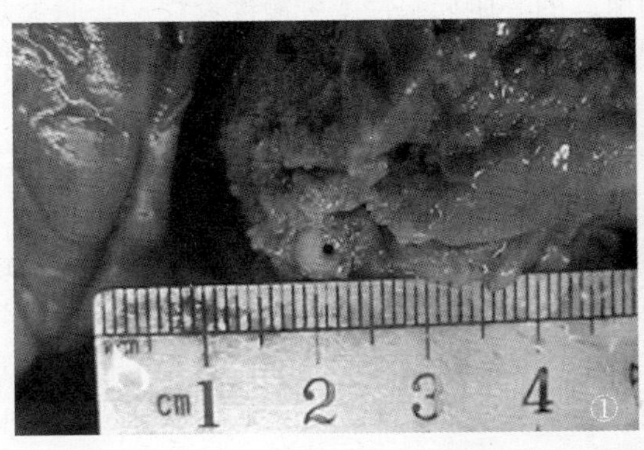

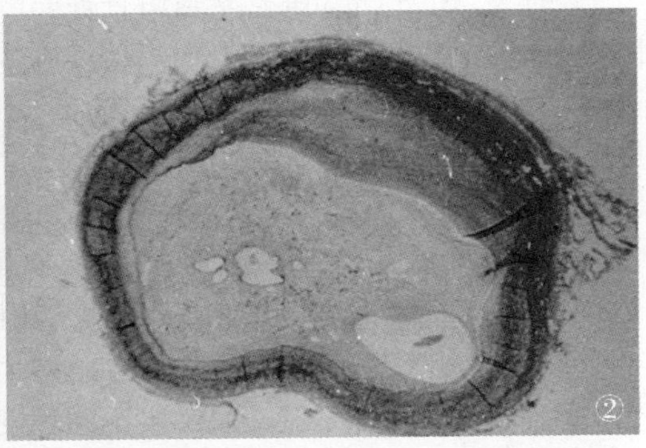

图 13－1 冠状动脉粥样硬化

①大体观察，可见冠状动脉管壁呈新月形增厚，管腔狭窄>75%；

②通过显微镜观察（×40），可见管壁增厚处内膜纤维组织增生、机化再通。

冠心病可通过下列不同方式引起猝死：

（1）冠状动脉管腔狭窄和心电紊乱：实验证实，冠状动脉狭窄和心室颤动导致的心电紊乱，可引起死亡。在冠状动脉狭窄病变的基础上，由于诱因作用，引起心肌缺血导致心电紊乱死亡。

（2）并发症：冠状动脉粥样硬化的并发症可使狭窄的管腔更加狭窄，造成心肌缺血，继而发生猝死。

（3）血栓：冠心病猝死案例中，解剖发现冠状动脉有血栓形成者约占 1/3，血栓栓塞常致心肌梗死。

（4）心脏破裂：心脏破裂常引起心包填塞而猝死。

（5）心肌纤维化：心内膜、心室或室间隔上的纤维化斑块会引起心脏功能紊乱或心脏传导功能阻滞。肉眼能见到的心脏纤维斑块，可引起猝死。

（6）乳头肌梗死或断裂使二尖瓣部分脱垂，引起猝死。

冠心病猝死者绝大多数在 1 h～2 h 内死亡，常规病理学检查多见心肌肥大、嗜酸性变等改变，缺乏典型的形态学诊断依据。即使发生心肌梗死，心肌坏死的形态学改变在 4 h～6 h 后才能表现出来。因此，应用病理学新技术，进行冠心病猝死的早期诊断的研究，已成为法医病理学研究的重要课题之一。

疑为冠心病猝死案例，尸检时应仔细检查冠状动脉各分支，宜每隔 2 mm 做横切面检查，以免遗漏局限性孤立斑块；对疑有血栓形成或斑块内出血的切面，应取材制片，通过显微镜检查。

冠心病猝死的多数案例仅见冠状动脉粥样硬化病变，而在其他各种暴力死或非暴力死的成年尸检案例中，亦常见到一定程度的冠状动脉粥样硬化病变。因此，对每一具体案例，要确定所见的冠状动脉病变是否是猝死原因必须慎重，应通过详细的案情调查、全面的尸体检查及毒物分析，严格排除其他各种死因后，才能做出鉴定。

心肌炎

心肌炎（myocarditis）是指由各种原因引起的心肌局限性或弥漫性炎症。心肌炎是小儿猝死的重要原因。引起心肌炎的原因很多，如病毒、细菌、真菌、寄生虫、免疫反应，以及物理、化学因素等。在法医学检案中较常见的有病毒性心肌炎和孤立性心肌炎。

1. 病毒性心肌炎

病毒性心肌炎是由亲心肌的病毒如柯萨奇病毒、人肠道致细胞病变孤儿病毒(ECHO)、风疹病毒、流行性感冒病毒等引起的原发性心肌炎症，且常累及心包，引起心包炎。主要病理改变：①大体见心脏增大，心尖钝圆，质地软，左、右心室扩张并充有未凝血液。②组织学见心肌细胞不同程度颗粒变性、肌浆凝集、溶解和散在小灶性心肌细胞坏死，一般累及单个或3～5个心肌细胞，有时累及整束心肌，伴有淋巴细胞和单核细胞浸润，其中偶见中性粒细胞。间质充血、水肿，血管内皮细胞肿胀，散在多少不一的淋巴细胞和单核细胞。有的病例有不同程度间质纤维组织增生或坏死心肌的早期修复性病灶形成。以上心肌损害（变性、坏死）和炎性细胞浸润为弥漫性累及心脏各部及心肌各层，一般以左、右心室，室间隔的中、内层心肌病变明显，常累及心肌传导细胞，心房病变较轻，心内、外膜也常伴有充血、水肿和炎性细胞浸润。③病变散在分布，无一定规律，心肌病变较轻，有的以内层心肌病变稍重。本病有时临床难以做出正确诊断，主要靠组织病理学检查证实。

2. 孤立性心肌炎

孤立性心肌炎是一种病因未明的急性间质性心肌炎，又称特发性心肌炎，病变局限于心肌，多见于20～50岁的人群。本病最早由Fiedler描述，故又称Fiedler心肌炎。本病潜在进行，突发心源性休克或阿-斯综合征而猝死。有时死亡发生在门诊或住院诊疗过程中，常引起医疗纠纷。

本病根据炎症分布范围及细胞组成的差异分为两型：①弥漫性间质性心肌炎（弥漫型），特点为弥漫性非特殊性间质性炎症，主要是心肌间质有淋巴细胞、单核细胞及少量中性粒细胞浸润，心肌细胞也可发生变性、坏死；②特发性巨细胞性心肌炎（巨细胞型），特点是在心肌内有成纤维细胞、淋巴细胞、单核细胞及嗜酸性粒细胞等组成的肉芽肿，伴较多多核巨细胞形成，本型较少见。

本病的病因仍不清楚，多数学者认为与病毒感染有关，多见于中青年人，突然发病，表现为进行性心功能不全、低血压、心前区隐痛等，病程短促，可引起猝死。病理诊断应掌握两个标准：①身体其他部分并无引起心肌病变的原发性疾病；②病变只限于心肌，而心包脏层（心外膜）及心内膜均无炎性病变。生前常有不同程度的心悸、气紧、低血压等临床表现，但症状轻微，因猝死而疑为暴力死或因医疗纠纷而要求法医学鉴定，经尸检病理观察后可获得明确诊断。

不典型性心肌炎，病变局限，细胞变质不明显，渗出中性粒细胞、淋巴细胞数量较少，而吞噬细胞、组织细胞增多十分显著，由于缺少典型急性炎症形态学依据，故而称“不典型性心肌炎”。单核细胞大量游出是本型炎症的一个重要指标，HE 染色分辨不清时，采用 CD68 免疫组织化学染色有助于不典型性心肌炎的诊断。

心肌炎引起的猝死案例，有时肉眼观察心肌病变不明显，应从心室各部位取材，做组织病理学检查。对病变较轻的病例，应在排除中毒、机械性损伤等暴力致死因素后，方可慎重做出心肌炎引起猝死的结论。

出血性脑血管病

出血性脑血管病（hemorrhagic cerebrovascular disease）包括脑出血和蛛网膜下隙出血，是导致猝死的常见疾病。

1. 脑出血

脑出血是指非外伤性的脑实质出血，高血压和动脉硬化并存是最常见的原因。脑实质出血往往形成血肿，血肿大小视出血部位而异。一般大脑壳核或脑叶出血，血肿直径约 50 mm 或更大，血肿可破入脑室或蛛网膜下隙。新鲜的出血灶呈鲜红色，周围脑组织中有散在的出血点和软化灶；血肿凝血块中有坏死脑组织和血管残余。较久的病灶血块收缩，呈暗褐色，边缘不齐，周围脑组织水肿和点状出血消退；通过显微镜检查，可见含铁血黄素和吞噬了坏死组织的格子细胞，星形胶质细胞增生肥大。最后，血液和破裂的脑组织被清除，病灶区由胶质细胞和胶质纤维所取代。若血肿较大则可形成囊肿。

壳核出血为豆纹动脉破裂，约占高血压脑出血的 55%。壳核位于基底核外侧，按其血肿发展和扩展的方向，区分为内侧型（内囊出血）和外侧型（外囊出血）。猝死一般皆为内侧型。

背侧丘脑出血为背侧丘脑后外侧丘脑膝状动脉或背侧丘脑前内侧丘脑穿支动脉破裂，占高血压脑出血的 25%～30%。血肿常破入侧脑室或第三脑室，或经正中孔和侧孔流入蛛网膜下隙。死亡病例，血肿直径多大于 30 mm。

脑叶出血为大脑髓质内出血，占高血压脑出血的 3%～10%，血肿常破入蛛网膜下隙。

中脑出血少见，约占脑出血的 1.1%。

脑桥出血约占脑出血的 8%，血肿常破入第四脑室（图 13－2）。

小脑出血占脑出血的 0.9%～13%，系背侧丘脑上动脉破裂，或小脑上、前下、后上三支动脉所组成的血管网破裂，血肿常常破入第五脑室。

脑室出血直接由脉络丛血管破裂所致者罕见，多为其他部位出血导致的脑室积血。

延髓出血罕见，多为脑桥出血所累及。

脑水肿继发脑疝是脑出血最主要的继发性病变，亦是最常见的直接死亡原因。最常见的致命性脑疝是小脑扁桃体枕骨大孔疝和颞叶沟回疝。前者压迫延髓，导致病人呼吸循环功能衰竭而死亡。

自发性脑出血与外伤性颅内出血需慎重进行鉴别。尸检时头面部所见损伤可为外伤

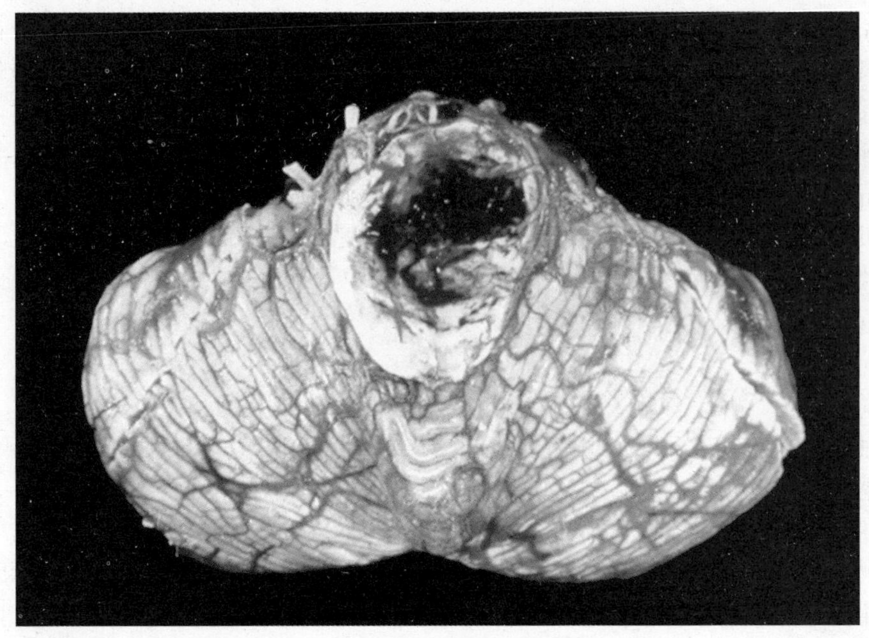

图 13－2　脑桥新鲜出血，导水管积血

所致，也可为病人自发性脑出血发病昏倒而碰撞地面形成；外力既可是外伤性颅内出血的原因，也可是促发自发性脑出血的诱因。因此，须注意观察头皮损伤的轻重程度，外力打击部位有无颅骨骨折及脑挫伤，其相对应的一侧有无对冲性损伤。注意颅内出血的部位，如为硬膜外或硬膜下血肿，多为外伤性颅内出血；如为高血压性脑出血，则多见于壳核部、脑桥、小脑等部位。死者生前有高血压史，尸检所见有高血压所致左心室肥厚及细小动脉硬化性固缩肾等病变也有助于鉴别。出血部位及可疑部位的脑组织应取材做病理切片检查，以了解有无脑血管病变。

2. 蛛网膜下隙出血

蛛网膜下隙出血又称蛛网膜下腔出血，是指血液流入蛛网膜下隙的一种临床综合征，可分为病理性和外伤性两类。这里所指的为病理性蛛网膜下隙出血，病因以颅内动脉瘤最为常见，脑血管畸形和高血压脑动脉粥样硬化次之。出血可位于：①后颅凹和脑干周围，是颅内动脉及其分支的破裂；②额叶和/或额叶内延至颅前凹，是前交通动脉或大脑前动脉远端的破裂；③大脑外侧裂内形成外侧裂血肿，且向穹隆部及脑底部扩散，是大脑中动脉的破裂；④脑干、小脑、脑桥角部和小脑上部，是脑底动脉、椎动脉或小脑动脉的破裂。

蛛网膜下隙出血多位于脑表面或底部。前者脑表面呈紫红色，脑沟和脑池内积血较多，色泽也较深；出血量较大时脑表面有一薄层血凝块覆盖，血块可穿破蛛网膜而存在于硬膜下隙。凝血块或血液视出血时间的长短而有颜色差异，可呈鲜红色或暗红色，两次以上的出血则可见鲜红和暗红两种不同颜色的凝血块。通过显微镜检查，病程为1 h～4 h者可见少许中性粒细胞浸润，偶见单核细胞吞噬红细胞现象，血管周围有少量多形核白细胞浸润；16 h～32 h出现大量白细胞及淋巴细胞；36 h可见机化现象。

外伤性蛛网膜下隙出血与病理性蛛网膜下隙出血需要进行鉴别，有时两者存在于同一病例，鉴别较为困难。外伤性蛛网膜下隙出血多因脑浅表部位的损伤如脑挫伤或裂伤所引起，出血常发生于皮质损伤附近较局限的区域内，出血量亦不多；如果出血是由正常的脑底动脉破裂或其来源未能证实者，脑底动脉未见有肉眼或显微镜下的病理改变，则出血可能是由外伤引起。除上述外，外伤性蛛网膜下隙出血者还可有头皮血肿及其他颅脑损伤的证据，可以佐证暴力的存在。

本病引起猝死的机制是由于蛛网膜下隙大量出血，颅内压急剧增高，脑疝形成，脑干重要结构受压或移位，生命中枢麻痹而死亡。

支气管肺炎

支气管肺炎可为原发，也可继发于其他疾病，多见于婴幼儿、老人和体弱多病者。引起婴幼儿突然死亡时约半数病人没有明显的临床症状，少数病人生前仅有轻微的上呼吸道感染症状或轻微的消化系统症状。

支气管肺炎病变多位于双肺下叶及背侧，表面和切面上散在暗红色或灰黄色实变病灶，以下叶多见，病灶大小不一，直径多为0.5 cm～1 cm，不规则，病灶中央常见1个或2个细支气管断面。严重者病灶可互相融合甚至累及全叶，形成融合性支气管肺炎(confluent bronchopneumonia)。支气管肺炎一般不累及胸膜。病灶质地较实，支气管中有多量炎性渗出物。

通过显微镜观察，可见以细支气管为中心的肺化脓性炎症。病变早期，细支气管黏膜充血、水肿，黏膜表面附着黏液性渗出物，周围肺组织可无明显改变或仅表现轻度肺泡充血。随病情进展，病灶中支气管、细支气管、呼吸性支气管管腔及周围肺泡腔内出现较多的中性粒细胞、少量红细胞和坏死脱落的上皮细胞（图13－3）。往后，中性粒细胞渗出增多，渗出物成为脓性。严重时，病灶相互融合，呈片分布，形成融合性支气管肺炎。有时病灶周围常可伴有不同程度的代偿性肺气肿和肺不张。

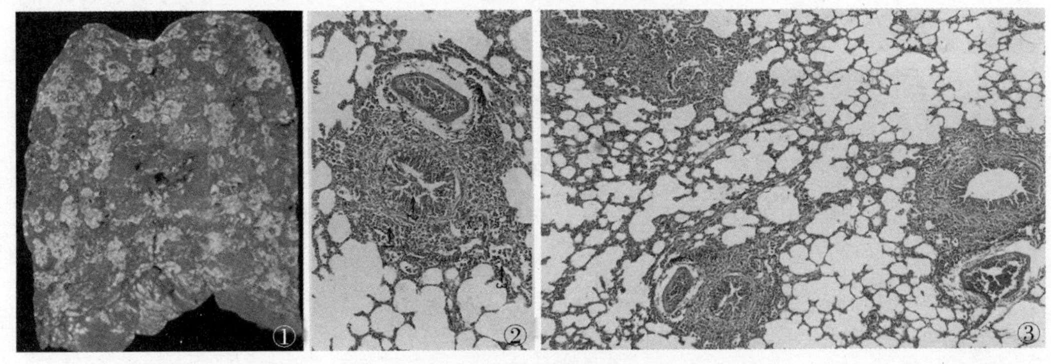

图13－3　支气管肺炎

①大体检查，可见肺切面呈多灶性灰白色小病灶；

②组织学检查，可见病变以细小支气管为中心分布(HE，×200)；

③细小支气管壁及腔内见以中性粒细胞为主的炎性细胞浸润、渗出，细小支气管壁充血(HE，×200)。

若为吸入性肺炎，除可见小叶性肺炎的特点外，小支气管甚至肺泡腔内可见吸入的异物（呕吐物等），尤其是新生儿羊水吸入性肺炎，小支气管及肺泡腔内见多少不等的羊水有形成分如角化上皮细胞、胎粪等。

因病原体的毒素入血引起毒血症，引起中毒性心肌炎、中毒性休克；肺实变，肺循环阻力增加，肺动脉高压形成，右心负荷增加等均可导致急性心力衰竭而猝死。支气管肺炎猝死多见于小儿、年老体弱者。

（余　舰）

病毒性肺炎

病毒性肺炎（viral pneumonia）常由于上呼吸道病毒感染并向下蔓延所致，多发生于儿童，症状轻重不一。婴幼儿和年老体弱者病情常表现较重。引发该病的病毒常见的有流感病毒、呼吸道合胞病毒、麻疹病毒、腺病毒等。

病毒性肺炎主要是间质性肺炎。肉眼观察，肺组织充血、水肿。通过显微镜检查，可见炎症从气管、细支气管开始发生，沿肺间质发展，使支气管、细支气管壁及其周围小叶间隔及肺泡壁等肺间质充血、水肿，肺泡隔明显增宽，可达正常的2～4倍，可见以淋巴细胞和单核细胞为主的炎性细胞浸润（图13-4）。肺泡腔内一般无渗出液或有少量的浆液。有时候由于继发细菌感染，可见肺泡内出现由浆液、少量纤维素、红细胞及巨噬细胞组成的炎性渗出物。严重时可见组织坏死。有些病毒性肺炎（如流感病毒肺炎、麻疹病毒肺炎等），肺泡内渗出较明显，并可形成透明膜，表现为渗出物浓缩凝结成一层红染的透明膜样物黏附于肺泡内面。

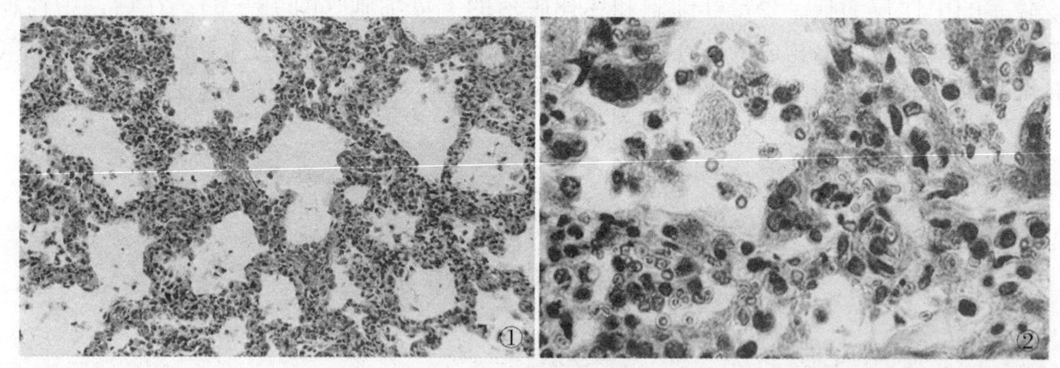

13-4　**间质性肺炎**

①组织学检查，可见肺泡隔明显增宽，炎性细胞浸润，肺泡腔内无渗出（HE，×200）；
②肺泡隔浸润的炎性细胞以淋巴细胞、单核细胞为主，肺泡内壁可见多核巨细胞（HE，×400）。

在增生的上皮细胞和多核巨细胞的细胞质和细胞核内，可检见病毒包涵体。病毒包涵体多呈球形，与红细胞大小相近，呈嗜酸性染色。其周围常有透明晕。某些病毒性肺炎还可在增生的支气管上皮、支气管黏液腺或肺泡上皮细胞内检见病毒包涵体。检出病毒包涵体是诊断病毒性肺炎的重要组织学依据。

本病猝死的机制主要有：①急性呼吸衰竭，其原因是由于肺泡间隔明显增宽和透明膜形成，使肺泡呼吸面积缩小，造成气体交换障碍；②心力衰竭，由中毒性心肌炎引起；③由病毒血症而致的全身中毒症状，尤其是合并细菌感染时，可引起感染中毒性休克而死亡。

肺栓塞

肺栓塞是指栓子随血液流动阻塞肺的血管。最常见的栓子是血栓栓子，另外，脂肪、气体、羊水等也可引起肺栓塞。

1. 肺动脉栓塞

栓子多来源于下肢静脉或盆腔静脉。长期卧床、手术后或外伤后的病人，在下肢静脉或盆腔静脉等处可并发血栓形成。当血栓脱落后，栓子可随血流运行，通过右心可阻塞肺动脉主干或其主要分支，或较多小栓子阻塞多数肺动脉分支，形成急性呼吸循环衰竭而死亡（图 13－5）。

若死者死前数天曾有较广泛的损伤所致的皮下出血、肌肉挫伤等，检验时应特别注意。心脏及大血管最好在原位切开观察，仔细检查肺动脉及其主要分支，并注意取材做组织学检查以证实。另外，若发现肺动脉及其分支有栓塞，一定要寻找栓子的来源，检查下肢静脉、盆腔静脉或受损伤部位附近静脉内有无血栓形成。

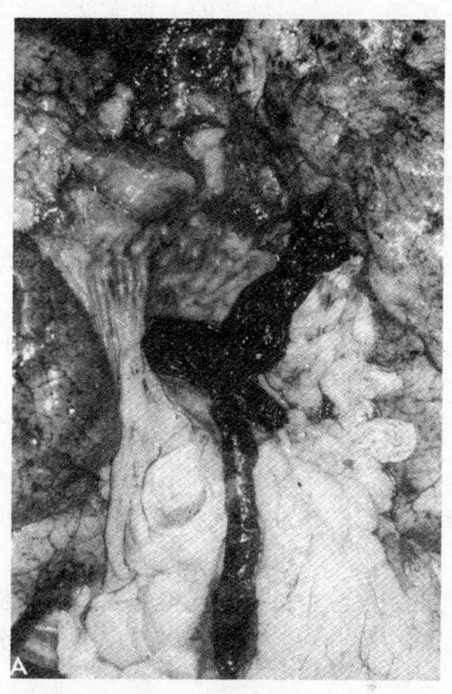

图 13－5 肺动脉栓塞

（引自 Tedeschit CG. Forensic medicine. W. B. Saunders Company，977）

2. 肺脂肪栓塞

肺脂肪栓塞是指脂肪滴进入血流阻塞肺血管，多见于长骨骨折、脂肪组织严重挫伤、脂肪肝等情况。脂肪滴进入血液中后随血流进入肺，阻塞肺小动脉和毛细血管。当阻塞范围较大时，可引起肺循环障碍，导致心源性休克或右心衰竭而死亡；也可严重影响肺的气体交换而死于急性呼吸衰竭（图 13－6）。

对于死前有骨折或有较大面积脂肪挫伤的死者，应注意此方面的检查。检验时肺的各叶均应取材做组织学检查，包括脂肪染色，查明有无脂肪栓子。

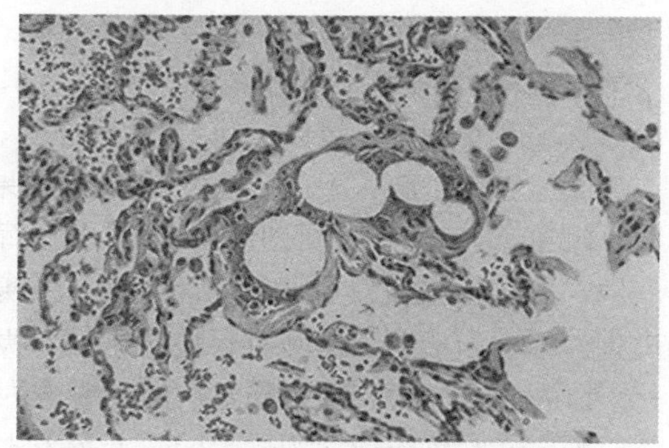

图 13－6 肺脂肪栓塞

常规组织学染色，肺小血管腔内见脂肪空泡。

3. 羊水栓塞

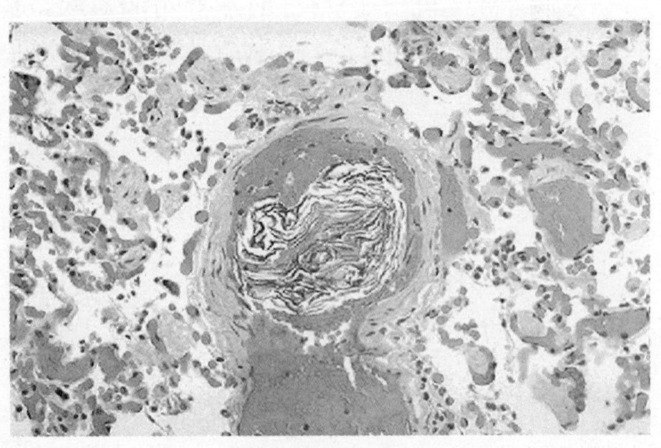

图 13－7　**肺羊水栓塞**

常规组织学染色，肺小血管腔内见脱落的胎儿角化上皮细胞。

羊水栓塞是指羊水内容物进入母体血液循环，造成肺血管栓塞（图13－7）、变态反应性休克、弥散性血管内凝血（DIC）等一系列症状。羊水栓塞是一种严重的产科并发症，起病急骤，病情凶险，死亡率高达70％～80％，是产科猝死的一种常见原因。

在分娩过程中，子宫收缩可使羊水由裂伤的宫颈内膜血管进入母体血液循环，或在子宫破裂、胎盘早剥、前置胎盘、剖宫产等情况下羊水可由开放的血窦进入母体血液循环。尸体检验见急性右心扩张，肺淤血、水肿。通过显微镜观察，可见肺小动脉和毛细血管扩张，管腔内有羊水的特殊成分，如角化上皮、绒毛的合体细胞、胎粪等。胎儿角化上皮常呈条片状，无核、嗜酸性，以此特点可以与脱落入血管腔内的血管内皮细胞鉴别。

引起猝死的机制主要有：①肺血管被广泛栓塞后，可反射性引起肺血管痉挛、肺动脉高压，导致急性右心衰或急性呼吸衰竭而死亡；②羊水中的胎粪、胎脂可作为过敏原，引发过敏性休克；③羊水中有大量凝血活酶，可引发弥散性血管内凝血，导致凝血障碍，从而发生严重的产后出血而死亡。

凡产妇在分娩过程中出现休克或大出血死亡者均应考虑本病。法医学鉴定的主要依据是在肺小动脉和毛细血管内发现羊水成分，其中以角化上皮、胎粪较易查见。

（闫洪涛　廖志钢）

急性出血坏死性胰腺炎

急性出血坏死性胰腺炎（acute hemorrhagic pancreatic necrosis）的预后不好，可发生猝死，病变以广泛胰腺坏死、出血为特征（图13－8）。可见于任何年龄，但以青壮年居多，女性多于男性。约半数以上的病人合并有胆道疾病。死亡率很高。

胰腺坏死是胰腺蛋白酶自身消化的结果。其原因如下：①十二指肠壶腹部因有结石、蛔虫，壶腹部括约肌痉挛或局部水肿而阻塞，导致胆汁逆流进入胰管，激活胰蛋白酶原，使胰管、胰腺实质和血管坏死；②胰腺分泌亢进，造成胰腺小导管及腺泡破裂，内生性活素激活胰蛋白酶引起胰腺坏死。胰腺坏死常是上述两种因素的综合作用。暴饮暴食（特别是酗酒）是本病发病的主要诱因，分娩也是常见诱因。

病人常在饱餐或饮酒后1 h～7 h突发上腹部剧烈疼痛，常有恶心、呕吐，约有1/4的病人出现黄疸，继而休克死亡。

肉眼检查见胰腺肿大、质软、呈暗红色，胰腺分叶结构模糊，光泽消失。胰腺、大网膜及肠系膜等处，均有呈散在分布的灰白色混浊斑点或小块状钙化灶，这是溢出的胰脂酶将大网膜等处的中性脂肪分解为甘油及脂肪酸，后者又与血液中及组织液中的钙离子结合成不溶性钙皂所致。通过显微镜检查，可见胰腺组织大片坏死，间质中小血管亦坏死。由于小血管管壁渗透性改变或破裂，而引起胰腺出血。病程较久时，有中性粒细胞浸润。

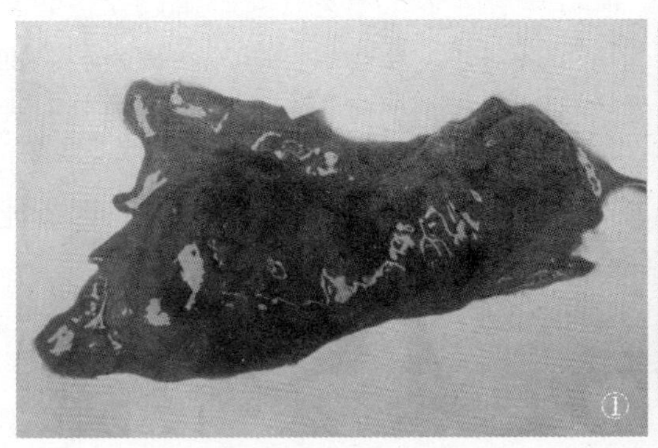

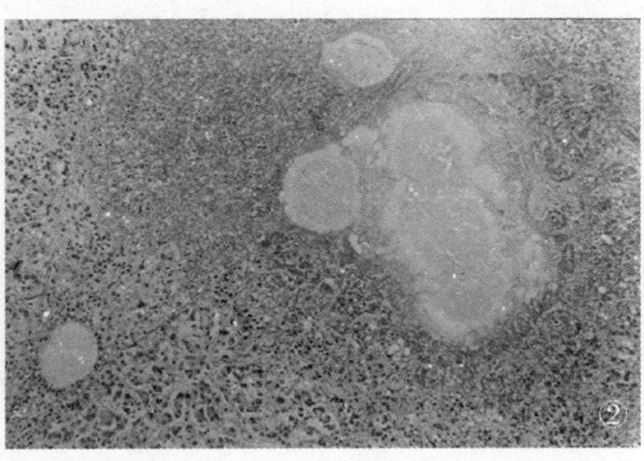

图 13－8　急性出血坏死性胰腺炎

①大体观察，可见胰腺包膜水肿、出血；②组织学观察，胰腺组织溶解、坏死、出血（HE，×100）。

病人猝死，主要系休克与心搏骤停所致。休克的发生，或因胰液刺激腹膜，引起剧烈疼痛；或因腹腔内出血，持续性呕吐导致液体丧失，有效血容量减少；或因胰蛋白酶和胰腺自身消化产生的有毒物质被吸收入血，导致中毒性休克。胰蛋白酶入血后可促使凝血酶原变为凝血酶，因而发生弥散性血管内凝血。也有人认为，本病发病急骤、死亡迅速，其机制是由于胰腺坏死、出血，刺激腹腔神经丛，反射性地抑制心脏，使心搏骤停。

对怀疑因本病死亡的案例应尽早进行尸体解剖，避免因胰腺自溶或受血液浸染而造成诊断困难或误诊。为查明病因，尸体解剖应首先检查胰腺外观并详细检查胆管、胰管、十二指肠壶腹部开口处有无结石、蛔虫等，胰管有无受压、狭窄或畸形。甚至还应进一步做全面系统检查。因为胰腺出血、坏死也可见于其他疾病引起的猝死，如心血管疾病和脑脊髓疾病，多种暴力所致的机械性窒息、烧死、冻死、电击死、外伤性休克，以及乙醇、甲醇、安眠药、氰化物、一氧化碳、有机磷农药和砷等引起的急性中毒死亡者。因此，对急性出血坏死性胰腺炎的死因鉴定必须持慎重态度。

（余　舰）

青壮年猝死综合征

青壮年猝死综合征（sudden manhood death syndrome，SMDS）是一种主要发生于青壮年的原因不明的猝死，又称睡眠中猝死。

青壮年猝死综合征的主要特征如下：①死者生前身体健康，发育和营养良好；②多发生于年龄在 20～40 岁的青壮年中；③男性明显多于女性，比例约为 11∶1；④多死于夜间睡眠中，以凌晨 2～4 时多见；⑤死亡过程快，多表现为睡眠中突然发生呻吟、惊叫、呼吸困难、抽搐等症状，从发病到死亡不过数分钟；⑥尸体检验未发现致命性的病理改变，死因不明，常见主要改变是急性心力衰竭表现。

青壮年猝死综合征的机制尚不明确，主要有以下几种学说：①急性心力衰竭，认为在睡眠中迷走神经占优势，从而抑制交感神经的活动，对引起心脏抑制的刺激域值降低，容易导致心脏抑制而死亡；②噩梦学说，睡眠中猝死前的某些表现如呻吟、惊叫等与人在做噩梦时的现象相似，因此，有人认为可能是噩梦的精神刺激，导致急性心脏抑制而死亡；③内分泌因素学说，因本病以男性占优势，且主要发生在青壮年，因此有人认为与内分泌因素有关等。

国内有的学者不同意将这类死因不明的诊断为青壮年猝死综合征，建议仍诊断为死因不明。

婴幼儿猝死综合征

婴幼儿猝死综合征（sudden infant death syndrome，SIDS）是指发生在婴幼儿的不明原因的猝死，又称“摇篮死”。

婴幼儿猝死综合征的主要特征如下：①发病年龄多为 2 周到 2 岁，以 2～4 个月多见；②男女婴儿的发生率差别不大；③多死于睡眠中，一般在 3～10 时；④死亡过程较迅速；⑤多数死者生前身体较健康，发育正常，部分有轻微的上呼吸道感染症状；⑥尸体检验不能确定死亡原因。

婴幼儿猝死综合征的机制尚不明确，主要有以下几种学说：①全身感染学说，婴幼儿免疫功能低下，易患感染性疾病而导致死亡；②心脏传导系统异常；③呼吸系统异常，如上呼吸道的阻塞、肺表面活性物质的改变等因素作用所致；④过敏，如牛奶过敏而致死亡；⑤其他，如免疫缺陷、微量元素缺乏、胃内容物反流、遗传作用等学说。

（闫洪涛　廖志钢）

14 法医精神病学鉴定

行为能力的法医精神病学鉴定（221）
行为能力的鉴定要件（222） 常见行为能力的鉴定（223）
责任能力的法医精神病学鉴定（224）
责任能力的鉴定要件（225） 常见精神病的责任能力鉴定（227）
其他法律能力的法医精神病学鉴定（230）
受审能力（230） 服刑能力（231） 自我保护能力（231）
诉讼能力（231） 作证能力（231） 选举权和被选举权（232）
精神障碍性损害的鉴定（232）
精神障碍性损害的鉴定对象（232） 精神障碍性损害的鉴定内容（232）
重要精神障碍性损害的鉴定（234）

法医精神病学（forensic psychiatry）是应用现代精神病学的理论和方法，研究并解决精神疾病与法律之间有关问题的学科。在中国的法医精神病学鉴定中，最多见、最重要的是刑事责任能力和民事行为能力的鉴定。此外，法医精神病学鉴定尚包括诉讼能力、受审能力、作证能力、服刑能力、自我防卫能力等的鉴定，以及精神障碍性损害的鉴定。在我国，开展法医精神病学鉴定，必须依照我国现行的《全国人大常委会关于司法鉴定管理问题的决定》和《精神疾病司法鉴定暂行规定》进行。

精神障碍是各种物理性、化学性、生物性、心理性以及社会环境有害因素作用于人体，导致的大脑功能紊乱性疾病，主要表现为感知、思维、情感、意识、智能、意志或行为等精神活动不同程度的障碍。按最新的《中国精神障碍分类与诊断标准》第三版(CCMD－3)，精神障碍分为十大类。精神障碍病人在精神活动方面的异常表现，临床上称为精神症状。精神症状复杂多样，可表现在精神活动的各个方面。精神症状与病史为诊断精神疾病的主要依据。精神障碍病人在精神症状的影响下，一方面不但可丧失辨认自己行为是否正常或合法的能力，而且可丧失控制自己行为的能力，以致做出某些危害社会的违法行为；另一方面使个人的正常活动能力和自我保护能力均降低，不能行使民事权利和承担民事义务，不能独立处理一般事务和管理个人财产，不能有效地保护自己的利益。这些都可能引起各种法律问题。

引起法律问题最常见的精神症状是幻觉、妄想、智能低下、朦胧状态、谵妄状态、病理性激情等。精神病发病时，在民事方面可构成无效的法律行为，在刑事方面可导致危害性的违法行为。因此，法医精神病学鉴定，应在确定是精神病人的前提下，以发病时的精神症状为主要依据，分析发病和行为之间是否有直接因果关系，判断被鉴定人有无行为能力或责任能力。这样，既判明精神异常者其疾病与行为之间的关系，解决法律上的有关问题，又要在法律上对精神病人予以必要的保护。

根据有关规定，我国各省、直辖市、自治区、地区、地级市已成立精神疾病司法鉴定委员会，负责审查、批准鉴定人，组织技术鉴定组，协调、开展鉴定工作。鉴定委员会由人民法院、检察院、公安、司法、卫生机关的有关负责人和专家组成。另外，符合规定条件，经申请从事法医精神病鉴定，由省级人民政府司法行政部门审核、登记、编入鉴定人和鉴定机构名册并公告的法医精神病鉴定机构和鉴定人，可以从事法医精神病鉴定。负责每个案件具体鉴定的技术鉴定组不得少于两名成员参加鉴定。

法医精神病学鉴定的对象包括患有及可能患有精神疾病的下列人员：①刑事案件的被告人、被害人；②民事案件的当事人；③行政案件的原告（自然人）；④违反治安管理条例应当受到拘留处罚的人员；⑤劳动改造的罪犯；⑥劳动教养人员；⑦收容审查人员；⑧与案件有关，并需要鉴定的其他人员。

法医精神病学的鉴定人应具有下列资格之一：①具有五年以上精神科临床经验并具有司法精神病学知识的主治医师以上人员；②具有司法精神病学知识与鉴定能力的主检法医师以上人员。

法医精神病学鉴定的委托、受理、进行都必须依法从事。

法医精神病学鉴定的方式有两类：一类为“直接鉴定”，这是常见的鉴定方式，即被鉴定人与鉴定人发生直接联系，比如门诊鉴定、出诊鉴定或住院鉴定等；另一类为“间接鉴定”，即鉴定人与被鉴定人不发生直接联系，仅根据案情、病史以及证人的陈述等，进行分析研究后做出鉴定结论，例如缺席鉴定和死后鉴定。在我国，只要被鉴定人存活，一般不采用“间接鉴定”。

法医精神病学鉴定，应依照委托的目的和要求，根据被鉴定人的个人生活史和生长发育状况，既往病史尤其是精神病史和脑损伤或脑疾病病史，不良嗜好史，违法及受惩罚史，精神病家族史，行为表现及变化，以及案件情况、工作单位提供的有关材料、有关人员对其精神状态的证言、医疗记录等，拟定鉴定方案；对被鉴定人进行精神检查、心理学测试、体格检查及神经系统检查等，必要时应做脑电图和脑诱发电位检查、头部的放射学检查、脑超声检查、脑部CT检查、实验室检查和染色体分析等；然后，鉴定人根据委托机关提供的以及自己调查所得的各种材料、各种检查和测验的结果，针对鉴定的目的和要求，依据法律和精神病学知识，进行分析讨论，做出鉴定结论，写出鉴定书并提交委托单位。

法医精神病学鉴定应科学、准确地阐明下述问题：①确定医学诊断，被鉴定人若有精神疾病，应做出明确的诊断，并说明疾病是处于发病期、缓解期或部分缓解期，对精神发育迟滞病人应说明严重程度并注明智商；②评定法律能力，提出具体的评定意见，说明有关问题，如是否具有责任能力、行为能力、服刑能力或受审能力等，以及是否需设置或撤销监护等；③有时要做出精神损伤程度或精神残疾程度的鉴定结论；④根据委托方的要求，提出有关建议，如是否需进行治疗或继续治疗等。

行为能力的法医精神病学鉴定

在民事法律关系中，自然人或法人的设定、变更、终止民事权利和义务的行为，称民事法律行为。民事法律行为包括订立、修改或撤销遗嘱，继承遗产，订立、变更或终止合同，买卖、租赁及馈赠等行为。民事法律行为是一种最重要、最常见、最为广泛应用的法律事实。《中华人民共和国民法通则》（以下简称《民法通则》）第五十五条规定，民事法律行为应当具备下列条件：①行为人具有相应的民事行为能力；②意思表示真实；③不违反法律或者社会公共利益。民事法律行为以行为人的意思表示为基本要素。意思表示是指行为人把要求进行法律行为的意思（意愿）以一定方式表现于外部，使他人知晓和获取法律认可的行为。行为人只有进行意思表示，才能在民事交往中实现预期的民法上的效果。行为人的意思表示必须真实，即意思和表示是一致的，表示行为完全反映了内心的意思，既无虚谎和言不由衷，也无受欺和被人强迫。否则，即为意思表示不真实，其法律行为所产生的法律后果无效。

民事行为能力简称行为能力，是指通过自己的行为，取得民事权利和承担民事义务，从而使法律关系发生变更和消除的资格，亦即一个人的行为能否发生法律效力的资格。它除了包括有实施合法行为的能力外，还包括依法承担民事责任的能力。有行为能力的人，如果侵害他人的利益，应对其侵权行为承担法律责任。

有行为能力的自然人，是指达到一定年龄的、精神正常的、在民事法律关系中能够正确表达意思并能理智地处理自己事务的人。根据我国《民法通则》的规定，民事行为能力划分为完全民事行为能力、限制民事行为能力和无民事行为能力三级。

（1）完全民事行为能力：指公民完全以自己的行为，独立地进行民事法律活动，取得民事权利和承担民事义务的资格。18周岁以上的成年公民为完全行为能力人，16周岁以上不满18周岁的公民，以自己的劳动收入为主要生活来源者，亦视为完全行为能力人。

（2）限制民事行为能力：又称不完全民事行为能力。限制民事行为能力人包括10周岁以上的未成年人和不能完全辨认自己行为的精神病人。他们不得独立实施与本人智力和精神健康状况不相适应的民事活动，已实施的亦无效；而这些民事活动应由他们的法定代理人代为进行，或者在征得他们的法定代理人的同意后进行。

（3）无民事行为能力：指公民不具有以自己的行为独立进行民事活动的能力。无民事行为能力人包括不满10周岁的未成年人和不能辨认自己行为的精神病人。有些精神病人，由于不能辨认自己行为的法律后果（即丧失了辨认能力），缺乏正确的判断力和保护自己及自身利益的能力，因此不能做出正确的、主客观一致的意思表示，从而无法具有行使民事事务的权利，也不能承担相应的民事义务，故在法律上被认为无民事行为能力。由于精神疾病而导致的无民事行为能力，应经过法医精神病学鉴定，法律上予以认定和宣告，并依法为之指定监护人（即法定代理人）。无行为能力人没有独立进行民事活动的资格，其所完成的民事行为，如处理自己的财产、清偿债务、订立遗嘱、进行买卖、订立合同（或契约）或签订法定文件等法律行为均无法律效力。其本人的某些特种权利将无权获得或被免除，如不能参加投票选举、提出结婚或离婚、担任公职、参与诉讼或驾驶车辆等。他们需要进行的民事活动，必须由他们的法定代理人代为进行。但此时并不排除他们在不侵犯他人权益的情况下，进行获取正常受益的民事活动，如接受赠与和继承遗产等。

成年人无民事行为能力是由于罹患了精神疾病，并且病情达到一定程度而产生的结果，是表示一种特定的精神状态的法律概念。这一法律概念的性质是依照民法调整自然人的经济关系和人身非经济关系。由于精神疾病而导致无民事行为能力，常是对于较长一段时间内的精神失常而言，如表现为比较持久的认识、情感、思维、意志和行为等方面的障碍。因此，法医精神病学鉴定，不但要指出疾病的种类、性质，并应说明疾病的严重程度和能否在短期内恢复。

行为能力的鉴定要件

行为能力的鉴定主要依据两个方面的标准：一是医学标准，即对精神疾病做出诊断，确定被鉴定人是否患有精神疾病，患何种精神疾病，在进行民事活动时的精神状态；二是法律标准，即评定精神状态对法律行为的影响，明确精神疾病对理智的破坏程度和辨认能力丧失的程度，以及对被鉴定人意思表达能力的影响。以上两个标准是相互联系和统一的，医学标准是基础，法律标准是准则，鉴定时缺一不可。

三级行为能力的鉴定要件分述如下：

1. 无行为能力

（1）医学要件：处于严重的精神病状态，或者有严重的智能缺陷，或是中度及更重的精神发育迟滞，或有其他严重的精神障碍。

（2）法学要件：由于上述严重的精神障碍，致使病人完全不能辨认自己的权利和义务，或者不能正确地做“意思表示”，或者不能保护自己的合法权益。

2. 限制行为能力

（1）医学要件：精神病部分缓解，或轻至中度智能缺陷，或轻至中度精神发育迟滞，或其他精神障碍。

（2）法学要件：因上述情况，致使病人不能完全辨认自己的权利和义务，或者不能完整正确地做“意思表示”，或者不能控制或不能完全保护自己的合法权益。

3. 完全行为能力

（1）医学要件：精神健全，伪装精神病；或精神病已完全缓解或痊愈；或在精神病的间歇期或不发病阶段；或某些轻度精神异常及人格障碍；或虽患有精神疾病，但其病理性精神活动具有明显局限性。

（2）法学要件：对有关事务的权利和义务能良好地辨认，能完整、正确地表示意思，并能完全保护自己的合法权益。

行为能力鉴定中，应重视法学要件。精神疾病和无行为能力不能画等号，也不是完全平行的。因此，在行为能力的鉴定中，应对病人的行为能力进行实事求是的评定，评定不宜泛化，查明病人丧失了对某种事物的处理能力，就评定他对该事物无行为能力。

不要根据臆断而扩大到其他方面去，以避免过分剥夺病人应有的正当权利。我国《民法通则》第十三条规定："不能辨认自己行为的精神病人是无民事行为能力人，由他的法定代理人代理民事活动。不能完全辨认自己行为的精神病人是限制民事行为能力人，可以进行与他的精神健康状况相适应的民事活动；其他民事活动由他的法定代理人代理，或者征得他的法定代理人的同意。"

根据我国《民法通则》与《民事诉讼法》的有关规定，精神病人为无民事行为能力人或者限制民事行为能力人应由人民法院宣告。根据健康恢复的情况，经本人或者利害关系人申请，人民法院可宣告他为限制民事行为能力人或者完全民事行为能力人。无民事行为能力人、限制民事行为能力人的监护人是他的法定代理人。监护人由下列人员担任：①配偶；②父母；③成年子女；④其他近亲属；⑤关系密切的其他亲属、朋友愿意承担监护责任，经精神病人所在单位或居民委员会、村民委员会同意者。监护人应当履行监护责任，保护被监护人的人身、财产及其他合法权益，除为被监护人的利益外，不得处理被监护人的财产。监护人依法履行监护的权利，受法律保护。监护人不履行监护职责或者侵害被监护人合法权益的，应当承担责任；给被监护人造成财产损失的，应当赔偿损失。人民法院可以根据有关人员或者有关单位的申请，撤销监护人的资格。

常见行为能力的鉴定

1. 遗产继承

民法中的继承是规定将死者生前所有的个人财产和其他合法权益转归有权取得该项财产和权益的人所有的法律制度。精神病人的继承权受国家法律保护，不得非法剥夺。我国《民法通则》第七十六条明确规定："公民依法享有财产继承权。"《中华人民共和国继承法》（以下简称《继承法》）第六条规定："无行为能力人的继承权、受遗赠权，由他的法定代理人代为行使。限制行为能力人的继承权、受遗赠权，由他的法定代理人代为行使，或者征得他的法定代理人同意后行使。"遗产继承上要切实保证并照顾精神病人的利益。丧失行为能力的精神病人的一切放弃或拒绝继承的法律行为都是无效的。

2. 遗嘱能力

遗嘱是立遗嘱人生前按照法律规定的方式处分自己的财产及其他事物，并于死后生效的法律行为。我国《继承法》第二十二条规定："无行为能力人或者限制行为能力人所立的遗嘱无效。"患有或怀疑患有精神病的人所订立的遗嘱是否有效，必须看遗嘱的内容是否符合我国的法律规定，遗嘱是否表示遗嘱人的真实意思，在订立遗嘱时是否受到他人不适当的影响，以及精神病态是否使立遗嘱人在订立遗嘱时判断力受到障碍，在进行了解、分析后对立遗嘱人的遗嘱能力予以评定。

3. 婚姻能力

精神病人如果具有如下医学与法学要件，就不能结婚。医学要件：①精神病未愈，或者部分缓解，或者刚刚缓解不到一定时期，或者近期缓解后有较大复发的危险性；②中度或更重的精神发育迟滞。法学要件：①不能做出自觉的意思表示，也不能理解婚姻的性质及其所包含的责任和义务；②不能建立并维持正常的夫妻家庭生活。对于遗传因素高的精神疾病，不论病人的病情好转与否，均不宜结婚；有些在病情缓解后虽然可以结婚，但应禁止生育或实行禁育措施，以保证贯彻我国优生优育的政策。

4. 离婚问题

根据我国《婚姻登记管理条例》的规定，一方或双方当事人为限制民事行为能力或者无民事行为能力的，申请离婚登记时婚姻登记机关不予受理。如果夫妻一方精神健康而提出离婚，另一方患有严重精神病又难以估计其有治愈的可能性，或双方已多年未能实行共同的婚姻生活，或病方多次住进精神病院治疗，或病方动辄无故殴打和凌辱另一方甚至危及另一方的生命安全的，为了解除另一方精神和肉体上无休止的折磨和痛苦，应该允许离婚。但在处理时要注意分析病人得病的原因，医院诊断和治疗结果，结合群众意见慎重处理，在判决离婚的前后都必须对病人的监护与生活做好妥善的安排。在提出离婚申请时，如果病情处于缓解期、间歇期，病人无明显精神异常时，或轻型精神障碍者、轻度精神发育迟滞者，通常都有诉讼能力，可以按一般民事离婚案件处理。

责任能力的法医精神病学鉴定

刑事责任能力简称责任能力，是指一个人具有了解自己行为的性质、意义和后果，并自觉地控制自己的行为和对自己的行为负责的能力。简言之，即能够辨认和控制自己行为的能力。有责任能力的人，对自己所实施的犯罪行为应当负刑事责任。无责任能力的人，即使实施了对社会有危害的行为，也不能要求其负刑事责任。

《中华人民共和国刑法》（以下简称《刑法》）第十三条对犯罪规定为："一切危害国家主权、领土完整和安全，分裂国家、颠覆人民民主专政的政权和推翻社会主义制度，破坏社会秩序和经济秩序，侵犯国有财产或者劳动群众集体所有的财产，侵犯公民的私人所有的财产，侵犯公民的人身权利、民主权利和其他权利，以及其他危害社会的行为，依照法律应当受刑罚处罚的，都是犯罪，但是情节显著轻微危害不大的，不认为是犯罪。"依此定义，犯罪具有以下几个基本特征：①社会危害性，即对国家和人民利益的危害性，并应具有一定的危害程度；②违法性，即违犯了刑事法律的有关规定；③应受惩罚性。

任何犯罪的成立，都必须具备四方面的要件：①犯罪客体，这是指我国《刑法》所保护而为犯罪行为所侵犯的社会制度、社会秩序和各种权利；②犯罪客观方面，指行为人实施的行为所造成的危害社会的结果及某些犯罪行为的方法、时间和地点等；③犯罪主体，指实施犯罪，依法应负刑事责任的人；④犯罪的主观方面，指行为人的行为是出于故意或过失，有的尚具备特定的犯罪目的。犯罪构成是行为人负刑事责任的基础。精神病人不具备犯罪主体和主观两方面要件，故其对自己违法的危害结果不负刑事责任。

我国《刑法》第十八条规定："精神病人在不能辨认或者不能控制自己行为的时候造成危害结果，经法定程序鉴定确认的，不负刑事责任，但是应当责令他的家属或者监护人严加看管和医疗；在必要的时候，由政府强制医疗。

间歇性的精神病人在精神正常的时候犯罪，应当负刑事责任。

尚未完全丧失辨认或者控制自己行为能力的精神病人犯罪的，应当负刑事责任，但是可以从轻或者减轻处罚。

醉酒的人犯罪，应当负刑事责任。”

患精神病是不以个人意志为转移的，病人可能会丧失对疾病的自知力，这也非个人意志能决定，在精神症状作用下出现的各种异常（甚至是违法）的行为也不是病人所能认识和控制的。因此，精神病人的违法行为本质上符合我国《刑法》第十六条规定的精神，行为在客观上虽然造成了损害结果，但是不是出于故意或者过失，而是由于不能抗拒或者不能预见的原因所引起的，因此不是犯罪。

《刑法》中所说的精神病人应是有精神障碍的病人。精神病人不能辨认自己的行为主要是由于意识障碍、感知障碍、智能障碍和妄想等精神障碍，使其对其危害行为的本质或性质不能认识或理解，或不了解这种行为是错误的或违法的。这种认识和理解错误，并非指病人对日常生活或其他事物的认识错误。精神病人在丧失辨认能力的同时，也就丧失控制自己行为的能力。但有些精神病人有情感障碍、意志行为障碍，此时虽有不同程度的辨认能力，但可以由于丧失了控制自己行为的能力，产生不可抗拒的情绪冲动或者行为紊乱，而身不由己地造成危害社会的结果。根据我国《刑法》的规定，精神病人因病而不能辨认或不能控制自己行为的时候造成危害结果，不能辨认或不能控制二者只具其一，即可属于无责任能力。间歇性精神病是指临床上间歇发作的精神病，如躁狂症、抑郁症、癫痫性精神病、癔症等。

我国目前对精神病人的责任能力分为三级，即完全责任能力、限制责任能力、无责任能力。我国《刑法》第十七条规定：“已满16周岁的人犯罪，应当负刑事责任。已满14周岁不满16周岁的人，犯故意杀人、故意伤害致人重伤或者死亡、强奸、抢劫、贩卖毒品、放火、爆炸、投毒罪的，应当负刑事责任。已满14周岁不满18周岁的人犯罪，应当从轻或者减轻处罚。”由此可见，18周岁及以上的人有完全责任能力；14周岁到不满18周岁的人为限制责任能力；不满14周岁的人为无责任能力人。精神病人因精神病的严重程度不一，而责任能力各异。因病而完全丧失辨认或控制自己行为能力者属无责任能力，即“精神病人在不能辨认或者不能控制自己行为的时候造成危害结果，经法定程序鉴定确认的，不负刑事责任”；辨认或控制能力削弱，但尚未达到丧失程度者，具有限制责任能力，即“尚未完全丧失辨认或者控制自己行为能力的精神病人犯罪的，应当负刑事责任，但是可以从轻或者减轻处罚”；精神病已愈或处于间歇期，其辨认能力和控制能力完整者，应具有完全责任能力。

责任能力和行为能力都是表示一种特定的精神状态的法律概念，但是两者有很大不同，二者的区别见表14-1。

责任能力的鉴定要件

责任能力的鉴定与行为能力的鉴定一样，应从医学标准和法律标准加以判定。从医学角度判定行为人在危害行为当时是否处于精神病发病状态，是否存在感知、意识、情感、思维、智能等的障碍，是否缺乏对疾病和行为反常的自知力。从法律角度判定行为人所患精神疾病和所实施危害行为之间的关系，行为人是否不能辨认自己的行为或不能控制自己的行为。这两个标准是互相联系，互相统一的，医学标准是基础，法律标准是

表 14－1　民事行为能力和刑事责任能力的区别

	民事行为能力	刑事责任能力
法律性质	民事性质，用于依照《民法》调整财产关系和人身关系	刑事性质，用于依照《刑法》对犯罪行为承担刑事责任
法律作用	在民事活动中行使权力和承担义务	确定有罪和量刑
开始年龄	10 岁开始，18 岁为完全行为能力，以自己劳动收入维持生活的从 16 岁开始为完全行为能力	16 岁确定，严重罪行从 14 岁开始，18 岁为完全责任能力
无能力的法律标准	不能辨认自己的行为，不能独立进行民事活动	不能辨认自己的行为或不能控制自己的行为
无能力时限	一般较长	指危害行为当时是否处于精神病发病状态
无能力的确定	经过司法鉴定，法院宣告	经过司法鉴定，法院采纳
能力的恢复	经过司法鉴定，法院宣告	精神症状消失
评定的目的	侧重保护个人利益	作为是否犯罪的依据

准则，鉴定时缺一不可。从这两个标准出发，责任能力的鉴定要件如下：

1. 无责任能力

（1）医学要件：患有精神病，处于严重的精神病状态；或中度及更重的精神发育迟滞或严重的痴呆；或其他严重精神障碍。

（2）法学要件：上述病人在发生危害行为当时，由于意识严重障碍，或存在智能缺陷，或受幻觉、妄想、情感和意志障碍等精神病症状的影响，丧失了实质性辨认或控制自己行为的能力。

2. 限制责任能力

（1）医学要件：患有精神病或精神病缓解不全；轻度或中度精神发育迟滞或痴呆；或其他明显的精神障碍。

（2）法学要件：上述病人在发生危害行为当时，由于明显的精神障碍，使其实质性辨认能力或控制能力明显减弱，但尚未达到丧失或不能的程度。

3. 完全责任能力

（1）医学要件：精神病已愈或已缓解而处于间歇期；或轻度及更轻的精神发育迟滞或痴呆；或其他轻性精神障碍，以及普通醉酒、药物依赖、迷信行为等；或单纯性人格障碍；或无精神病与伪装精神病。

（2）法学要件：上述人在犯罪行为当时，无客观依据可证明其辨认或控制自己行为的能力有明显减弱。

在责任能力的鉴定中，不但应查清精神病的种类、程度及阶段，还应查清危害行为有无现实性动机，以及精神症状与行为之间的关系，更应找出疾病影响病人实质性辨认能力或控制能力的客观依据。

常见精神病的责任能力鉴定

1. 精神分裂症

精神分裂症（schizophrenia）是以思维、知觉、情感和行为等障碍，精神活动与环境的不协调为主要特征的一种精神病。其患病率及司法鉴定数均居精神病的首位。该病的主要症状有思维联想障碍、情感障碍、矛盾观念、内向性、幻觉、妄想和动作行为障碍。精神分裂症可分为偏执型、青春型、单纯型及紧张型等类型，以前两型多见。病人可在幻觉或妄想的支配下，或由于情感障碍和冲动行为而发生危害行为。鉴定时应区别病人在行为当时是处于发病期、部分或完全缓解期还是间歇期，并应查清危害行为有无现实性动机，行为与精神症状之间的关系，病人的辨认能力和控制能力丧失的程度。并非精神分裂症病人皆无责任能力。危害行为与疾病之间无直接联系者应慎重对待，除非有确凿证据证明，发生危害行为当时，疾病影响到病人的辨认或控制能力，否则，不能评定为无责任能力。本症病人的违法行为，如果是处于发病期由于妄想、思维障碍、幻觉、情感障碍或病理性冲动行为等精神病性症状所致，丧失了实质性辨认和控制能力，一般应评定为无责任能力；在疾病初期，症状较轻以及缓解期的病人，情况较复杂，应根据具体情况，酌情评定为有责任能力或限制责任能力；对具有精神缺损者，平时虽能适应一定的社会生活，但没有明显原因而做出违法行为者，可考虑评定为无责任能力。对受到性侵犯的女性病人的性自卫能力的鉴定，应注意其处于疾病的何期、疾病的严重程度、有无对性行为的辨认能力及有无反抗行为等。

2. 精神发育迟滞

精神发育迟滞（mental retardation）是指在发育阶段由遗传因素、环境因素或心理社会因素等各种原因引起的，以智力低下和社会适应障碍为主要临床特征的一组疾病。精神发育迟滞者辨认能力和行为控制能力皆降低，社会适应能力差，可伴发行为障碍，且易受别人暗示或唆使，因此可产生多种违法行为或又是被害人。鉴定时，应考虑被鉴定人智能障碍程度，是否伴有其他精神障碍，其违法行为有无动机、预谋或事后掩饰等。一般情况下，极重度和重度精神发育迟滞，评定为无责任能力；中度精神发育迟滞，评定为限制责任能力；轻度精神发育迟滞，评定为限制或有责任能力。若伴有其他精神症状或精神病者，一般被评为无责任能力。对于精神发育迟滞的受害者，应根据其智能水平、受害时的处境和辨认能力等情况进行综合分析，以确定其自我保护能力或自我防卫能力。

3. 情感性精神障碍

情感性精神障碍（affective disorders）是指一组以情感障碍为主要临床表现的精神病，主要指躁狂抑郁性精神病（manic depressive psychosis），简称躁郁症。躁郁症以情感的异常高涨或低落为主要临床特征，可伴有思维、感知和行为等障碍。但症状与病人当时的优势情感基本一致。病程常有周期性和可缓解性，间歇期精神状况正常。临床表现主要有两大类：①躁狂症，其典型症状是情绪高涨、思维奔逸、精神运动性兴奋；②抑郁症，其典型症状是情绪低落、思维缓慢、动作行为减少或迟缓。躁狂症病人因激惹性增高，易发生冲动行为，还可因情感高涨及夸大妄想等导致说谎或诈骗、挥霍无度、行为不检点甚至流氓行为，或受人唆使而发生盗窃行为等。抑郁症病人可因发生罪恶妄想、嫉妒妄想等而产生悲观厌世、生不如死等想法而自杀、扩大性自杀、自我诬告或攻击他人，以及纵火等行为。在躁狂状态或抑郁状态下发生危害社会的行为，可评定为无责任能力。轻度躁狂症或轻度抑郁症，症状趋于缓解，基本有辨认能力和控制能力的，可评定为限制责任能力。处于发病间歇期者，则应评定为有责任能力。

4. 偏执性精神障碍

偏执性精神障碍（paranoid psychosis）是一组以持久的妄想为主要症状，行为和情感反应与妄想观念一致，无幻觉或精神衰退，智能和人格保持良好的精神病，包括偏执狂、偏执状态和围绝经期（更年期）偏执状态。此类病人能保持一定的工作能力和社会适应能力，但多具有特殊的性格缺陷，表现为固执、自命不凡、敏感、易激动、多疑等。偏执性精神病人在妄想支配下可发生攻击他人、杀人、放火等危害社会的行为，此时应评定为无责任能力。但此类病人对妄想以外的事物有辨认能力，亦无其他精神症状，故对与其妄想内容无关的违法行为，应认定为有责任能力。

5. 感应性精神病

感应性精神病（induced psychosis）系与在同一环境中密切接触的、对已有威信或有较大影响的亲人或密友发生妄想后，由于感应关系，而产生同样性质的妄想观念和精神症状。但当与原发者分开或原发者症状消失后，感应性精神病病人症状随之消失，预后良好。责任能力的评定同偏执性精神障碍。

6. 应激相关障碍

应激相关障碍（stress - related disorders）系由严重或持久的精神创伤所致，可分为急性应激障碍、创伤后应激障碍和适应障碍三型。此类病人的临床症状常直接反映或重演精神创伤情境的内容，消除精神刺激因素后大多可迅速获得完全缓解。急性应激反应的表现有反应性朦胧状态、木僵状态、兴奋状态，并可出现短暂的妄想、幻觉、情感障碍及行为紊乱等。精神创伤后应激障碍以警觉性与激惹性持续增高、反复重现精神创伤体验、持续的回避、对创伤性经历的选择性遗忘及对周围环境普遍刺激反应迟钝、情感麻木为主要表现，可出现错觉、幻觉、意识分离性障碍、人格改变等，病程较长，少数可持续多年或终身。适应障碍表现以较轻的抑郁、焦虑、恐惧等情感障碍为主，并出现适应不良和生理功能障碍。应激相关障碍病人可因意识或感知障碍、妄想、激惹性增高等发生攻击、伤人、毁物、自杀或扩大性自杀等行为，此时应评定为无责任能力；症状较轻时，有一定程度的辨认和控制能力，应评定为限制责任能力；症状轻微，行为有现实的原因，辨认与控制能力无明显削弱的，评定为完全责任能力；适应障碍通常为完全责任能力。至于作案后发生应激相关障碍者，应为有完全责任能力。

7. 癫痫性精神障碍

在癫痫发作前、发作时和发作以后以及发作间歇期内出现的，伴发于癫痫的各种暂时或持续性的精神障碍，称癫痫性精神障碍（psychiatric disorder of epilepsy）。发作性的癫痫性精神障碍发作时，可出现思维、感知、情感、行为、意识等方面的障碍。尤其当病人处于癫痫性朦胧状态、癫痫性谵妄、病理性激情等状态时，因无辨认和控制能力，易发生攻击、破坏等行为。对此种病人应评定为无责任能力。癫痫性病理性心境恶劣发作，发生危害行为的，可根据间歇期的精神状况和发作时的表现程度，评定为限制责任能力或无责任能力。癫痫间歇期（缓解期），又无持续性精神障碍者，有完全责任能力。持续性的癫痫性精神障碍者中，如为癫痫性分裂样精神病者，其责任能力应按精神分裂症的标准评定；癫痫性智力障碍达中度或更重者，应评定为无责任能力；轻度癫痫性智力障碍和癫痫性人格障碍明显者，根据具体情况评定为限制责任能力或有责任能力。

8. 酒精所致精神障碍

酒精所致精神障碍（alcoholic mental disorder）可分为急性与慢性两大类。急性以普通醉酒状态最常见。普通醉酒状态为一次较大量饮酒引起的一次性精神兴奋状态；在此状态下发生的危害行为，属于我国《刑法》第十八条中规定的："醉酒的人犯罪，应当负刑事责任。"病理性醉酒为相对小量酒精引起的急性精神病性发作，多认为是对酒精的变态反应。此时病人意识不清，有时可出现片断的幻觉和妄想，故可发生严重的暴力行为，此时属无责任能力，但应排除伪装。慢性酒精中毒基础上急性发作的震颤谵妄（delirium tremens），有突然发生的意识不清、定向障碍和幻觉，故应根据发作时情况评定为限制责任能力或无责任能力。慢性酒精中毒所致幻觉症、嫉妒妄想、痴呆等，应根据病情程度评定为限制责任能力或无责任能力。慢性酒精中毒伴发的人格衰退（personality deterioration）者，应为限制责任能力。

9. 神经症

神经症（neurosis）原称神经官能症或精神神经症（psychoneurosis），是一组较轻的大脑功能障碍的疾病总称。其共同特点是起病常与精神因素有关，无任何可证实的大脑器质性损害，病人对自己的病有自知力，人格保持完整，社会适应能力良好。常见的临床类型有癔症（hysteria）、恐惧症、强迫症、焦虑症、疑病症及神经衰弱等。神经症病人通常具有充分的辨认能力与控制能力，应评定为完全责任能力。但癔症发生时，如果出现意识障碍或其他严重的精神障碍，可根据具体情况评定为限制责任能力或无责任能力。

10. 人格障碍

人格是指每个人所特有的心理特征。人格使一个人区别于他人，并可通过这个人与环境和社会群体的关系表现出来。人格障碍（personality disorder）是一种异常的心理状况，特点为难以改变的不恰当的或反社会的行为，而并非令病人本人感到痛苦和烦恼的心理障碍。人格障碍有多种类型。其中，反社会型（又称悖德型）的心理特征是情绪的暴发性和行为的冲动性，故最易对社会造成危害。单纯的人格障碍者，没有认识、判断、推理方面的智能障碍，亦无妄想、幻觉，故具有完全责任能力。脑损害或各种精神疾病造成的人格障碍者，应根据具体情况评定为限制责任能力或无责任能力。性心理障碍产生违法行为者，有责任能力。

11. 脑外伤所致精神障碍

脑外伤所致精神障碍（brain traumatic mental disorder）指因头部外伤，脑组织受损所致的精神障碍。脑外伤性谵妄状态和脑外伤性朦胧状态，应评定为无责任能力。脑外伤诱发的癔症、精神分裂症、情感性精神病、偏执性精神病，脑外伤性癫痫性精神障碍，脑外伤引起的应激相关障碍，脑外伤后出现的精神分裂症样病态和躁狂病态等，责任能力的评定与无脑损伤的各种相应的精神病相同。脑外伤后综合征、脑外伤性智能障碍（痴呆）、脑外伤后人格障碍，根据精神障碍的严重程度，发生危害行为当时的辨认能力和控制能力，酌情评定为无责任能力、限制责任能力或有责任能力。

12. 急性短暂性精神障碍

急性短暂性精神障碍（acute and transient psychotic disorders）指病因和分类尚未确定的，以起病急骤、病程短暂、伴有明显的运动性兴奋状态的意识模糊，以及继发性遗忘为共同特点的一组精神障碍。发作时可伴有幻觉、妄想。病人在发作时易发生严重的暴力行为。这类疾病在普通的精神科诊疗中很少见，但在司法实践中却有重要意义。这组精神活动障碍包括病理性激情（pathological affect）、病理性半醒状态（pathological hypnagogic confusion state）和一过性意识模糊（transient confusion）等。这类精神障碍发作时，病人丧失了辨认能力和控制能力，故无责任能力。但在危害行为发生之后进行法医学鉴定时，被鉴定人往往已恢复正常，主要依据案情及其他调查材料进行鉴定，故必须非常审慎。

其他法律能力的法医精神病学鉴定

受审能力

受审能力是指刑事诉讼中被告的诉讼能力，包括对控告提出辩解、对判决提出上诉的能力，以及行使法律赋予的在诉讼中的其他权利的能力。刑事诉讼中被告的权利包括：①可使用本民族的语言和文字；②在被逮捕或搜查时有权要求出示逮捕证或搜查证；③被询问时有权拒绝回答与案件无关的问题；④可以核对询问笔录；⑤可以申请有关人员回避；⑥经审判长同意，有权向证人、鉴定人或其他被告人提问；⑦有权对控诉进行反驳并参与辩论，也可聘请辩护人为自己辩护；⑧有权做最后陈述；⑨有权对法庭判决声明不服并提出上诉等。

精神病人由于精神症状的影响，不能理解受审的性质和目的，不能做出正确的意思表示，不能与法庭合作，不能行使上述的权利，因此无受审能力，依法不得进行审讯。有无受审能力须经法医精神病学鉴定，然后由法庭予以判定。无受审能力不是无责任能力，不能作为辩解无罪的理由，而只是审判的延期，是能否受审和接受定罪量刑的问题。

如果被告被鉴定为无责任能力，司法部门采纳后，撤销公诉与原案，则不涉及有无受审能力。如果被告被鉴定为具有限制责任能力或完全责任能力，这种被告大部分都有受审能力，只有少数被告无受审能力。此类无受审能力者可以是：在实施犯罪行为时精神健全无异常，但在被捕后或受审前发生了精神病者；或者违法前就患有精神病，但其危害行为的发生与所患精神病无关，对危害行为未丧失辨认能力或者控制能力者；或病人处于精神病间歇期时犯罪，被捕后精神病又复发者。

有些被告依靠使用抗精神病药物来控制病情、维持意识的清晰和理解能力的完整，一旦停止用药，疾病就会发作。对此，只要被告人继续用药即具备受审能力，法庭就可在用药期间进行审理。

服刑能力

我国法律对罪犯实行惩罚管制与思想改造相结合、劳动生产与政治教育相结合，促使罪犯改恶从善，重新做人的劳动改造制度。但若服刑者、受劳动教养者或受治安处罚者因患有某些精神病，不能接受思想改造，参加生产劳动对改造也无效，不能遵守监纪监规，甚至可能发生一些意外事件，就达不到服刑改造的目的。此种情况，经鉴定后确定患有精神病，由于严重的精神活动障碍，致使其无辨认能力或控制能力，应评定为无服刑能力、无受劳动教养能力或无受处罚能力。对无服刑能力者应给予治疗和保外就医，待其精神状态恢复正常后再继续服刑改造。治疗的天数可抵刑期。服刑能力须经法医精神病学鉴定后确定。

自我保护能力

自我保护能力指各类案件的被害人等，在其人身、财产等合法权益遭受侵害时，对侵犯行为的辨认能力或者自我防卫、保护能力。经鉴定，受到侵权时患有精神病，对侵犯行为无辨认能力或者无自我防卫、保护行为的，为无自我保护能力。被鉴定人是女性，经鉴定患有精神病，在她的性不可侵犯权遭到侵害时，对自身所受的侵害或严重后果缺乏实质性理解力的，为无自我保护能力。

诉讼能力

诉讼能力指依法行使诉讼权利的能力。一般来说，有无诉讼能力以有无民事行为能力为准，但两者并不完全一致。诉讼能力只存在有诉讼能力和无诉讼能力两种情况，而民事行为能力存在完全民事行为能力、限制民事行为能力和无民事行为能力。《民事诉讼法》和《中华人民共和国行政诉讼法》（以下简称《行政诉讼法》）中都规定无诉讼能力人由其法定代理人代为诉讼；《刑法》中规定自诉案件的被害人丧失行为能力的，其法定代理人、近亲属有权向人民法院起诉。因此，在诉讼过程中，诉讼当事人经鉴定患有精神病，致使不能行使诉讼权利的，为无诉讼能力。

作证能力

我国《民事诉讼法》第七十条规定："不能正确表达意思的人，不能作证。"《刑事诉讼法》第四十八条规定："生理上、精神上有缺陷或者年幼，不能辨别是非，不能正确表达的人，不能作证人。"《继承法》第十八条规定："无行为能力人、限制行为能力人不能作为遗嘱见证人。"当控告人、检举人、证人等提供不符合事实的证言，经鉴定患有精神病，致使缺乏对客观事实的理解力或判断力的，为无作证能力。

选举权和被选举权

按我国的有关规定，精神病人不能行使选举权的，经选举委员会确认，不行使选举权。无法行使选举权的精神病人不列入选举名单。如果在心神健全时当选为人民代表，而以后发生了精神障碍的，应按病假处理，除给予医治外，暂时停止其所担任的公职。

精神障碍性损害的鉴定

精神障碍性损害是指各种外部因素作用于人体，造成的精神障碍。这种精神障碍可以发生于外部因素作用的当时，也可以在作用以后逐渐发生；可以是持续时间较短的精神障碍，也可以是持续时间很长的精神障碍，甚至是终身的精神障碍（精神残疾）。

引起精神障碍的外部因素从其性质来讲，可分为物理性因素（如机械性损伤）、化学性因素（如毒物中毒）、生物性因素（如各种感染）和心理社会因素（如精神刺激）等几大类。它们通常都是通过某些特殊的事件来作用于人体的，例如各种生产事故、交通事故、生活事故、环境污染、医疗事故以及各种暴力损害事件等。

随着我国社会主义法治的日益完善，人们法制观念的日益加强，对精神障碍性损害的鉴定案件也日益增多。这类问题可能会涉及刑法、民法、劳动法、行政诉讼法、环境保护法、残疾人保障法、医疗纠纷等多个方面。通过鉴定，可以为司法实践、审理判决案件以及行政解决这类问题提供科学的证据。

精神障碍性损害的鉴定对象

1. 被害人

被害人即受到精神障碍性损害的一方。通过鉴定确定其有无精神障碍，如果有，确定精神障碍的种类、性质、程度，同时分析判定外因与精神障碍之间的关系如何。根据案件的要求，有时要确定精神障碍性损害的程度、残疾的程度、劳动能力丧失的程度。通过鉴定，有时要明确损害补偿的问题，包括劳保待遇、医疗费用、保险赔偿、其他赔偿等。通过鉴定，有时还要明确有关问题或提出有关建议，如治疗和康复的问题、预后的问题、医疗终结的期限、受害人的工作及生活安排等。

2. 加害人

加害人即施加外部因素造成他人精神障碍的一方。通过鉴定，要明确加害方应负全部责任、部分责任或不负责任；应负责任的轻重，这需与损害的性质、程度联系起来判定；通过鉴定，为加害人应受的处罚（刑事责任、治安管理处分、行政处分）提供依据，同时为民事的经济赔偿（份额、数量等）提供依据。

精神障碍性损害的鉴定内容

按照我国现行的有关法律法规规定，精神障碍性损害的鉴定主要涉及如下方面：

1. 工伤与职业病致精神障碍伤残等级鉴定

我国国家技术监督局于1996年3月14日发布了《职工工伤与职业病致残程度鉴定》。按此标准，将因工负伤及患职业病后，伤残失能的程度从重到轻分为一至十级。鉴定对象为职工中经当地劳动部门证明属于工伤，或经卫生行政部门批准具有职业病诊断权的医疗卫生机构出具诊断证明，证明为职业病后，在国家社会保险法规所规定的医疗期满时通过医学检查对其伤残失能程度做出判定结论者。该标准中关于精神障碍方面的伤残包括智能减退、精神病症状（妄想、幻觉、病理性思维联想障碍、紧张综合征、情感障碍等）、意识障碍、人格改变、癫痫、神经心理障碍等。此外，我国劳动和社会保障部于2002年4月5日印发了《职工非因工伤残或因病丧失劳动能力程度鉴定标准（试行）》，其中对精神障碍方面的伤残类别及程度也做了相应规定。

2. 道路交通事故受伤人员精神障碍性伤残鉴定

我国国家质量监督检验检疫总局于2002年3月11日发布了《道路交通事故受伤人员伤残评定》，以代替公安部于1992年发布的《道路交通事故受伤人员伤残评定》。按新标准鉴定的对象为在道路交通事故中遭受各种暴力致伤的人员。据道路交通事故受伤人员的伤残状况，该标准将受伤人员伤残程度从重到轻分为一至十级。该标准中关于精神障碍的伤残包括植物状态、智力缺陷、精神障碍、癫痫、失语、失读、失写、失用、失认等。

3. 人身保险意外伤害精神残疾鉴定

中国人民银行制订了《人身保险残疾程度与保险金给付比例表》，对伤害程度及最高给付标准百分比做了具体的规定。其中，关于精神伤残规定为“中枢神经系统功能或胸、腹部器官功能极度障碍，终身不能从事任何工作，为维持生命必要的日常生活活动，全需他人扶持的。”此外，中国人寿保险公司、中国平安保险公司等也制定了《人身保险意外伤害残疾给付标准》，对伤害程度及最高给付标准百分比做了具体的规定。其中，关于精神伤残包括外伤性或中毒性精神障碍、脑外伤后植物性生存、脑外伤后迁延性昏迷、外伤性痴呆、脑外伤后运动性失语、脑外伤后感觉性失语、脑外伤后混合性失语、脑外伤后癫痫发作、外伤性失用症、外伤性失读症和失写症等。

4. 不法侵害致精神障碍性损伤的鉴定

当自然人受到不法侵害时，造成了精神障碍，即公民的精神健康受到非法侵害，造成精神病，称为不法侵害致精神障碍性损伤，亦称为精神损伤。这类损伤，多数由暴力打击所致，可因打击头部或身体，造成颅脑损伤或躯体器官损伤而引起精神障碍；还可以由中毒，巨大的精神伤害性刺激如严重的污辱、诽谤、惊吓、威胁、恐吓等引起。但是，精神障碍的发生有时也与发病人自身的内在素质、躯体疾病及健康状态等因素有关。

不法侵害引起受害人出现精神障碍，常会涉及刑法、治安管理处罚条例。对加害人的处罚问题，还会涉及对被害人的民事赔偿等法律问题。因此，要求法医精神病学鉴定机构对被害人进行鉴定。通过鉴定，获得科学证据，以解决以下问题：损伤程度是属于重伤、轻伤还是轻微伤；加害方应负全部责任，或部分责任，或不负责任；精神障碍性损伤的医疗终结时限的确定；受害人伤残等级的评定及劳动能力丧失程度的评定；对受害人进行赔偿的原则。

重要精神障碍性损害的鉴定

我国《刑法》规定的重伤，“是指有下列情形之一的伤害：(一) 使人肢体残废或者毁人容貌的；(二) 使人丧失听觉、视觉或者其他器官机能的；(三) 其他对于人身健康有重大伤害的”。按照我国发布的《人体重伤鉴定标准》之规定，属于重伤的精神障碍性损伤有：颅脑损伤当时出现昏迷（30 min 以上）和神经系统体征，如单瘫、偏瘫、失语等；颅脑损伤引起外伤性癫痫；颅脑损伤导致严重器质性精神障碍，主要有中或重度脑损伤后的外伤性癫痫性精神障碍、外伤性脑病、外伤性痴呆（不包括外伤性假性痴呆）、重型外伤性人格改变、外伤性精神分裂症样精神病或者外伤性精神病等。

按照我国发布的《人体轻伤鉴定标准（试行）》规定，轻伤是指物理、化学及生物等多种外界因素作用于人体，造成组织、器官结构一定程度的损害或者部分功能障碍，尚未构成重伤又不属于轻微伤害的损伤。

按照我国公安部发布的《人体轻微伤的鉴定标准》规定，轻微伤是指造成人体局部组织、器官结构的轻微损伤或短暂的功能障碍。

依照前述规定之精神，不法侵害所致的几种重要的精神障碍性损害鉴定如下：

1. 脑外伤所致精神障碍

(1) 外伤性谵妄、外伤性朦胧状态：属于重度精神障碍，评定为重伤。但若持续时间不太长，以后无后遗的器质性改变及较重的精神障碍，可评定为轻伤。

(2) 脑外伤后衰弱综合征：主要表现似神经症，持续时间不太长，若以后无后遗的器质性改变及较重的精神障碍，可评定为轻伤或轻微伤。

(3) 外伤性遗忘综合征、外伤性癫痫及癫痫性精神障碍、外伤性精神病（包括精神分裂症样精神病、偏执样精神病、情感障碍样精神病等）、外伤性痴呆、重型外伤性人格改变等：均属于严重的精神障碍，应评定为重伤。

(4) 脑外伤诱发的癔症：因发病与病人内在素质关系较大，故可酌情不评定损伤程度或原无癔症病史，且伤前人格健全，损伤后出现持久性分离型症状群，经综合考虑，酌情评定为轻伤或轻微伤。赔偿以一次赔付为好。

2. 中毒性精神障碍

中毒性精神障碍病人经过及时、正确的治疗后，绝大多数能于短时期内治愈，故此时应评定为轻伤或轻微伤为宜。但也有少数病情严重者，可导致器质性精神障碍状态，此时应评定为重伤。

3. 躯体其他器官损伤所致精神障碍

躯体其他器官损伤所致的精神障碍指除颅脑损伤以外的躯体器官损伤所致的精神障碍。如果精神障碍是非诱发性的、持续性的、有器质性改变的基础，可评定为重伤。

4. 应激相关障碍

应激相关障碍多数祛除病因后皆能在短期内治愈，预后较好，故可酌情评定为轻伤或轻微伤；适应障碍多不评定损伤或酌情评定为轻微伤；症状严重且持续终身的，应酌情评定为重伤或轻伤。

5. 精神分裂症、情感性精神病

精神分裂症、情感性精神病属于“内源”性精神病，其发病的决定性因素在于病人本身内因性素质，外界因素只是诱发因素。因此，不评定伤情，可判定伤病关系。

6. 神经症

神经症病人无严重的精神障碍，自知力和辨认、控制能力完整，劳动能力多无丧失，因此，可不评定损伤或酌情评定为轻微伤。只有经治疗后仍遗留有一定程度的后遗症，并影响劳动能力，情况很严重的，才考虑评定为轻伤，但需严格掌握标准，不可滥评轻伤。赔偿以一次性赔付为宜。

（张小宁）

15 虐待、家庭暴力及杀婴

虐待儿童（236）
案件特点（237） 临床表现（237） 儿童性虐待（239）
虐待老人（239）
案件特点（239） 临床表现（239） 虐待老人的法医学鉴定（240）
家庭暴力（240）
杀 婴（241）

虐待主要是指对共同生活的家庭成员经常以打骂、捆绑、冻饿、限制自由、凌辱人格、不给治病或者强迫做过度劳动等方法，从肉体上和精神上进行摧残迫害的行为。

虐待具有如下特征：

（1）发生在家庭成员之间，可以是夫妻之间、血缘亲属之间、养父母与养子女、继父母与继子女之间。

（2）虐待的行为可以是对被害人肉体和精神进行摧残、折磨、迫害的行为，既包括积极的作为，如殴打、捆绑、禁闭、讽刺、谩骂、侮辱、限制自由、强迫超负荷劳动等；又包括消极的不作为，如有病不给治疗、不给吃饱饭、不给穿暖衣等。

（3）虐待行为具有经常性、一贯性。偶尔的打骂、冻饿、赶出家门，不能认定为虐待行为。

（4）施虐者在主观方面有对被害人进行肉体上和精神上的摧残和折磨的故意。

根据《刑法》第二百六十条的规定："虐待家庭成员，情节恶劣的，处二年以下有期徒刑、拘役或者管制。致使被害人重伤、死亡的，处二年以上七年以下有期徒刑。"

虐待儿童

虐待儿童指父母或监护人经常歧视或以暴力伤害儿童身心健康，使其出现身心发育障碍或异常，总称虐待儿童综合征（child abuse syndrome，或 battered child syndrome）。虐待儿童是各国均存在的一种家庭暴力。它不仅是一种医学问题，也是一种社会问题。儿童正处于身心生长发育阶段，虐待儿童会在其生理和心理上造成严重的伤害，甚至造成死亡。虐待儿童包括肉体虐待、精神虐待、性虐待、忽视。

案件特点

1946 年 Caffey 发现婴儿硬膜下血肿伴长骨骨折的病例明显增多，其后（1957 年）发现造成这种病变的原因之一是父母对婴儿的忽视和虐待。Kempe（1962 年）首次提出虐待儿童综合征一词，该综合征包括了对儿童伤害或忽视所造成的各种病变。每年全世界约有 5 万名儿童因遭受虐待而死亡，约 20 万名儿童受虐待而造成永久性损伤。目前尚未见到我国虐待儿童的统计资料，但虐待女婴，虐待继子、继女的案件却时有发生，应引起医学界、法学界、教育界及心理学界的普遍重视。1991 年颁布了《中华人民共和国未成年人保护法》，从家庭保护、学校保护、社会保护、司法保护、法律责任等方面做出了明确规定。该法第五十二条规定："虐待未成年人的家庭成员，情节恶劣者，依照《刑法》第一百八十二条的规定追究刑事责任。"

受虐待的孩子通常是学龄前儿童，4 岁以下者多见，对儿童进行施虐者大多是扶养人和监护人，可以是生父、生母或继父、继母，也可以是其他保护人，像保姆或幼儿园老师等，施虐手段包括打、摔摔、烧、水淹、咬，也可由于忽视照顾被动物咬伤。

虐待儿童案件常有以下特点：

（1）犯罪嫌疑人主要是受虐待儿童的亲属，多为父亲或继父、母亲或继母，或其他监护人等。

（2）虐待致死的儿童年龄较小，2/3 以上的案例年龄在 3 岁以下。

（3）受虐待儿童身体上常见多处暴力损伤，以皮肤和骨骼损伤为主，各部位损伤时间不等，陈旧和新鲜损伤并存，多数为非致命性损伤。虐待儿童致死不同于谋杀儿童，常为反复损伤所致。

（4）受虐待儿童常表现为营养不良、身心发育障碍、情感异常等。

临床表现

暴力损伤

软组织损伤是最常见的暴力损伤类型。受虐待儿童身体各部位存在多处新旧程度不等的淤斑，尤以面部、耳廓较为多见（图 15-1）；眼周围有青紫肿胀或熊猫眼症状，说明软组织损伤或颅底可能有骨折；1 岁以下儿童发生锁骨、颅顶骨骨折，说明可能是从高处跌落造成；口腔、牙龈损伤或出血，尤其用奶瓶喂婴儿时，由于用力将奶瓶塞入口腔，常会造成上唇系带、口腔黏膜、牙龈的损伤（图 15-2）；热损伤在虐待儿童中也是比较常见的，洗澡、喂养食物时，由于温度高而烫伤（图 15-3）。

发育障碍

发育障碍多由于忽视造成。在饥饿、寒冷情况下，缺乏父母的照顾，受虐待儿童不能保护和照顾自己，影响身体的发育；经常遭受肉体、精神虐待也导致精神、身体发育障碍，受虐待儿童常表现为发育不良，身高、体重低于正常范围，易患佝偻病、贫血及营养不良等症。

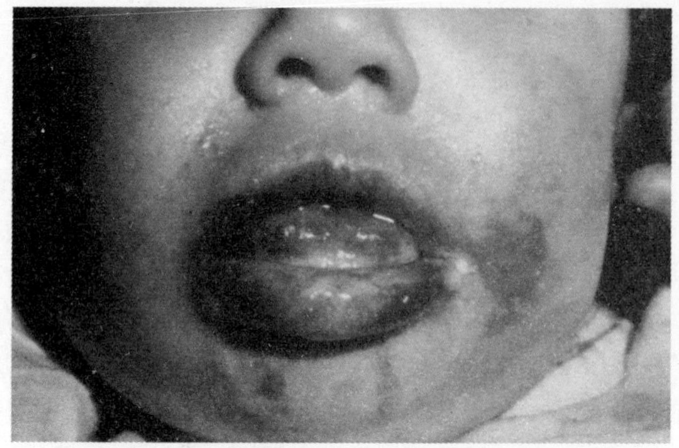

图 15－1　面部暴力作用致唇挫伤和颊部擦伤

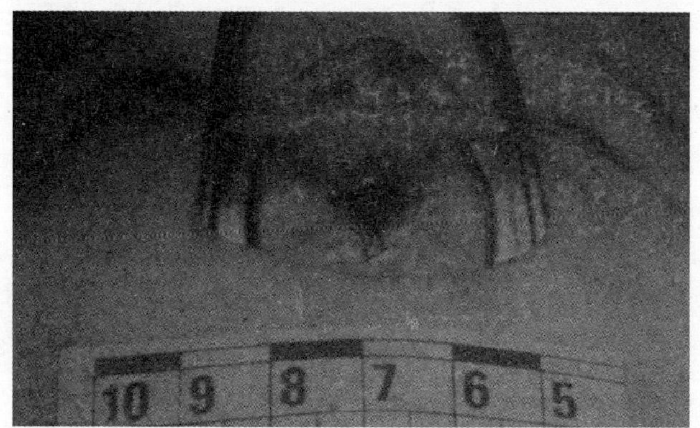

图 15－2　强行塞入奶瓶致上唇系带撕裂

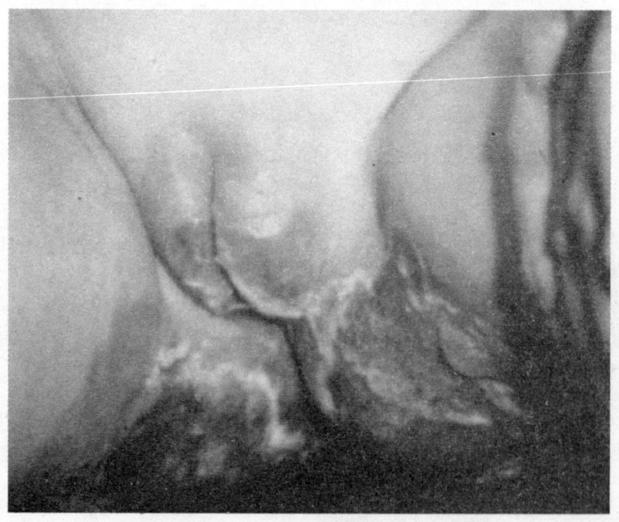

图 15－3　会阴臀部烫伤伴感染

情感及精神障碍

长期严重的精神虐待、肉体虐待，以及教育、医疗、社会方面的忽视，可导致情感及精神障碍，尤其是精神虐待，包括嘲笑、奚落、打击、不公正对待、敌视、威吓等。具体表现为：性别错误培养，家庭成员间关系紧张，对小孩冷漠，不提供充足的食物、衣物、住房玩耍空间、医疗、教育学习机会等。情感及精神障碍的儿童表现为语言能力、社会技能比普通的儿童低下，阅读能力差，注意力涣散，学龄前儿童表现为多动症、暴力倾向，随着年龄增长表现为易发怒、冷漠、与同龄儿童及成人关系差。到青少年时期会产生反社会倾向、性早熟、嗜酒等。

儿童性虐待

儿童性虐待从古代到现代都存在，尤其女童比男童更容易遭到性虐待。一般表现为成人、年龄较大的儿童及青少年对儿童强行或者使用暴力手段抚摸其性器官，用性器官接触或者顶撞儿童的性器官、口腔等部位或让儿童抚摸其性器官，甚至强奸儿童。

儿童性虐待的法医学鉴定包括以下几方面：

（1）检查时要注意记录或拍照损伤类型、面积、部位、愈合状况。尽可能了解以前的损伤病史并进行比较，分析损伤的时间、原因。必要时采用辅助检查、临床生化及毒物分析进行综合评定。

（2）检查时注意观察衣着是否合体、整洁；身体是否干净、发出异常气味，及其指甲有没有污垢。

（3）观察精神状态、发育状况，测量身高、体重。

（4）性虐待的案件中，注意检查生殖器是否存在损伤，检查要及时，应在 72 h 内进行，并注意提取性虐待嫌疑人遗留的证据和记录、拍摄急性损伤的部位与形态。

虐待老人

随着社会人口老龄化的到来，虐待老人已成为家庭暴力的一种新现象。这不仅是政府需要关注的社会问题，也是医学界要关注和研究的“医学-社会问题”。

案件特点

身体方面的虐待表现在伤害、侮辱、性骚扰、人身自由限制，或强迫老人干活；精神虐待指使老人产生精神痛苦、压力；物质上主要表现在非法剥夺或断绝老人的生活、经济来源，侵占老人的钱财；忽视或遗弃老人有积极或消极的，表现为拒绝照顾、赡养老人。

临床表现

被虐待老人的四肢及躯干存在软组织挫伤、挫裂伤、抓伤、擦伤、瘢痕、烫伤、烧伤，甚至大腿内侧也可发现损伤（图 15－4）。四肢可发现陈旧性骨折，且多为畸形愈合。根据软组织挫伤、擦伤的形状可以推测成伤工具。在检查时，要对损伤进行拍照、记录。

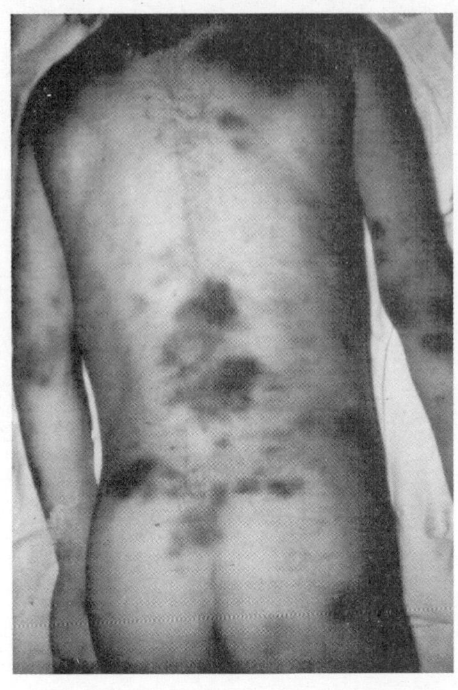

图 15－4　身体背侧多处程期不一的挫伤

虐待老人的法医学鉴定

（1）对被虐待老人进行详细的询问，收集相关信息和病史，主要了解是否受到暴力侵害、人身自由限制等，详细询问受到暴力侵害的类型、次数、程度，以及一些相关因素，如亲人的死亡、生病，是否失业及经济困难。

（2）仔细观察老人的行为举止、外表衣着是否整洁、卫生状况。

（3）仔细检查皮肤、黏膜是否存在肿胀，体表是否存在软组织挫伤、挫裂伤、压痕或抽打的伤痕，并根据损伤形状推测致伤工具。

（4）仔细检查头皮是否存在伤口，是否有损伤性脱发。

（5）观察老人的行走步态，是否有骨折或其他损伤。

家庭暴力

家庭暴力是一个世界性的社会问题。联合国 1999 年在《清除对妇女暴力宣言》中指出，家庭暴力是“在家庭内发生的身心方面和性方面的暴力行为，包括殴打、家庭中对女童的性虐待、强奸配偶和其他有害于妇女的传统习俗、非配偶的暴力行为和与剥削有关的暴力行为。”2001 年,《中华人民共和国婚姻法》(新)增加了“禁止家庭暴力”条款,明确家庭暴力属于犯罪行为,制定了详细的处罚办法。

家庭暴力是一个社会学名词,法律上目前尚无专门的定罪量刑条文。家庭暴力既包括偶尔的家庭成员之间的暴力行为,也包括长期的反复的暴力伤害行为,与虐待存在重叠之处。家庭暴力在国内比较突出的表现为打骂虐待老人、小孩、配偶,配偶间性暴力。家庭暴力受害人可在受到伤害后尽快进行法医临床学检验,以保存相关证据材料。

杀 婴

杀婴有积极、消极两种类型,积极杀婴实际上是一种暴力犯罪。由于重男轻女的影响,杀害女婴比较多见。婴儿生存能力差,一般窒息死亡较多见,用湿纸、布、枕头、棉被等堵塞口、鼻部,以及压迫胸、腹部;扼、勒颈部;还有溺死、打击使婴儿致死。

消极杀婴指故意不看护新生儿,不给新生儿喂奶,以致新生儿死亡;还有将新生儿丢弃、隐藏在野外或路边,致新生儿死亡。

杀婴的法医学鉴定包括以下几方面:

(1) 首先鉴定活产、死产。检验方法有:肺浮沉试验、胃肠浮沉试验;尸体检验,观察胸围与腹围的长度、膈肌高度、肺的状况、脐带与脐窝分界是否明显;通过显微镜观察肺组织。

(2) 检查婴儿的发育、成熟程度。

(3) 推断分娩后存活时间、死后经过时间。

(4) 分析死亡原因。

(卢庆林)

16 中 毒

毒物与药物（242）
毒物作用机制（243） 中毒致死量（244） 毒物进入人体的途径（244）
毒物在体内的转运和代谢（245） 影响中毒发生的因素（245）
中毒原因和性质（246）
中毒的法医学鉴定（247）
案情调查（247） 临床表现（247） 尸体剖验（248）
毒物检验与结果评价（249）
常见药物与毒物中毒（250）
一氧化碳中毒（250） 氰化物中毒（252） 酒精中毒（253）
甲醇中毒（255） 巴比妥类药物中毒（257） 地西泮中毒（258）
有机磷农药中毒（258） 毒鼠强中毒（260）
药物滥用与成瘾（262）
海洛因（264） 大 麻（266） 可卡因（268） 苯丙胺类（269）

毒物与药物

毒物（poison）是指较小剂量进入机体即可通过其化学或物理化学作用造成机体功能性或器质性损害的物质。然而，毒物与非毒物并无绝对的界线，仅在于引起中毒的剂量大小不同。洋地黄、吗啡等是常用的有效药物，使用过量时亦可引起中毒；而一般认为砒霜、士的宁（番木鳖碱）、蛇毒等为剧毒物质，但目前临床上也以较小的剂量作为药物治疗多种疾病。食盐是生活必需调味品，若一次服用 15 g～60 g，可对机体产生损害作用；一次服用 250 g，则可导致电解质紊乱，甚至死亡。2002 年在云南某县一路边小餐馆内，一名吸毒成瘾青年，由于毒瘾发作，乘服务员不注意之时，把餐桌上的一碗食盐（约250 g）用凉开水稀释后静脉注射，很快发生电解质紊乱死亡。以上事实说明，食物与毒物的界限就在于剂量的大小。化学物质的“剂量－效应”关系如图 16－1 所示。

中毒（poisoning）是指人体因毒物作用发生组织、器官病理改变或功能紊乱。因中毒造成的死亡称中毒死（death by poisoning）。随着科学技术和工农业生产的迅猛发展，尤其是新的化学合成物质和药物的开发利用，日常生活与生产过程中接触和使用有毒物

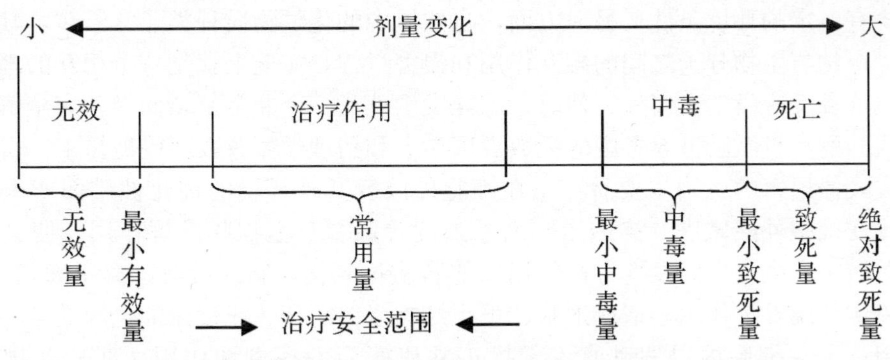

图 16－1 化学物质的剂量－效应关系

质日益增多，中毒案件的发生率也随之增高。在我国，中毒案件的发生率仅次于机械性损伤和机械性窒息。

法医学研究中毒的任务主要是揭露投毒谋害、服毒自杀、意外灾害事故中毒和滥用药物与服毒成瘾所造成的人身伤亡，为中毒案件的侦破和审理提供医学证据和线索，并为制订毒品管理和防止中毒的法规提供依据，从而保护人民的生命安全。

毒性（toxicity）指毒物的有毒程度。致死量小的毒物，毒性大；致死量大的毒物则毒性小。按致死量的大小，可将毒物的毒性分为5级（表16－1）。

表 16－1 毒物的毒性分级

毒性分级	大白鼠一次经口半数致死量（mg/kg）	对人的致死量（g/kg）
剧　毒	＜1	＜0.05
高　毒	1～	0.05～
中等毒	50～	0.50～
低　毒	500～	5.00～
微　毒	≥5000	≥15.00

毒物的种类繁多，其分类则根据不同学科的任务而异。目前常用的分类法有：①按毒理作用分为腐蚀毒、实质毒、酶系毒、血液毒和神经毒；②按化学性质分为挥发性和非挥发性毒物、金属毒物、阴离子毒物和需特殊方法分离的毒物；③按毒物的来源、用途和毒理作用综合分为腐蚀性毒物、金属毁坏性毒物、功能障碍性毒物、农药、杀鼠药、有毒植物、有毒动物、细菌和真菌性毒素。进行法医毒物分析时多采用第二种分类。法医病理学则多采用第一或第三种分类。

毒物作用机制

毒物的作用机制是一个复杂而又充满许多未知的领域。一方面，人体是由许许多多生物分子构成的一个复杂系统，这个复杂系统中每个环节的生物分子要发挥正常的功能，需要有一定的环境条件；另一方面，自然界中的化学物质种类非常繁多，其理化特性各异。毒物与生物分子之间的相互作用和损害过程，实质上就是一个相互的理化反应过程，但这种反应发生在何处、何时、怎样发生就是一个非常复杂而尚未完全解决的问题。这些问题一直激励世界各国的无数毒理学家和药理学家孜孜不倦地探求。目前认为毒物造成人体损害的机制主要有：①在细胞外改变其外环境的理化性质而产生毒性作用，如改变细胞外酸碱度、渗透压、离子浓度等；②对生物膜发挥作用，使其屏障功能、物质转运功能丧失而发挥毒性作用，如脂质过氧化、脂质溶解、离子通道破坏等；③对蛋白质和酶发挥作用，造成细胞、组织结构蛋白的破坏或代谢催化酶的破坏而产生毒性作用；④在细胞内以假乱真，干扰正常代谢而发挥毒性作用，部分毒物作用于DNA、RNA产生致癌、致畸、致突变作用；⑤干扰神经递质和/或内分泌激素调节而产生毒性作用；⑥改变受体效应而发挥毒性作用；⑦改变人体正常免疫应答反应过程，造成变态反应等毒性作用；⑧改变和破坏正常血液循环功能，导致正常氧循环受损而产生毒性作用等等。有关毒物作用机制远不止上述几种，随着研究的不断深入，还会有更新的认识。

中毒致死量

毒物达到一定的剂量才能引起中毒。引起机体发生中毒的剂量称中毒量（toxic dose）；导致机体中毒死亡的剂量称致死量（lethal dose）。出现中毒时血液中的毒物浓度称中毒血液浓度（toxic blood level）；引起死亡时血液中的毒物浓度称致死血液浓度（fatal blood level）。判断是否某种毒物引起中毒，应根据该毒物吸收入血的量，而非摄入量。因此，测定毒物的血液浓度或中毒死者的实质器官中的毒物含量，对确认中毒具有非常重要的意义。

常见毒物的人体中毒量和致死量，可以从文献中查到。但有的毒物，从文献中仅仅能查到的是动物的毒理学实验数据，如绝对致死量（LD_{100}）、半数致死量（LD_{50}）和最小致死量（MLD）等，故使用这些动物数据时可根据人体与该类动物体表面积的比值推算人的相应剂量参考值。如某毒物对家兔的LD_{100}为1.2 g/kg，50 kg体重的人体表面积约为1.5 kg家兔的12.2倍，故其致死量约为：1.2×1.5×12.2＝21.96（g）。应当注意的是，某毒物若对不同种类动物的LD_{50}值在同一毒性等级水平，则推算所得的对应人体致死量参考值就较可靠；反之，可靠性较差。由于这种参考值仅仅是在人体中毒数据缺乏时的推算参考值，故使用时应慎重。

毒物进入人体的途径

毒物可通过口服、注射、呼吸道、接触皮肤或黏膜等途径进入人体。其中，注射入人体包括心腔内、血管内、肌内、皮下和体腔内注射；黏膜接触包括口腔黏膜、直肠黏膜及阴道黏膜等接触。法医学上遇到的中毒案件，以口服为主要途径，其他途径亦时有报道且有逐年增多之势。如国内有不少采用注射途径投毒谋害或注射吸毒的案例报道，亦有将对硫磷、砷化物、氰化物等塞入被害者阴道内致死的案例报道。

毒物进入体内的途径不同，其毒性亦各有异。如苦杏仁苷口服具有毒性，静脉注射则无毒性；蛇毒、箭毒注射入体内为剧毒，口服则无毒。

毒物进入人体的途径与其理化性质有关。如经呼吸道吸入的必须是气态毒物、挥发性毒物的蒸汽或汽溶胶。经皮肤、黏膜进入人体的毒物须具有水溶性或脂溶性等。

毒物在体内的转运和代谢

1. 吸 收

除心腔内或血管内注射的毒物直接进入血液循环外，经其余途径进入人体的毒物均需经过细胞膜的转运（即吸收过程）才能进入血液循环。经不同的途径，毒物吸收的速度有所不同。其快慢顺序依次为：呼吸道吸入＞腹腔注射＞肌内或皮下注射＞口服＞直肠灌入＞皮肤接触。

毒物在胃肠内吸收的量和速度取决于胃肠道的pH值和毒物的解离常数pK_a值。毒物在肺内的吸收速度与其血/气分配系数密切相关。毒物经皮肤、黏膜吸收的量和速度与皮肤、黏膜结构的完整性及溶剂的类型有关。

2. 分 布

毒物吸收后随血液循环分布到全身各组织、器官。最初，毒物在各组织、器官的分布取决于组织的血液灌注率，血液供应越丰富的器官，毒物量越多。但最终决定毒物在各组织、器官的分布多寡由毒物与组织、器官的亲和力大小而定。

砷、锑多沉积于肝脏和单核吞噬细胞系统（网状内皮系统），汞多沉积于肾脏。许多毒物富集的部位即为毒物作用的靶器官。但也有不一致者，如很多有机毒物，如氯丹、多氯联苯等贮存于脂肪组织，却对脂肪本身无影响，而作用于其他器官。这种贮存毒物的部位称贮存库。此外，有的毒物在人体死亡后尚可出现死后再分布现象。

了解毒物在各组织、器官的分布情况，有助于选择收集供毒物分析的检材，解释阴性或阳性检验结果。

3. 代 谢

毒物的代谢又称生物转化。毒物在组织细胞中经一系列酶的催化作用，发生氧化、还原、水解或结合反应，生成相应的衍生物。对于绝大多数毒物，这一生物转化过程是使之失去毒性的解毒过程。亦有少数毒物经生物转化生成的衍生物，其毒性反而增强，称之为代谢活化。如五价砷还原生成的三价砷，氟乙酰胺水解生成的氟乙酸，毒性均增强；毒物的代谢主要在肝脏进行，肾、胃、肠、肺、皮肤和胎盘亦具有代谢功能。

了解毒物的代谢，有助于评定毒物分析的结果。若检测出毒物的代谢产物，亦能作为鉴定中毒的证据。

4. 排 泄

毒物在体内不论转化与否，最终均将排出体外。肾脏和肝胆系统是毒物的主要排泄器官，有的毒物亦可随汗液、唾液、乳汁或消化液等排出。气态或挥发性毒物可经呼吸道排出。通常，排泄器官中毒物的含量均较高。部分毒物的排泄器官亦是毒物作用的靶器官。

影响中毒发生的因素

毒物进入人体后是否导致中毒受多种因素的影响，概括为毒物和机体两个方面。

1. 毒物因素

毒物因素主要为毒物的剂量、毒性强弱、理化特性和进入人体的途径，以及在靶器官组织中的浓度和与靶组织的亲和力。其次，两种或两种以上毒物同时或先后作用于机体时，毒物的联合作用亦是重要因素。联合作用包括：①协同作用，即毒物作用增强。其中联合作用的结果等于各毒物毒作用的总和，称相加作用；若大于各毒物作用的总和，称增毒作用。在这种作用下，尽管各毒物的单独剂量都低于中毒量，但亦可发生中毒甚至中毒死亡。②拮抗作用，即作用减弱，联合作用的结果小于各毒物毒作用的总和。另外，毒物可以在存放环境中发生相互作用而致毒性减弱或升高。

2. 机体因素

（1）个体差异的影响。体重与中毒量、致死量一般成正比。小儿或老年人对毒物的耐受性低、敏感。小儿血－脑脊液屏障及部分控制药物代谢的酶发育不完善，故对吗啡等麻醉剂特别敏感，为成人的3～10倍。老年人因代谢、分泌与排泄功能降低，对毒物的耐受性减弱。妇女在妊娠、哺乳或月经期对毒物的反应强烈。

（2）健康与营养状况的影响。肝和肾是人体主要的解毒和排泄器官，若其功能因病受损，则影响解毒和排毒功能，可使耐受毒物的能力降低。此外，麻醉可阻断某些毒物的作用，重型颅脑损伤和昏迷病人，少量麻醉剂即可致中毒乃至死亡。营养不良、饥饿、消瘦、疲劳者对毒物也较敏感。

（3）习惯与耐受。人体长期反复接触或使用某种毒物，可对该毒物产生耐受性，不易发生中毒，甚至产生依赖性。如吗啡成瘾者一次可服用1 g以上，而常人0.1 g～0.2 g即可致死。

（4）由于免疫因素或遗传因素等所致的个体特异质，有的人对某种毒物特别敏感，使用少于中毒量的毒物即可发生中毒。

（5）体内可蓄积某些分解或排泄慢的药物或毒物，如洋地黄、溴化物等，若反复少量使用，可因蓄积而发生急性中毒。

中毒原因和性质

不同的中毒案例，中毒的原因可以是一种具体的毒物所致，也可以是几种毒物联合所致，可谓形形色色。据统计，在我国常见的法医毒物依次是：农药、一氧化碳、催眠镇静药、杀鼠药、氰化物、有毒动植物、金属毒物等。在不同的地区、不同的年代存在有较大的常见毒物变化，应引起注意。

但中毒的性质不外乎自杀、他杀和意外事故等。据张益鹄报道，在我国部分地区的5 257例中毒死亡尸检案例中，自杀中毒最多见，占72.10％；其次是意外中毒，占18.24％；他杀投毒占8.77％；原因不明的中毒尸检51例。

1. 自杀中毒

自杀中毒者，多采用口服毒物方式。其特点是多用自杀者自己所拥有或能得到的毒物原型，较少伪装掩饰；使用剂量常较大；有的甚至使用有剧烈气味、颜色鲜明或有强烈腐蚀性的毒物。

2. 他杀中毒

他杀中毒者，多采用十分隐蔽的投毒方式，常见的有：①注射，多见于具有一定医药卫生知识的人，借治疗为名进行静脉输液、肌内注射、体腔或穴位注射等投毒。②塞入体腔，主要见于与被害人关系密切者，将毒物塞入阴道、直肠或将毒物滴入外耳道、眼内等。③将无色无味的毒物混入食物、饮料或药品中进行少量多次投毒，这种方式最为隐蔽，被害人常被误认为有病而忽视中毒，应引起高度重视。④假借熟人关系邮寄含有毒物的食物或药物。⑤乘被害人熟睡之机投放煤气或其他毒气或利用有害动物叮咬等。

3. 意外中毒

意外中毒主要见于以下几种情况：①突发性群体性中毒，如 1997 年山西朔州甲醇中毒。②环境污染中毒，如湖南郴州土法烧制砒霜引起环境污染中毒。③医源性中毒，多因过量使用、误用或配伍错误而导致中毒。④吸毒成瘾，吸毒者中 25%在开始吸毒后 10～20 年死亡，有些甚至在第一次吸毒就死亡，其死亡率高于一般人群。

中毒的法医学鉴定

凡涉及中毒或疑为中毒的案件，需解决以下问题：①是否中毒；②何种毒物中毒；③体内毒物的含量，包括血液中浓度和靶器官、组织内的含量；④推测毒物进入人体的途径及时间；⑤寻找服毒自杀、投毒谋害或意外中毒的医学证据和其他证据。为此，必须进行案情调查，收集临床表现及有关病史；勘查现场；做系统的尸体解剖和组织学检验；提取有关检材做毒物分析。在掌握完整资料、案情的基础上，进行综合分析，最终做出结论。

案情调查

中毒案件的案情调查，应着重了解有无服毒自杀、投毒谋害或意外中毒的线索或可能性；通过现场勘查，寻找线索并收集现场残留的可疑检材。

调查的内容应包括：①中毒者生活或工作中可能接触到何种毒物，有无滥用药物的习惯，有无误服或过量服药的可能；②中毒和死亡的时间、地点及当时的情况，抢救经过及有关的人和事；③中毒者近期有无异常情绪、言语行为及其他因果关系等。

现场勘查应寻找和收集可疑的毒物载体，如剩余的饭菜、饮料和食物原料；呕吐物或排泄物，以及盛装毒物的器皿、注射器及胶管等。怀疑有毒气体中毒，应寻找毒气来源，注意现场通风情况。同时注意各种器皿上有无指纹等。

临床表现

不同毒物中毒可出现相似的临床表现，某些疾病发作与中毒亦有类似的临床表现，因此仅在少数情况下，才可根据中毒症状做出临床诊断。中毒的临床表现一般具有以下特点：①症状发生突然而急剧，多无前驱症状，亦无感染体征；②在同一环境中的多人，甚至家畜或禽类等均可同时出现类似的症状或死亡；③中毒症状的发生往往与特定的人、事和物有关。机体各系统表现出的中毒症状见表16－2。

表16－2 常见中毒症状

系统	中毒症状	常见毒物
消化系统	剧烈腹痛、恶心、呕吐、腹泻等	酸碱类、金属盐类、有机磷等农药、磷化锌、氟化物、有毒植物等
呼吸系统	呼吸加快或减慢、呼吸困难、发绀、肺水肿等	颠茄类、士的宁、咖啡因、甲醇、阿片（鸦片）、海洛因、一氧化碳、催眠药、酒精、刺激性气体、有机磷等
心血管系统	血液凝固障碍、休克、心力衰竭、心室颤动等	敌鼠钠盐等杀鼠剂、氰化物、一氧化碳、亚硝酸盐、蛇毒、硝基苯、强心苷、氨茶碱、钾盐、乌头、苯丙胺、蟾蜍皮肤分泌液等
泌尿系统	血尿、蛋白尿、尿频、尿少、尿闭、尿失禁等	升汞、磷化锌、砷化氢、磺胺、蛇毒、鱼胆、斑蝥、雷公藤等
神经系统	头晕、头痛、全身无力、运动失调、抽搐、瞳孔放大或缩小、复视、谵妄和昏迷	催眠镇静药、麻醉药、窒息性毒物、毒鼠强、士的宁、有机磷、氟乙酰胺、马桑、可溶性钡盐、肉毒杆菌毒素、河豚毒、阿托品、颠茄、阿片、海洛因等
体表症状	面色樱红、潮红、发冷、出汗、发疹等	一氧化碳、氰化物、阿托品、有机磷等

尸体剖验

中毒尸体的剖验和组织学检查，除遵循法医学尸体解剖的一般原则和方法外，还应注意以下几方面：①死者衣着上的呕吐物、分泌物和排泄物，毒物流注及腐蚀的斑迹；②口腔有无特殊气味和腐蚀痕迹，瞳孔大小，皮肤与尸斑颜色有无异常，皮肤有无非治疗性异常针孔，阴道内有无可疑的物质等。

尸体解剖前应准备好收集检材所需的各种器械、器皿。解剖台应事先洗净、晾干，有关器械和整个解剖过程中不得沾染任何消毒杀虫药液。全面的系统解剖和组织学检验必不可少，一方面可以排除其他死因；另一方面可收集供毒物分析的检材；其三，借助现代免疫组织化学技术，运用与毒物相对应的抗体，还可在组织切片上原位确认毒物的存在与否。

注意供毒物分析用的检材不可用水冲洗或加防腐剂，以免影响分析结果。对于死后一定时间的尸体解剖，在制定取材策略时，还应考虑毒物在死后再分布的影响。检材的采集应避免相互污染，如首先取心腔血液或外周血液，其次为胸腔器官，胃和肠最后提取。

毒物检验与结果评价

1. 检材的提取与送检

检材采集的恰当与否是毒物分析成败的关键之一。从现场提取可疑检材，收集洗胃液、尿液、血液等。剖验尸体时，应针对毒物的转运与代谢特点，选取含毒物量最高的器官和体液，如口服毒物急性中毒者以取胃肠及其内容物为最佳；服毒后经过一段时间死亡者，取肝、肾、血液和尿液为宜；注射中毒者，取注射部位的局部组织和血液等（表 16－3）。开棺验尸时，除取器官或其腐烂残渣外，还应收集棺木、棺木周围的泥土及死者衣物作为对照。对中毒抢救者要留取首次洗胃液、血液和尿液。因故不能解剖者可通过心腔、膀胱穿刺留取足量的血液和尿样备查。

盛装检材应尽量用玻璃器皿或无毒性封口塑料袋。容器必须事先清洗干净。检材须分装，不加防腐剂和消毒剂；严密封闭，贴上标签，注明编号、死者姓名、检材名称、取材日期及经手人（签名）。检材应专人及时送毒物分析室检验，并附委托书及书面材料，包括案情摘要、中毒症状，检材提取日期、名称、数量，以及送检目的与要求。当检材暂时不能送检时，应置 0 ℃以下冰冻保存，以防腐败；必要时可加乙醇防腐，但注意送检时附送同一乙醇样品作为对照。

规范的毒物检验实验室，应有送检样品的交接登记手续；检材不能一次全部用完，应留取部分以备日后复检；整个分析检材过程要有翔实的实验记录文档等。

表 16－3 供毒物化验的检材及其需要量

检 材	需要量	中毒及药物与毒物种类
胃或胃内容物	全部或 500 g	多种，口服急性中毒
肠内容物	全部或 500 g	多种，口服后 1 d～2 d 死亡
血液	50 ml ～100 ml	多种
尿液	全部	多种
肝	500 g	多种，特别是金属盐、安眠药、氰化物
肾	1 个	多种，特别是金属盐、磺胺类
脑	500 g	脂溶性、挥发性毒物
肺	一侧	气体及挥发性溶剂
胆汁	全部	吗啡、美沙酮、异眠能
骨	200 g	铅、砷、镭及其他放射性物质
头发和指甲	5 g～10 g	砷、铊、硒
脂肪组织	50 g	杀虫剂等有机毒物
骨骼肌	200 g	多种，用于内部器官高度腐败时

2. 毒物分析结果评价

毒物分析（toxicological analysis）是指主要运用分析化学的原理和方法对生态环境和侵入生物体内的有毒物质及其代谢产物进行定性和定量分析。近年来，法医毒物分析的水平随着各种新兴技术、仪器和分析方法的发展已由定性和常量分析进入了定性和微量与超微量分析，准确性和灵敏性显著提高。

毒物分析结果对确定是否中毒或中毒死具有非常重要的作用，但它并不是唯一的证据。因为毒物化验结果可受许多因素的影响。

（1）阳性结果已达致死量或致死浓度时，一般可肯定为中毒死。若结果不足以解释死因时，应考虑下列几种情况：①检出物是否是用于治疗的药物或因职业接触而进入人体，如镇静安眠药等；②是否死后污染所致，如砷等；③是否为腐败产物的干扰，如氰化物等；④操作是否正确，仪器与试剂是否干净、不含杂质，盛装检材的容器有无污染；⑤是否为体内正常含有的金属元素；⑥是否是多种毒物联合中毒，而单种毒物的量并不高。

（2）阴性结果时应考虑以下几种情况：①检材的收集是否有误、及时，如一氧化碳中毒等；②毒物是否因腐败而分解，如乌头碱等，或因加入防腐剂而被破坏；③毒物分析的方法是否先进、灵敏，技术操作是否正确；④是否为目前尚无适当方法检测的某些有毒动、植物中毒。

法医在获得一份毒物分析检验报告及做出中毒的法医学鉴定时，必须根据下述四方面的材料进行综合分析：①案件情况显示有中毒的可能；②临床表现和诊断；③尸体解剖资料；④毒物分析结果。

对于目前尚无适当检测方法的中草药、有毒植物中毒，在检材提取时除遵循上述原则外，要及时将煎煮过的药渣提取晾干，运用文献法、国内外专业网络信息平台查询法、专家咨询法、植物分类鉴定法、动物实验与人体病变比较法，分别对处方、药剂、药汁和人体检材的排除性毒物分析结论，动物实验与尸体病变的比较结果进行综合分析鉴定。

常见药物与毒物中毒

如前所述，每种物质均可引起中毒。我国引起中毒的常见药物与毒物有农药、一氧化碳、镇静催眠药、杀鼠药、氰化物、有毒的植物、醇类、金属类毒物及毒品等。在不同的时期和地区，引起中毒的毒物种类亦有较大差异。

一氧化碳中毒

一氧化碳（carbon monoxide，CO）是一种无色、无臭、无刺激性的气体，较空气轻、易扩散，与空气混合达12.5%时有爆炸性。其存在不易被人察觉，而一旦中毒出现四肢无力又不易脱离中毒现场，故常造成意外中毒或死亡事故。用煤气或汽车尾气自杀者多发生在城市，亦有不少用于谋杀的案例报道。

1. 中毒原因和性质

一氧化碳中毒多见于意外灾害事故，常发生于冬季在通风不良的室内用煤炉（可产生15%～20%一氧化碳）或木炭取暖，或因烟囱、煤气（含6%～40%的一氧化碳）管道和阀门漏气，或安装使用煤气热水器不当等。火灾事故死亡中，约83%的死者血液中碳氧血红蛋白（COHb）饱和度可超过50%。矿井（矿井采掘可产生30%～60%的一氧化碳）瓦斯爆炸时一氧化碳中毒。汽车尾气中的一氧化碳达7%以上，如果在密封的车库内发动一辆小汽车，三分钟后就可致人中毒死亡。农村偶有烟熏地窖、烧窑、炼焦、冶金锻造、开内燃机车等造成一氧化碳中毒死亡的。

2. 毒理作用

一氧化碳经呼吸道进入人体，与血红蛋白结合，形成碳氧血红蛋白，造成组织细胞缺氧。由于一氧化碳与血红蛋白的结合力是氧与血红蛋白结合力的200～300倍，而碳氧血红蛋白的解离度又仅是氧合血红蛋白的1/3 600，故毒性作用发生快而持久。中枢神经系统和心脏对缺氧极为敏感，故损害最为严重。一氧化碳浓度高时还能与细胞色素氧化酶的二价铁结合，直接抑制细胞呼吸。

3. 临床表现

按中毒发生的快慢和过程分为以下三型。

（1）闪电型：短时吸入高浓度的一氧化碳时，中毒者突然倒地、昏迷、痉挛、呼吸麻痹，迅速死亡。

（2）急性型：初感头沉重和额颞部发紧，继而出现剧烈头痛、眩晕、烦躁、呕吐、多汗、四肢无力与共济失调。此期，中毒者已失去行动能力，不能自动脱离险境；但若抢救及时，立即吸入新鲜空气，症状可缓解、消失。如继续发展，则发生昏迷、大小便失禁、脉速、呼吸困难，出现间歇性抽搐，最终呼吸衰竭死亡。昏迷较久者，可并发脑水肿、肺水肿、肺炎和心肌损害，经抢救存活者可出现神经精神后遗症。

（3）慢性型：持续吸入一定量的一氧化碳，可出现心动过速、心绞痛、神经衰弱、红细胞增多症、多汗、肝大等。

4. 中毒致死量

人体吸入一氧化碳的量取决于空气中一氧化碳的浓度和接触时间。空气中一氧化碳浓度达0.1%，吸入2 h；0.15%，吸入1 h；0.3%～0.4%，吸入30 min；0.64%，吸入10 min～15 min；1.28%，吸入1 min～2 min即可致死。血液中碳氧血红蛋白致死浓度为50%以上。

5. 尸检所见

一氧化碳中毒死亡者，尸斑、肌肉、血液和器官均呈特征性的樱桃红色，以肌肉最为明显；全身各器官呈窒息改变。迁延死亡者，尸斑和血液不呈樱桃红色；脑和心脏损害显著，大脑淤血、水肿，髓质和胼胝体有弥漫性点状出血，部分小动脉内有透明血栓形成，双侧苍白球和海马Ammon氏角形成对称性软化灶，髓质神经纤维广泛脱髓鞘和灶性坏死，皮质第二层和第三层、黑质网状区、小脑齿状核及普肯耶细胞均可发生坏死软化灶；左心室心内膜下和乳头肌处心肌变性、坏死，伴炎性细胞浸润、水肿和出血；肾小管上皮细胞及肝细胞变性或坏死；骨骼肌出血或出现蜡样坏死，伴肌红蛋白性肾病；严重者皮肤有红斑、水疱，发生肺水肿或小叶性肺炎。

一氧化碳中毒尸体腐败缓慢，碳氧血红蛋白可保存 210 d 之久。最佳检材为心腔血液，其次是胸大肌。取材时血液样品应装满试管不留空隙。组织经甲醛固定后仍可检出一氧化碳。尸检及调查中应注意：①患有严重心血管和肺部疾病者对一氧化碳敏感，血液中碳氧血红蛋白浓度不超过 20%即可致死；②儿童、老年人、孕妇，以及贫血、饥饿和营养不良者对一氧化碳敏感，高温和紧张的劳动可使机体的敏感性增强，碳氧血红蛋白可低于 50%就发生死亡；③非一氧化碳中毒的尸体，由于碳氧血红蛋白和肌红蛋白受细菌分解可产生一氧化碳，血液中碳氧血红蛋白浓度可达 5%，体腔内则可高达 40%。

氰化物中毒

氰化物（cyanides）是世界公认的一类剧毒物，分为有机氰化物和无机氰化物两大类。

氰化物含有—CN，毒性极大，其毒性大小取决于释放 HCN 能力的大小。工业上常见的有氰化钾、氰化钠及氰化钙，有机氰化物称腈，其中丙烯腈的蒸气极毒。自然界中氰化物以氰苷的形式广泛存在于植物果仁中，苦杏仁中最多，可高达 4.5%。

1. 中毒原因和性质

无机和有机氰化物在工农业生产中应用广泛，尤其是电镀工业常用氰化物，故易于获得，常被用于自杀或他杀。民间常有食用大量处理不当或未经处理的苦杏仁、木薯而致意外中毒者。

2. 毒理作用

氰化物进入机体后分解出具有毒性的氰离子（CN^-）。氰离子能抑制组织细胞内 42 种酶的活性，如细胞色素氧化酶、过氧化物酶、脱羧酶、琥珀酸脱氢酶及乳酸脱氢酶等。其中，细胞色素氧化酶对氰化物最为敏感。氰离子能迅速与氧化型细胞色素氧化酶中的三价铁结合，阻止其还原成二价铁，使传递电子的氧化过程中断，组织细胞不能利用血液中的氧而造成内窒息。中枢神经系统对缺氧最敏感，故大脑首先受损，导致中枢性呼吸衰竭而死亡。此外，氰化物在消化道中释放出的氢氧离子具有腐蚀作用。

3. 中毒量及致死量

口服氢氰酸，致死量为 0.7 mg/kg～3.5 mg/kg；吸入的空气中氢氰酸浓度达 0.2 mg/L～0.5 mg/L 即可致死亡；口服氰化钠、氰化钾，致死量为 1 mg/kg～2 mg/kg。成人服用苦杏仁 40～60 粒，小儿 10～20 粒，即可发生中毒乃至死亡。未经处理的木薯，致死量为 150 g～300 g。

4. 临床表现

大剂量中毒常发生闪电式昏迷和死亡。摄入后几秒钟即发出尖叫声、发绀、全身痉挛，立即呼吸停止。小剂量中毒可以出现 15 min～40 min 的中毒过程：口腔及咽喉麻木感、流涎、头痛、恶心、胸闷、呼吸加快加深、脉搏加快、心律不齐、瞳孔缩小、皮肤黏膜呈鲜红色、抽搐、昏迷，最后意识丧失而死亡。

5. 尸检所见

由于血液中有氰化正铁血红素形成，故尸斑、肌肉及血液均呈鲜红色。死亡迅速者，全身各器官有明显的窒息征象。口服中毒者，消化道各段均可见充血、水肿，胃及十二指肠黏膜出血、糜烂、坏死，胃内及体腔内有苦杏仁味。吸入氰化物中毒死亡者，大脑、海马、纹状体、黑质充血水肿，神经细胞变性坏死，胶质细胞增生，心、肝、肾实质细胞变性。尸体检验应争取在腐败开始前进行。

检材以胃内容物、心腔血液、肝、肾、肺及脑为佳。心腔血液应盛装在试管中，且盛满不留空隙。检材不能用甲醛防腐，只能在 0 ℃以下冷冻保存。

酒精中毒

酒精（alcohol）即乙醇，除广泛用于工业和医疗外，尚作为食品存在于多种饮料中，各种饮料中乙醇的含量见表 16－4。

表 16－4 各种饮料中乙醇的含量

名　称	乙醇含量（%）
白　酒	38～65
黄　酒	16～20
果　酒	16～48
白兰地	38～65
威士忌	40～50
葡萄酒	10
啤　酒	2～6

人体嗜酒成瘾可产生一系列症状，如震颤、焦虑、幻觉和妄想等。单纯服用乙醇自杀或谋杀的案件尚未见报道。以乙醇作为载体，在其中投放毒物进行谋害，或饮酒、醉酒后加用其他暴力手段进行自杀或他杀的案件则是常见的。酗酒常与许多意外事故和刑事案件紧密相关，对社会的危害和人们生命财产的损失影响极大。

1. 中毒原因和性质

急性酒精中毒多为意外事故，常见于狂饮或酗酒。国外由于酗酒成风，由此造成人体身心损害、车祸及犯罪日益严重。美国每年死于饮酒者超过 20 万人，占总死亡人数的 8%。1971 年，美国 67%的杀人案件，24%的强奸案件，30%的袭击他人事件及 29%的其他犯罪案件均与饮酒有关。同年，美国 1 700 万起车祸中，受伤 400 万人，死亡 5.5 万人；其中，1/3 受伤、1/2 死亡均与饮酒有关。据 1991 年统计报道，我国嗜酒者多达 1.6 亿人；近 7 年间，因长期大量饮用烈性酒造成中毒和死亡的人数分别上升了 28.5 倍和 30.6 倍。另外，在酒内掺入其他药物或毒物自杀或他杀的案件、假酒案件时有发生。

2. 毒理作用

80%的乙醇由十二指肠和空肠吸收。饮酒后 2 min～5 min 开始吸收入血；第 1 h

60%吸收；1.5 h 90%以上吸收，血液浓度达高峰；2.5 h 全部吸收。一般空腹吸收最快，在饮酒后 0.5 h～1 h 吸收量达 80%～90%；高蛋白、高脂肪的食物减缓其吸收；酒中乙醇含量越大吸收越快；胃部有疾病者如胃炎、溃疡者吸收快。进入血液的乙醇几乎均匀而迅速地分布到全身各组织和体液中，酒后 1 h～1.5 h 血液中浓度最高，6 h～13 h 各器官浓度最高。进入血液中的乙醇 90%以上在肝中被氧化脱氢酶分解，终产物为二氧化碳和水；只有不足 10%以原型由尿、呼气、汗液和唾液排出。乙醇在体内的消除半衰期有巨大的个体差异，一般为 2 h～14 h。

乙醇对人体的主要作用是抑制中枢神经系统。醉酒时，大脑皮质最先受累，使其对皮质下中枢的控制减弱，因而出现兴奋状态；当乙醇作用进一步加强时，皮质下中枢及小脑活动受累，最后使延髓呼吸中枢及血管运动中枢受累，导致呼吸麻痹而死亡。乙醇还可使外周血管扩张、身体散热增加，加之抑制体温调节中枢，使体温迅速下降，如在冬季野外易发生冻死。有的醉酒者跌倒后易造成脑外伤，或因呕吐造成吸入性窒息而死亡。据研究报道，饮酒后醉酒状态下，轻微外伤常易导致蛛网膜下隙出血。乙醇的降解产物乙醛，能与儿茶酚胺结合，生成四氢异喹啉（TIQ）样物质。TIQ 具有鸦片样作用，故易导致酒依赖。乙醇与催眠药、镇静药、组胺类物质、吗啡以及砷、汞等有协同作用。乙醇可通过胎盘屏障使胎儿中毒。孕妇经常饮酒易生育低智能儿或畸形儿，称为胎儿酒精综合征（fetal alcohol syndrome）。长期大量饮酒可造成肝脏、大脑、心脏、免疫系统、内分泌系统和生殖系统的损害及功能异常。

3. 中毒量及致死量

酒精中毒量为 75 g～80 g，致死量为 250 g～500 g，致死血液浓度为 4 g/L～5 g/L。各种酒类饮料的致死量可按其含乙醇浓度推算。环境温度达 32 ℃时，乙醇的毒性可提高 1～2 倍。

4. 临床表现

急性酒精中毒可分为单纯性醉酒、复杂性醉酒和病理性醉酒，以前二者为多见。单纯性醉酒者表现为三期，即兴奋期、共济失调期和抑制期。开始有定向及辨认能力、控制能力下降，表现为情绪高涨、兴奋、多言、冲动及喜怒无常；酩酊状态时，动作不协调、步态蹒跚，口吃，手抖，交感神经或副交感神经功能亢进，如皮肤血管扩张、面红耳赤、心率加快、血压降低，有时可发生呕吐和眩晕等；严重者异常兴奋，不能自我控制，易激怒，态度粗暴，易发生暴力性犯罪行为，继而进入昏睡或昏迷状态，呼吸浅慢、打鼾、发绀，有的可在醉酒后 10 h 内因呼吸衰竭死亡。

复杂性醉酒常常是在脑器质性损害或严重功能障碍，或患有干扰乙醇代谢的疾病（如癫痫、脑血管病、颅脑外伤、肝病）的基础上，由于对乙醇的耐受性下降，少量饮酒后便发生急性酒精中毒反应。其临床表现与单纯性醉酒相似，仅精神症状更加明显。

病理性醉酒的发生与饮酒量无关，是一种少量饮酒引起的精神病发作，表现为突然发生意识障碍，定向及辨认、控制能力丧失或高度兴奋，多有恐怖性幻觉和被害妄想，有攻击行为，以及完全性遗忘。

复杂性与病理性醉酒多发生于有癫痫、精神发育迟滞、脑外伤、器质性脑病、各种精神病、神经衰弱和人格异常的病人。过度疲劳、严重失眠、高热及重病之后可使其发生。

慢性酒精中毒者可出现器质性神经精神异常，如渐进性个性改变和智能减退、震颤性谵妄、酒精中毒性精神病、周围神经炎。部分病人有营养不良、贫血、慢性胃炎、酒精性肝病和肝硬化、酒精性心肌病，以及内分泌、代谢紊乱等。

血液中的乙醇浓度与症状、酩酊度及肇事的关系见表 16－5。但应注意，血液中乙醇浓度与酩酊度关系的个体差异较大。

表 16－5 血液中乙醇浓度与症状、酩酊度及肇事的关系

血液中乙醇浓度（mg/L）	最小服入量（g）	症状	酩酊度	发生肇事
500	70	精神愉快、飘然感	无	有可能
1 000	140	兴奋、脸红、语无伦次、喜怒无常	无	增加
1 500	210	激动、吵闹	轻微	容易
2 000	280	动作不协调、意识紊乱、舌重口吃	酩酊	极易
3 000	420	进入麻醉状态、出现昏迷	重度酩酊	
4 000	560	昏迷、呼吸有鼾声、体温下降、麻痹		
5 000	700	深度昏迷、死亡		

5. 尸检所见

急性酒精中毒死亡者，消化道内有刺激征象，如咽喉及胃黏膜充血、水肿，胃底及空肠黏膜点状出血，小肠黏膜面有大量不易洗去的黏液黏附，其他器官充血、水肿、点状出血，肝脂肪变性，胆囊呈胶冻样水肿，肾细胞肿胀，尿潴留，胃内容物、呕吐物及体腔中均可嗅到酒的气味。因醉酒摔倒者，可检见体表损伤，甚至脑外伤。醉酒后呕吐者，支气管内可见呕吐物堵塞，有时合并有支气管肺炎。慢性酒精中毒者多有营养不良、酒精性肝病及肝硬化，可有酒精性心肌病、酒精性脑病、多发性神经炎、慢性胃炎、慢性胰腺炎及肾上腺萎缩等。

检材以外周血、脑、肝、肺为最好，尿和胃内容物亦可。死后腐败亦可产生一定量的乙醇，故检材提取送检切勿超过 24 h。腐败时臀肌、眼玻璃体液是较好的检材。

鉴定时注意：①判定酩酊状态时应与神经精神疾病、颅脑损伤、一氧化碳中毒等鉴别；②确定死因时，除了解血液与尿中的乙醇含量外，应考虑有无其他药物联合作用的情况，警惕酒内含有其他毒物。注意饮酒与疾病、外伤、窒息的关系。

甲醇中毒

甲醇（methanol，methyl alcohol）又称木醇，无色液体，具有微弱酒味，挥发性强，沸点为 64.5 ℃～65 ℃，与水、醇类、氯仿可任意混溶。

1. 中毒原因和性质

甲醇在工业上用途很广，长期吸入甲醇蒸气可引起慢性中毒。急性中毒多因饮用甲醇兑制的假酒，常引起集体中毒事件。近年来时常发生的假酒案，是极为严重、危害较大的犯罪事件。一些不法商贩为牟取暴利，制造、销售用甲醇兑制的假酒，造成多起集体中毒事件和多人中毒死亡。广西 1989 年报告，一次用工业酒精掺水假冒米酒出售，造成 89 人急性甲醇中毒。云南、贵州、四川、江西均相继出现类似事件。1997 年，发生在云南会泽县的特大假酒案，犯罪分子用工业甲醇兑制假酒销售到农村，造成 153 人中毒，52 人死亡。用甲醇自杀、他杀者少见，曾有用于陷害致盲的报道。

2. 毒理作用

甲醇局部刺激作用较强，而麻醉作用较弱，对血管有麻痹作用。甲醇在体内不能完全氧化，在肝脏醇和醛脱氢酶作用下氧化为甲醛和甲酸。甲醇代谢与排泄速度甚慢（为乙醇的 1/7），有显著的蓄积作用，其毒性远大于乙醇。其代谢中间产物甲醛、甲酸是造成甲醇中毒及引起病理变化的主要作用物。甲醛对视网膜神经节细胞具有特殊毒作用，其作用于视网膜神经节细胞的糖原酵解酶，抑制其氧化磷酸化过程，使 ATP 形成障碍，使细胞发生变性、坏死，导致视神经萎缩、视力模糊，严重者双目失明。由于氧化酶系统受抑制，体内乳酸、羟丁酸等过度蓄积，加上甲醇的氧化产物甲酸，使机体出现严重酸中毒、弥漫性脑损伤，导致昏迷乃至死亡。

甲醇主要经肝代谢后排出，少量以原型由肾排出，排泄缓慢。中毒 6 d 后尿中仍可检出甲醇；中毒较久者，尿中仍可测出超常量的甲酸（＞0.251 g/d）。

3. 中毒致死量

一般 15 ml 可致盲，30 ml～60 ml 可致死。有报道 6 ml 致死者。血液中致死浓度平均约为 710 mg/L。

4. 临床表现

以视力障碍及神经系统症状较突出，胃肠症状和酸中毒也较常见，常有呕吐、腹痛等消化道症状。6 h～48 h 进入抑制状态，表现为肢体软弱无力，头痛，复视和眼前雾感、视力模糊、眼球胀痛、视力急剧减退，呼吸困难，发绀，昏迷，可持续数天，2 d～3 d 失明，瞳孔固定于散大状态，也可能暂时好转，但不久又转重。常因严重酸中毒昏迷而死亡，或死于呼吸麻痹。慢性中毒主要表现为肾炎、膀胱炎，为甲醇的刺激作用所致。

5. 尸检所见

皮肤青紫；血液呈流动状；胃及十二指肠黏膜充血、有出血点；膀胱黏膜充血；肺淤血、水肿、点片状出血；脑淤血、水肿，基底核细胞变性、坏死，软化灶形成，其周围白质脱髓鞘；眼底视网膜充血，以后视盘呈苍白色，最后视神经萎缩，周围水肿；肝细胞变性、灶性坏死；肾小管上皮细胞水样变性，有的坏死；部分可见胰腺坏死出血。

检材主要提取脑、肝、肾、尿及血液。眼房水和玻璃体液也是很好的检材。检材应密封并及早送检，在死后 1 d～2 d 内检验有价值。

法医学鉴定应注意：①呼气中有醇香味、皮肤青紫、头痛、呕吐及剧烈腹痛、视力模糊甚至失明是甲醇中毒的典型征象；②经甲醇定性、定量分析，及尿中检出超常量的甲酸时即可判定。

巴比妥类药物中毒

巴比妥类（barbiturates）镇静催眠药是自杀常用的药物。因其治疗量与中毒量差异甚大，故极少用于他杀。但时有用此类药物使受害者昏睡后进行麻醉抢劫、杀害或强奸的案件发生。

1. 中毒原因和性质

一次性吞服或静脉注射过量的巴比妥类药物，均可引起急性中毒，该类药物中毒大多数见于自杀，误用或滥用引起中毒的也较多见，亦有以治疗为名进行他杀或与其他催眠镇静类药、农药等毒物联合投毒的案例。

常用的巴比妥类药物有巴比妥、苯巴比妥、异戊巴比妥、司可巴比妥、戊巴比妥、硫喷妥钠等。巴比妥酸衍生物除硫喷妥钠为浅黄色稍有蒜味外，其余均为白色粉末，常呈结晶状，无臭，略具苦味，微溶于水，易溶于有机溶剂，其钠盐易溶于水。

2. 毒理作用

巴比妥类药物通过抑制丙酮酸氧化酶系统，对中枢神经有广泛的抑制作用，特别是阻断脑干网状结构上行激活系统的传导，使大脑皮质由兴奋转入抑制。大剂量使用，可抑制延髓呼吸中枢和血管运动中枢，致呼吸、循环麻痹而死亡。长期服用巴比妥类药物可产生耐受性和成瘾性。脂溶性高的硫喷妥钠、司可巴比妥比脂溶性低的巴比妥、苯巴比妥更易通过血-脑脊液屏障而进入脑组织，作用更快、更强。该类药物与地西泮、吗啡、乙醇、甘汞等有协同作用。

3. 中毒量和致死量

巴比妥类药物的毒性差别较大，一般用治疗量的10倍以上可致中毒死亡。各药物致死量如下：巴比妥为5 g～10 g，苯巴比妥为4 g～9 g，异戊巴比妥为2 g～5 g，司可巴比妥为1 g～5 g，硫喷妥钠为1 g。巴比妥致死血液浓度为110 mg/L ～380 mg/L，平均致死肝脏浓度为509 mg/kg。

4. 临床表现

急性中毒者有嗜睡、昏睡或意识不清，反应迟钝，言语不清，动作不协调，判断力与定向力障碍，有的有错觉、幻觉、谵妄、惊厥及四肢强直、反射亢进、锥体征阳性，体温下降，呼吸浅慢和潮式呼吸，皮肤湿冷、发绀，血压下降，肌张力减低，尿潴留，瞳孔先小后大等表现，进而出现反射消失，进入昏迷。有的可出现皮肤疱疹。一般在服毒后2 d～7 d内死亡，严重者可于15 h内死亡。昏迷久者可并发支气管肺炎或因吸入唾液、呕吐物而窒息死亡。但多数主要死于呼吸中枢麻痹或血管运动中枢麻痹，以及微循环衰竭。服用此类药物依赖者停药后可出现戒断综合征，如惊厥、自主神经症状、幻视、冲动、言语零乱及多疑等。慢性中毒者有皮疹、失眠、健忘、言语不清、情绪不稳、共济失调、食欲减退、便秘等。

5. 尸检所见

急性中毒者尸斑显著，口唇、指甲发绀；肺水肿和出血；胃及十二指肠黏膜糜烂、出血，胃内可见白色粉末或药片；尿潴留，心、肝、肾实质细胞脂肪变性；大脑呈急性缺氧性脑病改变。迁延死亡者有重度肺水肿，坠积性肺炎，大脑苍白球对称性软化、小血管周围渗出性出血、胶质细胞反应性增生。

检材提取以胃内容物、血液、尿液、肝、脑、肾为宜。巴比妥类属常用药物，必须做定量分析，确定是否达到致死血液浓度。若检测结果未达致死量，又无其他死因时，还需检测有无与其他药物、酒精合用，含量如何。苯巴比妥在尸体组织中比较稳定、不易分解，有报道在死后25年的尸骨及腐烂组织中仍检出苯巴比妥。

地西泮中毒

地西泮又称安定（valiun，diazepam），是苯二氮䓬类的代表药物。苯二氮䓬类药物（benzodiazepines）是一类抗焦虑药，具有镇静、催眠作用，自20世纪60年代起广泛用于临床。其主要成员有地西泮、氯氮䓬（利眠宁）、三唑仑、氯氮平、硝基安定、去甲羟基安定、舒乐安定、氟安定等。该类药物为淡黄色或白色结晶或粉末，味苦，不溶于水，易溶于氯仿。临床上主要用于治疗焦虑、恐惧、失眠、肌肉痉挛、癫痫、惊厥等。

1. 中毒原因和性质

长期使用或突然大剂量服用可引起中毒。多见于自杀和意外中毒，他杀少见。近年来用该类药尤其是三唑仑实施麻醉抢劫也不少见。

2. 毒理作用

地西泮主要抑制中枢神经系统，其作用部位包括皮质、网状结构、边缘系统及下丘脑。通过增强γ-氨酪酸（GABA）的抑制作用和肌松弛作用而发挥效应。过量可因中枢抑制、呼吸抑制而死亡。

本药脂溶性较高，口服后迅速经胃、肠吸收，2 h～4 h达最高血液浓度。血液中半衰期约为40 h，排泄缓慢，易造成体内蓄积。地西泮与巴比妥类、乙醇及其他非巴比妥类药物如导眠能有协同作用。

3. 中毒致死量

地西泮最小致死血液浓度为20 mg/L，致死量为100 mg/kg ～500 mg/kg。

4. 临床表现

小剂量服用一般表现为倦睡，但不引起深度睡眠，虽已睡眠仍能唤醒，言语如常，但出现肌肉软弱、共济失调。大剂量服用则发生昏迷，血压降低，呼吸、循环抑制，甚至呼吸停止、心脏停搏，此反应老年人易于发生。特殊的可无先兆而突然发生昏迷。此药长期持续服用可成瘾，停药后出现戒断症状如抑郁、情绪激动、失眠及癫痫发作。

5. 尸检所见

地西泮中毒与巴比妥类药物中毒所见相似。

检材提取以尿、洗胃液、胃内容物及血液为佳，肝、脑、肾也为较好的检材。毒物分析要求与巴比妥类药物相同。

有机磷农药中毒

有机磷农药是一类含磷的有机化合物，在农业上广泛用于杀虫、杀鼠、除草等方面，具有药效高、使用方便、代谢降解快速、残留毒性低等优点，是用途最广的一类农药。由于这类农药易于得到，加之管理不善、保存和使用不当，用于自杀、谋害及意外中毒者屡见不鲜。有些地方报告，这类毒物中毒居中毒案件首位。

有机磷农药（organophosphorus pesticides）纯品多为油状液体，少数为结晶状，难溶于水，易溶于有机溶剂，具有蒜臭味。按毒性可将其分为三类：①高毒类：包括甲拌磷、治螟磷、内吸磷、对硫磷、甲基对硫磷、久效磷、甲胺磷、氧乐果、磷胺及三硫磷等；②中等毒类：包括敌敌畏、甲基内吸磷、亚胺硫磷、乐果、杀螟松和倍硫磷；③低毒类：如敌百虫、马拉硫磷、双硫磷、锌硫磷、乙酰甲胺磷等。另外，毒鼠磷是速效型有机磷杀鼠剂，对人、畜的毒性均较大。目前，全世界已能合成几百种具有杀虫效果的有机磷化合物，大量生产的约有40多种，我国最常见的有对硫磷、甲胺磷、敌敌畏、乐果、敌百虫等十多种。

1. 中毒原因和性质

有机磷农药对人、畜均有强烈的毒性，其中毒发生率高于其他毒物。在城镇以敌敌畏急性中毒多见，而农村则以对硫磷、内吸磷、甲胺磷多见。自杀和他杀均常见，如将农药混入中药、食物或饮料中；亦有用其他方式投毒者，如静脉、肌内、皮下或心包注射，或塞入阴道等。意外中毒多为误食或因食入被污染的食物、饮料等；或用农药灭虱治癣，经皮肤吸收而中毒。喷洒农药防护不当，可经皮肤或呼吸道吸入而发生中毒。有报道用其他方式杀人后灌服有机磷农药伪装自杀的情况。

2. 毒理作用

有机磷主要是通过抑制胆碱酯酶而产生毒性作用。有机磷酸酯进入人体后迅速与胆碱酯酶活性中心的丝氨酸以共价键结合，生成难水解的磷酰化乙酰胆碱酯酶，致使胆碱酯酶丧失水解乙酰胆碱的能力，使突触间隙内乙酰胆碱大量积聚，而出现持续过度兴奋，进而转入抑制和衰竭。支配平滑肌和腺体的副交感神经节后纤维和支配汗腺的交感神经节后纤维受累，出现毒蕈碱样（M样）症状；交感和副交感节前神经纤维及骨骼肌运动神经受累，出现烟碱样（N样）症状；脑内胆碱能神经受累，出现中枢神经系统症状。

3. 中毒致死量

有机磷依其品种、剂型及侵入机体途径的不同，致死量也不同。成人口服致死量：对硫磷为0.1 g～0.3 g，甲基对硫磷为0.8 g～1.0 g，敌敌畏乳剂为10 g～14 g，敌百虫为10 g～20 g，内吸磷为0.24 g，甲拌磷为0.1 g，乐果为2 g，毒鼠磷为8 mg/kg～15 mg/kg。

4. 临床表现

轻度中毒时，以M样作用为主；中度中毒时，既有M样作用又有N样作用；重度中毒时，除出现M样和N样作用外，还出现严重的中枢神经系统功能障碍。

毒物侵入途径不同，中毒症状出现的顺序各异。经消化道吸收者，常在30 min内发病，主要表现为恶心、呕吐、腹痛、腹泻、多汗、流涎、口吐白沫、瞳孔缩小、视物模糊、呼吸困难及发绀与M样作用。还可同时发生肌震颤、痉挛、无力或肌麻痹与N样作用。中枢神经系统早期症状则有兴奋、躁动、谵语、共济失调、呼吸加速、血压及体温升高，晚期则转入抑制状态，出现昏迷、呼吸麻痹、血压下降、大小便失禁等。多在服毒后1 h～5 h因中枢性呼吸麻痹而死亡。

此外，部分重症病人心肌受损出现心肌酶的增高。部分中毒者可出现有机磷迟发性神经病（OPIDN）等，表现为自下而上的由下肢开始的感觉神经先受累，进而发展到运动神经受损的表现，如不断加剧的疼痛、麻木、肢体无力及迟缓性麻痹等。部分病人在中毒后 2 d～8 d 出现以肌无力为突出表现的中间综合征（IMS），或经抢救，症状缓解后又突然急剧恶化的反跳现象。

5. 尸检所见

尸斑显著，呈暗紫红色，口唇及指甲青紫，瞳孔缩小，口周可见白色泡沫（图 16－2），尸僵早而强，有时可见腓肠肌和肱二头肌挛缩，胃肠内容物有蒜臭味，胃黏膜充血及点状出血。敌敌畏等具有腐蚀性的有机磷中毒，胃底部黏膜可发生大片坏死、出血和炎性细胞浸润，胃肠壁纵行平滑肌出现收缩波纹。气管腔内有白色泡沫，肺淤血、水肿及灶性出血。细小支气管痉挛、收缩、管壁增厚，黏膜形成皱襞，横截面呈花边状改变，少数病例可有支气管肺炎。其他器官淤血、水肿。

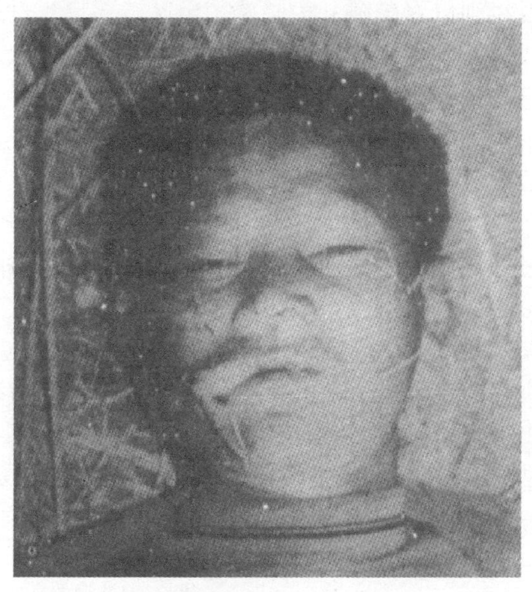

图 16－2　有机磷农药中毒死者口周蕈状泡沫

检材提取以呕吐物、剩余食物、胃及其内容物、血液、肝、肾、肺等为佳。经皮肤注射途径中毒者，应取皮肤或局部组织化验。此外，可取肋间肌做胆碱酯酶组织化学染色，或取心腔血液测定胆碱酯酶活性。

毒鼠强中毒

毒鼠强（tetramine）又名“424”、鼠没命、特效灭鼠灵，其化学名称为四亚甲基二砜四胺（$C_4H_8O_4N_2S_2$）。毒鼠强最早在 1949 年由联邦德国拜耳公司合成，由于其结构特殊，化学性质极为稳定，所以在环境和生物体内的代谢缓慢，不易降解。1991 年，化工部、农业部农药检定所分别发表文章指出：“毒鼠强是剧毒性杀鼠剂，有严重的二次中毒作用，这种杀鼠剂与氟乙酰胺类似，而且毒性更高，属禁用品种。”毒鼠强纯品为白色轻质粉末，255 ℃～260 ℃分解，无味，微溶于水，可溶于苯、丙酮等有机溶剂，最好的溶剂为二氧六环。

1. 中毒原因和性质

毒鼠强作为一种高效杀鼠剂，目前一些农村广泛用于杀鼠。儿童因误食毒饵而中毒的事件时有发生。近年来应用毒鼠强自杀或投毒的案件呈上升趋势。仅云南省在1998年至1999年两年中就发生数十起毒鼠强中毒事件。如宣威市某中学1998年曾发生一起百余人的中毒事件，因米饭中被人放入毒鼠强。此外，由于毒鼠强的稳定性，食用毒鼠强中毒死亡的牲畜和家禽肉，会发生二次中毒；还有部分中毒者的毒鼠强接触史不易查清，形成所谓“隐匿式中毒”。

2. 毒理作用

毒鼠强是中枢神经系统抑制性神经递质γ-氨酪酸的拮抗剂，阻断GABA对神经元的抑制作用，使运动神经元过度兴奋，导致强直性痉挛和惊厥。另一方面，毒鼠强可抑制体内肾上腺素和去甲肾上腺素的灭活，致神经兴奋性增强。

3. 临床表现

中毒后表现为兴奋、惊叫、全身阵发性抽搐或持续性痉挛、四肢强直、站立不稳等。口服毒鼠强中毒者多在几分钟至半小时内出现症状，重度中毒者表现为突发性癫痫样大发作。部分中毒者发作前有头痛、头晕、恶心、呕吐等前驱症状，之后出现抽搐，口吐白沫（图16-3），意识不清，抽搐可持续2 min～10 min不等，可发作多次。约半数中毒者抽搐控制后出现精神症状。中毒轻者症状一般持续3 d～10 d缓解，部分中毒重者症状可持续半月以上。中毒者均有恶心、呕吐，呕吐物呈蓝绿色，中毒3 d～7 d约30%～50%的中毒者出现肝区压痛及肝大。有的中毒者出现窦性心动过缓或过速，心电图可见心肌损伤或缺血表现。部分中毒者早期尿色与呕吐物呈相同的蓝绿色。根据中毒的严重程度可将其分为轻、中、重三级，借此可作为轻重伤鉴定的依据。

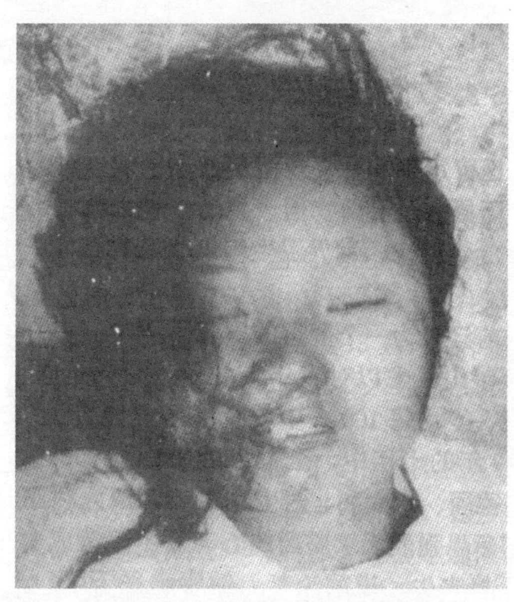

图16-3 毒鼠强中毒死者口、鼻大量血性泡沫溢出

4. 中毒致死量

毒鼠强属剧毒类，对人的口服致死量为 5 mg～12 mg，也有报道为 0.1 mg/kg～0.2 mg/kg 。其毒性是氰化钾的 80～100 倍，是有机磷的 200～700 倍。国内报道三例口服中毒者血液中毒鼠强浓度为 0.99 mg/L，肝浓度为 3 mg/L～3.73 mg/L，胃浓度为 31 mg/L～78.7 mg/L。

5. 尸检所见

毒鼠强中毒死者可见明显窒息死亡的征象，如睑结膜点状出血，口唇、指甲青紫，尸斑暗红色，瞳孔散大，胃内黏膜充血和点片状出血。死者因牙关紧闭可在舌尖发现牙印痕或咬伤出血，或肢体强直等尸体痉挛表现。脑、肺、肝、肾、胰等淤血水肿，偶见点状出血，肝细胞水样变性或脂肪变性，心室乳头肌可见肌浆溶解或凝聚等。

检材以呕吐物、胃及其内容物、剩余食物及药品、血液、肝、肾、尿等为佳。因毒鼠强在体内含量较低，采用一般方法难以测出。应用气相色谱氮磷离子检测法（GC/NPD）及 GC/MS 可得到满意的结果，其检出量可达 0.05 ng。尸体腐败及经甲醛液固定过的器官、组织仍可有效地进行毒物检验。

药物滥用与成瘾

药物滥用是指违背公认的医疗用途和社会规范而使用任何一种药物。药物成瘾（addiction）是滥用药物的后果，指习惯于摄入某种药物而产生的一种依赖状态，且撤去药物可引起一些特殊的症状，即戒断症状。对易形成成瘾依赖的这些药物，人们习惯于称其为毒品。1973 年以来，世界卫生组织将药物成瘾一律称为药物依赖（drug dependence）。

药物滥用与药物依赖目前已成为一个严重的国际性灾难。在许多国家，药物滥用与药物依赖已扩展到各阶层和各年龄组，尤其对青年人的危害最为严重。据估计，全世界至少有 5 000 万药物依赖者，平均每 100 人中就有一名“瘾君子”。美国常年或间断吸毒者高达 1 450 万。在 1980 年—1989 年的十年中，全世界因吸毒死亡的人数约为 10 万。美国居首位，死亡 3.5 万人；其次是德国、意大利、丹麦、瑞士和澳大利亚。吸毒者有强制性寻觅毒品的心理倾向及不考虑一切后果而强烈渴求用药的心态，不仅造成个人身心的严重损害，也对社会造成严重危害。他们人格丧失、道德沦落、健康水平下降、寿命缩短，甚至为获得毒品，不顾一切地去偷盗、抢劫、卖淫乃至行凶杀人。青年吸毒者的死亡率比同龄人高 28 倍。静脉注射毒品是传染艾滋病、梅毒、肝炎等疾病的重要途径。泰国有 5 万～10 万艾滋病病人与静脉注射毒品有关，我国至今发现的艾滋病病人的感染途径也主要为注射毒品。

在过去的一个多世纪里，我国曾饱尝因鸦片泛滥带来的屈辱、穷困和沦落之苦。新中国成立后，国家仅用了两年多的时间就完成了对 2 000 万遗留烟民的戒毒，并摧毁了 1 万多个贩毒集团。20 世纪 80 年代中期，随着“过境型”国际贩毒活动的猖獗，加上我国靠近“金三角”、“金新月”两大毒品种植生产地的地理条件，国外贩毒和吸毒活动逐步向我国蔓延，使我国毒品问题又死灰复燃。在我国受毒品危害最严重的6个省区中，西南边疆就占了5个，而且有越演越烈之势。如云南2003年登记在册的吸毒人员为5.4万人，其边境地区的德宏、西双版纳等地，因吸毒而引发的刑事、治安案件不断发生。据报道，截至2003年全国登记在册的吸毒人员超过105万人，如果按吸毒人员显隐比例1∶4～1∶7推算，估计我国吸毒数量可在420万～735万之间。全国累积涉毒县已达2 148个，占全国2 863个县（市、区）总数的75%。2005年我国人类免疫缺陷病毒（艾滋病病毒，HIV）携带者已达150万人左右，其中大多数为吸毒者。

吸毒问题的日益严重，引起了我国政府的高度重视和社会各界的深切关注。1987年—1988年国务院颁布了《麻醉药品管理办法》和《精神药品管理办法》。1990年11月国家成立了禁毒委员会，同年颁布了《全国人大常委会关于禁毒的决定》，1995年国务院发布《强制戒毒办法》，1997年颁布实施的新《刑法》中规定了毒品犯罪。同时，政府还通过采取一系列的有力措施，取得了"禁吸、禁贩、禁种、禁制"的可喜成绩。

容易产生依赖性的药物品种繁多，常见的有麻醉药品和精神药物。

（1）麻醉药品：主要指阿片（鸦片）及其衍生物，包括吗啡、海洛因、盐酸乙基吗啡、阿扑吗啡、烯丙吗啡以及哌替啶（度冷丁）、美沙酮、芬太尼、盐酸二氢埃托啡、氯氨酮、阿法罗定、布桂嗪及喷他佐辛等。

（2）精神药物：①催眠、镇静剂及酒精，如巴比妥类、安眠能、甲丙氨酯、苯二氮䓬类及各种酒类；②兴奋剂，如苯丙胺、甲基苯丙胺、右旋苯异丙胺、可卡因、古柯叶、利他灵及安纳咖等；③致幻剂，如北美和印度大麻、四氢大麻酚、二乙麦角酰胺、色胺类如二甲色胺、二乙色胺等，南美仙人掌碱、麦斯卡林、苯环己哌啶、裸盖菇素。

毒品致人死亡的常见方式：①吸毒过量而死亡，这是最常见的方式，约占吸毒死亡的50%以上；②吸毒致循环系统并发症而死亡，是海洛因注射者最常见的死亡方式，如细菌性心内膜炎、全身化脓性感染等；③吸毒致呼吸系统并发症而死亡，如肺部感染等；④吸毒致消化系统并发症而死亡，如肝炎等；⑤吸毒致中枢神经系统并发症而死亡，如脑出血、脑水肿等；⑥感染人类免疫缺陷病毒、肝炎病毒等而致死亡；⑦吸毒引发的暴力损伤死亡，如自杀、意外等；⑧虚脱死亡。

毒品与毒物（毒药）的区别：前者是指那些吸食后易产生依赖性的麻醉药品和精神药物，通常在医生的严格指导下，适当的剂量可用来治病；而毒药则是较小剂量就能立即致人死亡的物质。毒品在开始吸食滥用时会产生某种欣快感或某种幻觉，正是如此，毒品本身有很大的诱惑力，引诱人去偷吃禁果；吸食毒品后会很快产生成瘾性，人一旦染上毒瘾一方面寿命大大缩短，另一方面其社会危害性就会严重突现。因此，人们把毒品看作是一种"慢性自杀剂"。

任何人一旦尝试吸毒，很快就会成瘾而又极难戒断。一位吸毒者这样讲述："毒瘾发作的时候，浑身上下冷飕飕的，接着是奇痒难忍，然后就是疼痛，那种疼痛是常人难以想像的，像在噬你的骨，使骨像被劈开一样，骨茬子从里向外一点点地穿透肌肉和皮肤；牙齿也裂开了，脑袋像爆裂般的疼；五脏六腑也被什么东西撕扯着——所以一个上了瘾的人，为了避免那样的疼痛，就没有不敢做的事，什么廉耻、伦理、道德、法律，统统会忘得一干二净。"

海洛因

海洛因（heroin）属阿片类麻醉剂，为吗啡的二乙酰衍生物，故又名二乙酰吗啡。根据其纯度和有效成分的多少分为“黄皮”、“1 号”、“2 号”等。其纯品为白色结晶或结晶性粉末，俗称“白面”或“4 号”（图 16－4）。海洛因的作用比吗啡迅速而强，成瘾性是吗啡的 3～5 倍。非法流通于市面上的海洛因在多次转手过程因大量掺入各种混合物，而使其含量不断降低，同时也为来源鉴定提供了线索。

图 16－4　罂粟与海洛因

①“4 号”；②“2 号”；③鸦片；④罂粟果；⑤罂粟花。

1. 中毒原因和性质

海洛因临床上甚少使用，因极易产生依赖性，几乎均为吸毒所致中毒。据统计，美国的海洛因成瘾者约有 50 万人，年销量达 35 吨左右。我国部分地区近年来亦有相当数量的海洛因滥用者。据国内报道，至 2003 年止我国登记在册的吸毒人员已超过 105 万人，其中海洛因滥用人员达 64.3 万人。

海洛因成瘾者常因吸食过量或与其他毒品混合使用而发生中毒死亡，亦有因停药后出现戒断症状而死亡的，因戒断后复吸发生死亡也相当多见。近年来，贩毒分子利用体内藏毒，因包裹物破裂造成海洛因中毒死亡的案例时有发生。如：1999 年 11 月 3 日，一名 30 岁左右的男子在从边境某县到昆明的客车上突然腹痛，同车旅客给服止痛药后仍未见好转，驾驶员立即将其送往附近医院，在医院经服药、输液仍无好转，且呕吐加重，该男子于当晚死亡。法医尸检时从死者胃肠道中取出用避孕套包扎的黄色圆柱形异物 43 坨（图 16－5），经化验内装白色粉末均为毒品海洛因，最大的一坨重 13 g，最小的一坨重 6 g，总重量达 350 g，其中有的包装已破损。法医鉴定为：死者生前吞入经包装的大量毒品海洛因，因包裹物破裂致毒品外流而中毒身亡。

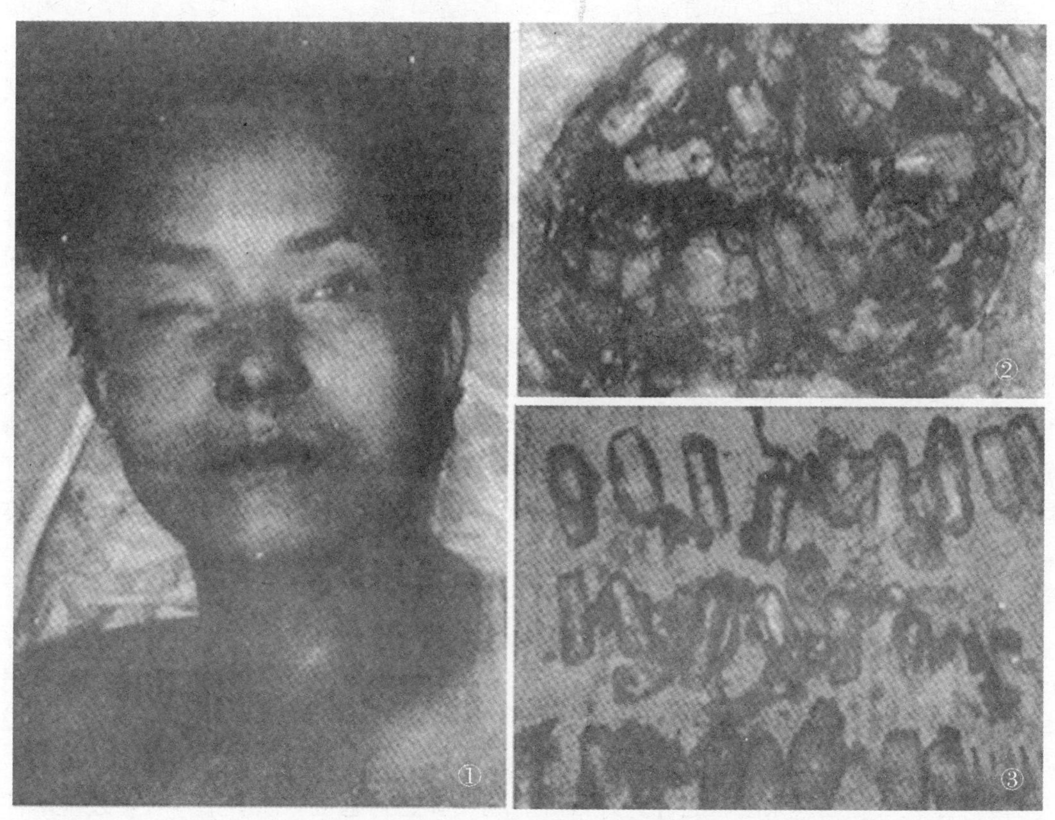

图 16－5　体内藏毒死亡者，胃内有多个用避孕套包裹的毒品坨

①海洛因中毒死者面貌；②死者腹腔剖验见胃内有多个用避孕套包裹的毒品坨；③死者胃内取出的毒品坨。

2. 毒理作用

海洛因与吗啡相同，主要作用于中枢神经系统及平滑肌。对中枢神经有抑制和兴奋两种作用，其中以抑制大脑皮质与脑干占优势。直接抑制脑干咳嗽中枢和呼吸中枢，可引起呼吸麻痹而死亡。海洛因与吗啡一样，可使延髓催吐化学感觉器和动眼神经缩瞳核兴奋，引起呕吐和瞳孔缩小；抑制胃肠蠕动，增强肛门与膀胱括约肌收缩能力，可造成便秘和尿潴留；另外，还能使外周血管扩张，引起体温下降及直立性低血压。有关吗啡、海洛因成瘾和戒断机制的研究一直是医学界关注的问题，但至今仍未弄清楚。

3. 中毒致死量

海洛因致死量为 0.2 g，致死血液浓度为 0.5 mg/L～4 mg/L。成瘾者耐受量增大，小儿及患有肝病者敏感性增加。海洛因与其他毒品及酒精均有协同增毒作用。

4. 临床表现

急性中毒时，症状发生快，表现为中枢神经系统深度抑制，意识蒙眬、昏迷、反射消失，恶心、呕吐，体温和血压下降，发绀，脉弱而不规则，呼吸浅慢或呈潮式呼吸，瞳孔缩小似针尖状，死前则散大，多在服毒后 6 h～8 h 内因呼吸停止而死亡。

慢性中毒表现为消瘦、贫血、精神萎靡、情绪低落、步履不稳定、震颤、口齿不清、瞳孔缩小、呼吸困难、心动过速、血压低、食欲不振、便秘、阳痿及多汗，常有精神和人格异常，易并发感染。停药后出现戒断症状，病人感全身不适、疼痛、烦躁不安、失眠、情绪抑郁、恐惧、打哈欠、流泪、流涕、出汗、呕吐、腹泻、虚脱和心力衰竭，有的发生四肢抽搐、震颤和胃痉挛等。

5. 尸检所见

海洛因中毒死亡者呈一般窒息征象，呼吸道有泡沫性液体，肺淤血、水肿和支气管肺炎，大脑淤血、水肿，膀胱内尿潴留。注射中毒者，四肢和躯体可见注射针痕。体内携带者可在胃肠道、阴道、直肠内检见毒品。慢性中毒死亡者：消瘦、营养不良、苍白，四肢可见新旧注射针痕、化脓灶和瘢痕，浅表静脉增粗、变硬、有条索感，镜下可见血栓性或肉芽肿性静脉炎，血管腔闭塞；心内膜炎和心肌炎；肺出血、水肿，多并发严重的肺炎、肉芽肿和纤维化；大脑髓质水肿，呈海绵样髓质脑病性改变，皮质、海马、背侧丘脑神经细胞变性、坏死，胶质细胞呈反应性增生；可有急性或慢性肝炎、肝硬化；横纹肌溶解和肌球蛋白性肾病；全身淋巴结和胸腺增生肿大。长期滥用者脾小体萎缩、淋巴细胞数量明显减少、生发中心纤维化。值得注意的是，在吸毒者的肺、肝、脾、注射处血管及周围组织中，可见异物肉芽肿及双折射结晶、淀粉颗粒等毒品异物。

近来有人利用吗啡抗体，通过免疫组织化学方法，在组织切片上进行组织内吗啡存在与否的检测。但利用该方法要注意与人体内源性的吗啡分布对照。有学者运用红外摄影技术和数字图像处理技术对海洛因吸毒者瞳孔的动态变化进行研究，建立了海洛因滥用人员瞳孔动态变化的快速检测技术。

检材提取以血液、尿液、胆汁为好，肝、脑、肺、肾也可。注射中毒者，还应取注射部位组织。

大　麻

大麻（marihuana）为印度大麻（cannabis）或用其花叶制成的生药。印度大麻在我国俗称“火麻”，为草麻目大麻科大麻属植物（图 16－6）。其雌株花枝的顶端、叶、茎和种子中含比例不等的树脂（大麻脂），可提取大量的致幻剂。大麻脂中含有 30 余种大麻酚类，主要为四氢大麻酚（THC）、大麻酚、大麻二酚及大麻酚酸等，以四氢大麻酚的精神作用最强。不同产地、不同培育方法和生态环境可明显影响大麻的成分含量。

1. 中毒原因和性质

大麻制剂作为麻醉药使用在印度已有 5 000 余年历史，但现代医学早已不用。大麻

图 16－6　大　麻

①大麻植物；②大麻初制品。

具有镇静、麻醉和致幻作用，用后极易出现心理依赖。服用大麻植物或大麻浸膏、大麻油，抽吸含大麻的烟均可引起急性或慢性中毒。据美国滥用药物研究所报告，1982 年有 6 000 万人经常吸食大麻，12～25 岁的青少年中 39.7%吸食含大麻的香烟。心理依赖者发生慢性中毒易引起意外事故。偶有因误服或误吸致中毒，以及与其他毒品或酒精合用造成死亡的案例报道。国外曾有用大麻投毒他杀的案例。近来，大麻在亚洲一些国家如越南、韩国、菲律宾等广泛流行。我国新疆是大麻滥用区。

2. 毒理作用

大麻的毒理作用尚未完全明了。一般将其归属于中枢神经系统抑制剂，能引起明显的情绪与行为反常，表现为定向力障碍、有离奇幻觉、类偏执狂表现，注意力不集中，思维迟钝，自发行为减少，不能意识到危险行为的后果，人格变异。最近研究发现，人脑中有四氢大麻酚受体，其成瘾可能与该受体作用有关。四氢大麻酚可影响中枢胆碱能与多巴胺能神经的活动，引起心悸、高血压、血管扩张和直立性低血压。慢性中毒者可出现性激素调节紊乱和细胞免疫受抑制等。

3. 中毒量及致死量

大麻吸入中毒量为 14 mg～20 mg。致死量尚未确定，文献报道生药为 2 g/kg～10 g/kg。

4. 临床表现

急性中毒者类似乙醇中毒，但精神症状更多见，出现幻视、焦虑、情绪突变及妄想狂样反应，可持续 4 h～6 h，有眼红、心率稍快、倦睡不安及肌肉共济失调。中毒者先呈现醉酒状兴奋，行动不稳，心率加快，情绪激动，自觉欣快和陶醉感，表现鲁莽、放纵、好斗，时间和空间定向力障碍，注意力分散，思想不连贯，并有大量错觉和幻觉产生、性兴奋、人格解体和非真实感等。严重者出现谵妄或妄想。进入抑制期后，可发生肌无力，运动失调，言语不清，知觉异常和嗜睡。大麻中毒者驾车极易发生意外事故。

心理依赖者精神颓废，表现为冷漠、呆滞、做事缺乏兴趣、懒散、情感贫乏、意志消沉、无进取心、道德堕落。男性阳痿、乳房发育，女性闭经。少数人因受中毒精神症状的支配而行凶，且手段残暴。

5. 尸检所见

尸体检验常无特殊病理变化，多表现为意外事故的损伤，衣物和身体散发出大麻气味，有时手指、牙齿上有烟釉痕。

检材提取：口服中毒者取胃及其内容物或呕吐物，亦可取血液、肝、肾和小肠。尿中可检测其代谢物四氢大麻酚酸，长期吸食者的毛发也是较好的检材。从生物检材中分离大麻脂较难，最好收集大麻植物样本、吸食剩余的毒品和烟斗残渣作为对照。

可卡因

可卡因（cocaine）是从古柯叶中提取的一种生物碱（图 16－7），其主要产地是南美洲安第斯山附近的“银三角”地区。可卡因于 1879 年开始用于临床，作为局部麻醉药，是一种古老的大脑兴奋剂。西方社会滥用此药有 100 多年历史。纯可卡因为白色结晶，味苦，难溶于水，易溶于有机溶剂。其盐类易溶于水。近年出现的“快克”（crack）毒品是一种可卡因的游离碱，已成为美国头号毒品并快速蔓延至欧洲。

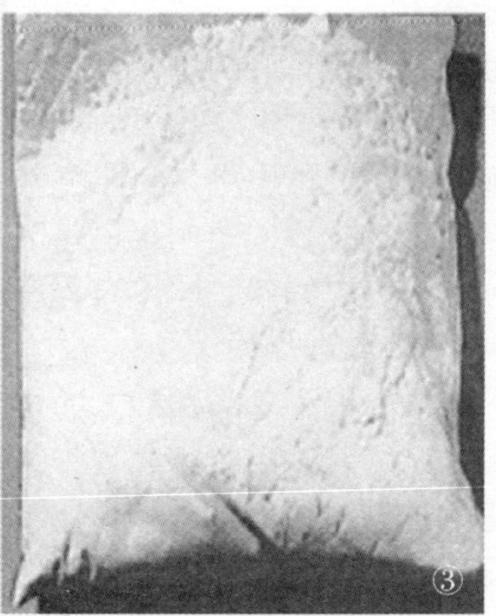

图 16－7　古柯叶、花和可卡因

①古柯叶；②古柯花；③可卡因。

1. 中毒原因和性质

可卡因滥用在西方国家非常严重。美国每年可卡因消耗量在 70 吨以上，经常服用可卡因者约有 500 万人。成瘾者因不断增加用量而发生中毒，有的为与海洛因或其他毒品掺和使用而中毒。成瘾者可因得不到可卡因而忧郁自杀。可卡因极易成瘾，长期服用可致慢性中毒。

2. 毒理作用

可卡因能阻断神经纤维冲动的产生和传导，阻止交感神经末梢突触前膜摄取儿茶酚胺，使血管收缩、血压升高甚至发生脑出血。对心脏的作用表现为小剂量使心率减慢，中等量可使心率加快，大剂量则严重抑制心肌活动并使血管扩张，发生虚脱而死亡。可卡因另一突出的作用是阻断中枢神经对多巴胺的重吸收，导致突触间隙多巴胺浓度增高而出现兴奋亢进。可卡因可使大脑皮质兴奋，使人产生欣快感，自感体力增加，疲劳和饥饿感消失，进而该作用波及皮质下中枢，过度兴奋后转为抑制。严重者精神忧郁，出现幻觉、自我失控及呼吸麻痹。可卡因口服，部分在胃内被水解而作用消失。

3. 中毒致死量

可卡因注射致死量为 30 mg～ 50 mg；口服致死量为 0.5 g ～ 1 g；对可卡因过敏者，肌肉或黏膜用药 30 mg 即可致死。

4. 临床表现

急性中毒可分为两种类型。一种类型为中枢神经系统发生兴奋，病人欣快、激动、亢奋、思维加快、健谈、情绪不稳、敏感多疑、易激惹、无食欲、性欲亢进、有阵发性暴力行为、体温和血压升高、头痛、眩晕、恶心、呕吐、面部和手足肌肉抽搐，可出现幻觉、偏执、谵妄，进而反射亢进、阵发性肌震颤和痉挛，血压持续升高、脉搏加快，出现高血压危象和各种并发症。后期转入抑制，肌松弛无力，瞳孔散大，血压下降、意识丧失，终因呼吸衰竭而死亡。另一种类型的病人可突然昏倒，有面色苍白、无脉、出冷汗等心源性休克表现，常在数分钟内死亡。长期服用可卡因者，失去对时间、距离的理解力，出现忧虑、失眠、头痛、反应迟钝、贫血、消瘦等。反复经鼻吸用药者，可发生鼻黏膜坏死、溃疡和鼻中隔穿孔。由于好动、偏执、幻觉、妄想和失去控制能力，成瘾者常有犯罪行为。有的因皮下蚁走感、奇痒难忍而出现明显抓伤、自残等。

5. 尸检所见

急性中毒者多呈窒息死者改变，部分可见心肌梗死、脑出血，鼻腔可有白色粉末。慢性中毒者可见消瘦，贫血，鼻黏膜坏死、溃疡，鼻中隔穿孔等。注射中毒者可见与海洛因成瘾者相似的改变。

检材提取以血液、尿液、脑、肝及注射部位组织为好。毒物分析须做定性、定量分析。

苯丙胺类

苯丙胺（amphetamine）类药物是一类人工合成的非儿茶酚胺拟交感神经药，是应用广泛的中枢神经兴奋药，也称安非他明类兴奋剂，极易成瘾。根据化学结构和药理作用将其分为四种类型：①兴奋型，如苯丙胺，右旋苯丙胺和甲基苯丙胺，甲基苯丙胺又称去氧麻黄碱，为无色透明的晶体，外观似冰，俗称“冰毒”；②致幻型，如二甲氧基甲基苯丙胺（DOM）；③抑制食欲型，如苯甲吗啉、芬氟拉明等；④混合型，具有兴奋和致幻作用，如 MDMA（亚甲基二氧甲基苯丙胺）、MDEA（亚甲基二氧乙基苯丙胺）。第四类药服用后兴奋如狂、摇头不止，故被称为“摇头丸”或“快乐丸”（图 16－8）。其滥用问题近年来在港、澳、台等地区日益突出，20 世纪 90 年代传入我国内地，传播速度很快，云南、广东、上海、北京等地相继发现此类毒品滥用。

麻黄碱和去甲伪麻黄碱是苯丙胺类药物的合成原料，1988 年已被国家列入精神药品管制之列。

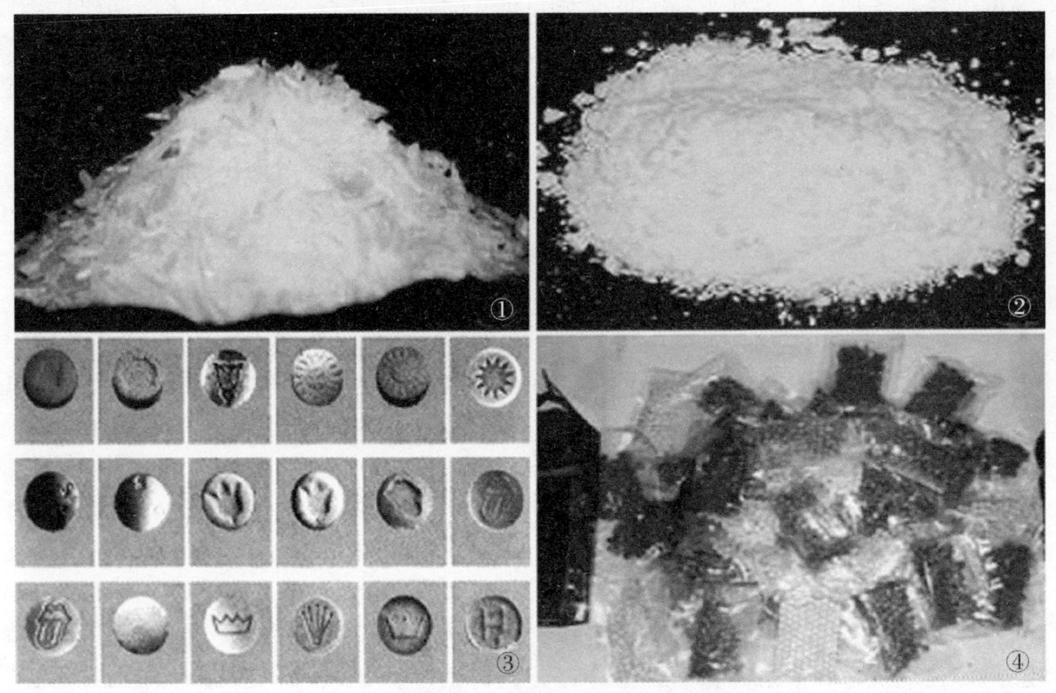

图 16-8　冰毒和摇头丸

①②冰毒；③④摇头丸。

1. 中毒原因和性质

苯丙胺类药物特别是兴奋型和混合型药物易使人产生较强的依赖性、耐药性及欲求性，极易成瘾，常因滥用或医疗用药过量发生中毒和死亡，亦有用于自杀或他杀者。成瘾者停药后发生戒断症状。慢性中毒者发生精神障碍，出现错觉、幻觉、妄想，伴有行为及性格异常，易发生犯罪行为。活体鉴定中以检查运动员是否服用兴奋剂为常见，使用过量可致中毒。

2. 毒理作用

苯丙胺类一方面刺激神经系统释放单胺类神经递质多巴胺和去甲肾上腺素；另一方面，通过抑制儿茶酚胺的降解，使中枢和外周神经兴奋。中毒者表现为亢奋、躁狂、幻觉、焦虑、谵妄、惊厥、血压升高、心动过速、期前收缩、心律失常等。通过损害多巴胺能神经，使食欲抑制、摄食减少，使脊髓和脑干神经反射亢进。此外，使脑内 5-羟色胺（5-HT）和 5-羟吲哚乙酸水平降低，可能与致幻作用有关。该类药口服后迅速吸收，30 min 内出现中枢神经症状，可持续数小时，3 h 内开始从尿排出。苯丙胺排泄缓慢，4 d～ 7 d 仍可在尿液中检出。口服 MDMA 数分钟起效，1 h～1.5 h 达高峰，药效持续 4 h～5 h。长期滥用苯丙胺类药物者，内源性递质耗竭和生成障碍，相应多巴胺和去甲肾上腺素受体对其产生耐受性和低调节反应，故需不断增加剂量才能产生有效的神经冲动，否则戒断症状立即出现。这是苯丙胺类药物易产生依赖性的主要原因。

3. 中毒致死量

口服 10 mg 即可出现轻度中毒症状。一般 20 mg～70 mg 有发生虚脱的危险。右旋苯丙胺成人致死量为 200 mg，小儿为 20 mg。甲基苯丙胺致死血液浓度为 4 mg/L。MDEA 的致死血液浓度为 4 mg/L ～10 mg/L；MDMA 致死血液浓度为 5 mg/L。

4. 临床表现

急性中毒者表现出兴奋，精神、体力均显活跃，不眠，不感饥饿，性欲亢进，动作快而不准，焦虑，紧张，震颤，眩晕和意识紊乱。严重中毒者表现为谵妄、恐慌、躁狂、出现幻觉、自伤及类偏执型精神分裂症表现。外周拟交感神经反应表现有心动过速、头痛、血压升高、颜面潮红、大汗淋漓、心律不齐，中毒者常因高血压危象、循环衰竭而死亡。慢性中毒者表现为低氧血症。

5. 尸检所见

急性中毒死亡者无特殊病变。长期滥用成瘾者心血管系统可见心包脏层下及心肌间质血管周围出血，心肌变性、坏死和非特异性炎症及肉芽肿；肺淤血、水肿、出血及血栓形成；肝细胞变性和点灶状坏死，汇管区炎症及肉芽肿形成；大脑和小脑弥漫性出血、水肿，脑疝形成，神经细胞变性、坏死及胶质细胞反应。注射用药者，局部组织充血、水肿、出血及白细胞浸润，静脉血栓形成或机化。肾小管上皮坏死，并可见肌红蛋白管型。肺、肝、心等器官中可见异物肉芽肿和双折射结晶。

检材提取以尿液、血液为佳，肝、肾、脑亦可，肝中可检出代谢产物苯丙酮。注射用药者可取局部组织送检。

（于建云　刑豫明）

17　活体损伤

活体损伤鉴定原则（272）

活体损伤鉴定的法律依据（273）　活体损伤鉴定的医学依据（273）

损伤与疾病的关系（274）　活体损伤鉴定时限（275）

活体损伤鉴定注意事项（276）

损伤程度鉴定（276）

重　伤（277）　轻　伤（278）　轻微伤（278）

伤残等级评定（279）

职工工伤与职业病伤残等级评定原则（279）

道路交通事故受伤人员伤残评定原则（280）　人体伤害伤残程度评定（281）

保外就医的法医学鉴定（281）

保外就医的法律原则（281）　保外就医的医学原则（282）

罪犯保外就医的实施程序（282）　保外就医疾病伤残范围（283）

活体年龄推断（283）

人身损害赔偿原则（284）

医疗费的赔偿原则（284）　误工费的赔偿原则（284）

护理费的赔偿原则（285）

诈病、造作伤（病）与匿伤（病）（286）

诈　病（286）　造作伤（病）（290）　匿伤（病）（291）

活体损伤鉴定是法医学鉴定中的一项重要内容，它是运用现代医学理论和技术，对被鉴定人进行检验，从而确定被鉴定人是否存在损伤，并按国家或行业颁布的标准评价其损伤的严重程度和/或伤残等级，为司法审判提供定罪、量刑和经济赔偿的医学证据。在我国司法实践中，活体损伤鉴定极为广泛，涉及刑事、民事和行政等各类案件，为我国目前法医学实践中最活跃的领域之一。

活体损伤鉴定原则

活体损伤鉴定是法律实施的需要。被鉴定人的损伤程度和伤残等级，既是定罪量刑的医学证据，亦是民事或行政处罚、保险赔偿的医学证据。因此，活体损伤鉴定有其法律依据和医学依据。当然，机体对暴力或精神刺激的反应因人而异，有时与法律条文并不完全一致。

活体损伤鉴定的法律依据

《刑法》第九十五条规定：本法所称重伤，是指有下列情形之一的伤害：（一）使人肢体残废或者毁人容貌的；（二）使人丧失听觉、视觉或者其他器官机能的；（三）其他对于人身健康有重大伤害的。从而对法律意义上的重伤进行了界定。《刑法》第十三条、第二百三十四条、第二百三十五条及《中华人民共和国治安管理处罚条例》（以下简称《治安管理处罚条例》）第二十二条对有关伤害他人情况根据不同的伤害程度对具体的量刑幅度进行了界定。

《治安管理处罚条例》第八条、第二十二条及《民法通则》第一百一十九条规定了造成他人人身伤害的赔偿及处罚原则。

《刑事诉讼法》、《民事诉讼法》及其他有关程序法，规定了与被伤害人伤害程度及伤残程度相应的各种不同的适用法律程序。

从以上法律规定可以看出，我国实体法中将伤害他人情况分为重伤、轻伤、轻微伤三种情况，并确定了相应的赔偿及处罚原则，并从程序法中规定了各种不同的适用法律程序。在此基础上分别制定了《人体重伤鉴定标准》、《人体轻伤鉴定标准（试行）》及《人体轻微伤的鉴定》。

活体损伤鉴定的医学依据

活体损伤鉴定是鉴定人运用现代医学理论和技术，对被鉴定人进行系统和全面的临床检查，并最后做出结论的过程。在大多数情况下，被鉴定人在做活体损伤鉴定时，多已达临床愈合阶段。因此，临床检查一方面通过询问被鉴定人，了解受伤当时和伤后的详细情况，既往史及鉴定时遗留症状；另一方面通过体格检查了解被鉴定人在鉴定当时的健康状况，有无器官缺损、功能障碍及其严重程度，必要时可针对性地做一些实验室检查及特殊仪器检查。同时，结合被鉴定人伤后在经治医疗机构的临床病历资料记载（包括病历；一般实验室检查；特殊仪器检查，如X线摄影、CT检查、MRI检查及各种电生理检查等）进行综合分析，进而从医学上评估被鉴定人受伤当时的伤情及其治疗后的后遗改变。在此基础上根据《人体重伤鉴定标准》、《人体轻伤鉴定标准（试行）》、《人体轻微伤的鉴定》以及各种伤残评定标准确定被鉴定人的损伤程度及伤残等级。

损伤程度鉴定需从以下两方面考虑：一是损伤当时情况，指损伤当时是否有危及生命的损伤存在，或者损伤引起的并发症是否有危及生命的情况发生。如心脏大血管损伤破裂、肺破裂引起的血气胸、损伤致失血性休克失代偿期等，此种情况应属重伤。二是损伤的后果或者结局。损伤后遗留严重器官缺损或功能障碍，严重影响被鉴定人生活质量的，应属重伤。如脑挫伤后遗留偏瘫，一侧肢体缺失等。损伤后遗留轻度器官缺损或功能障碍，对被鉴定人生活质量有一定影响的，应属轻伤。损伤造成组织、器官轻微损伤，经一般处理后恢复而不遗留功能障碍者属轻微伤，如小面积软组织挫伤。

伤残等级评定一般需在临床治疗终结后进行。因此，它是根据损伤的后果来确定的。

在活体损伤鉴定中，由于致伤因素种类不同，损伤部位不同，其所造成损害的后果亦不相同。有的损伤，原发性损害严重，治疗终结后亦遗留严重的功能障碍并致残。如脊柱骨折合并脊髓损伤引起截瘫。另一些损伤原发性损害虽严重，但经治疗后恢复良好，未遗留或仅遗留轻度功能障碍，未致残。如外伤致颅内硬膜外血肿形成，经血肿清除术后未遗留功能障碍。还有一些损伤，原发性损害虽不严重，但经治疗后却遗留严重功能障碍而致残。如上肢锐器伤致正中神经断裂，治疗后遗留手功能严重障碍。所以，原发性损伤的轻重与功能障碍或残疾之间并不呈等同关系。对于每一活体损伤鉴定案例，应在进行细致的临床医学检查后才能得出确切的结论，进而为司法机关审理案件提供医学证据。

损伤与疾病的关系

损伤既可造成某种疾病，亦可使原有疾病加重。另一方面，疾病亦可加重所受损伤的后果。患有某种疾病的人，往往将所患疾病的原因归之于损伤。因此，疾病是否为损伤所造成，即疾病与损伤的因果关系，则需通过活体损伤检验予以鉴别和确定。

通常损伤与疾病之间的关系，可归纳为以下三类情况。

1. 损伤是疾病的直接病因

这类情况的损伤必须是造成疾病的直接原因。疾病与被鉴定人既往的健康状况及个人体质无关。例如，外伤引起的器质性精神病、外伤性癫痫、外伤性震颤麻痹综合征、外伤性脑膜炎、外伤性耳聋、外伤性视网膜脱离等。

2. 损伤与疾病无关

这类情况指外伤与被鉴定人所患的疾病根本无因果关系，仅仅是时间上的巧合。例如，损伤当时发现被伤害人患有肝硬化、肝血吸虫病、肿瘤等。

3. 损伤与疾病之间有一定因果关系

这类情况中，被伤害人受伤前即患有某种疾病，外伤仅使该疾病急性发作或加重。例如，损伤所致的血管瘤破裂，损伤诱发隐性冠心病发作或心脏功能衰竭等。又如高度近视的人，眼部被拳击后造成单纯视网膜脱离致盲。由于高度近视的病人存在视网膜脱离的危险，有的人因打喷嚏、剧烈咳嗽或大便时用力即可发生。但需注意，这类情况中损伤只使其原有疾病加重，而不能改变原有疾病的性质，损伤为原有疾病发作或加重的诱因或辅助因素。

对这三类情况，第一种情况比较易于确定，第二种情况与第三种情况的主要区别在于第二种情况中外伤未加重原有疾病。第三种情况中，损伤与疾病有一定因果关系，但究竟有多大关系，在实际案例中较难确定。目前我国还没有制定出精确可靠的评定方法，因为许多疾病的发生与恶化除与损伤有关外，还与机体健康状况和个体素质有密切关系。在评定伤病关系时，应掌握被鉴定人受伤前后的详细病历资料和其固有体质，结合必要的辅助检查结果，综合分析，此时可评定损伤的参与度。

4. 损伤参与度判定原则

损伤参与度目前尚无行业公认的标准。有学者提出在损伤与疾病共同存在的案件中，多种因素的共同作用导致某种结果，将特定的损伤在其结果中所起作用的程度进行定量分割（因果比例关系）。从而明确其参与因果关系的程度，即为该损伤在该损害结果中的参与度。该概念基本上反应了损伤参与度的内涵。

损伤参与度的判定原则，我国行业基本认可的评定方法为 6 等级划分法（表 17－1）。

表 17－1 损伤参与度划分比例

划分等级	责任程度	赔偿参考范围（%）
1	无	0
2	很少部分	1～20
3	少部分	20～40
4	部分	40～70
5	大部分	70～99
6	全部	100

1 级：损伤与后果无因果关系。

2 级：损伤对后果仅起到很轻微作用，介于诱因和无关之间。

3 级：损伤对后果起到诱发作用。

4 级：损伤与疾病共同造成后果，难以区分二者作用的大小。

5 级：后果主要由损伤造成，疾病仅为辅助因素。

6 级：后果全部由损伤造成，与疾病无因果关系。

活体损伤鉴定时限

在活体损伤鉴定实践中，一方面司法机关为了做到案件及时处理而要求尽早进行活体损伤鉴定；另一方面，案件当事双方也常常为了各种原因而希望尽早进行活体损伤鉴定。但是，由于损伤的情况不同，有时即使是同一种损伤在伤后不同时间进行临床检查的结果亦常常不一样，从而产生不同的鉴定结论。这样容易使案件当事双方各自坚持对自己有利的鉴定结论，造成案件处理的困难。因此，从医学的角度上掌握好恰当的鉴定时限，对于保护案件当事双方的正当合法权利，对于案件的客观、公正处理均具有极其重要的意义。

根据机体损伤发生、发展的一般规律，结合活体损伤鉴定实践经验，并考虑到司法机关对案件及时处理的需要，活体损伤鉴定时限大体上可分为以下两大类。

一类是根据原发性损伤的伤情进行鉴定的，在损伤后即可进行。该类情况主要包括有危及生命的损伤，或损伤后有危及生命的并发症发生，或损伤致器官严重缺损。如心脏损伤，胸部大血管损伤，胸部损伤引起血胸或者气胸并发呼吸困难，损伤致肢体严重缺失，损伤致眼球破裂、眼内容物脱出而失明，损伤致失血性休克失代偿期，损伤致肝、脾或胃肠破裂等。

另一类是需根据损伤的后遗症进行鉴定的，因在损伤当时难以确定其后遗功能障碍程度，一般应在受伤后 3 个月到半年以后进行鉴定。如肢体重要神经损伤，眼球钝挫伤致视网膜震荡，钝器或锐器致面部较大创口形成，耳部外伤致内耳震荡、听力下降等。

活体损伤鉴定注意事项

（1）活体损伤评定原则上应由负责处理本案的司法部门或行政管理部门委托后方能进行。但对于自诉案件，有的可由被鉴定人本人或律师事务所委托。

（2）鉴定人应为法医师或具有法医学鉴定资格的法医专业人员。涉及某些专门性问题时，应聘请对该专门性问题有丰富经验的临床医生参加鉴定或会诊，以免发生失误。

（3）评定活体损伤时，除了解损伤当时发生的原发性改变外，还应注意检查损伤直接引起的并发症、后遗症及其对人体损害的严重程度，特别是引起器官功能丧失的程度，进行综合分析、评定。

（4）对于提供的病历资料，应仔细分析，全面了解被鉴定人门诊和住院病历中有关治疗与伤情演变等方面的记录、临床实验室检查及特殊仪器检查结果，不能仅凭医院出具的“疾病诊断证明书”评定损伤程度。原因如下：①临床医生正常业务活动中面对的是病人，病人一般是无隐瞒地向医生叙述病情，故医生认为病人的叙述是可靠的。但当医生面对纠纷案件中的被鉴定人时，由于被鉴定人存在一种“获益心理”，对伤情叙述时可能失实、夸大或隐瞒，因而有时误导医生，造成诊断不实。②临床医生与法医工作性质不同，医生在对病人的诊治过程中，对疾病的诊断标准较宽，尤其对一些疑难病的诊治，常做出印象性的诊断，甚至可同时做出多个不同疾病的诊断。③对于皮肤和软组织损伤，临床医生常认为这类损伤较轻，因而病历中关于损伤的面积、大小、形态的记录过于简单，与法医学对损伤程度评定的要求不符。

（5）临床实验室检查及特殊仪器检查对损伤或疾病的诊断具有重要价值。对于一些特殊检查，如X线摄影、CT检查、磁共振检查，不能只看报告单，应阅读影像照片，核对检查时间、编号及影像特征，必要时复查对比，以便确定伤情。原因如下：①不同生产厂家生产的仪器设备，其质量有差异；②仪器操作人员技术水平有差异；③诊断医生技术水平有差异；④被鉴定人为达其目的，可能伪造报告单，或将他人检查照片伪装成被鉴定人照片。

（6）临床特殊仪器检查中应以客观检查为主要诊断依据。如耳部损伤时不能单凭电测听检查结果即做出听力丧失的诊断，因其结果正确与否取决于受检者配合的程度；而应以声导抗或脑干听觉诱发电位等客观检查结果确定。

（7）法医学鉴定时间应根据不同情况在伤后立即进行或在临床治疗终结后进行。损伤当时情况可反映损伤后果者，可及时做出法医学鉴定，如仅有局部皮肤软组织损伤，即可评为轻微伤；如外伤性脾破裂，即可定为重伤。若损伤当时情况不能反映损伤后果者，需待治疗终结后进行评定，如外伤引起肢体神经损伤，需结合治疗终结时肢体功能恢复情况评定。

损伤程度鉴定

在我国现行的法律、法规中，都明确以损伤程度作为案件处理的重要依据之一。如在司法实践中，由于被伤害人伤情的多样性及复杂性，以及鉴定人之间对法律规定的损伤含义的理解难免存在差异，为统一标准便于在实际工作中应用，我国制定了《人体重伤鉴定标准》、《人体轻伤鉴定标准（试行）》及《人体轻微伤的鉴定》。这些标准均是根据法律规定的损伤含义，从医学科学的角度并充分考虑到司法实践中的特殊性而制定的，它与临床医学实践中单纯从医学科学的角度对伤病情况进行的分类、分级不同，故不能相互混淆或相互叠加。

重　伤

我国《刑法》第九十五条规定的重伤（grave bodily injury）是指下列情形之一的伤害：（一）使人肢体残废或者毁人容貌的；（二）使人丧失听觉、视觉或者其他器官功能的；（三）其他对于人身健康有重大伤害的。故《人体重伤鉴定标准》包括以下评定原则：

1. 肢体残废

肢体指人体的上、下肢。肢体损伤包括骨、关节、神经、骨骼肌及软组织损伤。根据《人体重伤鉴定标准》第六条，肢体残废包括两方面内容：①肢体缺失。人体日常生活和工作活动，有赖于肢体的完整性及其功能；精细活动和行动，依赖手足；手足不同部位又各有其功能特点，据此做出了不同部位肢体缺失的划分标准。②肢体虽然完整，但已丧失功能。由于肢体功能既依赖于骨关节解剖结构的完整，亦依赖于神经与骨骼肌的协调活动，故凡是能引起骨关节解剖结构破坏或神经与骨骼肌协调活动障碍的损伤，均可使肢体丧失其功能，达一定程度者即构成重伤。

2. 容貌毁损

容貌毁损主要指颜面部损伤而言，主要包括以下几种情况：①皮肤瘢痕所致容貌毁损，包括明显瘢痕形成和明显色素沉着造成的容貌丑陋。②面部五官毁损或面颌部骨折畸形愈合。面部五官及面颌部骨骼形状决定一个人的面容，当五官形状、位置改变或骨折畸形愈合时，均可引起容貌显著变形。③面肌瘫痪。面肌在相应神经支配下协调运动，完成人体喜、怒、哀、乐等表情活动，当面肌损伤、瘢痕形成或其支配神经损伤均可引起表情活动障碍，而影响面容。

3. 器官功能丧失

听觉、视觉功能对人体日常生活和工作具有重要价值；口、鼻、咽、喉部是人体消化系统、呼吸系统的重要通道，其功能障碍将造成呼吸、吞咽活动障碍，且喉部还是人体发声的重要器官；泌尿、生殖系统的功能障碍及骨盆形态的改变将影响人体性活动及繁衍后代的功能。前述器官功能丧失达一定程度则构成重伤。

4. 其他对于人体健康的重大损伤

该项分别对机体不同部位的不同损伤进行了限定，主要包括以下几类：①危及生命的损伤，如各种原因引起的脑、心、肺严重损伤；②直接引起可危及生命的严重并发症的损伤，如损伤引起大出血而发生失血性休克，胸部损伤发生血气胸等；③可直接引起严重后遗症的损伤，如颅脑损伤引起外伤性癫痫，腹部损伤引起肠梗阻等。

轻 伤

轻伤（flesh injury）是指各种外界因素作用于人体，造成人体组织、器官结构发生一定程度的损害或者部分功能障碍，但尚未危及生命或未遗留器官功能严重障碍的损伤。

目前我国法律尚未对轻伤的含义给予原则性界定。但根据《刑法》第二百三十四条的规定，轻伤已是法律上确定故意伤害罪的客体要件的最低要求。因此，在伤害案件中评定轻伤即已成为确定罪与非罪的重要依据。为了统一轻伤评定标准，我国制定了《人体轻伤鉴定标准（试行）》作为目前我国司法实践中评定轻伤的法律依据。该标准共六章 56 条，对机体不同部位的不同损伤分别进行了规定，将损伤程度未达重伤标准，不会危及生命，但又有一定程度的损害或遗留一定器官功能障碍的损伤，定为轻伤。

轻微伤

轻微伤（slight bodily injury）是指在各种外界因素作用下，造成人体局部组织结构的轻微损害，或者轻微短暂的功能障碍，恢复后不遗留明显后遗症，达不到轻伤标准的损伤。

为了统一轻微伤评定标准，我国制定了《人体轻微伤的鉴定》国家标准，作为我国司法实践中评定轻微伤的法律依据。

损伤程度鉴定应注意以下问题：

（1）损伤程度的评定依据，一是根据损伤当时发生的原发性改变，如危及生命的损伤等；二是根据损伤后果（并发症与后遗症），进行全面分析，综合评定。不可因临床抢救及时、治疗有效而减轻损伤程度，也不可因治疗无效、误诊、误治、漏诊或个体特异体质等因素所致病情转重而加重损伤程度。

（2）我国目前实施的《人体重伤鉴定标准》、《人体轻伤鉴定标准（试行）》及《人体轻微伤的鉴定》是评定的依据。但由于损伤的多样性及伤后病情变化的复杂性，在具体评定时，有的案例比照条文仍有一定困难。且轻重伤标准之间、轻伤与轻微伤标准之间尚有不完全衔接吻合的情况。如《人体重伤鉴定标准》第八十五条规定颅脑损伤，经脑 CT 扫描显示脑挫伤，如伴有神经系统症状和体征者为重伤，对于未伴有神经系统症状和体征者，《人体轻伤鉴定标准（试行）》中却无相应条款规定。另外，《人体轻微伤的鉴定》标准中对许多损伤，如擦伤、挫伤面积，皮肤软组织创口长度均规定了低限，对于未达《轻微伤》标准规定之低限者属何种损伤？因此产生的新问题与我国现行法律、法规的规定相矛盾，这也是该标准的缺点之一。

（3）对于《刑法》第九十五条中“其他对于人身健康有重大伤害的”，在《人体重伤鉴定标准》中仅规定了器质性损伤的有关条款，仅将健康限定于躯体本身，与现代医学模式（生物-心理-社会医学模式）不相吻合，亦与世界卫生组织（WHO）将健康定义为个体处于躯体上、精神上、社会上的良好状态不符合。该标准对于因损伤引起的精神障碍（如外伤引起的癔症）未做相应的规定。

伤残等级评定

WHO《国际疾病分类》（International Classification Disease，ICD）中，专门对疾病的后果进行了补充分类，即《国际残疾分类》（International Classification of Impairments，Disabilities and Handicaps，ICIDH）。该分类指出对伤残的后果应从整体功能来评价，包括器官组织解剖结构或生理功能的损害、劳动能力和生活能力的丧失以及伤者不能参加社会活动和履行社会职责的能力三个方面。①器官损害（impairment）：指机体器官损害治疗终结后仍遗留的相对稳定的病理状态，存在外伤所致受伤器官解剖结构异常和功能障碍；②能力低下（disabilities）：指机体器官解剖结构破坏和功能障碍所致的人体活动能力减低或丧失，能力低下是从人的整体水平分析局部器官损害所致的不良后果；③社会不利（handicaps）：指机体由于器官损伤和整体能力低下导致其对周围社会环境的适应能力降低，强调了伤者不能参加社会活动和履行社会职责的程度。由上可知，三方面关系密切相关，从以上三方面评价伤残后果反映了社会和学科的发展。我国部分行业管理部门根据各自实际需要，制定并颁发了适用于各自行业的伤残评定标准。例如，1989 年民政部颁发了《革命伤残军人评定伤残等级的条例》，1992 年公安部颁发了《道路交通事故受伤人员伤残评定》，1998 年中国人民银行颁发了《人身保险残疾程度与保险金给付比例表》，1996 年劳动部和卫生部制定了《职工工伤与职业病致残程度鉴定》等。

职工工伤与职业病伤残等级评定原则

我国劳动部和卫生部按照国家《国民经济和社会发展十年规划和第八个五年计划纲要》提出的健全社会保障体系的要求，为适应工伤保险制度改革的需要于 1992 年制定了《职工工伤与职业病致残程度鉴定标准》。经过几年试用后，于 1996 年对原标准进行修订，重新颁发《职工工伤与职业病致残程度鉴定》。标准依据伤病者医疗期满时的器官损伤、功能障碍及其对医疗与护理的依赖程度，适当考虑了由于伤残引起的社会心理因素影响，对伤残程度进行综合判定分级。分级原则如下：

（1）器官损伤：是工伤的直接后果，但职业病不一定有器官缺损。

（2）功能障碍：工伤后功能障碍的程度与器官缺损的部位及严重程度有关，职业病致残的器官功能障碍与疾病的严重程度相关。对功能障碍的判定，应以医疗期满后的医疗检查结果为依据，根据评残对象逐个确定。

（3）医疗依赖：指伤病致残后，于医疗期满时仍然不能脱离治疗者。

（4）护理依赖：指伤病致残者因生活不能自理需依赖他人护理者。生活自理范围主要包括下列五项：①进食；②翻身；③大、小便；④穿衣、洗漱；⑤自我移动。

（5）精神障碍：一些特殊残情，在器官缺损和功能障碍的基础上虽不造成医疗依赖，但却导致精神障碍或降低了伤残者的生活质量。在评定残情时，应适当考虑这些后果。

依据上述分级原则，该标准将工伤及职业病造成残疾的情况分为十级，其中一、二、三、四级为完全丧失劳动能力；五、六级为大部分丧失劳动能力；七、八、九、十级为部分丧失劳动能力。

该标准明确规定了其适用范围：①职工工伤者必须经当地劳动部门证明属于工伤；②职工职业病者必须经卫生行政部门批准的有职业病诊断权的医疗卫生机构的诊断；③不论工伤或职业病，其鉴定必须在医疗单位确定医疗终结时进行。

道路交通事故受伤人员伤残评定原则

道路交通事故损伤所致的残疾包括心理、生理功能和解剖结构的损害，以及由此引起的生活、工作和社会活动能力的障碍。

解剖结构损害或生理功能丧失指交通损伤所致的有关器官结构、外观变化和器官功能障碍。随损伤的严重程度不同可遗留轻重程度不等的器官功能障碍。

生活自理、工作能力的丧失指被鉴定人因为器官结构损害或器官功能丧失引起在正常生活范围内或正常工作方式上进行活动的能力出现限制或欠缺。可能是以前能够胜任的工作，伤后无法完成；也可能是基本的日常生活活动能力部分丧失，如生活不能自理（大小便、进食、行走等）。

社会活动能力丧失指由交通损伤造成生理、心理的障碍和生活自理、工作能力的丧失而引起的社会不利条件及对环境适应能力下降。损伤的后果可能是生理上的残缺、心理上的不稳定、工作能力的下降、社会交往能力减弱、生活社交圈变窄、生活质量下降等。

道路交通事故伤残评定的目的是通过伤残等级的划分，由交通事故责任方对不同伤残等级的被鉴定人予以一定的经济补偿。在评定时应注意以下几个方面：①对残疾的判断应当以被鉴定人治愈后的稳定效果为基础。评定时机应以事故直接所致的损伤或确因损伤所致并发症治疗终结为准。若双方当事人均愿意亦可提前评定。②伤残评定应以确定的受伤部位进行评定。对每一部位的损伤都应有一个确定的评定结论。对多部位损伤应分别评定相应的伤残等级；对同一部位损伤引起的多种后遗症，应以最重的后遗症评定伤残等级。

中华人民共和国公共安全行业标准——《道路交通事故受伤人员伤残评定》，将道路交通事故人体伤残程度分为十级，各级的划分依据以下原则：

Ⅰ级伤残的划分依据：①日常生活完全不能自理，全靠别人帮助或采用专门设施，否则生命无法维持；②意识消失；③各种活动均受到限制而卧床；④社会交往能力完全丧失。

Ⅱ级伤残的划分依据：①日常生活需要随时有人帮助；②各种活动受限，仅限于床上或椅子上的活动；③不能工作；④社会交往极度困难。

Ⅲ级伤残的划分依据：①不能完全独立生活，需经常有人监护；②各种活动受限，仅限于室内的活动；③明显职业受限；④社会交往困难。

Ⅳ级伤残的划分依据：①日常生活能力严重受限，间或需要帮助；②各种活动受限，仅限于居住范围内的活动；③职业种类受限；④社会交往严重受限。

Ⅴ级伤残的划分依据：①日常生活能力部分受限，偶尔需要监护；②各种活动受限，仅限于就近活动；③需要明显减轻工作；④社会交往贫乏。

Ⅵ级伤残的划分依据：①日常生活能力部分受限，但能部分代偿，条件性的需要帮助；②各种活动降低；③不能胜任原工作；④社会交往狭窄。

Ⅶ级伤残的划分依据：①日常生活有关的活动能力严重受限；②短暂活动不受限，长时间活动受限；③工作时间需要明显缩短；④社会交往能力降低。

Ⅷ级伤残的划分依据：①日常生活有关的活动能力部分受限；②远距离活动受限；③继续工作；④社会交往受约束。

Ⅸ级伤残的划分依据：①日常活动能力大部分受限；②工作和学习能力下降；③社会交往能力大部分受限。

Ⅹ级伤残的划分依据：①日常活动能力部分受限；②工作和学习能力有所下降；③社会交往能力部分受限。

人体伤害伤残程度评定

在活体损伤鉴定实践中，对于人体伤害案件，除对被鉴定人应评定其损伤程度，以作为司法机关审理案件时定罪、量刑的依据外；常常还需对被鉴定人进行伤残程度评定，为司法机关审理案件时确定赔偿数额提供医学证据。所以对人体伤害案件进行伤残程度评定具有重要的意义。

迄今，我国尚无专门适用于人体伤害案件的伤残程度评定标准。目前大多数地方多参照《职工工伤与职业病致残程度鉴定》或《道路交通事故受伤人员伤残评定标准》对人体伤害案件中的被伤害人进行伤残评定。在前述两个标准中，一般认为《职工工伤与职业病致残程度鉴定》标准较《道路交通事故受伤人员伤残评定标准》更适合于人体伤害案件的伤残程度评定。但这两个标准，皆未体现健康包括躯体和精神等方面。这是我国颁布的标准的一个缺陷。

保外就医的法医学鉴定

保外就医（bailed out for medical treatment）是指被判处有期徒刑或者拘役的罪犯在服刑期间患有严重疾病，经批准取保在监外医治而暂时采取的变通执行刑罚的制度。根据我国相关法律、法规规定，保外就医制度也适用于公安看守所羁押人员及劳动教养管理所收容人员。

保外就医的法律原则

保外就医制度是对患有严重疾病的罪犯暂予监外执行的制度。我国相关法律法规对服刑罪犯的医疗问题进行了较为详尽的规定。如《刑事诉讼法》第二百一十四条，《中华人民共和国监狱法》第十七条，《中华人民共和国看守所条例》第十条，《劳动教养管理工作执法细则》第五条、第七十四条、第七十八条，《中华人民共和国劳动改造条例》

第三十七条等许多相关法律、法规均对保外就医进行了规定，这就构成我国保外就医的法律原则。

保外就医的医学原则

根据我国相关法律、法规、规章对保外就医的规定，司法部、最高人民检察院、公安部联合发布了《罪犯保外就医执行办法》和附件《罪犯保外就医疾病伤残范围》。《罪犯保外就医执行办法》第二条规定有下列情形之一的，可予保外就医：

（1）身患严重疾病，短期内有死亡危险的。

（2）原判无期徒刑或者死刑缓期二年执行后减为无期徒刑的罪犯，从执行无期徒刑起服刑七年以上，或者原判有期徒刑的罪犯执行原判刑期（已减刑的，按减刑后的刑期计算）三分之一以上（含减刑时间），患严重慢性疾病，长期医治无效的。但如果病情恶化有死亡危险，改造表现较好的，可以不受上述期限的限制。

（3）身体残疾、生活难以自理的。

（4）年老多病，已失去危害社会可能的。

这些规定是对《刑事诉讼法》第二百一十四条规定的细化。在此基础上《罪犯保外就医执行办法》所附附件《罪犯保外就医疾病伤残范围》又对符合保外就医的疾病及伤残范围进行了规定。这是目前我国保外就医工作具体实施的医学原则。

罪犯保外就医的实施程序

根据现行《保外就医执行办法》规定，罪犯保外就医的具体实施包括以下几个步骤：

（1）对需要保外就医的罪犯，由所在监狱、劳改队、少管所中队队务会讨论通过，报单位狱政科讨论并邀请驻劳改机关的检察院（组）人员列席参加，同意后，进行病残鉴定。

（2）初审同意后，根据《刑事诉讼法》规定：对于罪犯确有严重疾病，必须保外就医的，由省级人民政府指定的医院开具证明文件，按照法律规定的程序审批。

（3）对符合保外就医条件的罪犯，监狱、劳改队、少管所应当填写《罪犯保外就医征求意见书》，征求罪犯家属所在地公安机关的意见，并与罪犯家属联系，办理取保手续。

（4）罪犯保外就医需要有取保人，取保人必须具备管束和教育保外就医罪犯的能力，并有一定的经济条件。取保人的资格由公安机关负责审查。取保人和被取保人应当在《罪犯保外就医取保书》上签名或者盖章。

（5）对需要保外就医的罪犯，办完上述手续后，由监狱、劳改队、少管所填写《罪犯保外就医审批表》，连同《罪犯保外就医征求意见书》、有关病残鉴定和当地公安机关意见，报省、自治区、直辖市劳改局审批，同时将上述副本送给担负检察任务的派出机构。劳改局批准保外就医的，应将《罪犯保外就医审批表》副本三份送达报请审批单位。

（6）对批准保外就医的罪犯，监狱、劳改队、少管所应当办理出监手续，发给《罪犯保外就医证明书》，并对罪犯进行遵纪守法和接受公安机关监督的教育，同时，应将《罪犯保外就医审批表》、《保外就医罪犯出监所鉴定表》、人民法院判决书复印件或者抄件，及时送达罪犯家属所在地的县级公安机关和人民检察院。然后保外就医罪犯由取保人领回到当地公安机关报到。保外就医罪犯在规定时间内不报到的，公安机关应及时通知其所在的监狱、劳改队、少管所，由劳改机关负责寻找。家居外省、自治区、直辖市的罪犯回原住地保外就医的，监狱、劳改队、少管所应当将其档案材料转给原住地劳改局，由该劳改局指定就近的监狱、劳改队、少管所管理。

（7）罪犯在保外就医期间经过治疗疾病痊愈或基本好转的，监狱部门应及时收监执行。对于再次违法犯罪危害社会的罪犯，不管疾病是否痊愈或好转，皆应收监执行。对违法保外就医，无论是法律条件或医学条件都不够标准的，一经查实应收监执行。

保外就医疾病伤残范围

现行的《罪犯保外就医疾病伤残范围》是作为司法部、最高人民检察院、公安部司发（1990）247号文件《罪犯保外就医执行办法》的附件发布实施的，它是“保外就医”鉴定中医学要件的实施细则，也是法医实施鉴定的医学依据。《罪犯保外就医疾病伤残范围》将各种类别的疾病分为精神疾病、心血管循环系统疾病、呼吸系统疾病、消化系统疾病、泌尿系统疾病、神经系统疾病、四肢损伤与疾病、脊柱损伤和疾病、传染病、其他疾病等十大类型进行了规定。

保外就医工作是一个法律政策性和医学专业性都很强的工作，需要司法工作者和医学工作者的密切配合。在实施保外就医鉴定工作时，要严格按照《罪犯保外就医执行办法》第二条、第三条、第四条规定的原则进行。

活体年龄推断

根据我国相关法律法规规定，在许多情况下需对犯罪嫌疑人或被害人进行活体年龄推断，尤其在缺乏合法年龄证明文件或年龄证明文件受到怀疑时。故活体年龄推断对于案件的定性及审理具有十分重要的意义。

有报道，婴幼儿年龄认定的准确性可达到±1.0月，青少年可达±1.0岁，成年人可达±5.0岁，50岁以上者可达±10.0岁。

在我国现阶段以推断儿童和青少年年龄为常见。儿童和青少年年龄推断的参照指标有：体重、身高、四肢长度、乳牙萌出期、恒牙更换期、牙磨耗度，以及一系列与性成熟有关的体征即第二性征（12～18岁）等。其中，根据X线片推测骨龄具有较高的准确性。

人类长骨的生长方式是软骨内成骨，软骨雏形分为中间的软骨干及两端的骺软骨。软骨干中心的骨化即原始性或初级骨化中心的出现开始于胚胎5～7周，生长发育成为骨干；骺软骨的骨化部位始于骺软骨的中心，该处骨组织多于出生后出现，称为继发性或次级骨化中心。继发骨化中心出现的数目因骨而异，一般为一个，有时为数个，或开始为数个，以后凝聚为一个；出现的时间有一定的规律性。在骨骺与骨干之间的软骨，称为骨骺板或骨骺生长板，骨干两端与骨骺板连接处称为干骺端。在干骺端的成骨细胞、破骨细胞作用下，不断生成骨组织，形成骨小梁，经过不断地改建和重吸收，使骨干和骨髓腔不断延长，儿童的身高不断增高。在成骨过程中，骨骺板软骨增生速度和成骨速度基本一致，因此骨骺板的厚度保持相对恒定，而骨干和骨髓腔不断延长。一直持续到18～20岁，骨骺板逐渐失去增殖能力，最后被完全钙化，骨骺端与骨干融合，长骨到此将不再加长。根据骨骼生长的这种规律性变化，通过X线摄影可推断骨龄。

骨骼年龄测定的部位包括手腕部、肘关节、髋关节、膝关节等部位。

在法医临床学骨龄推断中，需要考虑种族差异、地区差异和个体差异等因素的影响，同时还应该排除疾病的影响。

人身损害赔偿原则

我国《民法通则》第一百一十九条规定“侵害公民身体造成伤害的，应当赔偿医疗费、因误工减少的收入、残废者生活补助费等费用。”以上规定即是我国法律对造成人身伤害的赔偿内容所做的原则性规定，并且也是司法实践中解决伤害案件时确定赔偿的基本原则。

国外，一些国家对伤害赔偿问题十分重视，并且制定了相应的伤害赔偿制度。在日本，随着伤害赔偿问题研究的深入，伤害赔偿制度亦日臻完善。与此同时，一门从医学和法学的角度研究伤害赔偿问题的专门性学科——赔偿医学（compensation medicine）亦日益受到法律及医学科学领域的高度重视。

在我国，涉及伤害赔偿问题的案件，往往需要由法医鉴定机构对被鉴定人进行伤残评定，以确定其有无残疾遗留及残疾等级。除根据残疾等级确定赔偿数额外，亦应对医疗费、误工费、护理费、营养及伙食补助费、就医交通费及住宿费等项目给予确定，为司法部门合理解决伤害赔偿案件提供科学依据。在确定这些项目费用时应遵循以下原则。

医疗费的赔偿原则

医疗费应根据所在地治疗医院的诊断证明和医药费、住院费的单据给予确定。以下情况不能给予确定：①应经医务部门批准而未获批准，擅自另找医院治疗的费用；②擅自购买与伤害治疗无关的药品或者治疗其他疾病的药品；③非伤情诊断所必需的高额特殊检查费用；④医院正式通知出院后仍拖延不出院而产生的所谓医药费、住院费等。

误工费的赔偿原则

误工日期应根据实际损害程度、恢复状况并参照治疗医院出具的证明给予确定。一般原则是：①轻微伤，因损伤轻微，即使发生局部组织、器官的功能障碍，也是轻度的、短暂的，且不留下任何后遗症，故误工日期的确定不应超过一周；②严重残废者，误工日期从损伤当天开始计算，评定伤残后误工日期并入生活补助费中计算；③其他情况则应根据诊治医院提供的住院治疗日期及建议出院后休息的日期，结合损伤程度给予确定。

赔偿费用的标准，应根据不同情况按下列方法考虑：①工资固定的，按被鉴定人月平均工资或月工资计算；②工资经常浮动不固定的，按较长时间（半年或一年）工资的平均收入来计算，或按同行业、同工种的同期平均工资收入来计算；③无固定工作的，按当地上一年度职工月平均工资计算；④由损伤引起的其他收入的损失，如奖金、各种补贴等固定收入，原则上应予以赔偿。但提薪、晋级等损失不予考虑。

护理费的赔偿原则

护理费包括受伤住院期间的护理费用及出院后因生活不能自理需要继续护理的护理费用。

受伤住院期间的护理费赔偿，一般应以法医的鉴定或者经治医院出具的证明认定。最高人民法院1998年4月2日发布的《关于贯彻执行＜中华人民共和国民法通则＞若干问题的意见（试行）》第一百五十四条中指出：经医院批准专事陪护的人，其误工补助费可以先按收入的实际损失计算，应得资金一般可以计算在应赔偿的数额内。本人没有工资收入的，其补偿标准以当地一般临时工的工资为限。根据该意见，有学者推荐护理费的计算方法如下：①护理人员有收入的，护理费的赔偿可以按照误工费的规定计算。②护理人员无收入的，护理费的赔偿可以按照当地居民上一年度平均生活费标准计算。对重症病人，第一阶段陪护人员可能不止一人，可根据实际情况确定陪护人数，最多不超过3人。对原有病、残的人和原来生活能自理的老年人，伤后的护理费用与上同；如原来生活不能自理，伤后的护理费用仅赔偿因加重护理程度而多支出的部分费用。

出院后因生活不能自理需要继续护理的护理费用，应主要以法医的鉴定来认定。护理费用是否全额赔偿应根据护理依赖程度来确定。护理依赖程度根据进食，翻身，大、小便，穿衣、洗漱，自我移动五项条件将护理依赖程度分为三级。一级护理依赖为前述五项均需护理者，指生活完全不能自理；二级护理依赖为前述五项中有三项需要护理者，指生活大部分不能自理；三级护理依赖为前述五项中有一项需要护理者，指生活部分不能自理。根据劳险字（1992）28号《劳动部、财政部、中华全国总工会关于调整企业工伤全残职工护理费标准的通知》：护理费标准按照完全、大部分、部分护理依赖程度，一般分别为当地社会平均工资的50％、40％、30％。

护理期限，在现行的相关规定中，交通事故损伤的规定较为合理，亦便于实际操作。即从评定之日起，一般以20年计。但年龄超过50周岁以上的，年龄每增加1岁减少1年，但最低不少于10年。年龄70周岁以上的按5年计算。

伤害赔偿问题涉及面广，情况也比较复杂，很多问题尚需在法学及医学等不同学科领域做深入的研究，然而最为重要的是尽快建立建全符合我国国情的、统一的伤害赔偿制度及相应的鉴定标准。鉴于我国目前状况，在活体损伤评定中涉及伤害赔偿问题时，重点需要解决的问题是：如何准确地确定被伤害人的伤情诊断，以及损伤程度、残疾程度的评定，并结合医学科学理论及临床实践，为司法部门解决有关赔偿问题提供相应的科学依据。

诈病、造作伤（病）与匿伤（病）

在法医学活体损伤鉴定实践中，有时会遇到被鉴定人出于某种目的而伪装伤病、夸大病情、隐瞒伤病或故意造作某种损伤或疾病的病史、症状或体征。因此，在法医学活体损伤鉴定过程中，应仔细分析被鉴定人伤病后在医疗机构诊治的病历资料及其他有关资料的可靠性，并根据客观检查结果做出实事求是的鉴定结论。

诈　病

身体健康的人，为达到某种目的伪装患病，称诈病（simulation）。诈病可出现在伤害案件或意外事件的受害人或行为人。有时，被鉴定人确有轻微损伤或疾病存在，但被鉴定人对自己的伤病的症状和体征故意夸大，称夸大病情（exaggeration）。诈病和夸大病情往往是被鉴定人为了获得他人的同情，追究对方的刑事责任或获得经济赔偿，骗取休假、药物、劳保福利或者企图调换工作，推诿责任、掩盖罪责、逃避惩罚，获得减刑、缓刑、保外就医等。

诈病的特点

诈病伪装得是否逼真，往往与诈病者所具有的医学知识、患病的经验以及模仿的能力等有关。诈病有以下特点：

（1）过分夸大症状。诈病者为了让人相信真“患病”或“受伤”，往往东施效颦，故作表现，将症状夸大，超出了疾病或损伤应有的症状和体征。

（2）对所述病情和经过前后矛盾，症状与体征不相符合。诈病者因对伪装的疾病一知半解，伪装的症状往往缺乏内在联系，与疾病表现不符，应有的症状没有，而诉说一些难以解释的“症状”，甚至有些症状相互矛盾。

（3）病程反常。任何疾病均有其发生、发展及转归的规律。诈病者往往无法将疾病的病程伪装逼真，而伪装“疾病”的发生、发展及转归矛盾混乱，难以解释；若对所装疾病给予有效的治疗，则不会出现预期的疗效。诈病者常因假装难以坚持或者已经达到目的，而表现出突然“症状”消失、“疾病”痊愈的反常现象。

（4）诈病的发生常与损伤关系密切。如诈病者头部受伤后伪装瘫痪、耳聋、失明等，肢体受伤后伪装肢体功能障碍等。

（5）诈病者在查体时常不合作。因诈病者害怕其伤病的伪装被揭穿，对鉴定人或医生的一言一行均十分敏感，甚至拒绝检查。

常见诈病的法医学鉴定

诈病表现的形式多种多样，几乎可涉及人体任何器官。要识破诈病并无特殊的方法，主要依据是被鉴定人表现的各种症状与体征。必要时可聘请临床相关学科的专家会诊，结合必要的实验室检查，对各种资料进行综合分析而确诊是否诈病。下面介绍几种常见诈病。

1. 诈 盲

诈盲又称伪盲。伪装者眼部可见伤病，或仅有轻微损害及轻度视力障碍。诈盲者以单侧眼为多见，伪装视力下降者可为单眼或双眼。诈盲客观检查结果与主观检查结果不相符合，不能做出科学解释。对疑有诈盲者可采用以下诈盲检查法。

（1）单眼全盲检查法：

1）视野检查法：在不遮盖眼的情况下，对其健眼的周边视野进行检查。如所测出的鼻侧视野大于60°者，则可疑为诈盲。

2）镜片检查法：①在试镜架上于好眼前放上一＋6.00屈光度的球镜，然后将试镜戴在受检者的眼前。如受检者仍能看清5 m处的远视力表时，即为诈盲。②三棱镜遮眼检查，嘱受检者两眼注视前面一目标，将一个6▲（三棱镜度）的三棱镜放在所谓的盲眼前，无论此镜的底向内或向外置放，则该眼球为了避免发生复视，必然会向内或外转动，证明该眼是诈盲。

（2）单眼视力减退检查法：

1）镜片检查法：首先分别记录两眼的单独视力，然后将平面镜或不影响视力的低度数球镜片置于所谓患眼之前，并将一个＋12.00屈光度的球镜片同时放于好眼之前，再检查两眼同时看的视力。若所测得的视力较所谓患眼的单独视力更好时，即可证明患眼为伪装的视力减退。

2）视诱发电位（VEP）检查法：能较客观地检查出患眼是否为伪装的视力减退。

3）用弧形视野计反复多次对患眼进行周边视野检查。伪盲者各次所查出的视野结果均不相同。

对疑为诈盲者，首先应确定有无眼球结构的损害，视觉传导通路及视中枢有无异常，结合诈盲检查结果做出诊断。同时亦应注意有无癔症性弱视。癔症性弱视病人常表现为双眼或单眼视力丧失或呈弱视状态。眼部检查内眼和外眼均无器质性病变发现，眼球组织完好无损，瞳孔反射正常，眼底检查正常。但病人角膜反射消失常是癔症性病人的表现之一。如连续做周围视野检查，视野可呈螺旋形缩窄，此为癔症病人典型的视野改变。诊断必须建立在全身有癔症表现的基础之上，切忌草率从事。同时，必须与高位视路障碍和诈盲相区别。

2. 诈 聋

诈聋又称伪聋。伪装者可能耳部无疾病或仅有轻微损害及轻度听力减退，有意伪装或夸大其听力缺损。常表现为各种感音性聋形式，以单侧伪聋多见，因其伪装较易，不易被识破，又可照常工作、生活；双侧伪聋及部分性伪聋伪装较难，只在特别情况下才被采用；伪装聋哑极难，故很少见。如遇以下情况应警惕诈聋的可能：①介绍病情时，词句夸张，回答问题不直截了当，测听时反应迟疑；②平时行动及反应与测听结果不相符，如语言音调正常，并无语言不通的困难；③各种测听结果不一致，反复测试结果差异均较大。此时可采用以下简单方法检测。

（1）响度优势测验（Stenger测验）：此法适用于单侧诈聋。先测定两耳的500 Hz、

1 000 Hz、2 000 Hz 听阈，然后任选其中一音，以高于健耳听阈的强声（60 dB）刺激“聋”耳，并复测该频率健耳听阈。如健耳阈值升高，示“聋”耳为诈聋，再如法测试其他频率。

（2）噪声干扰测验（Lombard 测验）：此法可兼适用于单耳及双耳诈聋。人们平常说话时，须听到自己的语声后方能调节发声强度，而在嘈杂环境中，正常人会自然提高自己语声以使其强度高于外界噪声。测试方法为让受检者朗读简单易读文句，嘱其在任何情况下不得中断。若为“双耳聋”，则在其朗读开始后用两侧气导耳机给以噪声（单耳“聋”者仅“聋”耳侧放噪声），噪声强度由低渐高以进行干扰。如无耳聋，受检者必定会提高其朗读声强度，确有耳聋者则仍以其原来的响度诵读。

（3）听诊器测验：将听诊器耳塞塞于受检者双耳内，检查者对听诊器头讲话，嘱受检者复诵。若捏紧通向好耳一侧的橡皮管时仍能复诵者为诈聋。再取下听诊器，用手指堵塞健耳，如受检者在静室内不能听到 1.5 m～4.5 m 远的语言声，亦示为诈聋。

（4）听力计测验：隔一定时间反复多次做纯音测听，如同一频率先后测试声强差异很大，应疑为诈聋。

（5）声导抗测定：用声导抗测定双耳鼓室，导抗图曲线为 A 型，声反射阈值正常，则可排除重度聋。

（6）电反应测听法：也适用于诈聋鉴别。

（7）其他：双耳诈聋者还可采用耳蜗眼睑反射、听觉瞳孔反射试验及睡眠警觉试验等方法鉴别。

必要时可做脑干诱发电位检查。

在鉴别诈聋时亦应与功能性聋（又称精神性聋或癔症性聋）鉴别。

功能性聋常以突然受到剧烈的精神刺激为诱因，由于听觉神经通路内触突阻力增加，以致病人“听而不闻”。有时病人还伴有其他功能失调表现，如癔症性瘫痪、缄默症（不语症）等。其耳聋的特点为突然单侧或双耳听力丧失，常因精神受打击、意外灾祸、突然巨响刺激等而引起。病人无诈骗企图。功能性聋的临床表现，多发生于癔症病人或原有癔症倾向者。突然发病，多不伴耳鸣和眩晕，有明显精神紊乱或其他癔症症状，情绪过度激动或忧虑。语声不因耳聋而提高，测试时回答问题缓慢、刻板、变化多。客观检查时可发现睡眠中耳聋仍然存在，全聋者耳蜗瞳孔反射及耳蜗眼睑反射消失。对这类病人的正确诊断常需要精神科和神经科等医生的合作，通过全面地了解和检查才能确诊。其测验方法除可利用声反射测定及电反应测听法（结果均在正常范围）外，还可使用噪声干扰下的语声测听（Doerfler - Stewart 试验）。方法为采用耳机（对单耳聋）或自由声场（对双耳聋）进行语言测听，同时发放噪声并逐渐增强。一般耳聋病人在噪声强度超过语声强度 10 dB～15 dB 时，仍能听懂语言，但功能性聋者常于噪声尚未达到语声强度时即无法复诵。对此类病人如采用合适的心理治疗或暗示疗法常能治愈。

3. 伪装肢体运动功能障碍

此种情况常见于头部或肢体某部受伤后出现肢体瘫痪，可表现为单瘫、偏瘫或截瘫。

对疑为伪装肢体运动功能障碍者，在排除神经系统器质性病变的基础上，应进行细致的神经系统检查，如肢体肌张力、肌力、腱反射、深浅感觉及有无病理反射发现。如无具有诊断价值的定位体征发现，同时肌张力正常、腱反射正常者，应疑为诈病。此时应做神经电生理检查。

在诊断伪装肢体运动功能障碍时应排除外伤后诱发的癔症性瘫痪。癔症性瘫痪可表现为偏瘫、截瘫或单瘫。瘫痪部位皮肤浅感觉减退或消失，但与神经支配部位或受伤部分不符，有时经多次检查发现皮肤感觉减退或消失平面不一致；瘫痪肢体骨骼肌可出现萎缩，但腱反射正常，病理反射不能引出。经暗示治疗后可以好转或治愈。

4. 伪装血尿

血尿常为肾病或肾、输尿管、膀胱损伤的临床表现，所以伪装血尿者在法医学活体损伤鉴定实践中亦较常见。伪装血尿者可向尿液中混入动物血、人血或月经血，其中动物血以鸡血最常见。故血尿可以是肉眼血尿，也可是显微镜下血尿，血尿持续时间长短不一，有时镜下血尿可持续三个月甚至半年以上。

对疑为伪装血尿者，尿液标本的采集应在监督下排尿采取，尿液标本除检查红细胞的有无及形态外，亦应观察有无白细胞、尿蛋白或管型。如间隔或连续多次出现尿中无红细胞者应考虑伪装血尿。除多次复查尿液外，还应做血液生化检查、肾超声检查或MRI检查。

5. 其他诈病表现

除前述诈病表现外，在法医鉴定实践中亦可见伪装癫痫、伪装发热、伪装心脏病、伪装精神病等。

鉴定诈病，应注意以下几点：

(1) 认真审查案情及病史资料。通过认真审查有关的调查材料、病历、诊断证明及各种检测结果等，可全面了解被鉴定人所患“疾病”的发生、发展过程，诊治情况及疗效，有助于辨别真伪。

(2) 详细询问病情。耐心听取被鉴定人诉说症状和患病过程，详细询问病情，并注意观察被鉴定人的表情、态度及反应等，仔细分析被鉴定人所述情况的科学性、逻辑性和真实性。询问时应避免使用任何暗示性或诱导性语言。

(3) 全面进行体格检查及必要的实验室检查。诈病者多仅能伪装疾病的症状，而往往难于伪装体征。鉴定人应亲自进行全面体格检查，并做必要的实验室检查，如X线摄影、CT、磁共振、脑干诱发电位、心电图、脑电图、肌电图、B超、肾功能及各种实验室检验，以验证其所述疾病。

(4) 聘请有关学科专家会诊。对于一些特殊疾病往往需要聘请专家会诊鉴定。例如，疑伪装精神病、妊娠或流产时，应聘请精神病、妇产科专家会诊，必要时尚可令被鉴定人住院观察。

(5) 综合分析。识别诈病，有时很简单，有时也很复杂，应用医学科学的理论知识，全面地、客观地进行综合分析，得出正确的结论。

造作伤（病）

采用机械的、物理的、化学的或生物学的方法，自己或授意他人在自己身上造成损伤或疾病，称造作伤（deliberate injury）或造作病（deliberate disease）。造作伤均有一定的企图和目的，例如，为了骗取荣誉、名利而伪装与坏人搏斗受伤，为了诬陷他人、索取钱财而伪装被人打伤，为了逃避艰苦的工作、服兵役、服刑而造作损伤等。

造作伤（病）的特点

在法医学实践中，最常见的造作伤是机械性损伤，且多为锐器伤，如划伤或切伤。这类造作伤有以下特点：

1. 损伤分布的特点

损伤多选择暴露和容易被人发现的部位如头部、四肢。造作伤的部位常与其目的和企图有关。例如，为了骗取荣誉或名利，损伤多在体表显露部位；伪装遭受歹徒袭击，损伤多在头颈部及肢体上；诬告他人强奸，损伤多在大腿内侧、乳房、下腹部及外阴部；为逃避服兵役，损伤多在手指上。

2. 损伤部位

损伤部位为自己手能及之处，造作伤多在身体的前面。右利手者，损伤多在身体的左侧；左利手者，损伤多在身体的右侧。

3. 损伤的形态特征

用锐器划、切的造作伤，伤口的方向与本人手的运动方向一致，损伤排列整齐，相互平行，间距较小，创口大小及深浅基本相同。亦有用石头自击头部或前额部，造成挫裂创的案例。

4. 损伤的程度

造作伤的目的是欺骗，故一般损伤均较轻微，不会造成容貌毁损、器官功能障碍或危及生命，亦不会留下后遗症。

5. 损伤与现场、衣物之间缺乏联系

造作伤者为了避免失手造成重伤，常选好造作的部位，敞开衣服或卷起衣袖，细心造作。损伤相应部位的衣服常无破损和血液污染，现场亦不凌乱，无搏斗痕迹。

除上述常见的造作伤外有时也可见到某些特殊的造作伤。例如造作枪弹伤，授意他人在自己身体上造作损伤，固定致伤物后用身体碰撞致伤物造成损伤等。这些造作伤的部位分布与形态特征等均缺乏规律性。此外，还有让猫等家养动物抓咬造作防卫伤，造作皮肤烫伤、烧伤、冻伤等，以及用苦味酸造作黄疸，用肥皂水造作结膜炎，用斑蝥软膏造作皮肤疮疡等造作病。

造作伤（病）的鉴定方法

造作伤（病）的鉴定应从以下几方面着手：

1. 案情调查

反复询问被鉴定人受伤经过、“凶犯”行凶方式等，可发现其叙述前后矛盾，内容混乱，不能自圆其说；某些细节含糊不清，常推故记忆不清，甚至突然假装昏迷等。

2. 现场勘查

对造作伤的可疑案件，应及时进行现场勘查。了解现场是否凌乱、有无搏斗痕迹以及血痕分布情况，注意搜寻、提取物证。若系自残，常可发现受伤过程与现场之间的矛盾现象。

3. 损伤检查

明显的造作伤，经详细询问、全面检查并认真分析后，一般不难做出正确的判断；即使是比较复杂的造作伤，通过检查伤情，结合案情调查及现场勘查资料综合分析，也能发现一些问题。对于造作病，需详细询问病史，做全面的体格检查，并选择必要的实验室检查等协助诊断。

4. 衣服检查

检查被鉴定人受伤时穿着的衣服，观察衣服的破损情况及血痕的分布和流注方向，并与损伤部位及形态特征做比较，可发现矛盾，揭露一些造作伤。

5. 事件重建

经以上检查仍不能揭露造作伤（病）时，可要求被鉴定人在现场对整个受伤经过重新表演，观察、分析其有无破绽与矛盾，常可揭露造作伤。

对疑为精神病人自残的案件，应请精神病学专家进行法医精神病学鉴定。

造作病常见被鉴定人服用某种药物或化学物质造作心脏病、支气管炎、胃炎、胃溃疡、糖尿病等。亦常用刺激性物质涂擦眼结膜或皮肤造作结膜炎、皮肤慢性溃疡等。此种情况经过一段时间的住院观察、治疗可识别造作病。

匿伤（病）

有意隐匿实际存在的损伤或疾病，称匿伤或匿病（dissimulation）。匿病与诈病虽表现相反，但性质相同，均为采取欺骗手段企图达到某种目的。法医学鉴定中，匿伤者常为案犯，为掩盖罪行逃避惩罚，将作案时或与被害人搏斗时对其造成的损伤，慌称为作案前或其他原因造成。亦有受害人因被威胁或利诱而匿伤者，以及证人隐匿精神疾病者。入学、招工、参军、出国、结婚体检中发生的匿病事件，有的亦需法医学鉴定。

根据案情、损伤特征与伤口的时间变化，一般不难判断匿伤。匿病的鉴定则相对较复杂，有时需请临床专家参与。

（刘　敏）

18 性犯罪

强奸造成的损伤（292）
全身暴力痕迹（292） 局部暴力痕迹（293）
强奸的后果（295）
强奸的法医学鉴定（295）
现场勘察（295） 临床及病理检查（296）

广义而论，无论男女，一个个体强行对另一个个体发生性行为称强奸。但由于男性生理特征和体力上的天然优势，男性通常有能力违背女性的意愿强行与之发生性行为，因而强奸多指男子违背妇女意志使其不能反抗、不敢反抗而发生性行为。世界上一些国家法律规定“强行发生性行为”，称强奸。另一些国家则规定强奸必须是“男性强行与女性发生性行为”。妇女有自主选择正当性行为的人身权利，对妇女自主选择正当性行为权利的侵犯是对妇女基本人权的侵犯，国内外法律均规定是一种严重的刑事犯罪行为，予以刑罚处罚。

根据我国《刑法》第二百三十六条规定，强奸（rape）是指男子违背妇女的意志，使用暴力、胁迫或者其他手段，强行与妇女发生性关系的行为；奸淫不满 14 周岁幼女的以强奸论并从重处罚。所以说，对幼女即使未使用暴力或威胁，无论其本人是否同意，只要是实施了奸淫的也以强奸论，这是对心、身、智力发育不成熟的幼女的一种特别保护。对其他因智力、精神残疾而不能辨认自己行为的妇女，与其发生性交的，不论其本人是否同意，亦构成强奸犯罪。强奸犯罪侵犯的客体是妇女性的不可侵犯的自由权利，当然，强奸犯罪同时也侵犯了妇女的身心健康、人格、名誉等人身权利。

强奸造成的损伤

男子使用暴力手段强行与妇女发生性行为时，给受害女性造成身体和精神上两方面的严重损伤。女性身体上的暴力损伤痕迹是强奸的重要证据或证明。

全身暴力痕迹

全身暴力痕迹是指除女性外生殖器以外的身体体表损伤情况。检查时要特别注意颈部可能存在的掐痕、擦痕或勒索痕，面部、乳房、双大腿内侧等部位的表皮剥脱或皮下出血等各种损伤（图 18－1），以及身体背、腰、骶部及肩部可能出现的片状擦痕。以上伤痕可以判断作案的暴力手段、犯罪人的行为目的及受害人的反抗程度等，对案件性质和情节有间接证明作用。但以上损伤不明显或缺如也不能否定强奸存在，因为强奸时妇女有时可能存在不能反抗（如在麻醉、昏迷状态下）、不敢反抗（如受胁迫、恐惧时）的情形。

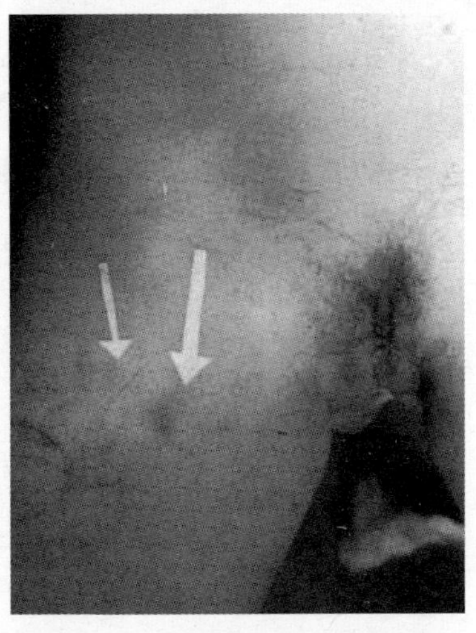

图 18－1 强奸受害人大腿部挫伤

局部暴力痕迹

局部暴力痕迹是指强奸者使用暴力造成妇女外生殖器的损伤痕迹。

1. 外生殖器的损伤与变化

处女遭受暴力强奸后，如能及时进行检查，可发现其阴道口周围充血、肿胀；如是幼女，还可能出现阴道壁的破裂、出血，严重者可形成会阴部撕裂伤（图 18－2，18－3）。粗暴的强奸、变态者的施虐也可造成已婚妇女外生殖器损伤，如外阴部肿胀，阴道口与阴道撕裂、出血等。

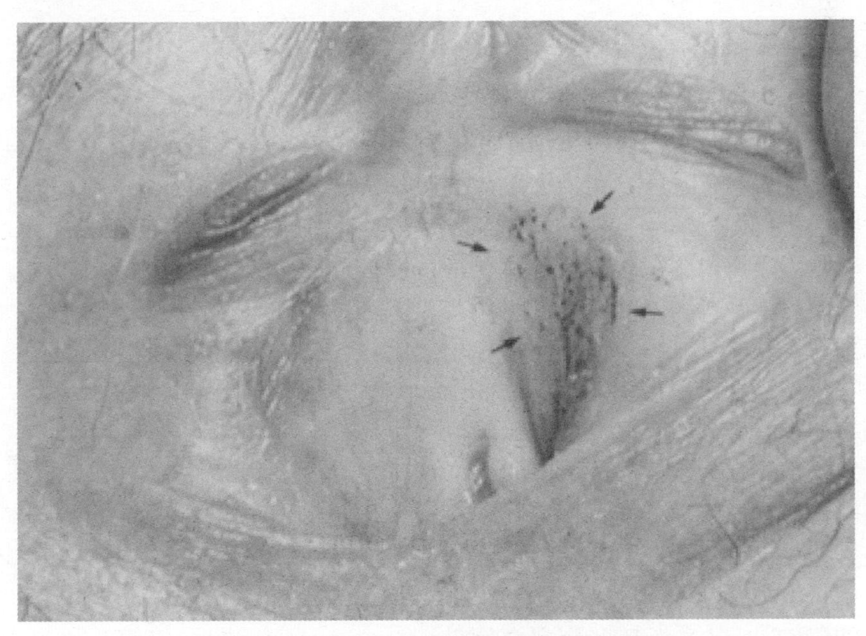

图 18－2 大阴唇内侧黏膜下出血

2. 处女膜的破裂

处女被强奸后，应立即进行处女膜检查，这对判定强奸案有重要意义。处女膜（hymen）是阴道外口周缘形成的黏膜皱襞，是阴道黏膜至阴道口的延续与终端结构，如薄膜状，膜中央有孔状开口。处女膜分为基底部、膜部和游离缘三部分，基底部与阴道黏膜外口相连接，与阴道壁紧密结合，形成阴道口的阻隔膜；其中央为游离缘，形成

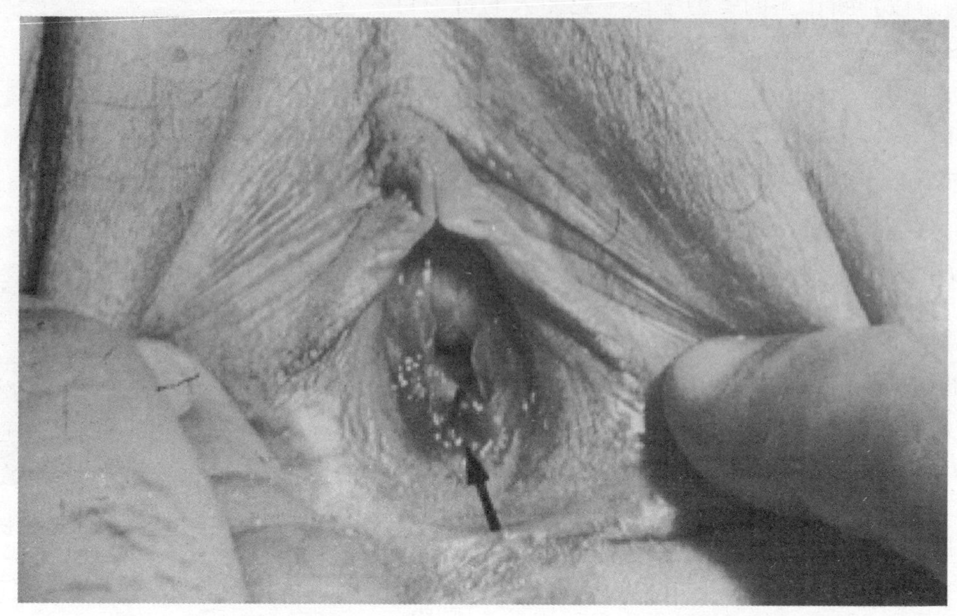

图 18－3　阴道前庭黏膜充血、肿胀，处女膜 7 点钟位破裂，深达基底部

孔状结构称为处女膜孔（也有呈筛孔状，但多呈孔状）。处女膜按其形状可分为环状、半月状、锯齿状、唇状、筛状、中隔状、叶状及无孔等多种类型。青少年的处女膜一般都是完整的，不会出现破裂，如受到直接暴力作用可致破裂（也有报道认为骑马等剧烈活动也可导致处女膜破裂）。故处女膜是否破裂，对判断未婚女性是否发生性交有重要意义，而对已婚妇女发生性交与否则无判断意义。初次性交处女膜破裂，形成新鲜破裂，一般发生部位在处女膜后半部，且多为左右两侧对称性两条裂口。法医学采用表盘钟点位置标记裂口位置（图 18－4），以对被害人相对位置观察，裂口多在表盘 4～5 时和 7～8 时两个时区，而且多为完全性破裂，即裂口深达处女膜基底部。也有不完全性破裂，即裂口未达基底部。

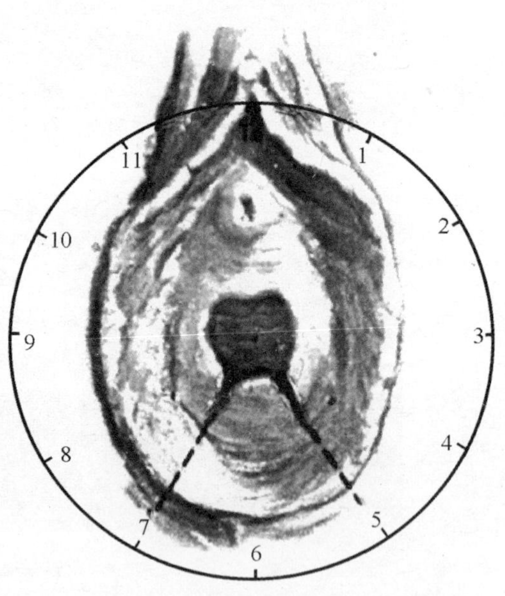

图 18－4　处女膜破裂表盘钟点标记法图解

处女膜裂口有出血及凝血，触之有痛感，3 d～5 d 后炎症消失，约 7 d 裂口愈合而留下永不闭合的裂隙。幼女生殖器发育不成熟，处女膜位置深而且阴道狭小，成人阴茎不能插入。幼女被奸，主要表现在外阴水肿、充血。如系强力插入，可导致阴道撕裂伤等严重后果，局部疼痛剧烈，并有发热等全身表现。

强奸的后果

强奸犯罪，严重侵犯妇女的人身权利，摧残妇女的心身健康，可产生一系列严重后果。

（1）精神创伤。强奸除给受害人造成肉体的损害外，还给受害者的心理造成严重的创伤。早期内心充满愤怒、恐惧、焦虑和紧张，事后感沮丧、追悔自责，有的可致精神失常，甚至精神病，并可因内外压力而厌世自残、轻生。由于幼女的生理、心理发育未成熟，被奸淫的幼女常由于巨大的精神创伤，引起性格变异。

（2）性传播疾病的感染与传播。强奸者如患有性传播疾病，如艾滋病或其他传染性疾病，可能导致被害妇女感染。育龄妇女被奸后可能受孕，进而导致胎儿先天性感染。国内外有报告称一些强奸者的强奸犯罪动机就是为了传播疾病。

（3）会阴损伤。幼女被成年男性强奸，或者粗暴的强奸、变态的施虐残害，轻者引起阴道炎，阴部红、肿、热、痛，排尿困难，可能因阴道发育不成熟，阴道狭小，被奸后引起阴道壁挫伤、撕裂、大出血、感染，甚至导致肛瘘、尿瘘并长期不愈，严重者可引起死亡。

（4）被害妇女常因抵抗暴力而导致身体各部位损伤，如头面部、颈部、手腕部、胸部、乳房、大腿内侧及阴部损伤，有时可因扼颈引起窒息征象，有的因头部被打击而出现脑震荡、脑外伤甚至当即死亡。

（5）妊娠。强奸性成熟妇女，可导致被害人受孕。

强奸的法医学鉴定

涉嫌强奸案件，法医学鉴定的目的在于取得强奸证据，以确定强奸是否存在并进一步认定罪犯。达此目的的方法是全面的现场勘察、对被害人和嫌疑人进行临床法医学检查、法医病理学检查及实验室检查。

现场勘察

现场勘察包括现场访问、现场实地勘察和现场分析三部分内容。

对强奸案件的现场勘察十分必要和重要。首先，现场访问在于取得真实可靠的言词证据，如知情人、目击者的陈述，被害人的陈述，嫌疑人的供述与辩解等。在法律上，由于强奸定性的复杂性，没有生物学上性交、性暴力证据也不能轻易地否定强奸的存在。如对 14 周岁以下幼女的奸淫，可能由于幼女缺乏对性行为性质的正确辨识而不知反抗或拒绝，而且在我国刑法上奸淫幼女罪的既遂以男性生殖器接触到幼女外生殖器为准。因此，知情人、目击者对被害人与嫌疑人情况及其关系和案件发生过程的陈述，被害人陈述的案发过程是否合乎强奸案件发生规律、是否与现场情况吻合、是否与该案的临床及病理检查相一致及其心理状态，嫌疑人口供是否与案内其他证据相印证就十分关键。其次，强奸案件的实地勘察在于发现、收集、固定、保全遗留在现场和被害人身体上的精液、血痕、毛发、皮肤碎屑及其他现场遗留物。这些物证和痕迹对于案件性质的确定和案件侦破、罪犯认定具有重要价值。现场勘察应以笔录、照相、录像、绘图等形式记载，提取的物证应及时送检。这些均是法定的证据。

临床及病理检查

涉嫌强奸案件的临床法医学检查是对涉案被害人和嫌疑人的活体法医学检查。对因强奸杀人、强奸后杀人灭口的被害人尸体还应当进行法医病理学检查。临床及病理检查的目的是查明案情、搜集证据、认定犯罪嫌疑人和确定死因。

1. 对犯罪嫌疑人的检查

犯罪嫌疑人是指在刑事诉讼中被追诉机关指控犯罪之人。严格地说，身体检查应属勘验检查范围。身体检查由于涉及公民的基本权利的保障，一些国家或地区以正当程序方式对任意性检查进行限制，如日本，身体检查分为人身搜查、作为勘验的身体检查、作为鉴定的身体检查，均必须依法院令状而实施。我国《刑事诉讼法》对勘验检查的规定简单，对嫌疑人的身体检查必要时由侦查机关强制进行，并不需要令状的取得。

在我国，对犯罪嫌疑人身体检查可由侦查人员或医师或法医进行。检查妇女身体时，应由女医生或女法医进行。

对嫌疑人身体检查要注意三点，一是嫌疑人的个人特征是否与指控相符合。对嫌疑人个人特征的描述一般来源于受害人的陈述。检查时应当注意体貌特征、痣、瘢痕、文身、畸形或残疾等，也要注意嫌疑人身体上因被害人抵抗而致的损伤（颜面、手指、肩部、胸部、外生殖器的损伤）及其特征是否存在，与被害人陈述的是否一致。二是检查嫌疑人的衣着，查看有无衣裤撕破，纽扣脱落，可疑斑痕、毛发以及脱落纤维等物附着。三是用侵入犯罪嫌疑人身体的方法，提取样本（如血液），检查其遗传标记。上述对个人特征检查和身体搜查，要进行笔录、录像、照相或绘图等以固定证据，对提取的物证，应一一提取、编号，分别包装，及时送检。如嫌疑人称性功能残疾或性无能，应对其进行性功能检查。

2. 对被害人的检查

对强奸案件女性被害人的人身检查，应征得其同意和配合。检查工作主要是为了收集法医学证据。检查应由女法医、女医师或在女性见证人在场的情况下进行，主要掌握是否发生了性交、是否有暴力作用的痕迹（包括性暴力），有时也涉及被害人智力、精神是否异常及案发后对其身心损害或其他严重后果。被害人已死亡的，则应做系统尸体解剖，查明死因、损伤情况等。

（1）生殖器检查：认真细致地检查女性受害人的生殖器，详细记录外阴发育状况及处女膜的形状、色泽、厚度、弹性等特征。处女膜的检查对处女受害人案件才有意义。对于发案后立即报案、及时检查的，发现新鲜裂口，才能说明有性交的可能。阴道拭子的涂片检查（提取的阴道拭子应当晾干或用纸袋盛装，严禁长时间盛装于试管或塑料袋内），寻找精子以证明性交是否存在；注意收集阴道内容物进行血型检验或通过 DNA

的多态性检验来肯定或否定嫌疑人。要注意有极少数人处女膜坚韧、弹性较强，虽经性交后，处女膜可不发生破裂，故不能以处女膜无裂口，而作为否定性交的唯一证据。还要注意唇状处女膜（如膜孔呈直线形或纺锤形，偶见Y形）很容易被误认为是处女膜破裂，要注意鉴别，膜孔一般都在处女膜中央部，无新鲜破裂口，无出血、水肿或凝血，它实际上是处女膜的特殊形状。无处女膜的破裂或生殖器的损伤，也不能否定强奸的存在（参见强奸现场勘察内容），必须综合全案情况而定。

（2）躯体检查：强奸案件被害人身体上可能存在集中分布于大腿内侧、胸部、乳房、颜面部等部位的抓伤、皮下出血、咬伤等，对案件性质的确定有特别重要的意义。

受害人死亡的，对尸体要进行全面的外表检查和系统的尸体剖验。

对怀疑智力、精神障碍的受害人，应及时进行司法精神病学鉴定。

（俞树毅）

19 亲权鉴定

亲权鉴定的原则（299）
父权否定（300）
父权概率（301）
选择遗传标记的原则（303）
测定血型做亲权鉴定（304）
分析 DNA 多态性做亲权鉴定（305）
根据其他遗传特征协助判断亲权关系（306）

应用医学与生物学的知识与技能判断不同个体间是否有血缘关系称为亲权鉴定（parentage testing），包括鉴定有争议父母与子女、隔代与隔数代个体间的血缘关系等。其中，判断有争议父母与子女间的血缘关系称为亲子鉴定，判断有争议父亲与子女间的血缘关系称为父权鉴定（paternity testing）。

自从人类社会中以婚姻关系为纽带的家庭出现以来，父母与子女间血缘关系的鉴定问题也相应产生。早期人们主要是根据父亲或母亲的指控，孩子的脸型、外貌及指纹等来做出判断，这显然是很不够的。我国古代曾有“滴骨验亲法”、“合血法”等记载，但由于科学技术发展水平的限制，其结果并不可靠。现代医学及遗传学的发展，为亲子鉴定提供了可靠的理论依据和技术支持。血型作为遗传标记（genetic marker，GM）被用于亲子鉴定。但由于血型的多态性程度有限，单靠血型检验结果来判定亲权关系，一般只能做出排除的结论，难以做出肯定的结论。用 DNA 指纹分析技术，通过分析具有高度个体特异性的 DNA 限制性片段长度多态性（RFLP）进行亲权鉴定，大大地提高了亲权鉴定的否定概率；当亲权不能否定时，大多数情况下能够肯定亲权关系，使亲权鉴定取得了划时代的进展。PCR 技术的建立为分析 DNA 多态性提供了新的方法。用荧光标记引物对多个 STR 基因座扩增片段长度多态性复合扩增检测方法的建立和应用，极大地提高了检测的效率和鉴定的准确性，同时也降低了对检材条件的要求，扩大了可供亲权鉴定的生物检材的范围。目前，用荧光标记引物对多个 STR 基因座扩增片段长度多态性复合扩增检测方法已成为亲权鉴定的主要方法。

亲权鉴定案件主要涉及以下情况：

（1）确定非婚生子女的生父或否定被误控的“父亲”；

（2）家庭纠纷，怀疑子女不是亲生；

（3）强奸致孕，需证实胎儿的生父；

（4）怀疑医院产房调错婴儿；

（5）拐卖儿童案件，确认孩子的生父及生母；

（6）失散家庭成员血缘关系的确认；

（7）移民案件；

（8）遗产继承；

（9）确定人工授精及试管婴儿的生父。

（10）案件调查中，在无法获得嫌疑人或受害人对比样本的情况下，利用其亲属DNA样本，通过亲权鉴定确定案件中相关的生物物证是否为嫌疑人或受害人所留；

（11）无名尸（碎尸块、尸骨等）身份（尸源）的确定；

（12）计划生育确认孩子是否为某对夫妇超生或领养。

本章着重介绍应用血型、DNA多态性及其他遗传特征鉴定亲权关系的有关知识。

亲权鉴定的原则

人类的遗传特征可分为两大类：一类是由等位基因控制，与环境因素无关的单纯的遗传特征，如血型与DNA多态性；另一类是由基因和环境因素（包括营养状态、疾病）等共同作用后形成的遗传特征，如体形、容貌、肤色及皮肤纹理等，称之为复杂的遗传特征。单纯的遗传特征遵循孟德尔定律遗传，故亲权鉴定主要依据单纯的遗传特征。

根据孟德尔遗传的分离和自由组合定律，亲代的基因型决定子代的基因型。在没有基因突变、分型错误的前提下，单纯遗传特征的遗传规律是：①孩子不可能有父母均无的基因；②孩子必定得到父母双方的一对等位基因中的一个；③只有在父母双方均携带一个相同基因的情况下，孩子才有可能为该基因的纯合子；④当父母的一方或双方为某个基因的纯合子时，这个基因必定要在孩子中表现出来。图19-1所示为代表单纯遗传特征的血型遗传示意图。

判定亲生关系的理论依据是孟德尔遗传的分离律。按照这一规律，在配子细胞形成时，成对的等位基因彼此分离，分别进入各自的配子细胞。精子和卵子受精形成子代，孩子的两组基因一组来自母亲，一组来自父亲。因此，同对的等位基因也就是一个来自母亲，一个来自父亲。鉴定结果如果符合该规律，则不排除亲生关系；若不符合，则排除亲生关系（变异情况除外）。

在大多数的情况下，母、子关系是已知的，要求鉴定假设父和孩子是否有血缘关系。此时首先从母、子基因型的对比中，可以确定孩子基因中可能来自父亲的基因（生父基因，必需基因）。然后观察假设父的基因型，如果不具有生父基因，则可排除假设父与孩子有血缘关系。若假设父也具有生父基因，就不能排除假设父与孩子的亲生关系。假设某案例中母亲是PLA2A-12/14型，孩子为12/15型，从比较中可确定生父遗传给孩子的基因是PLA2A-15。此案中假设父1为PLA2A-12/14型，假设父2为PLA2A-14/15型。比较可知，假设父1不具备生父基因PLA2A-15，故可排除他与孩子有血缘关系；假设父2因具有PLA2A-15，不排除他与孩子有血缘关系。

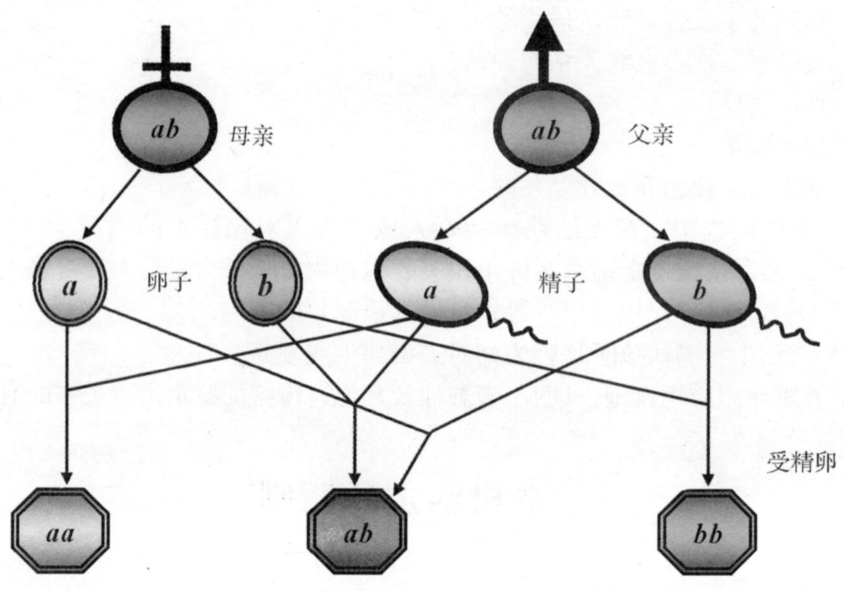

图 19－1　血型遗传示意图

a、*b* 各代表一个血型基因，*aa*、*bb*、*ab* 为基因型，*aa*、*bb* 为纯合子，*ab* 为杂合子。

父权否定

当被控父亲（alleged father，AF）与孩子的遗传标记不符合孟德尔定律时，可否定他们之间的血缘关系，称父权否定（exclusion of paternity）。下列四种情况可以否定父权：

（1）当孩子有某种遗传标记，而母亲没有，则该遗传标记必来自生父。如果 AF 没有这种遗传标记，则可否定其为生父。例如孩子为 A 型，母亲为 B 型或 O 型，则 B 型或 O 型的 AF 被否定为孩子的生父。

（2）如果 AF 查出一对遗传标记，其中之一必定遗传给他的孩子。若孩子没有这两种遗传标记中的一种，则该 AF 不是孩子的生父。例如 AF 为 AB 型，孩子是 O 型，可否定 AF 是孩子的生父。

（3）孩子是某遗传标记的纯合子，但 AF 没有这种遗传标记，可否定其为孩子的生父。例如孩子为 Hp1－1 型，AF 是 Hp2－2 型，则 AF 不是孩子的生父。

（4）孩子缺乏某种遗传标记（如 M－），AF 是该遗传标记的纯合子（如 *MM*），可否定 AF 为孩子的生父。

测定的遗传标记的数目越多，父权排除率就越大。理论上只要有一个遗传标记的遗传不符合孟德尔定律即可否定父权。但由于血型及 DNA 多态性有遗传变异（如孟买型，Cis－AB 型等），某些血型系统存在沉默基因（如 Hp^0 基因等），为了防止错判，一般要求有两个或两个以上的遗传标记参与否定，才能做出排除父权的结论。

父权概率

父权概率（probability of paternity）指不能否定AF为孩子的生父时，其与孩子有血缘关系的可能性。例如，孩子的某些基因必定来自生父，当AF有这些基因时，不能排除他是孩子生父的可能，根据基因频率，可计算出父权指数（paternity index，PI）及父权相对机会（relative chance of paternity，RCP）。检查遗传标记的数目越多，则RCP值越高，AF是孩子生父的可能性也就愈大。

父权指数是AF具备必需基因（obligatory gene，OG）或必需单倍型成为孩子生父的概率与随机男子具备必需基因或必需单倍型成为孩子生父概率的比值。它反映AF为孩子生父的可能性是随机男子为孩子生父可能性的多少倍。

计算父权指数的步骤如下：

（1）根据母子的表现型，确定母亲遗传给孩子什么必需基因，计算出母亲遗传该必需基因的概率（f）。MNSs、Rh、Gm、Km及HLA等血型系统则应计算出遗传必需单倍型的概率。以显性遗传的遗传标记，纯合子遗传必需基因的概率为100%；杂合子遗传必需基因的概率为50%。当存在沉默基因时，则应根据基因频率计算f值。

（2）根据母子的表现型，推断生父应遗传给孩子什么必需基因或单倍型。

（3）根据AF的表现型，推算出AF提供必需基因或单倍型的概率（c），计算方法与f相同。

（4）随机男子提供必需基因或单倍型的概率（g）等于该必需基因或单倍型的基因频率或单倍型频率，由群体调查获得。

（5）AF遗传必需基因或必需单倍型成为孩子生父的概率$X=f\times c$。

（6）随机男子遗传必需基因或必需单倍型成为孩子生父的概率$Y=f\times g$。

（7）按下列公式计算PI值：$\mathrm{PI}=X/Y=(f\times c)/(f\times g)$。PI为实数，不易看出父权概率，可将PI换算成RCP值，公式为：

$$\mathrm{RCP}=\frac{\mathrm{PI}}{\mathrm{PI}+1}\times 100\%$$

由RCP值可计算出非父权相对机会（relative chance of non-paternity，RCNP），公式为RCNP=100%−RCP。RCNP反映了AF不像孩子生父的概率。设PI=19，则RCP=19/(19+1)×100%=95%，RCNP=100%−95%=5%，即AF像生父的概率是95%，只有5%的概率不像生父。

做亲权鉴定时常检测多个血型系统的表现型，故在计算父权概率时，应先分别计算出各个血型母-子-AF联合的PI值，将各个血型的PI值相乘，即得联合父权指数（combined paternity index，CPI）。设各个血型系统PI值为$\mathrm{PI}_1,\mathrm{PI}_2,\mathrm{PI}_3,\cdots,\mathrm{PI}_n$，则$\mathrm{CPI}=\mathrm{PI}_1\times\mathrm{PI}_2\times\mathrm{PI}_3\times\cdots\times\mathrm{PI}_n$。再由CPI计算出RCP及RCNP。

关于肯定亲子关系RCP值的问题，我国目前尚无统一的标准，表19-1列出国际上常用的标准，供参考。

表 19－1 根据 RCP 值判断亲子关系

RCP（%）	亲子关系
≥99.73	可以肯定
96～99.72	极可能有
91～95	非常可能有
81～90	可能有
51～80	倾向有
11～50	不能肯定
6.0～10	倾向排除
1.1～5.9	不大可能有
0～1.0	不可能有

计算母亲遗传必需基因的概率（f）与 AF 遗传必需基因的概率（c）方法是相同的，共显性等位基因的纯合子给必需基因的概率是 100%，杂合子是 50%。有隐性基因三复等位基因给必需基因的概率则需计算，方法是：列出某表现型的所有可能的基因型，由基因频率算出基因型频率，求出所有可能基因型频率的总和。各基因型频率被基因型频率总和所除，得出遗传各种基因型的概率，再求遗传必需基因的概率。

以 ABO 血型为例，设 p、q、r 分别代表 A、B 和 O 的基因频率，从群体遗传调查得知：$p=0.2082$，$q=0.2072$，$r=0.5846$，则计算遗传必需基因的概率如下：

基因型频率：若系纯合子，则基因型频率＝基因频率的平方。例如，$AA=0.2082^2=0.0433$ 或 4.33%。若为杂合子，则基因型频率＝两基因频率的乘积×2。例如，$AO=0.2082\times0.5846\times2=0.2434$ 或 24.34%。

表现型频率：表现型频率＝基因型频率的数学和。例如，A 型频率＝$AA+AO=0.0433+0.2434=0.2867$ 或 28.67%。

基因型概率：为基因型频率与表现型频率之比值，故 A 型个体，AA 基因型概率是 0.043 3/0.286 7＝15.1%，AO 基因型概率是 0.243 4/0.286 7＝84.9%。

遗传必需基因的概率：从每一个基因型概率计算遗传必需基因的概率，求出遗传每个必需基因概率的数学和，即得表现型遗传各必需基因的概率。ABO 血型遗传必需基因的计算方法见表 19－2。

似然率（likelihood ratio，LR）是另一个用于评价亲子关系的统计学概率名词。以分型结果不违反孟德尔定律作为条件，假设父亲是孩子生父的事件概率与一个随机男子是孩子生父的事件概率之比即为似然率。事实上似然率与父权指数是同一概念，只是在表达方式上有所区别，是一项能够反映父权概率的参数。

表 19－2 ABO 血型遗传必需基因的概率

表现型	基因型		遗传必需基因的概率		
	频率	概率（%）	O	A	B
A	$AO = 0.2082 \times 0.5846 \times 2 = 0.24342744$	84.89	0.424 5	0.424 5	0
	$AA = 0.2082^2 = 0.04334724$	15.11	0	0.151 0	0
	$AO + AA = 0.28677468$	100	0.424 5	0.575 5	0
B	$BO = 0.2072 \times 0.5846 \times 2 = 0.24225824$	84.95	0.424 8	0	0
	$BB = 0.2072^2 = 0.04293184$	15.05	0	0	0.150 4
	$B0 + BB = 0.2851008$	100	0.424 8	0	0.575 2

LR 的计算公式为：

$$LR = Hp/Hd = PI$$

式中，Hp 为可疑父亲是孩子生父的概率，Hd 为人群中随机男子是孩子生父的概率。

似然率与证据强度的关系见表 19－3。

表 19－3 似然率与证据强度的关系

似然率值	证据强度	RCP 值
1～10	不支持	<90.91%
10～100	支持	<99.01%
370		99.73%
100～1 000	强力支持	<99.90%
≥1 000	极强力支持	≥99.90%
2 000		99.95%

选择遗传标记的原则

在进行亲权鉴定时，选择遗传标记应根据下列原则：

（1）所选择的遗传标记必须经过家系及群体调查，证实其是按孟德尔定律遗传的。

（2）所选择遗传标记的基因频率分布较好。基因频率相近的遗传标记父权排除率比基因频率相差远的高。基因频率低的遗传标记对于肯定父权有帮助。

（3）选择检测方法已经稳定的遗传标记，方法要有可重复性，结果正确可靠。

（4）有些遗传标记在不同的生理或病理状态下可能出现遗传变异，影响检测结果，分析结果时应加以考虑。

遗传标记用于亲权鉴定的系统效能通常用父权排除率评估。父权排除率（probability of paternity exclusion，PE）是指不是孩子生父的男子能被遗传标记排除的概率。它是衡量遗传标记系统在亲子鉴定中实用价值大小的客观指标。

汉族人 17 个 STR 基因座的三联体父权排除率和累积父权排除率详见表 19－4。

表 19－4　汉族人 17 个 STR 基因座的三联体父权排除率和累积父权排除率

基因座名称	三联体父权排除率	三联体累积父权排除率
D3S1358	0.436 4	0.436 4
VWA	0.594 1	0.771 2
FGA	0.788 6	0.951 6
D8S1179	0.739 9	0.987 4
D21S11	0.659 9	0.995 7
D18S51	0.800 4	0.999 1
D5S818	0.560 7	0.999 6
D13S317	0.606 5	0.999 9
D7S820	0.532 1	0.999 93
D16S539	0.585 0	0.999 97
TH01	0.395 1	0.999 98
TPOX	0.669 8	0.999 99
CSF1PO	0.507 4	0.999 997
PENTA D	0.618 3	0.999 998 9
PENTA E	0.829 4	0.999 999 82
D2S1338	0.728 2	0.999 999 95
D19S433	0.652 1	0.999 999 983

测定血型做亲权鉴定

测定血型做亲权鉴定时应注意以下问题：

（1）血型检测前 4 个月内，受检者不能接受输血或输右旋醣酐；

（2）受检者身体健康，没有感染病原微生物，未患肿瘤等疾病；

（3）一般取静脉血，引产胎儿可直接取心腔血液，每份标本均应标记清楚，切勿调错，不能用混有组织液的血液测血型；

（4）血型测定结果须准确可靠；

（5）分析结果时，应考虑到血型的遗传变异，如 Cis－AB、Rh 缺失型及 M^g 血型。测定血清型及同工酶型时，注意可能存在的无效等位基因，如 Hp^0 及 EAP^0 基因等。

分析 DNA 多态性做亲权鉴定

分析 DNA 多态性做亲权鉴定具有很高的父权排除率。通过分析具有高度个体特异性的 DNA 多态性，改变了原来单靠血型检验结果对判定亲权关系难以做出肯定性结论的状况，实现了对亲子关系的认定。应用 DNA 指纹分析技术及 PCR 技术对受检者的 DNA 样本进行分型对比，已成为亲权鉴定中最有用的方法。

家系调查结果证明，DNA 指纹图中的杂交谱带是按照孟德尔定律遗传的，孩子的谱带一半来自母亲，另一半来自父亲。做亲子鉴定时，通过对比母亲、孩子和 AF 的 DNA 指纹图谱，除去孩子 DNA 指纹图中所有与母亲相同的母系谱带外，剩下的谱带必然来自其生父。若 AF 不具备这些谱带，则可排除他是孩子的生父。若孩子的父系谱带在 AF 的 DNA 指纹图中均具备，则不能排除 AF 是孩子生父的可能。进一步计算其父权概率，如果达到 99.73%以上，可认定 AF 是孩子的生父。图 19－2 为一例亲子鉴定的 DNA 指纹分析结果。

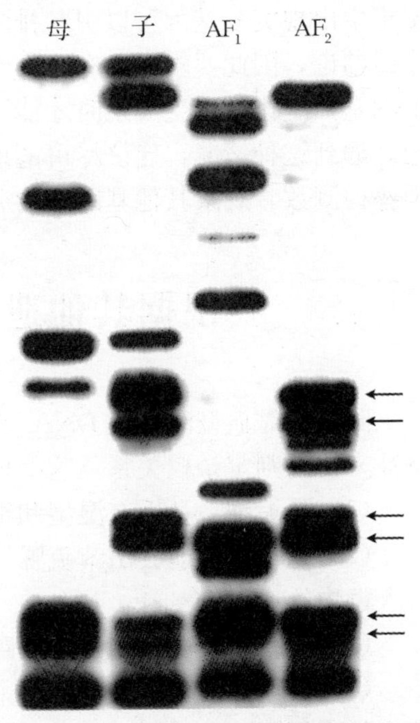

图 19－2 一例亲子鉴定案例的 DNA 指纹模拟图

箭头所示为生父提供给孩子的带，AF_2 可以肯定父权，AF_1 否定父权。

应用 PCR 技术选择性地扩增人类 DNA 分子中那些按孟德尔定律遗传的多态性片段，对其扩增产物进行 DNA 分型，通过比较母亲、孩子及 AF 之间 DNA 分型的结果，即可判断其亲子关系。在法医学中应用 PCR 技术分析的 DNA 多态性大致分为两类：①DNA 序列多态性，如 HLA－DQα 基因座、mtDNA 的 D 环序列变异等；②扩增片段长度多态性，如 VNTR－PCR 扩增分型技术及 STR－PCR 扩增分型技术等。经比较母亲、孩子和 AF 三者之间的扩增产物，如果 AF 不具备遗传给孩子的父源 DNA 序列或相应等位基因，则可排除其是孩子的生父。相反，如果 AF 与孩子之间具有相同的等位基因，则不能排除 AF 是孩子生父的可能，需通过计算父权概率判断其是否为孩子生父。图 19－3 为一个三代五口家庭 D1S80（pmct118）基因座扩增片段长度多态性（Amp－FLP）的家系分析结果示意图。

近年来，随着 STR 基因座基因分型技术的发展，用 PCR 技术对多个 STR 基因座进行复合扩增分析的方法已成为一种主流的基因分型技术。其优点是操作简单、快速，结果判读容易，增加了单次检测的信息量，提高了个人识别能力，完全能满足鉴定亲权关系的需要，是目前进行亲权鉴定最好的方法。

STR 基因座片段长度多态性的本质是 VNTR，STR 基因座多位于基因组的高变区。国际 DNA 委员会规定突变率大于 0.002 的基因座不宜用于亲子鉴定，因此 STR 基因座的高突变率不容忽视。在鉴定中出现突变基因可以引起排除生父的错误结论，因此要求必须有 2 个或 2 个以上的基因座排除亲生关系时才能下排除结论。遇到这种情况，建议尽可能地增加基因座检测数。观察其他基因座的分型结果，再谨慎下结论。

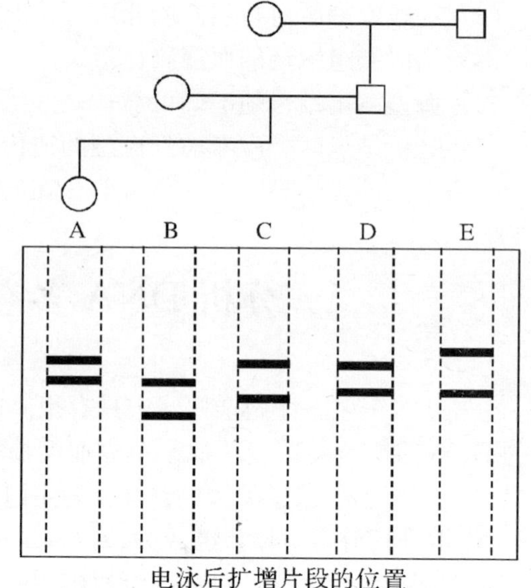

图 19－3　D1S80 基因座扩增片段长度多态性的家系分析结果模拟图

（1 个三代五口家庭）

根据其他遗传特征协助判断亲权关系

除了依靠血型测定及 DNA 多态性分析进行亲权鉴定外，有时还可根据单基因遗传特征来协助判定亲权关系。这些单基因遗传特征包括：

（1）耳垢型：耳垢有湿型和干型之分，湿型对干型是显性遗传。

（2）味盲：不能尝出苯硫脲（PTC）苦味者称味盲。味盲由隐性基因所控制，在中国人群中约占 10%。

（3）显性遗传病：如多指（趾）症、短指（趾）症等。

（4）染色体的多态性：不同个体间染色体某片段的存在与否，片段的长度、位置及荧光强度等不一定相同。这些差异主要在第 1、9、16 号染色体上的次缢痕，Y 染色体的长臂，D 组和 G 组染色体的随体等。染色体间的这些微小差异称为染色体多态性，可用染色体显带技术显示出染色体的带型，可用于亲权鉴定。

（曾发明）

20 法庭生物物证检验

检材的提取、包装和送检（308）
检材提取、包装和送检的一般规则（308） 检材的保存（308）
检材的送检（309） 法庭生物物证检验的程序和要求（309）
血痕检验（310）
血痕的证明（310） 血痕的种属鉴定（317） 血痕的个人识别（320）
精斑检验（324）
精斑的证明（324） 精斑的种属鉴定（327） 精斑的个人识别（327）
精液与其他体液混合斑的检验（328）
唾液斑检验（329）
唾液斑的证明（329） 唾液斑的个人识别（330）
毛发检验（331）
毛发的确认（332） 人毛与动物毛的鉴别（332）
人体各部位毛的区别（333） 毛发的个人识别（333）
毛发损伤检验（334）

法庭生物物证主要是指与案件有关的生物学检材。凡是与案件有关并可为侦查提供线索、为审判提供证据，能揭露和证实案件性质的生物物品皆为法庭生物物证（简称物证）。物证一般包括人体残存组织、体液、分泌物、排泄物，以及常见的家畜、家禽、动物组织，如血液（斑）、唾液（斑）、精液（斑）、毛发、骨骼、牙齿、阴道分泌物（斑）、尿液（斑）、汗斑、粪便、羊水、恶露、乳汁（斑）、鼻涕（斑）、痰液（斑）、人体软组织、呕吐物。法庭生物物证所附着的物品称为法庭生物物证检材（简称检材）。我国《刑事诉讼法》第四十二条规定："证据必须经过查证属实，才能作为定案的根据。"绝大多数物证都必须经过检验鉴定，才能起到证据作用。凡为侦审目的，对与案件有关的物品进行检验鉴定，以判断它们在该案件中能否作为肯定或否定的证据，均称为物证检验。对与案件有关的人体组织、体液、分泌物、排泄物等生物性检材进行的检验鉴定，称法庭生物物证检验。

检材的提取、包装和送检

检材提取、包装和送检的一般规则

勘验现场或检查嫌疑人时发现的物证，应根据不同的种类及附着的不同物体，而用不同的方法提取。

翻动物件或提取物证前，要先拍照、绘图、测量和记录，以便能显示物证的原始状态。还要在现场勘查记录中逐一详细记录物证的发现时间、地点、物证名称、数量、颜色、形状、大小以及附着在何种物体上。注意不能破坏原有物证或添加无关痕迹或物件。

(1) 检材均应直接提取，易携带物品整体采取，不易携带物品提取附着检材的部位。

(2) 根据检材附着的不同载体，应用擦拭、剪切、刮削、吸附、浸泡、锯凿、挖取等方法提取。

(3) 不同部位的各种检材应分别提取，单独包装，使用标准的物证袋或物证标签贴封，做好标记和编号。

(4) 提取的检材必须详细登记案件名称，提取地点及时间，提取方法，检材名称、数量、形状、颜色，提取人，保存方法。

(5) 检材提取者必须戴手套、持洁净器具（如刀、剪、镊子或竹木类工具等），禁止赤手触摸检材。

(6) 凡是从各种载体上提取的检材，均应提取检材附近的空白材料。

(7) 提取的新鲜体液保留部分并尽快检验，其余部分应在阴凉通风处自然干燥，制成纱布斑迹，禁止加热烘干；人体组织应干燥或冷冻保存。

(8) 提取的检材在包装和携带运送过程中应避免互相摩擦、冲撞及失落，易碎检材应防止挤压和振动，易散失的检材要严密包装。

在现场需要提取某种物品时，应按法律规定办理。“在勘验、搜查中发现的可用以证明犯罪嫌疑人有罪或者无罪的各种物品和文件，应当扣押；与案件无关的物品、文件，不得扣押。对于扣押的物品、文件，要妥善保管或者封存，不得使用或者损毁”（《刑事诉讼法》第一百一十四条）。“对于扣押的物品和文件，应当会同在场见证人和被扣押物品持有人查点清楚，当场开列清单一式二份，由侦查人员、见证人和持有人签名或者盖章，一份交给持有人，另一份附卷备查”（《刑事诉讼法》第一百一十五条）。

检材的保存

(1) 法庭生物物证检材要定期用紫外线消毒。

(2) 法庭生物物证检材上的各种斑迹均应经干燥处理，防止霉变。

(3) 低温存放各种检材，置 4 ℃或以下冷冻。血液置 4 ℃冰箱。

(4) 检材提取后应有专人负责保存，物证检材袋应加密封口。

(5) 检材应在原办案单位保存到案件审理终结后1～2年。

检材的送检

(1) 送案件检材进行鉴定应持有县以上各级公安、检察、司法、保卫部门的委托书，写明目的和要求，附相关的案情材料；再鉴定或复核检验应有初检报告或鉴定书的复印件。

(2) 邮寄到各级技术部门检验的检材除公函委托外，还应有检材清单；提取的各种检材按物证包装要求填写检材名称、部位、数量、发现地点、提取方法、提取人，送检要求，年、月、日，联系地址，邮编，姓名，电话。

物证检材一定要正确记录、收集、包装、保存和送检，全部符合法庭上法律和科学要求。否则，即使后面的检验正确，仍可能成为无效证据。

法庭生物物证检验的程序和要求

法庭生物物证检材的各种检验应在公安、司法鉴定单位及大学法医专业技术部门进行，鉴定人员应具有法医师以上（含法医师）或相当职称资格。

物证采回后，应根据侦审工作的需要，及时做好检验。若系专人送检，收件人应先向送检人详细了解案情经过和勘查情况，再和送检人共同核实每份检材的包装情况，了解送检要求。若检材是外地邮寄送检，在收到邮件时，应先详阅来函，然后检查物证的包装情况，有无异常和破损，是否与来文清单相符。若相符则按送检要求及时检验；若发现异常情况或检材条件不足，应速函询送检单位，或要求补寄检材，得到答复后再行检验。

在查看检材或进行检验时，要防止污染，所用工具和器皿必须彻底洗净、干燥。在剪取一件检材后，应将剪、镊等擦拭干净后才可剪取另一检材，以免交叉污染，造成错误。还要注意勿用手直接接触检材，因分泌型人汗液中的血型物质可通过手污染检材，影响检验结果。

检验前要根据送检要求和物证的不同类型，制订检验方案和步骤。一般先进行简单的直观检查、物理检验等不破坏物证的检验，然后才做化学或生物学检验。基本步骤包括：预试验、确证试验、种属试验、型别判定、统计学处理、检验结果解释、出具鉴定书。所耗检材一般不超过检材的1/3，其余留待复验或再鉴定时使用。在检验过程中，如出现各种矛盾和疑难问题，应组织有关专家共同讨论解决。

物证检验完毕，应编写“法庭生物物证检验鉴定书”，寄送送检单位。剩余的检材应妥善保管，或退还送检单位。检材的处理情况，可写在鉴定书的最后。

鉴定书的内容应包括以下几项：

一般项目：写明收检日期、送检单位、送检人、简要案情、检材情况、检验目的等。

检验：记述检材编号、检验方法和结果，应如实记载，不加评论。

分析说明：根据检验结果，结合检材条件加以说明。亲缘鉴定应讨论计算方法和意义。

结论：简明扼要地总结检验结果。

最后由鉴定人签名，写明技术职称，鉴定日期，并加盖鉴定单位公章。

法庭生物物证检验鉴定文书一式二份，一份交付委托单位，另一份存档备案。

血痕检验

血痕（bloodstain）是法庭生物物证检验中最常遇到的检材，一般占80%以上。凡是损伤致死的杀人案件，都必须进行血液的检验。因很少有新鲜血液，在法庭生物物证检验实际工作中遇到的物证绝大多数都是血痕。如提取被害人血液形成的血痕、杀人凶器上附着的血痕、犯罪嫌疑人衣服上的血痕、杀人分尸现场遗留的血痕等。这些血痕往往量很少，有时距发案时间较长，血痕陈旧，又因血中的蛋白质等成分极易受外界各种因素的影响，发生一定变化，甚至受其他物质污染或水洗，观察时仅见模糊斑痕或残存斑迹。因此，血痕检验比新鲜血液检验困难得多，而且条件苛刻。

法庭生物物证血痕检验必须按一定程序进行。其检验程序如下：

（1）肉眼检查：主要目的是寻找可疑斑痕存在部位、形状、颜色，以便进一步检验并分析案情。

（2）预试验和确证试验：证实可疑斑痕是否为血痕。

（3）种属试验：判定是否人血痕或是某种动物血痕。

（4）血型及DNA分析检验：包括红细胞血型、血清型、红细胞酶型等遗传标记，做个人识别。

（5）根据需要尚可进行性别、出血部位等检验，协助分析或重建作案情况。

通常均按这种顺序进行检验，即使复验（再鉴定）时也是如此，这样可以节省时间，并且保证结果正确。

血痕的证明

血痕的肉眼观察

肉眼观察是血痕检验的第一步程序。观察的内容为血痕存在部位、颜色及形状。其主要目的是发现可疑血痕的部位，以便于提取检材做进一步检验，并可根据其颜色及形状分析案情。

1. 血痕的部位

血痕的部位是指血痕存在于现场的哪一位置及载体的什么部位。

根据血痕在现场上的位置，可以判断被害人受伤时的位置、伤后活动情况，进而判断作案过程。如在室内现场地板缝内、墙角处、席子下面发现血痕，说明现场很可能经过伪装处理，血痕被洗刷；在门闩、门把手上发现血痕，证明开门者手上沾有血液；在水勺把柄上、脸盆内发现血痕或血水，分析凶手可能洗手或洗凶器等。

被害人、犯罪嫌疑人衣物上或可疑凶器上有血痕的部位，表示该处为受伤部位、接触过受伤人或反映受伤当时的体位及被害人与凶手相互的位置关系，据此可分析作案过程。有时在衣物上、可疑凶器上发现的仅仅是可疑血痕斑点，为了证明是否血痕，可从该处提取检材，按血痕检验程序做进一步检验。

2. 血痕的颜色

新形成的血痕呈暗红色，有光泽；随时间延长，血中的正铁血红蛋白逐渐变成正铁血红素，颜色逐渐变暗而呈褐色。在日光直射下，血痕颜色变化加快；在寒冷条件下或冰雪中颜色变化缓慢。在一定条件下，血痕颜色能反映血痕形成的时间。

法庭生物物证检验中经常遇到陈旧血痕、被其他物质污染的血痕，甚至经过水洗的血痕，而且量少，且常附着于有色或深色载体上。因此，从颜色上很难辨认，检查时只能见到模糊不清的有色斑块，应当注意发现。

3. 血痕的形状

（1）滴落状血痕（drip bloodstain）：指血液呈自由落体运动于载体上形成的血痕。滴落状血痕的血液量多为 0.05 ml～0.5 ml，其形态与血滴和载体接触时的角度直接相关。血滴垂直接触载体时，血痕呈圆形或类圆形；血滴斜向接触载体时，血痕呈椭圆形。运动状态下的滴落状血痕在运动方向一侧有溅散状的血痕，其大小和范围与运动速度、滴落高度和血液量大小成正比。一般情况下，从 0.1 m 高处垂直滴落于较光滑地面时，血痕呈圆滴形，周边较平或稍有突起呈细小锯齿状；从 0.5 m 高处垂直滴落时，血痕周边呈明显锯齿状，有较大的突起；从 1 m 高处滴落时，血痕周边有细小血点溅出，呈惊叹号状或线条状；随着高度的增加，血痕面积增大，其周围溅出的血点越长（图 20－1）。据此，可以估计受伤出血时伤口距地面的高度，从而分析伤者受伤当时的姿势和体位。如判断受伤时是卧位还是立位等。受伤后行走或转移伤后死亡的尸体时，人体在运动中血液从伤口处滴落，则可形成一边平整光滑一边带锯齿状的圆形或椭圆形血痕，锯齿状突起的一侧指示行走方向（图 20－2）。

（2）流注状血痕（flow bloodstain）：指血液量集积较多时血液受重力的影响，沿着载体从高位流向低位时所形成的血痕。典型的流注状血痕形态呈条柱形，其上端血液聚集较膨大，中间变细，下端血液量多而变粗（图 20－3）。尸体衣服或皮肤上的流注状血痕，可反映受伤时的体位。如从颈向胸部流注，表明受伤时为立位或坐位；从颈前向颈后流注，说明受伤时呈仰卧位等。

（3）喷溅状血痕（projected bloodstain）：指人体动脉血管破裂所形成的血痕，其喷溅的动因是动脉血压驱使。平面载体上，典型的喷溅状血痕为在一定面积内均匀分布的呈圆点状的血痕，其面积的大小与破裂的动脉管径成正比，而与喷溅的距离成反比。当出血量较大时，喷溅状血痕常伴有沿重力方向的流注状血痕；当喷溅方向与平面载体不成直角时，血痕呈椭圆形且其长度与其夹角的大小成反比；因心脏呈节律性地收缩与舒张，故有时可见到间断的、成组的喷溅状血痕，后形成的血痕较前形成的血痕高度更低、距离更近。血液从小动脉喷射而出落在物体上形成喷溅状血痕，呈惊叹号状，其尖端为喷射方向（图 20－4）。有喷溅状血痕的部位，通常指示受伤的位置，有时可见向四周喷溅。

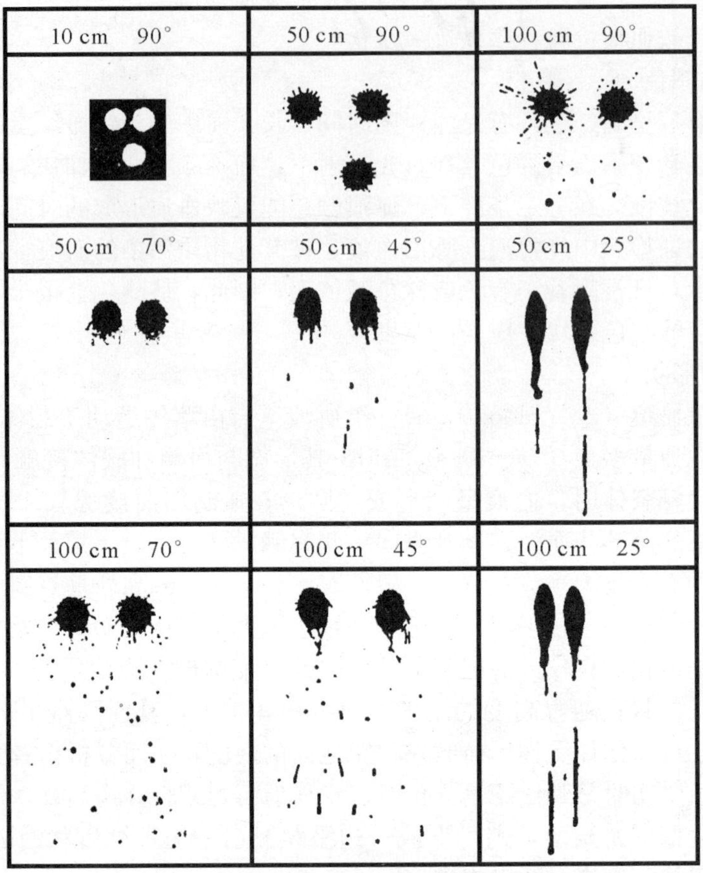

10 cm　90°	50 cm　90°	100 cm　90°
50 cm　70°	50 cm　45°	50 cm　25°
100 cm　70°	100 cm　45°	100 cm　25°

图 20－1　不同高度及斜度落下的血滴形状

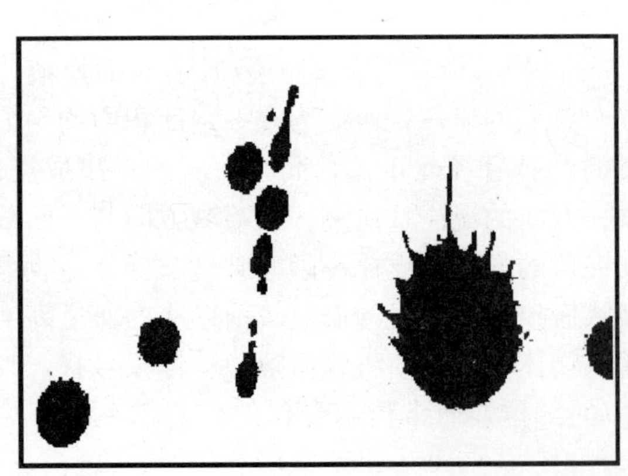

图 20－2　受伤者步行时落下的血痕

毛刺的方向指示前进的方向。

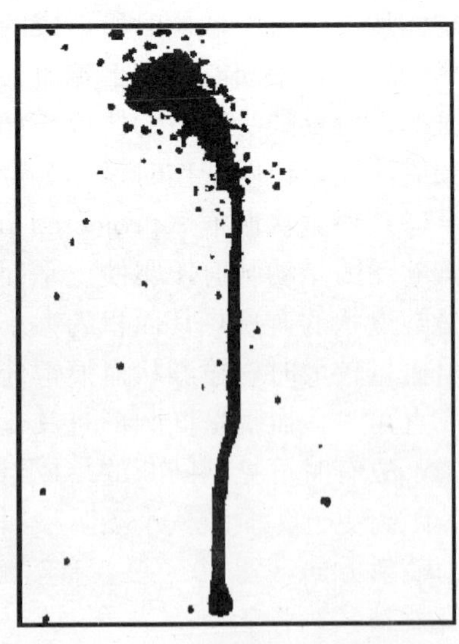

图 20－3　墙壁上流注状血痕

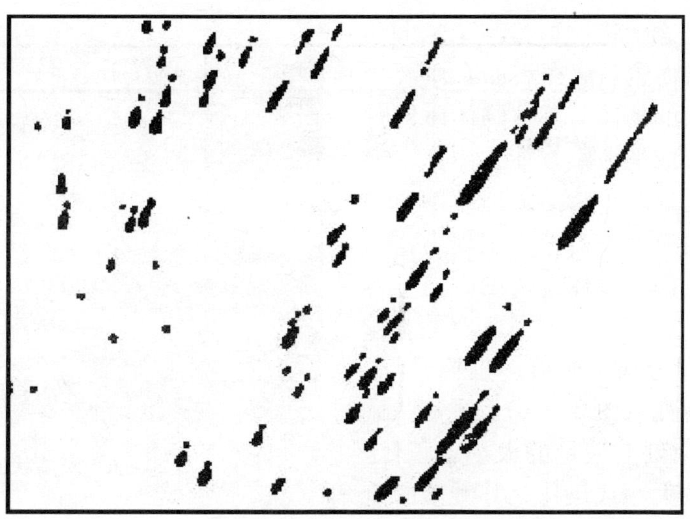

图 20－4 动脉喷溅状血痕

方向：左下斜向右上。

（4）抛甩状血痕（cast－off bloodstain）：指沾血的物体运动时在载体上留下的血痕，其最常见的运动方式呈弧形，如挥动沾血的器械、摆动出血的肢体等留下的血痕。典型的抛甩状血痕的形态特点为血痕呈弧形线分布，其弧线的起点血痕多为圆形，而逐渐变为椭圆形（图 20－5）。弧线的长短与沾血量的大小、运动的幅度以及运动力量的大小呈正比。

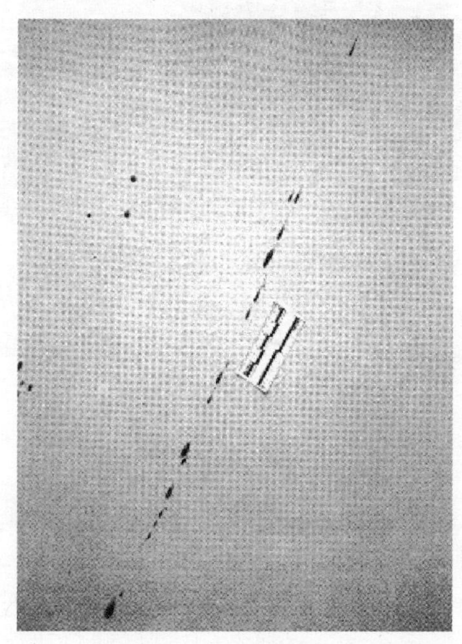

图 20－5 抛甩状血痕

方向：左下斜向右上。

（5）溅落状血痕（splash bloodstain）：指物体碰撞在表面有血液之处或者表面沾血的物体与其他物体碰撞时向四周溅散所形成的血痕，如物体打击出血的创口、出血的肢体坠落与地面发生碰撞等。溅落状血痕的形态特点表现为：血液溅开初始的方向与物体运动的方向（力的方向）相反，但其分布可因血液量及打击力量等而成角分布；血痕多呈椭圆形，具有明显的方向性（图 20－6）。溅落状血痕的大小与碰撞处血液量的大小成正比，而与碰撞力量的大小成反比；其溅落的范围与碰撞处血液量的大小、碰撞力量的大小成正比。枪击头部所引起的回溅状血痕（back spatter bloodstain）属于溅落状血痕的一种特殊形式。

图 20－6　溅落状血痕

（6）擦拭状血痕（wipe bloodstain）：指沾血的物体以碰撞、触摸、擦蹭等运动方式直接与载体接触所形成的血痕。擦拭状血痕的形态极不规则，受沾血物体的形态、血液量的大小、载体的形态以及接触的方式等多种因素的影响，通常面积较大、浓淡不均、界限不清、其间可见平行的线条状痕迹（图 20－7）。如受伤死亡后的尸体被拖拉即可形成大面积擦拭状血痕。

图 20－7　擦拭状血痕

（7）转移状血痕（transfer bloodstain）：指沾血物体的特殊形态以直接接触的方式在载体上所留下的血痕。转移状血痕通常是指血手印（包括血指印、血掌印、血手套印等）和血脚印（包括血脚掌印、血鞋印）。凶手手指沾染血液，可在门框把手、凶器柄上形成血手印；鞋上沾血可形成血鞋印；凶器上沾血抛于地面上可形成凶器印；尸体上有血液，在其躺卧或移尸时停留处形成血头印、血臀印、四肢印痕等（图 20－8）。转移状血痕对分析案情有重大意义。有人将有认定物体价值的特殊形态的血痕也视为转移状血痕，如沾血的毛衣在人体皮肤上所留下的花纹血痕，本质上转移状血痕是擦拭状血痕的一种特殊形式。

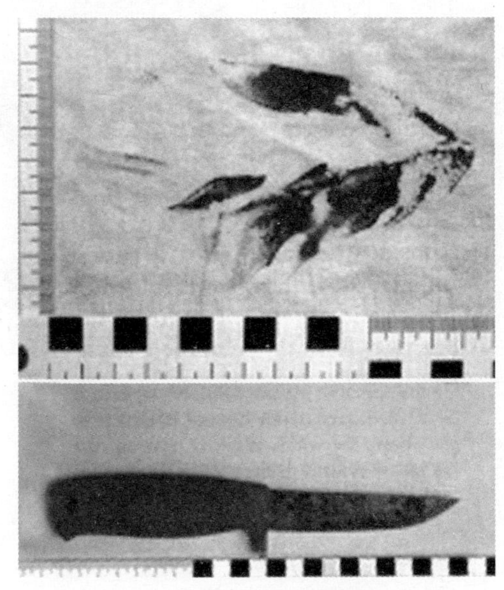

图 20－8 转移状血痕

（8）浸染状血痕（soaked bloodstain）：指血液在有吸附性的物体（如衣物、纸、土等）上所形成的血痕。典型的浸染状血痕是人体创口出血浸染相应部位的衣物所致。浸染状血痕呈均匀扩散状并有一定的面积（图20－9），受出血量、体位以及被浸染物的质地等因素的影响而无固定形态。

（9）稀释状血痕（diluted bloodstain）：指血液被其他液体混合后形成的血痕。最常见的稀释血液的液体是水，最常见的稀释方式是用水或沾水的物体冲洗血液。稀释状血痕色泽淡红，其中间颜色有时较周围颜色稍深（图 20－10）。

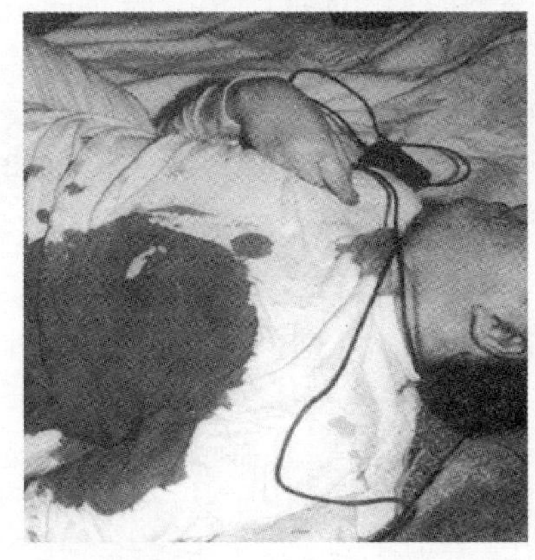

图 20－9 浸染状血痕

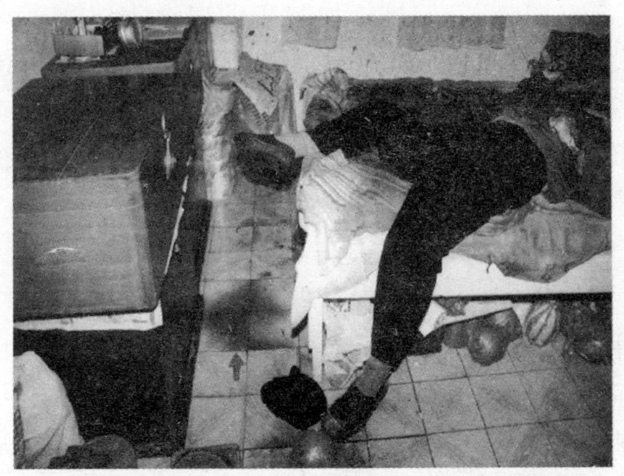

图 20－10 稀释状血痕

（10）血泊：（blood pool）：为具有一定体积的血液聚集所形成。血泊形成的时间与出血量、血液聚集方式以及载体的吸附性等因素直接相关。血泊通常呈类圆饼形，具有较明显的中间厚、边缘薄的特点（图20-11）。当血液量较大且未完全干燥时，因重力和沉析的作用，可见到血泊中血清和有形成分分离所形成的中间暗红、边缘淡黄的特点。血泊表明死者受伤出血后曾在此处停留一定时间，常见于现场尸体躺卧处，也见于移尸过程停留处。根据血泊大小可估计出血量，进而分析伤后能否立即致死或能否有一定活动能力。

图20-11　血　泊

上述血痕形状不仅在现场经常见到，是现场勘查中非常重要的内容；而且在实验室进行血痕检验时，在送检的衣物上、凶器上也常见到。经过对其认真分析，往往能给侦查破案提供线索。

血痕预试验与确证试验

血痕预试验是一种筛选试验或指向试验。其基本特点是：操作方法简便、反应快速、灵敏度高、检材用量少。检材如为血痕，一定出现阳性反应；若呈阴性反应则说明不是血痕或血痕已遭到破坏，不需再进行其他检验了。在实际办案中，主要目的是用预试验方法从大量可疑斑痕中筛选出可能是血痕的斑痕，再做进一步检验，起到指向作用，效果可靠，省时省力。

血痕预试验方法很多，如联苯胺试验（benzidine test）、四甲基联苯胺试验、邻联甲苯胺试验、无色孔雀绿试验、氨基比林试验、紫外线浓硫酸试验、鲁米诺化学发光试验、还原酚酞试验、愈创木酯试验等。

1. 联苯胺试验

（1）试验原理：血痕中的血红蛋白或正铁血红素，具有过氧化物酶活性，能使过氧化氢分解而释放出新生态氧，将无色的联苯胺氧化成联苯胺蓝。

（2）操作方法：将滤纸折成角状，用角端在可疑斑痕处轻轻擦拭，然后将滤纸展开。依次滴加冰乙酸、联苯胺无水乙醇饱和液各1滴，此时不应出现蓝色。再加3%过氧化氢1滴，立即出现翠蓝色为阳性反应。

本方法灵敏度很高，稀释30万倍的血液仍可呈现阳性反应。但本试验对血痕不是特异的，其他具有氧化物性质及含有过氧化物酶活性的物质，如高锰酸钾、重铬酸钾、甲醛等试剂及大蒜、马铃薯汁、胡萝卜和其他新鲜植物的枝叶、腐殖质等都可呈阳性反应。因此，本试验阳性结果，只能说明检材可能是血痕，而不能认定是血痕。而阴性结果，说明检材不是血痕，或血痕已遭到彻底破坏，不需再进行以后的其他试验。

2. 确证试验

确证试验（conclusive test）是确认血痕的试验，阳性反应可以认定是血痕；阴性反应时应做具体分析，不要轻易否定血痕的存在。因为确证试验的灵敏度较低，微量血痕不易检出；血痕条件较差，受污染、日晒、雨淋、腐败等影响也难以检出；甚至检验操作条件及熟练程度都常影响检验结果。

目前血痕确证试验主要有血色原结晶试验或称高山氏（Takayama）结晶试验、氯化血红素结晶试验或称古畑氏（Teichmann）结晶试验、显微分光光谱试验，以及借助显微镜查找血细胞等。

下面介绍血色原结晶试验：

（1）试验原理：血痕中的血红蛋白在碱性条件下分解成正铁血红素和变性珠蛋白，在还原剂（如葡萄糖）作用下，正铁血红素还原成亚铁血红素，再与变性珠蛋白或其他含氮化合物（如吡啶）结合，形成血色原结晶。

（2）操作方法：剪取或刮取检材少许，置载玻片上，适当分离纤维或将刮取的血痂压碎，加改良高山氏试剂1～2滴，盖上盖玻片，置显微镜下观察。如系血痕，在纤维间或纤维周围可见樱桃红色针状、星状、菊花状的血色原结晶（图20－12）。必要时，可将加试剂后的载玻片在酒精灯上缓缓加热，以促进结晶形成，冷却后再通过显微镜检查。

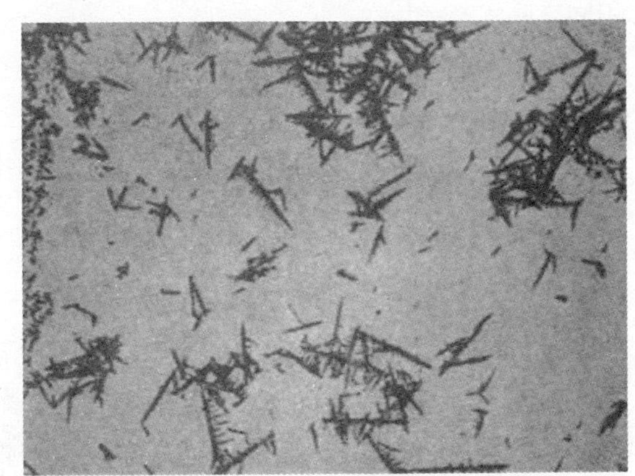

图20－12　血色原结晶

（×400）

本试验操作简便、结晶清晰、效果很好。结晶的大小、多少与血痕量有关。有时仅在纤维间出现少量结晶，应仔细观察识别。

本试验对血痕是特异反应，出现结晶即可认定为血痕。应注意的是，血痕淡薄、经过水洗或被污染则不易形成结晶。试验前应当用已知血痕测试试剂是否失效。

血痕的种属鉴别

可疑血痕经确证试验认定为血痕后，还需进一步做血痕的种属试验（species identification），即主要解决该血痕是人血还是其他动物血的问题。有的案件还需确定是哪种动物血。这是法医血痕检验中的重要程序，是必不可少的。

血痕种属认定，迄今主要仍是应用免疫学抗原抗体沉淀反应来进行。其基本原理是：应用特制的能与人血或某种动物血发生特异性反应的抗血清，与血痕或血痕浸出液进行反应，发生抗原抗体反应者为阳性。因为所用的抗种属特异性血清为已知的，从而使血痕的种属来源得到证明。

特异性抗血清是特制的。将某种蛋白质（如人的血红蛋白）作为抗原，注射到异种动物（如家兔）体内，由于抗原的刺激，在动物体内产生免疫应答，使其血清中产生特异性抗体。该抗体只对刺激其产生的抗原发生特异性反应。应用这种血清，即可对血痕种属进行鉴定。

在法庭生物物证实验室应当常备各种抗种属特异性血清。其中最常用的是抗－人血红蛋白血清，这种血清既有种属特异性又有器官特异性，与它发生阳性反应，既证明是血又证明是人血，可以代替血痕的确证试验。

其次是抗-人蛋白血清，是用人血清蛋白做抗原，免疫动物而得。该血清只对人蛋白质发生特异性反应，呈现阳性反应，只能证明有人蛋白质成分存在，不能直接证明血的存在。因此，用抗-人蛋白血清做种属鉴定时，必须先进行血痕确证试验，在确认有血存在的基础上，才能用抗-人蛋白血清做出人血的鉴定。这点与抗-人血红蛋白血清不同，应当注意。

此外，各种抗动物血清也是必备试剂。特别是本地区常见动物的抗血清，如抗-猪、抗-鸡、抗-狗、抗-牛、抗-羊、抗-马血清等，鉴定的基本原理与鉴定人血相同。

血痕种属检验的具体方法很多。法庭生物物证检验中常用的有：沉淀环试验（ring precipitin test）、酶联免疫吸附试验、琼脂糖免疫扩散试验、免疫电泳试验等。此外，还有抗-人球蛋白消耗试验、抗-人种属吸附解离试验、胶乳颗粒凝集试验、被动血凝试验、胶体金标记免疫色谱分析技术、PCR 技术等。

1. 沉淀环试验

（1）试验原理：抗血清（抗体球蛋白）与其相对应的可溶性抗原蛋白发生特异性的抗原抗体反应，形成抗原抗体复合物。沉淀素抗体主要是 IgG，它拥有的与抗原的结合点不止一个，当抗原抗体浓度比例和其他条件适合时，便形成网络状结构。此时，抗原抗体反应达到最大量，复合物增大，呈不溶性，即出现肉眼可见的沉淀物，并逐渐沉淀下来。本试验在沉降管中进行，在抗原抗体两液体接触界面处出现白色的沉淀环。

（2）操作方法：根据检材份数准备沉降管数支，将抗体沉淀素血清小心地加入到管底部，约 0.5 cm 高，再用毛细吸管分别将各份检材浸出液（约含 0.1%蛋白质）沿沉降管管壁缓缓流下，使之重叠于抗血清之上面。在室温下静置约 1 h，在两液体接触面出现白环者为阳性，否则为阴性。

反应快者，几分钟内即可见明显的白环。随着时间的延长，白环逐渐扩散、变粗，甚至下沉。因此，重叠后应时时注意观察（图 20－13）。

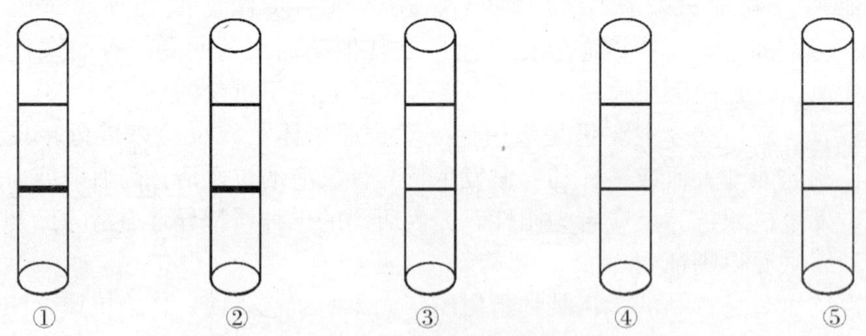

图 20－13　环状沉淀反应示意图

上层：①已知人血痕浸液；②、⑤检材血痕浸液；③检材无血部位浸液；④生理盐水。

下层：①～④为兔抗-人血红蛋白血清；⑤为兔血清。

结果：①、②为阳性，说明第 2 管检材是人血痕；③、④、⑤为阴性。

（3）结果判定的注意事项：如果使用抗-人血红蛋白血清，阳性结果表明该检材浸出液中含有人的血红蛋白，即可认定为人血痕；阴性结果时，如果血痕检材较新鲜，可以否定为人血；如果血痕过于陈旧，则不能轻易否定人血的存在。因为陈旧血痕中大部分或全部血红蛋白已变为正铁血红素，而抗-人血红蛋白血清却不能与正铁血红素发生反应。因此它不适用于对过分陈旧血痕的检验。

如使用抗-人蛋白血清，阳性反应表明检材浸出液中含有人体蛋白质，不一定是血痕。因为唾液、精液、阴道分泌液中也含有人体蛋白质成分，均可与抗-人蛋白血清发生反应。所以，用抗-人蛋白血清做血痕种属试验，必须在血痕确证试验阳性，肯定有血存在的前提下才能做出结论。这点与抗-人血红蛋白血清不同。血痕中血清蛋白比较稳定，一般条件下不易破坏，只要能用生理盐水浸泡下来，都能获得阳性结果。

在实际检案工作中，如能用抗-人血红蛋白血清及抗-人蛋白血清同时检验，互相参证，则能起到互补作用。

经检验否定人血痕后，根据案情需要，如有必要，应进一步确定为何种动物血痕。怀疑哪种动物血，即使用哪种抗动物血清，操作方法与鉴定人血相同。

2. 胶体金标记 AHHb-McAb 试纸条试验

胶体金标记技术是继三大标记（放射性核素、荧光、酶）技术之后，又一较为成熟且已得到广泛应用的免疫标记技术。1971 年 Faulk 和 Taytor 将胶体金引入免疫化学。

氯金酸（$HAuCl_4$）在还原剂作用下，可聚合成一定大小的金颗粒，形成带负电的疏水胶溶液，由于静电作用而成为稳定的胶体状态，故称胶体金。胶体金标记，实质上是蛋白质等高分子被吸附到胶体金颗粒表面的包被过程。

（1）试验原理：以条状纤维层析材料为固相，通过毛细作用（虹吸作用）使样品溶液在层析条上泳动，并同时使样品中的待测物与层析材料上针对待测物的受体（抗原或抗体）发生高特异性、高亲和性的免疫反应。层析过程中免疫复合物被富集或截留在层析材料的一定区域（检测带），运用可目测的标记物（胶体金）而得到直观的实验现象（显色）。而游离标记物则越过检测带，与结合标记物自动分离。

（2）操作方法：将胶体金抗体（胶体金标记的 AHHb-McAb）置于层析材料的加样端，并在层析膜的中部一定区域结合上特异性很高的 AHHb-McAb 和羊抗鼠 IgG 抗体。当被检溶液中含有胶体金抗体的对应抗原物质（人 Hb）时，抗体会识别抗原分子上的抗原决定簇并发生免疫结合反应，形成由胶体金粒子携带的抗体抗原复合物。在试纸条上部材料吸水张力的牵引下，胶体金粒子会向上扩散。当进入硝酸纤维素膜时，胶体金粒子就犹如分子筛柱层析中的大分子物质一样，在硝酸纤维素膜的孔中发生层析，并先到达硝酸纤维素膜上点加了针对同一抗原的另一个抗体（AHHb-McAb）的位置（此处为检测线），这样由胶体金粒子携带来的抗原抗体复合物中抗原分子上的抗原决定簇也会被此处对应的抗体识别并结合，其结果便是在此处形成“胶体金携带的抗体+抗原+另一抗体”的夹心结构，并固定于此而显示胶体金的红色，故该法又称为夹心法。其余未反应的免疫胶体金粒子则继续层析，当到达点加了羊抗鼠 IgG 的位置时（此处为质控线），胶体金抗体会被其抗体结合而固定住，从而在此处也出现红色。这种有两个红色标志的结果为阳性结果。但若被检测溶液中无抗原物质或抗原物质含量极低而无法足以使胶体金显出红色，则硝酸纤维素膜上点加了另一抗体的位置即检测线处就不会有红色出现，但点加了羊抗鼠 IgG 的位置即质控线处仍会有红色出现，这是阴性结果。若无任何红色出现，则说明或是标金抗体或是羊抗鼠 IgG 失活，试纸条无效。

操作：将血痕检材浸出液滴加在试纸条的加样侧，5 min 内观察结果，见图 20-14。

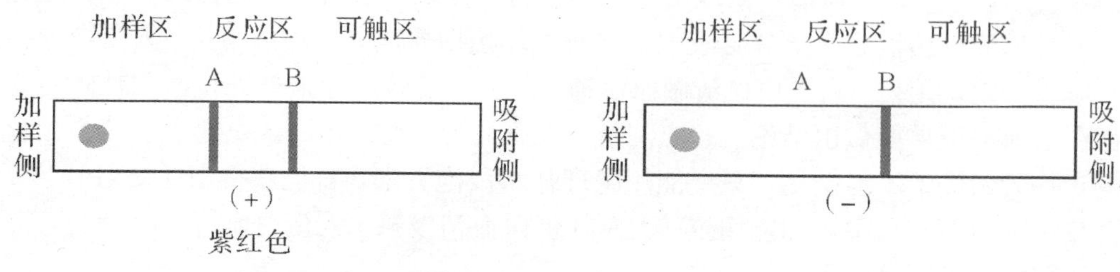

图 20-14　胶体金标记 AHHb McAb 试纸条试验示意图

A（检测线）＋ B（质控线）——→（＋）　　B（质控线）——→（－）

灵敏度：20 万倍；反应区 15 min 未出现色带时，为无效结果，应重新测试。

（3）优点：

1）样品量可低至 1 μl ～2 μl，敏感性可达到 ELISA 的水平，灵敏度高，特异性好。

2）无需仪器，操作方便，结果容易判断。

3）没有有害物质参与，安全。

4）实验结果可长期保存。

5）检测时间短，5 min 内即可判定是否是人血，尤其适合于现场使用。

血痕的个人识别

血痕经种属试验证实是人血后，便可进行血型测定。血型根据孟德尔定律遗传，终身不变，因而血型可供做个人识别。血型测定的意义主要在于否定，因为在人群中相同血型者很多。如两份检材的血型皆为 O 型，巧合的概率可高达 40%，故不一定是同一人的血痕。但血痕被测定的血型系统越多，则否定的概率也越高，越有价值。

在刑事案件中所遇见的血痕，其中较新鲜或仍潮湿，血细胞未破坏者，可立即用生理盐水浸出，按新鲜血液的血型测定法进行测定。但大多数检材均是干燥、陈旧或受污染的血痕，此时，血细胞已干瘪或破坏，甚至许多血型物质已被破坏，或受干扰。故血痕的血型测定，比新鲜血液检测困难得多，而且在测定的技术上也有不同。所以，在血痕中能测定的血型系统大大减少，血痕越陈旧，能测定的血型系统越少。

能否检出多种血型系统抗原，还取决于检材中的血痕量。因此，检验时最好先测定血痕量多的检材（如死者及嫌疑人）的血型，探讨他们之间的关系，再决定量少而关键性的检材（如嫌疑人衣服上的点滴血痕），应测定何种血型系统。即使如此，仅测定一种血型系统，所需检材量仍可能大于上述各种试验（包括预试验、确证试验、种属试验）的总和。故在分配使用检材时，尤其是当血痕量少时，节约前三个试验的检材用量甚为重要。

血痕 ABO 血型检验

在 ABO 血型系统中，红细胞上有凝集原（即 A、B、H 抗原），血清中有同种凝集素（即抗－A 和抗－B 抗体），故测定 ABO 血型可有两种途径：测定凝集原（正试验）和测定凝集素（反试验）。ABO 血型抗原性强、稳定，可以在血痕中保存很长时间，天然抗－A、抗－B 抗体也能在血痕中存在一定时间。同时测定 A、B、H 抗原和抗－A、抗－B 抗体，两种测定结果互相参照，可减少错误判型的机会，使结论更为可靠。除 ABO 血型外，其他血型系统只有抗原，而无天然抗体，故只能测定抗原。

1. 凝集素的检验

凝集素是一种球蛋白（IgM、IgG），远较凝集原脆弱，易受温度（65 ℃～70 ℃即被破坏）、湿度、阳光曝晒、腐败及时间等因素的影响而破坏。陈旧血痕的凝集素基本已消失，不能测得。但对某一检材血痕，并不能预言能否检出凝集素。因为凝集素存在于正常人血清中，形成血痕后，血清中水分蒸发而干燥，但凝集素仍然存在。故一般检材，均应做凝集素测定，并应尽快进行，以争取既测出凝集原，又测出凝集素。两者结果吻合（如检出 B 凝集原，又检出抗－A 凝集素），才能做出肯定结论。尤其是 O 型血痕，由于缺乏 A 和 B 凝集原，凝集原测定阴性结果，很难判断检材是 O 型还是 A 和 B 凝集原已遭破坏，但如果能检出抗－A 和抗－B 两种凝集素，则可确定检材为 O 型。

（1）检验原理：血痕中尚未破坏的凝集素，在液体的浸渍下而溶出，与相应的红细胞相遇时便出现凝集反应。

（2）检验方法：有玻片法、试管法及浓缩法。玻片操作方法：剪取 0.2 cm×0.2 cm 大小的有人血痕检材两块，分别置于载玻片两端，左端标明“A”字，右端标明“B”字，盖上盖玻片。

分别吸取 0.1%A、B 型红细胞悬液，按标记沿盖玻片边缘加入，使红细胞悬液充满整个盖玻片。轻轻按压盖玻片数次，然后将载玻片放入保湿盒内。

（3）结果判定：置室温下或 37 ℃温箱中，每隔 15 min 用显微镜观察一次，可观察至 1 h。如检材周围有红细胞凝集，为阳性结果。试验应有对照，即剪取同样大小无血痕检材及已知 A、B 型人血痕，同样处理。结果判定详见表 20－1。

表 20－1　血痕凝集素测定的血型判定

检　材	加 A 型红细胞	加 B 型红细胞	所检出的凝集素	血型判定
Ⅰ	+	—	抗－A	B
Ⅱ	—	+	抗－B	A
Ⅲ	+	+	抗－A、抗－B	O
Ⅳ	—	—	无	“AB”
无血部位	—	—	无	对照准确
A 型人血痕	—	+	抗－B	对照准确
B 型人血痕	+	—	抗－A	对照准确

注：凝集素测定，只有阳性结果才有意义。

例如，与 A、B 两种红细胞都发生凝集，表示检材中含有抗－A、抗－B 两种凝集素，如同时做凝集原测定未检见A及B凝集原，可以判断为O型。若检材与A、B两种红细胞均不出现凝集，即未检出抗-A和抗-B凝集素时，只能推测检材可能系“AB”型，还需进行凝集原测定；若检材检出A和B两种凝集原，才可判断为“AB”型。仅检出抗-A或抗-B一种凝集素，也同样必须与凝集原测定结果相吻合才能下结论，而不能单从检出抗-A凝集素就断定血痕是B型。因为O型血痕，有时可检见抗-A，而没有检见抗-B（抗-B被破坏、消失），这时，只能说该血痕不可能是A或AB型，而可能是B或O型，不能就此断言是B型，必须结合凝集原测定结果才能准确地判定。总之，由于凝集素的脆弱性，凝集素的测定结果只能作为凝集原测定的辅助检查，单独不能做出血型判断。

2. 凝集原的检验

血痕干燥后，其中红细胞已变形或破坏，故不能像新鲜血液那样，直接加标准血清观察红细胞的凝集情况来判定血型。但是ABH血型物质是一种多糖体，存在于红细胞膜上，对于干燥和高温（甚至170 ℃）有较强的抵抗力和高度耐久性（可达50年以上）。它能保持与相应凝集素特异结合的能力，利用这种特性，便可测定血痕的血型。其方法有吸收试验、热解离试验、混合凝集试验、胶乳颗粒载体混合凝集试验、标记抗体和单克隆抗体法等。

下面介绍解离试验。

（1）试验原理：在适当温度下（ABO血型系统最适温度为4 ℃），抗体可被红细胞上相应抗原所吸附（在血痕检验时凝集素被血痕上相应凝集原所吸附）。这种特异性结合在一定条件下（如56 ℃ 10 min）又可解离而释放抗体，再用相应红细胞测定解离液中的抗体（凝集素），从而判定血痕的血型。

（2）操作方法：

1）取材：取材的方法很多，要根据检材的具体条件，采取适当的方法。对于纺织品上的血痕，可直接取附有血痕的布纤维一根，长0.4 cm～0.6 cm，分成两等份供检验。也可用血膜法或蛋清黏附法制片。

2）固定：于检材上滴加1～2滴甲醇，保持5 min，使其自然挥发干燥。

3）吸收：按标记分别滴加抗-A、抗-B血清（效价均为128）浸泡检材，置保湿盒内，放入4 ℃冰箱中1.5 h～2 h。

4）水洗：将吸收后的检材，从血清中取出，置滤纸上吸干，分别放入盛有25 ml～50 ml冷生理盐水（4 ℃）的小烧杯中，放在振荡器上，振荡洗涤1 min～2 min；或用玻棒搅动数圈，以除去多余的未结合的标准血清。如检材已用蛋清黏附到载玻片上或制成血膜，则可直接将载玻片放入水盆中上下提几次进行洗涤。水洗后，用滤纸吸去多余水分，盖上盖玻片。

5）滴加指示红细胞：按标记分别滴加0.1%A和B型红细胞悬液，至盖玻片下充满红细胞液为止。

6）热解离：置56 ℃温箱内事先预热的保湿盒中10 min，然后取出置室温下，每隔15 min用低倍显微镜观察1次，至1 h判定结果。

7）结果判断：详见表20-2。

表 20－2 血痕解离试验的血型判断

抗体＋指示红细胞	A 型血痕	B 型血痕	无血部位	检材			
				Ⅰ	Ⅱ	Ⅲ	Ⅳ
抗－A＋A 型红细胞	＋	－	－	＋	－	＋	－
抗－B＋B 型红细胞	－	＋	－	－	＋	＋	－
血型判断	对照准确	对照准确	对照准确	A	B	AB	“O”

血痕血清型检验

血痕中血清型的分型原理和方法与新鲜血清样品基本相同。由于血液干燥后，许多血清蛋白分子发生了变性，其电泳谱型因此发生改变或者不能检出。故电泳之前，需将样品做适当的处理，使其恢复正常的电泳谱型。目前已能对血痕中 Hp、Gc、Gm、Km、Pi、Tf 等血清型进行分型。

血痕红细胞酶型检验

血痕红细胞同工酶型的分型方法与新鲜血液基本一致。但大多数红细胞酶易受环境温度、湿度，以及酸、碱等理化因素的影响失活而无法分型。表 20－3 列出了室温条件下保存良好的血痕中一些红细胞酶型的可测时限。

表 20－3 血痕红细胞酶型的可测时限

同工酶	可测时间（周）
EAP	1～12
PGM	12～46
EsD	2～4
GLOⅠ	1～4
GPT	0～2
ADA	12～25
AK	1～2
PEPA	4～8
G－6－PD	0～1

近年来，国内外学者相继建立了血型与同工酶型的同步检测方法，如血痕的种属，ABO、EsD、PGM1 及 GLOⅠ表现型，ADA、AK、EAP 及 PGD 表现型同步检测等。同步检测可以节省检材和缩短试验时间，对微量血痕的检验有实用价值。

血痕的 DNA 多态性分析

血痕 DNA 多态性分析的方法包括 DNA 指纹图技术及用 PCR 技术分析 DNA 的序

列多态性和扩增片段长度多态性，以及线粒体DNA测序技术。DNA较蛋白质稳定，可在血痕中保存较长时间，长达数年的血痕仍可进行DNA多态性分析。用PCR-STR分析技术，大大提高了DNA多态性分析的灵敏度，使得对微量血痕的DNA分型变得更为简便。通过对血痕DNA多态性的分析，可以实现对血痕的同一认定。

根据案情需要，有时还要对出血者性别、出血部位做出判断（即确定血液来自身体的哪一部位），有时还需估算出血量及估计血痕的陈旧度。

精斑检验

精液（semen，seminal fluid）是由睾丸产生的精子与前列腺、精囊、尿道球腺等附属性腺产生的分泌物构成，通常于性交或性冲动时通过尿道口排出体外。精液（斑）检验是法庭生物物证检验的一项主要内容。在法医学鉴定实践中，该检验项目与血痕检验占有同等重要地位，特别是对有关性犯罪或有性犯罪嫌疑的案件，以及对死亡性质不明的女尸检查，精液（斑）的检验显得尤为重要。通过检验，一般可以确定是否存在精斑；如果有精斑，其形状、分布状态如何，属于何种血型，有哪些DNA遗传特征，有时也需判定是人精斑还是动物精斑。精液（斑）检验通常分为肉眼观察、预试验、确证试验、血型检验、DNA分析等步骤。精液（斑）的法医学检验，可为判断案件性质、划定侦查范围、认定或排除犯罪嫌疑人提供重要依据。在亲子鉴定或其他有关性功能鉴定中，有时需要对新鲜精液进行检验。

精液由精子（spermatozoa）等有形成分及精浆（seminal plasma）组成。成年男子一次射精所排出的精液为3 ml～5 ml。新鲜精液为乳白色的黏稠液体，呈弱碱性（pH值为7.1～7.5），有似麝香或栗花的特殊气味。在室温下，数分钟后由液状变成白色凝胶状；30 min～60 min后，在前列腺分泌的纤溶酶作用下自行液化。

精液的有形成分以睾丸产生的精子为主，此外还有少量的睾丸细胞、白细胞、各种上皮细胞、前列腺卵磷脂小体、形状各异的精氨结晶体、蛋白颗粒、色素颗粒、脂肪颗粒等。正常人每次射精产生的精液中，精子含量为0.6亿～2亿个。精子的形状似蝌蚪，长50 μm～70 μm，分为头部、体部及尾部。头部长3 μm～5 μm，主要由顶体和精子细胞核组成；体部较短，约为6 μm，呈圆柱状；尾部最长，为40 μm～60 μm（图20-15）。

精浆由精囊、前列腺、附睾、尿道球腺、尿道旁腺等男性附属性腺的分泌物组成。水占90%，其他各类物质占10%。其中主要有多种精浆蛋白（包括多种酶类）、游离氨基酸、精胺、胆碱、黄素，以及锌、钾、磷、柠檬酸等，这些物质中有些成分对鉴定精液的存在及个人识别具有一定的特征性意义。

精斑的证明

精液浸润或附着于基质上，干燥后即形成精斑（seminal stain）。在法医学实践中，对疑为精斑的可疑斑痕或对疑有精斑遗留的可疑部位进行大体观察，目的在于发现和提

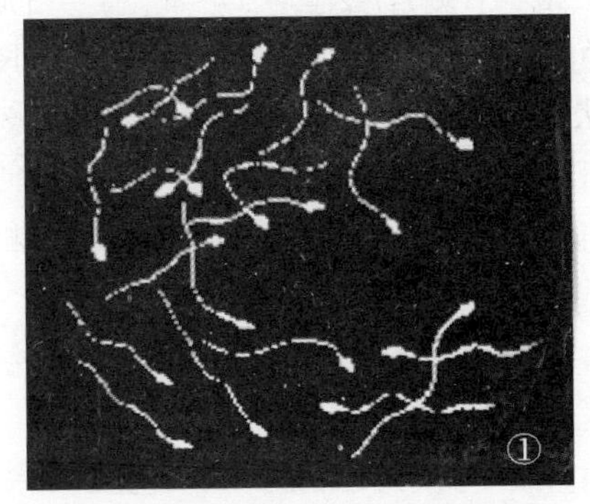

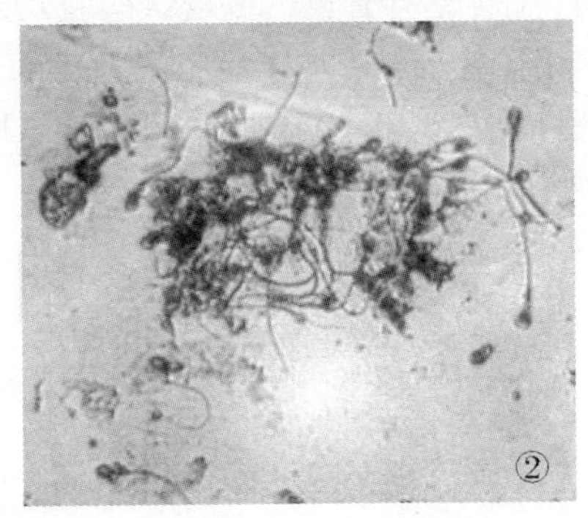

图 20－15 精子形态

①精子形态示意图；②corin－stoikis 染色（×400）。

取精斑，还可根据精斑遗留的形态、部位分析有关作案过程。

肉眼检查

在性犯罪案件中，精斑常遗留在现场的床单、被褥、床（地）面等处以及被害人的身体、内裤表面，有时现场还有擦拭过精液的手帕、手纸、毛巾、衣物等，应注意观察和发现。

紫外线检查

如果肉眼观察结果不明显，也可将检材置于紫外线灯下，于黑暗环境中观察。由于精斑中有黄素存在，精斑在紫外线（波长为 400 nm ～500 nm）照射下可发出银白色的荧光，斑痕边缘可呈紫蓝色。水洗过的精斑有时也能检出微弱、散在的荧光。紫外线检查对检材无污损、无破坏，不影响进一步检验。但是，紫外线检查的特异性较差，纺织品中的某些色素、染料、漂白剂、洗涤剂，以及人体阴道分泌物、尿、鼻涕、唾液、糨糊等都可在紫外线下产生与精斑类似的荧光，不易分辨。因此，紫外线检查仅能为进一步检验提供可疑部位。反之，由于检材条件不一，有时污染严重或其他物质干扰下的少量精斑也可能不出现明显的荧光反应。一般肉眼观察明显的可疑精斑，多不再采用紫外线检查。

预试验

精斑预试验是在大体观察的基础上，为进一步确定存在精斑的可能性而进行的试验。预试验为指向试验，预试验的目的是为下一步进行精斑鉴定筛选可疑精斑。预试验的方法一般简便易行、灵敏度高，但其特异性差。预试验所检出的成分不是精斑中特有的，因此预试验结果阳性，仅说明有可能存在精斑，不说明一定就是精斑。

精斑预试验的方法很多，有酸性磷酸酶检出试验、结晶试验（如 Florence 结晶试验、Barberio 结晶试验、Neiderland 结晶试验、Puranen 结晶试验）、锌检出试验以及马铃薯凝集素凝集抑制试验等。这些方法各有其特点。

确证试验

精斑的确证试验是检验精液中的特有成分，其阳性结果可以确证精斑。其方法很多，主要有精子检出法、免疫学检验及生物化学检验三类方法。

1. 精子检出法

检出精子是认定精斑最简便、最可靠的方法。不需特殊仪器和试剂，已被法医实验室广泛采用。

正常精液中含有大量的精子，其精子是相当稳定的。所以较陈旧的精斑也常能检出精子，最长可达十多年。但因精子无色，尾部很细且易断离，在精子数量少时，有时难以根据少数不完整精子确定精斑。因此，在实际工作中，应选择合适的浸出液及适当的染色方法，以提高精子的检出率。

精子的染色方法很多，其中以 HE 染色法常用。有报道采用 HE 染色法的涂片中所检出的精子，还可以提取做 DNA 测定，其效果较其他染色方法好。

人精子与动物精子形态不同，且精子形态稳定，不易受其他因素影响而改变，所以找到一个完整的典型精子，即可确定为精斑。但陈旧精斑或浸渍处理过分粗暴的，常只检见精子头部，此时必须与阴道滴虫、酵母菌等鉴别。典型的精子头部呈椭圆形，经 HE 染色后有其着色特点，其他植物细胞、细菌、阴道滴虫等则多呈圆形，染色均匀一致。若有几个典型的精子头部也可确定为精斑。如精液中混有阴道液，则可见大量阴道上皮细胞。

一般来说，性交后阴道内 3 h～8 h，宫颈 2 d～5 d，子宫、输卵管 1 d～10 d 的内容物涂片可检见活精子；阴道内 3 d～9 d，宫颈 17 d 的内容物涂片可检见死精子。若被害人被奸后就行走，检出期限短；若被害致死，检出期限长。

2. 免疫学检验

制备各种抗-人精液特殊成分的抗血清，以此种抗血清检测可疑精斑中的抗原成分，阳性结果可以确证人精斑。免疫学检验灵敏度高，特别适用于确证输精管结扎术者和患精子缺乏症的嫌疑人的精斑，多年来被很多法医实验室广为采用。

（1）抗-人精液血清沉淀反应：用特异性抗-人精液血清与可疑精斑检材浸液做沉淀反应，出现白色沉淀线为阳性反应，证明检材含有人精液。具体方法有环状沉淀试验，琼脂单、双向扩散试验及对流免疫电泳试验等。此法灵敏度较高，并具种属特异性，其检出率远比精子检出法高。如系较新鲜的精斑，沉淀反应强阳性，而无精子检见，则可认定该精斑系无精子或输精管已结扎者的。

（2）抗-P30 血清沉淀反应：人类精浆特异性抗原 P30 又称前列腺特异性抗原或 γ-精浆蛋白，是由人类前列腺上皮细胞所分泌的，存在于成年男性精液中的一类糖蛋白，相对分子质量为 30 000，因而得名。人精液中 P30 的正常含量为 0.24 g/L～5.5 g/L，平均为 1.92 g/L。P30 具有高度的种属特异性和器官特异性，动物血清和精液，人血清、阴道分泌液、唾液、汗等多种体液与分泌液，以及组织器官浸液均未检出 P30。P30 性质稳定，在人精液和人精液与其他分泌液的混合斑中能存在很长时间，在 22 ℃条件下保存 5 年的精斑仍能检出 P30。所以 P30 是法医学确证精斑的理想标记。

从多人份混合精液中分离纯化出 P30 抗原，免疫动物获得抗-P30 血清。目前国内已制备出了抗-P30 单克隆抗体。与抗-人精液血清相比，抗-P30 血清克服了抗-人精液血清与其他体液有交叉反应、特异性较差的缺点，从而保证了用血清学方法确证精斑的可靠性。抗-P30血清确证精斑的灵敏度和准确性均高于精子检出法，不受精液中有无精子的影响，也不受阴道液和唾液的干扰，能正确区别人类精斑与动物精斑，是目前确证人类精斑的较好方法。常用的方法有环状沉淀反应，琼脂单、双向扩散试验，对流免疫电泳，酶联免疫吸附试验和胶体金标记的试纸条法。

3. 生物化学检验

生物化学检验主要检测一些在精液中含量高、活性强、有特征性的酶，如用电泳法检测乳酸脱氢酶X区带，该区带存在于人精子，精子越多，X区带越明显。也可检测亮氨酸肽酶（LAP）、甘氨酰脯氨酰二肽基氨肽酶（GD-DAP）等确证精斑。

精斑的种属鉴定

做许多精斑确证试验的同时也进行了精斑的种属鉴定。如用具有种属特异性的抗-人精液血清、抗-P30血清、抗β-MSP血清等与检材浸液做沉淀反应，既可确证精斑也可以确定精斑是否为人精斑。

扩增人精子中的人类特有的DNA序列，也可进行精斑的种属鉴定。

精斑的个人识别

1. ABO血型检测

人体液、分泌液中的ABH血型物质是糖蛋白，以水溶性形式存在。分泌型精液中的ABH血型物质的含量远比红细胞中多，且耐热，常应用中和试验、解离试验、混合凝集试验等方法检测；非分泌型精液由于ABH血型物质含量少，需应用灵敏的ELISA法检测。

2. 酶型检测

精液中含有一些具有多态性的酶，可分为两类。第一类酶的表现型与血液或红细胞酶的表现型一致，但两者的电泳或等电聚焦谱型可能不完全相同。这类酶可用嫌疑人的血液作对照，对照样本容易获得，是目前精斑检验常用的酶。第二类酶为精液所特有，在正常人血液和阴道液内不易检出；其他组织可能含有这类同工酶，但表现型不相同。但是，做对比检查时需嫌疑人的精液，对照样本不易获得。由于第二类酶不易受阴道液的干扰，在混合斑的个人识别中有重要意义。

精液与血液中表现型一致的酶有PGM1、GLOⅠ、PePA、G-6-PD、AK、PGI、Fu等，其中以PGM1最常用。精液特有的酶有黄递酶（DIA3）和γ-谷氨酰转肽酶（GGT）等。

3. 血清型检测

精液中含有一些具有多态性的血清蛋白，现可检出Gm、Km、Gc和α-酸性糖蛋白（ORM1）。

4. DNA分析

精液中的精子含有大量DNA，故可从有精子的精液和精斑中提取DNA，利用DNA指纹图技术或聚合酶链式反应（PCR）技术检测其多态性。每个精子中所含的DNA量大约为2.5 pg，DNA指纹图技术每次至少需要0.5 μg DNA，也即2×10^5个精子，5 μl精液量。由于PCR技术灵敏度高，故一次扩增所需精液量低于5 μl，仅需10

个精子就能测定。需要指出的是，DNA 是细胞核内的遗传物质，其含量多少与组织的有核细胞数目多少有关，不同个体 1 ml 精液中精子数在正常情况下可相差 1～1.5 倍，再加上精子 DNA 降解以及各种干扰因素的存在，所以实际案件中所需精液量一般都大于理论数。由于 DNA 分子比较稳定，时间久的精斑也能用这些方法进行个人识别。

精液与其他体液混合斑的检验

血液或体液、分泌液混合干燥后形成的斑痕称为混合斑。混合斑有多种，如精液与阴道液、血液、尿液、汗液等所形成的斑痕，以及血痕中混有汗液、尿液、唾液或痰，或唾液混有汗液所形成的斑迹。通常所说的混合斑是指性犯罪案件中所见的精液与阴道液的混合斑。由于阴道液也含有血型物质或其他遗传标记，故从混合斑中测出的遗传标记是两者的总和，并不一定代表精液的遗传标记。因此在鉴定性犯罪案件时，应取受害人和嫌疑人的血液（斑）、唾液（斑）等检材同时检测。检验时先要证明检材是否为混合斑，如果为混合斑，则应采取对比推断、分离各成分检验等方法，以确定混合斑中各成分的遗传标记，进行个人识别。

1. 混合斑的证明

精液与阴道液混合斑可通过检测精液成分及阴道液成分证明。混合斑中精液的确证见精斑检验。

阴道液中含大量阴道脱落扁平上皮细胞及数量不等的细菌等。若在经 HE 染色的斑痕浸液沉淀物涂片上查见扁平上皮细胞，可确证该斑痕含有阴道液。

2. 混合斑的个人识别

混合斑的个人识别主要有两大类方法，第一类为对比推断法，第二类为精液与阴道液特有成分的鉴定。前者简便易行，是目前混合斑中精斑个人识别常用方法，但应用价值有限；后者应用范围日益广泛，个人识别能力强。

（1）混合斑中精液的 ABO 血型测定：方法有中和试验、抗 α_2-SGP（精浆糖蛋白）血清检测和 ASPP（抗-人精浆特异蛋白）血清检测。

（2）精子的 ABO 血型测定：精子表面具有 ABH 抗原，检测精子的 ABH 血型物质是判定混合斑中精液的 ABO 血型的重要手段之一。

混合斑浸液沉淀物涂片做混合凝集试验、直接或间接酶标抗体免疫组织化学法、免疫金银染色法可直接从混合斑中测出精子的 ABO 血型。

（3）血清型、酶型测定：精液可检测 Gc、Gm、Km、ORM1 等血清型和 PGM1、DIA3、Fu、γ-GGT 等酶型。阴道液中能检测 Gm、Km、PGM1、Fu。所以可用对比推断法检测混合斑中精液的 Gm、Km、PGM1 和 Fu 型进行个人识别。

由于从阴道液中不能有效检测出 ORM1、Gc 和 γ-GGT 型，而 DIA3 为精子所特有，故检测这些遗传标记是混合斑中精液个人识别的有效手段之一。但测定 DIA3 型和 γ-GGT 型时，需取嫌疑人精液作为对照。

（4）精子 DNA 分析：由于 DNA 的多态性程度极高，故测定精子的 DNA 多态性，可对混合斑的精液来源做个人认定。

进行混合斑精子 DNA 分析，关键在于获得纯净的精子 DNA。精子细胞核是富含二硫基的交联蛋白组成的网状结构，能抵抗所有类型的去污剂，对外源性蛋白酶也有相当强的抵抗作用，必须在二硫苏糖醇（DTT）等巯基试剂的作用下，使二硫基断裂，还原成巯基（—SH），核蛋白才能被十二烷基硫酸钠（SDS）、蛋白酶分解，释放出DNA。利用精子核蛋白在没有还原剂时极为稳定，在还原剂存在时不稳定这一特性，可用差异裂解分离法从精液与阴道液的混合斑中提取精子DNA，进行DNA指纹图分析或PCR分析。即先在无DTT存在下，用SDS、蛋白酶K将阴道液中非精子细胞核DNA释放出来，分离后，再加DTT，提取精子核DNA。所得结果与男性血液DNA一样，不出现女性DNA谱带。如此，可对精液来源做个人认定。

对于轮奸案，应取多个部位的混合斑进行检验，以找出不同个体各自的遗传标记。

以上所述的各种检测方法中，以DNA分析价值最大，其次为ABO血型测定。

唾液斑检验

唾液及唾液斑检验是法庭生物物证检验中经常遇到的内容。在犯罪实施现场，有时发现地面上留有罪犯的痰迹、唾液斑，还可有遗留在现场的烟蒂、手绢、口罩、吃剩的瓜子皮与果核、喝过水的杯子，以及尸体皮肤或其他物体上的咬痕等黏附的唾液，经过检验鉴定均可成为重要的证据。因此，在勘验现场时，必须注意寻找、发现、收集这些检材，并采用适当方法进行提取。此外，强奸及强奸杀人案件，在进行精斑检验时，也经常需要提取有关人员及当事人的唾液进行检验，以作对照，澄清事实。

提取唾液及唾液斑时应注意以下各项：

（1）提取新鲜唾液时，应先漱口，再将纱布放入口腔中，浸湿后取出，立即置于干燥、通风处，自然晾干后用干净纸包好，注明标志。采取自然流出的唾液如果不能立即送检时，应立即置水浴中煮沸，以破坏唾液中的血型分解酶活性，然后置冰箱中保存。

（2）在现场发现的可疑痰迹、唾液斑，如已干涸，应以用生理盐水浸湿的纱布，将斑迹沾取、擦拭下来，晾干后包好备检。

（3）烟蒂、瓜子皮、口罩、手帕等类检材，应用镊子采集，不可直接用手触摸，以防汗液等污染。

（4）不同部位发现、提取的检材应分别包装，不可混放在一起，以防互相污染，给检验带来困难。

唾液斑检验的目的是确认可疑斑迹是否为唾液斑；如系唾液斑，属何种血型。

唾液斑的证明

唾液中含有丰富的淀粉酶和口腔黏膜脱落上皮细胞，检验这些成分可确证唾液斑。

1. 唾液淀粉酶检出试验

（1）试验原理：淀粉遇碘呈蓝色反应。唾液中含大量淀粉酶，能将淀粉分解成糖，糖遇碘不呈蓝色反应。如果将检材斑痕先与已知淀粉溶液混合，经一定时间作用后，再加入碘液，若不出现蓝色反应，说明淀粉已被分解，从而证明检材中含淀粉酶。如再进一步证明有糖生成，则结果更为可靠。

（2）操作方法：取可疑斑迹适量，同时取检材无斑迹处，分别置于白瓷反应板凹中，各加0.05%可溶性淀粉溶液0.1 ml，充分混合后置37 ℃温箱内30 min。取出后，向检材及对照凹内各加碘液1滴，观察颜色反应。无斑迹对照凹中应立即呈现蓝色；如果检材中含有唾液，则应呈淡黄色或无色，为阳性反应，说明有淀粉酶存在。如果检材凹与对照凹一样呈现蓝色，则为阴性反应。

2. 口腔黏膜脱落上皮细胞的检查

将检材用生理盐水浸泡后离心，取沉渣涂片，经HE染色后借助显微镜检查，若查见扁平上皮细胞可佐证唾液斑。若查见含有痰液成分，以及气管或支气管的脱落纤毛柱状上皮细胞，则可证明为唾液斑。

除以上两种常用的方法外，尚可采用免疫学方法及电泳方法检测人唾液中特有的蛋白质来确证唾液斑。例如人唾液中具有特殊成分腮腺素，用抗-腮腺素血清与检材浸液做沉淀反应，若呈阳性反应可确证唾液斑。应用十二烷基硫酸钠-聚丙烯酰胺凝胶电泳（SDS-PAGE）测定腮腺分泌的Px蛋白，也可确证唾液斑。

唾液斑的个人识别

1. 唾液斑的ABO血型及分泌状态测定

唾液属人体分泌液，分泌型人的唾液中含有ABH血型物质，多采用中和试验来测定。根据唾液斑中所含有的血型物质，即可判断ABO血型。唾液与精液相比，在同一个体中两者血型物质的含量大致相仿，但不同个体之间差异较大。因此，在精斑检验案件中常提取有关人的唾液作为对照检材。

根据分泌液中含有血型物质量的多少，人为地将其分为强分泌型、中分泌型、弱分泌型和非分泌型。唾液中含有大量血型物质者称为强分泌型，含量较少者称弱分泌型，含量甚微或检不出者称为非分泌型。这种分法在法医实践中很有意义，它可以在两人ABO血型相同的情况下，排除某些嫌疑人。为了适应实际工作的需要，确定一个较为合理的划分分泌型强弱的标准是十分必要的。有人主张，以效价为8的抗血清为标准，与不同稀释倍数的唾液做中和试验，根据中和能力判定唾液中血型物质的含量，唾液稀释128倍以上仍能中和标准血清效价者，称为强分泌型；唾液稀释2～8倍能中和标准血清者，为弱分泌型；唾液原液不能中和者，为非分泌型（表20-4）。

表20-4 中和试验判定分泌型强弱

血型	唾液稀释倍数										
	原液	2	4	8	16	32	64	128	256	512	1 024	…
非分泌型	+	+	+	+	+	+	+	+	+	+	+	
弱分泌型	−	−	−	−	+	+	+	+	+	+	+	
中分泌型	−	−	−	−	−	−	−	+	+	+	+	
强分泌型	−	−	−	−	−	−	−	−	−	−	−	

2. 唾液斑中多态性蛋白质及酶的检测

人类唾液中有许多酶和蛋白质具有遗传多态性，包括唾液富含脯氨酸蛋白、唾液酸性蛋白、腮腺碱性蛋白、腮腺唾液中带快蛋白、腮腺唾液中带慢蛋白、唾液双带蛋白、唾液糖蛋白、腮腺唾液重蛋白、腮腺等电聚焦变异体、唾液淀粉酶变异体、腮腺唾液酸性磷酸酶、唾液酯酶、唾液葡萄糖－6－磷酸脱氢酶、唾液过氧化物酶等。

唾液蛋白（涎蛋白）及唾液酶多态性的检测一般采用以下几种方法：酸性含脲的淀粉凝胶电泳，碱性聚丙烯酰胺凝胶电泳，SDS－PAGE，酸性聚丙烯酰胺凝胶电泳及等电聚焦（IEF）。检测唾液蛋白及酶的多态性，可大大提高唾液斑的个人识别能力。

3. 唾液斑的性别鉴定

唾液斑的性别鉴定主要有以下三种方法：①检查口腔黏膜脱落上皮细胞中的 X、Y 染色质；②用 Y 染色体特异 DNA 探针斑点杂交技术检查唾液斑中有无 Y 染色体特异的 DNA 序列；③用 PCR 技术扩增 Y 染色体特异的 DNA 序列，根据有无相应的扩增产物来判断性别。

4. 唾液斑的 DNA 多态性分析

从唾液斑中提取 DNA，用 PCR 技术进行 DNA 多态性分析是做唾液斑个人识别最有效的方法。

毛发检验

毛发是毛和发的总称，包括人体头发、阴毛、腋毛、眉毛和全身其他各部位的毛。动物毛也是法医生物物证检验的内容。

毛发在人体上具有分布广、特征多、不腐败等特点，因此是重要的法医生物物证检材。

毛发广泛分布于全身，除手掌、足底外，各部位皮肤上均生长着毛发。毛发常有脱落，特别是在凶杀、强奸、抢劫等案件中，因常有搏斗，毛发极易脱落而遗留在现场。

毛发的特征很多，不同种属的动物毛各异。人体不同部位的毛发各有特征，根据毛发可以判断性别、测定血型、进行线粒体 DNA 测序。毛发中的元素组成及含量具有个体差异，是个人识别的重要依据。

毛发主要由角蛋白组成，很少受尸体腐败的影响，不易毁坏，能长期保持原形，其化学成分及血清学特征也基本不受影响。即使尸体高度腐败，全身软组织消失，毛发也能完整地保存下来。因此，毛发可作为个人识别的依据。

法医学上检查疑为毛发的检材时，一般要解决下列问题：

（1）是毛发还是其他纤维？

（2）如系毛发，是人毛还是动物毛？

（3）如系人毛，是什么部位的毛？

（4）是谁的毛发？

（5）是自然脱落的，还是暴力拔脱的？有无其他损伤？

毛发的确认

毛发可分为毛根、毛干和毛尖三部分。露于皮肤外的游离部分，称为毛干；其游离末端渐细而尖，称为毛尖；埋在皮肤内的部分，称为毛根；毛根始端膨大呈球状，称为毛球；毛球的下端凹陷，容纳结缔组织，称为毛乳头。通过显微镜观察，毛发的结构由外向内可分为三层，即毛小皮、毛皮质和毛髓质。毛小皮位于毛发的最外层，由极薄的角化无核扁平上皮细胞组成，呈叠瓦状或鳞片状重叠，其游离端指向毛尖，形成具有特征的纹理。毛皮质位于毛小皮的内侧，由纵行排列的长纺锤形细胞组成，有散在分布的色素。毛髓质位于毛干中心，由退化的多角形上皮细胞组成，细胞内有黑色素颗粒和空泡（图 21－16，21－17）。毛发的主要组成成分为角蛋白中的硬角蛋白，其理化性质稳定。毛发的角蛋白中含有 3%～5%的硫，故燃烧时发出特殊的臭味。毛发中还含钙、镁、锌、铜、铁、磷等 20 多种微量的无机元素，其含量具有个体差异，可供个人识别。

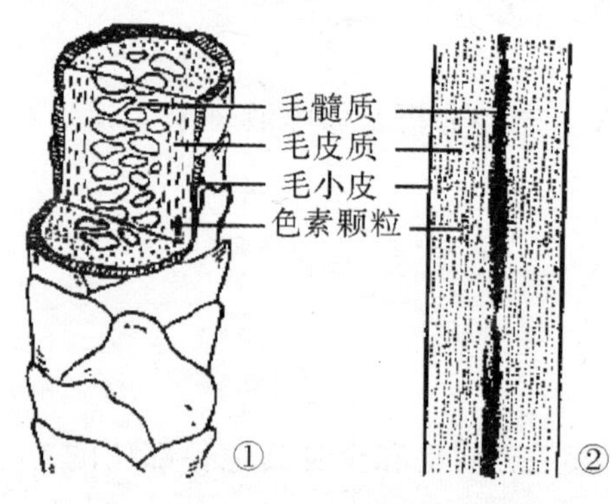

图 20－16　毛干结构

（上端指向毛尖）

①立体观；②纵切面。

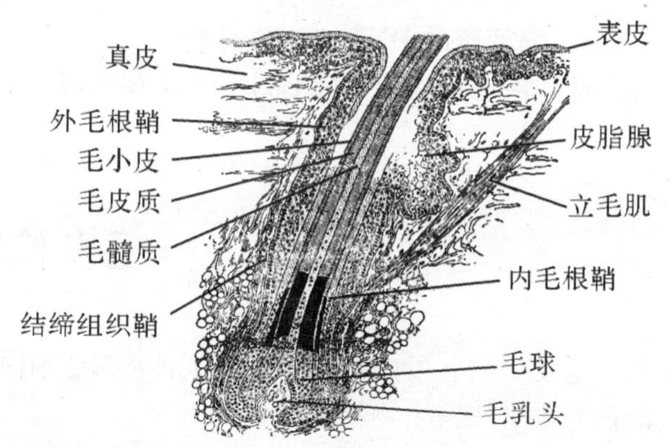

图 20－17　毛囊及毛根结构

横线为硬角质，圆点为软角质，黑色实体为生角质层。

类似毛的其他纤维主要有棉、麻、棕等植物纤维，石棉、玻璃丝等矿物纤维，蚕丝、人造毛及化学合成纤维。毛与这些纤维在颜色上、外观形态上都有明显区别，鉴别并不困难。在检材被污染或很细小的情况下，用肉眼鉴别有困难时，可借助显微镜检查。毛的共同特征是具有毛小皮、毛皮质、毛髓质结构，而其他纤维则无。必要时，也可用化学方法区别：毛发能溶于氢氧化钠等强碱性溶液中，矿、植物纤维则不溶；植物性纤维可溶于 50%的硫酸液中，毛发则不溶；毛发燃烧时发出特殊的臭味，而植物纤维燃烧时无此种臭味，矿物纤维不易燃烧。

人毛与动物毛的鉴别

人毛与动物毛可按一般形状、长短、颜色等进行区别，多数情况下并无困难。通过显微镜观察，按组织结构特征进行鉴别更为可靠。鉴别要点详见表 20－5。

表 20－5 人毛与动物毛在结构上的区别

毛发结构	人 毛	动 物 毛
毛髓质	不发达，较毛皮质窄，宽度占毛干的 1/3 以下，呈断续状，有时缺如（毛尖部）	发达，宽度占毛干的 1/3 以上，呈连续状，无中断
毛皮质	较毛髓质宽，色素颗粒大小分布较均匀，尖部减少	较窄，占毛干的 1/2 以下，色素颗粒大小不一，分布不均匀
毛小皮	纹理较细小，侧面观呈细小锯齿状	纹理较粗大，侧面观呈粗锯齿状

鉴别人毛与动物毛时，应从大体形态、结构特点等多方面综合观察。有些动物毛在结构上与人毛有近似之处，如黑猩猩、猴、牛、狗等动物毛，有的毛髓质也很窄，占毛干的 1/3 左右，也有中断现象，类似人毛。因此，鉴定时不可机械地应用某一个结构特征做出结论，必须综合所有特征进行鉴定。最好用已知种属的毛发标本与被检毛进行全面的综合比较。

人体各部位毛的区别

在确定人毛的基础上，有时需要进一步区别是人体哪个部位生长的毛。鉴定主要依据毛发的长短、粗细、色泽、形状、卷曲情况、游离端特征、横截面形状、皮髓质结构特点以及表面附着物等特征。

毛发检验中，经常遇到的是头发和阴毛。人体各部位的毛，因人种、民族不同而有差异。在个体之间也有差异。我国汉族人的头发、阴毛、腋毛的主要特征及区别点如下：

1. 头 发

头发为人体最长的毛，如果任其生长可达 1.5 m～2 m，理发可使毛发长度变化较大。检案中发现超过 10 cm 的毛发，可考虑为头发。个别地区有留胡须的习惯，长胡须也可超过 10 cm。头发平均直径为 0.075 mm～0.1 mm；呈黑色、黑褐色、棕色或灰白色乃至银白色；大多为直形，也有的呈波浪状或卷曲状；横截面呈圆形或椭圆形；其结构具有人毛的典型特征。毛发表面可有发油、发乳、染发剂等附着。

2. 阴 毛

阴毛属再生毛，青春期后生出。阴毛的长度为 3 cm～6 cm，多呈 S 状弯曲形，一般为黑色或黄褐色。毛干部的平均直径，男性为 0.099 mm～0.125 mm，女性为 0.105 mm～0.15 mm。其横截面呈长椭圆形或肾形，表面可附着精液或月经血。

3. 腋 毛

腋毛为再生毛，青春期后开始萌生，逐渐长成。腋毛的长度为 1 cm～5 cm，多呈弯曲状，一般呈黑色或棕黑色。毛干部的平均直径，男性为 0.079 mm～0.102 mm，女性为 0.075 mm～0.092 mm。毛干横截面呈椭圆形，表面常附着皮脂腺和汗腺分泌的油性分泌物。

毛发的个人识别

测定毛发的性别、遗传标记及微量元素的含量可进行个人识别。

（1）从毛根中提取DNA，采用能同时特异扩增X和Y染色体上的牙釉基因的引物对检材DNA进行扩增。同时检出X和Y两条特异性扩增产物片段者为男性，只检出一条X特异性扩增产物片段者为女性。

（2）毛发中含有ABH血型物质，且不易被破坏，可长期保存。采用解离试验、红细胞粘连试验及间接酶标抗体免疫组织化学（ABC法）等方法，可检出毛发的ABH血型。

（3）毛发根部的毛囊上皮细胞中尚含有PGM1、EsD、ADA、AK、G－6－PD及GLOⅠ等同工酶，将毛囊经液氮做冷冻处理后，可直接将其插入凝胶内电泳，检测上述同工酶型。

（4）对有毛根的毛发，可从毛根部有核细胞中提取DNA，用PCR方法对其进行STR基因座分析，可进行个人识别。

（5）对无毛根的毛发，可从毛干细胞中提取其线粒体DNA（mtDNA），用DNA测序仪对mtDNA D环的碱基序列多态性做测序分析，可进行个人识别。

（6）通过中子活化分析测定毛发中的微量元素含量，也可进行毛发的个人识别。一般男性毛发氯、硫、铁等元素含量高于女性，而钙、镁、锌等元素含量则低于女性。

毛发损伤检验

1. 暴力拔下和自然脱落毛的区别

暴力拔下的毛和自然脱落的毛主要根据毛根和毛囊的情况进行判断。毛发有一定的生长期，毛发停止生长时，毛球逐渐萎缩，并与毛囊分离，被新生的毛发推出而脱落。因而自然脱落的毛，毛球萎缩，呈棍棒状，下方闭锁，无毛囊组织附着。有活力的毛发被暴力拔出或撕落时，在毛根部位可见毛根鞘组织。肉眼观毛球部往往呈钩状弯曲，不平整，膨大毛球下端呈开放状（毛乳头的凹窝），新拔下时呈湿润状。已老化但还未脱落的毛发被拔脱时，毛根萎缩，毛球呈棍棒状，但有毛囊附着。

2. 毛发的损伤

铁质或坚硬的石块作用于毛发时，如果有颅骨衬垫，被夹击处毛发可变宽、曲折或被挫裂成分支状。金属类钝器的棱边打击头部，可使毛发断裂，断端弯曲或呈钩针状。

（李　军）

21 血 型

红细胞血型（336）
ABO 血型系统（336） MNSs 血型系统（340） P 血型系统（341）
Rh 血型系统（342） Lewis 系统（344）
Duffy、Kell、Kidd、Lutheran 及 Xg^a 血型系统（345）
人类白细胞血型（348）
人类白细胞血型的遗传（348） 人类白细胞抗原的细胞分布（350）
人类白细胞血型的测定方法（350） 人类白细胞血型的法医学应用（351）
血清型（352）
血清型的检测方法（353） 常用的血清型（354）
红细胞酶型（356）
同工酶的类型（356） 红细胞同工酶型的检测方法（358）
常用的红细胞酶型（358）

血液的遗传学差异称为血型（blood group），是血液的遗传特征。从 1900 年人类第一个血型系统——ABO 血型系统被发现，一直到 20 世纪 50 年代中期以前，血型的概念都只限于红细胞血型。

随着淋巴细胞毒性试验、凝集抑制试验、电泳技术、同工酶谱技术及酶标抗体免疫吸附技术等的建立，逐步发现了血液中的白细胞、血小板、血清蛋白、红细胞酶等，以及唾液、精液等人体分泌液中的某些成分均具有遗传多态性（genetic polymorphism）。因此，最初狭隘的血型概念已发展为泛指各种血液成分的遗传多态性的广义概念。根据血液不同成分的遗传多态性将血型做如下分类：

（1）红细胞血型：红细胞膜表面抗原的遗传多态性；

（2）人类白细胞血型：白细胞抗原的遗传多态性；

（3）血清型：血清蛋白质的遗传多态性；

（4）红细胞酶型：红细胞同工酶的遗传多态性；

（5）血小板血型：血小板抗原的遗传多态性。

血型在法医学个人识别和亲子鉴定方面均具有重要的应用价值，具有以下优点：①所有血型系统都遵循孟德尔定律遗传，大多数情况下，血型受一对染色体上的一对等位基因所控制，一个基因来自母亲，另一个基因来自父亲；②除极少数情况外，血型的表现一般不受环境因素、年龄及基因的相互作用效应等影响；③多数血型的检测方法稳定可靠，并已积累了大量的群体遗传调查资料。

遗传多态性是指在一个种内互配的群体中，存在两种或两种以上的基因型，其基因频率为0.01～0.99。血型系统的多态性程度越高，表现型数目越多，其个人识别能力越强。根据某血型系统在特定人群中的表现型分布频率，可计算出基因频率及血型的个人识别概率（discrimination power，DP）。DP值越大，则血型的个人识别能力越强。计算DP值的公式为：

$$DP = 1 - \sum_{i=1}^{n} P_i$$

式中 n 为某血型系统的表现型数目，P_i 为 i 个表现型的频率。一般DP值在0.50以上的血型系统即属于个人识别能力高的血型，在法医学中的应用价值较大。

红细胞血型

红细胞血型是红细胞膜表面抗原的遗传多态性。已知红细胞血型系统有20多个，检出的抗原数达400种以上。下面分别介绍在法医学中常用的红细胞血型系统。

ABO血型系统

ABO血型系统于1901年由Landsteiner最先发现。根据红细胞表面抗原和血清中所含抗体的种类，可以将ABO血型分为4种普通表现型：①A型：红细胞上有A及H抗原，血清中含有抗-B抗体；②B型：红细胞上有B及H抗原，血清中含有抗-A抗体；③AB型：红细胞上有A、B及H抗原，血清中无相应抗体；④O型：红细胞上无A抗原和B抗原，但有H抗原，血清中含有抗-A、抗-B和抗-A,B抗体。

抗-A、抗-B和抗-A,B抗体天然地存在于红细胞上无相应抗原个体的血清中，可以预测其存在，称为天然抗体或规则抗体。

测定血液的ABO血型可通过检测红细胞上的血型抗原和血清中的抗体来进行。用已知抗-A和抗-B血清检测被检红细胞上有无A和B抗原，称为正定型；用已知标准A和B型红细胞检测被检血清中有无相应抗体，称为反定型。综合正、反定型的结果判断ABO血型。若正定型与反定型的结果不吻合，则要考虑是否为亚型或稀有表现型。表21-1示常规ABO血型测定的结果。

表21-1　常规ABO血型测定

已知抗血清与未知红细胞的反应				已知红细胞与未知血清的反应			被检血液		ABO血型
抗-A	抗-B	抗-A,B	抗-H	A细胞	B细胞	O细胞	红细胞抗原	血清抗体	
－	－	－	＋	＋	＋	－	H	抗-A、抗-B及抗-A,B	O型
＋	－	＋	＋	－	＋	－	AH	抗-B	A型
－	＋	＋	＋	＋	－	－	BH	抗-A	B型
＋	＋	＋	＋	－	－	－	ABH	无	AB型

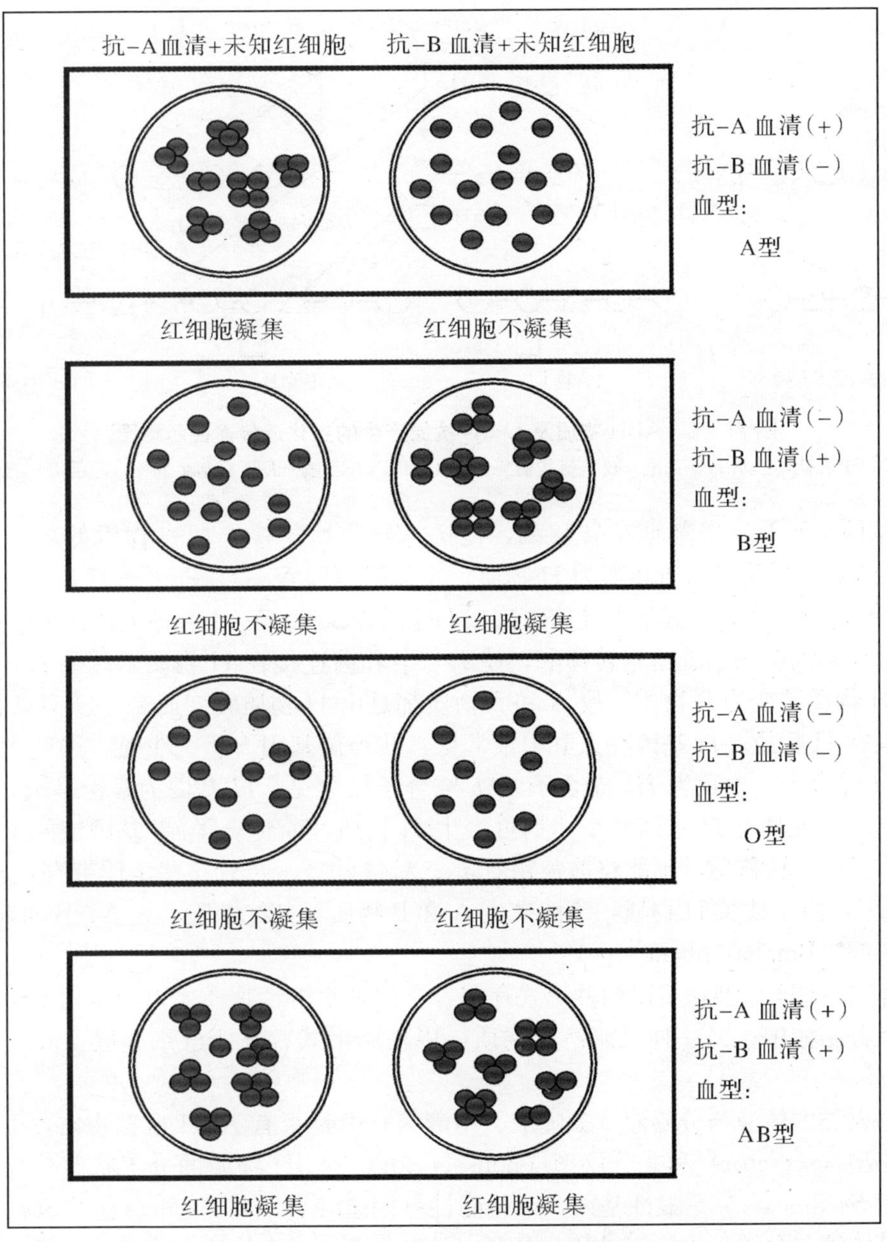

图 21－1　用抗－A 和抗－B 血清与待检红细胞做玻片法检测 ABO 血型结果示意图

决定 ABO 血型抗原特异性有 H、A 和 B 三种血型物质。其共同的前身物质是由 4 个六碳糖分子所组成的低聚糖，这 4 种六碳糖是：*D*－半乳糖（*D*－galactose）、*N*－乙酰－*D*－氨基葡萄糖（*N*－acetyl－*D*－glucosamine）、*N*－乙酰－*D*－氨基半乳糖（*N*－acetyl-*D*－galactosamine）和 *L*－岩藻糖（*L*－fucose）。H、A、B 三种血型物质的产生受 *H*、*A* 和 *B* 基因的控制，其生化遗传途径如图 21－2 所示。

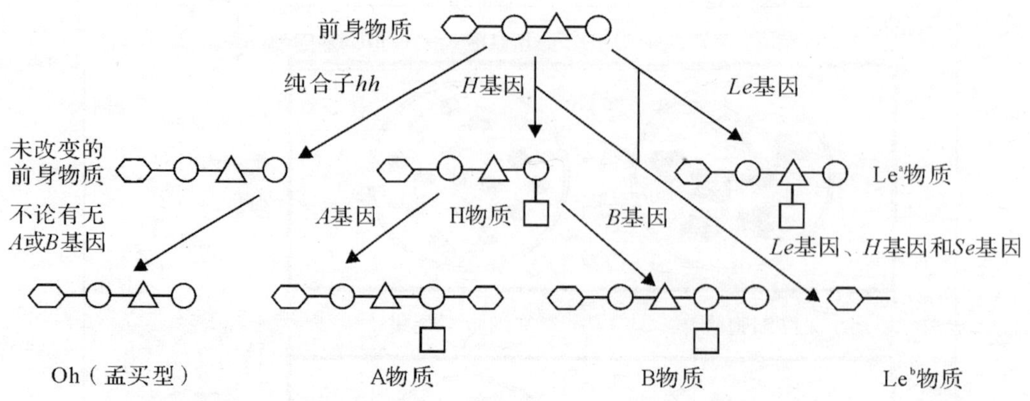

图 21－2　ABH 物质及 Lewis 抗原产生的生化遗传途径示意图

○示 *D*－半乳糖，△示 *N*－乙酰－*D*－氨基葡萄糖，⬭示 *N*－乙酰－*D*－氨基半乳糖，□示 *L*－岩藻糖。

H 基因编码 *L*－岩藻糖基转移酶，使 *L*－岩藻糖连接在前身物质低聚糖末端的 *D*－半乳糖上，则前身物质转变为 H 物质。*A* 基因编码 *N*－乙酰－*D*－氨基半乳糖基转移酶，使 *N*－乙酰－*D*－氨基半乳糖连接在 H 物质末端的 *D*－半乳糖上，使 H 物质变成 A 物质。*B* 基因编码半乳糖基转移酶，使 *D*－半乳糖连接在 H 物质末端的 *D*－半乳糖上，使 H 物质转变为 B 物质。故 A 和 B 物质都是由 H 物质转变而来。O 型只有 *H* 基因，故只有 H 物质。*H* 基因在人群中很常见，其等位基因 *h* 极为少见，因此大多数个体为 *HH* 纯合子，少数为 *Hh* 杂合子，*hh* 纯合子极罕见。*H* 基因为显性基因，*h* 基因为无效基因。凡具有 *H* 基因的个体均可产生 H 物质，而纯合子 *hh* 基因型的个体因缺少 *L*－岩藻糖基转移酶，不能将前身物质转变为 H 物质。尽管这些个体带有正常的 *A*、*B*、*O* 基因，由于缺少 H 物质，不能产生 A 和 B 物质，其红细胞上无 A、B 和 H 抗原，称为孟买型（Bmobay phenotype）。

人体内 ABH 血型物质以两种形式存在：一种是水溶性物质，以糖蛋白的形式存在于体液及分泌液中；另一种是脂溶性物质，以糖脂形式存在于红细胞膜及其他组织细胞上。

根据人类的体液与分泌液（如唾液、精液等）中是否有 ABH 血型物质，可将人类分为分泌型（secretor）和非分泌型（nonsecretor）。ABH 物质的分泌状态受控于一对等位基因 *Se* 和 *se*，*Se* 是显性基因，*se* 是隐性基因。纯合子 *SeSe* 和杂合子 *Sese* 均为分泌型，其体液与分泌液中含有 ABH 物质；而纯合子 *sese* 为传统上称的非分泌型，不分泌或分泌极少量的 ABH 物质，后者需用敏感方法方可测出。中国汉族群体，分泌型约占 78.71%，非分泌型约占 21.29%，其基因频率是：*Se*＝0.538 6，*se*＝0.461 4。通过检测分泌型个体的体液或分泌液中的 ABH 物质亦可测知其 ABO 血型。

关于 ABO 血型的遗传规律，1942 年 Bernstein 即提出了著名的三复等位基因学说，他认为在 ABO 血型的基因座上，存在 *A*、*B*、*O* 三个等位基因，*A* 和 *B* 基因对 *O* 基因为显性基因，*O* 基因为无效基因。每一个体带有其中的两个基因，分别来自其父母。当细胞进行减数分裂时，这一对等位基因分离，被分配到两个配子中，遗传给子代。

ABO 血型系统的四种常见表现型有六种可能的基因型（表 21－2）。

表 21－2 ABO 血型系统的表现型、基因型

表现型	基因型
A	*AA*，*AO*
B	*BB*，*BO*
O	*OO*
AB	*AB*

根据 ABO 血型的遗传规律，由父母血型的配合即可推断出他们的孩子可能和不可能出现的血型，如表 21－3 所示。

表 21－3 ABO 血型的遗传

婚配血型		孩子可能的表现型	孩子不可能的表现型
表现型	基因型		
O × O	*OO* ×*OO*	O	A，B，AB
O × A	*OO* × *AA*	O，A	B，AB
	OO × *AO*		
O × B	*OO* × *BB*	O，B	A，AB
	OO × *OB*		
O × AB	*OO* × *AB*	A，B	O，AB
A × A	*AA* × *AA*	A，O	B，AB
	AA × *AO*		
	AO × *AO*		
B × B	*BB* × *BB*	B，O	A，AB
	BB × *BO*		
	BO × *BO*		
A × B	*AA* × *BB*	A，B，O，AB	无
	AA × *BO*		
	AO × *BB*		
	AO × *BO*		
AB × A	*AB* × *AA*	A，B，AB	O
	AB × *AO*		
AB × B	*AB* × *BB*	A，B，AB	O
	AB × *BO*		
AB × AB	*AB* × *AB*	A，B，AB	O

除了上述 A、B、O、AB 四种主要表现型外，根据红细胞膜上 A、B 和 H 抗原的强弱及体液与分泌液所分泌的 ABH 物质的情况，ABO 血型又可分为若干亚型（subgroup），如 A_1、A_2、A_3、A_x、A_m、A_{end}、A_y、A_{el}、A_1B、A_2B、B_3、B_x、B_m、B_{el}、A_{bantu}、A_{finn}、A_{lae} 等。若有条件检测 ABO 血型的亚型，则可提高其个人识别概率。在法医学鉴定中比较常用的是 A_1、A_2 亚型，其鉴定方法如表 21－4 所示。

表 21－4　A_1 型、A_2 型、A_1B 型及 A_2B 型的测定

未知红细胞				未知血清				结果解释
抗－A	抗－A_1	抗－B	抗－A,B	A_1 细胞	A_2 细胞	B 细胞	O 细胞	
+	+	－	+	－	－	+	－	A_1
+	－	－	+	－	－	+	－	A_2
+	－	－	+	+	－	+	－	A_2 伴有抗－A_1
+	+	+	+	－	－	－	－	A_1B
+	－	+	+	+	－	－	－	A_2B 伴有抗－A_1

A_1 和 A_2 亚型的遗传受控于 ABO 基因座上的一对等位基因 A_1 和 A_2，A_1 是显性基因，A_2 是隐性基因。

除亚型外，ABO 血型还有一些变异体，如孟买型、类孟买型（para－Bombay phenotype）、顺侧 AB 型（Cis－AB）等。这些变异型的遗传及血清学反应特点均与普通的 ABO 血型有明显的差异，在用 ABO 血型鉴定亲子关系时，应考虑到 ABO 血型变异型。

临床上还发现某些疾病可以引起 ABO 血型的暂时性改变。例如某些结肠癌、直肠癌及革兰阴性细菌感染的病人，原来为 A_1 型者，患病后，红细胞会暂时获得 B 抗原的活性，使其血型变为 A_1B 型，称为获得性 B 抗原。获得性 B 抗原是不会遗传的，一般在病情好转后这种血型变化即可消失。O 型也可获得 B 抗原。

MNSs 血型系统

为了发现更多的人类血型，1927 年 Landsteiner 和 Levine 用人类红细胞免疫家兔，分别产生了针对某些人类红细胞抗原的抗体。这些抗体与人类红细胞反应时显示出型特异性，由此发现了 MN 血型。由于 MN 血型是使用免疫（immune）血清检出的，故取 immune 一词中的 M 和 N 两个字母命名为 MN 血型。使用抗－M 和抗－N 两种血清，可检出 M、N 和 MN 三种表现型。

1947 年和 1951 年，Walsh 和 Levine 等先后从人血清中发现了抗－S 和抗－s 抗体。使用这两种抗体，可检出 S、s 和 Ss 三种表现型。群体调查发现，S、s 抗原和 M、N 抗原明显关联，故将其纳入 MN 血型，称为 MNSs 血型系统。

MN 血型和 Ss 血型分别受控于同一染色体上两个紧密连锁基因座的基因。在 MN 基因座上有一对等位基因 *M* 和 *N*，决定三种基因型（*MM*、*MN*、*NN*）和三种表现型

(M、MN、N)；在 Ss 基因座上有一对等位基因 S 和 s，亦决定三种基因型（SS、Ss、ss）和三种表现型（S、Ss、s）。M、N、S、s 基因均为显性基因。

由于 MN 和 Ss 基因座紧密连锁，故可有 MS、Ms、NS、Ns 等 4 种基因组合（称为单倍型），有 10 种基因型，决定 9 种表现型（表 21－5）。

表 21－5 MNSs 血型系统的表现型和基因型

表现型	与抗血清的反应				基因型
	抗－M	抗－N	抗－S	抗－s	
MS	＋	－	＋	－	MS/MS
MSs	＋	－	＋	＋	MS/MS
Ms	＋	－	－	＋	Ms/Ms
MNS	＋	＋	＋	－	MS/NS
MNSs	＋	＋	＋	＋	MS/Ns 或 Ms/NS
MNs	＋	＋	－	＋	Ms/Ns
NS	－	＋	＋	－	NS/NS
NSs	－	＋	＋	＋	NS/Ns
Ns	－	＋	－	＋	Ns/Ns

MNSs 血型系统亦有遗传变异，较为重要的是 M^g 型。M^g 抗原取决于 MN 基因座上的等位基因 M^g。M^g 抗原只与抗－M^g 抗体发生反应，与抗－M 抗体不反应。因此，若仅使用一般的抗－M、抗－N 血清，易将基因型为 MM^g、M^gN 的个体误定为 M 型和 N 型。

P 血型系统

1929 年 Landsteiner 与 Levine 用人类红细胞免疫家兔，用抗血清与人类红细胞做凝集反应，发现了 P 血型。他们最初将与此抗血清起反应的个体定为 P＋，不反应的定为 P－。随着 P 血型系统新抗原的发现，即将 P＋改为 P_1 型，P－改为 P_2 型。目前已检出 P_1、P_2、P^k 等抗原，是不同基因座基因相互作用的产物。

在法医学实践中，一般只使用抗－P_1 血清检测 P_1 和 P_2 型，凡能与抗－P_1 血清反应者为 P_1 型，不反应者为 P_2 型。

P_1 型和 P_2 型受控于同一基因座上的一对等位基因 P_1 和 P_2。P_1 是显性基因，编码 P_1 抗原；P_2 是隐性基因。P_1 型可能有 P_1P_1 和 P_1P_2 两种基因型，P_2 型则只有 P_2P_2 一种基因型（表 21－6）。

表 21－6 P 血型系统的表现型和基因型

表现型	与抗－P_1 血清的反应	基因型
P_1	＋	P_1P_1 或 P_1P_2
P_2	－	P_2P_2

Rh 血型系统

Rh 血型系统的临床意义仅次于 ABO 血型系统，其命名较为复杂。Rh 血型不合的输血，有可能产生危及生命的溶血性输血反应；母亲与胎儿 Rh 血型不合时，有可能发生新生儿溶血症，严重者可导致胎儿死亡。

为了发现更多的红细胞血型系统，1940 年 Landsteiner 和 Wiener 用恒河猴的红细胞免疫家兔和豚鼠，所得的免疫血清不仅能与恒河猴的红细胞发生反应，也能够与纽约 85%的白种人红细胞发生凝集反应。他们认为与免疫血清呈阳性反应的人红细胞上含有与恒河猴红细胞相同的抗原，用恒河猴（rhesus monkey）的前两个字母，将这种抗原命名为 Rh 因子。

迄今为止，发现 Rh 血型系统的抗原超过 40 种，但常用的只有 5 种，即 C、c、D、E 和 e 抗原。

Rh 血型的命名法有三种，即 Fisher - Race 法（DCE 法）、Wiener 法（Rh - Hr 法）和 Rosenfield 的数字命名法。前两种命名法均涉及 Rh 血型的遗传方式；数字命名法仅根据抗原与抗体反应的结果，不牵涉遗传方式。

按 Fisher - Race 的学说，Rh 血型抗原受控于 C、D、E 三个紧密连锁基因座上的等位基因，每个基因座由一对等位基因之一所占据（*C* 或 *c*，*D* 或 *d*，*E* 或 *e*），其中 *C* 与 *c*，*E* 与 *e* 为共显性基因，*D* 为显性基因，*d* 为假设的隐性基因。每个基因决定一个抗原，抗原用与基因相同的字母命名，基因用斜体字母，抗原及表现型用正体字母以示区别。由于三个基因座紧密连锁，以单倍型方式遗传，因此可有 *Cde*、*cDE*、*cde*、*cDe*、*cdE*、*Cde*、*CDE*、*CdE* 等 8 种单倍型。这 8 种单倍型任意两种组合，可有 36 种基因型（表 21 - 7）。

表 21 - 7　Rh 血型系统的 36 种基因型

单倍型	*CDe*	*cDE*	*cde*	*cDe*	*cdE*	*Cde*	*CDE*	*CdE*
CDe	*CDe/CDe*							
cDE	*cDE/CDe*	*cDE/cDE*						
cde	*cde/CDe*	*cde/cDE*	*cde/cde*					
cDe	*cDe/CDe*	*cDe/cDE*	*cDe/cde*	*cDe/cDe*				
cdE	*cdE/CDe*	*cdE/cDE*	*cdE/cde*	*cdE/cDe*	*cdE/cdE*			
Cde	*Cde/CDe*	*Cde/cDE*	*Cde/cde*	*Cde/cDe*	*Cde/cdE*	*Cde/Cde*		
CDE	*CDE/CDe*	*CDE/cDE*	*CDE/cde*	*CDE/cDe*	*CDE/cdE*	*CDE/Cde*	*CDE/CDE*	
CdE	*CdE/CDe*	*CdE/cDE*	*CdE/cde*	*CdE/cDe*	*CdE/cdE*	*CdE/Cde*	*CdE/CDE*	*CdE/CdE*

根据 Fisher - Race 的命名法，Rh 血型系统有 5 种常见的抗原，即 C、c、D、E、e 抗原，d 抗原至今未发现。使用相应的 5 种抗血清检查，可查出 18 种表现型（表

21－8)。凡带有 D 抗原者，称为 Rh 阳性，不带 D 抗原者为 Rh 阴性。

表 21－8 Rh 血型的 18 种表现型与抗血清的反应

表现型	与抗血清的反应				
	抗－C	抗－c	抗－D	抗－E	抗－e
Rh 阳性					
CcDEe	+	+	+	+	+
CcDEE	+	+	+	+	−
CcDee	+	+	+	−	+
CCDEe	+	−	+	+	+
ccDEe	−	+	+	+	+
ccDee	−	+	+	−	+
CCDEE	+	−	+	+	−
CCDee	+	−	+	−	+
ccDEE	−	+	+	+	−
Rh 阴性					
CcdEe	+	+	−	+	+
CcdEE	+	+	−	+	−
Ccdee	+	+	−	−	+
CCdEe	+	−	−	+	+
ccdEe	−	+	−	+	+
CCdEE	+	−	−	+	−
ccdee	−	+	−	−	+
CCdee	+	−	−	−	+
ccdEE	−	+	−	+	−

Wiener 提出 Rh－Hr 命名法，他假设 *Rh* 基因决定凝集原 (agglutinogen)，每一个凝集原有若干个独立的血清学特异性，称之为因子 (factor)，每个因子可与其相对应抗体发生反应。例如 R^0 基因决定红细胞膜上的 Rh_0 凝集原，该凝集原包含有 Rh_0、hr′和 hr″三个因子。基因、凝集原及因子都有各自的符号，一般规律是：

(1) Rh_0、rh′、rh″、hr′、hr″ 5 种因子分别对应于 Fisher－Race 命名法中的 D、C、E、c、e 五种抗原。

(2) 凝集原中含有 Rh_0 因子 (即 D 抗原) 时，凝集原的符号则用 Rh 加脚注表示，

如 Rh_1、Rh_2、Rh_0、Rh_z 等，其相应的基因用斜体大写字母 R 加角码表示，如 R^1、R^2、R^0、R^z。

（3）凝集原中无 Rh_0 因子（D 抗原）时，用 rh 加角码表示，如 rh、rh′、rh″、rh_y 等。其相应的基因用斜体小写字母 r 加角码表示，如 r、r'、r''、r^y 等。

表 21 - 9 为 Fisher - Race 与 Wiener 命名法的比较。

表 21 - 9　Fisher - Race 与 Wiene 命名法的比较

Fisher - Race		Wiener		
单倍型	抗原	基因	凝集原	因子
cDe	D，c，e	R^0	Rh_0	Rh_0，hr′，hr″
CDe	D，C，e	R^1	Rh_1	Rh_0，rh′，hr″
cDE	D，c，E	R^2	Rh_2	Rh_0，hr′，rh″
CDE	D，C，E	R^Z	Rh_Z	Rh_0，rh′，rh″
cde	c，e	r	rh	hr′，hr″
Cde	C，e	r'	rh′	rh′，hr″
cdE	c，E	r''	rh″	hr′，rh″
CdE	C，E	r^y	rh_y	rh′，rh″

Rh 血型的抗体不是天然地存在于缺乏相应抗原个体的血液中，而是由于输异型血、怀异型血胎儿所致的同种免疫产生，是免疫抗体。这种抗体在盐水介质中不能使相应红细胞发生凝集，而只能使红细胞致敏，故又称为不完全抗体。在 Rh 血型系统中仅有极少数抗体是完全抗体。检测不完全抗体的 Rh 血型一般需用抗 - 球蛋白试验、酶法或清蛋白试验。

Rh 血型系统中，除了上述 5 种常见的抗原外，尚有一些抗原变异体，其中较为重要的是 D^U 型。D^U 抗原只与某些抗 - D 血清起反应，而与另一些抗 - D 血清则不起反应，故易被误定为 Rh 阴性。某些 D^U 型个体可以产生抗 - D 抗体，故在临床输血中，D^U 型受体一般作为 Rh 阴性看待，应输 Rh_0（D）阴性血液。

Lewis 系统

1946 年 Mourant 在一名姓 Lewis 的妇女血清中发现一种抗体，命名为抗 - Le^a 抗体，它能使带有 Le^a 抗原的红细胞发生凝集。与 Le^a 抗原大体上有对偶关系的 Le^b 抗原，1948 年由 Andresen 发现。根据人类红细胞与抗 - Le^a 和抗 - Le^b 两种抗体的反应结果，可将其分成三种表现型，即 Le(a＋b－)、Le(a－b＋) 和 Le(a－b－)，详见表 21 - 10。

表 21－10 Lewis 表现型及其频率

与抗血清的反应		表现型	表现型频率（%）	
抗－Le^a	抗－Le^b		白种人	黑种人
＋	－	Le(a＋b－)	22	23
－	＋	Le(a－b＋)	72	55
－	－	Le(a－b－)	6	22

Le^a 和 Le^b 抗原与其他红细胞血型抗原有两点不同之处：①Lewis 血型抗原最初是以水溶性抗原的形式存在于人体的血清和唾液等分泌液中，然后被红细胞表面吸附，即红细胞上的 Lewis 抗原不是红细胞膜本身的成分；②虽然 *Lewis* 基因是独立遗传的，但 Lewis 物质和 ABH 物质起源于一个共同的前身物质，且 Lewis 抗原的产生不仅取决于 *Lewis* 基因，也取决于 *Se* 基因与 *H* 基因，而且 Lewis 抗原的含量还受 *ABO* 基因的影响。

Lewis 血型的表现型与 ABH 的分泌状态有明显的关系。凡唾液或血清中含有 Le^a 物质，而不含 Le^b 物质者，红细胞为 Le(a＋b－)型；含少量的 Le^a 物质，大量的 Le^b 物质者，为 Le(a－b＋)型。Le(a＋b－)型的个体，均为 ABH 非分泌型；Le(a－b＋)型的个体，均为 ABH 分泌型；Le(a－b－)型者可以是分泌型，也可以是非分泌型，但以分泌型为多（表 21－11）。

表 21－11 Lewis 表现型与 ABH 物质的分泌

Lewis 表现型	ABH 物质的分泌	唾液及血清中的 Lewis 物质
Le(a＋b－)	非分泌型	Le^a
Le(a－b＋)	分泌型	Le^a，Le^b
Le(a－b－)	78.71％为分泌型 21.29％为非分泌型 *	无 Le^a 与 Le^b

* 为北京汉族人分泌型与非分泌型的表现型频率。

Duffy、Kell、Kidd、Lutheran 及 Xg^a 血型系统

前述的血型都是用常规的盐水凝集反应发现的，而 Duffy、Kell、Kidd、Lutheran 及 Xg^a 等血型系统则是在抗－球蛋白试验建立后发现的。因为这些血型的抗体都是不完全抗体。

Duffy 血型系统

1950 年 Cutbush 等在一位曾多次输血的血友病患者 Duffy 的抗血清中发现抗－Fy^a 抗体。一年以后，Ikin 等又发现了抗－Fy^b 抗体。Duffy 血型抗原受控于 Fy^a、Fy^b 和 Fy 三个复等位基因，其中 Fy^a、Fy^b 为共显性等位基因，Fy 是隐性基因。其表现型和

基因型见表 21－12 。

表 21－12　Duffy 血型的表现型和基因型

Duffy 表现型	与抗血清的反应		基因型
	抗－Fy[a]	抗－Fy[b]	
Fy(a－b＋)	－	＋	Fy^bFy^b，Fy^bFy
Fy(a＋b＋)	＋	＋	Fy^aFy^b
Fy(a＋b－)	＋	－	Fy^aFy^a，Fy^aFy
Fy(a－b－)	－	－	$FyFy$

Kell 血型系统

1946 年 Coombs 等用抗－人球蛋白试验在一名姓 Kell 的产妇血清中首先发现了抗－Kell 抗体，其对应的抗原为 Kell（K）抗原，该抗体能引起新生儿溶血症。以后相继发现了 Kelll 血型系统中三对具有对偶关系的抗原，即 K 与 k，Kp^a 与 Kp^b，Js^a 和 Js^b。这些抗原受紧密连锁的三对等位基因 K、k，Kp^a、Kp^b，Js^a、Js^b 的控制，呈共显性遗传。其表现型和基因型见表 21－13。

表 21－13　Kell 血型的表现型和基因型

Kell 表现型	基因型	与抗体的反应					
		抗－K	抗－k	抗－Kp[a]	抗－Kp[b]	抗－Js[a]	抗－Js[b]
K＋k－	KK	＋	－				
K＋k＋	Kk	＋	＋				
K－k＋	kk	－	＋				
Kp(a＋b－)	Kp^aKp^a			＋	－		
Kp(a＋b＋)	Kp^aKp^b			＋	＋		
Kp(a－b＋)	Kp^bKp^b			－	＋		
Js(a＋b－)	Js^aJs^b					＋	－
Js(a＋b＋)	Js^aJs^b					＋	＋
Js(a－b＋)	Js^bJs^b					－	＋
K_0	K^o	－	－	－	－	－	－

Kidd 血型系统

1951 年 Allen 等在一名新生儿溶血症患儿母亲 Kidd 的血清中首先发现了抗－Jk^a 抗体。1953 年 Plaut 等又发现了抗－Jk^b 抗体。Kidd 血型抗原，受控于 Jk^a、Jk^b 和 Jk 三个等位基因。Jk^a 和 Jk^b 为显性等位基因；Jk 为隐性基因，频率极低。用抗-Jk^a 和抗-Jk^b 两种抗体可将人类红细胞分为四种表现型（表 21-14）。

表 21-14　Kidd 血型的表现型和基因型

Kidd 表现型	与抗血清的反应		基因型
	抗-Jk^a	抗-Jk^b	
Jk(a−b+)	−	+	Jk^bJK^b
Jk(a+b+)	+	+	Jk^aJk^b
Jk(a+b−)	+	−	Jk^aJk^a
Jk(a−b−)	−	−	$JkJk$

Lutheran 血型系统

1945 年 Callender 等在一名曾多次输血的红斑狼疮病人血清中发现了抗-Lu^a 抗体，其对应抗原称为 Lu^a。1956 年 Cutbush 等又发现了抗-Lu^b 抗体，其对应抗原为 Lu^b。Lu^a 和 Lu^b 两种主要抗原，受控于一对共显性等位基因 Lu^a 和 Lu^b。此外还发现了隐性基因 Lu。其表现型和基因型见表 21-15 。

表 21-15　Luthersn 血型的表现型和基因型

Lutheran 表现型	与抗血清的反应		基因型
	抗-Lu^a	抗-Lu^b	
Lu(a+b−)	+	−	Lu^aLu^a
Lu(a+b+)	+	+	Lu^aLu^b
Lu(a−b+)	−	+	Lu^bLu^b
Lu(a−b−)	−	−	$LuLu$

Xg^a 血型系统

Xg^a 血型的基因位于人类 X 染色体上，是唯一的一种伴性遗传的红细胞血型，对于法医亲子鉴定、遗传学、性染色体异常、X 染色体基因图绘制等均有很大用处。

Xg^a 血型受控于 X 染色体上一对等位基因 Xg^a 和 Xg。Xg^a 是显性基因，编码 Xg^a 抗原；Xg 基因是沉默基因。女性有两条 X 染色体，可从父母双方各获得一个 Xg 基因，故可有 Xg^aXg^a、Xg^aXg、$XgXg$ 三种基因型，决定两种表现型 Xg(a+)与 Xg(a−)。男性只能从母亲得到一条 X 染色体，故只能有 Xg^aY 及 XgY 两种基因型（表21-16）。

表 21－16　Xg^a 血型的表现型和基因型

Xg^a 表现型	与抗－Xg^a 血清的反应	基因型
男性 Xg(a＋)	＋	Xg^aY
男性 Xg(a－)	－	XgY
女性 Xg(a＋)	＋	Xg^aXg^a，Xg^aXg
女性 Xg(a－)	－	$XgXg$

Xg^a 血型的遗传规律是：①女孩为 Xg(a－)，其父必为 Xg(a－)；母亲为 Xg(a－)，男孩必为 Xg(a－)。②男孩为 Xg(a＋)，其母必为 Xg(a＋)；父亲为 Xg(a＋)，女儿必为 Xg(a＋)。③当父亲为 Xg(a＋)，母亲为 Xg(a－)时，子代中男孩全部为 Xg(a－)，女孩为 Xg(a＋)。

人类白细胞血型

人类白细胞血型系统是人类最复杂的遗传多态性血型系统。HLA 是人类白细胞抗原（human leukocyte antigen），也称主要组织相容性抗原，与器官移植中的同种异体移植排斥反应有密切的关系。

自 1952 年首次在白细胞减少症病人的血清中发现白细胞凝集素以来，HLA 的研究进展迅速。到 1987 年第十届 HLA 国际组织相容性试验专题讨论会为止已发现了 HLA－A、B、C、D、DR、DQ、DP 等 7 个 HLA 基因座，共检出 148 种抗原。表 21－17 所列为 1991 年 WHO 正式命名的人类白细胞血型的 148 种抗原。

人类白细胞血型的遗传

人类白细胞血型的遗传区域是人体的主要组织相容性复合体（major histocompatibility complex，MHC），它位于人类第 6 号染色体短臂上，包含已发现的 HLA－A、B、C、D、DR、DQ、DP 等 7 个基因座，也含有一些控制人类白细胞血型系统以外抗原的基因座，如 C_2、C_4、Bf、Ch 及 Rg 等。

HLA 基因为共显性等位基因。对于同一个体来说，如果 HLA－A、B、C、D、DR、DQ、DP 这 7 个基因座都是杂合子，则每个基因座上有两个不同的等位基因，可编码两种不同的抗原，那么 7 个基因座可产生 14 种抗原。

HLA 区 7 个基因座上的基因连锁传递，同一条染色体不同基因座上基因组合成单倍型（haplotype）遗传。每一个体有两个单倍型，一个来自父亲，一个来自母亲。由于每个 HLA 基因座上都有许多复等位基因，故可有很多单倍型。大多数人都是两个单倍型的杂合子。父母双方的染色体分离后有 4 种不同的组合，产生的子代中，1/4 两个单倍型完全相同，1/4 两个单倍型完全不同，1/2 有一个单倍型相同。子代与父母双方各共有一个单倍型。图 21－3 示 HLA－A 与 HLA－B 两个基因座的遗传模式。

表 21－17 人类白细胞抗原

A	B		C	D	DR	DQ	DP
A1	B5	B49(21)	Cw1	Dw1	DR1	DQw1	DPw1
A2	B7	Bw50(21)	Cw2	Dw2	DR2	DQw2	DPw2
A3	B8	B51(5)	Cw3	Dw3	DR3	DQw3	DPw3
A9	B12	Bw52(5)	Cw4	Dw4	DR4	DQw4	DPw4
A10	B13	Bw53	Cw5	Dw5	DR5	DQw5(w1)	DPw5
A11	B14	Bw54(w22)	Cw6	Dw6	DRw6	DQw6(w1)	DPw6
Aw19	B15	Bw55(w22)	Cw7	Dw7	DR7	DQw7(w3)	
A23(9)	B16	Bw56(w22)	Cw8	Dw8	DRw8	DQw8(w3)	
A24(9)	B17	Bw57(17)	Cw9(w3)	Dw9	DRw9	DQw9(w3)	
A25(10)	B18	Bw58(17)	Cw10(w3)	Dw10	DRw10		
A26(10)	B21	Bw59	Cw11	Dw11(w7)	DRw11(5)		
A28	Bw22	Bw60(40)		Dw12	DRw12(5)		
A29(w19)	B27	Bw61(40)		Dw13	DRw13(w6)		
A30(w19)	B35	Bw62(15)		Dw14	DRw14(w6)		
A31(w19)	B37	Bw63(15)		Dw15	DRw15(2)		
A32(w19)	B38(16)	Bw64(14)		Dw16	DRw16(2)		
A33(w19)	B39(16)	Bw65(14)		Dw17(w7)	DRw17(3)		
Aw34(10)	B40	Bw67		Dw18(w6)	DRw18(3)		
AW36	Bw41	Bw70		DW19(w6)			
AW43	Bw42	Bw71(w70)		Dw20	DRw52		
Aw66(10)	B44(12)	Bw72(w70)		Dw21	DRw53		
Aw68(28)	B45(12)	Bw73		Dw22			
Aw69(28)	Bw46	Bw75(15)		Dw23			
Aw74(w19)	Bw47	Bw76(15)		Dw24			
	Bw48	Bw77(15)		Dw25			
		Bw4		Dw26			
		Bw6					

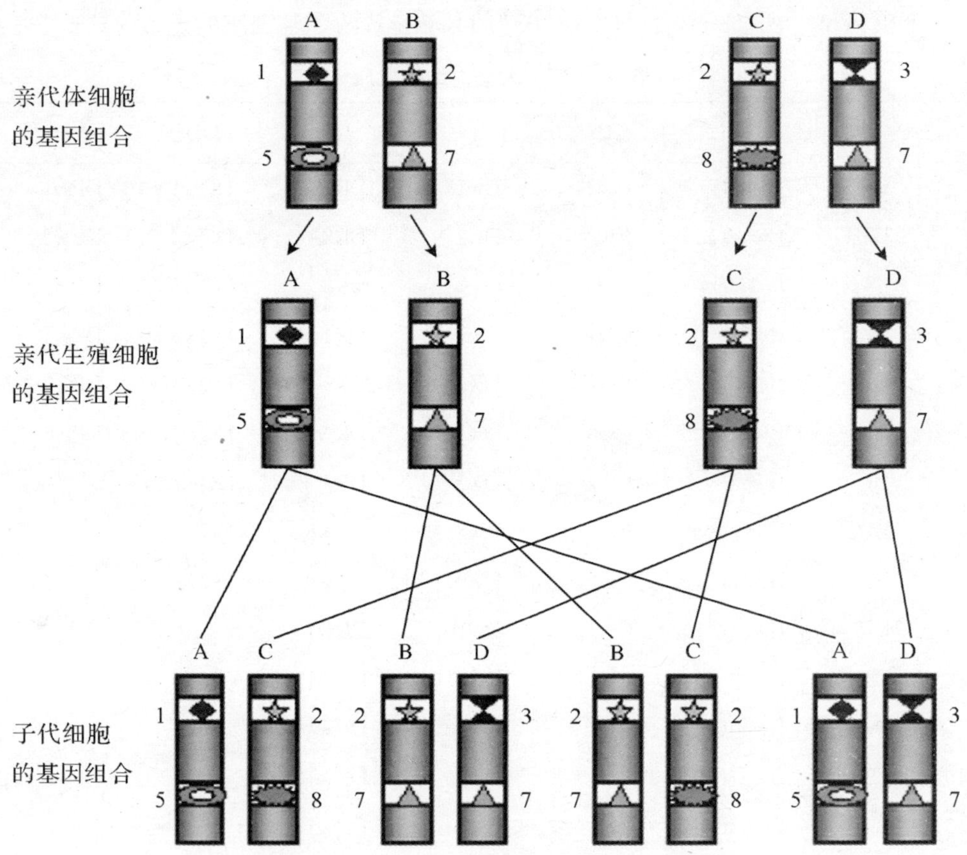

图 21－3　人类白细胞血型的遗传模式图

人类白细胞血型系统不同基因座上的等位基因之间存在着明显的连锁不平衡（linkage disequilibrium）现象，即观察单倍型频率较期望频率高。不同民族 HLA 的单倍型频率不一样。

人类白细胞抗原的细胞分布

HLA－A、B、C 抗原广泛分布于白细胞、血小板、成纤维细胞、网状内皮细胞及各种组织细胞上，并以可溶性方式存在于血清与初乳中。

HLA－DR 基因座的抗原分布于 B 淋巴细胞、脾细胞、巨噬细胞、白血病细胞、上皮细胞、内皮细胞和精子上。血小板及 T 淋巴细胞上无 HLA－DR、D 基因座的抗原。

由于淋巴细胞膜上 HLA 的密度大，而且淋巴细胞容易获得，故一般均用外周血液的淋巴细胞进行 HLA 分型。

人类白细胞血型的测定方法

人类白细胞血型的测定方法可分为血清学试验与混合淋巴细胞培养试验两大类。

1. 血清学试验

血清学试验包括白细胞凝集试验及微量淋巴细胞毒性试验。

微量淋巴细胞毒性试验（MLCT）是目前最常用的 HLA 定型方法。HLA－A、B、C 与 HLA－DR 抗原的分型均用此法，不同的是 HLA－A、B、C 抗原的测定用受检者外周血液的淋巴细胞（混合 T 和 B 淋巴细胞），而 HLA－DR 抗原的测定必须用受检者的 B 淋巴细胞。

微量淋巴细胞毒性试验的原理是：人类白细胞抗体与淋巴细胞膜上相应的人类白细胞抗原结合，再结合补体，抗体对有相应抗原的淋巴细胞产生淋巴细胞毒性作用，破坏淋巴细胞膜，使染料（如伊红 Y 或台酚蓝）进入细胞而着色，细胞体积大，色暗。而无相应抗原的细胞则不被破坏，细胞膜完整，不能摄入染料，细胞小而发亮。淋巴细胞与相应的抗原反应的结果记录如下：

0＝未发现死亡细胞；

1＝死亡细胞数为 0％～10％；

2＝死亡细胞数为 11％～25％；

4＝死亡细胞数为 26％～50％；

6＝死亡细胞数为 51％～75％；

8＝死亡细胞数为 76％～100％。

0、1 和 2 为阴性反应，4 为可疑阳性反应，6 和 8 为阳性反应。阳性反应证明淋巴细胞上有与抗血清相应的抗原。

HLA 定型时，采用标准 HLA 抗血清与受检者的淋巴细胞做试验；在器官移植、输血小板或输中性粒细胞前的组织配型，则用受者的血清与供者的淋巴细胞做试验。由于 HLA－C 和 HLA－DR 抗血清来源困难，大多数实验室只能测 HLA－A 和 HLA－B 抗原。每一个体的 HLA－A 和 HLA－B 基因座上最多只能测出 4 个抗原，当 4 个抗原全被测出时，称为“满座（full house)”。

2. 混合淋巴细胞培养试验

HLA－D 基因座及 HLA－DP 基因座上的抗原不能刺激产生同种异体抗体，故不能用淋巴细胞毒性试验检测，只能用混合淋巴细胞培养试验（mixed lymphocyte culture，MLC）测定。

以上方法，只能测出 HLA 的表现型，通过家系调查才知单倍型及基因型。例如 HLA 分型结果是 A2,A3；B7,B8，则可能有 *A2*,*B7*；*A3*,*B8*；*A3*,*B7*；*A2*,*B8* 四种单倍型与 *A2*,*B7*/*A3*,*B8* 和 *A2*,*B8*/*A3*,*B7* 两种基因型。究竟是何种基因型只有通过家系调查才能确定。

人类白细胞血型的法医学应用

人类白细胞血型具有高度的遗传多态性，个人识别概率很高。其表现型有上亿种之多，在同一人群中要找到 HLA 表现型完全相同的个体十分困难，故对法医学个人识别和亲权鉴定很有用。

1. 根据人类白细胞血型做亲权鉴定

在中国人中，单独应用 HLA－A、B、C 三个基因座，排除亲子关系的概率可达到 90%左右，超过使用 ABO、MN、P、Rh 等 11 个红细胞血型系统以及 Gm、Km、Bf、Hp、Gc 等 7 个血清型系统的总排除概率（80%）。HLA 分型是亲子鉴定的有用手段之一。

Jeannet 等在 1972 年用 HLA 分型成功地解决了一起父子关系有争议的案件。有一对夫妇，丈夫是黑种人，妻子是白种人，但妻子与另一白种人男子有不正当的关系。妻子怀孕后，丈夫提出如果不能证明胎儿是自己的亲生子，则要求做人工流产并离婚。经对丈夫、妻子、另一男子及胎儿羊水细胞做 HLA 分型，证实了黑种人丈夫是胎儿的生父。分型结果见表 21－18。

表 21－18　用 HLA 分型鉴定父子关系

分型对象	用作分型细胞	HLA 表现型	最可能的 HLA 基因型
丈夫	淋巴细胞	A2,28；B5,17	*A28,B5/A2,B17*
妻子	淋巴细胞	A1,2；B8,—	*A2,B—/A1,B8*
胎儿	羊水细胞	A2,28；B5,—	*A28,B5/A2,B—*
另一白种人男子	淋巴细胞	A2,—；B7,—	*A2,B7/A—,B—*
			A2,B—/A—,B7
			A2,B7/A2,B—
			A2,B7/A2,B7

2. 根据人类白细胞血型进行个人识别

随机人群中，不同个体 HLA 型相同的可能性很小，因此用 HLA 分型来进行个人识别具有很高的排除概率。近十多年来，国内外部分学者相继报道了用淋巴细胞毒性试验对人类血痕、精液及器官组织等生物性检材进行 HLA 分型的方法。

血清型

血清型（serum group）是指血清蛋白的遗传多态性。人类血清中多种蛋白质具有遗传多态性。1955 年 Smithies 用淀粉凝胶电泳方法首先发现人类血清中的结合珠蛋白（Hp）具有遗传多态性。此后，许多学者分别采用电泳方法及免疫学方法相继发现了多种血清蛋白具有遗传多态性，并按孟德尔定律遗传，遂将其称之为血清型或血清蛋白型（serum protein type）。

近年，随着等电聚焦（isoelectric focusing，IEF）技术的应用，血清型的研究和应用取得了很大的进展，不仅检出了一些血清蛋白的亚型，如 Gc、Pi 及 Tf 等，而且还发现了一些新的具有遗传多态性的血清蛋白，如血浆类粘蛋白（orosmucoid，ORM），α_2HS糖蛋白（α_2HS-glycoprotein，AHSG），凝血因子ⅩⅢB（又称FⅩⅢB），C6、C7、C8、H因子（βH球蛋白）等。

表21－19列出了目前已知的血清型。

表21－19　血清型

血清蛋白成分	血型符号	主要等位基因数	检出方法*
结合珠蛋白	Hp	2	①
转铁蛋白	Tf	3	①、⑤
α_2 球蛋白	Gc	3	⑤
α_1 抗胰蛋白酶	Pi	3	①、⑤
α_2 巨球蛋白	Xm	2	①
血浆铜蓝蛋白	Cp	3	①
碱性磷酸酶	Pl	9	①
拟胆碱酯酶	E_1，E_2	5	①
补体2	C2	3	⑤
补体3	C3	2	①
补体4	C4	8	②
补体6	C6	8	②
补体7	C7	3	⑤
补体8	C8	1	②
备解素因子B	Bf	4	②
H因子	HF	2	⑤
血浆类粘蛋白	ORM	3	⑤
α_2HS糖蛋白	AHSG	2	⑤
免疫球蛋白G_1	G1m	4	④
免疫球蛋白G_2	G2m	1	④
免疫球蛋白G_3	G3m	13	④
免疫球蛋白K链	Km	3	④
免疫球蛋白A_2	A2m	2	④

* ①为淀粉凝胶电泳或聚丙烯酰胺凝胶电泳；②为免疫电泳；③为免疫扩散；④为血凝抑制试验；⑤为等电聚焦免疫固定。

血清型的检测方法

血清型的检测方法主要有电泳法和免疫学方法。

1．电泳法

电泳法系将待检的血清蛋白进行电泳、染色，根据电泳图谱进行分型。最常用的电泳支持介质是聚丙烯酰胺凝胶、琼脂糖凝胶和淀粉凝胶。一般电泳方法分辨率较低，只能检测一些血清蛋白的普通表现型，如 Hp、Gc、Tf 等。IEF 是在电泳支持介质中加入载体两性电解质，使之在电场中形成从正极到负极逐步递增的 pH 梯度；在此 pH 梯度范围内进行电泳时，各种蛋白成分将按照各自不同的等电点分别聚焦于与其等电点相应的 pH 位置上，从而达到分离的目的。IEF 的分辨率高，可检出多种血清蛋白的亚型，如 Pi、Tf 等。IEF 结合免疫固定可检测 Gc、ORM1 等亚型。IEF 酶免疫分析法灵敏度较高，可测出微量 Gc 及 ORM1 等亚型。

2. 免疫学方法

免疫学方法系用针对某种血清蛋白的抗血清，通过抗原抗体反应来进行血清蛋白的分型。免疫球蛋白同种异型遗传标记 Gm、Km、Am 等是用血液凝集抑制试验（hemagglutination inhibition test，HAI）和 ELISA 抑制试验（ELISA inhibition test，ELISA－I）来分型的。

常用的血清型

目前已测出 20 多种血清型，法医学检验中常用的是 DP 值在 0.5 以上、方法简便、蛋白质较稳定的血清型，主要有 Hp、Gc、Tf、Pi、F XIII B、ITI、ORM1、AHSG、Gm、Km 与 C 等。

1. 结合珠蛋白血型系统

结合珠蛋白（haptoglobin，Hp）是人血清中能与游离血红蛋白（Hb）结合的一种 α 糖蛋白。1955 年 Smithies 首先用淀粉凝胶电泳发现 Hp 有三种不同表现型，即 Hp1－1、Hp2－1 和 Hp2－2 型。

家系调查证明，Hp 的三种表现型受控于 Hp 基因座上的一对等位基因 *Hp＊1* 和 *Hp＊2*，呈共显性遗传。Hp1－1 型是 *Hp＊1* 基因的纯合子；Hp2－2 型是 *Hp＊2* 基因的纯合子；Hp2－1 型是 *Hp＊1* 和 *Hp＊2* 的杂合子。

1962 年 Smithies 等发现，将 Hp 分子中的两条 α 链和两条 β 链之间的二硫键打开后，各型 Hp 的 β 链电泳谱型相同，而 α 链则表现出不同的电泳谱型。Hp1－1 可分为泳动速度快的 hp1Fα（Fast）链和泳动速度慢的 hp1Sα（Slow）链。Hp2－1 与 Hp2－2 型的血清中有第三种 α 链，即 hp2α 链，其分子质量比 hp1Fα 和 hp1Sα 都大，泳动速度慢于 hp1Sα 链。hp1Fα、hp1Sα 和 hp2α 三种链构成了 Hp 的 6 种亚型。这三种不同 α 链分别受控于三个等位基因 *Hp＊1F*、*Hp＊1S* 和 *Hp＊2*，以共显性遗传；有 6 种基因型：*Hp＊1F/Hp＊1F*、*Hp＊1S/Hp＊1S*、*Hp＊1F/Hp＊1S*、*Hp＊2/Hp＊1F*、*Hp＊2/Hp＊1S*、*Hp＊2/Hp＊2*；决定 6 种表现型：1F－1F、1S－1S、1F－1S、2－1F、2－1S、2－2。

Hp 除了上述三种普通表现型及六种亚型外，还检出了若干变异型，如 Hp2－1M、Hp2－1H、Hp Ca 和 Hp0 型等，但其频率均很低。

在 Hp 的变异型中，Hp0 型对于法医学应用的意义较大。Hp0 型是指在血清中缺少 Hp，称为无结合珠蛋白血症。Hp0 型是受控于 Hp 基因座上的无效基因 *Hp＊0*，基因型 *Hp＊0/Hp＊0* 的表现型是 Hp0 型，亲子鉴定时应考虑到 *Hp＊0* 基因的存在。

大量的调查资料表明，Hp 表现型频率存在明显的种族差异，一般是 Hp2－1 型频率最高，HP2－2 型次之，Hp1－1 型频率最低。

血痕中 Hp 型的测定需用氯仿提取，除去过多的 Hb 后进行聚丙烯酰胺凝胶圆盘电泳。

2. 血清型特异成分血型系统

1959 年，Hirschfeld 用人血清做免疫电泳时，发现在 α 区有一种沉淀线，其位置有个体差异，按免疫电泳谱型的特征分为三型：Gc1－1、Gc2－1 和 Gc2－2，他将这种血清抗原命名为型特异性成分（group specific component，Gc）。

Gc 属于人血清中的 α 球蛋白，相对分子质量为 56 000～58 000，等电点约为 pH 4.8，电泳迁移率接近白蛋白慢带。Gc 的主要生理功能是作为维生素 D 及其代谢产物的载体，与维生素 D 结合，参与维生素 D 及其代谢产物在血液与细胞膜受体之间的运输，因此又称之为维生素 D 结合蛋白。

用免疫电泳或聚丙烯酰胺凝胶电泳可将 Gc 分为三种普通表现型，即 Gc1－1、Gc2－1 和 Gc2－2，它们受控于人类第 4 号染色体的一对等位基因 *Gc*＊*1* 和 *Gc*＊*2*。

1977 年，Constans 等用 IEF 免疫固定法，发现 Gc1 带可分为 Gc1F（快带）和 Gc1S（慢带）两种谱带，并将 Gc 三种常见表现型细分成六种亚型，即 1F－1F、1S－1S、1F－1S、2－1F、2－1S 和 2－2。它们由 Gc 基因座上的三个复等位基因 *Gc*＊*1F*、*Gc*＊*1S* 和 *Gc*＊*2* 所控制，以共显性遗传。Gc 常见的表现型、亚型及其基因型见表21－20。

表 21－20 Gc 常见的表现型、亚型及其基因型

三种常见表现型	基因型	六种亚型	基因型
Gc1－1	*Gc*＊*1*/*Gc*＊*1*	Gc1F－1F	*Gc*＊*1F*/*Gc*＊*1F*
		Gc1S－1S	*Gc*＊*1S*/*Gc*＊*1S*
Gc2－1	*Gc*＊*1*/*Gc*＊*2*	Gc1F－1S	*Gc*＊*1F*/*Gc*＊*1S*
		Gc2－1F	*Gc*＊*2*/*Gc*＊*1S*
Gc2－2	*Gc*＊*2*/*Gc*＊*2*	Gc2－1S	*Gc*＊*2*/*Gc*＊*1S*
		Gc2－2	*Gc*＊*2*/*Gc*＊*2*

通过群体调查发现了一些 Gc 的变异型，但其频率均较低。不同人种 Gc 的基因频率分布有明显的差异。同一人种，不同地区人群 Gc 基因频率的分布相似。一般 *Gc*＊*1* 基因频率大于 *Gc*＊*2* 基因的频率。

Gc 具有较高的个人识别概率和父权排除率。据调查，成都地区汉族群体（286 例）Gc 亚型基因频率是：*Gc*＊*1F*＝0.402 1，*Gc*＊*1S*＝0.318 2，*Gc*＊*2*＝0.274 5。DP 值为 0.814 4，PE 值为 0.357 4。

Gc 较稳定，可从血痕中检出。用 PAGIEF 免疫固定法、酶免疫放大技术还可在人类精液中检出 Gc 亚型，从而扩大了 Gc 在法医物证检验中的应用范围。

3. 免疫球蛋白同种异型遗传标记

免疫球蛋白（immunoglobulin，Ig）是人血清中具有抗体活性的一类球蛋白，占正常人血清球蛋白总量的15%～20%。

由于免疫球蛋白的多肽链上氨基酸不同，各类及各型免疫球蛋白表现出不同的抗原特异性。免疫球蛋白的抗原决定簇是由遗传决定的，表现出同种异型（allotype），具有遗传多态性，可用于法科学实践中个人识别和亲子鉴定。

免疫球蛋白重链同种异型抗原在IgG、IgA和IgE三类上，轻链的同种异型抗原在κ型链上，分别以Gm、Am、Em和Km表示，见表21－21。在IgG的4个亚类中，已检出3个亚类（IgG_1、IgG_2及IgG_3）的同种异型，分别命名为G1m、G2m和G3m。IgA_2亦有同种异型，抗原命名为A2m。目前还没有发现IgG_4和IgA_1亚类的免疫球蛋白标记。同种异型抗原用字母或数字在括号内表示，例如G1m(a)或G1m(1)。基因是以角码表示，如$G1m^a$或$G1m^1$。

免疫球蛋白同种异型遗传标记以单倍型遗传。

免疫球蛋白同种异型的分型检测最常用的方法是血液凝集抑制试验。用ELISA抑制试验也可检测Gm抗原，此法节约抗血清试剂。

表21－21 免疫球蛋白同种异型

轻链	重链				
κ	γ^1（IgG_1）	γ^2（IgG_2）	γ^3（IgG_3）	α^2（IgA_2）	ε（IgE）
Km	G1m	G2m	G3m	A2m	Em
1	1	23	5，14，26	1	1
2	2		6，15，27	2	
3	3		10，16，28		
	17		11，21		
			13，24		

红细胞酶型

红细胞酶型是指红细胞中同工酶的遗传多态性。同工酶（isoenzyme）是指由遗传决定的，分子一级结构不同，但催化活性相同，能催化同一种化学反应的一组酶。

同工酶的类型

同工酶按其遗传特征可分为复基因座同工酶、复等位基因同工酶与等位基因同工酶三类。

1. 复基因座同工酶

复基因座同工酶又称遗传独立的同工酶，由不同染色体上的独立基因各自编码有相同催化活性的酶。例如葡萄糖磷酸变位酶（PGM）分别受人类第1号、第4号和第6号染色体上的PGM1、PGM2和PGM3三个基因座上基因的控制。

2. 复等位基因同工酶

复等位基因同工酶是由同一基因座上的多个等位基因所编码的同工酶。此类同工酶常显示出同一种族的个体差异（同种异型）。例如 PGM1 同工酶由 PGM1 基因座上的四个等位基因 PGM^{1+}、PGM^{1-}、PGM^{2+}、PGM^{2-} 控制，有 10 种表现型，具有高度的遗传多态性，可用于个人识别和亲子鉴定。

3. 等位基因同工酶

等位基因同工酶又称为遗传变异同工酶，是由单一基因座上的突变等位基因所决定的同工酶，如葡萄糖－6－磷酸脱氢酶。

自从 1963 年 Hopkinson 等用淀粉凝胶电泳的方法，发现第一个红细胞酶型即酸性磷酸酶型（ACP）以来，已发现血液细胞有 20 多种具有遗传多态性的酶系统。这些酶在红细胞和白细胞中的分布不完全一致。表 21－22 列出了已检出的人类红细胞同工酶型。

表 21－22　用电泳方法检出的具有多态性的红细胞酶

酶编号	酶	基因座	染色体
1.1.1.27	乳酸脱氢酶 A	LDH_A	11
1.1.1.44	6－磷酸葡萄糖酸脱氢酶	6－PGD	1
1.1.1.49	葡萄糖－6－磷酸脱氢酶	G－6－PD	X
1.6.4.2	谷胱甘肽还原酶	GSR	8
1.11.1.9	谷胱甘肽过氧化物酶	GPX	3
2.6.1.1	谷氨酸草酰乙酸转氨酶	GOT_s	10
		GOT_m	16
2.6.1.2	谷氨酸丙酮酸转氨酶	GPT	8 或 16
2.7.4	尿苷磷酸激酶	UMPK	1
2.7.4.3	腺苷酸激酶	AK	9
2.7.5.1	葡萄糖磷酸变位酶	PGM1	1
		PGM2	4
2.7.7.12	半乳糖－1－磷酸转尿苷酰酶	GALT	9
3.1.1.1	酯酶 D	EsD	13
3.1.3.2	酸性磷酸酶	ACP	2
3.1.3.18	磷酸羟乙酸磷酸酶	PGP	16
3.4.11	肽酶 A	Pep A	18
3.4.13	肽酶 C	Pep C	1
3.4.13.19	肽酶 D	Pep D	19
3.5.4.4	腺苷脱氨酶	ADA	20
4.2.1.1	碳酸酐酶Ⅱ	CAⅡ	
4.4.1.5	乙二醛酶Ⅰ	GLOⅠ	6

红细胞同工酶型的检测方法

检测同工酶型的方法称为同工酶谱技术。其基本原理是将电泳技术与酶显色方法结合起来，根据酶蛋白分子的大小和所带净电荷的不同，通过电泳使之分离。然后利用酶的特异性催化活性，作用于底物而显色。根据各种同工酶特有的谱型（谱带的位置、数目、泳动速度、活性强弱等）可判定同工酶的型别。

常用的红细胞酶型

尽管已检出具有多态性的红细胞酶达 20 余种，但并非每一种酶都被应用于法医学鉴定。法医学选择同工酶的标准主要依据以下几点：①个人识别能力强，即 DP 值高；②酶活性好；③表现型可通过电泳方法检出；④表现型由等位基因控制，按孟德尔定律以共显性方式遗传。

目前在法医学中应用的红细胞酶型主要有以下几种：红细胞酸性磷酸酶（erythrocyte acid phosphatase，EAP），酯酶 D（esterase D，EsD），乙二醛酶Ⅰ（glyoxalase Ⅰ，GLOⅠ），葡萄糖磷酸变位酶 1（phosphoglucomutase 1，PGM1），6－磷酸葡萄糖酸脱氢酶（6－phosphogluconate dehydrogenase，6－PGD），腺苷脱氨酶（adenosine deaminase，ADA），腺苷酸激酶（adenylate kinase，AK），谷氨酸丙酮酸转氨酶（glutamate pyruvate transaminase，GPT），葡萄糖－6－磷酸脱氢酶（glucose－6－phosphate dehydrogenase，G－6－PD），碳酸酐酶Ⅱ（carbonic anhydrase Ⅱ，CAⅡ），肽酶 A（peptidase A，Pep A）。在亚洲黄种人群中，个人识别能力较强（即 DP 值＞0.50）的红细胞酶有 EAP、EsD、PGM1、GLOⅠ与 GPT 等，而 ADA、PGD、G－6－PD、AK、CAⅡ及 Pep A 等 DP 值很低，对个人识别和亲子鉴定作用不大。

上述各种红细胞酶型的检测方法很相似，不同的是电泳条件及显色方法。下面仅对具有代表性且在法医物证检验中应用最为普遍的 EsD 和 PGM1 型做简要介绍。

1. 酯酶 D

酯酶是一类能水解羧酸酯键的酶，能催化酯，将其水解成脂肪酸和醇。其反应式如下：

$$\underset{\text{酯}}{R\text{—}COOR} + \underset{\text{水}}{H_2O} \xrightleftharpoons{\text{酯酶}} \underset{\text{脂肪酸}}{R\text{—}COOH} + \underset{\text{醇}}{R\text{—}OH}$$

红细胞内所含的酯酶可以分为 A、B、C、D 四种，只有 EsD 具有遗传多态性。

EsD 广泛地存在于人类红细胞及各种组织中，其相对分子质量为 60 000，最适 pH 为 5.0～5.5。

1973 年 Hopkinson 等用淀粉凝胶电泳法，以 4－甲基伞形酮乙酸盐（MUA）或丁酸盐（MUB）为底物进行显带，首先发现红细胞 EsD 的遗传多态性，检出三种普通表现型，即 EsD1－1、EsD2－1 和 EsD2－2 型。以后又发现了一些稀有型，如 EsD3－1（Bender，1974 年），EsD4－1、EsD4－2（Beger，1976 年），EsD5－1（Martin，1979 年），EsD6－1（Radam，1980 年）及 EsD7－1（Nishigaki，1984 年）等。1977 年

Marker 等发现了 EsD0 型，证明有沉默基因 EsD^0 的存在。

EsD 常见的三种表现型是由第 13 号染色体上一对等位基因 EsD^1 和 EsD^2 所编码的。EsD1－1 型和 EsD2－2 型分别是 EsD^1 基因和 EsD^2 基因的纯合子，EsD2－1 型是 EsD^1 和 EsD^2 基因的杂合子。

已报道 EsD 基因座上罕见的等位基因有 EsD^3、EsD^4、EsD^5、EsD^6、EsD^7 以及 EsD^0 等，除 EsD^0 为无效基因外，其余的 EsD 等位基因均以共显性方式遗传。

EsD 表现型的分布在不同种族的人群中有显著差异，不同群体 EsD 基因频率相差较大。群体调查表明，东方黄种人 EsD 表现型分布较好，具有较强的个人识别能力。

EsD 表现型的测定方法主要有：琼脂糖凝胶电泳、淀粉凝胶电泳、乙酸纤维素膜电泳及 PAGIEF 等。酶谱显色方法主要有：用 4－甲基伞形酮乙酸盐作底物和用 α－萘酚乙酸酯作底物两种。

2. 磷酸葡萄糖变位酶 1

磷酸葡萄糖变位酶（PGM）能催化葡萄糖－1－磷酸盐与葡萄糖－6－磷酸盐互相转化，将储存的多糖转变后进入糖分解代谢，是在糖代谢中起重要作用的一种酶。其催化反应式为：

$$\text{G}-1-\text{P} \xrightleftharpoons{\text{PGM}} \text{G}-6-\text{P}$$

（葡萄糖－1－磷酸盐）　　（葡萄糖－6－磷酸盐）

PGM 是一组由定位于第 1 号、第 4 号和第 6 号染色体上的 PGM1、PGM2 和 PGM3 三个基因座上的等位基因编码的同工酶，广泛地分布于体内各种组织中，80%～90%为 PGM1 基因座的基因产物。在人类红细胞中只有 PGM1 和 PGM2 基因座编码的同工酶，其酶活性各占 50%。PGM3 主要存在于胎盘组织中，红细胞中检不出 PGM3 基因座的基因产物。

PGM1 主要分布在人类红细胞中。精液、毛根及某些组织中也有 PGM1。PGM1 的相对分子质量为 51 000，PGM2 为 61 000，PGM3 为 53 000。镁和咪唑或其他金属结合剂能增强 PGM 的活性。

1964 年 Spencer 等用淀粉凝胶电泳首先发现红细胞 PGM1 具有遗传多态性，检出三种主要表现型，即 PGM1 1－1、PGM1 2－1 和 PGM1 2－2 型。通过家系分析及应用体细胞杂交技术证明，这三种表现型受控于人类第 1 号染色体 PGM1 基因座上的一对等位基因 $PGM1^1$ 和 $PGM1^2$，按孟德尔定律以共显性方式遗传。

用一般电泳方法检测红细胞 PGM1 表现型时，其电泳谱上从负极到正极可显示出 7 条同工酶谱带，依次标为 a、b、c、d、e、f、g。e、f、g 三条快带是 PGM2 基因座基因的产物，无多态性，为 PGM1 各种表现型者共有。PGM1 1－1 型具有 a 带和 c 带，PGM1 2－2 型具有 b 带和 d 带；PGM1 2－1 型是 $PGM1^1$ 和 $PGM1^2$ 基因的杂合子，具有 a、b、c、d 四条带。

以后相继发现了 PGM1 基因座上其他罕见等位基因，如 $PGM1^3$、$PGM1^4$、$PGM1^5$、$PGM1^6$、$PGM1^7$、$PGM1^8$ 和 $PGM1^0$ 等。$PGM1^0$ 为无效基因。

从 1976 年开始，Bark 等采用高分辨的 IEF 技术，对 PGM1 进一步分型，将 PGM1

分成PGM1 1＋、PGM1 1－、PGM1 1＋1－、PGM1 2＋、PGM1 2－、PGM1 2＋2－、PGM1 2＋1＋、PGM1 2＋1－、PGM1 2－1＋和PGM1 2－1－等10种亚型。这10种亚型受PGM1基因座上的4个等位基因 $PGM1^{1+}$、$PGM1^{1-}$、$PGM1^{2+}$、$PGM1^{2-}$ 所控制，按孟德尔定律呈共显性遗传。PGM1亚型的测定使得PGM1的个人识别能力大大提高。

群体调查表明，PGM1基因频率在白种人、黑种人及大多数黄种人群体均有较好的分布。如北京地区汉族人群（1 064例）PGM1的基因频率，$PGM1^{1}$ 为0.714 8，$PGM1^{2}$ 为0.282 9；DP值为0.570 9。

PGM1表现型的检测方法有以下三种：①琼脂糖凝胶电泳；②淀粉凝胶电泳；③聚丙烯酰胺凝胶等电聚焦法（PAGIEF），主要用于PGM1亚型的测定。

PGM1酶谱的显示：一般以0.4 mol/L Tris－盐酸（pH 8.0）为底物缓冲液，以葡萄糖－1－磷酸盐、葡萄糖－1,6－二磷酸盐为底物，在辅酶Ⅱ（NADP）、葡萄糖－6－磷酸脱氢酶（G－6－PD）、噻唑兰（MTT）、吩嗪甲酯硫酸盐（PMS）等参与下进行酶谱显带。

（曾发明）

22 DNA 分析技术在法医学中的应用

DNA 分析的分子生物学基础（362）
DNA 的分子结构（362） DNA 多态性的产生机制和分类（363）
DNA 指纹（366）
聚合酶链式反应（369）
PCR 的基本原理（370） 以 PCR 为基础的法医 DNA 分析技术（372）
法医 DNA 分析的质量控制和标准化（374）
DNA 数据库（375）

脱氧核糖核酸（deoxyribonucleic acid，DNA）是生物遗传的物质基础，人体内的DNA 主要存在于细胞核中的染色体上。决定个体遗传性状的基因即蕴藏于 DNA 分子的碱基排列序列中。从遗传角度来讲，除单卵孪生子外每个人的 DNA 分子都不一样，而同一个体体内各种有核细胞皆由同一受精卵分裂而来，故在同一个体中各种有核细胞内所含的 DNA 都是一样的。因此，作为基因载体的 DNA 分子便有了在不同个体中的唯一性和在同一个体中的统一性。法医 DNA 分析技术正是利用了 DNA 所具有的这两个特性，通过对生物检材中 DNA 遗传多态性的检验来进行个人识别和亲权鉴定。

DNA 分析技术是随着现代分子生物学的发展而逐渐发展起来的，其在法医学中的应用始于 1985 年。1984 年，英国莱斯特大学的 Jeffreys 教授等从人类 DNA 的肌红蛋白基因第 1 内含子中发现了一个高度可变的小卫星区域（hypervariable mini satellite regions），它是 4 段具有 33 碱基对（bp）的串联重复序列。他们用重组 DNA 技术（DNA recombinant technique）克隆了这段序列，制备出了 λ33.6 和 λ33.15 两种含有不同的“核心”序列的 DNA 探针。Jeffreys 用不能切割上述探针所含核心序列的限制性内切酶 HinfⅠ去消化人类基因组 DNA，然后用琼脂糖凝胶电泳将酶切后的 DNA 片段进行分离。经 Southern 印迹转移后，再用经放射性核素（^{32}P）标记的 DNA 探针与分离后的酶切片段做分子杂交，最后将杂交后的尼龙膜与 X 线片一起做放射自显影，获得了由黑色和灰色条带所构成的杂交图谱。结果发现，不同个体 DNA 杂交图谱的黑色及灰色条带是以不同模式排列的，具有显著的个体差异。英国《自然（Nature)》杂志 1985 年发表了 Jeffreys 研究 DNA 个体特征的论文。Jeffreys 在文章中将用上述方法检测所获得的显示 DNA 限制性片段长度多态性（RFLP）的杂交图谱称为 DNA 指纹（DNA fingerprints）。计算发现，如果单用 λ33.15 DNA 探针，个体间的相关概率小于 3×10^{-11}，即 2 个无关个体间 DNA 杂交图谱完全相同的概率小于1/300 亿。若用λ33.15

和λ33.6两种探针，则个体间的相关概率小于5×10^{-19}，其倒数远远大于全世界人口总数，说明世界上没有两个人的DNA指纹是完全相同的（除了单卵孪生子外）。经家系调查，DNA指纹亦是按孟德尔定律遗传的。1985年，Jeffreys首次应用DNA指纹技术解决了一宗涉及移民问题的亲权鉴定案。以此为开端，DNA分析技术在法医学中的应用取得了突飞猛进的发展。随着聚合酶链式反应（PCR）技术、DNA测序技术的应用及DNA多态性基因座越来越多地被发现，一系列精巧、简便、快速、灵敏的分析方法相继建立。特别是STR-PCR技术的出现，不仅极大地提高了分析的灵敏度，也为建立DNA数据库提供了简便、高效的技术手段。

DNA分析的分子生物学基础

DNA的分子结构

DNA是复杂的高分子化合物，它的基本结构单位是四种脱氧核糖核苷酸，即dAMP、dGMP、dCMP、dTMP。DNA分子的一级结构是指四种脱氧核糖核苷酸按照一定的方式、数量、种类和排列顺序，通过磷酸二酯键连接形成的多核苷酸链。组成DNA分子的脱氧核糖核苷酸只有四种，但是一个DNA分子中所含的脱氧核糖核苷酸单体的数目极多，一般至少也有几千个，最多的可达几十万甚至几百万个。生物的遗传信息——基因，即寓于DNA分子上特定的核苷酸序列中。DNA分子的二级结构是指DNA分子的双螺旋结构（图22-1），它是Watson和Crick于1953年提出来的。其基本要点是：①DNA由两条多核苷酸链围绕同一中心轴盘绕成右手双螺旋结构。②两条多核苷酸链相互平行，但方向相反。即一条链从上到下为5′端到3′端，另一条链从上到下为3′端到5′端，形成反向平行的双螺旋。③DNA多核苷酸链的主链是磷酸和戊糖（脱氧核糖），位于双螺旋的外侧；碱基在内侧。两条多核苷酸链之间相对应的两个碱基通过氢键连接起来，形成碱基对（base pair，bp）。碱基对的组成有以下规律：腺嘌呤（A）一定与胸腺嘧啶（T）配对，鸟嘌呤（G）一定与胞嘧啶（C）配对。例如，一条链上某一碱基是A，则另一条链上与它配对的碱基必定是T；一条链上某一碱基是C，则另一条链上与之配对的碱基必定是G。反之，与T配对的必定是A，与G配对的必定是C。这种A-T、G-C的配对关系称为碱基互补配对原则或碱基互补，A与T、G与C互为互补碱基。由于两条链之间严格的碱基互补关系，DNA分子中的两条多核苷酸链称为互补链。在DNA分子中，当一条核苷酸链的碱基序列确定以后，即可推知另一条互补核苷

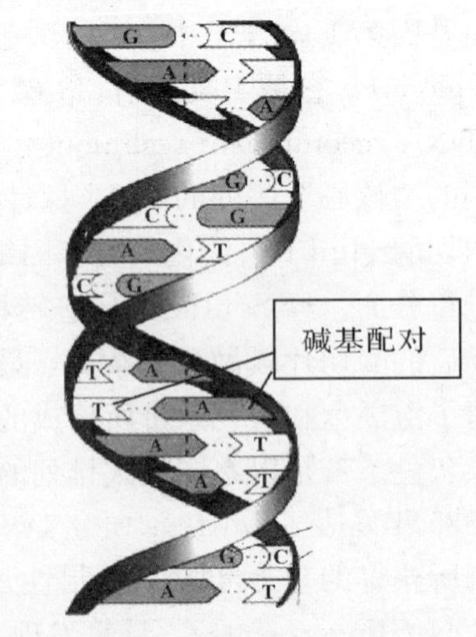

图22-1 DNA双螺旋结构示意图

酸链的碱基序列。碱基互补原则是DNA复制、转录和反转录的分子基础，也是所有DNA分析方法最基本的原理。

DNA具有变性、复性和分子杂交等理化特性，具有重要生物学意义。DNA变性（denaturation）是指其双链之间的氢键断裂，双螺旋结构解开，形成两条多核苷酸单链的过程。由于维持DNA双螺旋结构的力是由氢键和疏水键提供的，因此，凡是破坏氢键和疏水键，能使DNA双链打开的因素，都能导致DNA变性。如加热、极端的pH、有机溶剂、尿素、甲酰胺等试剂均可使DNA变性。由于温度升高而引起的DNA变性称热变性，由酸碱度改变而引起的变性则称酸碱变性。DNA的变性是可逆的，只要消除了变性条件（如使温度降低等），分开的两条互补链又可重新结合，恢复原来的双链结构，这一过程称为复性或退火（annealing）。不同来源的DNA加热变性后，只要两条多核苷酸链的碱基有一定数量能彼此互补，就可以经退火处理出现复性现象，形成由两条不同来源的DNA链组成的杂交双链。这种根据核酸分子变性及复性的性质，通过碱基配对使不同来源的两条多核苷酸链相互结合，称为核酸的分子杂交（hybridization）。杂交的双链可以在DNA链与DNA链之间形成，也可以在DNA链与RNA链之间形成。

DNA主要有蕴藏遗传信息、DNA复制、遗传信息的转录及DNA的修复、基因突变和基因重排等与生物的遗传和变异密切相关的生物学功能。

DNA多态性的产生机制和分类

在生物繁衍、进化的过程中，遗传物质DNA不断地发生突变（点突变、片段的插入和缺失等），DNA复制时不平衡交换和序列的滑动、染色体的分离、自由组合等，引起染色体DNA中核苷酸排列顺序发生改变，产生了个体遗传差异。除了单卵双生外，没有两个人的DNA是完全相同的。这种DNA的个体差异，就是造成不同个体间千差万别个体特征的根本原因。DNA组成的个体差异称为DNA多态性，按孟德尔定律遗传。

在DNA分子上蕴藏着携带遗传信息的基因（gene），基因的本质就是DNA分子中的某一段具有特殊功能的核苷酸序列。不同基因所含碱基对的数量和排列顺序不同，携带的遗传信息也不同。根据基因的功能，又可将其分为结构基因和调控基因。结构基因是指能指导合成一个多肽分子的某一段核苷酸序列，其遗传信息决定了生物蛋白质的分子结构。调控基因本身并不决定蛋白质的分子结构，但其产物能调节结构基因的活性。真核生物的结构基因并不是由连续编码蛋白质的序列所组成，而是在编码蛋白质的序列中插入了许多不编码蛋白质的序列。编码蛋白质的序列称为外显子（extron），不编码蛋白质的序列称为内含子（intron）。

DNA多态性可分为序列多态性和长度多态性两大类。序列多态性（sequence polymorphism）是指DNA分子中某基因座上碱基排列的个体差异。这类多态性由DNA编码区的序列变异所致。长度多态性（length polymorphism）包括限制性片段长度多态性和扩增片段长度多态性。

限制性内切酶（restriction endonuclease，RE）简称限制酶，是一类能识别DNA

内部一定的核苷酸序列，并在特定部位切割DNA双链的酶。限制性内切酶识别并切断DNA链的部位称为限制性内切酶切割点（restriction endonuclease cleavage site）或酶切点。不同的限制性内切酶各具其特异的酶切点。经限制性内切酶切割后形成的DNA片段称为限制性片段（restriction fragment）。限制性片段长度多态性（restriction fragment length polymorphisms，RFLP）是指DNA限制性内切酶识别序列核苷酸结构发生改变，导致酶切点产生、消失或移位，酶切所产生的限制性片段数目及长度发生改变所呈现的DNA多态性现象。

限制性片段长度多态性的产生机制有以下三种类型：

（1）点突变：指DNA序列中限制性内切酶识别点发生单碱基突变（single base change），因单个碱基的替换或修饰使识别点丢失或获得，以致限制性片段大小或数目发生改变。人类基因组DNA中的点突变并不罕见，但只有当点突变涉及DNA分子中限制性内切酶识别点的序列时，才产生多态性。

（2）片段插入与缺失：在探针识别的限制性片段内有一段DNA插入或缺失，会导致酶切点的增多或消失，使限制性片段大小发生改变。

（3）重复序列数目变异：重复序列是以多拷贝形式存在的DNA序列（repetitive sequence）。人类整个基因组内重复序列占20%～30%，它们大多存在于基因内非编码区（如内含子）或基因附近。DNA重复序列可分为散在重复序列、串联重复序列及倒位重复序列三大类。目前在法医学中被广泛应用的是串联重复序列（tandem repeats）。串联重复序列是由多个特定序列首尾相连组成的重复序列。

在基因组DNA内所含有的高变区（hypervariable regions，HVR）由多个串联重复序列组成。有些重复序列的重复次数在个体或群体间存在差异，称为可变数目串联重复序列（variable number of tandem repeats，VNTR）。

最初所认识的串联重复序列是氯化铯密度梯度离心分析时发现的卫星DNA（satellite DNA）。后来不管该串联重复序列在密度梯度离心分析时是否能分开而形成副带，都称之为卫星DNA。按重复单位的大小及重复次数可将卫星DNA分为以下四类：

（1）大卫星DNA（macrosatellite DNA），即经典卫星DNA（classical satellite DNA）；

（2）中卫星DNA（midisatellite DNA）；

（3）小卫星DNA（minisatellite DNA）；

（4）微卫星DNA（microsatellite DNA）。

大卫星DNA及中卫星DNA因其多态性相对简单，在法医学上应用价值不大；小卫星DNA（VNTR）及微卫星DNA（STR）具有高度的多态性，被大量应用于法庭生物检材的分型鉴定。不同类型的DNA长度多态性标记如图22-2所示。

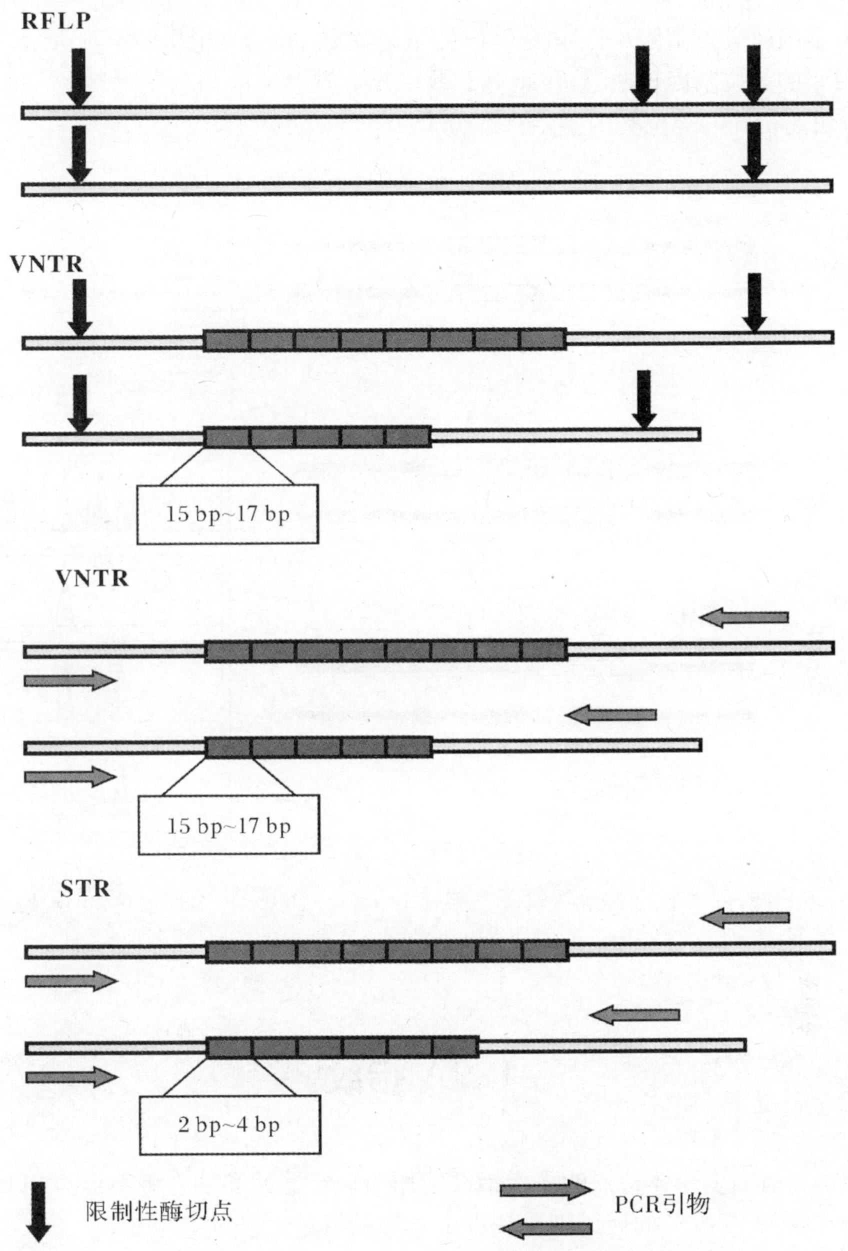

图 22-2 不同类型的 DNA 长度多态性标记

RFLP 标记依靠同源染色体相同基因座是否有限制性酶切点造成的多态性来区分；VNTR 与 STR 标记各包含 15 bp～17 bp 和 2 bp～4 bp 的重复序列。VNTR 标记用侧翼限制性酶切点或 PCR 引物检出（用 PCR 检出者称为“可扩增的 VNTR”或“Amp-FLPs”）；STR 标记的检出可用独有的侧翼序列作 PCR 引物。

短串联重复序列（short tandem repeats，STR）的基本结构与 VNTR 一样，但其串联重复的序列只有 2～6 个碱基。STR 的多态性主要由其重复单位的重复次数所决定，其等位基因扩增产物（通常为 100 bp～350 bp）在变性聚丙烯酰胺凝胶中很容易分开。STR 基因座等位基因均以重复单位的重复次数命名，如图 22－3 所示。这样，将 STR 基因座的等位基因梯阶（allele ladder）分子质量标准与其扩增产物一起电泳，就可以进行快速精确的等位基因鉴定（即分型）。

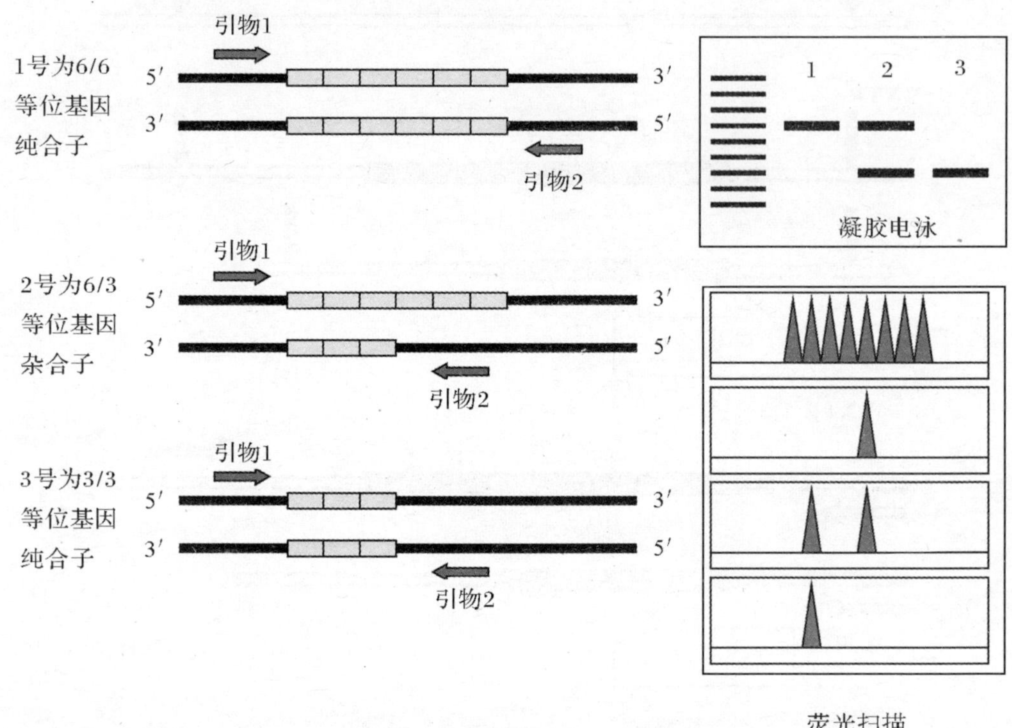

图 22－3　STR 基因座等位基因的命名

DNA 指纹

人类将具有高度个体特征的手指指纹应用于认定罪犯和侦查破案已有 100 多年的历史，而对“DNA 指纹”的应用则是最近十几年的事。

英国遗传学家 Jeffreys 等在 1985 年采用 Southern 印迹杂交技术，用两种小卫星 DNA 探针与人类基因组 DNA 的限制性内切酶酶解片段进行杂交，首次获得了具有高度个体特异性的 RFLP 图谱。因为两个随机个体 RFLP 图谱完全相同的概率非常小，其个人识别能力足以与手指指纹相媲美，因而得名 DNA 指纹。

DNA 指纹图的检测，主要包括以下七个步骤（图 22－4）。

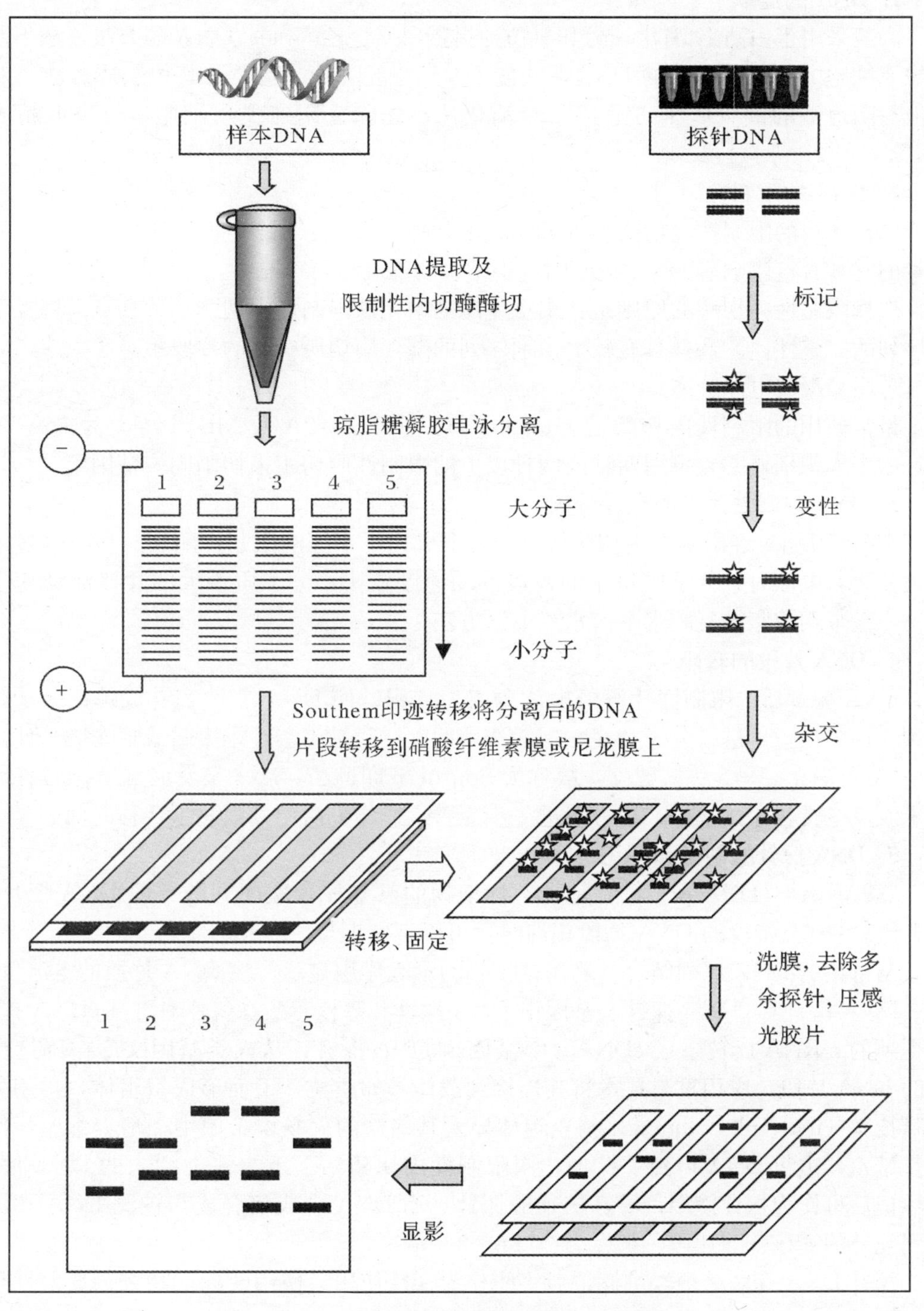

图 22－4 DNA 指纹图的检测流程示意图

1. DNA 的提取

一般采用蛋白酶 K 消化、酚和氯仿抽提蛋白质、乙醇沉淀 DNA 的方法，从不同的组织或细胞中获取大分子的 DNA，并使 DNA 与蛋白质、脂类及其他杂质分离。对于精液与阴道液的混合斑则可通过二步消化法，先除去阴道上皮细胞，再提取精子的 DNA。

2. DNA 的限制性酶切

选择适当的限制性内切酶切割 DNA 分子是 DNA 指纹技术的关键步骤之一，酶解质量的好坏直接影响着 DNA 指纹图分析结果的准确性与可靠性。

选择限制性内切酶的原则是：①重复序列中无该限制性内切酶的酶切点，以保证重复序列的完整性；②选择具有较少识别序列的酶，酶切所产生的片段不至于太多，容易通过琼脂糖凝胶电泳分离。

最常使用的限制性内切酶是 HinfⅠ、HaeⅢ、Sau 3A 及 MboⅠ等。为提高 DNA 探针的个人识别概率，可用两种或两种以上的限制性内切酶来切割同一基因组。

3. DNA 限制性片段的电泳分离

大分子 DNA 经限制性内切酶切割后，变成大小不等的限制性酶切片段，通过电泳使之分离。电泳时，分子质量小的片段泳动速度较快，分子质量大的片段泳动速度较慢。一般采用琼脂糖凝胶水平潜水式电泳方法。

4. DNA 片段的转印

DNA 酶解后的限制性片段经电泳分离后，用碱使 DNA 变性解链成单链分子，转移到支持膜上，再进行分子杂交。一般选用的支持膜是硝酸纤维素膜或尼龙膜。此法最先由 Southern（1975 年）建立，故称为 Southern 印迹法。后来又发展了电泳转移印迹技术及真空转移印迹技术，使方法进一步完善，操作更简便并缩短了转移时间。

5. DNA 探针的制备和标记

DNA 探针（DNA probes）是带有标记物的已知核苷酸序列的单股 DNA 短片段。当 DNA 探针与待检的 DNA 片段相遇时，可以识别出与之互补的序列。通过分子杂交，探针与待检的 DNA 序列结合，利用标记物的示踪作用显示待检 DNA 片段的电泳位置。

DNA 探针有 cDNA 探针、基因组 DNA 探针和寡核苷酸探针三种。①cDNA 探针：将提纯的 mRNA 反转录成 cDNA；②基因组 DNA 探针：从人类基因文库中筛选出特定的 DNA 片段，应用重组技术将其连接到载体（如质粒）上而形成重组体，再用分子克隆技术（molecular cloning）将重组体导入某些株的大肠埃希菌中，培养细胞，使其生长繁殖，重组 DNA 得到了扩增，用限制性内切酶切下重组体上插入的 DNA 序列，经标记后可作为探针使用；③寡核苷酸探针：用 DNA 合成仪合成与被测 DNA 片段的序列互补的寡核苷酸片段，长度为 20 bp～30 bp。

探针 DNA 片段必须经过标记后才能作为探针使用。使用的标记物分为放射性核素标记和非放射性物质标记两类。①放射性核素标记：通过缺口平移法、随机引物延伸法或末端标记法等将放射性核素 ^{32}P 标记的脱氧三磷酸核苷掺入到探针 DNA 分子中去；②非放射性物质标记：目前所采用的非放射性标记物主要有辣根过氧化物酶、地高辛、碱性磷酸酶、生物素及光敏生物素等，采用缺口平移法、随机引物延伸法、末端标记法及光化学标记法等标记。非放射性物质标记的优点是：探针可一次大量制备后长期保存，随时使用；无放射性伤害；价格便宜；实验周期短；易于运输。缺点是：灵敏度不如放射性核素标记探针，对样品质量要求高。

6. 分子杂交

经电泳分离并经变性处理了的DNA限制性片段通过Southern印迹或真空负压吸引转移至硝酸纤维素膜或尼龙膜上，或者固定在干燥的凝胶中后，与标记的DNA探针进行分子杂交，使DNA探针单链与其互补的靶DNA序列结合成双链，以达到探测和分析靶DNA序列的目的。

7. 杂交信号的显示

不同的标记物用不同的方法显示。放射性核素标记DNA探针的杂交信号用放射自显影技术，即将杂交后的膜与X线片重叠，置于暗匣中，放射性核素发出的射线使X线片感光，显影后杂交DNA片段出现黑色条带，得到DNA指纹图。非放射性物质标记的DNA探针的杂交信号通过显色反应或酶标-化学发光体来实现。

根据所检测基因座的数目，可将DNA探针分为单基因座探针和多基因座探针两类。同样，也可以将RFLP分为单基因座多态性和多基因座多态性两大类。

多基因座探针可以与基因组多个基因座杂交，能同时检测人类基因组多个基因座的多态性。多基因座探针最显著的特点是具有很强的个人识别能力，其杂交图谱显示出多条个体特异谱带，即使只使用一种探针，也可根据杂交图谱准确判定两份样本是否来源于同一个体。在亲权鉴定中使用多基因座探针，不仅能否定亲权关系，而且还能做出肯定的结论。多基因座探针的缺点是对检材要求较高，不能分析降解的DNA，判读和结果解释比单基因座探针困难。

单基因座探针只能与DNA分子上的单一基因座杂交，纯合子出现一条杂交带，杂合子出现两条杂交带，故个人识别能力不如多基因座探针。为了提高单基因座探针的个人识别能力，可以用两种或两种以上的单基因座探针对同一份检材进行检测。单基因座探针有以下优点：①图谱容易判读。每个单基因座探针只能检出1条或2条带，便于判读。②用单基因座探针很容易了解到DNA指纹图上的杂交带来自哪一个基因座，便于统计分析。③易于分析混合斑的DNA样品。如果两个或两个以上的样品混合在一起（在凶杀、强奸、轮奸等案件中常出现这种情况），用单基因座探针检测时，因每一样品最多只能出现两条杂交谱带，对其检测结果的分析就显得较为方便。

聚合酶链式反应

聚合酶链式反应（polymerase chain reaction，PCR）是一种模拟天然DNA复制过程而建立的体外核酸扩增方法。美国科学家Mullis于1983年发明的“聚合酶链式反应”导致了分子生物学界的一场革命，它使人们梦寐以求的体外无限扩增脱氧核糖核酸（DNA）片段的愿望变成了现实。PCR技术被广泛地应用于生命科学的各个领域中，Mullis因而获得了1993年诺贝尔化学奖。

利用PCR技术，可以在短时间内将微量生物样本中的靶DNA片段扩增几百万倍，使得对DNA片段的分析变得轻而易举，法庭生物物证检验也因此进入了一个全新的时代。

PCR的基本原理

PCR的基本原理是：在体外条件下，利用DNA聚合酶的催化作用，以靶DNA作为模板，由一对引物引导DNA合成，使两引物间的靶DNA片段得到特异性的扩增。其扩增产物的特异性由引物的序列所决定。所谓引物（primer）是由DNA合成仪人工合成的与待扩增的DNA片段两翼互补的寡核苷酸片段（由几个或几十个碱基组成）。在进行PCR时，DNA的合成只能在两引物之间沿待扩增的DNA模板进行，从而得到两条与模板DNA序列完全互补的DNA新链。图22－5示引物与模板DNA互补序列的特异性结合。

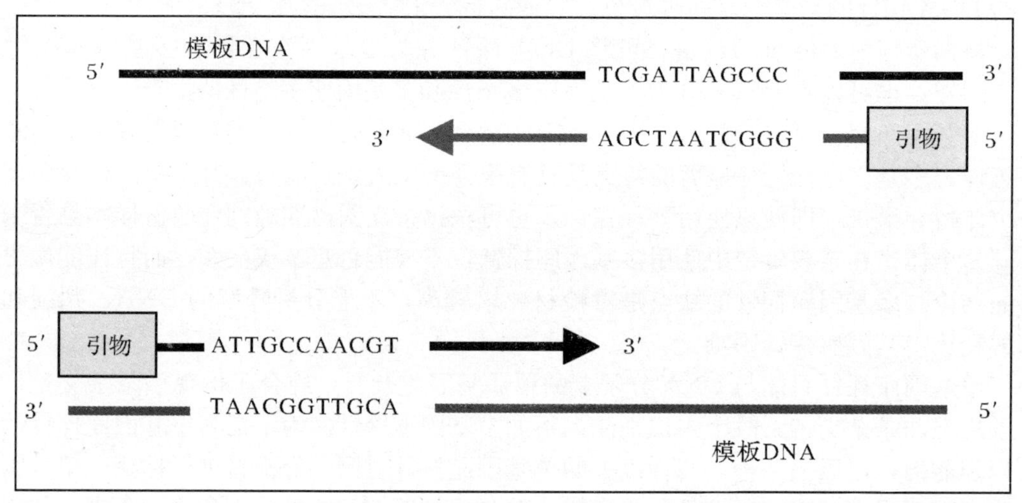

图22－5　引物与模板DNA上互补序列的结合

PCR的反应过程如下：将耐热DNA聚合酶（通常使用的是Taq DNA聚合酶）、引物、dNTPs（包括dATP、dCTP、dGTP和dTTP）、待扩增的模板DNA及提供最佳反应条件的缓冲系统等按照适当的比例混合，组成反应体系，并将其装于扩增管中，通过DNA扩增仪以不同的温度条件进行扩增反应。每个循环周期一般包括下列三个基本步骤：①模板DNA变性，即在94℃～96℃高温下使模板DNA发生热变性，打开DNA双链。②退火（复性），降低温度（50℃～60℃），使引物与模板DNA上的互补序列结合。由于反应体系中引物的浓度大大高于模板DNA的浓度，因此退火过程中因竞争作用而使引物与模板DNA上的互补序列杂交结合，而不是模板DNA自身两条单链的重新结合。③引物延伸，在70℃左右的反应温度下，通过DNA聚合酶的作用，以待扩增的靶DNA片段为模板，将相应的单核苷酸连接到引物的3′端，使引物的3′端沿模板DNA延伸，合成与模板DNA完全互补的新DNA链。这样，一个反应周期结束，靶DNA片段即可增加一倍。从理论上讲，随反应周期的增加，靶DNA片段呈指数增加。如经过 n 个周期的循环，则靶 DNA 片段可增至 2^n 倍。PCR 的反应过程如图 22－6 所示。

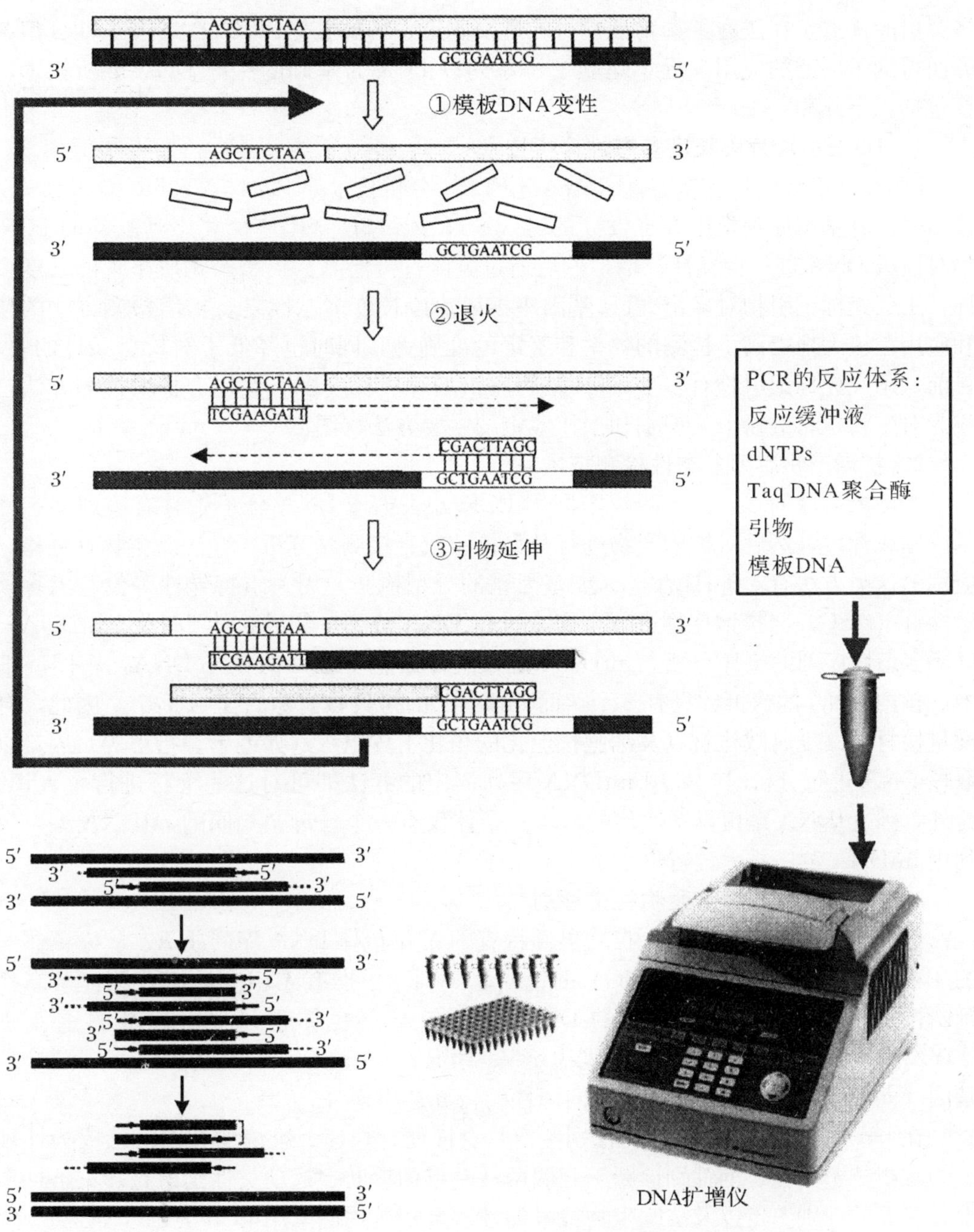

图 22－6　PCR 的反应过程示意图

以 PCR 为基础的法医 DNA 分析技术

PCR 技术具有灵敏度高、特异性强、操作简单、对扩增产物的分型方法简便等许多突出的优点，在法庭生物物证检材的性别鉴定、种属鉴定以及 DNA 多态性分型鉴定方面得到了广泛的应用。近年建立了一系列以 PCR 为基础的法医 DNA 分析技术，主要包括以下几种：

1. DNA 扩增片段长度多态性分析技术

DNA 扩增片段长度多态性（Amp－FLP）分析技术如 PCR－VNTR 和 PCR－STR 技术等。其基本原理是用人工设计的与 VNTR 或 STR 基因座侧翼序列互补的 PCR 引物对模板 DNA 进行特异性扩增，然后通过电泳直接检测其扩增产物所呈现的长度多态性。用荧光标记引物对多个 STR 基因座扩增片段长度多态性复合扩增检测方法的建立和应用，极大地提高了检测的效率和鉴定的准确性，同时也降低了对检材条件的要求。目前，用荧光标记引物对多个 STR 基因座扩增片段长度多态性复合扩增检测方法，已成为对生物检材进行个人识别和亲权鉴定的主要方法（图 22－7）。

2. 扩增产物序列多态性检测技术

扩增产物序列多态性检测技术即用 PCR 方法扩增 DNA 分子中具有序列多态性的基因座或片段，然后对扩增产物进行分型检验或直接测序分析。在法庭生物物证检验中应用的这类方法有：①HLA－DQα 基因座的分型检验。用一组特异性等位基因寡核苷酸探针（ASO）与扩增产物进行杂交来进行 DNA 分型。②线粒体 DNA（mtDNA）的 D 环多态性序列的测序分析。mtDNA 是人类体细胞中唯一的核外 DNA，在同一细胞中，核内 DNA 的拷贝数只有 2 个，而 mtDNA 的拷贝数有数百至数千个。因此，对于微量检材、高度腐败检材以及细胞核退化的角化上皮组织（如毛干、指甲等）因难以获取核 DNA 进行分析时，采用 mtDNA 序列测定的办法即可对这些检材进行个人识别。此外，因 mtDNA 是由母系遗传的，每一个体仅有一个与母亲相同的 mtDNA 型，故可利用 mtDNA 测序技术进行母系单亲的亲子鉴定。

3. 用 PCR 方法鉴定生物检材性别

选择适当的引物，特异性扩增男性特有的 Y 染色体 DNA 序列或 X、Y 染色体同源的牙釉基因（amelogenin，AMG）的特异性序列，根据有无相应的特异性扩增产物来判断性别。被选择做性别鉴定的 DNA 序列有 Y 染色体Ⅲ号卫星区域的重复序列（DYZ1）、Y 染色体 DNA 中的性别决定基因 SRY（sex－determining region Y）、牙釉基因（amelogenin）中具有 X－Y 同源性的特异性序列等。

在 DNA 水平做生物检材的性别鉴定具有简便、快速、准确的特点，已成为性别鉴定的常规技术。在产前性别诊断、真假两性畸形的诊断、运动员性别检查、灾害性事故中受害者的性别鉴定以及法庭生物检材的性别鉴定等均已采用 PCR 方法。如 1992 年在巴塞罗那举办的奥运会和 1993 年在上海举办的第一届东亚运动会上均采用了 PCR 技术进行运动员的性别检查。

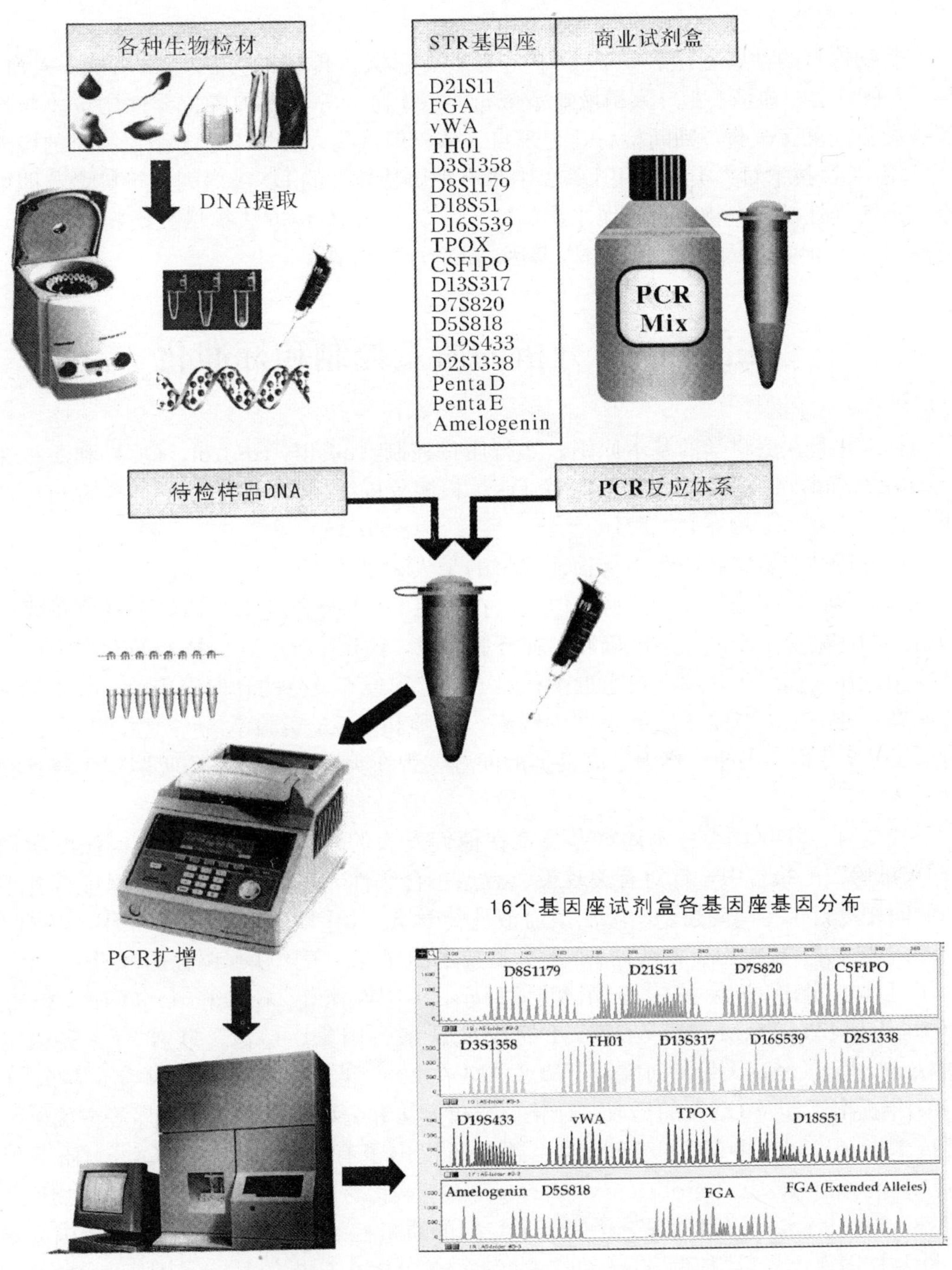

图 22－7 目前最为常用的 STR 基因座及其扩增片段长度多态性检测流程图

4. 种属鉴定

生物检材的种属鉴定在法医学中具有重要意义。传统的方法是采用抗－人血清、抗－人血红蛋白血清、抗－人精液血清或抗－P30血清等具有种属特异性的抗体与检材浸液做免疫沉淀试验，判断检材是否来自人体，但这些方法均不适于微量检材的检测。

用PCR技术对人类基因组DNA中具有种属特异性的DNA序列进行扩增，即可根据有无特异性扩增产物进行种属来源的鉴定。例如用PCR方法扩增人类特有的Alu重复序列、apoB 3′基因及28 S rRNA基因的DNA序列等。

法医DNA分析的质量控制和标准化

标准化是法庭科学的基本原则。实行质量控制（qualify control，QC）和质量保证（qualify assurance，QA）是确保法医DNA检测分析结果的准确性、公正性和可靠性的重要手段。

在进行亲权鉴定和法庭生物物证检材的个人识别方面，DNA分析技术的实用价值已得到世界各国司法机关的公认。但是，在应用DNA分析技术中，一个极为重要的问题就是如何确保鉴定结果的准确性。在开始阶段，法医DNA分析技术的发展是边开发边应用，在人们对于这项新技术近乎狂热的追求和迫不及待的仓促应用中，技术标准化的问题，曾一度被忽略了。由于缺少法庭、律师和DNA实验室统一遵循的一套标准，有关DNA分析结果能否作为法庭证据的问题，曾在美国引发了一场所谓“脱氧核糖核酸大战”。

1988年，美国国会技术评审办公室在他们发表的题为“遗传证据——法庭所用的DNA试验”的报告中，针对有关政策、观点、合法性、可靠性以及质量保证等各个方面的问题进行了专门阐述。国际法医血液遗传学会（ISFH）分别在1989年、1991年、1992年和1995年提出了一系列DNA分型技术的建议。美国联邦调查局（FBI）专门成立了DNA分析方法技术工作组（Technical Working Group on DNA Analysis Methods，TWGDAM），TWGDAM的成员是来自国家、地区、联邦法庭实验室的DNA科学家。经过大量的研究，TWGDAM在1989年、1990年、1991年、1993年和1995年提出了涉及DNA的提取、纯化、分析方法和分型结果对比的程序等方面的一系列技术指南（TWGDAM Guideline），并且还提出了有关质量控制（QC）、质量保证（QA）和水平试验（proficiency testing）的程序等。美国刑事实验室主任协会（ASCLD）亦针对法医DNA分析制定了专门的质量控制和质量保证标准。英国、德国等欧共体国家也先后制定了自己的技术标准，对DNA分析的具体基因座、引物序列、片段长度、等位基因数目及统计和计算方法等做出了详细的规定。伴随DNA技术标准化的进程，有效地保证了法医DNA分析结果的准确性，促进了DNA分析技术在法庭科学中的应用和发展。目前，美国、欧共体国家、日本、澳大利亚、中国香港等国家和地区的DNA实验室均采用了大致相似的技术标准和质量控制体系。

我国的法医DNA技术已开展多年，在实际的物证鉴定应用中取得了很大发展。公安、检察院、法院及各医学院校的法医系（学院）均建立了各自的DNA实验室，基本形成中国法医系统的DNA分析鉴定框架。但由于没有专门的管理机构，亦未制定有关的管理法规、技术规范和实施准则，各实验室之间不仅在实验装备和技术力量上存在较大差异，且所应用的技术方法、实验试剂种类也不一致，在结果解释、统计数据采用和概率计算等方面也不完全相同。这在很大程度上制约着DNA技术在我国司法实践中的应用和发展。尽快制定和实施我国法医DNA分析技术的标准化方案，在DNA分析中建立完备的质量控制和质量保证体系已成为一项十分迫切的任务。

DNA 数据库

DNA数据库的建立和应用，是法医DNA技术发展的又一里程碑。此处所讲的“DNA数据库”，是指利用计算机强大的存储功能及高效的信息分析功能，将标准化的DNA分型检验结果按照统一的数据格式存储起来而建立的以侦查为目的的数据信息系统。借助于标准化的DNA分型技术、计算机自动识别技术和网络传送技术，将数字化的DNA分型结果存储在计算机系统中，实现了DNA信息的计算机网络化管理和信息共享。在DNA数据库中，DNA高度的个体特异性和计算机信息分析的高效性得到了很好的结合，可以实现现场获得的生物检材与库内存储的相关人群DNA分型数据的快速检索对比。过去，DNA分析人员只能被动地依靠侦查人员提供嫌疑对象的对比检材来鉴定其与现场获取的生物证据之间有无关联。当建立起涵盖面广泛的DNA数据库之后，技术人员只需将现场检材的DNA分析数据与库存数据进行查询对比，即可直接找到作案者。这不仅大大加快了利用现场生物物证材料排查嫌疑对象的速度，也进一步丰富了侦查破案的手段。DNA数据库模式如图22－8所示。

用于法庭科学的DNA数据库主要包括涉案人员的DNA信息和未破案件现场生物检材DNA信息两大部分。根据应用的需要也可以增加其他特定群体或特殊样本的DNA信息，如失踪人员直系亲属的DNA信息、未知名尸体DNA信息、特殊保护人群DNA信息及相关人群DNA基础信息等。用于刑事侦查和法庭科学领域的DNA数据库，仅涉及不同个体在所选定的STR基因座的DNA分型结果，并将这些分型数据作为个人识别和判定亲缘关系的依据，而并不提供类似遗传学易患病体质等可能涉及个人隐私的遗传学数据。

世界上第一个DNA数据库是在英国国立法庭科学实验中心（Forensic Science Service，FSS）建立的，其早期工作开始于1990年。1995年，英国议会通过立法决定建立国家DNA数据库（National DNA Database），英国内政部决定将数据库建在FSS，由FSS管理，下设有5个经过核准的DNA实验室参加国家DNA数据库的建设。数据库分为嫌疑人库和现场库。其法律规定，只要警方将某人列为嫌疑人，就可合法地提取其DNA检材而进行DNA检验，并将数据输入嫌疑人库储存。一旦嫌疑解除，应立即将其数据删除。现场库的数据来源是案件现场提取的DNA样本。应用这两个数据库，不仅可以通过案件现场DNA与嫌疑人库的对比查出作案人而直接破案，也可通过现场

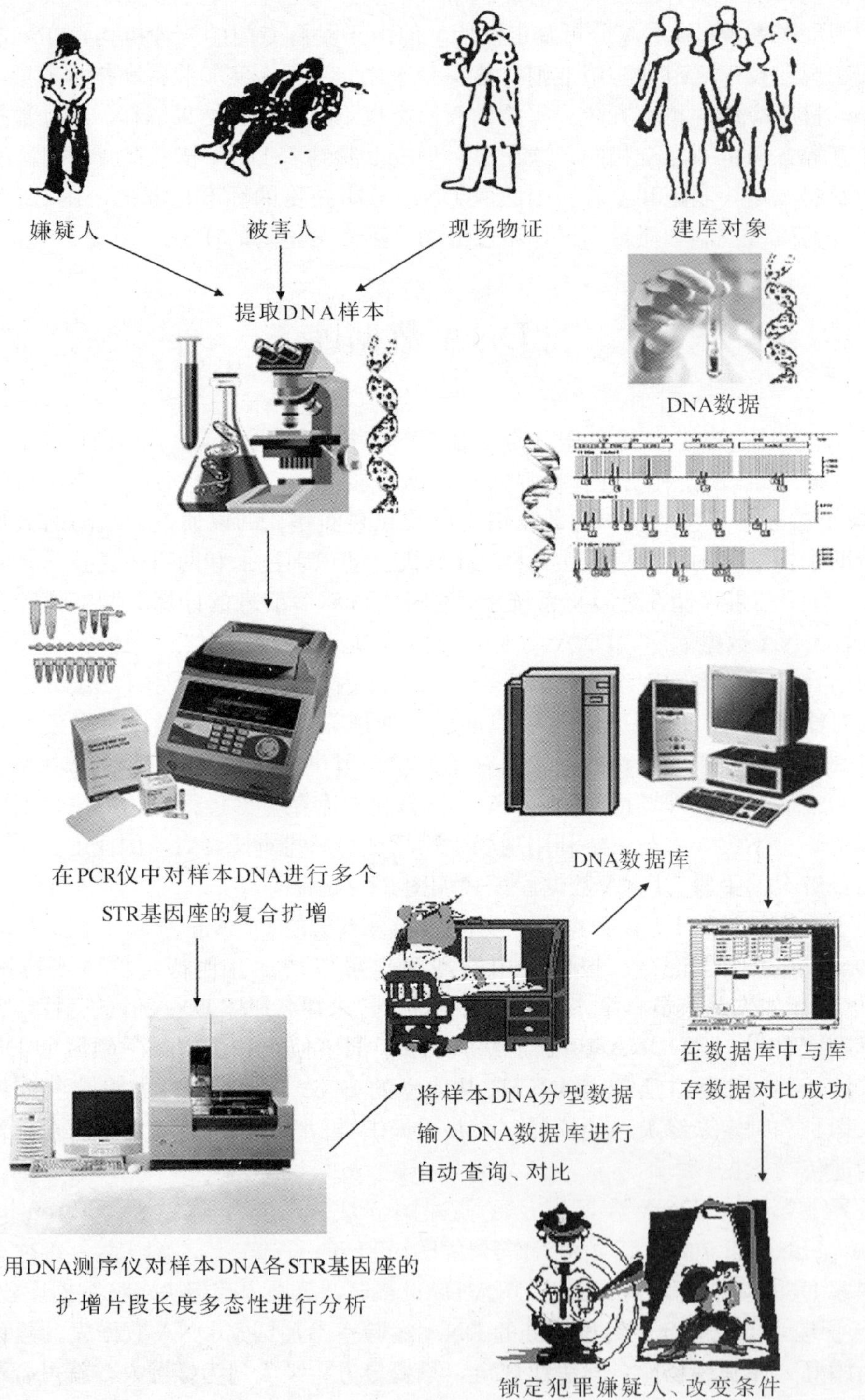

图 22－8　DNA 数据库模式图

DNA与现场库数据的对比来串并案件。英国国立法庭科学实验中心的DNA室负责数据库的建设和维护，其DNA样本或数据由全英各警察局及执法机构提供。至2003年3月底，英国国家DNA数据库已拥有2 099 964条被定罪人员的DNA信息，193 138条未破案件现场样本的DNA信息。至2004年3月，英国政府用于国家DNA数据库的投资总计达182万英镑。现在，英国国家DNA数据库一个月一般可以比中15起凶杀案件，31起强奸案，770起机动车、财产和药物犯罪。当一个新的未破案件的DNA信息被输入国家DNA数据库，大约有40％的概率能直接比中涉嫌人员，显示出DNA数据库在侦查破案方面的突出作用。

美国也是在建设和应用DNA数据库方面卓有成效的国家之一。早在1990年，联邦调查局（FBI）即联合14个州和地方的法庭科学实验室建立了被称为联合DNA索引系统（Combined DNA Index System，CODIS）的数据库，开始进行实验性运作。1994年美国国会正式通过了关于建立DNA数据库的法案，CODIS也开始发展为真正意义上的全国DNA数据库。至1996年全美已有40个州参与了CODIS。在组织形式上，CODIS分为地区、州、国家三个等级。地区一级的DNA索引系统（Local DNA Analysis System，LDAS）设在当地警察局，DNA检验人员应用CODIS软件对检测结果进行分析，将其转换为地方数据，并与其他结果检索对比。若将数据发送至州一级，地方数据管理者可与州内参与CODIS的其他实验室共享数据。州一级的DNA索引系统（State DNA Index System，SDIS）从LDAS提供的数据中选择性地输入SDIS中，可实现各个实验室之间的数据交流和检索查询，并将数据发送至国家数据库。国家DNA索引系统（National DNA Index System，NDIS）从各SDIS获得数据。NDIS由FBI管理及运作，并负责CODIS软件的研究、安装、调试及操作培训等。至2004年11月，NDIS已拥有被定罪人员DNA信息1 982 613条，未破案件现场样本DNA信息92 321条，共有21 687起案件得到了DNA数据库的帮助，超过18 500起案件匹配成功。

英国和美国的DNA数据库建立并投入应用之后，在众多疑难案件的侦破中发挥了重要的作用，取得了明显的效果。其示范效应使得其他国家也纷纷开始了DNA数据库的建设工作。欧共体委员会建议其成员国之间建立的DNA数据库应互相兼容，以便于数据的交流和共享。我国香港特别行政区政府化验所也在1999年开始建立香港特区的DNA数据库。

国际刑警组织于1999年专门成立了DNA专家组，2000年成立了DNA部。据国际刑警组织调查，截止到2002年，已有77个成员国应用了DNA技术（占全部成员国的43％），有41个成员国有DNA数据库系统，所有DNA数据相加达到3 698 463条。2003年，国际刑警组织开始弃用美国开发的CODIS系统软件，自行组织开发了可以进行国际数据交换的DNA图谱对比系统，以使参与对比的数据更加丰富。对比的数据可以是案件现场数据、犯罪人或嫌疑人数据、无名死者或失踪人员的数据等，每条数据应至少包含国际刑警组织规定的7个基因座中的6个。如果发现跨国数据比中，有关成员国会同时收到国际刑警组织的通知，该国有义务立即做出反应，进行复核，甚至针对相关案件和个人依法采取行动。这一系统于2004年联通，各国的DNA数据可以通过国际刑警组织的全球通讯系统（Interpol Global Communication System）I－24/7进行电子交换。

FSS和FBI建立DNA数据库最初所采用的DNA检验技术还只是单基因座DNA限制性片段长度多态性分析技术（SLP），但由于该技术存在对检材条件要求高、灵敏度低、实验周期长、等位基因分型方法不统一、不便于不同实验室之间的结果对比等许多缺点，限制了数据库的建立和应用。随着STR－PCR分型检验技术的发展，尤其是1995年以后开发成熟的荧光标记STR基因座复合扩增分析技术很快取代了原来的方法，成为建库的主要技术手段。以美国的CODIS为例，其建库所选用的试剂为美国PE公司所生产的两套荧光标记STR基因座复合扩增体系AmpFlSTR Profiler和AmpFlSTR Cofiler，这两套复合扩增体系共包括了13个STR基因座（FGA、vWA、D3S1358、D18S51、D21S11、D8S1179、D7S820、D13S317、D5S818、D16S539、CSF1PO、TPOX、TH01）和1个性别检测基因座（Amelogenin），对扩增产物的基因分型则是采用了ABI377型、ABI310型DNA测序仪以及日立公司的HITACHI FMBIO荧光分析仪等仪器通过其专用软件自动进行。目前，CODIS所采用的这种方法已成为许多国家建库的首选方法。

我国在DNA技术的应用方面一直紧跟着国际上技术发展的步伐，但在DNA数据库建设方面起步较晚。1999年4月，公安部科技局在北京召开了"全国法庭科学DNA检验技术标准与质量控制研讨会"，对我国建立DNA数据库的问题进行了讨论。1999年9月，由国家计委批准立项，司法部法庭科学技术研究所承担的科研项目"罪犯DNA数据模式库"在上海通过了专家鉴定。该模式库系收集在押犯人、犯罪嫌疑人或行为不良者的血样，分析一系列的DNA基因座，将分析结果简化为数据，并与其他记录一起储存于计算机数据库中。每一条都记载着他（她）的身份、犯罪前科及个人唯一的遗传特征。当数据库容量发展到一定规模后，通过计算机网络即可实现地区间乃至国家之间的信息交流，为侦查破案提供查询和对比的数据资料。作为一种建库模式，"罪犯DNA数据模式库"的建成，为建立全国统一的罪犯DNA数据库网络系统奠定了基础。2000年2月，公安部刑侦局将建立"失踪儿童父母DNA数据库"列为全国"打击人贩子，解救被拐卖妇女儿童"专项斗争的一项重要准备工作。全国各基层公安机关按统一的要求采集所有曾报案登记的被拐卖或失踪儿童父母的血样，寄送到指定的公安部物证鉴定中心、北京市公安局、辽宁省公安厅、广州市公安局4个DNA实验室，使用美国PE公司ABI377型DNA测序仪和Amp FlSTR Profiler Plus复合扩增试剂盒对血样进行DNA分型检测。检测数据按建库格式通过公安专用计算机网络传到公安部信息中心，建成我国第一个"失踪儿童父母DNA数据库"，公安部门利用该数据库为"打拐"案件中排查和解救的身源不明的儿童查找其亲生父母提供帮助。在这次DNA数据库建设的实践性活动中，共检测留档了5万余份血样，为500多名被拐卖儿童找到了亲生父母。这项工作的开展，标志着DNA数据库技术开始在我国得到了实际的运作。

近年来，我国在DNA数据库建设方面取得了长足的进步，DNA数据库的建设和应用首先在全国公安系统取得了实质性的发展。从2002年起，公安部先后发布并实施了《法庭科学DNA实验室规范》、《法庭科学DNA实验室检验规范》、《法庭科学DNA数据库建设规范》、《法庭科学DNA数据库选用的基因座及其数据结构》、《法庭科学

DNA 现场生物样品和被采样人信息项目及其数据结构》等相关行业标准和规范。为进一步推进和规范 DNA 数据库建设，公安部于 2003 年成立了 DNA 工作专家组，研究制订了《2004—2008 年公安机关 DNA 数据库建设规划》，并相继组织起草了《法医遗传学检材的提取、保存、送检规范》、《法庭科学 DNA 检验鉴定文书内容及格式》、《送检物证的封装要求》等规范性文件。2003 年 11 月，在公安部刑侦局建立并试运行国家 DNA 数据模拟库，以公安系统专用网络为平台，由全国部分省市公安机关有条件的 DNA 实验室联网运行。该模拟数据库在试运行期间共收录全国部分省市上报的 DNA 数据 90 956 条，在信息数量不多和质量不高的情况下，仅两个月的时间，就直接查中跨省系列案件 4 起，查中省内案件 300 余起，串并省内案件 95 起，显示出 DNA 数据库在侦查破案方面的巨大潜力。

为推进全国 DNA 数据库的建设，公安部已将全国公安机关 DNA 数据库建设作为全国 DNA 数据库建设的基础，立入"金盾工程"（一期）二类重点项目加以建设。2005 年 5 月，公安部金盾办向全国公安机关下发了《全国公安机关 DNA 数据库建设任务书》，规定全国公安机关 DNA 数据库系统实行部、省级、地市级三级管理的基本结构，并明确了三级公安机关的具体任务和管理职责。我国公安系统 DNA 数据库的基本结构如图 22－9 所示。

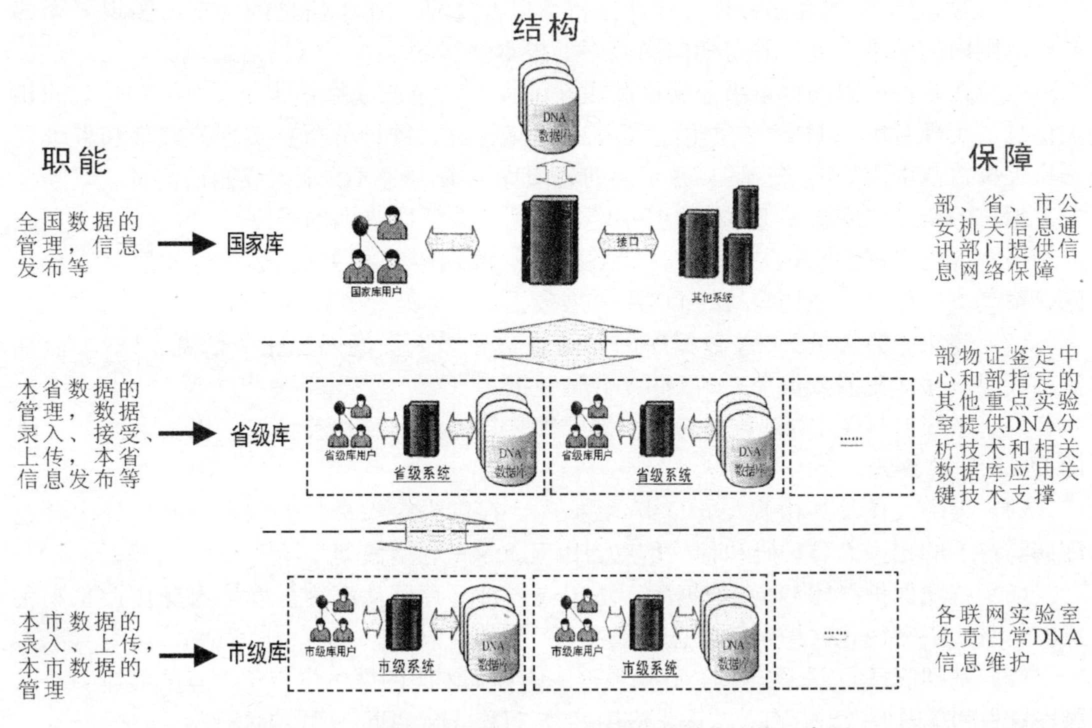

图 22－9　我国公安系统 DNA 数据库的基本结构示意图

《全国公安机关 DNA 数据库建设任务书》所规定 2005 年至 2008 年全国公安机关 DNA 数据库的建设任务如下：

（1）建成部级、省级、地市级三级全国 DNA 数据库网络体系，逐步实现 DNA 数据库应用系统与现有公安应用系统的有机结合。DNA 数据库应用系统应包含现场物证、违法犯罪人员、未知名尸体、失踪人员亲属、基础信息、特殊保护群体等 6 大类 DNA 子信息库，实现对刑事案件现场、违法犯罪人员、未知名尸体等 DNA 信息的有效管理、监控与应用。

（2）加强 DNA 数据库应用系统软、硬件建设，保障系统稳定运行。全国公安机关使用同一版本的 DNA 数据库应用软件，实现数据共享。

（3）到 2008 年，公安部 DNA 数据库累计存储的未破案件现场物证 DNA 信息达到 15 万条以上，违法犯罪（嫌疑）人员 DNA 信息达到 100 万条以上，其他 DNA 信息达到 10 万条以上。DNA 信息和其他相关资料实现安全管理。DNA 信息匹配率达到 5%以上。

我国正在建设的国家、省、市三级 DNA 数据库网络体系的具体职能如下：

（1）在公安部建立国家库，接受各省级库上报的登记信息和撤销信息，实现对全国 DNA 数据信息资料的存储管理、网络查询、比中信息发布，以及有关信息的统计分析。公安部物证鉴定中心在为国家 DNA 数据库提供关键技术支持的同时，作为国家数据库下设的一个独立用户。

（2）在各省、自治区、直辖市公安厅（局）建立省级库，录入或撤销本厅（局）DNA 实验室的相关信息，接受本辖区各市级库上报的录入或撤销信息，实现对本辖区 DNA 数据信息资料的存储管理、统计分析，以及本辖区比中信息的发布，实现公安部授权范围内的网络查询，并定期向国家库上报本辖区的录入或撤销信息。

（3）在条件成熟的地市级公安机关建立市级库，录入或撤销本市 DNA 实验室的相关信息，实现对本市 DNA 数据信息资料的存储管理、统计分析，实现公安部和省级公安机关授权范围内的网络查询，并定期向省级库上报本辖区的录入或撤销信息。

拟建的全国公安机关 DNA 数据库包含下列 6 个关联查询的子库：

（1）现场物证 DNA 数据库。存储案（事）件编码和相关信息、DNA 信息流水代码、案（事）件对应现场检材的 DNA 分型数据。

（2）违法犯罪人员 DNA 数据库。存储违法犯罪人员编码和相关信息、DNA 信息流水代码、违法犯罪人员个人的 DNA 分型数据。

（3）未知名尸体 DNA 数据库。存储未知名尸体编码和相关信息，以及未知名尸体的 DNA 分型数据。

（4）失踪人员及其相关人员 DNA 数据库。存储失踪人员、失踪人员的生身父母或配偶与孩子的相关人员编码和相关信息，以及 DNA 分型数据。

（5）特殊保护群体 DNA 数据库。法定或者自愿存储从事容易发生人身伤亡职业人员的信息代码和特殊保护人员信息，以及 DNA 分型数据。

（6）基础信息 DNA 数据库，存储数据库中各基因座的染色体定位、有关群体的基因频率资料和基因型资料、有关法医学应用参数（H、DP、PE、PI）等的 DNA 数据。

可以相信，随着 DNA 数据库技术和计算机网络技术的应用和发展，DNA 分析技术必将进入一个崭新的时代。

（曾发明）

23 个人识别

体表形态特征（381）
牙的个人识别（382）
年龄推断（382） 牙的个人特征（384）
骨骼的个人识别（385）

个人识别（personal identification）指用科学的方法对尸体、活体或人体组织进行个人同一认定。个人识别包括尸体与活体的个人识别，在刑事案件中，特别是对无名尸、碎尸、白骨化尸体、外表严重毁坏尸体、高度腐败尸体、难以辨认尸体，其个人识别对案件的侦破甚为重要。另外，对突发事故中（如飞机或轮船失事、道路交通事故、地震、火灾等）多人遇难的尸体，亦应明确死者的身份，有利于善后处理。目前随着交通事故增多、赔偿增加、逃匿案件增加，在现场中的尸体多为无名尸，故亦需对尸体进行个人识别。活体个人识别主要针对：昏迷者（意识丧失者）、记忆丧失者、精神障碍者（如白痴等）、弃儿、改名换姓或化装进行各种犯罪活动者、冒名顶替的嫌疑犯等。在青少年犯罪中，因关系到定罪量刑，其年龄的确定甚为重要，并且也十分常见。

体表形态特征

不管尸体或活体，体表形态特征在个人识别中有着重要作用。其具体内容包括衣物及装饰物；外貌特征，如体重，身高，肤色，面形，耳形，毛发的形态、颜色、分布；瘢痕；畸形；文身及指纹等。这些都应详细检查、记录、绘图、拍照并与失踪案件进行比较、认定。

（1）衣物及装饰物：衣物、装饰物（如戒指、项链等）、随身携带物品，在某些案件中能反映被识别者的性别、种族，甚至职业或社会地位。

（2）肤色及头面部外观：皮肤色素颜色，毛发颜色，以及眼、眉、耳等头面部外观常隐藏种族与个人特征。

（3）瘢痕：瘢痕的部位、形状、大小可作为个人识别的依据。瘢痕的部位常反映既往病史，如右下腹斜行瘢痕可能为阑尾切除术后瘢痕。瘢痕的形态与其产生的方式有关：手术切口或无感染的锐器伤痕，其瘢痕多呈平滑线状；化脓性感染的锐器或钝器伤或挫裂创多呈不规则形；咬伤瘢痕呈弧形；枪弹创入口处瘢痕边缘不整齐；霰弹创瘢痕呈散在点状。有瘢痕体质的人，初期可形成很大的瘢痕疙瘩。新鲜瘢痕质软，色红；陈旧瘢痕质硬，色白，且有光泽。白色瘢痕，一般需2年以上方可形成。检验瘢痕时，应注意瘢痕数目、位置、形状、大小、颜色、软硬程度、隆起或凹陷等情况，应详细记录，并绘图或拍照，进行同一认定。

（4）文身：文身是用刀、针等锐器，在身体的不同部位刻出花纹或符号，然后涂上染料（如蓝靛、墨汁、朱砂、烟灰等），再用醋涂布，使染料色素留于皮下而成。文身终身不褪，可作为个人识别的重要依据。检查文身时，应详细记载其部位、数目、大小、范围、颜色及图案等，并绘图或拍照。无名尸体上的文身，可连同周围皮肤一起取下，进行同一认定。

（5）畸形：畸形可以是先天的，也可由疾病或损伤所致。其种类繁多，表现各异，具有个体特征。应详细检查、记录、绘图或拍照，进行同一认定。

（6）痣与疣：几乎所有的人都有痣，但不同个体痣的种类、部位、颜色和形状各异。疣有扁平湿疣、尖锐性湿疣、老年疣等。痣与疣是个人识别的证据之一，应详细检查、记录其部位、大小、数目、颜色和形状等，并绘图或拍照，进行同一认定。

（7）指纹：出生时即有，终身不变。指纹具有个体特征性，在刑事案件侦查中具有重要作用。

（8）牙：是人体最坚硬的组织，不会受环境与理化因素的影响，故牙的特征有很高的稳定性，在碎尸、烧死、高度腐败、白骨化以及交通事故中严重破坏的尸体均可能剩下牙。牙的个人识别在法医学实践中具有重要的意义。

牙的个人识别

通过牙的检验主要是判断年龄及个人特征，另外还可以进行种族、性别等鉴定。

年龄推断

人的牙随着年龄的增长呈现规律性的变化，根据牙判断年龄，结果较准确。20岁以下常根据牙发育与萌出的情况判定年龄；20岁以后，常根据牙的磨耗程度和结构的改变等来判定年龄。

1. 根据牙的萌出顺序推断年龄

人类乳牙按一定的时间、顺序左右成对地萌出，下颌牙萌出时间稍早于上颌的同名牙（表23-1）。女孩的牙萌出稍早于男孩。对婴幼儿乳牙的月龄估计可用下列公式：月龄＝乳牙萌出数＋6。6岁左右儿童在第二乳磨牙的后方萌出第一恒磨牙，6～7岁开始乳牙先后脱落，其他恒牙相继萌出（表23-2）。换牙现象一般在14岁左右结束。第三恒磨牙（又称智齿），成年期始萌出，萌出率最高的年龄范围，男性为26～28岁，女性为22～25岁，有的可迟至40岁，也有终身不萌出的。

表 23－1 我国儿童乳牙萌出的时间

乳 牙	上 颌	下 颌
中切牙	7.5（6～9）个月	6（5～8）个月
侧切牙	9（6.5～10）个月	7（6～9）个月
尖 牙	18（16～20）个月	16（14～18）个月
第一磨牙	14（12～18）个月	12（10～14）个月
第二磨牙	24（20～30）个月	20（18～24）个月

表 23－2 我国儿童恒牙萌出的时间

恒 牙	上 颌		下 颌	
	男	女	男	女
中切牙	6～8岁	6～9岁	6～5岁	5～8岁
侧切牙	7～10岁	7～10岁	6～8岁	5～9岁
尖 牙	10～13岁	9～12岁	9～12岁	8～11岁
第一前磨牙	9～12岁	9～12岁	9～12岁	9～12岁
第二前磨牙	10～13岁	9～12岁	10～13岁	9～13岁
第一磨牙	6～7岁	5～7岁	6～7岁	5～7岁
第二磨牙	11～14岁	11～14岁	11～13岁	10～13岁

2. 根据牙的磨耗程度推断年龄

牙颌面和邻面因咀嚼发生的生理性磨损称磨耗（attrition）。牙的磨耗程度随年龄的增长而增加，可作为判断年龄的依据。判断时，应注意下述病理性牙磨耗不均或过度磨损的影响：①牙硬组织结构不完善，发育和硬化不良的釉质与牙质（牙本质）易出现磨耗；②咬合关系不良，咬合力负担重的牙齿磨损严重，咬合不严的牙齿磨耗轻，或无磨耗；③常以牙咬硬物可造成局部或全口牙的严重磨耗；④某些全身性疾病，如胃肠或内分泌功能紊乱等影响咀嚼功能，可造成牙的过度磨耗。此外，牙的磨耗还与进食食物的粗硬、地域、牙萌出的早晚有关。

国内外学者对牙的磨耗程度与年龄的关系做了大量研究。牙磨耗程度分级方法很多，有3～10度分级法。我国吴汝康（1965年）提出牙磨耗度的六级分类法，其标准如下：

Ⅰ度：牙尖顶端和边缘部微有磨耗；

Ⅱ度：牙尖磨平或咬合面中央凹陷；

Ⅲ度：牙尖大部分磨去，牙质呈点状暴露；

Ⅳ度：牙质暴露扩大，相互连成片；

Ⅴ度：牙冠部分磨去，牙质全部暴露；

Ⅵ度：牙冠全部磨去，髓腔暴露。

第一、二磨牙（M1、M2）的磨耗度与年龄的关系见表23－3。

表23－3　中国人第一、二磨牙的年龄（岁）变化

磨耗度	东北地区		华南地区	华北地区	
	M1	M2	M1	M1	M2
Ⅰ度	19.67(17.39～21.94)	23.17(19.76～26.58)	16	23(22～23)	23(22～24)
Ⅱ度	23.72(22.21～25.23)	29.37(28.49～30.25)	24.5	27(26～29)	30(29～31)
Ⅲ度	31.73(30.85～32.61)	36.09(33.78～38.40)	35.2	32(28～36)	38(36～40)
Ⅳ度	41.02(37.32～44.72)	46.95(39.95～53.95)	44.2	41(39～43)	46(44～48)
Ⅴ度	51.73(43.55～59.59)	59.59	58.9	53(48～57)	60(55～65)
Ⅵ度	60.5	—	70.7	—	—

近十年来，人们应用多元回归及电子计算机技术，制定了牙磨耗度的分级标准，使年龄推断数量化。若用多颗牙的磨耗情况进行综合分析判断，可提高判定年龄的可靠性。

另外，还可根据牙的结构如牙质指数、牙冠指数、牙X线片中髓腔变化推断年龄。

牙的个人特征

人牙除具有咀嚼、撕裂与切咬等功能外，尚有助于发音与保持面颊部的形态。每个人的牙均有其个体特征，因为不同个体的牙发育情况及排列不同，加上牙疾病、缺失、修复和镶补等因素的影响，几乎没有两个牙相同的人。据澳大利亚法医学家Brown博士推测，世界上两个人具有同样牙的概率是10^{-50}，即几乎不会有人牙完全相同，故牙在个人识别中具有重要的意义。

1. 牙特征可反映的情况

（1）职业与生活习惯：如经常叼烟斗，长期嗑瓜子或咬硬物的人，其切牙切端常有相应的磨耗；长期吸烟、饮茶的人，牙表面有烟垢或茶垢；吹制玻璃器皿的工人及木匠的牙常有职业的印记。

（2）经济与地理情况：如龋齿与口腔卫生状况，在一定程度上可以反映个体的文化水平和经济状况。氟牙斑说明曾在高氟区长期居住过，槟榔牙以亚热带地区的妇女为多见。

（3）生长发育状况：四环素牙常反映儿童时期曾经长期服用四环素类药物；牙错位、变异，牙间隙过宽或过窄及多生牙等均不同程度地反映了牙生长发育状况。

（4）义齿：义齿能为法医人类学鉴定提供有用的信息，如义齿的形态、大小、质量、工艺水平、制作时间及记号等。有的欧美国家法律规定，牙医在为病人制作义齿时，需在义齿上标记病人的姓名、社会保险号码或制作年月日等，标记的方法是在义齿上刻写或将写有标记的纸条、尼龙条、金属片埋在义齿的基托内。

2. 牙个体特征的利用

可对比死者生前牙资料，进行个人识别。战争或灾难事故的群体死亡或集体埋葬的尸体，可通过此种方法进行个人识别。希特勒的尸体，是在其死后20余年，由挪威法医学家Sognnase用此法认定的。杨虎城将军的遗体认定也是通过其生前的牙科医师记录的牙特征认定的。

3. 种属鉴定

人与动物的牙差别较大。人类的食物较软，咀嚼器官退化，牙槽紧缩，牙小，尖牙明显缩小，牙弓呈弧形。食肉类动物尖牙发达，食草类动物侧切牙、磨牙发达。

4. 种族鉴定

不同种族之间牙亦存在着差异。黄种人的上颌切牙舌面边缘嵴发达，舌窝明显，呈“铲形”，其出现率达84%～100%，为黄种人的重要种族特征之一。黑种人的切牙舌面平坦，边缘嵴和舌窝不明显，基本不呈“铲形”；上颌第一磨牙极少有第五牙尖，大部分下颌前磨牙有三个牙尖。白种人的切牙舌面平坦，边缘嵴和舌窝不明显，极少呈“铲形”；上颌第一磨牙近中舌尖处第五牙尖的出现率高，尖牙窝发达程度中等或极大。

5. 性别鉴定

国内外学者研究结果表明，牙的大小存在着明显的性别差异。单纯用尖牙牙冠的宽度推断性别的准确率在74%左右。中国人尖牙的宽度，男性下颌为7.1 mm，女性为6.6 mm；男性上颌为8.2 mm，女性为7.7 mm。最可靠的方法是细胞学检查或应用DNA分析技术对牙髓细胞进行性别鉴定。

6. 牙痕鉴定

咬伤或咬食物及物体遗留的牙印痕称牙痕。牙痕多由上、下牙列咬合形成，也可由上颌牙或下颌牙造成。将牙痕、试验牙痕及牙模型进行对比，可进行同一认定。

骨骼的个人识别

对碎尸案中的尸体、爆炸案中的尸体，以及高度腐败与白骨化等尸体的个人识别是法医学常见任务之一，常常需要解剖学、人类学、牙科学、放射医学、血清学等方面专家的帮助。骨骼的个人识别目的如下：

1. 骨骼确定

主要根据骨骼的解剖学与组织学结构特点，以及骨骼成分的测定进行判断。这对于法医、医生是易于识别的。

2. 种属鉴定

人与兽骨在解剖形态和组织结构上有明显的不同，可资鉴别；若检材为小骨片，肉眼不能确定种属，可检查骨磨片的组织结构。此外，还可应用血清学方法（抗人血清沉淀反应）来区别人与动物骨。

3. 一人骨或是多人骨确定

若遇碎尸案或白骨化尸体，常须确定被检测骨骼是一人的骨还是多人的骨。主要根据骨骼的解剖学结构、定位、数目、排列及各骨的连接吻合情况和有无重复骨等进行鉴定。亦可检验骨骼的血型、DNA 等遗传标记加以区别。

4. 种族鉴定

在多种族的国家及现代国际交往增多的情况下，种族鉴定具有重要的意义。不同种族，骨骼的形态特征有一定差异，以头颅骨最明显，骨盆和股骨次之。综合分析判断，予以鉴定。

5. 性别鉴定

根据骨骼判断性别的方法很多，总的可分为两类，即对比观察法和测量法。

（1）对比观察法：即用肉眼观察骨骼形态特征的差异来判定性别。一般男性骨骼粗大，表面粗糙，肌肉附着处的突起明显，骨密质较厚，骨质重；女性骨骼较细小，突起不明显，骨面光滑，骨质较轻。但长期从事体力活动的妇女，其骨骼与男性无显著差异。骨骼的性别差异以骨盆最为明显，其次是颅骨，其他如胸骨、锁骨、肩胛骨、四肢长骨等亦有一定的性别差异。

骨盆的性别差异在胎儿期就已呈现出来，性成熟后更为明显。男、女骨盆在形态学上的差异见图 23-1、表 23-4。颅骨的性别差异在青春期后较为明显（图 23-2、表 23-5）。

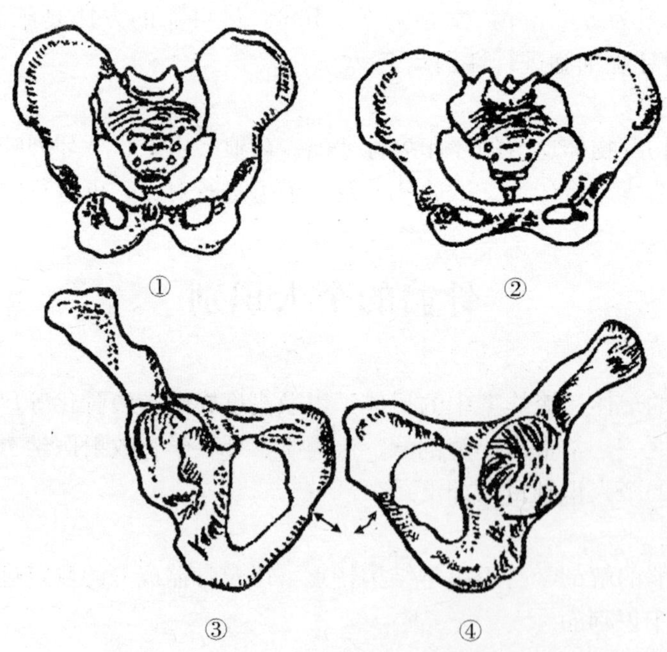

图 23-1　骨盆的性别差异

①男性骨盆；②女性骨盆；③男性耻骨下角；④女性耻骨下角。

表 23－4　骨盆的性别差异

项　目	男　性	女　性
一般性状	狭小而高，骨质较重	宽大而矮，骨质较轻
骨盆壁	肥厚粗糙，侧壁内倾而深	纤薄光滑，侧壁平直而浅
入　口	纵径大于横径，呈心形或楔形	横径大于纵径，呈圆形或椭圆形
出　口	狭小	宽大
盆　腔	狭小而深，上口大，下口小，呈漏斗状	短而宽，呈圆桶形
骶　骨	狭而长，呈等腰三角形，弯曲度大，岬明显突出	短而宽，呈等边三角形，弯曲度小，岬略突出
坐骨大切迹	窄而深	浅而宽
坐骨结节	不外翻	外翻
耳状面	大而直，涉及 3 个骶椎	小而倾斜，涉及 2～2.5 个骶椎
髋　臼	大，朝向外	小，朝向前外
耻　骨	联合面高；上、下支结合部呈三角形；耻骨角小，70°～75°	联合面低，结合部呈方形；耻骨角大，90°～110°；分娩后联合面背侧可见分娩瘢痕
闭　孔	大，椭圆形，内角约 110°	小，三角形，内角约 70°
髂翼位置	垂直	水平

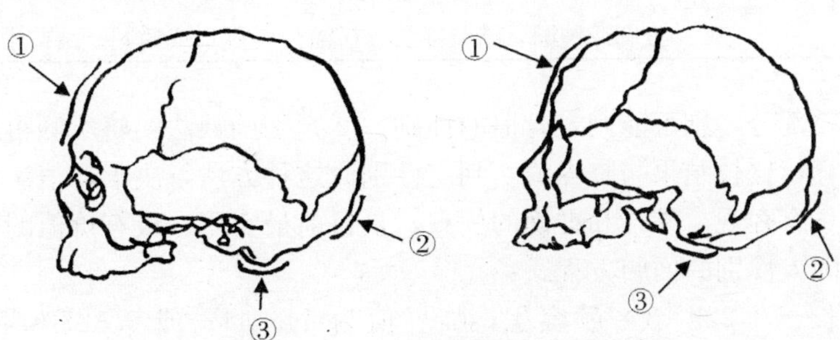

图 23－2　颅骨的性别差异

（左侧为男性，右侧为女性）

①眉弓、额骨、额结节、鼻根点凹陷情况；②枕外隆凸；③乳突。

（2）测量法：即利用仪器（如骨骼测量仪）测量骨骼的长、宽、高、角度及厚度等，根据所得的数据判定骨骼的性别。常用的方法有两类：①均值法：将所测得的数据与男、女的总体均值比较，若测量结果所得的数值在男性总体均值内，则该骨骼属男性，反之为女性。由于人类个体差异较大，男女骨骼各均值均有较大的重叠部分，若所

表 23－5　颅骨的性别差异

项　目	男　性	女　性
一般性状	粗糙，肌线明显，大而重	较光滑，肌线不明显，小而轻薄
颅骨的厚度	较厚	较薄
颅　腔	较大，容积约 1 450 ml	较小，容积约 1 300 ml
侧面观	前额及顶部呈弧线状	前额垂直，顶部平坦
额结节	不明显	明显
上眉间窝	有	无
眉间发育	明显，突出于鼻根之上	不明显，较平直
眉　弓	明显突起，表面多有小孔	不明显，表面几无小孔
眼　眶	类方型，眶上缘较钝	类圆形，眶上缘较锐
鼻根点	凹陷较深	较浅
梨状孔	窄高	宽低
项　线	粗大	不明显
枕外隆凸	粗大	较小
乳　突	大，后缘长，围径大	较小，后缘短，围径小
茎　突	较粗壮	较小
颞骨岩部	大或中等	中等或小
枕骨大孔	大	小
枕骨髁	大	小
下颌支	较高，平均高度为 29.1 mm	较低，平均高度为 26.3 mm
下颌支	较宽，最大宽度为 42.4 mm	较窄，最大宽度为 39.1 mm
下颌骨角	外翻，较小，平均小于 120°	外翻不明显，较大，平均大于 120°
下颌骨颏区	方圆或钝圆，结节强壮、粗糙	圆形或锐圆，结节中等，平滑

得的数值在重叠部分，则不能判定骨骼的性别。②判别函数法：将所测得的数值代入回归方程式中计算，比较结果与临界值，判定性别。这种方法解决了均值法中男女平均值重叠的问题，具有客观、易行和准确的优点，是目前最实用、最有价值的方法。下面介绍几种判断中国人性别的回归方程式：

颅骨：颅长－0.229 93×颅容积，临界值为 449.41；或 0.327×下颌髁间宽＋0.317×左下颌切迹深＋0.671×右第一、二磨牙间的下颌体高－5.041，临界值为 0。

胸骨：胸骨柄长＋1.94×胸骨柄宽＋1.227 8×胸骨体宽＋7.562 1×胸骨体最大厚，临界值为 300.894 7。

肩胛骨：肩胛冈长＋2.283 5×关节盂长，临界值为 205.999 2。

四肢骨：3.138 9×股骨上部矢径－1.502 2×股骨下部最小矢径＋2.216×股骨上端宽＋2.237 6×胫骨上端宽＋3.161 7×胫骨下端宽＋2.383 1×滋养孔处横径－1.189 2×胫骨体最小周长－375.514 7，临界值为 41.63；或 4.713 4×肱骨头最大直径＋2.008×胫骨体最小周长－375.514 7，临界值为 41.63；或 4.713 4×肱骨头最大直径＋2.200 8

×肱骨滑车与小头宽+1.068×尺骨生理长+2.807 8×尺骨鹰嘴深−293.246 6，临界值为36.21。

以上各式中单位为毫米（mm），计算结果若大于临界值，则属男性；反之为女性。

取骨髓组织细胞，进行性染色体检查或应用DNA分析技术，亦可鉴定性别。

6. 年龄推断

检验无名尸骨时，需对骨骼做出年龄的鉴定。未成年人主要根据骨化中心和骨骺愈合等情况，以及骨骼的大小和长短来推断年龄；成年人主要根据骨骼的形态学变化来推断年龄。骨骼的年龄变化受营养、健康状态、地理环境与性别等诸多因素的影响，因此根据骨骼鉴定年龄时，应尽可能用多种鉴定方法，以提高鉴定结果的准确性。

（1）根据骨化中心的出现和骨骺的愈合情况推断年龄：随着年龄的增长，骨骼骨化中心的出现和骨骺愈合呈现规律性变化，据此可推断婴儿及青春期个体的年龄（表23－6）。

表23－6　四肢骨骨化中心出现与骨骺愈合的时间（男性）

骨骼	骨化中心出现时间	骨骺愈合时间	骨骼	骨化中心出现时间	骨骺愈合时间
腕骨			外上髁	11～13岁	16～18岁
头状骨	2～3个月		滑车	9～11岁	16～18岁
钩骨	2～4个月		肩胛骨		
三角骨	2～4岁		喙突	1岁	18～24岁
月骨	3～5岁		肩峰突端	11～18岁	18～24岁
舟骨	5～7岁		关节盂、下角、脊柱缘	11～18岁	
大多角骨	5～7岁		锁骨胸骨端	18～20岁	20～25岁
小多角骨	5～7岁		跟骨结节	6～12岁	16～18岁
豌豆骨	8～10岁		第1、2、3楔骨	9～11个月	
掌骨	1～3岁	14～16岁	足舟骨	9～11个月	
指骨	1～3岁	14～16岁	胫骨		
尺骨			上端	出生～2个月	17～20岁
鹰嘴	9～11岁	15～17岁	下端	4～6岁	16～18岁
小头	6～8岁	16～18岁	腓骨		
桡骨			上端	3～5岁	17～20岁
小头	5～7岁	15～17岁	下端	10～24个月	16～18岁
下端	7～9个月	16～18岁	髌骨	3～5岁	
肱骨			股骨		
头	出生～3个月	15～17岁	头	3～5个月	17～19岁
大结节	7～9个月	15～17岁	大转子	3～5岁	17～19岁
小结节	2～4岁	15～17岁	小转子	9～11岁	17～19岁
小头	3～5个月	16～18岁	下端	出生～5个月	17～20岁
内上髁	6～8岁	16～18岁	髋骨	12～19岁	20～25岁

注：跖、趾骨的骨化中心出现时间和骨骺愈合情况与掌、指骨相同。

一般同一骨骼骨化中心的出现时间，个体间可相差数月乃至数年。骨骺与骨干的结合大都在青春期，个体差异较大。一般女性早于男性1～2岁。

30～40岁，肋软骨骨化中心增多，胸骨柄与胸骨体融合；40～50岁，舌骨体与舌骨大角融合，胸骨体与剑突融合，喉和肋软骨开始骨化；50～60岁，颅骨缝融合、消失；60岁以上全身软骨骨化。

除直接观察尸骨外，骨化中心和骨骺融合情况主要靠X线检查获得。

此外，未成年人还可根据身高和骨骼长度推断年龄，如2～12岁儿童根据身高推断年龄的公式为：

$$年龄=(身高-75)/5$$

式中身高的单位为厘米（cm）。

（2）根据骨骼的形态变化推断年龄：随着年龄的增长，骨骼的化学成分和物理性质也发生相应变化。儿童期，骨组织中有机成分多，骨骼的韧性大，硬度较小；成年时，骨组织中的有机成分与无机成分比例为3∶7，骨骼坚硬、弹性与韧性皆好；老年时骨组织中无机盐增多，骨脆性较大，发生骨质增生和吸收，故骨的形态与结构也发生相应的改变。因而可根据骨骼的形态变化推断年龄。

耻骨联合面：青春期后，耻骨联合面随年龄增长呈规律性变化，据此可推测青春期后的年龄，且为最佳的方法之一。中国人耻骨联合面的年龄特征见表23-7。根据耻骨联合面推断年龄，一般误差在5年以内，20～40岁误差可缩短至2年左右。若采用多元回归分析法或数量化理论模式法，由耻骨联合面推断年龄的结果则更准确。

表23-7　耻骨联合面的年龄特征

年龄（岁）	联合面	顶部结节	后　缘	前　缘	周　缘
17～19	前后凸，嵴沟极明显，高3 mm	40%极明显，高10 mm	18岁开始部分出现并外翻	—	—
20～22	凸渐消，嵴沟明显，高2 mm	46.5%可见，高7 mm	继续扩大，仍外翻	—	—
23～26	嵴沟仍明显，高1.5 mm	仍可见	大部分形成	开始部分形成	逐渐形成
27～30	嵴沟仍可见，嵴峰较平	50%仍可见，高5 mm	基本形成，边缘较锐	大部分形成（60%）	尚未形成
31～35	嵴沟基本消失，成为平面	21.8%仅见残痕，高3 mm	全部形成，大部分增宽	全部形成	已形成
36～40	中央开始凹陷，表面粗糙	结节残痕消失	开始向后扩散	70.6%隆起	开始出现隆起
41～49	中央明显凹陷，表面粗糙	—	继续向后扩散	46岁起全部隆起	增宽，明显隆起
50～59	表面开始变光滑，出现小孔	—	明显向后扩散，边缘钝	全部出现隆起	隆起极显著，边缘钝
60以上	表面光滑，小孔形成小凹	—	边缘较锐	—	边缘较锐

胸骨：随着年龄的增长，胸骨形态与结构也出现明显的规律性变化，用其推断年龄的准确性仅次于耻骨联合部。

颅骨融合程度：各年龄阶段的颅骨缝融合情况，按 Broca 分类法分为五级（图 23－3）。

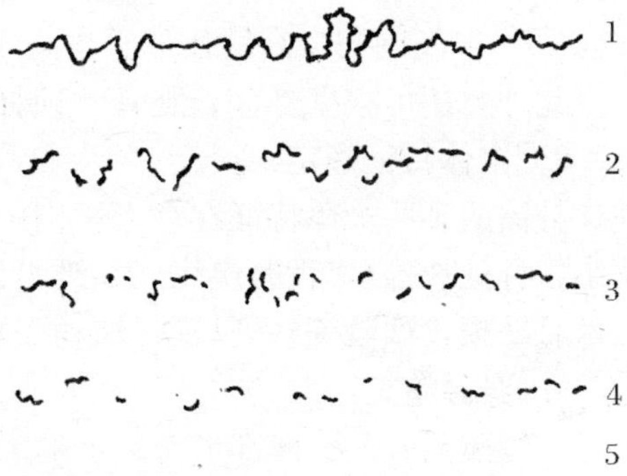

图 23－3 **颅骨缝融合** Broca **五级分类**

颅骨缝的年龄变化波动较大，仅基底缝融合较稳定，一般在 20～25 岁。因此，根据基底缝的融合情况可判断是否是成年人的颅骨。一般颅骨内缝的融合稍早于颅骨外缝，若将内外骨缝融合情况综合分析判断，可以提高准确性。

此外，上腭缝的融合，下颌角角度的变化，肱骨骨髓的高度，锁骨、肋骨、椎体及骨骼的组织学结构等均可用于推断骨骼的年龄。

7. 身高推算

无名尸体中，若是完整的骨骼只需将每块骨骼按解剖学位置排列后，测得全身骨骼的高度，再加上 5 cm 软组织厚度，即为死者的身高。若只有部分骨骼或残骨，则可将测得的数据代入回归方程式，计算身高。但这种方法受种族、性别、年龄和个体差异的影响，因而计算身高时，应先确定骨骼的性别、年龄、种族，然后将所测得的数据代入相应公式，计算身高。计算出来的身高仅是死者生前的近似身高。身高的推算以用长骨为最好。

（1）由四肢长骨推算身高：由四肢长骨推断身高的回归方程式有着明显的种族、地区、年龄的差异，不能乱用。另外，在 30 岁以后，身高按每岁 0.06 cm 的速度缩短，故推算 30 岁以后的身高时，应减去身高校正值，即 0.06 cm×（年龄－30）。推算身高以下肢最合适，其中以股骨最大长和腓骨最大长之和组成的一元回归方程或由下肢骨推算身高的多元回归方程为最好。

1984 年我国学者对九省区的 472 例汉族男性尸骸，应用误差分析和数理统计方法，计算出用长骨推算身高一元和多元回归方程式 370 项。下面介绍由左侧肢体部分长骨推算的中国汉族男性（21～30 岁）身高的一元回归方程式如下：

身高＝2.30×股骨最大长度＋64.38±3.48

身高＝2.22×胫骨最大长度＋85.34±3.87

身高＝2.54×腓骨最大长度＋76.15±3.81

身高＝2.66×肱骨最大长度＋82.64±4.13

身高＝2.86×尺骨最大长度＋92.82±4.47

身高＝3.49×桡骨最大长度＋82.71±4.14

式中身高和骨骼长度单位均为厘米（cm）。

若仅有长骨残块，可通过检验碎骨段分段长度推算该长骨的全长，或根据长骨的横径、周长或某些解剖标志特征的测量结果，推算身高。

（2）根据头颅骨推算身高：Snyder 研究表明，如只遗留头颅骨，则可测量头颅骨垂直径来推算身高，即身高＝头颅骨垂直径×7。我国学者建立的根据颅围推算身高的回归方程为：身高＝1.32×颅围＋94.73±0.51。式中颅围与身高的单位均为厘米(cm)。一般颅围与身高的比值平均为1∶3.04，即颅围是身高的1/3。

此外，还可根据骨盆、胸骨、锁骨、肩胛骨、掌骨等推算身高。

8. 个体特征确定

骨骼的某些个体特征在个人识别中具有十分重要的意义。如骨骼的发育异常（如颅狭小、脊柱裂等），骨骼疾病（如维生素D缺乏所致鸡胸、漏斗胸）或损害（如颅骨钻孔术后缺损，截肢等），以及习惯动作对骨骼形态的影响。

9. 身源鉴定

颅骨蕴藏着人头面部形态特征的大量信息，根据颅骨进行身源鉴定主要有面貌复原法和颅像重合技术两种方法。

（1）面貌复原法（faciale reconstruction）：这是根据颅骨的解剖学特点，重建死者生前面貌的一种个人识别方法。最常用的复原法是面貌雕塑法：即根据面部平均软组织厚度，将黏性物质（如黏土、蜡、软塑泥等）黏附于颅骨表面，塑像复原。

近年来，随着科学技术的发展，还建立了颜面影像复原形态图法及颅骨侧面描记法等。用此类方法描绘出面貌图，有利于寻找身源。尽管如此，恢复的面貌和死者生前的面容仍有差异（图23－5）。

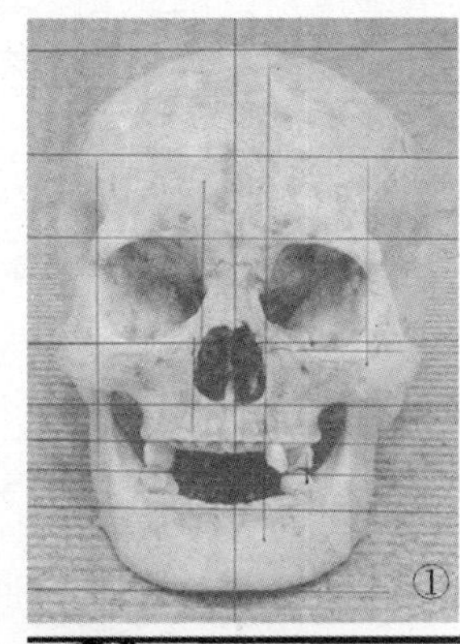

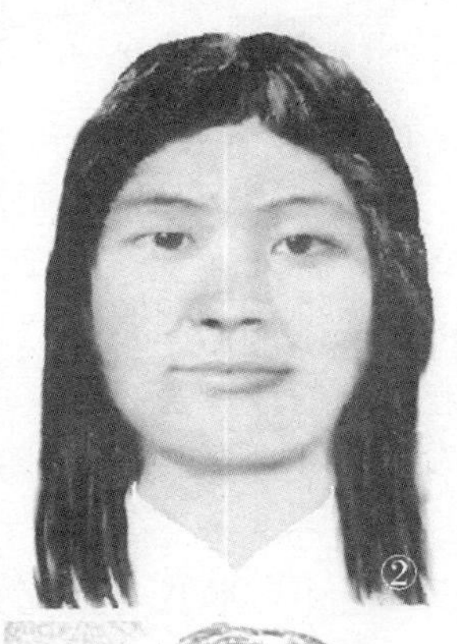

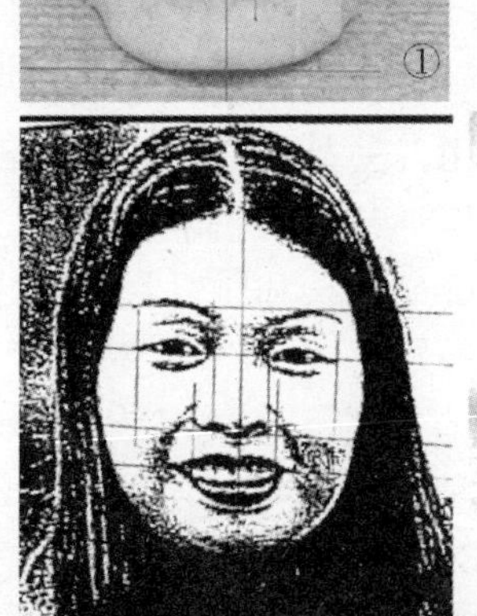

图23－5　面貌复原与颅像重合技术

（中国刑警学院法医系赵成文教授提供）

①提取颅骨正面照；②根据颅骨形态进行模拟画像；③、④将颅骨与失踪者生前照片进行重合对比。

（2）颅像重合技术（superprojection technique）：将失踪人的生前照片的负片与颅骨负片进行重叠印像，依重叠影像的解剖学关系是否一致，进行同一认定。即用未知身源的颅骨和失踪人在失踪前的照片，在一个特殊的装置上使二者的影像按相同的偏转、仰俯角度和焦距相互重叠，以重叠时能否达到解剖关系上的一致，来确定颅骨与照片是否出自同一人的一种技术，是个人识别的一种方法（图23－5）。

骨骼的身源鉴定也可用骨髓细胞检测DNA多态性，并与其父母或子女进行亲子鉴定，以明确死者的身份。

（李剑波）

24 医疗纠纷

医疗纠纷产生的原因（393）
医疗过错（394） 无医疗过错（394）
医疗纠纷的处理途径（394）
行政途径（395） 司法途径（395） 仲裁解决（396）
其他途径（396）
医疗纠纷的鉴定（396）
医疗纠纷主体的审查（397） 医疗纠纷证据的收集（397）
医疗事故鉴定（398） 医疗过错的司法鉴定（399）
医疗纠纷的法律责任（400）
刑事责任（400） 民事责任（400） 行政责任（401）
非法行医的法律责任及鉴定（401）

医疗纠纷（medical tangle）泛指医患双方对诊疗行为及结果认识差异而引发的纠纷。因为涉及医学专业知识，解决纠纷时常需要医学专业人士或专家证人的协助。与诊疗活动有关的诸多事件可以引发纠纷，医患双方与诊疗医学行为无直接关系的纠纷不属于医疗纠纷范围，如因医德医风、服务态度等引发的纠纷，患方对医生进行人身伤害的事件等。患方逃避、拖欠医疗费用问题不属于医疗纠纷范畴；但患方提出医疗机构的过失导致医疗费用扩大，需要就相关问题进行医学鉴定，则属于医疗纠纷范畴。因此，在分析、处理医患双方的纠纷时，要准确判断纠纷的性质，选择适当的解决途径。

医疗纠纷产生的原因

分析确定医疗纠纷产生的原因对于解决纠纷和准确划定责任至关重要。医疗纠纷产生的原因十分复杂，既有医源性因素，也有非医源性因素。前者主要有医疗过错、服务态度与医德医风不正、医务人员法制观念不强等；后者有患方缺乏医学知识或对医疗制度不理解及缺乏有效配合，病人或家属有不良动机，工伤、交通及伤害事故责任转嫁等。常常是多种因素并存，加大了分析医疗纠纷原因的难度。医疗纠纷常见的原因包括医疗过错与无医疗过错两方面。

医疗过错

医疗过错指医疗机构在诊疗服务过程中的过失或者错误。医疗过错的主体是医疗机构，行为人是医疗机构中的工作人员。医疗过错中，行为人主观上具有疏忽大意或过于自信的过错，客观上实施了违反诊疗护理制度和技术操作规程的行为，或者非医务人员实施了违反其岗位职责、规章规定的行为。

无医疗过错

1. 疾病的自然转归

疾病的自然转归指病人虽发生死亡、残疾、功能障碍等后果，但并非医务人员的过错行为所致，是由于病人自身疾病发展而引起的必然结果。

2. 难以避免的并发症

难以避免的并发症指诊疗护理过程中，病人发生了现代医学科学技术能够预见但是不能完全避免和防范的不良后果。这种不良后果的发生与医务人员是否存在医疗过失无直接的因果关系。

3. 医疗意外

医疗意外指诊疗护理过程中，由于无法抗拒的原因，导致病人出现难以预料和防范的不良后果。该后果不是医务人员或者医疗机构的过错行为所致，而是病人自身体质变化和特殊病情结合在一起突然发生的。

4. 病人及其家属不配合治疗

病人及其家属不配合治疗包括病人及其家属未能如实陈述病情、症状、病史，或者未能遵从医嘱治疗或进行必要的检查，由此对医务人员的诊断和治疗造成干扰，影响了对病人的诊治。

5. 其他非医源性因素引发的医疗纠纷

其他非医源性因素如乱开病情证明及诊断证明书，有时会将工伤事故、伤害案件中的矛盾转嫁成医疗纠纷。有时患方有不正当的目的，蓄意制造纠纷，以达到骗取钱财或者其他目的。

由于人体结构和生理功能的复杂性，存在个体差异，疾病的发展变化多端，给医学诊疗和分析医疗纠纷的原因带来困难；另一方面，诊疗过程中相关证据材料的匮乏更进一步加大了医疗纠纷原因分析的难度。

医疗纠纷的处理途径

医疗纠纷的处理途径主要有司法途径、行政途径及自行协商三种途径。这三种途径受理的范围、解决的内容和程序上既有相互交叉之处，又有不同之处，各有优缺点。医疗纠纷发生后，医患双方有权决定采用何种方式解决。但是所选用的途径是否恰当，是否能够最大限度地体现公平公正的原则、保护医患双方的利益及降低解决纠纷的成本则是解决纠纷时应着重考虑的问题。

下面对各种解决途径的特点、受理范围及相关法律责任的认定进行简单的介绍。

行政途径

行政途径是指由卫生行政部门按照相关法律、法规，以及部门规章中的规定处理医疗纠纷。

卫生行政部门解决医疗纠纷依据的法律有《中华人民共和国执业医师法》，行政法规有《医疗事故处理条例》、《医疗机构管理条例》，卫生部门规章有《医疗机构管理条例实施细则》等。

医疗事故的技术鉴定由医学会组织进行。卫生行政部门接到医疗机构关于重大医疗过失行为的报告或者医疗事故争议当事人的申请后，对需要进行医疗事故技术鉴定的，交由医学会组织鉴定；医患双方协商解决医疗事故争议，需要进行医疗事故技术鉴定的，由双方当事人共同委托医学会组织鉴定。人民法院受理医疗事故诉讼的案件，委托医学会进行医疗事故技术鉴定。

医疗事故的行政处理和行政调解由卫生行政部门进行。已确定为医疗事故的，卫生行政部门应医疗事故争议双方当事人请求，可以进行医疗事故赔偿调解。

卫生行政部门在处理医疗纠纷时主要依据行政法规和行政规章。行政法规主要是规范和管理受卫生行政管理部门管辖的医疗卫生机构及其从业人员的职业行为。其处理措施仅仅针对受管理部门及其从业人员。医患双方的民事纠纷不属于行政法规和规章的处理范畴，卫生行政管理部门主持下的民事调解，其权限与一般仲裁机构无异。

由于医疗卫生行政部门具有一定的专业技术力量和经验，在处理医疗纠纷中采用的判定程序合理，多数情况下做出的判定结论可以解决患方提出的涉及医学诊疗专业知识的疑问，因而此途径在医疗纠纷处理中具有重要的意义。

司法途径

司法途径指通过司法诉讼途径解决医疗纠纷，包括对医疗机构的民事责任和相关责任人的刑事责任的追究。

1. 刑事责任

追究医疗事故责任人刑事责任的案件一般由人民检察院自行侦查，直接起诉。卫生行政部门在处理医疗纠纷过程中，认为责任人符合《医疗事故处理条例》第二十四条的规定，可能构成犯罪，应将案件材料移送人民检察院。患方向人民检察院举报，人民检察院认为构成犯罪的直接受理案件。有时，公安机关介入医疗事故案件侦查。医疗事故的直接责任人承担有关的刑事责任。

2. 民事责任

对医疗纠纷提起民事诉讼的依据是“最高人民法院关于参照《医疗事故处理条例》审理医疗纠纷民事案件的通知”（2003 年 1 月 6 日法［2003］20 号）。该通知明确规定：医疗事故引起的医疗赔偿纠纷，诉讼到法院的，参照《医疗事故处理条例》的有关规定办理；因医疗事故以外的原因引起的其他医疗赔偿纠纷，适用《民法通则》的规定。按照该通知的规定，当事人以医疗事故赔偿提起诉讼的，参照《医疗事故处理条例》的规定进行；如果以一般民事赔偿事由提起诉讼的，依据《民法通则》的规定进行审理，明确医患双方在不良后果产生中的责任大小，确定相应的赔偿金额。

仲裁解决

仲裁是一种重要的非司法诉讼解决民事争议的方式，由双方当事人自愿将纠纷提交非司法机构的第三者审理，做出的裁决对争议各方均有约束力。医疗纠纷中民事赔偿事宜符合《中华人民共和国仲裁法》规定的仲裁范围。行政责任的划分、相关法律责任的确定不属于仲裁范围。通过仲裁途径解决医疗纠纷具有如下特点：

（1）仲裁机构独立于行政机关，可以避免行政干预；仲裁没有级别和地域管辖，当事人可以在全国范围内选择自己信赖的仲裁机构，能够避免“人情”等不公正因素的干扰。

（2）仲裁途径具有快捷性、经济性。仲裁制度可规定审理的期限，实行一裁终局制。无需多审级收费，降低了费用，缩短了解决纠纷的时间。

（3）仲裁途径具有保密性，有利于缓和社会矛盾，可以有效避免各种传媒和社会因素的影响。

（4）仲裁途径可以通过聘请相关具有医学和法律知识的专业人员担任仲裁员，从而保证裁决的客观公正。

仲裁的执行效力较司法途径为弱。如当事一方拒绝执行，仍然需要借助司法途径强制执行。

其他途径

医患双方自行调解或仲裁调解的范围仅限于民事赔偿部分，刑事责任和行政责任不在此列。调解的优点是可以根据当事双方的协商，灵活处理，有利于方便、快捷地解决纠纷；缺点是调解必须遵循自愿的原则，任何一方拒绝，即不能继续进行调解。

调解可以是医患双方自主进行，也可在卫生行政主管部门、中间机构或者法院、仲裁机构等的主持下进行。双方自行调解和卫生行政部门主持下的调解不具有强制执行的效力，当事人可以反悔，也可以就已经调解过的纠纷再申请仲裁或者提起诉讼。当事人拒绝调解或者拒绝执行调解协议内容，该调解自动失效。仲裁调解和诉讼程序中的调解要遵循法律规定的程序，调解协议经当事人签收，即发生法律效力。除非一方认为在订立协议时对协议中的关键内容有重大误解或者协议显失公平，可以向人民法院请求撤销，并重新进行诉讼；否则不能就该纠纷向法院起诉。

医疗纠纷的鉴定

医疗纠纷的鉴定主要是对医疗过程中是否存在过错或过失，该过错的后果如何进行的医学鉴定。

不同类型的医疗纠纷，鉴定的侧重点不同。首先是分析医疗纠纷的性质，然后根据相关法律法规的规定，对相应的医学问题进行鉴定。

医疗纠纷主体的审查

医疗纠纷的主体是医疗机构。行为人则是医疗机构的工作人员，包括医务人员与非医务人员。

1. 医务人员

医务人员指经过考核和卫生行政部门批准、承认，取得相应资格及执业证书的各级各类卫生技术人员。在我国，根据卫生部的有关规定，医务人员按其工作性质分为4类：①医疗防疫人员（包括中医、西医、卫生防疫、地方病及特种病防治、工业卫生、妇幼保健等技术人员）；②药剂人员（包括中药、西药技术人员）；③护理人员（包括护师、护士、护理员）；④其他技术人员（包括检验、理疗、病理、口腔、同位素、放射、营养等技术人员）。诊疗活动中，医务人员直接对病人从事不同性质的诊疗活动，因而成为医疗过错的最常见的行为人。

2. 非医务人员

医疗机构中，非医务人员（如工程技术人员、后勤保障人员等）的工作失误也有可能影响诊疗过程。因而，只要是医疗机构受聘人员，在从事与医疗活动有关的工作时，都有可能成为医疗过错的行为人。

医疗纠纷证据的收集

证据直接关系到对纠纷原因的认定和双方责任的确认，无论采用何种途径解决医疗纠纷，依法搜集和保存相关证据都是十分重要的。以下列举常见医疗过程的相关证据，同时对举证责任进行简单论述。

1. 医疗纠纷证据常见类型

根据我国三大诉讼法的规定，医疗纠纷中常见的证据种类有物证、书证类，双方的供述和辩解，视听资料，鉴定材料等。

（1）物证、书证类：主要包括病人就诊的医疗记录、费用清单、治疗药品的包装、手术切除的标本、组织切片、蜡块、输液器及残存液体、死者尸体解剖提取的器官等。医疗记录是在医疗服务过程中形成的文字、影像学照片等资料，包括病历、各种理化检验报告单、手术记录、护理记录、病理检验报告单、X线片、CT片等，是医疗纠纷案件中最关键、最重要的证据材料。其中，病历记录（包括门诊病历、急诊病历、入院病历、病程记录、护理记录、手术记录、医嘱单、处方笺等）既有观察所得和直观反映实际操作过程的客观记录，也有医护人员的主观判断；而各种理化检验报告单、影像照片等，是对病人身体功能或体液、分泌物、排泄物，利用各种仪器与试剂进行检查、检验所得出的结果，操作绝大部分都是自动化，结果相对客观。

（2）双方的供述和辩解：当事人的陈述是诉讼当事人就他们的感知、理解和记忆的有关事实情况所做的陈述，具有“真实性”、“虚假性”和“争辩性”等特点。

（3）视听资料：指拍摄的录像、照片及其他影像学资料等。此类证据有高度的准确性和逼真性，同时又属于实物证据，具有客观性。但是，对于此类证据，需要审查是否系伪造、有无篡改。

(4) 鉴定材料：包括尸体解剖报告、药物化验报告、医疗过错鉴定报告、伤残评定报告等。此类证据是由专业技术人员运用专门的知识和技能，以及必要的技术手段，对案件中的专门性问题进行检测、分析、鉴别，并出具的报告。此类证据的形成，不是对案件真实情况的描述，而是通过对鉴定材料的分析研究，根据客观的专业规律做出的结论，因而具有主观性和客观性相统一的特点。鉴定结论只能做到当时、当地条件下的客观性。

2. 举证责任的相关规定

涉及医疗事故罪，追究责任人刑事责任的，由执法机关进行相关证据的搜集。

关于医疗纠纷的民事诉讼，根据最高人民法院《关于民事诉讼证据的若干规定》，患方向人民法院提请医疗纠纷诉讼，需要提供伤害结果存在及在该医疗机构进行诊治的相应证据。人民法院受理后，由医疗机构提供证明该病人损害结果与诊疗行为无因果关系及不存在诊疗过错的证据。由于诊疗活动中，医方掌握着主动权，在专业知识和技术手段上明显较患方优越，且对相关的证据材料负有如实记录、保管的义务，所以实行举证责任倒置，由医疗机构承担此项举证责任。在医疗活动中，医疗机构严格按照规章制度，如实、详尽地制作并保存相关证据材料，以备举证之用。医疗机构在医疗证据的制作、保存等环节的失误成为患方反驳的事由，进而对医疗机构的举证带来困难。一些违法的行为，如涂改病历、伪造病历材料等应该严格禁止，此类行为可能会使证据材料的证明力下降，由此对医疗机构产生巨大的危害。

《医疗事故处理条例》中也有同样的举证责任倒置的规定。

医疗事故鉴定

医疗事故是指医疗机构及其医务人员在医疗活动中，违反医疗卫生管理法律、行政法规、部门规章，以及诊疗护理规范、常规，过失造成病人人身损害的事故。

医疗事故具有如下特征：

1. 主体是医疗机构及其医务人员

医疗机构是指取得《医疗机构执业许可证》的机构。医务人员是指依法取得执业资格的医疗卫生专业技术人员。

2. 行为的违法性

违反医疗卫生管理法律、行政法规、部门规章，以及诊疗护理规范、常规而发生的事故。

3. 过失造成病人人身损害

过失造成病人人身损害是违法行为的后果，是医务人员的过失行为造成病人人身损害的后果。

4. 过失行为和后果之间存在因果关系

医疗事故的技术鉴定由负责组织医疗事故技术鉴定工作的医学会组织专家鉴定组进行。专家鉴定组依照医疗卫生管理法律、行政法规、部门规章，以及诊疗护理规范、常规，运用医学科学原理和专业知识，独立进行医疗事故技术鉴定，对医疗事故进行鉴别和判定，为处理医疗事故争议提供医学依据。

医疗事故技术鉴定内容包括：医疗行为是否违反医疗卫生管理法律、行政法规、部门规章，以及诊疗护理规范、常规；医疗过失行为与人身损害后果之间是否存在因果关系；医疗过失行为在医疗事故损害后果中的责任程度；医疗事故等级；对医疗事故病人的医疗护理医学建议。其中，对医疗事故的分级直接涉及对病人的赔偿以及卫生行政部门对医疗事故的行政处理和监督。根据对病人人身造成的损害程度，将医疗事故分为四级：

一级医疗事故：造成病人死亡、重度残疾的；

二级医疗事故：造成病人中度残疾、器官组织损伤导致严重功能障碍的；

三级医疗事故：造成病人轻度残疾、器官组织损伤导致一般功能障碍的；

四级医疗事故：造成病人明显人身损害的其他后果的。

医疗过错的司法鉴定

医疗纠纷的司法鉴定通常由人民法院启动，委托相应的法医学专家或鉴定机构进行，主要见于当事人以“非医疗事故赔偿”事由提起诉讼的情况。鉴定主要涉及的问题有医疗过错的认定、医疗过错行为与危害结果之间的关系的分析。

1. 医疗过错的认定

认定医疗过错，诊疗活动的行为人主观上必须有过失，可以是疏忽大意或者过于自信的过失；同时行为人必须有违法、违规的行为或者技术失误。

违法是指违反国家的法律、法规，违规是指违反卫生行政部门和医疗单位指定的规章制度和技术操作规程。违反行为可以表现为作为和不作为两种形式。作为是指行为人积极地实施了法律或规章禁止的行为，如实施不具备指证的手术等；不作为指行为人消极地不实施法律或规章制度要求必须实施的行为，如擅离职守、推诿拒治等。

技术失误是指诊疗行为人在操作技术上存在不当或失误。诊疗活动关系病人的生命、健康和安全，诊疗过程是医务人员主观能动性的体现，不可能完全由规章制度进行约束。大多数时候，根据诊疗常规判断有无技术失误。

2. 医疗过错行为与危害结果之间的关系的分析

绝大多数医疗纠纷案件属于侵权的民事纠纷案件，确定是否承担民事责任，除了过错的认定外，过错行为与危害结果之间的关系如何则成为判定双方民事责任的关键。

医疗过程中，既有病人自身因素，也有疾病因素，同时还有医疗过程中侵害性治疗行为、医疗过错等等因素掺杂，最终表现为病人身体结构的破坏和/或功能障碍。在分析判断病人最终的功能障碍产生的原因后，为进一步明确医疗机构应该承担的责任大小，就需要对医疗过错行为与危害结果之间的关系进行鉴定。对于几个原因共同造成一个结果的，需要判定各原因对不良后果的发生所起的作用，帮助认定各方应该承担的法律责任。例如，医方过错仅仅是增加了治疗费用，则不承担相应的伤残生活补助费用等。常见的因果关系有下列几种情况：

（1）一因一果：即损害结果是由于一个违法行为造成；

（2）一因多果：即一个违法行为造成多个损害结果，即可以表现为造成多个个体的伤害（如输血液制品传播乙型肝炎病毒），也可以表现为造成同一个体人身健康及财产损失等不同方面的损害结果；

（3）多因一果：可以是由医务人员、患方、第三方的过错行为或者非人为控制因素共同作用，产生损害结果。

医疗纠纷鉴定既有医疗技术问题，又涉及与法律证据密切相关的司法鉴定问题。后者正是法医学鉴定有别于一般医学鉴定之处。由于法医学专业人员具有医学专业知识，同时对于医学证据的审查、分析独有专长，因而出具的鉴定结论能够做到既符合医学规律，同时又符合证据的要求，体现法律公正，真正符合司法机关审理案件的需要。法医学鉴定结论被司法机关采信率较高。但是，由于医学科学的内容非常广泛，分科很细，有时医疗纠纷鉴定需要具备医学专科知识与临床实践经验的人才，此时，法医学鉴定人有责任组织鉴定力量，会同有关专家、教授共同研讨，以完成司法鉴定任务。另一方面，我国目前司法鉴定体系较为混乱，从业人员水平参差不齐，也给医疗纠纷法医学鉴定带来了一定的问题。司法鉴定由于采用鉴定人实名制，可以通过出庭质证等方式保证鉴定结论的准确、客观和公正，同时可规范执业人员的行为。

医疗纠纷的法律责任

刑事责任

1997 年 3 月 14 日第八次全国人民代表大会第五次会议修订的《刑法》第三百三十五条规定：医务人员由于严重不负责任，造成就诊人死亡或者严重损害就诊人健康的，处三年以下有期徒刑或者拘役。该条文对医疗事故罪的罪名、量刑做了明确规定，是追究医疗事故直接责任人刑事责任的法律依据。

民事责任

当事人以医疗事故赔偿提起诉讼的，参照《医疗事故处理条例》的规定进行；如果以一般民事赔偿事由提起诉讼，主要是依据《民法通则》的规定进行。

医疗事故赔偿应考虑：①医疗事故等级；②医疗过失行为在医疗事故损害后果中的责任程度；③医疗事故损害后果与病人原有疾病状况之间的关系。医疗事故赔偿有下列项目：医疗事故对病人造成的人身损害，进行治疗所发生的医疗费用；误工费；住院伙食补助费；陪护费；根据医疗事故等级确定的伤残等级，支付残疾生活补助费；残疾用具费；丧葬费；被扶养人生活费；交通费；住宿费；精神损害抚慰金。

一般民事责任承担的方式有：停止侵害；排除妨碍；消除危险；返还财产；恢复原状；修理、重做、更换；赔偿损失；支付违约金；消除影响，恢复名誉；赔礼道歉。其中，赔偿损失包括：受害人就人身损害医治支出的各项费用以及因误工减少的收入，包括医疗费、误工费、护理费、交通费、住宿费、住院伙食补助费、必要的营养费；病人因伤致残的，其因增加生活上需要所支出的必要费用以及因丧失劳动能力导致的收入损失，包括残疾赔偿金、残疾辅助器具费、被扶养人生活费，以及因康复护理、继续治疗实际发生的必要的康复费、护理费、后续治疗费；病人死亡的，除抢救治疗费用外，还应当赔偿丧葬费、被扶养人生活费、死亡补偿费以及受害人亲属办理丧葬事宜支出的交通费、住宿费和误工损失等其他合理费用。病人近亲属遭受精神损害，赔偿权利人向人民法院请求赔偿精神损害抚慰金的，适用《最高人民法院关于确定民事侵权精神损害赔偿责任若干问题的解释》予以确定。

行政责任

医疗机构和从业人员承担行政责任的方式有行政处分和行政处罚两种。行政处分和行政处罚注重违法行为，即只要有违反部门规章制度的行为，即使没有严重的损害后果也要承担行政责任。

1. 行政处分

行政处分指行政单位对下属的工作人员、或者下属行政人员违反行政法律规范或者本单位行政命令决定、规章制度等做出纪律性制裁，包括卫生行政部门对发生医疗事故的医疗机构的警告、责令限期停业整顿等处分，对医务人员和相关单位责任人做出行政处分或者纪律处分等。

2. 行政处罚

《条例》中对医疗事故相关责任人的行政处罚主要是吊销执业证书和责令暂停执业活动。

行政处理的范围除了诊疗活动中的医护人员的违规诊疗行为以外，还包括在医学证据的制作、保存，医疗事故发生后相关责任人的职责活动，以及丢失、涂改、隐匿、伪造、销毁相关证据材料的种种行为。

非法行医的法律责任及鉴定

非法行医指诊疗活动的实施者，在未取得当地医疗卫生行政主管部门颁发的医生执业资格和营业许可证的情况下，擅自从事医疗活动。非法行医对医疗管理秩序和人民的生命与健康造成危害，为国家的法律、法规所禁止。

1. 非法行医造成损害的民事责任

非法行医造成损害的民事责任适用《民法通则》关于人身侵权损害赔偿有关规定承担赔偿责任。除此之外，非法行医还应给予必要的民事惩治措施。法院可以予以训诫、责令其改过、收缴进行非法活动的财物和非法所得，并可以依照法律规定处以罚款、拘留。

2. 非法行医犯罪的刑事责任

非法行医情节严重，危害了国家的医疗管理秩序和公众的生命、健康与安全的，构成非法行医罪。《刑法》第三百三十六条规定："未取得医生执业资格的人非法行医，情节严重的，处三年以下有期徒刑、拘役或者管制，并处或者单处罚金；严重损害就诊人身体健康的，处三年以上十年以下有期徒刑，并处罚金；造成就诊人死亡的，处十年以上有期徒刑，并处罚金”。“未取得医生执业资格的擅自为他人进行节育手术、假节育手术、终止妊娠手术或者摘取宫内节育器，情节严重的，处三年以下有期徒刑、拘役或者管制，并处或者单处罚金；严重损害就诊人身体健康的，处三年以上十年以下有期徒刑，并处罚金；造成就诊人死亡的，处十年以上有期徒刑，并处罚金。”非法行医者在承担刑事责任的同时，还承担民事责任。情节轻微的非法行医活动，承担一定的民事责任。

3. 非法行医的鉴定

非法行医造成不良的医疗后果不属于医疗事故鉴定范围，但仍然是一种医疗纠纷。非法行医的鉴定通常由司法机关委托，就非法行医行为与病人的不良后果之间的关系进行鉴定，作为确定法律责任大小的依据。

（陈晓刚）

25 法医学鉴定程序及质量保证

概　述（403）
鉴定程序化的目的（403）　鉴定程序（404）
鉴定程序的适用范围（404）　法医学鉴定的基本原则（404）
鉴定的申请和决定（405）
鉴定的申请（405）　鉴定的决定（406）
鉴定的委托和受理（407）
鉴定的委托（407）　鉴定的受理（408）
鉴定的实施（410）
鉴定范围（410）　确定鉴定方案（410）　鉴定时限（410）
鉴定地点（410）　鉴定记录（411）　特殊检查（411）
鉴定的技术规范和质量控制（411）
现有的刑事技术鉴定技术标准（412）　标准执行状况（412）
鉴定的质量控制（413）
司法鉴定的善后处理（414）
申诉、来访和信访接待制度（414）
错鉴与违规、违法行为的追究和处罚制度（414）　鉴定人出庭制度（415）

概　述

鉴定程序化的目的

法医学鉴定是运用现代医学等手段对诉讼、仲裁等活动中所涉及的专门性问题进行检验、鉴别和判断的活动。作为法庭证据之一的法医学鉴定结论，是鉴定人员对相关案件的争议事实所做出的科学判断，是司法裁判和权利救济的重要依据，法医学鉴定质量直接关系到公民合法权益的保障和司法公正。因此，法医学鉴定行业应有较其他科技行业更高的实施程序、技术规范和质量保证的要求。法医学鉴定机构作为鉴定的组织者和实施者，应具有独立于诉讼当事人的中立地位和社会公益性质。鉴定活动的合法性、公正性和客观性，必须依赖于完善的鉴定程序与严谨和科学的管理得以实现。

鉴定程序

鉴定程序是指按照鉴定活动的客观规律所制定的鉴定工作的具体步骤。鉴定程序是对《刑事诉讼法》、《民事诉讼法》、《行政诉讼法》中关于法医学鉴定的具体规定。全国人大未立法之前，由政府有关部门（联合）颁布的，属部颁或会签规定。全国人大立法后，则属于国家法律。

鉴定程序的制定在于保证鉴定工作的科学化、规范化，保障鉴定活动所涉及相关人员的人格尊严，实现鉴定工作的公正、效率目标。无论何种形式的规定，各鉴定机构均应认真参照执行。

鉴定过程包括的环节有：当事人向司法机关或有关部门提出有关鉴定申请的要求，司法机关或有关部门决定是否需要进行鉴定，司法机关或有关部门向鉴定机构提出委托鉴定的要求，鉴定机构受理鉴定，鉴定的具体实施，得出鉴定结论，出具鉴定文书，对鉴定的有关问题进行善后处理，鉴定结论的审查和运用等。

鉴定程序的适用范围

凡进入诉讼程序的法医学鉴定都必须按鉴定程序的规定进行操作。诉前鉴定或非诉讼案件（事件）的鉴定，亦需参照执行。

法医学鉴定的基本原则

法医学鉴定的法律属性决定了其整个活动过程必须严格遵守我国《刑事诉讼法》、《民事诉讼法》、《行政诉讼法》的有关规定和其他有关的法律法规。同时，作为一种特殊的医学科学技术活动又有其自身的规律与特点。因此，法医学鉴定必须遵循以下原则：

1. 依法鉴定原则

依法鉴定包括从实体到程序、从形式到内容、从技术手段到各项标准必须严格执行各项规定，包括鉴定机构的设置条件、鉴定人鉴定资格的取得、执业手续的完备、从业范围的遵守、鉴定程序和技术标准的统一等。鉴定人受理案件后，应按照法律和规定从事鉴定活动。鉴定种类及鉴定方法应是法律承认的，或经国家技术监督部门批准实施或行业学术委员会认可或推荐的。同时在鉴定过程中必须严格地维护公民的合法权益不受侵犯。

2. 实事求是原则

实事求是是鉴定活动的根本准则。鉴定人在受理案件时要了解鉴定要求（委托鉴定事由），如果发现要鉴定的事由非鉴定人专业所长或本鉴定机构不具备检验条件时，应拒绝受理并说明理由。

检验结果是客观事实的反映。鉴定人要实事求是，如实反映客观事实，按照鉴定客体的本来面貌做出符合实际的分析判断和科学结论。每一鉴定结论都应来源于客观事实，来源于对鉴定客体的正确判断，切忌有任何偏见，更不能主观臆断和无知妄断。

3. 科学鉴定原则

法医学鉴定是利用医学知识去解决被鉴定客体在司法实践中的各种专门性医学问题，因而需要强调依据科学的原则。要求鉴定人员具有尊重科学、相信科学的态度。鉴定人开展鉴定活动时，应以严肃的科学态度，认真地制订鉴定方案及步骤，细致地进行全面检查，切不能以点带面、以表带里。对检验的结果做科学分析时要根据科学原理，恰如其分地阐明其意义及各个征象的内部联系。切不可超越科学规律、超越事实能证明的限度，做跳跃式的推理。

4. 独立鉴定原则

鉴定人在不受任何干扰的情况下，根据对鉴定客体检验的结果，做出科学的判断，称为独立鉴定。鉴定人一旦被指聘，就必须在法律允许的范围内行使独立鉴定的权力，不受任何干扰。

5. 及时鉴定原则

鉴定客体及其反映信息随时间的变化而发生变化，改变着客体本身的基本属性。如某些物证存在腐败变质问题，某些毒物在血液保存期间浓度很快下降。因此，鉴定必须及时进行。若鉴定人不能按期完成鉴定任务，应提前向委托机关提出延长鉴定时限的申请。

6. 公平公开原则

公平原则要求对不同委托主体委托的鉴定要一视同仁。不论是来自公、检、法、司等机关，还是来自企事业单位、社会团体、公民个人，甚至是犯罪嫌疑人，在委托鉴定业务的地位上是平等的，应平等地对待。

鉴定公开的目的是有利于全社会的监督，最大限度地维护司法公正。鉴定机构应公开的内容有：①鉴定项目；②鉴定项目收费；③实施鉴定项目的标准；④鉴定程序；⑤鉴定人姓名等。

7. 保守秘密原则

保守涉案秘密，维护国家利益和委托人的合法利益，是鉴定人员在鉴定活动中应重视的一条原则，同时也是鉴定人的义务之一。任何案件都有一定的秘密，有些情况是不能泄露的。如不得泄露侦查手段和取证手段的秘密，不得散布涉案人员的隐私，不得透露涉案证据情况，不得将鉴定结果告诉委托机关以外的任何单位和个人，一定时期内不得披露案情等。

鉴定的申请和决定

鉴定的申请

法医学鉴定的申请，是指诉讼当事人及其利害关系人向司法机关提出进行法医学鉴定的要求。无论是大陆法系国家，还是英美法系国家，审判机关都有权直接选聘法医学鉴定人，而不受当事人申请鉴定的限制。所以，法医学鉴定的申请程序不是必经程序。

但在司法实践中，各国均逐步重视诉讼当事人及利害关系人对法医学鉴定活动的参与权，以促进司法权力与诉讼权利的结合，实现诉讼民主和诉讼公正。

1. 提出申请的主体

在诉讼案件中，犯罪嫌疑人、被告人、被害人和代理人等都有权向司法机关提出鉴定或重新鉴定的申请。但是，根据现有法律规定，一旦这种申请获得批准，指派或聘请鉴定人的委任权依然由司法机关拥有。

2. 提出申请的必备条件

犯罪嫌疑人、被告人、被害人和代理人等提出鉴定申请的必备条件如下：①案件已经进入侦查或诉讼程序；②提出鉴定申请的理由合理；③要求鉴定的项目有助于弄清事实的真相；④申请人具有刑事责任能力和民事行为能力；⑤能如实提供鉴定所需要的有关资料和检材；⑥鉴定费用已经落实等。

鉴定的决定

法医学鉴定的决定是指司法机关对申请人的申请做出是否同意的答复。法医学鉴定的决定程序，是与法医学鉴定的申请程序相对应的程序，但不是法医学鉴定的必经程序。法医学鉴定的决定程序制度通常包括决定机关、决定方式、决定时间、决定理由等。为了保障当事人的法医学鉴定申请权或建议权的行使具有实质性意义，大陆法系国家或地区往往在法医学鉴定的决定程序制度上做出明确规定，以适当方式限制司法机关决定法医学鉴定机构权的恣意。

1. 决定鉴定的主体

对于诉讼案件中决定鉴定的主体问题，我国已有专门的法律规定。《刑事诉讼法》第一百一十九条规定，公安、人民检察机关“为了查明案情，需要解决案件中某些专门性问题的时候，应当指派、聘请有专门知识的人进行鉴定。”《民事诉讼法》第七十二条规定，“人民法院对专门性问题认为需要鉴定的，应当交由法定鉴定部门鉴定；没有法定鉴定部门的，由人民法院指定的鉴定部门鉴定。”在此，有“专门知识的人”是指经个人申请，司法行政机关登记，并通过考试或考核、审批、年检等手续而获得职业资格和执业资格的鉴定人；“法定鉴定部门”是指经司法行政机关登记、批准，并通过年检等手续而获得执业资格的鉴定机构。

刑事公诉案件的鉴定，在侦查阶段由公安或人民检察机关决定，在起诉阶段由人民检察院决定，在审判阶段由人民法院决定。刑事自诉、民事、行政、经济等案件的鉴定由人民法院决定。抗诉案件的鉴定由人民检察院或人民法院决定。司法机关若做出不予鉴定的决定后，应向鉴定申请人说明理由。申请人不服的，可在3日内向原决定机关提出复议申请。复议机关在3日内要做出维持或撤销原决定的决定。

为了解决举证问题，当事人或其代理人是非诉讼案件或诉前案件决定鉴定的主体，他们可以依法自我做出要求鉴定的决定。

2. 鉴定的审核范围

在诉讼案件中，司法机关对需要进行有关法医学鉴定的审核范围一般包括如下方面：

(1) 对刑事、民事、行政案件中涉及的人身状况进行鉴定（如非正常死亡原因鉴定、损伤程度鉴定、伤残评定、亲权鉴定等）；

(2) 对犯罪嫌疑人或被告人的责任能力，以及对证人或被害人的作证能力、陈诉能力的司法精神病鉴定；

(3) 对受理案件中涉及的文证（如医学诊断证明书、法医学检验报告书等）进行审查；

(4) 对交通事故、工伤事故、医疗事故中涉及的赔偿问题进行法医学评定；

(5) 对案件中有关的生物物证、痕迹、毒物等进行检验。

在非诉讼案件或诉前案件中，当事人要求做鉴定的常见有伤害鉴定、亲子鉴定、临床药物中毒检验、智商测定等。

3. 鉴定决定的做出

对于诉讼案件，司法机关根据法律规定，对鉴定的要求进行审核后，有权做出鉴定的决定。对于非诉讼案件或诉前案件的鉴定，由当事人自行决定。

鉴定的委托和受理

鉴定的委托

法医学鉴定的委托，是指法医学鉴定的委托主体向法医学鉴定的实施主体提出的进行法医学鉴定的要求。法医学鉴定的委托程序是法医学鉴定的必经程序。由于各国对法医学鉴定功能及权力属性的认识不同，对法医学鉴定的委托行为，不同国家的立法表述有所不同，如鉴定人的选任、鉴定人的指定、鉴定人的聘请等。

1. 委托法医学鉴定的主体

面向社会服务的法医学鉴定专门机构接受司法机关、行政机关、企事业单位、社会团体和个人的委托。在现有条件下，某些专业的部分鉴定项目（例如死因鉴定、精神疾病的法医学鉴定、毒品鉴定等）暂时仅受理司法机关的委托。

不同案件类型、不同诉讼阶段决定委托鉴定的主体。诉讼案件的法医学鉴定接受司法机关或律师的委托；非诉讼案件的法医学鉴定接受行政机关、企事业单位、社会团体和个人的委托。根据诉讼的不同阶段（如侦查、起诉、审判阶段），分别接受公安、人民检察院和人民法院的委托。

2. 选择鉴定机构、鉴定人的条件和因素

公安机关、人民检察院在案件的侦查阶段因案件需要，可以指派本系统内部的技术人员进行鉴定；如果需要委托本系统以外的鉴定机构或专家进行鉴定，可以聘请有关鉴定机构或专家鉴定人进行鉴定。司法机关应当从司法行政机关公布和提供的法医学鉴定人员名单中，根据案件中专门性问题鉴定的需要，选择鉴定人。

对于非诉讼案件或诉前案件的初次鉴定，当事人因不掌握鉴定人员的名单，可以就近选择本地区的鉴定机构，然后由该鉴定机构指定鉴定人。如果该鉴定机构中无合适的鉴定人可供选择，鉴定委托机关或当事人还可以从该鉴定机构外部的某些特殊行业中选择有经验的资格型或聘任型鉴定人参与鉴定。

3. 鉴定委托书的拟定

鉴定委托书要说明委托事项，明确鉴定要求，并介绍案情概况，提供客观、详细的鉴定文书资料以及与鉴定有关的检材等。委托书中不能要求鉴定人对案件的事实做出法律评价。

4. 委托手续

凡提出鉴定委托的司法机关（行政机关、企事业单位、社会团体和个人）应当出具鉴定委托书，填写鉴定机构提供的委托受理合同或委托鉴定登记表。个人委托的还要出具身份证。

委托受理合同或委托鉴定登记表的内容应包括委托机关名称，鉴定事由，提供的被鉴定材料的名称、数量和状态，提供参考的卷宗资料和送检文书资料的数量，具体委托承办人的联系方式，委托日期，鉴定委托机关公章，鉴定实施后检材的保留方式，以及其他双方需要约定的事项等。

如系个人委托，当事人应按鉴定机构的要求，填写受理合同或委托鉴定登记表。合同或表中除了上述一般内容以外，还要填写委托方的身份证号码并签名。

鉴定的受理

法医学鉴定的受理，是指法医学鉴定机构或法医学鉴定人通过对法医学鉴定委托事项的审查，对符合鉴定条件的委托予以接受，同意予以鉴定的行为。一般来说，对鉴定的委托是否予以受理，是鉴定机构或鉴定人的权利。但在有些国家，公选的司法鉴定人往往在没有特殊理由的情况下则必须予以受理。

《民事诉讼法》第七十二条规定，“鉴定部门及其指定的鉴定人有权了解进行鉴定所需要的案件材料，必要时可以询问当事人、证人。”鉴定人在受理鉴定委托时，首先应明确委托要求和鉴定目的，认真、及时地了解案情，审核所提供的文书资料是否完整，检材是否符合鉴定需要，鉴定项目是否需要增加，并根据本鉴定部门的技术力量决定受理与否。

1. 受理委托鉴定的主体

受理委托鉴定的主体指受司法机关、行政机关、企事业单位、社会团体和个人的委托，运用专门知识或技能，对某些专门性问题进行检验、认定和评判的鉴定人，是受理和实施面向社会服务的司法鉴定的主体。目前，我国还没有实行自由鉴定人制度。鉴定人一般都服务于某个具有法人资格的鉴定机构，或者是专职的，或者是兼职的。鉴定机构在鉴定文书上要加盖相应的鉴定章，其目的是为了证明鉴定人的身份。鉴定人是鉴定的主体，鉴定人对鉴定负全部法律责任。

2. 受理委托鉴定的条件

（1）鉴定人资格和基本要求：鉴定人资格的授予应纳入国家司法行政机关统一管理的轨道。鉴定人将通过个人申请，司法行政机关登记，并通过专业考试（考核）、审批、年检等手续而获得执业资格。根据鉴定人在案件鉴定中所承担的责任，具体人员还有不同的要求。第一鉴定人应具备的条件如下：①具有与所申请从事的司法鉴定业务相关的高级专业技术职称；②具有与所申请从事的司法鉴定业务相关的专业执业资格或者高等院校相关专业本科以上学历，从事相关工作五年以上；③具有与所申请从事的司法鉴定业务相关工作经历十年以上，且有较强的专业技能。对于不符合第一鉴定人条件的而过去一直参与鉴定的人员，经司法行政机关批准，可以辅助第一鉴定人作为一般鉴定人从事鉴定活动。复核人必须是取得第一鉴定人资格，并具有高级专业技术职称的人员。签发人原则上是鉴定机构内部主管业务的负责人。

因故意犯罪或者职务过失犯罪受过刑事处罚的，受过开除公职处分的，以及被撤销鉴定人资格的人员，不得从事司法鉴定业务。

鉴定人应当拥护中国共产党的基本路线，热爱社会主义，工作认真，作风正派；鉴定人必须严格按照国家的法律和法规从事鉴定活动；鉴定人必须以事实为依据，以法律为准绳，严格按照客观事实的真相，科学、准确、公正、及时地进行鉴定活动；鉴定人必须恪守鉴定人员职业道德规范和执业纪律；鉴定人实行回避、保密、错鉴责任追究和处罚制度；鉴定人不能超出授予的鉴定人资格和权限进行检验、鉴定活动。

（2）鉴定资料的真实性和合法性：为了表明鉴定委托机关送检资料和检材的真实性和合法性，司法机关应在有关材料上加盖公章。送检资料和检材的真实性和合法性由送检的司法机关负责。如果当鉴定人对部分材料的真实性发生疑问时，可以向司法机关提出书面建议，要求其及时予以补充和完善。对于个人委托的鉴定，在物证取样时可在公证员或诉讼代理人的直视下提取。

一般情况下，鉴定人做出的鉴定结论只限于对委托机关或委托人所提供的文书资料和检材进行认定。如果所提供的文书资料和检材有诈而造成鉴定人做出错鉴的，应依法追究提供文书资料和检材的有关人员的法律责任。

3. 鉴定资料的使用和退还

由鉴定委托机关（单位）或当事人提供的文书资料和有关检材只能用于鉴定，鉴定人无权挪作他用，无权损坏或遗失，无权泄密或授予他人。如确因鉴定需要留取部分样品，或者检材量过少而无法留存时，必须事先征得委托机关（单位）或当事人的同意，并告知使用的数量和用途。取样时，应保留部分样品，以备复核鉴定和重新鉴定使用。检验、鉴定结束以后，所提供的文书资料、检材以及得出的实验结果（如图谱、数据、照片、音像资料、切片、X 线片）等要妥善保存备查。对于需要退回的文书资料和检材，要在委托受理合同或鉴定文书的附录中予以说明。在检验、鉴定过程中，因不可预见的因素导致检验、鉴定过程终止，应及时、完整地退回由委托机关（单位）或当事人提供的全部资料和检材，鉴定人不得无故截留。确因有研究价值需要留作标本的，应征得送检机关（单位）或当事人的同意，并商定留用的时限以及保管、销毁的责任。

如在鉴定文书发出 6 个月之后，鉴定委托机关（单位）或当事人不取回送检材料的，受理鉴定的机构有权自行对送检材料进行处理。

4. 受理手续

对于决定受理的鉴定委托，鉴定人应到鉴定机构内部的管理部门进行登记、编号并办理收费等有关手续；对于决定不予受理的鉴定委托，应向鉴定委托机关（企事业单位、社会团体和个人）说明理由。对于函件鉴定委托的（需附有关鉴定文书资料和检材），鉴定机构应在收到函件之日起 7 日内做出是否受理的明确答复。

不予受理鉴定委托的多见于以下几种情况：①鉴定委托主体不合法或不符合司法鉴定程序的；②提供鉴定的文书资料或检材不具备鉴定条件的；③鉴定委托要求不明确或超出本部门鉴定范围、技术条件和鉴定能力的。

鉴定的实施

鉴定范围

鉴定人和鉴定机构应当在鉴定人和鉴定机构名册注明的业务范围内从事鉴定业务。司法机关内部鉴定部门，不得从事面向社会服务且带有经营活动性质的司法鉴定；公安机关内部鉴定部门，主要从事刑事案件和治安案件的鉴定与现场勘验工作；人民检察院内部鉴定部门，主要从事刑事自侦案件中涉及起诉、抗诉、控告、执行监督等活动的鉴定和文证审查工作；人民法院和司法行政部门内部不设鉴定机构。

确定鉴定方案

鉴定的实施是鉴定程序的核心环节，其实施状况如何直接影响鉴定工作的整体水平。选择正确的鉴定方案是实施公正、科学鉴定的有效保证。法医学鉴定是一种技术性很强的活动，其主要表现在：通过科学技术手段的帮助了解人们在通常情况下感觉器官觉察不到的现象和过程，用以帮助查出鉴定对象的共同特征和差别；精确检测鉴定对象的性质和量度；客观地记录、储存和处理各种信息；查清某种事实和原因，并进行同一认定。因而，具体实施的第一步是确定鉴定方案。鉴定方案的技术路线一般要求采用经典的、成熟的方法。如果国家或行业有技术标准规定的，应按其标准或规定操作。有时，为了解决某些特殊问题，需要引用国内外最新科技手段。资料来源必须要有出处，必要时应附有参考文献。

鉴定时限

初次鉴定、复核鉴定、重新鉴定从受理之日起至出具鉴定文书一般在 30 个工作日内完成。如确因技术原因需要延长时日的，经征得鉴定委托机关的同意后，可适当延长。因需要补充鉴定资料或检材的，或需要聘请专家会检而发生的延时，不计入鉴定时限。司法精神疾病的鉴定时限可根据需要适当延长，一般应在受理之日起 50 个工作日内做出结论或意见。

鉴定地点

鉴定委托机关和被鉴定人应根据鉴定部门的安排，在指定的时间到指定的地点接受检查或检验。现场勘验、尸体解剖时，应通知司法机关派人到场，并要在勘验、解剖记录上签名或盖章。如通知后不到场的，不影响现场勘验和尸体解剖的正常进行，但需把此情况记录在案。

鉴定记录

鉴定人在做各项检验、鉴定时，应全面、严格、细致地进行技术操作，对鉴定过程中的每一项检验结果均应认真做好记录（必要时拍照备案）。检查记录、实验记录等不能代替鉴定文书。鉴定或检验过程的有关记录应随档案存档。

特殊检查

精神状态的检查应当有 3 名以上的鉴定人参加；体格状况的检查应当有 2 名以上的鉴定人参加；妇科检查必须由女法医进行，无女法医时需有女工作人员在场。

鉴定的技术规范和质量控制

实行鉴定技术规范化并进行鉴定质量控制，是法医学鉴定制度完善的重要标志，也是现代科技发展的必然趋势和要求。通过对法医学鉴定过程的建章立法，规范鉴定程序，统一鉴定技术标准，才能使鉴定工作最终走向规范化、程序化、制度化，并保证鉴定结论的科学、客观、公正、合法。

随着我国民主法制建设的不断完善以及加入 WTO 以后的形势要求，国际上对法庭科学实验室的管理和鉴定技术能力提出了更高的要求，特别是在涉外诉讼、仲裁案件中所涉及的鉴定结论或检验结果的可行性和可信度以及国家间互认问题，国家实验室认可方式提供了实验室或检查机构权威评价的机制。“实验室认可”是中国实验室国家认可委员会（China National Accreditation Board For Laboratories，CNAL）按照科学、公正的原则，根据国际实验室认可准则的要求，对被审核的实验室或检查机构的管理水平和技术能力的正式承认。

认可组织是经国家政府授权从事认可活动的。经实验室认可组织认可后公告的实验室，其认可领域内的检测或校准能力不但为政府所承认，其检测机构也广泛被社会和贸易双方所使用。政府管理部门在履行宏观调控、规范市场行为和保护消费者利益的职责中，也需要客观、准确的检测数据来支持其管理行为。此外，实验室按特定准则的要求建立质量管理体系，不仅可以向社会、委托方（客户）证明自己的技术能力，而且还可以实现实验室的自我完善，不断提高检测技术能力。

鉴定技术规范即由行业统一制订的鉴定技术标准，它与质量控制既互相联系，又有严格区别。鉴定技术标准是指统一的具体操作程序和标准化方法；而质量控制主要是对结论而言，是评价结论是否可靠的依据，不是指方法本身。就鉴定技术标准和质量控制概念而言，质量控制的内涵大于鉴定技术标准，鉴定技术标准是经实践验证，结果准确、可靠，重复性好的方法，其本身也蕴含了质量控制技术。鉴定技术标准的建立需要一定的时间和程序，需经标准化专业委员会和国家有关部门的批准；而质量控制在任何情况下都可以实施。

现有的刑事技术鉴定技术标准

我国现有的刑事技术标准体系，归口于公共安全行业。20 世纪 90 年代初期，由公安部牵头，组建了由公、检、法、司及部分高校专家参加的全国刑事技术标准化委员会。之后，又相应地成立了各专业委员会。为提高法医办案质量，使法医检验、鉴定工作标准化、法规化，充分发挥法医技术鉴定工作在打击犯罪、维护社会稳定、促进经济发展中的作用，首届全国刑事技术标准化技术委员会法医检验标准化分技术委员会组织有关专家在充分调研的基础上撰写法医病理学、法医临床学、法医毒物分析、法医精神病学、法医生物学等专业共计 82 项标准。

上述标准的颁布，在很大程度上规范了法医学检验、鉴定常规工作，使法医学检验、鉴定工作的实施有了一个基本的规范标准。按照上述标准进行法医学检验、鉴定工作，其鉴定结果可在不同的检验、鉴定机构（实验室）间进行对比，能最大限度地保证同一案例在不同的鉴定机构得出基本一致的鉴定结论，也是案件进行复核鉴定的前提。只有通过鉴定技术标准来规范鉴定活动，鉴定机构方可进行质量控制并达到各类检查机构能力的通用要求。

2004 年，全国刑事技术标准化技术委员会法医检验标准化分技术委员会进行了换届。新一届法医检验标准化分技术委员会组织专家在收集资料的基础上进行调查研究，在总结经验的基础上补充符合目前司法实践需要的、切实可行的技术鉴定标准。由于技术标准的起草、申报、审批需要一定的时间，而科学技术的发展迅猛，鉴定技术和鉴定设备的更新往往使原标准中的检验方法表现出一定的滞后性，故须对原有标准进行一次调研评估，对现有技术标准中存在的滞后技术和错误进行修正。

标准执行状况

目前存在的众多鉴定机构由于其行业归口不同，往往有着完全不同的鉴定程序和鉴定标准。某些机构在进行涉案鉴定时，往往按本机构“师傅带徒弟”的方式进行检验鉴定工作，鉴定活动和鉴定过程相当随意化，基本不按照技术标准的要求开展工作，这样所得出的鉴定结论必然会存在很多问题。因此诉讼当事人常常根据各自的利益关系分别委托不同的鉴定机构进行鉴定。由于不同的鉴定机构各自执行技术鉴定标准的力度不一或根本不按标准进行鉴定活动，其造成的后果便是同一案件、同一问题出现多份差别很大甚至相互矛盾的鉴定结论。这样的结果常使司法机关办案人员难以明断，贻误侦查的时机和妨害审理的顺利进行。加之缺乏有效的监督制约机制和错误鉴定的责任追究机制，因而所做出的鉴定结论的合法性、规范性、科学性、准确性等都难以得到切实有效的保证。这种较为混乱无序的状态给诉讼过程中“举证、质证、认证”及案件的重新鉴定都带来了极大的困难。有鉴于此，行业学会应加强对已建立并颁布的技术标准进行相关的宣传贯彻活动，增强鉴定人按技术标准进行鉴定活动的意识，明确鉴定人在开展鉴定活动时“有标准必依”的义务，从根本上改变鉴定工作随意、不规范的局面。

由于行业技术标准制定的目的、适用的范围和强制性执行程度等方面有着差别，因而不同部门的鉴定机构对技术标准的执行力度参差不一。2005 年 3 月 1 日，《全国人民代表大会常务委员会关于司法鉴定管理问题的决定》（以下简称《决定》）经十届全国人大常委会第 14 次会议审议通过正式颁布。此法律性文件的颁布对于解决司法鉴定工作长期以来存在的问题，加强对从事司法鉴定活动的鉴定机构和鉴定人员的管理，维护司法鉴定的独立性，保障司法审判的公正性，具有非常重要的意义。

司法鉴定是我国诉讼制度中的重要环节，在案件审理过程中，鉴定意见作为一项法定证据，具有很高的证明力，而且实际上也直接或间接地影响着法官对其他证据的判断。为此，司法鉴定本应以其科学性、客观性、权威性、中立性，成为公民合法权益的保护神及捍卫司法公正的“科学卫士”。但是长期以来，由于缺少相关的法律规范，司法鉴定活动的混乱在一定程度上影响了法院对案件的公正审理。公、检、法、司各有各的鉴定机构，社会鉴定机构也未纳入统一管理，自审自鉴、多头鉴定、鉴定缺乏统一标准的问题突出，妨碍了司法鉴定的客观性、独立性和公正性；而由于鉴定活动的不规范和缺乏有效的监督，鉴定结论模糊，一个案件多个鉴定结论，甚至鉴定结论截然相反的情况时有发生，致使案件久拖不决，当事人频频上诉上访，这些无论是对法院还是对司法鉴定机构的公信力都是一种打击和破坏。

随着《决定》的出台，国家司法行政管理部门必然在鉴定机构的准入和管理、鉴定人职责和管理、鉴定技术规范的建立和执行、鉴定质量控制与保证等方面对不同机构（机关）从事法医学鉴定的从业人员有一系列明确的规定，使法医学鉴定活动更好地服务于诉讼活动，为案件最终得到公正的审理，提供有力的保障和支持。

鉴定的质量控制

1. 鉴定人、复核人、签发人三级审核责任制度

检验、鉴定一般至少由 2 名以上的鉴定人参加。法医学鉴定实行第一鉴定人负责制，第一鉴定人对鉴定结论或意见的准确性负主要责任，其他鉴定人负次要责任。复核人应是具有高级专业技术职务的鉴定人（一般是该学科的学术带头人），承担鉴定的复核责任；签发人是鉴定机构内部主管业务的负责人或由其指定代行其签发职责的人员。由鉴定机构内部鉴定部门负责人作为第一鉴定人的，或在复核鉴定、重新鉴定中与原鉴定结论或意见不同的，须交由该鉴定机构内部主管业务的负责人签发。签发人承担鉴定文书行政签发责任。

遇到疑难案例或对鉴定结论有重大分歧意见时，应由该机构主管业务的负责人提出会检要求，并由该鉴定机构内部专家鉴定委员会具体组织。

2. 实验室能力验证制度

能力验证（proficiency testing）也称为“水平测试”、“能力对比检验”和“熟练性试验”等，其实质是通过实验室间的对比来确定实验室的检测能力。所谓实验室间的对比，就是按照预先规定的条件，组织二个或多个实验室对相同或类似的样品进行检测或检验，并且评定其结果的过程。能力验证是实验室质量保证的手段之一，通过能力验证这种外部措施，可补充实验室内部的质量控制程序。

对以实验技术为主的专业（如法医生物学、法医毒物分析等专业），每年要做一次

实验室盲测活动；对于其他专业，要做年度检案质量抽样专家评估检查。

3. 鉴定人年度考核制度

根据各专业的特点，结合典型案例，鉴定机构内部要对鉴定人进行年度考核（考评），如个案分析能力考核、读片（组织切片、X线片）能力考核、仪器操作能力考核、出庭作证能力考核、计算机应用能力考核等。

4. 疑难案例集体讨论制度

对于疑难、复杂、有争议案件的复核鉴定或重新鉴定，鉴定人应提出综合分析意见，然后以集体讨论的方式进行部门内部会鉴，讨论内容要记录在案。如不能得出比较统一的意见，须提请鉴定机构内部专家鉴定委员会组织外单位专家会鉴。

5. 专家聘请制度

对于复杂的、涉及多学科知识和技术手段的专门性问题的检验、鉴定，如果受主观或客观条件限制不能独立做出检验、鉴定的，鉴定机构可以聘请外单位有关专家协助鉴定。外聘专家鉴定实行一案一聘制度。专家如与当事人有利害关系的，应当回避。鉴定人应充分听取专家意见，但鉴定人有采纳与否的决定权。专家意见应详细记录在案，有鉴定人资格的专家应当在司法鉴定文书上签名。

司法鉴定的善后处理

申诉、来访和信访接待制度

申诉、来访和信访是指与鉴定有关的社会组织和当事人采用书信、电话、走访等形式，向鉴定机构或司法行政机关反映问题、提出意见、进行咨询等活动。对申诉、来访和信访要认真做好登记、记录；当事人涉及的问题与委托鉴定的司法机关有关的，要及时沟通、协调和处理；对信访者需要复函的，要连同原始信件一并存档备查；在来访和信访工作中，要注意保密，不得随意泄露来访人姓名和内容。

在来访、信访接待中，如发现本机构的检验、鉴定结论或意见确有问题的，应坚持有错必纠的原则，尽快安排复核鉴定。如一时无法确认鉴定结论的准确性和可靠性，可建议委托人送其他鉴定机构进行重新鉴定。

错鉴与违规、违法行为的追究和处罚制度

《刑事诉讼法》第一百条规定，“鉴定人故意做虚假鉴定的，应当承担法律责任。”在司法实践中，需要鉴定人纠错或承担法律责任的情况远远不止这一种。错鉴可分为责任错鉴和技术错鉴。责任错鉴是指因鉴定人工作责任心不强，违反技术操作标准而造成在事实、证据、定性、结论等方面差错的；技术错鉴是指因鉴定人业务能力不强而造成在事实、证据、定性、结论等方面差错的。

常见的违规行为有：①超越鉴定人权限做鉴定的；②无正当理由拒绝鉴定的；③随意破坏送检文书资料或检材的；④对原始资料随意取舍或检查、检验不全面而影响检

验、鉴定结论准确性的；⑤擅自变更、拖延或终止鉴定任务的。

常见的违法行为有：①弄虚作假，伪造结果而得出不准确结论的；②未经鉴定委托机关和当事人的授权而泄密，造成其在精神、躯体、名誉、财产等方面严重损害的；③无正当理由不按时出庭作证的；④收受贿赂，徇私舞弊等。

对鉴定人的处罚应当以事实为依据，以法律为准绳，遵循公正、公开的原则。鉴定人对处罚享有陈述权、申辩权。对不服处罚的，可以向当地的司法行政机关申请行政复议。

鉴定人发生错鉴的，按规定进行处罚。情节严重的，暂停执业活动直至撤销授予的鉴定人职业资格；构成犯罪的，移送司法机关依法追究其法律责任。

鉴定人出庭制度

现行《刑事诉讼法》确认的控辩式庭审方式，要求鉴定人出庭作证和陈述。因此，为确保鉴定人出庭作证，国家应当制订鉴定人出庭保障制度，包括保障鉴定人的人身安全、出庭所发生的费用等。鉴定人在接到人民法院的出庭通知后，应按时出庭。当案件公诉人、辩护人、当事人和代理人依照法律程序对鉴定结论或意见提出有关问题时，鉴定人应予回答；对与鉴定无关的问题，鉴定人则有权拒绝回答。对于鉴定结论的质证一般包括两个方面：一是鉴定结论的法律资格问题，另一是鉴定结论的科学性和准确性问题。

（陈忆九　沈　敏）